大学赤本シリーズ

349

東京理科大学

創域理工学部－B方式・S方式

JN044404

教学社

は　し　が　き

　おかげさまで，大学入試の「赤本」は，今年で創刊 70 周年を迎えました。

　これまで，入試問題や資料をご提供いただいた大学関係者各位，掲載許可をいただいた著作権者の皆様，各科目の解答や対策の執筆にあたられた先生方，そして，赤本を使用してくださったすべての読者の皆様に，厚く御礼を申し上げます。

　以下に，創刊初期の「赤本」のはしがきを引用します。これからも引き続き，受験生の目標の達成や，夢の実現を応援してまいります。

　本書を活用して，入試本番では持てる力を存分に発揮されることを心より願っています。

編者しるす

＊　　　＊　　　＊

　学問の塔にあこがれのまなざしをもって，それぞれの志望する大学の門をたたかんとしている受験生諸君！　人間として生まれてきた私たちは，自己の欲するままに，美しく，強く，そして何よりも人間らしく生きることをねがっている。しかし，一朝一夕にして，この純粋なのぞみが達せられることはない。私たちの行く手には，絶えずさまざまな試練がまちかまえている。この試練を克服していくところに，私たちのねがう真に人間的な世界がはじめて開かれてくるのである。

　人生最初の最大の試練として，諸君の眼前に大学入試がある。この大学入試は，精神的にも身体的にも，大きな苦痛を感ぜしめるであろう。あるスポーツに熟達するには，たゆみなき，はげしい練習を積み重ねることが必要であるように，私たちは，計画的・持続的な努力を払うことによって，この試練を克服し，次の一歩を踏みだすことができる。厳しい試練を経たのちに，はじめて満足すべき成果を獲得できるのである。

　本書は最近の入学試験の問題に，それぞれ解答を付し，さらに問題をふかく分析することによって，その大学独特の傾向や対策をさぐろうとした。本書を一般の参考書とあわせて使用し，まとはずれのない，効果的な受験勉強をされるよう期待したい。

（昭和 35 年版「赤本」はしがきより）

挑む人の、いちばんの味方

赤本創刊70周年

　1954年に大学入試の過去問題集を刊行してから70年。赤本は大学に入りたいと思う受験生を応援しつづけてきました。これからも、苦しいとき落ち込むときにそばで支える存在でいたいと思います。

　そして、勉強をすること、自分で道を決めること、努力が実ること、これらの喜びを読者の皆さんが感じることができるよう、伴走をつづけます。

そもそも赤本とは…

受験生のための大学入試の過去問題集！

70年の歴史を誇る赤本は、500点を超える刊行点数で全都道府県の370大学以上を網羅しており、過去問の代名詞として受験生の必須アイテムとなっています。

・・・・・・・・・・・・ なぜ受験に過去問が必要なのか？ ・・・・・・・・・・・・

大学入試は大学によって問題形式や頻出分野が大きく異なるからです。

赤本の掲載内容

傾向と対策

これまでの出題内容から，問題の「**傾向**」を分析し，来年度の入試に向けて具体的な「**対策**」の方法を紹介しています。

問題編・解答編

✓ 年度ごとに問題とその解答を掲載しています。

✓「**問題編**」ではその年度の試験概要を確認したうえで，実際に出題された過去問に取り組むことができます。

✓「**解答編**」には高校・予備校の先生方による解答が載っています。

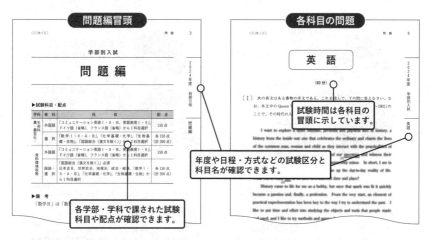

他にも，大学の基本情報や，先輩受験生の合格体験記，
在学生からのメッセージなどが載っていることがあります。

2024年度から
見やすい
デザインに！
NEW

● 掲載内容について ●

著作権上の理由やその他編集上の都合により問題や解答の一部を割愛している場合があります。
なお，指定校推薦入試，社会人入試，編入学試験，帰国生入試などの特別入試，英語以外の外国語科目，商業・工業科目は，原則として掲載しておりません。また試験科目は変更される場合がありますので，あらかじめご了承ください。

受験勉強は 過去問に始まり,

STEP 1 (なにはともあれ)

まずは解いてみる

しずかに…
今,自分の心と向き合ってるんだから

ムーン

それは問題を解いてからだホン!

過去問は,**できるだけ早いうちに解くのがオススメ!**
実際に解くことで,**出題の傾向,問題のレベル,今の自分の実力が**つかめます。

STEP 2 (じっくり具体的に)

弱点を分析する

分析の結果だけど英・数・国が苦手みたい

スリー

必須科目だホン頑張るホン

間違いは自分の弱点を教えてくれる**貴重な情報源。**
弱点から自己分析することで,**今の自分に足りない力や苦手な分野**が見えてくるはず!

合格者があかす 赤本の使い方

傾向と対策を熟読
(Fさん／国立大合格)

大学の出題傾向を調べるために,赤本に載っている「傾向と対策」を熟読しました。

繰り返し解く
(Tさん／国立大合格)

1周目は問題のレベル確認,2周目は苦手や頻出分野の確認に,3周目は合格点を目指して,と過去問は繰り返し解くことが大切です。

過去問に終わる。

STEP 3
志望校に
あわせて

苦手分野の
重点対策

明日からはみんなで頑張るよ！
参考書も！問題集も！
よろしくね！

呼んだ？

なにを!?
どこから!?

グッ グッ

参考書や問題集を活用して，苦手
分野の**重点対策**をしていきます。
過去問を指針に，合格へ向けた具
体的な学習計画を立てましょう！

STEP 1 ▶ 2 ▶ 3
サイクル
が大事！

実践を
繰り返す

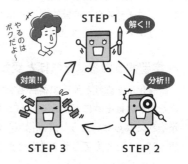

やるのは
ボクだよ〜

STEP 1
解く!!

分析!!

対策!!

STEP 3   STEP 2

STEP 1〜3を繰り返し，実力ア
ップにつなげましょう！
出題形式に慣れることや，**時間配
分を考えること**も大切です。

目標点を決める
（Yさん／私立大合格）

赤本によっては合格者最低
点が載っているので，それ
を見て目標点を決めるのも
よいです。

時間配分を確認
（Kさん／私立大学合格）

赤本は時間配分や解く
順番を決めるために使
いました。

添削してもらう
（Sさん／私立大学合格）

記述式の問題は先生に添削し
てもらうことで自分の弱点に
気づけると思います。

新課程も赤本で
ばっちり！

新課程入試 Q&A

2022年度から新しい学習指導要領（新課程）での授業が始まり，2025年度の入試は，新課程に基づいて行われる最初の入試となります。ここでは，赤本での新課程入試の対策について，よくある疑問にお答えします。

使える？

Q1. 赤本は新課程入試の対策に使えますか？

A. もちろん使えます！

OK

旧課程入試の過去問が新課程入試の対策に役に立つのか疑問に思う人もいるかもしれませんが，心配することはありません。旧課程入試の過去問が役立つのには次のような理由があります。

● 学習する内容はそれほど変わらない

新課程は旧課程と比べて科目名を中心とした変更はありますが，学習する内容そのものはそれほど大きく変わっていません。また，多くの大学で，既卒生が不利にならないよう「経過措置」がとられます（Q3参照）。したがって，出題内容が大きく変更されることは少ないとみられます。

● 大学ごとに出題の特徴がある

これまでに課程が変わったときも，各大学の出題の特徴は大きく変わらないことがほとんどでした。入試問題は各大学のアドミッション・ポリシーに沿って出題されており，過去問にはその特徴がよく表れています。過去問を研究してその大学に特有の傾向をつかめば，最適な対策をとることができます。

出題の特徴の例	・英作文問題の出題の有無 ・論述問題の出題（字数制限の有無や長さ） ・計算過程の記述の有無

新課程入試の対策も，赤本で過去問に取り組むところから始めましょう。

Q2. 赤本を使う上での注意点はありますか？

A. 志望大学の入試科目を確認しましょう。

　過去問を解く前に，過去の出題科目（問題編冒頭の表）と 2025 年度の募集要項とを比べて，課される内容に変更がないかを確認しましょう。ポイントは以下のとおりです。科目名が変わっていても，実際は旧課程の内容とほとんど同様のものもあります。

英語・国語	科目名は変更されているが，実質的には変更なし。 ▶▶ ただし，リスニングや古文・漢文の有無は要確認。
地歴	科目名が変更され，「歴史総合」「地理総合」が新設。 ▶▶ 新設科目の有無に注意。ただし，「経過措置」（Q3参照）により内容は大きく変わらないことも多い。
公民	「現代社会」が廃止され，「公共」が新設。 ▶▶ 「公共」は実質的には「現代社会」と大きく変わらない。
数学	科目が再編され，「数学 C」が新設。 ▶▶ 「数学」全体としての内容は大きく変わらないが，出題科目と単元の変更に注意。
理科	科目名も学習内容も大きな変更なし。

　数学については，科目名だけでなく，どの単元が含まれているかも確認が必要です。例えば，出題科目が次のように変わったとします。

旧課程	「数学 I・数学 II・数学 A・数学 B（数列・ベクトル）」
新課程	「数学 I・数学 II・数学 A・**数学 B（数列）・数学 C（ベクトル）**」

　この場合，新課程では「数学C」が増えていますが，単元は「ベクトル」のみのため，実質的には旧課程とほぼ同じであり，過去問をそのまま役立てることができます。

Q3. 「経過措置」とは何ですか?

A. 既卒の旧課程履修者への対応です。

　多くの大学では,既卒の旧課程履修者が不利にならないように,出題において「経過措置」が実施されます。措置の有無や内容は大学によって異なるので,募集要項や大学のウェブサイトなどで確認しておきましょう。

○旧課程履修者への経過措置の例

- ●旧課程履修者にも配慮した出題を行う。
- ●新・旧課程の共通の範囲から出題する。
- ●新課程と旧課程の共通の内容を出題し,共通範囲のみでの出題が困難な場合は,旧課程の範囲からの問題を用意し,選択解答とする。

　例えば,地歴の出題科目が次のように変わったとします。

旧課程	「日本史 B」「世界史 B」から 1 科目選択
新課程	**「歴史総合,日本史探究」「歴史総合,世界史探究」から 1 科目選択**※ ※旧課程履修者に不利益が生じることのないように配慮する。

　「歴史総合」は新課程で新設された科目で,旧課程履修者には見慣れないものですが,上記のような経過措置がとられた場合,新課程入試でも旧課程と同様の学習内容で受験することができます。

新課程の情報は WEB もチェック!
より詳しい解説が赤本ウェブサイトで見られます。
https://akahon.net/shinkatei/

科目名が変更される教科・科目

	旧 課 程	新 課 程
国語	国語総合 国語表現 現代文A 現代文B 古典A 古典B	現代の国語 言語文化 論理国語 文学国語 国語表現 古典探究
地歴	日本史A 日本史B 世界史A 世界史B 地理A 地理B	歴史総合 日本史探究 世界史探究 地理総合 地理探究
公民	現代社会 倫理 政治・経済	公共 倫理 政治・経済
数学	数学I 数学II 数学III 数学A 数学B 数学活用	数学I 数学II 数学III 数学A 数学B 数学C
外国語	コミュニケーション英語基礎 コミュニケーション英語I コミュニケーション英語II コミュニケーション英語III 英語表現I 英語表現II 英語会話	英語コミュニケーションI 英語コミュニケーションII 英語コミュニケーションIII 論理・表現I 論理・表現II 論理・表現III
情報	社会と情報 情報の科学	情報I 情報II

大学のサイトも見よう

目　次

2024年度
問題と解答

●B方式2月3日実施分：数理科・先端物理・情報
計算科・生命生物科・経営システム工学科
　S方式2月3日実施分：電気電子情報工学科

●B方式2月6日実施分：建築・先端化・電気電子
情報工・機械航空宇宙工・社会基盤工学科
　S方式2月6日実施分：数理科学科

※解答は，東京理科大学から提供のあった情報を掲載しています。

※解答は，東京理科大学から提供のあった情報を掲載しています。

掲載内容についてのお断り

著作権の都合上，下記の内容を省略しています。

2022 年度：2 月 3 日実施分「英語」大問 ②問題文・全訳

基本情報

🏛 沿革

1881（明治 14）	東京大学出身の若き理学士ら 21 名が標す夢の第一歩「東京物理学講習所」を設立
1883（明治 16）	東京物理学校と改称

✏1906（明治 39）神楽坂に新校舎が完成。理学研究の「先駆的存在」として受講生が全国より集結。「落第で有名な学校」として世に知られるようになる

1949（昭和 24）	学制改革により東京理科大学となる。理学部のみの単科大学として新たなスタート
1960（昭和 35）	薬学部設置
1962（昭和 37）	工学部設置
1967（昭和 42）	理工学部設置
1981（昭和 56）	創立 100 周年
1987（昭和 62）	基礎工学部設置
1993（平成　5）	経営学部設置
2013（平成 25）	葛飾キャンパス開設
2021（令和　3）	基礎工学部を先進工学部に名称変更
2023（令和　5）	理工学部を創域理工学部に名称変更

ロゴマーク

　ロゴマークは，創立 125 周年の際に制定されたもので，東京理科大学徽章をベースにデザインされています。

　エメラルドグリーンの色は制定した際，時代に合わせた色であり，なおかつスクールカラーであるえんじ色との対比を考えた色として選ばれました。

　なお，徽章はアインシュタインによって確立された一般相対性理論を図案化したものです。太陽の重力によって曲げられる光の軌道を模式的に描いています。

学部・学科の構成

大　学

●理学部第一部　神楽坂キャンパス

数学科

物理学科

化学科

応用数学科

応用化学科

●工学部　葛飾キャンパス

建築学科

工業化学科

電気工学科

情報工学科

機械工学科

●薬学部　野田キャンパス※1

薬学科［6年制］

生命創薬科学科［4年制］

※1　薬学部は 2025 年 4 月に野田キャンパスから葛飾キャンパスへ移転。

●創域理工学部　野田キャンパス

数理科学科

先端物理学科

情報計算科学科

生命生物科学科

建築学科

先端化学科

電気電子情報工学科

経営システム工学科

機械航空宇宙工学科

社会基盤工学科

●**先進工学部** 葛飾キャンパス

電子システム工学科

マテリアル創成工学科

生命システム工学科

物理工学科

機能デザイン工学科

●**経営学部** 神楽坂キャンパス
  (国際デザイン経営学科の 1 年次は北海道・長万部キャンパス)

経営学科

ビジネスエコノミクス学科

国際デザイン経営学科

●**理学部第二部** 神楽坂キャンパス

数学科

物理学科

化学科

大学院

理学研究科 / 工学研究科 / 薬学研究科※2 / 創域理工学研究科 / 先進工学
研究科 / 経営学研究科 / 生命科学研究科

※ 2 薬学研究科は 2025 年 4 月に野田キャンパスから葛飾キャンパスへ移転。

(注) 学部・学科および大学院の情報は 2024 年 4 月時点のものです。

📍 大学所在地

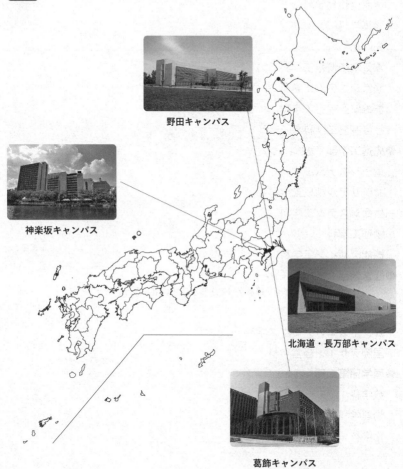

野田キャンパス

神楽坂キャンパス

北海道・長万部キャンパス

葛飾キャンパス

神楽坂キャンパス	〒162-8601	東京都新宿区神楽坂 1-3
葛飾キャンパス	〒125-8585	東京都葛飾区新宿 6-3-1
野田キャンパス	〒278-8510	千葉県野田市山崎 2641
北海道・長万部キャンパス	〒049-3514	北海道山越郡長万部町字富野 102-1

入 試 デ ー タ

📊 一般選抜状況（志願者数・競争率など）

○競争率は受験者数÷合格者数で算出（小数点第2位以下を切り捨て）。
○大学独自試験を課さないA方式入試（大学入学共通テスト利用）は1カ年分のみ掲載。
○2021年度より，基礎工学部は先進工学部に，電子応用工学科は電子システム工学科に，材料工学科はマテリアル創成工学科に，生物工学科は生命システム工学科に名称変更。経営学部に国際デザイン経営学科を新設。
○2023年度より，理学部第一部応用物理学科は先進工学部物理工学科として改組。理工学部は創域理工学部に，数学科は数理科学科に，物理学科は先端物理学科に，情報科学科は情報計算科学科に，応用生物科学科は生命生物科学科に，経営工学科は経営システム工学科に，機械工学科は機械航空宇宙工学科に，土木工学科は社会基盤工学科に名称変更。先進工学部に物理工学科と機能デザイン工学科を新設。

2024 年度　入試状況

●A方式入試（大学入学共通テスト利用）

学部・学科		募集人員	志願者数	受験者数	合格者数	競争率	合格最低点
理第一部	数	19	340	340	152	2.2	646
	物　　理	19	764	764	301	2.5	667
	化	19	554	554	238	2.3	628
	応　用　数	20	175	175	90	1.9	607
	応　用　化	20	646	646	297	2.1	632
工	建　　築	16	472	472	163	2.8	652
	工　業　化	16	260	260	141	1.8	604
	電　気　工	16	249	249	112	2.2	638
	情　報　工	16	852	852	284	3.0	671
	機　械　工	16	776	776	188	4.1	669
薬	薬	15	768	768	246	3.1	644
	生命創薬科	15	381	381	140	2.7	644
創域理工	数　理　科	10	200	200	85	2.3	592
	先　端　物　理	15	299	299	143	2.0	608
	情報計算科	20	274	274	118	2.3	623
	生命生物科	16	478	478	182	2.6	628
	建　　築	20	520	520	147	3.5	638
	先　端　化	20	372	372	168	2.2	592
	電気電子情報工	25	374	374	164	2.2	615
	経営システム工	16	226	226	86	2.6	636
	機械航空宇宙工	21	486	486	230	2.1	635
	社　会　基　盤　工	16	382	382	139	2.7	624
先進工	電子システム工	19	295	295	114	2.5	635
	マテリアル創成工	19	303	303	142	2.1	616
	生命システム工	19	390	390	146	2.6	640
	物　理　工	19	189	189	94	2.0	632
	機能デザイン工	19	448	448	153	2.9	613
経営	経　　営	37	407	407	223	1.8	597
	ビジネスエコノミクス	37	309	309	134	2.3	598
	国際デザイン経営	20	215	215	91	2.3	586
理第二部	数	15	159	159	88	1.8	405
	物　　理	20	198	198	145	1.3	352
	化	15	211	211	162	1.3	313
合　　　　計		625	12,972	12,972	5,306	—	—

（配点）　800 点満点（ただし，理学部第二部は 600 点満点）。

● B方式入試（東京理科大学独自試験）

学部・学科		募集人員	志願者数	受験者数	合格者数	競争率	合格最低点
理第一部	数	46	921	883	297	3.0	180
	物 理	46	1,534	1,460	463	3.1	176
	化	46	1,132	1,085	381	2.8	201
	応 用 数	49	616	588	221	2.6	159
	応 用 化	49	1,418	1,355	384	3.5	217
工	建 築	46	1,138	1,091	256	4.2	193
	工 業 化	46	582	550	250	2.2	174
	電 気 工	46	1,134	1,069	437	2.4	175
	情 報 工	46	2,298	2,159	464	4.6	197
	機 械 工	46	1,756	1,671	393	4.2	191
薬	薬	40	964	899	310	2.9	209
	生 命 創 薬 科	40	689	645	267	2.4	203
創域理工	数 理 科	20	578	558	169	3.3	287
	先 端 物 理	40	785	757	298	2.5	204
	情 報 計 算 科	49	877	851	300	2.8	206
	生 命 生 物 科	46	1,120	1,072	429	2.4	197
	建 築	49	914	878	197	4.4	210
	先 端 化	49	725	684	323	2.1	168
	電 気 電 子 情 報 工	40	1,204	1,148	331	3.4	200
	経 営 シ ス テ ム 工	46	786	757	275	2.7	205
	機 械 航 空 宇 宙 工	53	1,093	1,044	392	2.6	200
	社 会 基 盤 工	46	938	901	379	2.3	186
先進工	電 子 シ ス テ ム 工	46	1,140	1,100	346	3.1	220
	マテリアル創成工	46	900	873	323	2.7	213
	生 命 シ ス テ ム 工	46	1,080	1,044	370	2.8	214
	物 理 工	46	928	898	345	2.6	217
	機 能 デ ザ イ ン 工	46	1,042	1,012	348	2.9	209
経営	経 営	72	1,176	1,147	384	2.9	265
	ビジネスエコノミクス	73	1,020	987	323	3.0	200
	国際デザイン経営	32	371	357	113	3.1	253
理第二部	数	70	241	198	116	1.7	131
	物 理	64	245	200	124	1.6	130
	化	69	186	159	121	1.3	132
合 計		1,594	31,531	30,080	10,129	—	—

（備考）　合格者数・合格最低点には追加合格者を含む。

（配点）　試験各教科 100 点満点，3 教科計 300 点満点。ただし，以下を除く。

- 理学部第一部化学科・応用化学科は 350 点満点（化学 150 点，他教科各 100 点）。
- 創域理工学部数理科学科は 400 点満点（数学 200 点，他教科各 100 点）。
- 経営学部経営学科は 400 点満点（高得点の 2 科目をそれぞれ 1.5 倍に換算，残り 1 科目 100 点）。
- 経営学部国際デザイン経営学科は 400 点満点（英語 200 点，他教科各 100 点）。

●C方式入試（大学入学共通テスト＋東京理科大学独自試験）

学部・学科		募集人員	志願者数	受験者数	合格者数	競争率	合格最低点
理第一部	数	9	143	122	31	3.9	405
	物　　　理	9	213	160	10	16.0	435
	化	9	194	142	21	6.7	411
	応　用　数	10	81	60	26	2.3	375
	応　用　化	10	208	144	27	5.3	415
工	建　　　築	10	185	136	34	4.0	409
	工　業　化	10	93	58	29	2.0	359
	電　気　工	10	88	61	17	3.5	404
	情　報　工	10	259	197	40	4.9	418
	機　械　工	10	218	169	42	4.0	398
薬	薬	10	198	150	34	4.4	388
	生 命 創 薬 科	10	168	123	35	3.5	388
創域理工	数　理　科	4	91	77	10	7.7	409
	先 端 物 理	10	106	88	31	2.8	373
	情 報 計 算 科	10	87	68	22	3.0	402
	生 命 生 物 科	10	200	147	50	2.9	380
	建　　　築	10	171	132	12	11.0	421
	先　端　化	10	121	95	27	3.5	369
	電 気 電 子 情 報 工	10	109	80	18	4.4	394
	経営システム工	10	95	64	22	2.9	389
	機械航空宇宙工	10	182	136	45	3.0	371
	社 会 基 盤 工	10	130	97	20	4.8	382
先進工	電子システム工	9	117	98	21	4.6	399
	マテリアル創成工	9	94	68	16	4.2	387
	生命システム工	9	215	175	18	9.7	399
	物　　理　　工	9	81	54	15	3.6	396
	機能デザイン工	9	107	75	22	3.4	388
経営	経　　　営	12	121	95	22	4.3	366
	ビジネスエコノミクス	15	100	83	45	1.8	337
	国際デザイン経営	5	41	33	11	3.0	329
合	計	288	4,216	3,187	773	—	—

（配点）　500 点満点（大学入学共通テスト 200 点＋東京理科大学独自試験 300 点）。

●グローバル方式入試（英語の資格・検定試験＋東京理科大学独自試験）

学部・学科		募集人員	志願者数	受験者数	合格者数	競争率	合格最低点
理第一部	数	5	124	111	13	8.5	310
	物　　　　理	5	120	102	6	17.0	302
	化	5	79	75	13	5.7	264
	応　用　数	5	102	95	25	3.8	270
	応　用　化	5	107	94	12	7.8	270
工	建　　　築	5	113	104	15	6.9	286
	工　業　化	5	42	42	20	2.1	217
	電　気　工	5	63	56	14	4.0	276
	情　報　工	5	156	139	16	8.6	292
	機　械　工	5	165	144	16	9.0	283
薬	薬	5	83	72	15	4.8	268
	生命創薬科	5	66	58	13	4.4	238
創域理工	数　理　科	6	103	100	11	9.0	280
	先　端　物　理	5	73	68	17	4.0	263
	情　報　計　算　科	5	74	66	8	8.2	274
	生　命　生　物　科	5	94	86	18	4.7	248
	建　　　築	5	109	104	6	17.3	298
	先　端　化	5	98	90	21	4.2	241
	電気電子情報工	5	108	99	20	4.9	262
	経営システム工	5	77	74	16	4.6	259
	機械航空宇宙工	5	101	93	25	3.7	257
	社　会　基　盤　工	5	71	66	9	7.3	262
先進工	電子システム工	5	100	88	15	5.8	267
	マテリアル創成工	5	95	91	21	4.3	262
	生命システム工	5	90	84	10	8.4	260
	物　　理　工	5	86	76	19	4.0	262
	機能デザイン工	5	100	82	17	4.8	243
経営	経　　　営	12	130	120	24	5.0	235
	ビジネスエコノミクス	8	115	104	27	3.8	235
	国際デザイン経営	15	116	107	23	4.6	205
合　　計		171	2,960	2,690	485	—	—

（配点）　325点満点（東京理科大学独自試験300点＋英語の資格・検定試験25点）。

●S方式入試（東京理科大学独自試験）

学部・学科		募集人員	志願者数	受験者数	合格者数	競争率	合格最低点
創域理工	数　理　科	20	286	277	85	3.2	267
	電気電子情報工	20	296	284	114	2.4	266
合　　計		40	582	561	199	—	—

（配点）　400点満点。

• 創域理工学部数理科学科は数学300点，英語100点。

• 創域理工学部電気電子情報工学科は物理200点，他教科各100点。

2023 年度　入試状況

●B方式入試（東京理科大学独自試験）

学部・学科			募集人員	志願者数	受験者数	合格者数	競争率	合格最低点
理第一部	数		46	953	910	256	3.5	203
	物	理	46	1,571	1,507	355	4.2	209
	化		46	1,115	1,077	375	2.8	231
	応 用 数		49	689	651	220	2.9	187
	応 用 化		49	1,428	1,367	417	3.2	242
工	建 築		46	1,178	1,103	273	4.0	184
	工 業 化		46	639	599	280	2.1	157
	電 気 工		46	1,227	1,170	431	2.7	175
	情 報 工		46	2,294	2,165	496	4.3	197
	機 械 工		46	1,689	1,606	564	2.8	175
薬	薬		40	950	876	292	3.0	179
	生 命 創 薬 科		40	629	592	213	2.7	172
創域理工	数 理 科		20	545	522	232	2.2	294
	先 端 物 理		40	808	767	327	2.3	204
	情 報 計 算 科		49	1,029	986	388	2.5	215
	生 命 生 物 科		46	981	928	436	2.1	209
	建 築		49	794	768	239	3.2	203
	先 端 化		49	699	661	329	2.0	172
	電 気 電 子 情 報 工		40	1,214	1,167	503	2.3	198
	経 営 シ ス テ ム 工		46	898	862	308	2.7	214
	機 械 航 空 宇 宙 工		53	1,205	1,155	430	2.6	206
	社 会 基 盤 工		46	876	828	376	2.2	183
先進工	電子システム工		46	1,176	1,137	361	3.1	201
	マテリアル創成工		46	874	857	394	2.1	207
	生命システム工		46	1,011	968	416	2.3	209
	物 理 工		46	835	804	355	2.2	195
	機能デザイン工		46	914	880	393	2.2	201
経営	経 営		72	1,062	1,036	370	2.8	261
	ビジネスエコノミクス		73	1,241	1,198	305	3.9	200
	国際デザイン経営		32	267	259	111	2.3	243
理第二部	数		70	263	214	122	1.7	160
	物 理		64	241	197	139	1.4	152
	化		69	212	173	151	1.1	100
合 計			1,594	31,507	29,990	10,857	—	—

（備考）　合格者数・合格最低点には追加合格者を含む。

（配点）　試験各教科 100 点満点，3 教科計 300 点満点。ただし，以下を除く。

- 理学部第一部化学科・応用化学科は 350 点満点（化学 150 点，他教科各 100 点）。
- 創域理工学部数理科学科は 400 点満点（数学 200 点，他教科各 100 点）。
- 経営学部経営学科は 400 点満点（高得点の 2 科目をそれぞれ 1.5 倍に換算，残り 1 科目 100 点）。
- 経営学部国際デザイン経営学科は 400 点満点（英語 200 点，他教科各 100 点）。

●C方式入試（大学入学共通テスト＋東京理科大学独自試験）

学部・学科		募集人員	志願者数	受験者数	合格者数	競争率	合格最低点
理第一部	数	9	128	85	26	3.2	350
	物　　　理	9	166	109	16	6.8	397
	化	9	142	92	31	2.9	355
	応　用　数	10	81	58	21	2.7	346
	応　用　化	10	157	93	20	4.6	376
工	建　　　築	10	143	101	21	4.8	380
	工　業　化	10	73	54	23	2.3	340
	電　気　工	10	63	42	16	2.6	353
	情　報　工	10	201	149	39	3.8	375
	機　械　工	10	160	98	36	2.7	347
薬	薬	10	131	79	23	3.4	364
	生命創薬科	10	113	80	23	3.4	360
創域理工	数　理　科	4	35	29	14	2.0	310
	先　端　物　理	10	76	44	22	2.0	316
	情　報　計　算　科	10	106	73	17	4.2	373
	生　命　生　物　科	10	133	100	36	2.7	358
	建　　　築	10	104	77	38	2.0	335
	先　端　化	10	80	51	25	2.0	339
	電気電子情報工	10	74	55	19	2.8	351
	経営システム工	10	76	58	21	2.7	335
	機械航空宇宙工	10	130	84	33	2.5	331
	社　会　基　盤　工	10	85	58	24	2.4	325
先進工	電子システム工	9	89	61	18	3.3	349
	マテリアル創成工	9	66	45	17	2.6	349
	生命システム工	9	111	74	34	2.1	349
	物　　理　　工	9	74	45	14	3.2	350
	機能デザイン工	9	80	56	12	4.6	361
経営	経　　　営	12	78	50	25	2.0	297
	ビジネスエコノミクス	15	88	64	30	2.1	316
	国際デザイン経営	5	26	17	8	2.1	322
合　　　　計		288	3,069	2,081	702	―	―

（配点）　500点満点（大学入学共通テスト200点＋東京理科大学独自試験300点）。

●グローバル方式入試（英語の資格・検定試験＋東京理科大学独自試験）

学部・学科			募集人員	志願者数	受験者数	合格者数	競争率	合格最低点
理第一部	物	数　　　理	5	73	67	14	4.7	191
		物　　　理	5	101	88	8	11.0	234
		化	5	75	65	14	4.6	238
	応　用　数		5	86	80	14	5.7	201
	応　用　化		5	94	81	17	4.7	244
工	建　　　築		5	87	76	11	6.9	214
	工　業　化		5	50	46	15	3.0	232
	電　気　工		5	45	41	11	3.7	199
	情　報　工		5	129	112	16	7.0	236
	機　械　工		5	110	91	33	2.7	187
薬	薬		5	97	83	18	4.6	247
	生 命 創 薬 科		5	80	74	13	5.6	238
創域理工	数　理　科		6	66	57	25	2.2	163
	先　端　物　理		5	66	59	14	4.2	191
	情　報　計　算　科		5	75	66	13	5.0	233
	生　命　生　物　科		5	120	96	25	3.8	215
	建　　　築		5	89	79	18	4.3	195
	先　端　化		5	70	64	29	2.2	210
	電　気　電　子　情　報　工		5	76	67	24	2.7	178
	経 営 シ ス テ ム 工		5	77	74	15	4.9	225
	機 械 航 空 宇 宙 工		5	92	81	23	3.5	184
	社 会 基 盤 工		5	75	65	19	3.4	218
先進工	電 子 シ ス テ ム 工		5	90	83	21	3.9	201
	マテリアル創成工		5	80	68	23	2.9	214
	生 命 シ ス テ ム 工		5	92	81	20	4.0	215
	物　　理　　工		5	61	54	15	3.6	188
	機 能 デ ザ イ ン 工		5	97	87	11	7.9	243
経営	経　　　　　営		12	79	71	26	2.7	164
	ビジネスエコノミクス		8	90	82	23	3.5	170
	国際デザイン経営		15	104	88	43	2.0	139
合　　　計			171	2,526	2,226	571	―	―

（配点）　325 点満点（東京理科大学独自試験 300 点＋英語の資格・検定試験 25 点）。

●S方式入試（東京理科大学独自試験）

学部・学科		募集人員	志願者数	受験者数	合格者数	競争率	合格最低点
創域理工	数　理　科	20	256	246	122	2.0	226
	電 気 電 子 情 報 工	20	258	253	111	2.2	259
合　　　計		40	514	499	233	―	―

（配点）　400 点満点。

• 創域理工学部数理科学科は数学 300 点，英語 100 点。

• 創域理工学部電気電子情報工学科は物理 200 点，他教科各 100 点。

2022 年度　入試状況

●B方式入試（東京理科大学独自試験）

学部・学科		募集人員	志願者数	受験者数	合格者数	競争率	合格最低点
理第一部	数	49	896	848	249	3.4	182
	物　　　　理	49	1,347	1,255	401	3.1	200
	化	49	1,092	1,031	322	3.2	212
	応　用　数	49	688	652	189	3.4	183
	応　用　物　理	49	723	679	268	2.5	165
	応　用　化	49	1,443	1,365	451	3.0	208
工	建　　　　築	46	1,236	1,162	268	4.3	203
	工　業　化	46	647	608	260	2.3	148
	電　気　工	46	1,450	1,359	381	3.5	197
	情　報　工	46	2,401	2,250	451	4.9	212
	機　械　工	46	1,864	1,756	557	3.1	196
薬	薬	40	1,032	949	259	3.6	197
	生　命　創　薬　科	40	604	568	204	2.7	191
理工	数	49	789	754	294	2.5	287
	物　　　　理	49	1,068	1,025	457	2.2	203
	情　報　科	49	1,558	1,500	381	3.9	231
	応　用　生　物　科	49	828	792	387	2.0	206
	建　　　　築	49	960	925	205	4.5	222
	先　端　化	49	873	837	357	2.3	184
	電気電子情報工	67	1,758	1,670	526	3.1	210
	経　営　工	49	902	871	326	2.6	214
	機　械　工	49	1,522	1,449	449	3.2	217
	土　木　工	49	1,027	996	305	3.2	204
先進工	電子システム工	49	967	930	279	3.3	203
	マテリアル創成工	49	1,098	1,061	345	3.0	202
	生命システム工	49	1,127	1,073	418	2.5	198
経営	経　　　　営	72	1,271	1,233	391	3.1	262
	ビジネスエコノミクス	73	1,149	1,103	324	3.4	183
	国際デザイン経営	32	228	222	108	2.0	240
理第二部	数	70	319	258	121	2.1	144
	物　　　　理	64	308	270	133	2.0	168
	化	69	204	166	143	1.1	100
合　　　　　　計		1,639	33,379	31,617	10,209	—	—

（備考）　合格者数・合格最低点には追加合格者を含む。

（配点）　試験各教科 100 点満点，3 教科計 300 点満点。ただし，以下を除く。

- 理学部第一部化学科・応用化学科は 350 点満点（化学 150 点，他教科各 100 点）。
- 理工学部数学科は 400 点満点（数学 200 点，他教科各 100 点）。
- 経営学部経営学科は 400 点満点（高得点の 2 科目をそれぞれ 1.5 倍に換算，残り 1 科目 100 点）。
- 経営学部国際デザイン経営学科は 400 点満点（英語 200 点，他教科各 100 点）。

●C方式入試（大学入学共通テスト＋東京理科大学独自試験）

学部・学科		募集人員	志願者数	受験者数	合格者数	競争率	合格最低点
理第一部	数	10	136	98	24	4.0	420
	物　　理	10	161	121	19	6.3	418
	化	10	171	104	34	3.0	389
	応　用　数　理	10	127	98	25	3.9	386
	応　用　物　理	10	84	64	17	3.7	394
	応　用　化	10	229	145	36	4.0	397
工	建　　築	10	217	162	33	4.9	407
	工　業　化	10	97	69	27	2.5	371
	電　気　工	10	96	75	24	3.1	392
	情　報　工	10	292	243	35	6.9	425
	機　械　工	10	204	153	57	2.6	381
薬	薬	10	206	156	23	6.7	413
	生 命 創 薬 科	10	135	100	22	4.5	399
理工	数	10	107	91	24	3.7	404
	物　　理	10	102	79	20	3.9	386
	情　報　科	10	140	114	25	4.5	403
	応 用 生 物 科	10	208	167	36	4.6	387
	建　　築	10	169	138	34	4.0	397
	先　端　化	10	150	110	33	3.3	373
	電気電子情報工	13	171	136	23	5.9	397
	経　営　工	10	89	66	25	2.6	384
	機　械　工	10	227	177	42	4.2	381
	土　木　工	10	129	92	30	3.0	361
先進工	電子システム工	10	119	95	24	3.9	397
	マテリアル創成工	10	135	107	11	9.7	410
	生命システム工	10	184	142	30	4.7	399
経営	経　　営	12	189	160	43	3.7	390
	ビジネスエコノミクス	15	147	122	39	3.1	392
	国際デザイン経営	5	55	46	16	2.8	378
合	計	295	4,476	3,430	831	―	―

（配点）　500 点満点（大学入学共通テスト 200 点＋東京理科大学独自試験 300 点）。

●グローバル方式入試（英語の資格・検定試験＋東京理科大学独自試験）

学部・学科		募集人員	志願者数	受験者数	合格者数	競争率	合格最低点
理第一部	数	5	72	65	13	5.0	310
	物　　　　　理	5	62	53	13	4.0	274
	化	5	60	54	17	3.1	251
	応　用　　数	5	105	101	18	5.6	305
	応　用　物　理	5	39	36	11	3.2	261
	応　用　　化	5	46	35	9	3.8	252
工	建　　　　　築	5	75	72	15	4.8	276
	工　業　　化	5	39	34	11	3.0	255
	電　気　　工	5	62	57	9	6.3	289
	情　報　　工	5	114	100	15	6.6	281
	機　械　　工	5	67	56	11	5.0	274
薬	薬	5	60	52	10	5.2	265
	生 命 創 薬 科	5	39	35	11	3.1	250
理工	数	5	106	101	24	4.2	292
	物　　　　　理	5	58	56	18	3.1	247
	情　報　　科	5	82	76	9	8.4	276
	応 用 生 物 科	5	61	53	15	3.5	253
	建　　　　　築	5	80	75	12	6.2	270
	先　端　　化	5	61	54	17	3.1	241
	電 気 電 子 情 報 工	7	126	114	16	7.1	270
	経　営　　工	5	49	43	12	3.5	255
	機　械　　工	5	73	66	18	3.6	258
	土　木　　工	5	72	68	12	5.6	243
先進工	電子システム工	5	65	59	18	3.2	249
	マテリアル創成工	5	34	29	6	4.8	261
	生命システム工	5	82	76	12	6.3	271
経営	経　　　　　営	12	112	103	23	4.4	281
	ビジネスエコノミクス	8	106	100	20	5.0	285
	国際デザイン経営	15	63	58	33	1.7	220
合	計	167	2,070	1,881	428	—	—

（配点）　325 点満点（東京理科大学独自試験 300 点＋英語の資格・検定試験 25 点）。

2021 年度 入試状況

●B方式入試（東京理科大学独自試験）

学部・学科		募集人員	志願者数	受験者数	合格者数	競争率	合格最低点
理第一部	数　　　　　理	49	858	827	247	3.3	185
	物　　　　　理	49	1,247	1,180	423	2.7	187
	化	49	1,020	972	344	2.8	*234
	応　用　数	49	570	544	191	2.8	183
	応　用　物　理	49	664	634	311	2.0	144
	応　用　化	49	1,240	1,187	447	2.6	*181
工	建　　　　　築	46	1,199	1,144	290	3.9	197
	工　業　化	46	643	610	271	2.2	177
	電　気　工	46	1,190	1,120	380	2.9	188
	情　報　工	46	2,389	2,264	375	6.0	211
	機　械　工	46	1,769	1,671	494	3.3	197
薬	薬	40	934	841	252	3.3	175
	生　命　創　薬　科	40	603	560	224	2.5	166
理工	数	49	702	683	340	2.0	**279
	物　　　　　理	49	1,083	1,048	409	2.5	220
	情　報　科	49	1,410	1,360	433	3.1	228
	応　用　生　物　科	49	900	854	355	2.4	212
	建　　　　　築	49	798	762	250	3.0	213
	先　端　化	49	636	614	296	2.0	196
	電気電子情報工	67	1,413	1,338	626	2.1	202
	経　営　工	49	902	871	301	2.8	221
	機　械　工	49	1,417	1,350	474	2.8	214
	土　木　工	49	782	755	418	1.8	187
先進工	電子システム工	49	1,233	1,182	198	5.9	212
	マテリアル創成工	49	1,280	1,235	357	3.4	199
	生命システム工	49	1,288	1,239	390	3.1	194
経営	経　　　　　営	72	1,093	1,063	312	3.4	#299
	ビジネスエコノミクス	73	1,091	1,059	321	3.2	221
	国際デザイン経営	32	499	485	64	7.5	##307
理第二部	数	64	254	215	123	1.7	123
	物　　　　　理	64	238	185	122	1.5	110
	化	69	188	152	112	1.3	101
合　　　　　計		1,633	31,533	30,004	10,150	―	―

（備考）　合格者数・合格最低点には追加合格者を含む。

（配点）　試験各教科 100 点満点，3 教科計 300 点満点。ただし，以下を除く。

- 理学部第一部化学科・応用化学科（＊）は 350 点満点（化学 150 点，他教科各 100 点）。
- 理工学部数学科（＊＊）は 400 点満点（数学 200 点，他教科各 100 点）。
- 経営学部経営学科（#）は 400 点満点（高得点の 2 科目をそれぞれ 1.5 倍に換算，残り 1 科目 100 点）。
- 経営学部国際デザイン経営学科（＃＃）は 400 点満点（英語 200 点，他教科各 100 点）。

●C方式入試（大学入学共通テスト＋東京理科大学独自試験）

	学部・学科	募集人員	志願者数	受験者数	合格者数	競争率	合格最低点
理第一部	数	10	131	91	26	3.5	369
	物　　　　　理	10	126	81	12	6.7	391
	化	10	129	87	30	2.9	371
	応　用　数	10	64	42	25	1.6	319
	応　用　物　理	10	76	53	19	2.7	360
	応　用　化	10	130	87	20	4.3	385
工	建　　　　　築	10	130	94	25	3.7	390
	工　業　化	10	91	65	26	2.5	369
	電　気　工	10	90	64	21	3.0	383
	情　報　工	10	216	165	30	5.5	405
	機　械　工	10	142	92	30	3.0	382
薬	薬	10	163	112	16	7.0	391
	生　命　創　薬　科	10	114	75	18	4.1	376
理工	数	10	74	57	27	2.1	339
	物　　　　　理	10	78	60	19	3.1	376
	情　報　科	10	135	105	17	6.1	401
	応　用　生　物　科	10	139	104	36	2.8	361
	建　　　　　築	10	83	57	24	2.3	358
	先　端　化	10	72	50	19	2.6	359
	電　気　電　子　情　報　工	13	107	79	19	4.1	373
	経　営　工	10	96	70	21	3.3	375
	機　械　工	10	136	87	32	2.7	358
	土　木　工	10	65	33	13	2.5	352
先進工	電子システム工	10	138	113	14	8.0	387
	マテリアル創成工	10	123	67	14	4.7	366
	生命システム工	10	164	116	33	3.5	374
経営	経　　　　　営	12	87	63	26	2.4	337
	ビジネスエコノミクス	15	110	78	23	3.3	366
	国際デザイン経営	5	37	26	7	3.7	369
合	計	295	3,246	2,273	642	—	—

（配点）　500 点満点（大学入学共通テスト 200 点＋東京理科大学独自試験 300 点）。

●グローバル方式入試（英語の資格・検定試験＋東京理科大学独自試験）

学部・学科		募集人員	志願者数	受験者数	合格者数	競争率	合格最低点
理第一部	数	5	57	52	11	4.7	243
	物　　理	5	60	52	8	6.5	252
	化	5	57	49	15	3.2	246
	応　用　数	5	89	80	16	5.0	208
	応　用　物　理	5	37	34	11	3.0	233
	応　用　化	5	71	64	10	6.4	261
工	建　　築	5	85	77	10	7.7	253
	工　業　化	5	52	44	12	3.6	245
	電　気　工	5	50	44	13	3.3	229
	情　報　工	5	119	101	14	7.2	256
	機　械　工	5	61	51	11	4.6	252
薬	薬	5	46	35	6	5.8	255
	生 命 創 薬 科	5	48	41	13	3.1	251
理工	数	5	46	46	23	2.0	185
	物　　理	5	38	37	8	4.6	232
	情　報　科	5	59	53	8	6.6	250
	応 用 生 物 科	5	51	45	14	3.2	228
	建　　築	5	56	50	15	3.3	227
	先　端　化	5	30	29	7	4.1	238
	電気電子情報工	7	57	53	13	4.0	209
	経　営　工	5	57	51	13	3.9	251
	機　械　工	5	65	55	15	3.6	218
	土　木　工	5	59	52	9	5.7	244
先進工	電子システム工	5	105	99	12	8.2	238
	マテリアル創成工	5	68	62	8	7.7	244
	生命システム工	5	99	88	19	4.6	232
経営	経　　営	12	84	74	13	5.6	206
	ビジネスエコノミクス	8	143	130	30	4.3	215
	国際デザイン経営	15	86	79	20	3.9	203
合　　計		167	1,935	1,727	377	－	－

（配点）　325 点満点（東京理科大学独自試験 300 点＋英語の資格・検定試験 25 点）。

2020 年度　入試状況

●Ｂ方式入試（東京理科大学独自試験）

学部・学科		募集人員	志願者数	受験者数	合格者数	競争率	合格最低点
理第一部	数　　　　理	49	887	852	238	3.5	180
	物　　　　理	49	1,418	1,361	376	3.6	207
	化	49	1,073	1,008	291	3.4	＊221
	応　用　数	49	688	665	186	3.5	176
	応　用　物　理	49	751	717	285	2.5	180
	応　用　化	49	1,470	1,403	390	3.5	＊250
工	建　　　　築	46	1,413	1,317	285	4.6	208
	工　業　化	46	656	617	264	2.3	181
	電　気　工	46	1,729	1,638	329	4.9	209
	情　報　工	46	2,158	2,014	418	4.8	213
	機　械　工	46	2,213	2,080	444	4.6	213
薬	薬	40	1,028	935	262	3.5	212
	生　命　創　薬　科	40	688	646	237	2.7	203
理工	数	49	911	879	311	2.8	＊＊262
	物　　　　理	49	1,215	1,170	411	2.8	187
	情　報　科	49	1,567	1,492	366	4.0	218
	応　用　生　物　科	49	1,228	1,174	393	2.9	202
	建　　　　築	49	1,044	991	214	4.6	217
	先　端　化	49	1,059	1,005	292	3.4	206
	電気電子情報工	67	1,623	1,542	493	3.1	208
	経　営　工	49	1,064	1,026	270	3.8	208
	機　械　工	49	1,766	1,688	470	3.5	216
	土　木　工	49	995	946	322	2.9	198
基礎工	電　子　応　用　工	49	794	769	211	3.6	204
	材　料　工	49	1,138	1,097	263	4.1	207
	生　物　工	49	775	739	295	2.5	196
経営	経　　　　営	132	1,755	1,695	328	5.1	＃262
	ビジネスエコノミクス	62	1,054	1,022	139	7.3	217
理第二部	数　　　　理	64	310	259	113	2.2	167
	物　　　　理	64	304	273	138	1.9	162
	化	69	231	200	131	1.5	148
合　　　　計		1,650	35,005	33,220	9,165	―	―

（備考）　合格者数・合格最低点には補欠合格者を含む。

（配点）　試験各教科100点満点，3教科計300点満点。ただし，以下を除く。

- 理学部第一部化学科・応用化学科（＊）は350点満点（化学150点，他教科各100点）。
- 理工学部数学科（＊＊）は400点満点（数学200点，他教科各100点）。
- 経営学部経営学科（＃）は350点満点（英語150点，他教科各100点）。

●C方式入試（大学入試センター試験＋東京理科大学独自試験）

学部・学科		募集人員	志願者数	受験者数	合格者数	競争率	合格最低点
理第一部	数	10	90	72	18	4.0	384
	物　　　　　理	10	132	102	14	7.2	410
	化	10	110	86	27	3.1	381
	応　用　数	10	88	68	25	2.7	379
	応　用　物　理	10	60	47	18	2.6	376
	応　用　化	10	161	117	34	3.4	390
工	建　　　築	10	146	112	26	4.3	401
	工　業　化	10	75	53	20	2.6	371
	電　気　工	10	184	142	37	3.8	393
	情　報　工	10	205	152	30	5.0	404
	機　械　工	10	210	159	40	3.9	390
薬	薬	10	182	133	20	6.6	396
	生 命 創 薬 科	10	106	83	24	3.4	379
理工	数	10	79	68	19	3.5	378
	物　　　　　理	10	84	60	10	6.0	392
	情　報　科	10	115	81	22	3.6	385
	応 用 生 物 科	10	173	125	35	3.5	366
	建　　　築	10	113	91	24	3.7	398
	先　端　化	10	90	72	20	3.6	371
	電気電子情報工	13	91	65	16	4.0	374
	経　営　工	10	96	79	20	3.9	369
	機　械　工	10	145	118	25	4.7	390
	土　木　工	10	69	54	12	4.5	387
基礎工	電 子 応 用 工	10	115	87	24	3.6	377
	材　料　工	10	165	132	10	13.2	395
	生　物　工	10	120	97	32	3.0	358
経営	経　　　　　営	24	208	172	25	6.8	387
	ビジネスエコノミクス	13	181	148	23	6.4	383
合　　　　　計		300	3,593	2,775	650	—	—

（配点）　500 点満点（大学入試センター試験 200 点＋東京理科大学独自試験 300 点）。

●グローバル方式入試（英語の資格・検定試験＋東京理科大学独自試験）

学部・学科		募集人員	志願者数	受験者数	合格者数	競争率	合格最低点
理第一部	数	5	56	52	7	7.4	270
	物　　　　理	5	66	61	7	8.7	269
	化	5	58	50	13	3.8	235
	応　用　数	5	68	63	17	3.7	236
	応　用　物　理	5	37	34	9	3.7	253
	応　用　化	5	69	59	12	4.9	238
工	建　　　築	5	79	74	10	7.4	253
	工　業　化	5	44	40	12	3.3	213
	電　気　工	5	107	100	15	6.6	250
	情　報　工	5	91	76	12	6.3	254
	機　械　工	5	80	75	10	7.5	266
薬	薬	5	59	45	8	5.6	242
	生 命 創 薬 科	5	43	37	9	4.1	221
理工	数	5	33	31	8	3.8	234
	物　　　　理	5	38	33	7	4.7	246
	情　報　科	5	50	46	7	6.5	242
	応 用 生 物 科	5	78	68	13	5.2	224
	建　　　築	5	68	61	9	6.7	252
	先　端　化	5	45	40	9	4.4	230
	電 気 電 子 情 報 工	7	62	52	15	3.4	233
	経　営　工	5	50	43	10	4.3	228
	機　械　工	5	65	57	11	5.1	251
	土　木　工	5	76	71	14	5.0	222
基礎工	電 子 応 用 工	5	94	88	21	4.1	227
	材　料　工	5	76	68	5	13.6	239
	生　物　工	5	60	53	13	4.0	217
経営	経　　　営	12	177	162	12	13.5	236
	ビジネスエコノミクス	7	110	104	20	5.2	228
合　　　　計		151	1,939	1,743	315	—	—

（配点）　320点満点（東京理科大学独自試験300点＋英語の資格・検定試験20点）。

募集要項（出願書類）の入手方法

◎**一般選抜（A方式・B方式・C方式・グローバル方式・S方式）**

　Web 出願サイトより出願を行います。募集要項は大学ホームページよりダウンロードしてください（11 月中旬公開予定）。

◎**学校推薦型選抜・総合型選抜**

　Web 出願サイトより出願を行います。募集要項は 7 月上旬頃，大学ホームページで公開。

> 〔Web 出願の手順〕
> **Web 出願サイトより出願情報を入力**
> ⇨**入学検定料等を納入⇨出願書類を郵送⇨完了**

◎**上記入学試験以外（帰国生入学者選抜や編入学など）**

　Web 出願には対応していません。願書（紙媒体）に記入し，郵送により出願します。募集要項は大学ホームページから入手してください。

問い合わせ先……………………………………………………………………

　東京理科大学　　入試課

　　〒 162-8601　東京都新宿区神楽坂 1-3

　　TEL 03-5228-7437　　　　FAX 03-5228-7444

　　ホームページ　https://www.tus.ac.jp/

東京理科大学のテレメールによる資料請求方法

| スマートフォンから | QRコードからアクセスしガイダンスに従ってご請求ください。 |
| パソコンから | 教学社 赤本ウェブサイト(akahon.net)から請求できます。 |

合格体験記募集

　2025 年春に入学される方を対象に，本大学の「合格体験記」を募集します。お寄せいただいた合格体験記は，編集部で選考の上，小社刊行物やウェブサイト等に掲載いたします。お寄せいただいた方には小社規定の謝礼を進呈いたしますので，ふるってご応募ください。

● 応募方法 ●

下記 URL または QR コードより応募サイトにアクセスできます。ウェブフォームに必要事項をご記入の上，ご応募ください。折り返し執筆要領をメールにてお送りします。

※入学が決まっている一大学のみ応募できます。

☞ http://akahon.net/exp/

● 応募の締め切り ●

総合型選抜・学校推薦型選抜	2025 年 2 月 23 日
私立大学の一般選抜	2025 年 3 月 10 日
国公立大学の一般選抜	2025 年 3 月 24 日

受験にまつわる川柳を募集します。入選者には賞品を進呈！ふるってご応募ください。

応募方法　http://akahon.net/senryu/　にアクセス！☞

気になること、聞いてみました！

在学生メッセージ

大学ってどんなところ？　大学生活ってどんな感じ？
ちょっと気になることを，在学生に聞いてみました。

以下の内容は 2020〜2022 年度入学生のアンケート回答に基づくものです。ここ
で触れられている内容は今後変更となる場合もありますのでご注意ください。

Message from current students

メッセージを書いてくれた先輩　［創域理工学部］K.N. さん　［理学部第一部］A.Y. さん
　　　　　　　　　　　　　　　［理学部第二部］M.A. さん

 ## 大学生になったと実感！

　自由度が高まったと感じています。バイト，部活，勉強など自分のやり
たいことが好きなようにできます。高校時代と比べて良い意味でも悪い意
味でも周りからの干渉がなくなったので，自分のやりたいことができます。
逆に，何もしないと何も始まらないと思います。友達作りや自分のやりた
いことを自分で取捨選択して考えて行動することで，充実した大学生活を
送ることができるのではないでしょうか。自分自身，こういった環境に身
を置くことができるのはとてもありがたいことだと思っており，有意義な
ものになるよう自分から動くようにしています。（A.Y. さん／理〈一部〉）

　大学生になって，高校よりも良くも悪くも自由になったと実感していま
す。高校生までは，時間割が決まっていて学校の外に出ることはなかった
と思いますが，大学生は授業と授業の間にお出かけをしたり，ご飯を食べ
たりすることもできますし，授業が始まる前に遊んでそのまま大学に行く
こともあります。アルバイトを始めたとき，専門書を購入したとき，大学
生になったと実感します。また，講義ごとに教室が変わり自分たちが移動

する点も高校とは異なる点だと思います。（M.A. さん／理〈二部〉）

　所属する建築学科に関する専門科目が新しく加わって，とても楽しいです。さらに OB の方をはじめとした，現在業界の第一線で働いていらっしゃる専門職の方の講演が授業の一環で週に 1 回あります。そのほかの先生も業界で有名な方です。（K.N. さん／創域理工）

この授業がおもしろい！

　1 年生の前期に取っていた教職概論という授業が好きでした。この授業は教職を取りたいと思っている学生向けの授業です。教授の話を聞いたり個人で演習したりする授業が多いですが，この授業は教授の話を聞いた後にグループワークがありました。志の高い人たちとの話し合いは刺激的で毎回楽しみにしていました。後半にはクラス全体での発表もあり，たくさんの意見を聞くことができる充実した授業でした。（A.Y. さん／理〈一部〉）

大学の学びで困ったこと＆対処法

　高校と比べて圧倒的に授業の数が多いので，テスト勉強がとても大変です。私の場合，1 年生前期の対面での期末テストは 12 科目もありました。テスト期間は長く大変でしたが，先輩や同期から過去問題をもらい，それを重点的に対策しました。同学科の先輩とのつながりは大切にするべきです。人脈の広さがテストの点数に影響してきます。（A.Y. さん／理〈一部〉）

　数学や物理でわからないことがあったときは，SNS でつながっている学科の友人に助けを求めたり，高校時代の頭のよかった友人に質問したりします。他の教科の課題の量もかなり多めなので，早めに対処することが一番大事です。（K.N. さん／創域理工）

Message from current students

部活・サークル活動

　部活は弓道部，サークルは「ちびらぼ」という子供たちに向けて科学実験教室を行うボランティアサークルに所属しています。弓道部は週に3回あり忙しいほうだと思いますが，他学部の人たちや先輩と知り合うことができて楽しいです。部活やサークルに入ることは，知り合いの幅を広げることもできるのでおすすめです。どのキャンパスで主に活動しているのか，インカレなのかなど，体験入部などを通してよく調べて選ぶといいと思います。(A.Y. さん／理〈一部〉)

 ## 交友関係は？

　初めは SNS で同じ学部・学科の人を見つけてつながりをもちました。授業が始まるにつれて対面で出会った友達と一緒にいることが増えました。勉強をしていくうえでも，大学生活を楽しむうえでも友達の存在は大きく感じます。皆さんに気の合う友達ができることを祈っています。(M.A. さん／理〈二部〉)

 ## いま「これ」を頑張っています

　勉強，部活，バイトです。正直大変で毎日忙しいですが，充実していて楽しいです。自分の知らなかった世界が広がった気がします。実験レポートや課題が多く，いつ何をするか計画立てて進めています。自分はどうしたいかを日々考えて動いています。(A.Y. さん／理〈一部〉)

おススメ・お気に入りスポット

　私は理学部なので神楽坂キャンパスに通っています。キャンパスの周り
にはたくさんのカフェやおしゃれなお店があり，空きコマや放課後にふら
っと立ち寄れるのがいいと思います。東京理科大学には「知るカフェ」と
いうカフェがあり，ドリンクが無料で飲めるスペースがあります。勉強し
ている学生が多くいて，私もよくそこで友達と課題をしています。
（A.Y. さん／理〈一部〉）

入学してよかった！

　勤勉な友達や熱心な先生方と出会い，毎日が充実しており，東京理科大
学に入学してよかったと心から思っています。理科大というと単位や留年，
実力主義という言葉が頭に浮かぶ人，勉強ばかりで大変だと思っている人
もいると思います。しかし，勉強に集中できる環境が整っており，先生方
のサポートは手厚く，勉強にも大学生活にも本気になることができます。
また，教員養成にも力を入れており，この点も入学してよかったと思って
いる点です。（M.A. さん／理〈二部〉）

Message from current students

合格体験記

みごと合格を手にした先輩に，入試突破のためのカギを伺いました。入試までの限られた時間を有効に活用するために，ぜひ役立ててください。

（注）ここでの内容は，先輩方が受験された当時のものです。2025 年度入試では当てはまらないこともありますのでご注意ください。

・アドバイスをお寄せいただいた先輩・

M.Y. さん　先進工学部（生命システム工学科）
B 方式・グローバル方式 2024 年度合格，埼玉県出身

　自分が今できる最善の勉強をしつづけることです。受験は長期戦です。あのときにこうしておけばよかったと後悔することもあって当然です。でも，そう感じたときにもし最善の選択をしていたら，「あのときの自分は最善だと思って行動したから今があるんだ」と思えます。過去には戻れないので後悔をしても過去は変わりません。失敗をすると，たくさんのことを学べます。失敗を恐れず挑戦しつづけてほしいです。また，常に前向きに勉強をしつづけることは難しく，時には落ち込むこともあって当然です。辛い気持ちになったら周りの人を頼りましょう。私たちには応援をしてくれる家族や先生，友だちがいます。ずっと勉強をしつづければ本番では自信になります。最後まで諦めずに努力していってほしいです。

その他の合格大学　東京理科大（創域理工），明治大（農〈農芸化〉），青

山学院大（理工〈化学・生命科〉），中央大（理工〈生命科〉）

○ H.S. さん　先進工学部（機能デザイン工学科）
○ B方式 2023 年度合格，千葉県出身

　最後まで諦めないことだと思います。模試で良い成績を残せず，「なんでこんなに勉強しているのに成績が伸びないんだ」と心が折れてしまうことがあるかもしれないけれど，最後まで諦めなければ結果はついてくると思います。

その他の合格大学　東京海洋大（海洋工），中央大（理工），青山学院大（理工），法政大（理工）

○ A.Y. さん　理学部（化学科）
○ B方式 2022 年度合格，東京都出身

　１問１問に向き合い，自分自身や受験に対して最後まで諦めない気持ちを持つことが合格への最大のポイントだと思います。うまくいかないこともありますが，踏ん張って自分で考え試行錯誤しているうちに何かに気がつけたり，成長できていることに気づかされることもあります。受験には終わりがあります。あと少しだけ，そう思って諦めず少しずつでも進んでいくことが大切だと思います。どんなにうまくいかなかったり周りから何か言われたりしても合格すればすべて報われます。そう思って頑張ってください！

その他の合格大学　東邦大（理），東京電機大（工），立教大（理），法政大（生命科），中央大（理工），富山大（理）

○ **K.O. さん**　先進工学部（電子システム工学科）
○ B方式 2022 年度合格，大阪府出身

　時にはモチベーションが上がらなかったり，投げ出したくなること
もあるかもしれません。でもやっぱり一番大事なのは，そんなときこ
そゆっくりでもいいから足を止めず，勉強を続けることだと思います。

その他の合格大学　芝浦工業大（工），法政大（理工），東京都市大（理
工）

入試なんでも Q & A

受験生のみなさんからよく寄せられる，
入試に関する疑問・質問に答えていただきました。

 「赤本」の効果的な使い方を教えてください。

A 夏くらいから解き始めました。受験する大学は必ず解き，傾向をつかみました。第一志望校（国立）は8年ほど，私立の実力相応校は3年ほど，安全校は1年ほど解きました。安全校であっても自分に合わない形式の大学もあるので，赤本は必ずやるべきです。また，挑戦校は早めに傾向をつかむことで，合格に近づくことができると思います。赤本の最初のページには傾向が書かれているので，しっかりと目を通すとよいと思います。　　　　　　　　　　　　　　　　　　（M.Y. さん／先進工）

A 夏頃に第1志望校の最新1年分の過去問を時間を計って解いてみて自分の現状を知ることで，これからどのような学習をすればよいのか再度計画を立て直しました。10月下旬からは志望校の過去問を1週間に1〜2年分解くようにしました。数学や物理は解けなくても気にしないようにして，解答や解説を読んでどのくらいの過程で結論を導き出せるのかを把握することで過去問演習や受験本番のペース配分に利用していました。間違えた問題には印を付けておき，復習しやすいようにしていました。直前期には間違えた問題を中心に第3志望校くらいまでの過去問5年分を2〜3周しました。　　　　　　　　　　　　　（H.S. さん／先進工）

１年間の学習スケジュールはどのようなものでしたか？

A　高３になる前：英語と数学Ⅰ・Ⅱ・Ａ・Ｂの基礎を固めておく。
　高３の夏：理科の基礎を固める（『重要問題集』（数研出版）のレベルＡまで，得意な範囲はＢも）。ここで苦手分野をあぶりだす。また，夏に一度，第一志望校の過去問を解き，夏以降の勉強の指針を立てる。
　９月：意外と時間があり，志望校の対策をする。
　10月：模試に追われ，模試のたびに復習をして，苦手範囲をつぶしていく。
　11月：各科目の苦手範囲を問題集等でなるべく減らす。
　12～１月：共通テストに専念。
　共通テスト明け：私立の過去問を解きつつ，国立の対策もする。

（M.Y. さん／先進工）

A　４～10月までは基礎の参考書を何周もして身につけました。英単語は「忘れたら覚える」の繰り返しを入試までずっと続けていました。理系科目も何周もしましたが，その単元の内容を短時間で一気に身につけるという意識で，１つの問題に長い時間をかけて取り組んでいました。11月から12月半ばまでは過去問演習と参考書学習を並行して行っていました。そこから入試にかけてはほとんど過去問演習でしたが，過去問演習と参考書学習の比率は自分のレベルに応じて決めるといいと思います。

（K.O. さん／先進工）

 どのように学習計画を立て，受験勉強を進めていましたか？

A　１，２週間ごとに「やることリスト」を紙に書き出していました。休憩の時間も含めて決めて，それを元に１日単位のやる量も決めました。計画において大切なことは，ガチガチではなく大ざっぱに決め，少なくてもいいから絶対に決めた量はやりきるということだと思います。最初はなかなか計画通りに進めるのは難しいと思いますが，「今日から計画

を1回も破らない」という意識で，思っているより少ないタスク量から始めていくと続きやすいのかもしれません。　　　　　（K.O. さん／先進工）

 東京理科大学を攻略するうえで，特に重要な科目は何ですか？

A 　理科があまり得意ではなかったこともあり，東京理科大学の物理は難しいと感じていたため，英語・数学を得点源にしようと考えました。英語に関しては単語帳と熟語帳を1冊しっかりと仕上げれば，単語や熟語で困ることはないと思います。長文も慣れればそこまで難しくはないので慣れるまで過去問を解きました。私は慣れるのに時間がかかったので他学部の英語の問題も解きました。数学に関しては先進工学部はマーク式と記述式があるのですが，過去問を解いてどちらを得点源にできるのか考えておくと，受験当日に緊張していても落ち着いて試験に臨めると思います。物理に関しては大問の中盤くらいまでをしっかり解けるようにしておけば，難しい問題が多い終盤の問題を落としても合格点に届くと思います。　　　　　　　　　　　　　　　　　　　　　　（H.S. さん／先進工）

A 　英語です。数学や化学は年によって難易度に差があり，問題を見てみないとわからない部分もあります。だからこそ英語で安定して点を取れていると強いと思います。東京理科大の英語は傾向が読みにくいので，最低3〜5年分の過去問をやり，どんな形式にでも対応できるようにしておくべきです。試験が始まったら，まずどんな問題で，どのように時間配分をすべきか作戦を立ててから問題に取り組むことをお勧めします。具体的には文と文の因果関係や，プラスマイナスの関係性に気をつけて記号的に読んでいました。　　　　　　　　　　　　　　（A.Y. さん／理）

 学校外での学習はどのようにしていましたか？

 A 　高2の秋から1年間，英語と数学を塾で週に1回ずつ学んでいました。学校の課題が多かったので学校と塾との両立は簡単ではあり

ませんでしたが，自分には合っていたと思います。また，夏休みにオンライン学習をしていました。予備校の種類は多いので自分に合ったものを選ぶことが大切だと思います。そもそも予備校に通ったほうがいいのか，対面かオンラインか，集団か個別かなど，体験授業などにも参加して取捨選択するのがいいと思います。自分に合っていない方法をとって時間もお金も無駄にしてしまうことはよくないと思うからです。　　（A.Y. さん／理）

 時間をうまく使うためにしていた工夫を教えてください。

A 　時間は自分でつくるものです。いままでスマホを見ていた時間を隙間時間だと考えると，隙間時間の多さを感じると思います。ほかにも，電車に乗っている時間は言うまでもないと思いますが，例えば電車が来るまでの時間，食事後の時間などです。スマホを触る代わりに単語帳を開くとよいと思います。移動時間には暗記系，机の上で勉強できる時間はすべてペンを使った勉強と決めておくと，暗記は電車の中で終わらせるという意識がもてて集中できると思います。　　（M.Y. さん／先進工）

 苦手な科目はどのように克服しましたか？

A 　わからない問題を，納得のいくまで先生に聞きつづける。入試本番でわからないより，今わからないほうがよいと思って質問をしていました。質問をしたことは頭にも残りやすいと思います。暗記の場合は，語呂合わせを利用するなどするとよいと思います。理系科目は，苦手な範囲を見つけ，なぜその範囲が苦手なのかを追求し，それを苦手でないようにするにはどうすればよいのかを考え，実行するとよいと思います。一見簡単そうに思えますが，実行までもっていくことは難しいです。なぜできないのかが自分でわからない場合は，逃げるのではなく，周りの人に聞いてみるとよいと思います。　　（M.Y. さん／先進工）

スランプに陥ったときに，どのように抜け出しましたか？

A 友達や先生など信頼できる人に相談をしました。悩んで前に進まない時間が一番もったいないので，周りの人を頼りました。何でも気軽に相談できる先生がいたので，その先生に不安や悩みを相談していました。相談をする時間が惜しかったときもありますが，相談することでメンタルが回復するのであれば，相談をする時間は惜しむべきではないと思います！　また，一緒に頑張る仲間がいると頑張れます。友だちが頑張っていると自分も頑張ろうと思えますし，一方が落ち込んだらもう一方が励ますことで，お互いに支えあって受験を乗り越えることができました。

(M.Y. さん／先進工)

 模試の上手な活用法を教えてください。

A 僕は模試を入試仮想本番として捉えることの大切さを挙げたいと思います。一日中通しで試験を受けるというのは，普段はなかなかできない貴重な体験だと思います。そして，本番として本気でぶつかることで普段の勉強では得られない発見が必ずあります。計算ミスはその筆頭で，これをなくすだけで偏差値は大幅にアップします。本番としてやるというのは，言葉通り模試前の教材の総復習だったり，模試の過去問があるなら見ておいたり，気合いを入れたり，本当の入試として取り組むということです。ぜひやってみてください。

(K.O. さん／先進工)

 試験当日の試験場の雰囲気はどのようなものでしたか？
緊張のほぐし方，交通事情，注意点等があれば教えてください。

A 1時間前には座席に座れるように余裕を持って行動しました。私は受験のときに着る私服を決め，毎回同じ服装で受験していました。私服で行くのは体温調節がしやすいのでオススメです。私はカイロを毎回持参することで緊張をほぐしていました。試験が始まるまで耳栓をして，

黙々と暗記教科を中心に見直しをしていました。教科が終わるごとに歩いたりトイレに行ったりして，気分転換していました。出来があまりよくなかった教科ほど気持ちの切り替えが大切です。　　　　　　（A.Y. さん／理）

Q 併願をするうえで重視したことは何ですか？　また，注意すべき点があれば教えてください。

A キャンパスがどこにあるのかをしっかりと調べるようにして，もし通うことになったときに通学時間が長くても自宅から 2 時間かからない場所の大学を選びました。また，自分が最後に受けた模試の偏差値を見て，安全校，実力相応校，挑戦校を決めました。安全校はウォーミングアップ校とも言ったりしますが，実力相応校を受験する前に受験できる大学を選びました。私の場合は，理科が得点源になるほどにはできなかったので数学や英語だけで受験できるような大学も選ぶようにしていました。

（H.S. さん／先進工）

Q 受験生のときの失敗談や後悔していることを教えてください。

A 受験勉強が始まって最初の頃，現実逃避したいせいか受験とは関係ないことに時間を使いすぎてしまい，勉強をストップしてしまったことです。例えば勉強を 1 週間休んだとしたら，それを取り返すためには数カ月質を上げて努力し続けなければいけません。だからストップだけはせず，気分が上がらないときはかなりスローペースでもいいので勉強を継続することです。そうやって 1 日 1 日を一生懸命に生きていれば，自然とペースはつかめてくると思います。　　　　　　（K.O. さん／先進工）

Q 普段の生活のなかで気をつけていたことを教えてください。

A 食事の時間だけは勉強を忘れて友達や家族と他愛ない話をして気分転換の時間としました。温かいものを食べると体も心も温まるの

で夕食は家で温かいものを食べるようにしていました。また，睡眠時間を削ると翌日の勉強に悪影響を及ぼすので，毎日決まった時間に寝るようにしていました。起床時間は平日と土日でほとんど差がでないようにすることで，平日でも土日でもしっかりと起きることができました。さらに，寝る前の 30 分は暗記によい時間と聞いたことがあったので，ストレッチをしながらその日にやったことをさらっと復習したり，苦手な範囲を見直したりしていました。

（M.Y. さん／先進工）

Q 受験生へアドバイスをお願いします。

A　受験は長いです。しかも 1 日十何時間も毎日本気で勉強して，こんな大変な思いをする意味はあるのか？と思った人もいると思います。でも，本気であることに打ち込むのは貴重な経験だと思います。受験が始まる前に取り組んだいろんなことも，今では何でも簡単にできるようになっていると思えませんか？　そういった自信をつくるという意味で，この経験は受験ならではですし，大学受験が今までの人生で一番本気で頑張っていることだという人も多いと思います。そんな頑張っている自分を認めてあげてください。そのうえで，受験を最後まで走り切ってください。頑張れ受験生！

（K.O. さん／先進工）

科目別攻略アドバイス

みごと入試を突破された先輩に，独自の攻略法や
おすすめの参考書・問題集を，科目ごとに紹介していただきました。

英　語

速読力，単語力，英文の構造理解がポイント。　　（M.Y. さん／先進工）
📖 **おすすめ参考書**　『**速読英単語**』（Z会）
『**LEAP**』（数研出版）

まずは語彙力だと思います。文法問題も出題されているので文法も大事
だと思います。　　　　　　　　　　　　　　　　　（H.S. さん／先進工）
📖 **おすすめ参考書**　『**英単語ターゲット 1900**』『**英熟語ターゲット 1000**』
（いずれも旺文社）

試験が始まったら，まずどんな問題が出ていてどのように時間を使えば
いいか作戦をざっくり立てる。そうすることで焦りが軽減される。文法問
題から解くことで英語に慣れてから長文を解くとよい。

（A.Y. さん／理）

まず単語と熟語は反復して覚えて，時間内に間に合うまでスピードを上
げることが重要。　　　　　　　　　　　　　　　　（K.O. さん／先進工）
📖 **おすすめ参考書**　『**システム英単語**』（駿台文庫）

数　学

典型問題の解法がすぐに出てくるようにしておきましょう。また，何と
なく解くのではなく，どのような方針で解くのかを考えるとよいです。授

業では，解き方を学ぶというよりも，初見問題に出合ったときの頭の使い
方を学ぶとよいと思います。　　　　　　　　　　　　　（M.Y. さん／先進工）

📖 **おすすめ参考書**　『**数学Ⅲ 重要事項完全習得編**』（河合出版）
『**合格る計算 数学Ⅲ**』（文英堂）

　記述式とマーク式のどちらが自分にとってコストパフォーマンスがいい
か考えて，時間配分の力と計算力を上げることが大切。
　　　　　　　　　　　　　　　　　　　　　　　　　（K.O. さん／先進工）

📖 **おすすめ参考書**　『**Focus Gold**』**シリーズ**（啓林館）

物　理

　公式は成り立ちから理解し，演習ではミスをしないギリギリのスピード
を探ること。　　　　　　　　　　　　　　　　　　　（K.O. さん／先進工）

📖 **おすすめ参考書**　『**物理のエッセンス**』（河合出版）

化　学

　典型問題の解法を早めにしっかりと身につけましょう。何を求めたくて，
どうすればどれが求まるのか，与えられた条件をどのように使えばいいの
かをしっかり考えることが大切です。なぜ自分の答えが間違ったのかを突
き止めましょう。　　　　　　　　　　　　　　　　　（M.Y. さん／先進工）

📖 **おすすめ参考書**　『**実戦 化学重要問題集 化学基礎・化学**』（数研出
版）

　教科書を大切にする。教科書の隅々までわかっていれば解ける。細かい
知識が問われることが多いので，よく出るところの周辺は手厚く対策する
べき。　　　　　　　　　　　　　　　　　　　　　　　　（A.Y. さん／理）

📖 **おすすめ参考書**　『**大学受験 Do シリーズ**』（旺文社）
『**宇宙一わかりやすい高校化学 無機化学**』（Gakken）

生　物

自分で現象の説明をできるようにすることがポイント。

（M.Y. さん／先進工）

📖 **おすすめ参考書　『ニューグローバル 生物基礎＋生物』**（東京書籍）

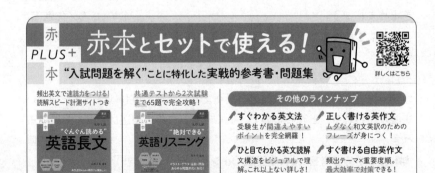

TREND & STEPS

傾向 と 対策

　科目ごとに問題の「傾向」を分析し，具体的にどのような「対策」をすればよいか紹介しています。まずは出題内容をまとめた分析表を見て，試験の概要を把握しましょう。

注　意

　「傾向と対策」で示している，出題科目・出題範囲・試験時間等については，2024 年度までに実施された入試の内容に基づいています。2025 年度入試の選抜方法については，各大学が発表する学生募集要項を必ずご確認ください。

掲載日程・方式・学部

〔2023・2024 年度〕
　2 月 3 日：数理科・先端物理・情報計算科・生命生物科・経営システム
　　　　　　工学科（B 方式）／電気電子情報工学科（S 方式）
　2 月 6 日：建築・先端化・電気電子情報工・機械航空宇宙工・社会基盤
　　　　　　工学科（B 方式）／数理科学科（S 方式）
〔2022 年度〕
　2 月 3 日：数・物理・情報科・応用生物科・経営工学科（B 方式）
　2 月 6 日：建築・先端化・電気電子情報工・機械工・土木工学科（B 方
　　　　　　式）

英　語

年　度	番号	項　目	内　容
2024 ●	2月3日〔1〕	読　解	同意表現，語句整序，空所補充，内容説明，段落の主題，主題
	〔2〕	読　解	空所補充，内容真偽，同意表現，内容説明，主題
	2月6日〔1〕	読　解	同意表現，内容説明，要約文の完成，語句整序，空所補充
	〔2〕	読　解	語句整序，主題
	〔3〕	文法・語彙	空所補充
2023 ●	2月3日〔1〕	読　解	同意表現，内容説明，語句意，空所補充，内容真偽
	〔2〕	読　解	同意表現，語句整序
	〔3〕	文法・語彙	空所補充
	2月6日〔1〕	読　解	同意表現，内容説明，語句整序，空所補充
	〔2〕	読　解	同意表現，空所補充
	〔3〕	文法・語彙	空所補充
2022 ●	2月3日〔1〕	読　解	同意表現，内容説明，空所補充，内容真偽
	〔2〕	会 話 文	語句整序
	〔3〕	読　解	空所補充
	2月6日〔1〕	読　解	同意表現，要約文の完成，空所補充，語句整序，内容説明，主題
	〔2〕	読　解	語句整序，内容真偽

（注）　●印は全問，◗印は一部マークシート式採用であることを表す。

読解英文の主題

年　度	番号	主　題
2024	2月3日〔1〕	「聞くこと」は「読むこと」を超えるか
	〔2〕	大学で学ぶにあたって
	2月6日〔1〕	動物の移動を探査する ICARUS プロジェクト
	〔2〕	イソップ物語とその教訓

2023	2月3日	〔1〕	生物学の今昔
		〔2〕	ナノバブルの研究と応用の可能性
	2月6日	〔1〕	AI相手の討論
		〔2〕	最適なパスワード試行回数は？
2022	2月3日	〔1〕	発見された岩石が恐竜の胃石であるかを探る研究
		〔3〕	冷凍技術の発達
	2月6日	〔1〕	市民科学の台頭と科学者の役割
		〔2〕	出席に関する大学の方針と，欠席を教員に届け出る学生のメール

 読解では文脈をふまえた正確な解釈が必要
語彙力と基本的な文法事項の理解も必須

01 出題形式は？

　例年，全問マークシート式となっている。大問数は3題の場合と2題の場合がある。設問文はすべて英文である。試験時間は両日程とも60分。

02 出題内容はどうか？

　読解問題は，同意表現，空所補充，内容説明，内容真偽など，内容理解に重点が置かれた問題が中心である。単語レベルの問題にみえても，文脈・文意を把握して答えなければならない傾向がある。特に同意表現は比重が大きく，文レベルの問題では，前後の文脈をふまえたうえで，長めの文の構造を正確に分析して内容を理解する必要がある。逆に短い箇所では，重要表現の知識を問うものもあるが，下線が引かれた語句の意味を前後から類推させるものもある。また，語句整序などの形式で文法・語彙の知識が問われることもある。段落全体の内容を書き換えた英文を完成させるなど，設問にも読むべき英文の量が多い。

　文法・語彙問題は独立した大問での出題がみられる場合と，大問としては出題されない場合がある。2024年度は2月6日実施分で基本的な文法・語彙を問う問題が出題された。

　会話文問題は，ここ2年出題がないが，過年度には頻繁に出題されてい

たので注意しておきたい形式である。会話独特の表現がねらわれるわけではなく，どちらかといえば，読解問題に近い。

03 難易度は？

　読解問題は，難しい内容が散見される。設問も同意表現や内容説明の下線部には難単語や難熟語，難表現が含まれていることがあり，決して楽に解けるものではない。全体的にはやや難といえる。

　試験時間が60分と長くはなく，また年度や日程によって大問ごとの分量や配点が異なるので，臨機応変に時間配分できるようにしたい。

対 策

01 読解力

　読解の文章は，興味深い論点を扱った読みごたえのあるものが多い。長い英文を限られた時間内で読んで理解するために，段落ごとに内容をつかみながら全体の主旨を把握する練習を積み重ねておきたい。『やっておきたい英語長文 700』（河合出版）などの長文対策用問題集のほか，話題となっている分野について，The New York Times などの英文サイトの記事を読むことに挑戦するのもよいだろう。試験時間が60分と長くはないので，一読で読み切れるようになることが最終的な目標である。

02 基本的な文法事項の消化

　文法問題が大問として出題されなくても，読解問題中に整序問題が出題されるなど，文法の知識が必要な小問は多い。英文の構造や準動詞の使い方など，基本ではあるが応用力の問われる分野に関しては，完全に理解しておきたい。空所補充問題でも，単語の意味だけでなく，その箇所にふさわしい品詞や語句の形なども考慮できるように準備しておく必要がある。『大学入試 すぐわかる英文法』（教学社）のような問題集や参考書で基礎

から標準的な文法事項をしっかり消化し，不明点をその都度チェックすることで，実戦的な力を養っておこう。

03 語彙力の充実

　語句は，標準レベルの単語帳や熟語帳で一通り学習するのがよい。『まるおぼえ英単語2600』（KADOKAWA／中経出版）は同意語の立体的な把握に役立つ。学術的な文章であれば，知らない単語や熟語が出てくるが，設問に関わる部分は，その前後から推測して柔軟に対応したい。また，理系の英単語はできるだけ多く覚えておきたい。

—— 東京理科大「英語」におすすめの参考書 —— Check!

- ✓『やっておきたい英語長文700』（河合出版）
- ✓『大学入試 すぐわかる英文法』（教学社）
- ✓『まるおぼえ英単語2600』（KADOKAWA／中経出版）

数　学

年　度	番号	項　目	内　容
2024 ◑	2月3日	〔1〕	小 問 3 問	(1)2次方程式の解，複素数平面　(2)三角関数，不等式　(3)座標平面，整数，不等式
		〔2〕	微分法，極限	放物線の接線，極限
		〔3〕	微・積分法，対 数 関 数	対数関数を含む関数の微・積分，曲線と直線で囲まれた部分の面積，回転体の体積
	2月6日	〔1〕	小 問 3 問	(1)群数列　(2)じゃんけんに勝つ確率　(3)空間図形，ベクトル
		〔2〕	2 次 関 数	絶対値を含む関数，直線と曲線の交点の個数，曲線と直線で囲まれた部分の面積
		〔3〕	微・積分法	反比例のグラフと接線，曲線と直線で囲まれた部分の面積
2023 ◑	2月3日	〔1〕	小 問 3 問	(1)場合の数，確率　(2)2次方程式，3次関数，3次方程式，解と係数の関係　(3)数列，漸化式
		〔2〕	図形と方程式，式 と 曲 線	2つの直線とその交点，分数関数の最大値
		〔3〕	微・積分法，対 数 関 数	対数関数の微・積分，曲線と直線で囲まれた部分の面積
	2月6日	〔1〕	小 問 3 問	(1)1次不定方程式　(2)確率，直線，分数関数　(3)空間図形，球面の方程式
		〔2〕	数　　列	直線の交点の列，漸化式
		〔3〕	微・積分法，式 と 曲 線	指数関数と無理関数の微・積分，曲線と直線で囲まれた図形の面積
2022 ◑	2月3日	〔1〕	小 問 3 問	(1)2次方程式，解と係数の関係，3次関数の最大値・最小値　(2)三角関数，高次方程式，因数定理　(3)円の方程式，平面図形
		〔2〕	ベクトル	三角形の内部の点，内分点，面積比
		〔3〕	微・積分法	接線，法線，曲線と直線で囲まれた部分の面積
	2月6日	〔1〕	小 問 3 問	(1)整数の和，組合せ　(2)ベクトル，平面図形，面積比　(3)複素数の計算，ド・モアブルの定理
		〔2〕	数　　列	分数型の漸化式，整数と最大公約数
		〔3〕	微・積分法	指数関数を含む関数の微・積分

(注)　●印は全問，◑印は一部マークシート式採用であることを表す。

出題範囲の変更

　2025年度入試より，数学は新教育課程での実施となります。詳細については，大学から発表される募集要項等で必ずご確認ください（以下は本書編集時点の情報）。

2024年度（旧教育課程）	2025年度（新教育課程）
数学Ⅰ・Ⅱ・Ⅲ・A・B（数列，ベクトル）	数学Ⅰ・Ⅱ・Ⅲ・A（図形の性質，場合の数と確率）・B（数列，統計的な推測）・C（ベクトル，平面上の曲線と複素数平面）

旧教育課程履修者への経過措置

　2025年度に限り，新教育課程と旧教育課程の共通範囲から出題する。

 微・積分法を中心に幅広く出題

01 出題形式は？

　例年，大問3題の出題。〔1〕は独立した3問からなる小問集合でマークシート式，〔2〕〔3〕は記述式で，多くは誘導形式となっている。計算問題が主であるが，過去には証明問題や図示問題も出題されている。試験時間は100分。

02 出題内容はどうか？

　全体的に微・積分法からの出題が多く，ほかにも数列，極限，ベクトルなどから幅広く出題されている。また，複素数平面，確率からも小問として出題されている。

03 難易度は？

　易から難までバランスのよい出題。完答するには教科書＋αの知識，思考力と素早く正確な計算力が必要となる。全体的なレベルは標準程度であるので，解ける問題は取りこぼさないようにすることが大切である。計算量は多いが，試験時間は100分あるので，見直す時間も含め，自分に合った時間配分を身につけておこう。

対 策

01　基礎学力の充実

　まずは教科書の定義・定理・公式を理解したうえで覚えること。そして,定理・公式は導き出すことができるようにし,さらに応用の方法などを研究しておくこと。これらは数学の問題を解くうえでの大切な道具である。不安があれば,教科書の本文を確認のうえで章末・節末問題や傍用問題集に再度取り組んでみるとよい。

02　論理的思考力の錬磨と計算力

　入試問題を多く解き,別解などを研究して思考力を錬磨しておくことが大切である。特に,「数学Ⅲ」の微・積分法と極限は重点的に学習しておく必要がある。また,計算力が求められており,日頃から,面倒な計算もやり遂げるだけの計算力をつけておきたい。数値の計算であっても,数値が複雑なときは文字を用いた計算を実行し,最後に数値を代入すると,見通しがよいだけでなく計算ミスも防げる。多くのパターンに触れたい場合は参考書(『チャート式』シリーズ(数研出版)など)を,実戦的な思考力を養う場合は入試問題集(『基礎問題精講』シリーズ(旺文社)や『良問プラチカ』シリーズ(河合出版)など)を利用し,目的を意識した演習をするとよい。

03　過去問を解く

　過去問を解けば傾向や程度を把握でき,入試への対策を立てることができる。高度な問題もみられるので,十分に研究しておく必要がある。

—— **東京理科大「数学」におすすめの参考書** ——

✓『大学入試 最短でマスターする数学 I・II・III・A・B・C』（教学社）

✓『チャート式』シリーズ（数研出版）

✓『基礎問題精講』シリーズ（旺文社）

✓『良問プラチカ』シリーズ（河合出版）

物　理

年　度	番号	項　目	内　容
2024 ●	2月3日 〔1〕	力　　学	重力で落下するバネでつながれた小球の単振動
	〔2〕	電 磁 気	点電荷による電場中の荷電粒子の運動
	〔3〕	波　　動	疎密波の反射によって生じる定常波
	2月6日 〔1〕	力　　学	摩擦のある床上での円板の衝突
	〔2〕	電 磁 気	誘導起電力，力のモーメント
	〔3〕	波　　動	光の屈折による光源の見かけの浮き上がり
2023 ●	2月3日 〔1〕	力　　学	2 物体の衝突
	〔2〕	電 磁 気	磁場中を移動する回路
	〔3〕	熱 力 学	理想気体の状態変化
	2月6日 〔1〕	力　　学	ばねにつり下げられたおもり
	〔2〕	電 磁 気	電磁場中を移動する荷電粒子の運動
	〔3〕	熱 力 学	熱サイクル
2022 ●	2月3日 〔1〕	力　　学	2 物体の衝突
	〔2〕	電 磁 気	抵抗とコンデンサーを含む回路
	〔3〕	波　　動	回折格子
	2月6日 〔1〕	力　　学	2 円板の衝突
	〔2〕	電 磁 気	平行平板コンデンサー
	〔3〕	熱 力 学	熱効率

（注）　●印は全問，◑印は一部マークシート式採用であることを表す。

　力学，電磁気が中心
解答個数が多く，スピードが求められる

01　出題形式は？

　大問数は，両日程とも 3 題の出題が続いている。全問マークシート式で，正解を解答群から選択して，番号を解答用紙にマークする文章完成形式をとっている。いずれの日程も解答個数が多く，解答群の選択肢も多い。試

験時間は 80 分。

02 出題内容はどうか？

出題範囲は「物理基礎・物理」である。

近年は力学と電磁気の大問が各 1 題と，熱力学または波動の大問が 1 題の計 3 題が出題されている。過去には原子に関する大問もみられたので注意したい。

03 難易度は？

基本的な問題から難度の高い問題まで混在しているが，全体的に難度は高いといえるだろう。式や文字計算の処理，近似計算などへの対応，問題に与えられた条件を使って解答を導くなど，問題に対する柔軟な考え方が要求される。公式の暗記や物理の法則の表面的な理解では問題は解けない。年度によっては高校の教科書であまり扱われていないような内容が出題されることもある。

解答個数が多いので，解くスピードが求められる。基本・標準的な問題は手早く確実に解き，じっくり考えるべき問題に時間が割けるよう，見直しの時間も含め時間配分を考えておこう。

対 策

01 基本的原理・法則の理解

物理の原理・法則に関する問題が多いので，物理全範囲を系統的にまとめ，法則や公式を導く過程を中心によく理解しておくこと。

02 確実で注意深い処理を

基本的な問題から難度の高い問題まで出題されている。合格するために

は，基本・標準的な問題は確実に解答しておきたいが，必ずしも，出題順が易しいものから難しいものへ並んでいるわけではないことにも注意が必要である。また，問題の内容と難易度は例年大きく変わっておらず，過去問と類似した問題も出題されているので，本書を利用して過去問をよく研究しておきたい。

03　高いレベルの問題にも挑戦

　平素からいろいろな問題を解いておくことが望ましい。時間のかかる難しい問題も解かねばならない。難問を解いていこうというチャレンジ精神が大切である。

04　問題は丁寧に解く

　文章完成形式なので，1つのミスはあとに続く問題に影響する。また，解答群には同じような選択肢が多いので，解答を選ぶ際には，すべての選択肢に目を通すようにしよう。マークシート式であるため，式の処理，問題を解く過程のミスは致命的なものになりかねない。解答を導く過程をしっかりと書きながら丁寧に解き，正確を期すこと。特に，単位に気をつけて式を立てることを心がけよう。

化　学

年　度	番号	項　目	内　容
2024 ●	〔1〕	理論・無機	沸点上昇，中和熱と溶解熱，化学反応の量的関係，Fe^{3+} の反応　　☑計算
	〔2〕	変　化	直列電解槽と並列電解槽の電気分解　　☑計算
	〔3〕	変　化	Na_2CO_3 と NaOH の混合水溶液の二段滴定，酢酸の電離平衡　　☑計算
	〔4〕	理　論	混合気体の圧力，蒸気圧，水の凝縮熱　　☑計算
	〔5〕	有　機	$C_5H_{12}O$ のアルコールの異性体，アルコールの脱水反応
	〔6〕	高分子	熱可塑性樹脂と熱硬化性樹脂
	〔1〕	理　論	溶液の濃度，気体の溶解度，平衡定数，陽イオン交換膜法　　☑計算
	〔2〕	構造・無機	イオン結晶の結晶格子，Cu・Zn・Al の単体と化合物の反応　　☑計算
	〔3〕	構造・変化	化学反応の量的関係，反応熱　　☑計算
	〔4〕	高分子・変化	アミノ酸の性質と反応，ペプチドの数，アミノ酸の等電点　　☑計算
	〔5〕	有　機	アルケンの酸化開裂，アルコールの反応　　☑計算
	〔6〕	高分子	糖類の構造と反応　　☑計算
2023 ●	〔1〕	構造・変化	物質の構成粒子と化学結合，酸化剤と還元剤，結晶格子
	〔2〕	構造・変化	結合エネルギーと反応熱，反応速度，アレニウスの式　　☑計算
	〔3〕	変　化	酢酸の電離平衡，塩の加水分解，緩衝液　　☑計算
	〔4〕	無　機	金属イオンの分離，セラミックス，ガラス
	〔5〕	有　機	いろいろな炭化水素の構造
	〔6〕	高分子	DNA と RNA の構造，糖類の分類　　☑計算
	〔1〕	構　造	六方最密構造　　☑計算
	〔2〕	状態・変化	気体の状態方程式，溶解度積，ステアリン酸の単分子膜　　☑計算
	〔3〕	変　化	弱酸の電離平衡，極端に希薄な酸の水溶液の pH　　☑計算
	〔4〕	無機・変化	Al_2O_3 の溶融塩電解，燃料電池　　☑計算
	〔5〕	状態・有機	芳香族炭化水素と芳香族カルボン酸の反応，凝固点降下　　☑計算
	〔6〕	高分子	いろいろな合成高分子　　☑計算

年度欄: 2024 は 2月3日・2月6日，2023 は 2月3日・2月6日

		〔1〕	理論・無機	ルシャトリエの原理，Nを含む化合物の反応，オストワルト法 ☑計算
	2月3日	〔2〕	状態・変化	溶液の濃度，固体の溶解度，中和反応の量的関係，鉛蓄電池 ☑計算
		〔3〕	変　化	水の電離平衡，極端に希薄な塩酸の水素イオン濃度 ☑計算
		〔4〕	構造・変化	混合物の分離，抽出における分配平衡 ☑計算
		〔5〕	有　機	芳香族エステルの構造決定
		〔6〕	高分子	タンパク質の分類と性質，核酸の構造
2022 ●	2月6日	〔1〕	理論・無機	Pb・Zn の単体と化合物の性質，ZnS の結晶格子，空気電池 ☑計算
		〔2〕	状態・変化	溶液の濃度，酸化還元滴定，$CaCO_3$ の純度，$CuSO_4$ 水溶液の電気分解 ☑計算
		〔3〕	状　態	気体の法則，飽和蒸気圧と沸点，気体の溶解度 ☑計算
		〔4〕	変　化	CO の性質，ヘスの法則，圧平衡定数，ルシャトリエの原理 ☑計算
		〔5〕	有　機	組成式 CH_2 の炭化水素の構造決定，オゾン分解，化学反応の量的関係 ☑計算
		〔6〕	高分子	セルロースの構造と性質，再生繊維と半合成繊維 ☑計算

(注)　●印は全問，◖印は一部マークシート式採用であることを表す。

傾　向　空所補充形式が多い
マークシート式による多様な解答形式に注意

01　出題形式は？

　出題数は例年大問 6 題で，試験時間は 80 分。全問マークシート式となっている。空所補充形式が多いが，選択肢から適切なものを選ぶといった一般的な形式に加え，正誤問題や計算問題の数値を指示に従ってマークする設問もある。解答形式が多岐にわたるので，何が指示されているのか注意を要する。

02　出題内容はどうか？

　出題範囲は「化学基礎・化学」である。
　全分野から出題されているが，理論分野が比較的多い。年度や日程によって計算問題の出題量には差がある。

　理論では，全分野からの知識を問う問題，結晶格子，反応速度や化学平衡，気体，溶液，中和，熱化学，酸化還元反応，電池，電気分解の計算問題などが出題されている。

　無機では，元素の性質，気体の発生や性質を問うものや，理論の問題中で物質の性質を問う形の出題などがあるが，比較的比重は小さい。

　有機は，高分子も含め，さまざまな有機反応や化合物の性質などが広い範囲から出題されている。元素分析から分子式を決定し，物質を推定する問題は頻出である。

03 難易度は？

　全体としては標準レベルであるが，2023年度2月6日実施分は難度がやや高かった。特に理論分野に難度の高い問題が散見され，計算力が求められるものもしばしばみられる。また，高分子化合物についての細かい知識を問う問題もみられる。空所補充形式では空所の数がかなり多いため，解答の糸口をつかむのにコツがいる。

　独特の出題形式に慣れ，また丁寧に速く解くためにも，過去問演習などの際は自分で解答時間を設定して解き，時間配分の感覚を身につけておきたい。

対 策

01 理　論

　広い範囲から出題されている。典型的な理論の計算演習だけでなく，各分野の本質的な理解に学習の重点を置くこと。問題集だけでなく，教科書や参考書を十分活用する必要がある。

02 無　機

　金属・非金属とも，単体と化合物の性質や反応が小問形式で問われるこ

とが多いが，理論の出題の中で無機の知識を問われることもある。単体，化合物，金属イオンの性質をまとめ，しっかり覚えること。また，工業的製法についてもしっかり押さえておきたい。

03 有　機

　基本的な化合物の名称・構造・性質を覚えておくこと。また，官能基ごとに反応性をまとめて理解しておくことも大切である。一般に，高校レベルでは出てこない試薬名などが問題中に見受けられることがあるが，これらは溶媒であったり，触媒であったりと，反応そのものには関係がなく，解答するにあたり影響がないことがほとんどなので，よく見極めて落ち着いて取り組むようにしよう。このほか，天然・合成高分子化合物がよく出されているので，単量体，高分子の特徴や用途をまとめておくこと。

04 計　算

　基本・標準的なものがほとんどだが，年度や日程によっては難度の高いものもみられるので，他の問題との兼ね合いからも，とにかく丁寧に速く解くことが大切となる。問題集で標準レベルの問題を自分で時間を決めて数多くこなしておこう。

05 形式に慣れる

　独特のマークシート式なので，指示を正確に速く理解しないと時間のロスになり，マークミスにもつながる。志望学科以外の過去問も解いて慣れておこう。長文の問題文が出題されることが多いので，ただ読んでいくのではなく，問題の流れや反応の経過などを自分なりに図式化していくと理解しやすくなる。

06 参考書・問題集

　有機分野では，やや発展的な内容が題材となっている問題が出題されることもあるので，少し踏み込んだ内容の解説まで掲載されている『大学受験 Do シリーズ 鎌田の有機化学の講義』（旺文社）を読んでおくとよいだろう。問題演習は，典型的な問題が網羅されている『実戦 化学重要問題集 化学基礎・化学』（数研出版）で行うとよい。

生　物

▶ 2月3日実施分

年度	番号	項　目	内　容	
2024 ●	〔1〕	総　　　合	進化のしくみ，遺伝子組換え，オペロン説，酵素反応	☑計算
	〔2〕	体 内 環 境	酸素の運搬，血液凝固，自然免疫と適応免疫	☑計算
	〔3〕	植物の反応	植物ホルモン，光受容体と側芽の成長に関する実験	☑計算
2023 ●	〔1〕	代　　　謝，進化・系統	呼吸のしくみ，炭酸同化，生物の分類	☑計算
	〔2〕	遺 伝 情 報	遺伝子組換え，DNA 修復	☑計算
	〔3〕	生殖・発生	眼の発生，視神経細胞の軸索の伸長，神経堤細胞の移動	
2022 ●	〔1〕	進化・分類	生命の起源と進化，細菌の炭酸同化	
	〔2〕	生殖・発生	被子植物の生殖と発生，ショウジョウバエの発生	
	〔3〕	総　　　合	生物の刺激への反応，体内環境の維持	☑計算
	〔4〕	代　　　謝	窒素化合物の代謝，酵素反応	

（注）　●印は全問，◐印は一部マークシート式採用であることを表す。

傾　向　　実験データやグラフの解析問題が頻出
資料を読み解く考察力と計算力が不可欠

01　出題形式は？

　2022 年度を除き，最近では大題 3 題の構成となっている。全問マーク
シート式である。計算問題で解答の数値を直接マークする設問もある。例
年，実験のグラフ・図表に関する考察問題と計算問題が多いのが特徴で，
両者の融合問題も出題されている。また，問題文の空所に当てはまる用語
を選択する知識問題は必出である。さらに，正しいものや適切なものの組
み合わせを選ぶ正誤問題もよく出されている。試験時間は 80 分。

02 出題内容はどうか？

　出題範囲は「生物基礎・生物」である。

　出題が多い項目は，生殖・発生，代謝，植物の反応，遺伝情報，進化・系統などである。遺伝情報は，細胞や生殖・発生などの項目と結びつきが深い分野で，複数分野にまたがる内容が出題されたり，実験・研究手法としてこれらの項目が含まれていることも多い。また，実験データやグラフの解析が要求されることが多く，計算力も必要である。

03 難易度は？

　各大問に複数の枝問が含まれ，実質的な内容はかなり多岐にわたる。また，難度の高い問題や時間を要する問題が混じるので，全体としては難のレベルである。限られた時間内で資料を読み解く力，データを解析する力が必要で，時間配分もポイントになる。確実に解くべき問題と，あとでじっくり考えるべき問題をしっかり見極め，時間を無駄にしないようにしたい。2022 年度は考察問題が減り，知識問題が大幅に増加してかなり易化したが，2023 年度以降，再び考察問題が増え，平年並みの難易度に戻っている。

対　策

01 要注意分野

　分子生物学の分野がかなり深いところまで扱われている。特に，遺伝情報の分野はしっかりと学習を積んでおきたい。生殖・発生の分野でも，遺伝子レベルで発生のプロセスを理解することが大切である。また，受験生にとってなかなか手がまわらない進化・系統や生態も怠ることなく学習しておいてほしい。

02　やや高度な学習を目標に

　新しい題材，やや高度な内容が含まれる実験などが積極的に取り入れられる傾向がある。まずは教科書の学習を十分したうえで，詳しい内容や関連する事柄を図説や参考書で学習しておくことも必要である。特に，酵素や代謝，DNA に関する分野では，しっかりした知識がないと解答できない問題もあるので，あいまいなところを残さないように理解しておくことが大切である。一方で，問題の半分近くは基本的な設問となっており，そこを確実に得点することは大前提であるから，基本的なことを繰り返し見直すことも忘れないようにしよう。

03　実験データやグラフの解析力をつける

　実験結果やグラフ・図表に関する考察問題では，長い問題文を読み解く力やデータ・グラフの解析力が求められる。図説を使って，なるべく多くの実験手法や題材に触れ，結果やグラフ・図表の読み方など，資料をきちんと解析する練習をしておいてほしい。また，教科書レベルを超えた独自の資料が示されることもあるので，問題集や他大学の過去問などでも実験・考察問題を探して，訓練をしておくとよい。見たことのない実験やテーマでも，関連して知っていることがあれば，解答の糸口が見つかることもあるので，さまざまな角度から検討する習慣をつけておこう。

04　計算力をつける

　計算問題には独特のものがあり，化学的知識や単位の換算などの物理的センスが要求されるものも年度によって出題されている。十分に問題演習をして，確実な計算力を身につけるようにしておこう。また，先進工学部も含めた過去問に取り組み，出題形式などに慣れておきたい。

B方式2月3日実施分：数理科・先端物理・情報計算科・
　　　　　　　　　生命生物科・経営システム工学科
S方式2月3日実施分：電気電子情報工学科

問 題 編

▶試験科目・配点

方　式	教科	科　　　　　　目	配　　点
B 方 式	外国語	コミュニケーション英語Ⅰ・Ⅱ・Ⅲ，英語表現Ⅰ・Ⅱ	100 点
	数　学	数学Ⅰ・Ⅱ・Ⅲ・A・B	数理科学科： 200 点 その他：100 点
	理　科	**数理科・情報計算科・生命生物科・経営システム工学科**：「物理基礎・物理」，「化学基礎・化学」，「生物基礎・生物」から1科目選択	100 点
		先端物理学科：物理基礎・物理	
S 方 式	外国語	コミュニケーション英語Ⅰ・Ⅱ・Ⅲ，英語表現Ⅰ・Ⅱ	100 点
	数　学	数学Ⅰ・Ⅱ・Ⅲ・A・B	100 点
	理　科	物理基礎・物理	200 点

▶備　考
• 英語はリスニングおよびスピーキングを課さない。
• 数学Bは「数列」「ベクトル」から出題。

英　語

(60分)

1 Read the following article and answer the questions below. (60 points)

[1] *Insomniacs do it in the middle of the night. Dog owners do it while trudging round the park. Some people do it in the gym, but lately I've taken to doing it alone in the car, on long journeys north through the dark when I need distraction from everything circling round my head.
(1)

[2] Listening, that is; and more specifically, (a) (b) (c) (d) (e) (f) instead. The growth of audiobooks, podcasts
(2)
and even voice notes — those quick self-recorded clips that are steadily taking over from typed messages on WhatsApp and range, depending on
(3)
the sender, from something like a brisk voicemail to a *rambling internal monologue — reflects a steady generational shift away from eyes to ears as the way we (**A**) in the world, and perhaps also in how we (**B**) it.

[3] Reading instinctively feels like the higher art, perhaps because bedtime
(4)
stories used to be strictly for children and oral storytelling is associated with more primitive cultures in the days before the printing press. But is
(5)
that fair? If the effort involved in sitting down and decoding written words with your actual eyes were to gradually fade away in years to come — just as the old-fashioned *tether of a landline phone gave way to
(6)
the freedom of a mobile in your pocket, and cash yielded to the clinical efficiency of credit cards — what exactly would we have lost?

[4] Reading is still very far from (　C　). Lockdown *rekindled the (　D　) of curling up with a good novel, to publishers' delight, with more than a third of people claiming to be reading more to fill their days. But, (7) the audiobook market, while still small, also achieved its seventh year of double-digit growth in the pandemic year of 2021. Podcasting is growing faster than any other media, with almost one in five Britons listening at least once a week now according to this summer's Rajar survey.

[5] When the world seems to be falling apart it's comforting to let someone else tell you a story, even if it is a faintly *apocalyptic one, (8) given the dominance of news and politics at the top of the Apple podcast charts. *Millennials in particular seem to be all ears; Katie Vanneck-Smith, the former Wall Street Journal president and cofounder of the "slow news" website Tortoise, admitted recently that when its members (who are mostly under 39) were asked what they wanted to read, (9) the consensus was "actually, I listen, I don't read".

[6] To some, that may sound irritatingly goldfish-brained. But that was me when I was on maternity leave, and (10) (　a　) (　b　) (　c　) (　d　) (　e　) (　f　) (　g　), so kept Radio 4 on half the day for some *semblance of adult conversation. It was also my old next-door neighbour, a once *voracious reader who was by then almost blind but could listen contentedly to old-fashioned audiobook tapes for hours, (11) so long as someone occasionally helped her find the next cassette. It's kids with their earbuds permanently jammed in, all the better not to hear their parents.

[7] But it's their parents too: all the overloaded multitasking midlifers trying to keep up with whatever *zeitgeist they're afraid of missing out on in an information-saturated world, while going for a run or cooking dinner. (　E　) this year alternating between writing about politics and helping

make the Guardian's Politics Weekly podcast, I believe the issues （　F　）
the same.　It's just that I know (　a　) (　b　) (　c　) (　d　)
(12)
(　e　) (　f　) (　g　) simultaneously stacking the dishwasher.

[8] Yet the idea prevails that listening is flighty or unserious, strictly for
idlers who can't be bothered putting in the hard yards.　55% of respondents
(13)
to a survey back in 2016 deemed audiobooks a "lesser" way of consuming
literature, and only 10% thought listening to a book was wholly equal to
reading it.　The view that listening is cheating prevails even though
nobody thinks it's lazy for a student to sit through lectures, and going to
the theatre isn't considered intellectually inferior to reading the play at
home.

[9] One study by Beth Rogowsky, associate professor of education at
Bloomsburg University of Pennsylvania, asking students either to read a
nonfiction book or listen to the audio version, found no significant
differences in how much of it they absorbed.　Although when it comes to
something complex or unfamiliar, the US psychologist and expert in
reading comprehension Daniel Willingham suggests reading in print may
be useful for going back to reread the difficult bits you didn't quite get the
first time, or stopping to think it all through.

[10] There's an intimacy too to listening, a confessional air that suits soul-
baring interviews and taboo-busting discussions about sex or *menopause
or parenting.　And to hear a book read by its author is sometimes to
understand, by the inflections of their voice, a meaning you wouldn't
otherwise have picked up.　Voice notes suit the anxious young in much
the same way because they're less intrusive than a phone call, and harder
to misunderstand than texts; people can hear when you're being ironic,
lessening the risk of accidentally causing offence.

[11] What troubles me most about listening, I suppose, is that it's harder to share. You can recommend a podcast to a friend but you can't leave it on the train seat for the next person when you get off, as I've done all my life with finished newspapers. You can't give your goddaughter your dogeared, spine-cracked copy of an audiobook (　ア　). You'll never buy an old audiobook from a secondhand store (　イ　), or a long forgotten postcard used as a bookmark (　ウ　). You can't eye up a stranger across a train aisle, (　エ　). Paper doesn't render itself useless in a power cut, and it leaves no electronic trace in times and societies (　オ　).

[12] All of which makes me think reading will never yield to listening completely; that like handwritten love letters and cinema in the age of television, it will live on for pleasure or for romance but also because there are times when nothing else quite fits the bill. But if it turns out I'm wrong — well, you didn't hear it from me.

Adapted from *Ignore the purists-listening to a book instead of reading it isn't skiving or cheating* by Gaby Hinsliff

(**Notes**)

insomniac：不眠症の患者

rambling：とりとめのない

tether：力の及ぶ範囲，限界

rekindled：再び点火する

apocalyptic：この世の終わりのような

millennial：ミレニアル世代の人(通例，1980 年ごろから 1990 年代半ばに生まれた人を指す)

semblance：概観，見せかけ

voracious：貪欲な

zeitgeist：時代精神

出典追記：Copyright Guardian News & Media Ltd

menopause：更年期, 閉経

(1) Which of the items below is the closest in meaning to the underlined part
   (1) in Paragraph [1]?

　1　finally I've accepted

　2　over time I've begun

　3　slowly I've come around to

　4　recently I've got in the habit of

(2) Rearrange the items, 1 〜 6, and fill in the blanks, (a) to (f), in the
   underlined part (2) in Paragraph [2].

　1　once have 　　　　　2　things 　　　　　3　read

　4　you might 　　　　　5　listening 　　　　6　to

(3) Which of the items below is the closest in meaning to the underlined part
   (3) in Paragraph [2]?

　1　rapidly concealing

　2　eventually replacing

　3　gradually getting to be more affected by

　4　little by little being used in place of

(4) Which of the pairs of words below correctly fills in the blanks (A) and (B) in
   Paragraph [2]?

	(A)	(B)
1	measure	estimate
2	seek	maintain
3	check	eliminate
4	take	understand

(5) Which of the items below is the closest in meaning to the underlined part

(4) in Paragraph [3]?

  1 the more elevated action of the writer

  2 the more intellectually skilled activity

  3 the means of communication reaching the highest number of readers

  4 the greater expression of the reader's opinions

(6) The underlined part (5) in Paragraph [3] suggests that the author

  1 is unsure about the disappearance of printed books.

  2 doesn't think that the traditional act of reading written words is so admirable.

  3 believes that printed books should be replaced by audiobooks.

  4 challenges the view that written narratives are connected to primitive cultures.

(7) Which of the items below is the closest in meaning to the underlined part (6) in Paragraph [3]?

  1 during

  2 as long as

  3 in the same way

  4 at the same time

(8) Which of the pairs of words below correctly fills in the blanks (C) and (D) in Paragraph [4]?

	(C)	(D)
1	dead	love
2	alive	dislike
3	weak	strength
4	useless	difficulty

(9) Which sentence below best expresses the meaning of the underlined part

(7) in Paragraph [4]?

　1　After the pandemic began in 2019, audiobook sales, which had been low in number, started to grow.

　2　Because of the pandemic, audiobook sales, which were not great in number, increased.

　3　During the time of the pandemic, customers, who had read by traditional means, were willing to switch to audiobooks.

　4　Audiobooks significantly increased sales during the pandemic, despite the fact that their total sales were not great in number.

(10)　Which of the items below best expresses the meaning of the underlined part (8) in Paragraph [5]?

　1　if research confirming that stories about world issues are true

　2　provided that the most popular content is related to current issues

　3　considering trends which indicate general interest in current events and government policies

　4　due to content related to domestic and international new stories which are dominating the charts

(11)　Which of the items below best expresses the meaning of the underlined part (9) in Paragraph [5]?

　1　the responses indicated that they preferred audiobooks to podcasts

　2　the most common answer to the questionnaire suggested a low valuation of the written word itself

　3　the general response was that, rather than read, respondents tended to access recorded material

　4　the sales records confirmed that those who had formerly read books for enjoyment, now more critically assessed content in audio format

(12)　Rearrange the items, 1 ～ 7, and fill in the blanks, (a) to (g), in the underlined part ⑽ in Paragraph [6].

1	to sit down	2	the paper	3	find ten	4	couldn't
5	with	6	uninterrupted minutes			7	seem to

⒀　Which of the items below is the closest in meaning to the underlined part ⑾ in Paragraph [6]?

1　receiving

2　considering

3　unless

4　provided that

⒁　Which of the pairs of words below correctly fills in the blanks (E) and (F) in Paragraph [7]?

	(E)	(F)
1	Being spent on	have been
2	Having spent	are
3	To spend	could have been
4	Expanding	will be

⒂　Rearrange the items, 1 〜 7, and fill in the blanks, (a) to (g), in the underlined part ⑿ in Paragraph [7].

1	likely		2	be	3	to		4	more
5	from experience the		6	is	7	podcast audience			

⒃　Which of the items below best expresses the meaning of the underlined part ⒀ in Paragraph [8]?

1　55% of those individuals surveyed responded to the questionnaire.

2　About 45% of respondents preferred audiobooks over printed books.

3　One in ten persons who responded to the survey considered audiobooks as good as text versions.

4 Around one-tenth of respondents had listened to and read an equal number of audiobooks and print versions of the same books.

(17) Which of the following sentences is consistent with what is stated in Paragraph [9]?

1 Both Rogowsky and Willingham found listening inferior to careful reading.

2 People are now absorbing more content via podcasts and audiobooks than by reading printed books.

3 Both researchers agree that neither reading nor listening can be said to be superior to the other in any way.

4 Rogowsky and Willingham cannot be said to have the same view of both written and audio formatted content.

(18) Which of the following sentences best expresses the main point of Paragraph [10]?

1 When audio content is delivered politely, people will not be insulted even when the speaker disagrees with them.

2 Because people can hear the tone of the speaker's voice they can better understand the true meaning of his or her words.

3 Now that audiobooks and podcasts are easily accessible, readers can form opinions of what writers should have written.

4 Audio content has the advantage of concealing private thoughts, while demanding the commitment of direct communication.

(19) Which of the items below correctly fills in the blanks (ア) ~ (オ) in Paragraph [11]?

1 and find somebody else's faded notes written in the margin

2 and take for or against him or her on the strength of the podcast you can't actually tell they're listening to

3 that meant everything to you when you were her age

4 that makes you want to know more about the life of the person who sent it

5 where information of which the regime does not approve has to be passed on covertly underground

(20)　This article is best described as being about

　1　how visually impaired persons can benefit from non-print content.

　2　increasing uses of new formats, as printed formats decrease in popularity.

　3　differences between younger and older consumers' tastes in entertainment.

　4　growing consumption of audio content alongside printed materials' continued popularity.

　5　similarities between the way media were accessed in earlier times and the way people access it these days.

2   Read the following text, written in the context of US higher education, and answer the following questions.   (40 points)

[1] College provides a rare opportunity — one might even say a "once-in-a-lifetime" opportunity — to expand your horizon: to meet and get to know individuals who are very different from most of those with whom you were brought up — and, equally important, for them to meet and get to know you — in person, in class, in the dining hall, playing frisbee, studying for exams, singing in an a capella group, building robots, and having lunch or late night conversation … even on Zoom!

[2] You have lived for a while on this planet. Certain traits and aspirations will not change; and perhaps they should not change. But if you want simply to remain the same, then there is little point in going to college.

[3] Now that you have decided to (　**a**　) the leap — and we hope that it was *your* decision — you should be open to (　**b**　) what you think about, how you think about it, what you admire, what you worry about, what kind of a person you are, how you strike others — both those you meet casually (for example, on a bus) and those with whom you have a more sustained relationship (a roommate, a teacher, a coach, a summer employer). As we like to say, *do not* be *inertial about your college experience — this is not simply a continuation of high school. *Do not* be simply transactional; instead, (　**c**　) new territories physically, cognitively, socially, emotionally, and (　**d**　) open to being transformed in certain ways.

[4] You — or your parents or someone else (who could be a current supporter of the school, an affluent citizen who pays state taxes, or a

longtime *alum) — have spent considerable money for you to go to college. These individuals may well have made genuine sacrifices, and you ought to be grateful and, if possible, express your gratitude directly. But do not think of the benefits of college in the frame of short-term "returns on investment." Think of college instead as a lifetime investment, from which you have the opportunity to achieve *dividends of all sorts, including some that you may not have expected. Individuals who receive a broad education — one including the natural and social sciences, the arts, the humanities, the world of computers — *accrue capital on which they can draw for decades. And these resources <u>make for</u> a fuller and more meaningful life — for you as well as for those with whom you come in contact — accidentally or <u>by design</u>.

[5] The *faculty and leadership of your school ☐ e ☐ to provide a good and *rounded education. But even if they strove night and day, they ☐ f ☐ an excellent education *on the proverbial platinum platter. *You need to make *commensurate efforts.* And importantly, if your own efforts ☐ g ☐, you need to reach out for help — or perhaps ☐ h ☐ until you feel you have the requisite motivation. For many of us, a gap year (or even two or three) ☐ i ☐ difference.

[6] The kind of help that you may need on campus can vary — you may need aid with homework, with planning, with stress or anxiety, with feelings of *alienation. Do not keep these needs to yourself: speak to others, share with others, *solicit their best advice, and then follow it as best you can (and, as well, *reciprocate when you can). Of course, it's good to share your aspirations and your anxieties with friends, roommates, family members — but it's *your* life and you need to make the best use of the resources that are available, and not wait until it's too late. Lots of research indicates that *the most important thing that a college*

student can do is to have a meaningful relationship to a faculty member,
and that won't happen unless you are open to <u>that experience</u> and
perhaps even take the initiative.　And if, for whatever reason, the first
such attempt to reach out does not work, by all means try again.

Adapted from *The Real World of College* by Wendy Fischman and Howard
Gardner

(Notes)

inertial：慣性的な，加速力に応じて自動的になされる

alum：卒業生

dividends < dividend：配当，利益

accrue：得る，蓄積する

faculty：（集合的に）大学［学部］の全教員

rounded：均斉の取れた

on the proverbial platinum platter：見返りを期待せずに

commensurate：同等の，ふさわしい

alienation：疎外（すること）

solicit：請い求める，懇願する

reciprocate：返礼する，報いる

(1)　Choose the most appropriate word, from 1 ～ 4 , to fill in the blanks, (a)～
(d), in Paragraph [3].

　　1　change　　　　2　explore　　　　3　remain　　　　4　take

(2)　According to Paragraph [4], which of the following statements is true?

　　1　Universities must be diligent in investing effectively to seek short-term
gains.

　　2　College students' parents should contribute less to the university
because tuition fees are costly.

3 The state should provide scholarships to wealthier students since their families are making considerable sacrifices.

4 It would help to view college from a long-term investment perspective because not all the benefits of studying there are foreseeable before you graduate.

(3) Among the following choices, choose the one that makes <u>the **least** sense</u> as the meaning of the underlined part <u>make for</u> in Paragraph [**4**].

1 contribute to 　　　　　　**2** help to achieve

3 lead to 　　　　　　　　　**4** push aside

(4) Among the following choices, which is the closest in meaning to the underlined part <u>by design</u> in Paragraph [**4**]?

1 intentionally　　**2** randomly　　**3** slightly　　　**4** virtually

(5) Choose the most appropriate phrase, from **1** ~ **5**, to fill in the blanks, [　e　] ~ [　i　], in Paragraph [**5**].

1 are not enough

2 can make a significant, positive

3 could not merely hand you

4 owe you their best efforts

5 take time off

(6) According to the above text, which of the following choices is the **best** example of the underlined part <u>that experience</u> in Paragraph [**6**]?

1 You and your classmate discussed your future career with a professor over lunch.

2 You talked late into the night with fellow and more senior students who were in the same group on the orientation excursion.

3 You wanted to know about graduate study and spoke over lunch with a

2
0
2
4
年
度

2
月
3
日

英
語

graduate student who had been introduced to you by a senior student you knew.

4 You were informed by a professor that class would not be held the following week.

(7) According to the entire text, combine each phrase, (ア)〜(オ), with a correct ending, 1 〜 6, below. Note that there is **one** unnecessary choice.

(ア) Opportunities to change yourself

(イ) There is little sense in studying at university if you simply

(ウ) Universities can be seen as a long-term investment from which there is the opportunity to

(エ) The things you need help with at university

(オ) There is research evidence to suggest that college students should

1 come from meeting diverse people at university.

2 look carefully for a university where you can do the studies you want to do.

3 make a point of building good relationships with university faculty.

4 receive all kinds of returns, including unexpected ones.

5 think of your university life as a continuation of high school.

6 vary widely, and you should not keep these to yourself.

(8) Which of the following sentences best summarizes one of the author's ideas stated in the above text?

1 Your new life at university will be full of worries, so you should keep doing the same as you did in high school.

2 Those who receive a broad education in university will gain something that will enrich their lives for many years to come.

3 Because those who study in university can receive a broad education, they do not have to work hard to change themselves.

4　Your college faculty alone should continue to work day and night to give students the best education possible.

数　学

（100分）

問題 $\boxed{1}$ **の解答は解答用マークシートにマークしなさい。**

$\boxed{1}$　　次の文章中の $\boxed{\text{ア}}$ から $\boxed{\text{ヒ}}$ までに当てはまる数字 0 ～ 9 を求めて，**解答用マークシート**の指定された欄にマークしなさい。　ただし，分数は既約分数として表しなさい。

（40 点，ただし数理科学科は 80 点）

(1)　a を正の実数とする。x についての方程式

$$(x^2 + ax + 2)(x^2 - ax - 1) = 0 \qquad \cdots\cdots \quad ①$$

が異なる 2 つの実数解と異なる 2 つの虚数解をもつのは

$$\boxed{\text{ア}} < a < \boxed{\text{イ}} \sqrt{\boxed{\text{ウ}}} \qquad \cdots\cdots \quad ②$$

のときである。

以下では，a は不等式②を満たす最大の整数とし，i は虚数単位とする。このとき，複素数平面上において，方程式①の異なる 2 つの虚数解と $3 + i$ を頂点とする三角形の面積は $\boxed{\text{エ}}$ であり，この三角形の外接円を複素数 z の方程式で表すと，

$$\left| z - \boxed{\text{オ}} \right| = \sqrt{\boxed{\text{カ}}}$$

である。

(2)　$0 \leqq \theta < 2\pi$ のとき，次の不等式を解こう。

$$\sin 2\theta > 2\cos\left(\theta + \frac{\pi}{6}\right) + \frac{\sqrt{3}}{2} \qquad \cdots\cdots \quad ③$$

$a = \cos\theta, b = \sin\theta$ とおくと，不等式③は

$$\boxed{キ}\, ab - \boxed{ク}\sqrt{\boxed{ケ}}\, a + \boxed{コ}\, b - \sqrt{3} > 0 \qquad \cdots\cdots \quad ④$$

となる。不等式④の左辺は

$$\left(\boxed{サ}\, a + \boxed{シ}\right)\left(\boxed{ス}\, b - \sqrt{\boxed{セ}}\right)$$

と因数分解できる。これより，不等式③の解は

$$\frac{\pi}{\boxed{ソ}} < \theta < \frac{\boxed{タ}}{\boxed{チ}}\pi \quad \text{または} \quad \frac{\boxed{ツ}}{\boxed{テ}}\pi < \theta < \frac{\boxed{ト}}{\boxed{ナ}}\pi$$

と求まる。

(3)　a, b を正の実数とする。座標平面上に点 $\mathrm{A}(a, 1)$ をとり，自然数 $n = 1, 2, 3, \cdots\cdots$ に対して点 $\mathrm{P}_n(n, 0)$ をとる。集合 U を次で定める。

$$U = \{\, n \mid n \text{ は自然数 かつ 2 点 } \mathrm{A}, \mathrm{P}_n \text{間の距離は } b \text{ 以下}\,\}$$

(a)　$a = 2$ とする。$b = 1$ のとき，U の要素の個数は $\boxed{ニ}$ 個であり，$b = \sqrt{3}$ のとき，U の要素の個数は $\boxed{ヌ}$ 個である。

(b)　$a = \dfrac{7}{2}$ とする。$b = \sqrt{2}$ のとき，U の要素の個数は $\boxed{ネ}$ 個であり，$b = 2\sqrt{2}$ のとき，U の要素の個数は $\boxed{ノ}$ 個である。

(c)　$b = 2$ のとき，U の要素の個数が 2 個となる正の整数 a は $\boxed{ハ}$ であり，$b = 5$ のとき，U の要素の個数が 9 個となる最小の正の整数 a は $\boxed{ヒ}$ である。

問題 $\boxed{2}$ の解答は白色の解答用紙に記入しなさい。答だけでなく答を導く過程も記入しなさい。

$\boxed{2}$ m を正の実数とし，関数 $f(x)$ を

$$f(x) = -mx^2 + 1$$

と定める。座標平面上の曲線 $y = f(x)$ を C とおき，負の実数 a に対して点 $\mathrm{A}(a, f(a))$ における曲線 C の接線を ℓ_1 とおく。直線 ℓ_1 と y 軸の交点を P とし，点 P を通り，直線 ℓ_1 に垂直な直線を ℓ_2 とおき，ℓ_2 と x 軸の交点を Q とする。

(1) 点 P の座標を，a と m を用いて表せ。

(2) 点 Q の座標を，a と m を用いて表せ。

以下，直線 ℓ_2 が曲線 C の接線となるときを考える。

(3) a を m を用いて表せ。

(4) 線分 AQ の長さは m を用いて表される。これを $L(m)$ とおく。

  (a) $\displaystyle\lim_{m \to \infty} L(m)$ を求めよ。

  (b) $\displaystyle\lim_{m \to 0} mL(m)$ を求めよ。

(30 点，ただし数理科学科は 60 点)

問題 $\boxed{3}$ の解答はクリーム色の解答用紙に記入しなさい。答だけでなく答を導く過程も記入しなさい。

$\boxed{3}$ 関数 $f(x)$ を

$$f(x) = \frac{\log x}{\sqrt{x}} \qquad (x > 0)$$

と定める。ただし, log は自然対数とする。

(1) 導関数 $f'(x)$ と第 2 次導関数 $f''(x)$ をそれぞれ求めよ。

座標平面上の曲線 $y = f(x)\,(x > 0)$ を C とおき,C の変曲点を P とおく。C と x 軸の交点を Q とする。C と直線 PQ で囲まれた部分を A とし,A を x 軸の周りに 1 回転して得られる回転体の体積を V とする。

(2) P の座標を求めよ。

(3) V を求めよ。

(4) A の面積を求めよ。

(30 点, ただし数理科学科は 60 点)

物　理

（80 分）

1　次の問題の　　　　　　　の中に入れるべき最も適当なものをそれぞれの**解答群**の中から選び，その番号を**解答用マークシート**の指定された欄にマークしなさい。（　　　　　は既出のものを表す。同じ番号を何回用いてもよい。）

（35 点，ただし電気電子情報工学科は 70 点）

　　以下では特に指定しない限り，長さ，質量，時間，角度の単位をそれぞれ m，kg，s，rad とし，その他の物理量に対してはこれらを組み合わせた単位を使用する。例えば，速度の単位は m/s と表すことができる。

　　以下では，水平方向に x 軸，鉛直方向に y 軸をとり，鉛直上向きを y 軸正の向き，地表を $y = 0$ とする。全ての運動は xy 面内で起こるものとする。小球の大きさは無視できるものとする。重力加速度の大きさを g とする。また，空気抵抗は無視できるものとする。

(1)　**図 1-1** にあるように，気球が $x = x_1$ の直線上を鉛直上向きに一定の速さ V で動いている。気球がある高さに達したとき，気球に乗っている人が，その人から見て水平方向に速さ v で質量 m の小球を投げた。投げ出された瞬間の小球の位置は地表から h の高さであった。しばらくすると小球は地表に到達した。その x 座標を $x = x_2$ としたとき $x_2 > x_1$ であった。この小球が，地表に静止している人から見てどのように運動するか考える。

　　気球から投げ出された瞬間の小球の速度は，地表で静止している人からみて x 成分が　**(ア)**　，y 成分が　**(イ)**　であるので，速さは　**(ウ)**　である。

　　投げ出されてから時間が t だけ経過したとき，小球はまだ地表に到達していないとする。このときの地表から見た小球の速度は x 成分が　**(エ)**　，y 成分が　**(オ)**　である。

　　しばらくすると，小球は地表に到達した。到達直前の小球の速さは地表から

みて　(カ)　である。また，小球が気球から投げ出されて地表に達するまでに要する時間を T とすると，$T=$　(キ)　である。地表に到達するまでの小球の速さを時間の関数としてグラフに表すと　(ク)　のようになる。

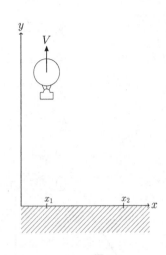

図 1-1

(ア), (イ), (ウ) の解答群

⓪ v　　　　　① V　　　　　② $\sqrt{V^2+v^2}$

③ $-V$　　　　④ $-v$　　　　⑤ $-\sqrt{V^2+v^2}$

(エ), (オ) の解答群

⓪ v　　　① V　　　② $v-gt$　　　③ $v+gt$

④ $V-gt$　　⑤ $V+gt$　　⑥ $-V-gt$　　⑦ $-V+gt$

(カ) の解答群

⓪ $\sqrt{V^2+v^2+gh}$　　　　① $\sqrt{V^2+v^2-gh}$

② $\sqrt{V^2+v^2+2gh}$　　　　③ $\sqrt{V^2+v^2-2gh}$

④ $\sqrt{V^2+v^2}+gh$　　　　⑤ $\sqrt{V^2+v^2}-gh$

⑥ $\sqrt{V^2 + v^2 + 2gh}$ ⑦ $\sqrt{V^2 + v^2 - 2gh}$

(キ) の解答群

⓪ $\dfrac{V + \sqrt{V^2 + 2gh}}{g}$ ① $\dfrac{V + \sqrt{V^2 + v^2 + 2gh}}{g}$

② $\dfrac{-V + \sqrt{V^2 + 2gh}}{g}$ ③ $\dfrac{-V + \sqrt{V^2 + v^2 + 2gh}}{g}$

④ $\dfrac{V + \sqrt{V^2 + gh}}{g}$ ⑤ $\dfrac{V + \sqrt{V^2 + v^2 + gh}}{g}$

⑥ $\dfrac{-V + \sqrt{V^2 + gh}}{g}$ ⑦ $\dfrac{-V + \sqrt{V^2 + v^2 + gh}}{g}$

⑧ $\dfrac{\sqrt{V^2 + v^2}}{g} - \sqrt{\dfrac{h}{g}}$ ⑨ $\dfrac{\sqrt{V^2 + v^2}}{g} - 2\sqrt{\dfrac{h}{g}}$

(ク) の解答群

⓪ 小球の速さ
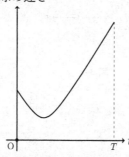

① 小球の速さ
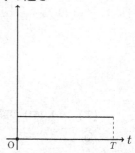

② 小球の速さ
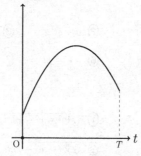

③ 小球の速さ
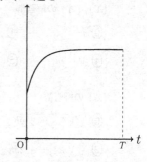

(2) バネ定数 k のバネの片方の端点に質量 m_A の小球 A を，もう一方の端点に質量 m_B の小球 B をつけたものを用意する。これを物体 C と呼ぶことにする。バネの質量は無視できるものとする。また，$m_A \neq m_B$ である。図 **1-2** のように，小球 A を気球にくくりつけておく。気球は地表から一定の高さの位置に静止しており，そのときの小球 A は地表から h の高さにある。小球 B も地表から十分離れた位置に静止している。バネの自然長を l とすると，このときの小球 A と小球 B の間の距離は　(ケ)　である。

　しばらくすると物体 C は気球から静かに離れた。離れた瞬間の小球 A と小球 B の速さはともに 0 である。この離れた瞬間の小球 A にはたらく力の y 成分は　(コ)　，小球 B にはたらく力の y 成分は　(サ)　である。これらと運動方程式より，この瞬間の小球 A と小球 B の加速度がそれぞれわかる。以上より，離れた瞬間から微小な時刻 Δt だけ経ったときの小球 A の速さは　(シ)　，小球 B の速さは　(ス)　だとわかる。

　小球 A が地表から y_A，小球 B が地表から y_B の位置に到達したときの小球 A にはたらく力の y 成分は　(セ)　，小球 B にはたらく力の y 成分は　(ソ)　である。これより小球 A と小球 B の加速度の y 成分をそれぞれ a_A，a_B とすれば，$m_A a_A =$　(セ)　および $m_B a_B =$　(ソ)　が成り立つ。小球 B と一緒に運動している観測者から見ると，慣性力も含めた小球 A にはたらく力の y 成分は，小球 B から測った小球 A の位置 $y_{AB} = y_A - y_B$ を用いて　(タ)　と表される。したがって，小球 B と一緒に運動している観測者から見ると，小球 A は　(チ)　しているように見える。

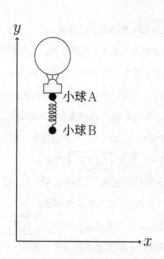

図 1-2

(ケ) の解答群

⓪ $\dfrac{m_B g}{k}$ ① l ② $l + \dfrac{m_B g}{k}$

③ $-l + \dfrac{m_B g}{k}$ ④ $l - \dfrac{m_B g}{k}$ ⑤ $\sqrt{l^2 + \dfrac{m_B^2 g^2}{k^2}}$

(コ), (サ) の解答群

⓪ 0 ① $-m_A g$ ② $-m_B g$

③ $m_A g$ ④ $m_B g$ ⑤ $-(m_A + m_B)g$

⑥ $(m_A + m_B)g$ ⑦ $(m_A - m_B)g$ ⑧ $(-m_A + m_B)g$

(シ), (ス) の解答群

⓪ 0 ① $g\Delta t$

② $\dfrac{(m_A + m_B)}{m_A} g\Delta t$ ③ $\dfrac{m_A}{(m_A + m_B)} g\Delta t$

④ $\dfrac{(m_A + m_B)}{m_B} g\Delta t$ ⑤ $\dfrac{m_B}{(m_A + m_B)} g\Delta t$

⑥ $\dfrac{|m_A - m_B|}{m_A} g\Delta t$ ⑦ $\dfrac{|m_A - m_B|}{m_B} g\Delta t$

(セ) の解答群

⓪ $-m_A g + k(y_A - y_B - l)$　　　① $-m_A g - k(y_A - y_B - l)$

② $m_A g + k(y_A - y_B - l)$　　　③ $m_A g - k(y_A - y_B - l)$

(ソ) の解答群

⓪ $-m_B g + k(y_A - y_B - l)$　　　① $-m_B g - k(y_A - y_B - l)$

② $m_B g + k(y_A - y_B - l)$　　　③ $m_B g - k(y_A - y_B - l)$

(タ) の解答群

⓪ $-\left(1 + \dfrac{m_B}{m_A}\right) k(y_{AB} - l)$　　　① $\left(1 + \dfrac{m_B}{m_A}\right) k(y_{AB} - l)$

② $-\left(1 + \dfrac{m_A}{m_B}\right) k(y_{AB} - l)$　　　③ $\left(1 + \dfrac{m_A}{m_B}\right) k(y_{AB} - l)$

④ $k(y_{AB} - l)$　　　⑤ $-k(y_{AB} - l)$

⑥ 0　　　⑦ $(m_A + m_B)g$

(チ) の解答群

⓪ 角振動数 $\sqrt{\dfrac{(m_A + m_B)k}{m_A m_B}}$ で単振動

① 角振動数 $\sqrt{\dfrac{k}{m_A + m_B}}$ で単振動

② 角振動数 $\sqrt{\dfrac{k}{m_A}}$ で単振動

③ 角振動数 $\sqrt{\dfrac{k}{m_B}}$ で単振動

④ 角振動数 $\sqrt{\dfrac{m_B k}{m_A^2}}$ で単振動

⑤ 角振動数 $\sqrt{\dfrac{m_A k}{m_B^2}}$ で単振動

⑥ 静止

2　　　次の問題の　　　　　　の中に入れるべき最も適当なものをそれぞれの**解答群**の中から選び，その番号を**解答用マークシート**の指定された欄にマークしなさい。
（　　　　　は既出のものを表す。同じ番号を何回用いてもよい。）

(35 点，ただし電気電子情報工学科は 70 点)

以下では，長さ，質量，時間，電流の単位をそれぞれ m，kg，s，A とし，その他の物理量に対してはこれらを組み合わせた単位を使用する。例えば，力の単位 N は N $= \mathrm{m} \cdot \mathrm{kg} \cdot \mathrm{s}^{-2}$ と表すことができる。

以下の各設問では，xy 平面における帯電した小物体の運動を考察し，小物体の大きさや小物体に加わる重力，摩擦や空気抵抗，小物体間の万有引力は無視できるとする。また，各設問において，外部から電場は加えられておらず，帯電した小物体がつくる電場のみを考察する。クーロンの法則の比例定数を k とし，電位の基準は無限遠とする。以下，定数を表す記号のうち，Q および a はともに正とする（$Q > 0,\ a > 0$）。

(1)　図 **2-1** のように，電気量 Q を帯びた小物体を，xy 平面上の点 $(-a, 0)$ に固定した。このとき，原点 O における電位 V_1 は $V_1 =$ 　**(ア)**　である。なお，電位は単位電荷あたりの静電気力による位置エネルギーであり，m，kg，s，A などを用いると，エネルギーの単位 J は J $=$ 　**(イ)**　，電位の単位 V は V $=$ 　**(ウ)**　と表すことができる。

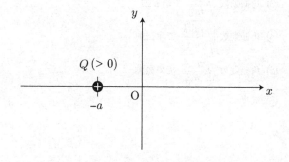

図 **2-1**

　次に，原点 O から x 軸の正の方向にじゅうぶん離れた点 S から，**図 2-2** のように，電気量 Q を帯びた小物体 A に外力を加え，x 軸に沿って原点 O までゆっくりと動かした。点 S は原点 O からじゅうぶん離れており，点 S における電位は 0 であるとする。この過程で外力がした仕事 W_1 は $W_1 = \boxed{\text{(エ)}}$ である。そののち，**図 2-3** のように，外力を加えて，点 $(-a, 0)$ を中心とした半径 a の円の円弧に沿って小物体 A を原点 O から点 $\text{P}(-2a, 0)$ までゆっくりと動かした。このとき，小物体 A を原点 O から点 P まで動かすのに外力がした仕事 W_1' は $W_1' = \boxed{\text{(オ)}}$ である。

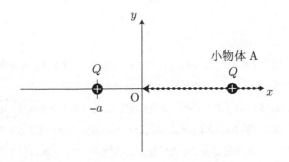

図 2-2（小物体 A は，原点 O からじゅうぶん離れた点 S から動かしている）

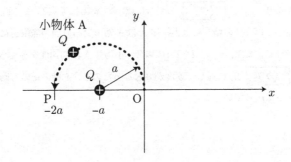

図 2-3

(ア) の解答群

⓪ $\dfrac{kQ}{a}$　　　　① $-\dfrac{kQ}{a}$　　　　② 0

(イ)，(ウ) の解答群

⓪ $m^2 \cdot kg \cdot s^{-1}$　　① $m^2 \cdot kg \cdot s^{-2}$　　② $m^2 \cdot kg \cdot s^{-3}$

③ $m^2 \cdot kg \cdot s^{-1} \cdot A$　④ $m^2 \cdot kg \cdot s^{-2} \cdot A$　⑤ $m^2 \cdot kg \cdot s^{-3} \cdot A$

⑥ $m^2 \cdot kg \cdot s^{-1} \cdot A^{-1}$　⑦ $m^2 \cdot kg \cdot s^{-2} \cdot A^{-1}$　⑧ $m^2 \cdot kg \cdot s^{-3} \cdot A^{-1}$

(エ)，(オ) の解答群

⓪ $\dfrac{kQ^2}{a}$　　① $\dfrac{kQ^2}{2a}$　　② $\dfrac{\pi kQ^2}{a}$　　③ $\dfrac{kQ^2}{\pi a}$

④ $-\dfrac{kQ^2}{a}$　　⑤ $-\dfrac{kQ^2}{2a}$　　⑥ $-\dfrac{\pi kQ^2}{a}$　　⑦ $-\dfrac{kQ^2}{\pi a}$

⑧ 0

(2)　図 **2-4** のように，y 軸上の点 $(0, a)$，$(0, -a)$ にそれぞれ電気量 Q を帯びた小物体を固定した。このとき，点 $(x, 0)$ における電位 V は $V =$ 　(カ)　であり，x 軸に沿った電位 V の概形を最も適切に表しているグラフは 　(キ)　である。

　次に，図 **2-5** のように，原点 O から x 軸の正の方向にじゅうぶん離れた点 S から，電気量 Q を帯びた質量 m の小物体 A に，x 軸の負の方向に大きさ v_0 の初速度を与え，x 軸に沿って運動させた。点 S は原点 O からじゅうぶん離れており，点 S における電位は 0 であるとする。運動の様子は v_0 の値によって異なり，$v_0 <$ 　(ク)　 の場合には小物体 A は原点 O まで到達せず，一方，$v_0 >$ (ク) の場合には小物体 A は x 軸の負の方向の無限遠に向かって進んでいく。また，$v_0 <$ (ク) の場合，小物体 A は初速度を与えられたあと，点 (　(ケ)　, 0) に達して速度が 0 となったのち，x 軸の正の方向の無限遠に向かって戻っていく。

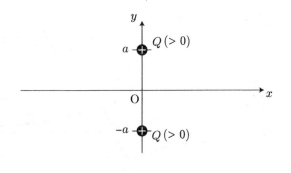

図 2-4

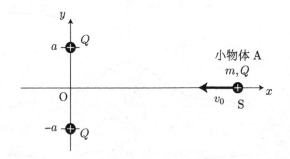

図 2-5 （点Sは原点Oからじゅうぶん離れているとする）

(カ) の解答群

⓪ $\dfrac{2kQx}{a^2}$ 　　① $\dfrac{2kQ}{x}$ 　　② $\dfrac{2kQ}{\sqrt{x^2+a^2}}$ 　　③ $\dfrac{2kQx}{x^2+a^2}$

④ $-\dfrac{2kQx}{a^2}$ 　　⑤ $-\dfrac{2kQ}{x}$ 　　⑥ $-\dfrac{2kQ}{\sqrt{x^2+a^2}}$ 　　⑦ $-\dfrac{2kQx}{x^2+a^2}$

(キ) の解答群

⓪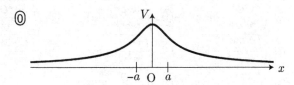

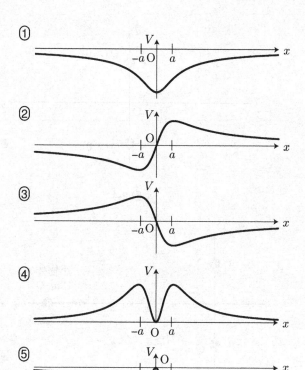

(ク) の解答群

⓪ $Q\sqrt{\dfrac{k}{ma}}$ ① $Q\sqrt{\dfrac{k}{2ma}}$ ② $Q\sqrt{\dfrac{k}{3ma}}$ ③ $\dfrac{Q}{2}\sqrt{\dfrac{k}{ma}}$

④ $Q\sqrt{\dfrac{2k}{ma}}$ ⑤ $Q\sqrt{\dfrac{3k}{ma}}$ ⑥ $2Q\sqrt{\dfrac{k}{ma}}$ ⑦ $2Q\sqrt{\dfrac{k}{3ma}}$

(ケ) の解答群

⓪ $\sqrt{\dfrac{k^2Q^4}{m^2v_0^4}-a^2}$ ① $\sqrt{\dfrac{4k^2Q^4}{m^2v_0^4}-a^2}$ ② $\sqrt{\dfrac{16k^2Q^4}{m^2v_0^4}-a^2}$

③ $\sqrt{\dfrac{k^2Q^4}{2m^2v_0^4}-a^2}$ ④ $\sqrt{\dfrac{k^2Q^4}{m^2v_0^4}+a^2}$ ⑤ $\sqrt{\dfrac{4k^2Q^4}{m^2v_0^4}+a^2}$

⑥ $\sqrt{\dfrac{16k^2Q^4}{m^2v_0^4}+a^2}$ ⑦ $\sqrt{\dfrac{k^2Q^4}{2m^2v_0^4}+a^2}$

(3) 　図 **2-6** のように，点 (a,a)，$(-a,a)$，$(-a,-a)$，$(a,-a)$ にそれぞれ電気量 Q を帯びた小物体を固定した。このとき，x 軸に沿った電位 V の概形を最も適切に表しているグラフは　**(コ)**　である。

　この状況において，図 **2-7** のように，電気量 Q を帯びた質量 m の小物体 A を位置 $(x,0)$ に静かに置いた。このとき，小物体 A に加わる静電気力の x 成分 F_x は $F_x =$ 　**(サ)**　であり，y 成分 F_y は $F_y = 0$ である。ここで，$|x| \ll a$ とすると，小物体 A に加わる静電気力の x 成分 F_x は，x の1次関数として，$F_x \fallingdotseq$ 　**(シ)**　$\times x$ と近似できる。ここで必要であれば，$|t| \ll 1$ のとき，$(1+t)^\alpha \fallingdotseq 1 + \alpha t$ が成り立ち，また t の1次の項と比べて t の2次の項はじゅうぶん小さいとして無視できることを用いてよい。以上より，小物体 A は原点 O を中心として x 軸に沿って単振動を行うことがわかり，その周期 T は $T =$ 　**(ス)**　$\times \dfrac{\pi a}{Q} \sqrt{\dfrac{ma}{k}}$ である。

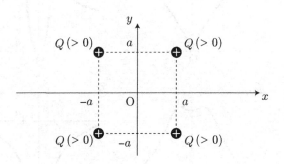

図 2-6

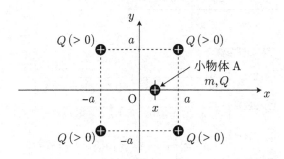

図 2-7

(コ) の解答群

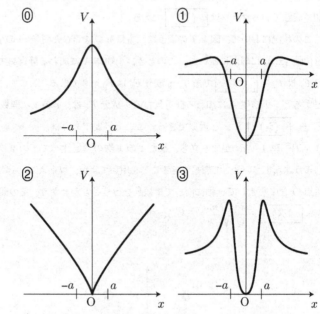

(サ) の解答群

⓪ $2kQ^2\left[\dfrac{a}{\{(a+x)^2+a^2\}^{\frac{3}{2}}}+\dfrac{x}{\{(a-x)^2+a^2\}^{\frac{3}{2}}}\right]$

① $2kQ^2\left[\dfrac{x}{\{(a+x)^2+a^2\}^{\frac{3}{2}}}+\dfrac{a}{\{(a-x)^2+a^2\}^{\frac{3}{2}}}\right]$

② $2kQ^2a\left[\dfrac{1}{\{(a+x)^2+a^2\}^{\frac{3}{2}}}+\dfrac{1}{\{(a-x)^2+a^2\}^{\frac{3}{2}}}\right]$

③ $2kQ^2x\left[\dfrac{1}{\{(a+x)^2+a^2\}^{\frac{3}{2}}}+\dfrac{1}{\{(a-x)^2+a^2\}^{\frac{3}{2}}}\right]$

④ $2kQ^2\left[\dfrac{a+x}{\{(a+x)^2+a^2\}^{\frac{3}{2}}}-\dfrac{a-x}{\{(a-x)^2+a^2\}^{\frac{3}{2}}}\right]$

⑤ $2kQ^2\left[\dfrac{a+x}{\{(a+x)^2+a^2\}^{\frac{3}{2}}}+\dfrac{a-x}{\{(a-x)^2+a^2\}^{\frac{3}{2}}}\right]$

⑥ $-2kQ^2\left[\dfrac{a+x}{\{(a+x)^2+a^2\}^{\frac{3}{2}}}+\dfrac{a-x}{\{(a-x)^2+a^2\}^{\frac{3}{2}}}\right]$

⑦ $2kQ^2\left[-\dfrac{a+x}{\{(a+x)^2+a^2\}^{\frac{3}{2}}}+\dfrac{a-x}{\{(a-x)^2+a^2\}^{\frac{3}{2}}}\right]$

(シ) の解答群

⓪ $-\dfrac{kQ^2}{a^3}$　　　　① $-\dfrac{kQ^2}{2a^3}$　　　　② $-\dfrac{kQ^2}{3a^3}$　　　　③ $-\dfrac{kQ^2}{4a^3}$

④ $-\dfrac{\sqrt{2}kQ^2}{a^3}$　　　⑤ $-\dfrac{\sqrt{2}kQ^2}{2a^3}$　　　⑥ $-\dfrac{\sqrt{2}kQ^2}{3a^3}$　　　⑦ $-\dfrac{\sqrt{2}kQ^2}{4a^3}$

(ス) の解答群

⓪ 1　　　　① $2^{\frac{1}{4}}$　　　　② $\sqrt{2}$　　　　③ 2

④ $2^{\frac{5}{4}}$　　　⑤ $2^{\frac{3}{2}}$　　　⑥ 4　　　⑦ $2^{\frac{5}{2}}$

3　　次の問題の ☐ の中に入れるべき最も適当なものをそれぞれの**解答群**の中から選び，その番号を**解答用マークシート**の指定された欄にマークしなさい。(└┄┄┄┘は既出のものを表す。同じ番号を何回用いてもよい。)

(30 点，ただし電気電子情報工学科は 60 点)

以下では，長さ，質量，時間の単位をそれぞれ m，kg，s とし，その他の物理量に対してはこれらを組み合わせた単位を使用する。例えば，速度の単位は m/s と表すことができる。

波を伝える媒質が波の進行方向に振動する縦波を考える。縦波は，媒質が疎な部分と密な部分が交互にできるので，疎密波ともよばれる。**図 3-1** は，波源の位置を原点 O に，波の進行方向を x 軸にとり，x 軸に垂直に y 軸をとって，ある時刻におけるこの縦波を横波で表したものである。その際，媒質の各点の変位が，x 軸の正の向きのときは y 軸の正の向きに，x 軸の負の向きのときは y 軸の負の向きに変位をとっている。また，波を伝える媒質は $x=l$ まで続いており，波が

この点 (端) まで到達すると，波は固定端反射されるとする。波が音波で，$x = l$ に壁がある場合は，このように固定端反射される。

以下の設問では，**図 3-1** に示した入射波の振幅を A，波長を λ，周期を T とする。

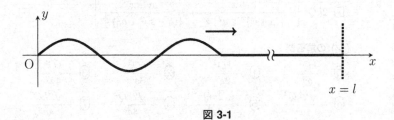

図 3-1

(1) **図 3-1** の波に，**図 3-2** のように A，B，C，D，E の各点を定義する。

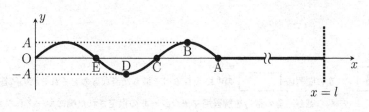

図 3-2

この波が波源 (原点 O) から伝播し始めてから，すなわち波の先端が原点 O を出てから**図 3-2** の点 A の位置に到達するまでにかかる時間は **(ア)** × T，点 A の x 座標は $x =$ **(イ)** × λ である。また，**図 3-2** に示した B，C，D，E の各点のうち，疎密波の密な点は **(ウ)** ，疎な点は **(エ)** である。

(ア)，(イ) の解答群

⓪ $\dfrac{1}{3}$ ① $\dfrac{2}{3}$ ② 1   ③ $\dfrac{3}{2}$ ④ 3

（ウ），（エ）の解答群

⓪ B　　　　　① C　　　　　② D　　　　　③ E

(2)　波は原点 O の波源から発生し続け，**図 3-3** に示すように，ある時刻にその先端が媒質の端 ($x = l$ の点) に達した。この時刻を，時間 t の原点，すなわち $t = 0$ とする。この後，波は $x = l$ の点で固定端反射される。まず反射波の疎密を考えると，その先端の媒質の密度は　**（オ）**　である。その反射波と入射波とが重なり合って合成波が形成される。$t = \frac{1}{4}T$ における合成波は　**（カ）**，$t = \frac{1}{2}T$ における合成波は　**（キ）**，$t = \frac{3}{4}T$ における合成波は　**（ク）**，$t = T$ における合成波は　**（ケ）**　である。ここで，反射波が通過した媒質の領域の合成波は　**（コ）**　となっている。

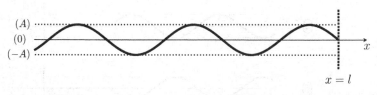

図 3-3

（オ）の解答群

⓪ 密

① 疎

② 疎密波がないときの媒質の密度と同じ

（カ），（キ），（ク），（ケ）の解答群は次ページ

（コ）の解答群

⓪ x 軸の正の向きに進む進行波

① x 軸の負の向きに進む進行波

② 定常波

(カ), (キ), (ク), (ケ) の解答群

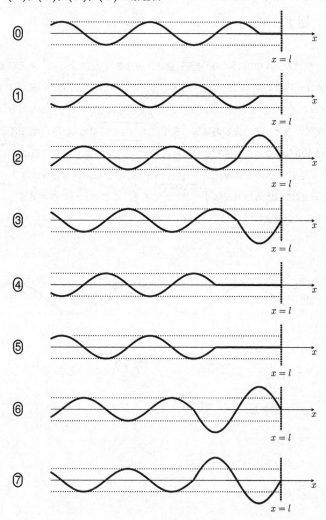

じゅうぶん時間が経って，$t \gg T$ となったとき，合成波は**図 3-4** の (a), (b)，および (c) のような波形の状態間を振動する。(a) の波形になるのは，n を大きな自然数として，$t =$ 　**(サ)**　$\times T$ のとき，(b) の波形になるのは $t =$ 　**(シ)**　$\times T$ のとき，(c) の波形になるのは $t =$ 　**(ス)**　$\times T$ のときである。

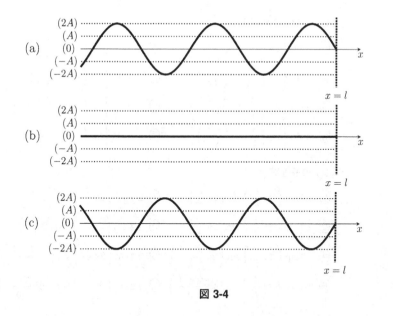

図 3-4

　合成波としてこのような波形が得られることを，正弦波の式を用いて数式で表してみよう。$x = l$ にある固定端への入射波の変位 y_{I} を位置 x と時間 t の関数として表すと $y_{\mathrm{I}} = \boxed{\text{(セ)}}$，同様に反射波の変位 y_{R} は $y_{\mathrm{R}} = \boxed{\text{(ソ)}}$ と表される。したがって，それらの合成波は，$y = y_{\mathrm{I}} + y_{\mathrm{R}}$ を式変形して，$y = \boxed{\text{(タ)}}$ のように表される。

　合成波は，$y = \boxed{\text{(タ)}}$ の式からもわかるように，$n = 0, 1, 2, \cdots$ として，$x = l - \boxed{\text{(チ)}}$ の位置に節を持つ。この横波表示では節となる $x = l - \boxed{\text{(チ)}}$ で与えられる点においては，媒質の密度が $\boxed{\text{(ツ)}}$。

(サ)，(シ)，(ス) の解答群

⓪ $\dfrac{n}{4}$ 　　　① $\dfrac{n}{2}$ 　　　② $\dfrac{2n+1}{4}$ 　　　③ n 　　　④ $\dfrac{2n+1}{2}$

(セ)，(ソ) の解答群

⓪ $A \sin \left\{ 2\pi \left(\dfrac{t}{T} + \dfrac{x}{\lambda} \right) \right\}$　　　　① $-A \sin \left\{ 2\pi \left(\dfrac{t}{T} + \dfrac{x}{\lambda} \right) \right\}$

② $A \sin \left\{ 2\pi \left(\dfrac{t}{T} - \dfrac{x}{\lambda} \right) \right\}$　　　　③ $-A \sin \left\{ 2\pi \left(\dfrac{t}{T} - \dfrac{x}{\lambda} \right) \right\}$

④ $A \sin \left\{ 2\pi \left(\dfrac{t}{T} + \dfrac{x-l}{\lambda} \right) \right\}$　　　⑤ $-A \sin \left\{ 2\pi \left(\dfrac{t}{T} + \dfrac{x-l}{\lambda} \right) \right\}$

⑥ $A \sin \left\{ 2\pi \left(\dfrac{t}{T} - \dfrac{x-l}{\lambda} \right) \right\}$　　　⑦ $-A \sin \left\{ 2\pi \left(\dfrac{t}{T} - \dfrac{x-l}{\lambda} \right) \right\}$

(タ) の解答群

⓪ $2A \sin \left(2\pi \dfrac{t}{T} \right) \sin \left(2\pi \dfrac{x}{\lambda} \right)$　　　① $2A \sin \left(2\pi \dfrac{t}{T} \right) \cos \left(2\pi \dfrac{x}{\lambda} \right)$

② $2A \cos \left(2\pi \dfrac{t}{T} \right) \sin \left(2\pi \dfrac{x}{\lambda} \right)$　　　③ $2A \cos \left(2\pi \dfrac{t}{T} \right) \cos \left(2\pi \dfrac{x}{\lambda} \right)$

④ $2A \sin \left(2\pi \dfrac{t}{T} \right) \sin \left(2\pi \dfrac{x-l}{\lambda} \right)$　　⑤ $2A \sin \left(2\pi \dfrac{t}{T} \right) \sin \left(2\pi \dfrac{l-x}{\lambda} \right)$

⑥ $2A \cos \left(2\pi \dfrac{t}{T} \right) \sin \left(2\pi \dfrac{x-l}{\lambda} \right)$　　⑦ $2A \cos \left(2\pi \dfrac{t}{T} \right) \sin \left(2\pi \dfrac{l-x}{\lambda} \right)$

(チ) の解答群

⓪ $\dfrac{n}{4}\lambda$　　　　① $\dfrac{2n+1}{4}\lambda$　　② $\dfrac{n}{3}\lambda$　　　③ $\dfrac{2n+1}{3}\lambda$

④ $\dfrac{n}{2}\lambda$

(ツ) の解答群

⓪ 一定で変化しない

① 疎および密な状態の間を振動している

化　学

（80分）

　各設問の計算に必要ならば下記の数値を用いなさい。

原子量：H 1.0，C 12.0，N 14.0，O 16.0，Na 23.0，Al 27.0，S 32.1，
　　　　Cl 35.5，Ar 40.0，Ca 40.1，Fe 55.8，Cu 63.5，Ag 108

ファラデー定数：$9.65 \times 10^4\,C/mol$

気体定数：$8.31 \times 10^3\,Pa \cdot L/(K \cdot mol)$

標準状態における理想気体のモル体積：$22.4\,L/mol$

　特段の記述がない限り，気体はすべて理想気体としてふるまうものとする。

1　次の記述の①，②にあてはまる最も適当なものを{　　}より選び，その番号を解答用マークシートにマークしなさい。また，(ア)，(イ)にあてはまる最も適当なものをA欄より選び，その番号を解答用マークシートにマークしなさい。ただし，同じ番号を何回用いてもよい。さらに，(i)〜(iv)にあてはまる数値を有効数字が2桁になるように3桁目を四捨五入して求め，次の形式で解答用マークシートにマークしなさい。指数 c が0の場合の符号pには＋をマークしなさい。

(16点)

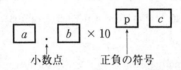

$$\boxed{a}\ .\ \boxed{b}\ \times 10\ \overset{\boxed{\text{p}}\ \boxed{c}}{}$$

小数点　　　　正負の符号

(1)　$CaCl_2$ を200 gの水に溶かした水溶液の沸点を調べたところ，純粋な水よりも0.074 K高かった。この水溶液に溶かした $CaCl_2$ の質量は　(i)　gである。ただし，水のモル沸点上昇を0.515 K·kg/molとし，$CaCl_2$ はすべて電離するものとする。

(2)　1 molのNaOH(固)を1 molのHClを含む塩酸に溶解したところ，101 kJ発熱した。また，1 molのNaOHを含むNaOH水溶液と，1 molのHClを含む塩酸を混合したところ，56.5 kJ発熱した。1.5 molのNaOH(固)を水に溶解すると，　(ii)　kJの①{1　発熱，2　吸熱}が起こる。

(3)　Al粉末と Fe_2O_3 の混合物に点火すると，Feの単体が得られる。Al粉末がすべて反応する場合，189.0 gのAlから得られるFeは　(iii)　gである。また，Feは工業的には Fe_2O_3 をCOで還元することにより得られる。279.0 gのFeを得るのに必要なCOは標準状態で　(iv)　Lである。

(4)　Fe^{3+} を含む水溶液に $K_4[Fe(CN)_6]$ 水溶液を加えると　(ア)　の沈殿を生成する。また，Fe^{3+} を含む水溶液にNaOH水溶液を加えると　(イ)　の沈

殿を生成し，この沈殿は NaOH 水溶液を過剰に加えたとき，②{1　溶解する，
2　溶解しない}。

A　欄

　　1　赤褐色　　　　2　黄　色　　　　3　青白色　　　　4　緑白色
　　5　濃青色　　　　6　黒　色

2　次の記述の①にあてはまる最も適当なものを {　　} より選び，その番号を**解答用マークシート**にマークしなさい。また，(ア)にあてはまる最も適当なものを**A欄**より選び，その番号を**解答用マークシート**にマークしなさい。さらに，(i)〜(iv)にあてはまる数値を有効数字が3桁になるように4桁目を四捨五入して求め，次の形式で**解答用マークシート**にマークしなさい。指数 d が0の場合の符号 p には**＋**をマークしなさい。

(18 点)

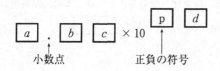

$$\boxed{a}\ .\ \boxed{b}\ \boxed{c}\ \times 10^{\boxed{p}\ \boxed{d}}$$

小数点　　　　　　　　　　正負の符号

(1)　じゅうぶんな量の AgNO₃ 水溶液と NaCl 水溶液を用いて**図1**の電解槽を組みたて，　(i)　A の直流電流で80分25秒間電気分解をおこなった。このとき，陰極 I では Ag が 1.35 g 析出した。また，陽極 II では　(ii)　mol の①{1　H_2, 2　O_2, 3　Cl_2} が生成した。

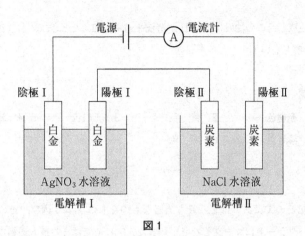

図1

(2)　電解槽Ⅲには 0.100 L の 0.400 mol/L CuCl₂ 水溶液，電解槽Ⅳにはじゅうぶ
んな量の CuSO₄ 水溶液を用いて**図2**の並列でつないだ電解槽を組みたて，
2.50 A の直流電流で 48 分 15 秒間電気分解をおこなった。このとき，電解槽
Ⅲには　(iii)　A の電流が流れ，CuCl₂ 水溶液の濃度は 0.180 mol/L となっ
た。ただし，水溶液の体積は変化しないものとする。また，電解槽Ⅳでは，陰
極Ⅳで Cu が　(iv)　g 析出し，陽極Ⅳで　(ア)　。

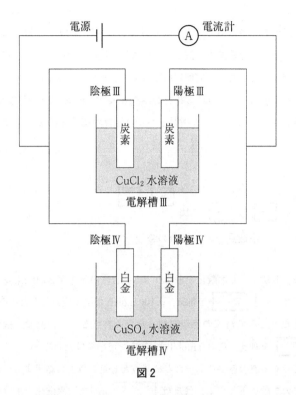

図 2

A　欄

1　O_2 が発生し，付近の pH が小さくなった

2　O_2 が発生し，付近の pH が大きくなった

3　H_2 が発生し，付近の pH が小さくなった

4　H_2 が発生し，付近の pH が大きくなった

3　次の記述の(ア), (イ)にあてはまる最も適当なものを **A欄**より, (ウ), (エ)にあてはま
る最も適当なものを **B欄**より選び, その番号を**解答用マークシート**にマークしな
さい。ただし, 同じ番号を何回用いてもよい。また, (i)～(iii)にあてはまる数値を
有効数字が2桁になるように3桁目を四捨五入して求め, 次の形式で**解答用マー
クシート**にマークしなさい。指数 c が0の場合の符号pには＋をマークしなさ
い。
                                                              (17 点)

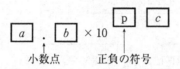

　　　　　　　　　小数点　　　　正負の符号

(1)　炭酸ナトリウムと水酸化ナトリウムの混合水溶液①が 25.0 mL ある。そこに
指示薬として　(ア)　を加え, 0.100 mol/L 塩酸で滴定したところ, 11.0 mL
を加えたところで溶液の色が変わったため終点とした。次に, 指示薬として
　(イ)　を加え, 0.100 mol/L 塩酸で滴定を続けたところ, 5.0 mL を加え
たところで溶液の色が変わったため終点とした。以上の結果より, 混合水溶液
①中での炭酸ナトリウムの濃度は　(i)　mol/L, 水酸化ナトリウムの濃度
は　(ii)　mol/L であることがわかる。

A　欄

　1　フェノールフタレイン　　　　　2　ブロモチモールブルー

　3　メチルオレンジ　　　　　　　　4　メチレンブルー

(2)　濃度 c の希薄な酢酸水溶液の電離度を α, 電離定数を K_a とする。α が1よ
りじゅうぶんに小さいとき, α は　(ウ)　と表すことができ, 水素イオンの
濃度は　(エ)　と表すことができる。ある濃度の酢酸水溶液の pH が 2.70
のとき, この酢酸水溶液を水で10倍に希釈したときの pH は　(iii)　とな
る。ただし, α は1よりじゅうぶんに小さく, 希釈により K_a は変化しないも
のとする。

B　欄

1　$K_a c$　　　　2　$\dfrac{K_a}{c}$　　　　3　$\dfrac{c}{K_a}$　　　　4　$(K_a c)^2$

5　$\left(\dfrac{K_a}{c}\right)^2$　　6　$\left(\dfrac{c}{K_a}\right)^2$　　7　$\sqrt{K_a c}$　　8　$\sqrt{\dfrac{K_a}{c}}$

9　$\sqrt{\dfrac{c}{K_a}}$

4　次の記述の(i)～(iii)にあてはまる数値を有効数字が２桁になるように３桁目を四捨五入して求め，次の形式で**解答用マークシート**にマークしなさい。指数 c が 0 の場合の符号 p には＋をマークしなさい。また，①にあてはまる最も適当なものを{　}より選び，その番号を**解答用マークシート**にマークしなさい。　(17 点)

$$\boxed{a}\ .\ \boxed{b}\ \times 10^{\,\boxed{p}\,\boxed{c}}$$

小数点　　　　正負の符号

(1)　体積を変えられる密閉された容器に水とアルゴンを物質量比 1：1 で加えたところ，水は完全に気体として存在していた。容器内部の圧力が 2.0×10^3 Pa，体積が 100 L，温度が 300 K であったとすると，容器に加えられた水の物質量は　$\boxed{\text{(i)}}$　mol と求まる。

(2)　前問(1)の状態から温度を一定に保ったまま，容器内部の体積を変化させた。このとき，容器内部の体積が　$\boxed{\text{(ii)}}$　L 以下になると，水は液体として共存し始める。ただし，この温度における水の蒸気圧は 3.6×10^3 Pa であり，容器の内部は常に平衡が保たれているものとする。また，アルゴンの水への溶解，および生成した液体の水の体積は無視できるものとする。

(3)　前問(2)の状態から温度を一定に保ったまま，さらに容器内部の体積を変化させた。(1)の状態から容器内部の圧力が 1.0×10^4 Pa に達するまでに，水蒸気

は　　(iii)　　Jの熱を①{1　放出，2　吸収}して凝縮する。ただし，水の凝縮熱を 41 kJ/mol とする。なお，容器の内部は常に平衡が保たれている。また，アルゴンの水への溶解，および生成した液体の水の体積は無視できるものとする。

5　次の記述を読み，(1)〜(3)の問に答えなさい。　　　　　　　　　(20点)

　分子式が $C_5H_{12}O$ であるアルコールには　　(i)　　種類の異性体(構造異性体と立体異性体を含む)が存在する。アルコールに濃硫酸のような酸を加えて加熱した場合，アルコールのヒドロキシ基とそれが結合している隣の炭素原子に結合している水素原子が水分子となってとれることでアルケンが生じる。

　なお，第二級や第三級アルコールから分子内で水分子がとれる場合には，ヒドロキシ基が結合している炭素原子の隣の炭素原子のうち，結合している水素原子の数が少ない方の炭素側から水分子がとれたアルケンが主生成物として得られるとする。また，得られたアルケンにシス形とトランス形の立体異性体が同時に生じる場合にはトランス形が主生成物として得られるとする。

　上記の分子式をもつアルコールの中でA，BおよびCは不斉炭素原子を有しているが，Dには不斉炭素原子がない。アルコールAに少量の濃硫酸を加えて加熱するとアルケン　　(ア)　　のみが得られた。アルコールBに少量の濃硫酸を加えて加熱すると2種類のアルケン　　(イ)　　(主生成物)とアルケン　　(ウ)　　(副生成物)が得られた。アルコールCに少量の濃硫酸を加えて加熱すると3種類のアルケンが生じ，立体異性体であるアルケン　　(エ)　　(主生成物)とアルケン　　(オ)　　(副生成物)，およびそれらの構造異性体であるアルケン　　(カ)　　が得られた。また，アルコールDは硫酸酸性で二クロム酸カリウム水溶液とは反応しなかったが，少量の濃硫酸を加えて加熱すると2種類のアルケン　　(キ)　　(主生成物)とアルケン　　(ク)　　(副生成物)を生じた。

(1)　(i)にあてはまる数値を**解答用マークシート**にマークしなさい。1桁の数字で

あれば，十の位には 0 をマークしなさい。

(2) (ア)～(ク)にあてはまる最も適当なものを **A欄**より選び，その番号を**解答用マー
クシート**にマークしなさい。ただし，同じ番号を何回用いてもよい。

A　欄

(3) アルコール A から D のうちでヨードホルム反応に陽性のアルコールの組み
合わせとして正しいものを **B欄**より選び，その番号を**解答用マークシート**に
マークしなさい。

B　欄

1　アルコール A，アルコール B

2　アルコール A，アルコール C

3　アルコール A，アルコール B，アルコール C

4　アルコール B，アルコール C

5　アルコール B，アルコール D

6 次の記述の(ア)～(シ)にあてはまる最も適当なものをA欄より選び，その番号を**解答用マークシート**にマークしなさい(番号の中の0という数字も必ずマークすること)。

(12点)

合成高分子のうち熱や圧力を加えると成形・加工できるものをプラスチックという。プラスチックは熱に対する性質の違いから (ア) 性樹脂と (イ) 性樹脂に分類される。 (ア) 性樹脂は (ウ) 構造をもつものが多く，加熱するとやわらかくなり，冷却すると再びかたくなる。 (イ) 性樹脂は (エ) 構造をもち，加熱によりかたくなり，再び熱を加えてもやわらかくならない。

(ア) 性樹脂の例として，ビニル基を有する (オ) を (カ) して得られる (キ) があり，食器用容器や梱包材などに用いられる。 (イ) 性樹脂の例として， (ク) を (ケ) して得られる中間生成物を用いた (コ) があり，電気絶縁性に優れるため電気ソケットやプリント基板に用いられる。このとき酸触媒を用いて得られる中間生成物は分子量が1000程度で (サ) と呼ばれ，塩基触媒を用いて得られる中間生成物は分子量が100～300程度で (シ) と呼ばれる。

A 欄

01 熱硬化	02 熱可塑	03 鎖 状
04 架 橋	05 レゾール	06 ノボラック
07 メタクリル酸メチル	08 酢酸ビニル	09 スチレン
10 ε-カプロラクタム	11 フェノールとホルムアルデヒド	
12 無水フタル酸と1, 2, 3-プロパントリオール(グリセリン)		
13 ポリメタクリル酸メチル		14 ポリ酢酸ビニル
15 ポリスチレン	16 ナイロン6	17 フェノール樹脂
18 アルキド樹脂	19 付加重合	20 開環重合
21 付加縮合	22 縮合重合	

生　物

（80 分）

1　タンパク質の性質の解析や大量に生産して利用するために組換えタンパク質を
　大腸菌などで生産させるバイオテクノロジーの技術は現在広く用いられている。
　このような技術に関連する以下の問題(1)〜(4)に答えなさい。解答はそれぞれの指
　示に従って最も適切なものを**解答群**の中から選び，その番号を**解答用マークシー
　ト**の指定された欄にマークしなさい。　　　　　　　　　　　　　（35 点）

(1)　近年では，組換えタンパク質中のアミノ酸を別のアミノ酸に置換してタンパ
　　ク質の機能の向上をはかるといった人為的な分子進化ともいえる手法も頻繁に
　　利用される。進化に関する記述①〜⑤について正しいものの組み合わせを**解答
　　群A**から選び，その番号をマークしなさい。

　　①　塩基配列に突然変異が生じたがアミノ酸配列が変化しない置換を同義置換
　　　といい，自然選択に対して中立である。また，塩基配列に突然変異が生じて
　　　アミノ酸配列が変化しても中立となる場合がある。遺伝子重複が生じると，
　　　重複でできた2個のうち一方の遺伝子に元の機能を失う突然変異が生じても
　　　生存に不利にならないため，遺伝子重複は新たな機能をもつ遺伝子を獲得す
　　　る重要な要因の一つとなっている。
　　②　2つの種において共通祖先をもつ遺伝子の配列を比較した場合，例外もあ
　　　るが傾向として種が分かれてからの期間が短いほど変化した塩基の数も少な
　　　い。ほとんどのアミノ酸配列が機能と関わっているタンパク質(例えばヒス
　　　トン)の場合，分子進化の速度は非常に遅くなる。
　　③　生物の類縁関係や進化の過程を樹木の形に表した図は系統樹という。異な
　　　る分類群同士でも収れんとよばれる進化(収束進化)によって類似した形質を
　　　もつことがある。また，塩基配列やアミノ酸配列といった配列データを用い

て遺伝子やタンパク質の類縁関係や進化の解析を行うこともでき，この解析によって作成した図を分子系統樹とよぶ。

④　ヒトの正常なヘモグロビンは2種類のポリペプチド鎖から構成されている。かま状赤血球症は片方のポリペプチド鎖におけるアミノ酸の変異が原因であるが，この不利な変異が自然選択により集団から排除されないのは，主に遺伝的浮動とよばれる選択圧のためである。

⑤　同じ種の生物においてもゲノムの配列は全く同じではなく，個体間で塩基配列が1塩基単位で異なることがあり，これを一塩基多型という。ヒトの場合，100塩基対に5個程度の割合で一塩基多型が存在する。

解答群A

00　①	01　②	02　③	03　④
04　⑤	05　①，②	06　①，③	07　①，④
08　①，⑤	09　②，③	10　②，④	11　②，⑤
12　③，④	13　③，⑤		14　④，⑤
15　①，②，③	16　①，②，④		17　①，②，⑤
18　①，③，④	19　①，③，⑤		20　①，④，⑤
21　②，③，④	22　②，③，⑤		23　②，④，⑤
24　③，④，⑤	25　①，②，③，④		26　①，②，③，⑤
27　①，②，④，⑤	28　①，③，④，⑤		29　②，③，④，⑤
30　①，②，③，④，⑤	31　すべて誤り		

(2)　目的とする組換えタンパク質を生産するために必要な遺伝子は，主に PCR 法を用いて増幅し，それを適切なベクターに組み込んでから大腸菌などに導入する。遺伝子組換えに関する記述(a)～(c)それぞれについて，文中の<u>下線部(i)から(iv)の正誤(それぞれ○と×と表す)の組み合わせ</u>として正しいものを**解答群B**から選び，その番号をマークしなさい。

＊なお，**解答群B**は(c)の後ろに掲載している。

(a)　真核生物のゲノム DNA を含む溶液を用いて適切な条件で PCR を行うと，

目的とする遺伝子を含む DNA 断片を増幅することができる。アンピシリン(i)という抗生物質に対する耐性遺伝子の途中にこの断片を組み込んだ場合，アンピシリンを含む培地で，目的とする遺伝子をもつプラスミドが導入された大腸菌を選択的に増殖させることができる。目的とする遺伝子が組み込まれたプラスミドが大腸菌に導入されると，大腸菌に導入されたプラスミドは乗(ii)換えによりゲノムに取り込まれる。この目的遺伝子が転写されるとスプライ(iii)シングによってイントロンが取り除かれた mRNA が生成する。適切に発現させて翻訳されたポリペプチド鎖の場合でも，翻訳後にポリペプチド鎖が正しく折りたたまれないことがある。これを回避する目的で，ある遺伝子が挿入されたプラスミドを同時に大腸菌に導入することがある。シャペロンの遺(iv)伝子はこの「ある遺伝子」にあたるものの一つである。

(b)　ベクターに組み込まれた遺伝子の DNA 塩基配列を確認する際，逆転写に(i)より cDNA を合成するステップが必要となる。サンガー法では，DNA を鋳型として DNA ポリメラーゼの反応を行い，蛍光色素が付加した単一の長さ(ii)の DNA 断片を合成する。サンガー法では PCR と同様に 3 種類の温度を順に加熱するサイクルを繰り返す。このとき，サンガー法で蛍光色素が付加し(iii)た DNA 断片の分子数が増加する原理は PCR の場合と同じである。近年では，サンガー法よりも高速で大量に塩基配列を解析する装置が開発され，各(iv)種生物のゲノム配列の解読などに利用されている。

(c)　制限酵素には二本鎖 DNA の切断後の末端が平らになるものと，一本鎖の(i)突出した部分が生じるものの両方が存在する。同じ制限酵素で切断した DNA 断片は DNA リガーゼを用いて結合することができる。ベクターに 1 箇所の(ii)み存在する EcoRI 切断部位と，PCR 産物の両末端のみに存在する EcoRI 切断部位を制限酵素 EcoRI で切断し，DNA 断片を結合する酵素によって DNA 断片がベクターに挿入された場合，挿入された DNA 断片の方向は原理的に(iii)は 1 種類である。ベクターを大腸菌に導入する主な方法の一つは，塩化カル(iv)シウムを含む溶液で処理をした細胞を用いるヒートショック法である。

解答群B – 記述(a)～(c)で使用する解答群

	(i)	(ii)	(iii)	(iv)		(i)	(ii)	(iii)	(iv)
00	×	×	×	×	08	×	○	○	×
01	○	×	×	×	09	×	○	×	○
02	×	○	×	×	10	×	○	○	○
03	×	×	○	×	11	○	×	○	×
04	×	×	×	○	12	○	○	×	○
05	○	○	×	×	13	○	×	○	○
06	○	×	○	×	14	×	○	○	○
07	○	×	×	○	15	○	○	○	○

(3) 多くの場合，ベクターには目的の遺伝子を効率的に発現するための仕組みが備えられている。その一つとして大腸菌のもつラクトースオペロンを利用した系がある。このオペロンの一部を組み込んだプラスミドを**図1**のように準備して，β-ガラクトシダーゼ遺伝子(*lacZ*)の途中に目的遺伝子(タンパク質を指定する配列)を組み込み，大腸菌にそのプラスミドを導入して目的遺伝子を，*lacZ*遺伝子発現調節系によって発現させる。これに関する実験について問題(a)と(b)に答えなさい。

(a) 目的遺伝子をプラスミドに組み込む操作を行った場合，実際には目的以外のDNAの混入，プラスミドやPCR産物の部分的な分解などにより，目的遺伝子とは全く関係のないDNAや目的遺伝子の一部分のみが挿入されたプラスミド，最初のプラスミドそのものをもつ大腸菌のコロニーが混在することもまれにある。それぞれのコロニーからプラスミドを抽出し，いくつかのプライマーを用いてPCRを行い，得られたPCR産物の電気泳動を行った。これにより，これらのコロニーのもつプラスミドに目的遺伝子が**図1**のように予定した通りに挿入されているかを判定した。

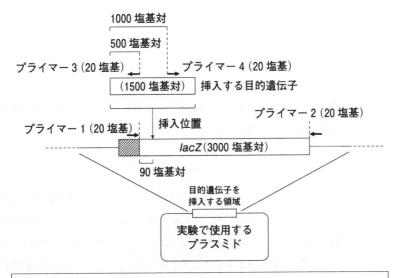

プライマーが結合する配列の位置の説明

プライマー1の終点（矢印の先端）：lacZ 遺伝子の直前
プライマー2の終点（矢印の先端）：lacZ 遺伝子の直後
プライマー3の起点（1塩基目）：目的遺伝子の上流側から 500 塩基対目
プライマー4の起点（1塩基目）　：目的遺伝子の上流側から 1001 塩基対目

図1　実験で使用するプラスミドとプライマー（太い矢印）

・実験で使用するプラスミドを模式図で示している。目的遺伝子を挿入する領域は上方に拡大して詳細を描画している。

・遺伝子全長は lacZ 遺伝子で 3000 塩基対，目的遺伝子で 1500 塩基対とする。

・用いた4種類のプライマーの結合する配列の位置と向きは図に示しており，太い矢印の向きはプライマーから DNA 鎖が伸長する方向を示している。なお，プライマーは全て 20 塩基であり，図で示した位置以外の塩基配列には結合しないものとする。

・斜線のボックスは調節遺伝子，プロモーター，オペレーターを含む領域である。

　　この判定に関する以下の記述①〜⑤のうち正しい記述の組み合わせとして適切なものを**解答群C**から選び，その番号をマークしなさい。ただし，一つのコロニーのもつプラスミド中の挿入配列は1種類のみとする。

判定に関する記述

①　プライマー1と2を用いてPCRを行った際に，4000〜4100塩基対の間
　の長さのPCR産物が生成した場合，このプラスミドには目的遺伝子全長
　が予定した通りに挿入されている可能性がある。

②　プライマー1と4を用いてPCRを行った際に，600〜650塩基対の間の
　長さのPCR産物が生成した場合，このプラスミドには予定したのとは異
　なる向きに目的とする遺伝子の一部または全部が挿入されたと考えられ
　る。

③　プライマー1と3を用いてPCRを行うと，目的遺伝子全長が予定した
　通りに挿入されたプラスミドでは600〜650塩基対の間の長さのPCR産物
　が増幅する。ただし，目的遺伝子のちょうど右側半分（プライマー4側）が
　欠失したDNA断片が挿入されたプラスミドでも同じ長さのPCR産物が
　増幅する。

④　プライマー3と4を用いてPCRを行うと，目的遺伝子全長が予定した
　通りに挿入されたプラスミドでは500〜550塩基対の間の長さのPCR産物
　が増幅する。

⑤　プライマー2と4を用いてPCRを行うと，目的遺伝子全長が予定した
　通りに挿入されたプラスミドでは3400〜3450塩基対の間の長さのPCR産
　物が増幅する。

解答群C

00　①	01　②	02　③	03　④
04　⑤	05　①，②	06　①，③	07　①，④
08　①，⑤	09　②，③	10　②，④	11　②，⑤
12　③，④	13　③，⑤	14　④，⑤	
15　①，②，③	16　①，②，④	17　①，②，⑤	
18　①，③，④	19　①，③，⑤	20　①，④，⑤	
21　②，③，④	22　②，③，⑤	23　②，④，⑤	
24　③，④，⑤	25　①，②，③，④	26　①，②，③，⑤	
27　①，②，④，⑤	28　①，③，④，⑤	29　②，③，④，⑤	

30　①, ②, ③, ④, ⑤　**31**　すべて誤り

(b)　問題(a)において，**図2**にも示すように矢印の部分に目的とする遺伝子が予定通りに挿入されたプラスミドを大腸菌に導入した。この大腸菌を，IPTGを含みグルコースとラクトースを含まないプレート培地に塗布した。IPTGは非分解性のラクトースの類似化合物であり，ラクトースオペロンで発現調節される遺伝子の発現を誘導することができる。このIPTGによる発現誘導は *lacZ* 遺伝子の途中に別の機能の遺伝子が挿入された場合でも同様に生じる。これを踏まえて，IPTGが発現の誘導を行うメカニズムについての記述として最も適切と考えられるものを**解答群D**から選び，その番号をマークしなさい。

＊ただし，この実験で用いるプラスミド導入前の大腸菌は *β*-ガラクトシダーゼ活性をもつ酵素の遺伝子をもっていないものとする。また，矢印の位置に何らかの塩基配列が挿入された場合，必ず *lacZ* の機能は失われるものとする。

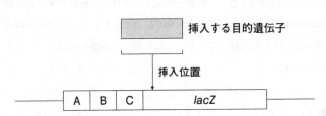

A：調節遺伝子　　B：プロモーター　　C：オペレーター

図2　プラスミドに挿入されたラクトースオペロンと目的遺伝子の挿入位置
ここでは，**図1**のプラスミドにおける目的遺伝子を挿入する一部領域のみを模式的に描画している。

解答群D

　0　IPTGは *lacZ* 遺伝子に挿入された目的遺伝子から生産されるタンパク質により別の化合物に変換され，その化合物がオペレーターへのリプ

レッサーの結合を促進する。

1　IPTG は *lacZ* 遺伝子に挿入された目的遺伝子から生産されるタンパク質のリプレッサーへの結合を促進する。

2　IPTG は *lacZ* 遺伝子に挿入された目的遺伝子から生産されるタンパク質のリプレッサーへの結合を阻害する。

3　IPTG は *lacZ* 遺伝子に挿入された目的遺伝子から生産されるタンパク質と結合することによって，IPTG のリプレッサーへの結合を促進する。

4　IPTG は細胞内でラクトースに変換され，このラクトースがリプレッサーのオペレーターへの結合を促進する。

5　IPTG はリプレッサーに結合して，オペレーターへのリプレッサーの結合を阻害する。

6　IPTG はリプレッサーに結合して，プロモーターへのリプレッサーの結合を促進する。

7　IPTG は転写調節遺伝子に結合することにより，プロモーターへのリプレッサーの結合を阻害する。

(4)　超好熱菌由来の酵素 A，常温程度でよく生育する細菌由来の酵素 B の遺伝子を大腸菌に導入してそれぞれの組換え酵素を生産した。これらの酵素をそれぞれ精製して以下の実験に用いた。これに関する**実験 1 ～ 3** について問題(a)～(f)に答えなさい。

実験 1

　10℃ で保存している酵素 A の溶液の一部を取り出して 80℃ で 10 分間加熱した後，30℃ で酵素活性を調べたところ，80℃ での加熱処理なしの場合と酵素活性が全く変わらなかった。この加熱の温度を 80℃ から 100℃ に変更した場合には酵素活性が全く検出されなかった。

(a)　酵素 A を様々な温度で 10 分間処理した後に 30℃ で酵素活性を測定した場合，保温した温度(横軸)と酵素活性の相対値(縦軸)の関係を示すグラフの形として最も適切なものを**解答群E**から選び，その番号をマークしなさい。

　なお，一定時間ある温度で処理することなどによって**酵素活性**が上昇する効果はなく，一度変性した**酵素**は元の機能のある状態には戻らないものとする。また，**実験1**に用いた溶液の組成は酵素Aの活性に影響を与えないものとする。**解答群E**の各グラフにおける最も高い活性を縦軸の相対値1としている。

解答群E

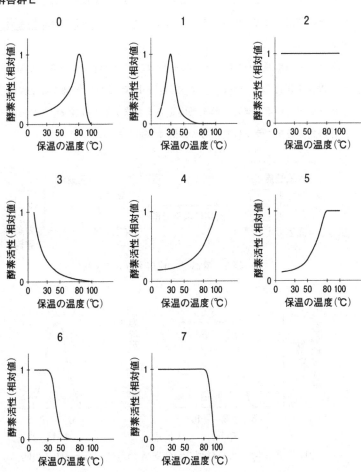

実験2

　酵素活性を測定する場合，簡便に活性を検出するために，発色する化合物が結合した人工的な基質を用いることがしばしばある。化合物Xが結合した人工的な基質はどの条件でも発色しないが，酵素による作用を受けて生成する化合物Xはある一定の条件で発色する(**図3**)。化合物XはpH指示薬としても用いられる化合物であり，**図4**(左)のような発色の特性を示した。この人工的な基質を用いて一定時間酵素反応を行ったのちに酵素反応を停止させ，さらに反応液に蓄積した化合物Xを発色させることにより<u>正確に酵素活性を調べる</u>ことができる。

　超好熱菌由来酵素(酵素A)はpH 4-11までのどのpHの溶液中で保存しても元の機能を保持しているが，それ以外のpHで10分間処理すると失活することが分かっている。また，酵素反応をさまざまなpHの溶液中で行ったときの活性の相対値をグラフにしたものが**図4**(右)であった。

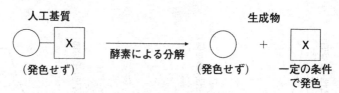

図3　実験2で使用する人工基質

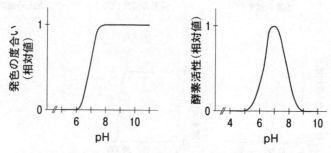

図4　化合物Xの発色(左)，酵素Aの活性(右)とpHとの関係

(b) 酵素 A を作用させたときに化合物 X を生成する人工的な基質を用い，酵素 A と混合して一定温度で一定時間酵素反応（図5，操作1）を行う。この直後にこの酵素反応液に「処理」（図5，操作2）を行い，その処理を行った溶液中の化合物 X の発色の度合いを測定することにより活性を測定する。操作2における処理条件①〜⑥のうち，<u>正確な酵素活性の測定</u>に適切な処理条件として正しいものの組み合わせを**解答群F**から選び，その番号をマークしなさい。なお，酵素反応後の酵素反応液への溶液の添加による液量の変化は，測定に影響しないものとする。また，記載のない場合の温度は全て 30 ℃とする。

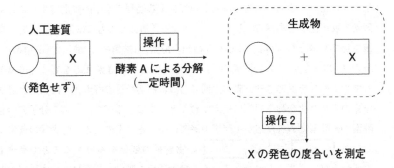

図5　酵素活性測定の流れ

操作2における処理条件①〜⑥

① 酵素反応液を 100 ℃ で 10 分間加熱後，pH 5 にする。

② 酵素反応液を 80 ℃ で 10 分間加熱後，pH 8 にする。

③ 酵素反応液を 100 ℃ で 10 分間加熱後，pH 8 にする。

④ 酵素反応液を pH 8 にする。

⑤ 酵素反応液を pH 10 にする。

⑥ 酵素反応液を pH 3 にして 10 分間保持した後，この溶液を pH 8 にする。

解答群F

　00　①，②，③　　　　　01　①，②，④　　　　　02　①，②，⑤

03	①，②，⑥	04	①，③，④	05	①，③，⑤
06	①，③，⑥	07	①，④，⑤	08	①，④，⑥
09	①，⑤，⑥	10	②，③，④	11	②，③，⑤
12	②，③，⑥	13	②，④，⑤	14	②，④，⑥
15	②，⑤，⑥	16	③，④，⑤	17	③，④，⑥
18	③，⑤，⑥	19	④，⑤，⑥		

実験 3

　酵素 B はマルトース（麦芽糖）を 2 分子のグルコースに加水分解する活性をもつ酵素である。ここでは，酵素反応を止めて生成物の量を測定するのではなく，生成物が生成する過程あるいは基質が減少する過程を連続的に測定することで酵素の反応速度を調べる。しかし，グルコース溶液そのものは無色なため，「真核生物の解糖を行う酵素」のうち 3 種類の酵素①（解糖系），酵素②（解糖系），酵素③（乳酸を生成する酵素）を用いて図 6 のような酵素反応を行う。酵素 B とマルトースを反応させる際に，同じ溶液に適切な量の酵素①〜酵素③と適切な量の必要な化合物を同時に加えておくと，生成するグルコース 1 分子につき酵素①〜酵素③の各反応が 1 回ずつ瞬時に生じる。そのため，酵素③の反応における　(ウ)　または　(エ)　の物質量の変化を検出することで酵素 B の活性を測定することができる。この酵素活性を測定する系について以下の問題(c)〜(f)に答えなさい。

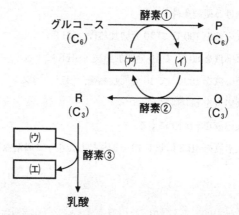

図 6　酵素①〜酵素③の反応の組み合わせによる物質変換の流れ

- C_6 と C_3 の数字は解糖系におけるグルコース由来の炭素原子の数を表している。

- 　(ア)　～　(エ)　はクエン酸回路や電子伝達系における代謝にもあらわれる化合物である。

- グルコース以外の化合物では酵素①～酵素③による反応は生じないものとする。また，酵素Bの反応を行う溶液の組成では酵素①～酵素③がじゅうぶんに機能し，酵素①～酵素③とこれらの酵素の基質，生成物は酵素Bの反応速度に影響を及ぼさないものとする。

(c)　酵素③の基質であるRはグルコース由来の炭素原子を含む化合物である。Rの化合物名として正しいものを**解答群G**から選び，その番号をマークしなさい。

解答群G

　　0　ホスホグリセリン酸　　　　　1　オキサロ酢酸

　　2　クエン酸　　　　　　　　　　3　ピルビン酸

　　4　エタノール　　　　　　　　　5　アセトアルデヒド

　　6　コハク酸

(d)　(ア)　と　(ウ)　の化合物として適切なものを**解答群H**からそれぞれ選び，その番号をマークしなさい。同じ番号を選んでもよい。なお，反応に関わる水素イオンについては記載を省略している。

解答群H

　　0　ATP　　　　　1　ADP　　　　　2　NADH　　　　3　NAD$^+$

　　4　NADPH　　　5　NADP$^+$　　　6　FADH$_2$　　　7　FAD

　　8　アセチルCoA

(e)　生成するグルコース1分子につき酵素①～酵素③の各反応を1回ずつ生じさせるために，P～R，　(ア)　～　(エ)　のうちいくつかをこの反応系に加えておく必要がある。この反応系に加えておくべき化合物の組み合わ

せとして正しいものを，P～Rは**解答群 I** から， 　(ア)　 ～ 　(エ)　 は

解答群 J から選び，その番号をそれぞれ(i)と(ii)にマークしなさい。

(i)　P～Rのうち反応系に加えておく必要がある化合物の組み合わせ

　　解答群 I

　　0　なし　　　　　1　P　　　　　2　Q　　　　　3　R

　　4　P, Q　　　　　5　P, R　　　　6　Q, R　　　　7　P, Q, R

(ii)　 　(ア)　 ～ 　(エ)　 のうち反応系に加えておく必要がある化合物の
　　組み合わせ

　　解答群 J

　　0　(ア)(イ)(ウ)　　　　1　(ア)(イ)(エ)　　　　2　(ア)(ウ)

　　3　(ア)(エ)　　　　　4　(イ)(ウ)　　　　　5　(イ)(エ)

(f)　酵素Bでマルトースを分解する酵素反応を 30℃ で 10 分間行ったとこ
　ろ，マルトースが Y mol 消費された。この酵素反応の際，生成するグルコー
　ス 1 分子につき酵素①～酵素③の各反応が瞬時に 1 回ずつ生じるよう，(e)の
　実験の設定条件と同様に酵素①～酵素③，P～R，　(ア)　 ～ 　(エ)　
　のうちの必要な化合物を，この酵素反応液に加えておいた。この酵素反応液
　中の酵素③の反応による 　(エ)　 の物質量(mol)の変化(絶対値)を縦軸と
　したグラフとして最も適切なものを**解答群 K** から選び，その番号をマークし
　なさい。
　　ただし，酵素反応開始時の基質の濃度は酵素反応速度が最大になるじゅう
　ぶんな濃度であり，10 分間の酵素反応後までの基質の消費量は酵素反応前
　の基質の量に比べて非常に少ないものとする。

解答群K

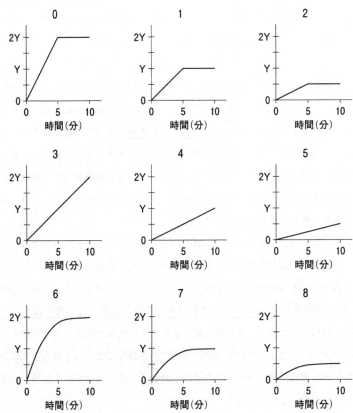

2　ヒト個体を構成する細胞に関する次の文章を読み，問題(1)〜(3)に答えなさい。
解答はそれぞれの指示に従って最も適切なものを**解答群**の中から選び，その番号
を**解答用マークシート**の指定された欄にマークしなさい。　　　　　　（33点）

　全ての生物は細胞を単位とする。ヒト個体を細胞から見てみよう。ヒトは，真
核生物ドメインに属する多細胞生物で，約30兆個の細胞からなると考えられて
いる。分化した細胞の中には，特異的な細胞接着によって組織をつくり，さらに
集まって特定のかたちやはたらきをもつ器官を形成するものがある。しかし，ヒ
ト細胞の約9割はしっかりとどこかに接着していない血球細胞で，体液中に浮遊
して全身を循環し，他の細胞がエネルギー生成に必要な酸素を運んだり，侵入す
る病原菌や異物を排除したりしている。

　一方，ヒトは新生児の頃から皮膚，口腔，気管，腸管などに微生物の侵入を受
け，健康なヒト個体の腸内には細菌ドメインに属する他の生物がヒト細胞数をし
のぐ約38兆個，約1000種類も常在していると考えられている。こうした細菌集
団（細菌叢）は宿主であるヒトの生体防御力と微生物側の適応性とのバランスに
よって維持されており，それが破綻するとヒトは病気を発症する場合がある。

　このように細胞から見たヒトは，体内で動き回ってはたらく細胞が大多数を占
める多細胞真核生物であり，また共に生命活動を営む多種類の生物種から構成さ
れた「超生命体」と考えられる。

(1)　ヒト個体の細胞について，問題(a)〜(d)に答えなさい。

　(a)　文章の下線部(i)に関して，ヒトにおいて，血球細胞の仲間である赤血球
　　　は，生物に共通する特徴の一つが他の細胞とは異なる。この特徴に関連し，
　　　ヒトの赤血球と皮膚の細胞を比較した記述として，最も適切なものを**解答群**
　　　Aから選び，その番号をマークしなさい。

　　　解答群A
　　　　0　酢酸オルセイン（あるいは酢酸カーミン）溶液で処理すると，赤血球で

は赤色に染色される構造が観察されるが，皮膚の細胞では観察されない。

1　赤血球は紫外線照射によらない遺伝子変異でがん化することがあるが，皮膚の細胞は紫外線照射で誘発される遺伝子変異でもがん化する。

2　特定の遺伝子（山中因子）を導入することで，赤血球をiPS細胞に初期化することができるが，皮膚の細胞ではできない。

3　赤血球ではセントラルドグマにおける転写がはたらかないが，皮膚の細胞でははたらく。

4　GFP遺伝子を導入すると，赤血球では転写が起きているにもかかわらず蛍光タンパク質に翻訳できないが，皮膚の細胞ではできる。

(b)　ヒト（真核細胞）にあって，細菌（原核細胞）にはないものについて，最も適切なものを解答群Bから選び，その番号をマークしなさい。

解答群B

0　DNAヘリカーゼ　　　　　　　1　岡崎フラグメント
2　リボソーム　　　　　　　　　3　リソソーム
4　ペプチドグリカンからなる細胞壁　5　キチンからなる細胞壁
6　エステル脂質からなる細胞膜　　7　エーテル脂質からなる細胞膜

(c)　文章の下線部(ii)に関して，細胞接着分子は，特定の細胞どうしを選択的に接着させることで，特定のはたらきをもつ形づくりに関係している。神経ネットワークにおいても，ニューロンどうしが間隔をもって特異的に接続するシナプスでは，複数の接着分子の組み合わせが特異的なシナプスの形成にはたらいている（図1）。

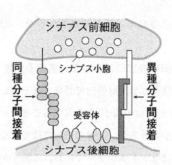

図1 接着分子を介したシナプス接着の例

　接着には同種分子間と異種分子間があり，はたらきの異なるシナプスで接着分子に違いがある。シナプス前細胞とシナプス後細胞で発現する同種のカドヘリンどうしは，　(ア)　下で同種分子間接着をする。シナプスの種類によって，シナプス前細胞で発現するニューレキシンは，シナプス後細胞で発現する特定のニューロリジンと異種分子間接着をする。グルタミン酸を受容すると　(イ)　が起こる興奮性シナプスでは，ニューロリジン1がはたらいている。GABAを受容すると　(ウ)　が起こる抑制性シナプスでは，ニューロリジン2がはたらいている。

　文中の空欄　(ア)　～　(ウ)　に当てはまる適切な語句の組み合わせを**解答群C**から選び，その番号をマークしなさい。

解答群C

	(ア)	(イ)	(ウ)
0	Ca^{2+} の存在	Na^+ の流出	Cl^- の流出
1	Cd^{2+} の存在	Na^+ の流出	Cl^- の流出
2	Ca^{2+} の存在	Na^+ の流入	Cl^- の流出
3	Cd^{2+} の存在	Na^+ の流入	Cl^- の流出
4	Ca^{2+} の存在	Na^+ の流出	Cl^- の流入
5	Cd^{2+} の存在	Na^+ の流出	Cl^- の流入
6	Ca^{2+} の存在	Na^+ の流入	Cl^- の流入
7	Cd^{2+} の存在	Na^+ の流入	Cl^- の流入

(d) ヒトを構成する細胞の多くを占める赤血球は，肺に取り込んだ酸素を細胞内のヘモグロビン(Hb)に結合し，循環系を流れて全組織にある残りの細胞へ酸素を送り届けている。どれぐらいの量の酸素が組織で消費されるのかを知るため，酸素(O_2)と二酸化炭素(CO_2)の分圧を分析した(表1)。

	肺動脈	肺胞	肺静脈
O_2	40	100	95
CO_2	45	40	40

表1　血中の O_2 と CO_2 の分圧(mmHg)

酸素分圧が大きいほど，酸素を結合したヘモグロビン(HbO_2)の割合(酸素飽和度)(%)が高まる。酸素分圧が 40 mmHg と 95 mmHg の時，酸素飽和度はそれぞれ 75 % と 98 % であった。血液中の1 g のヘモグロビンは約1.34 mL の酸素と結合し，血液 100 mL 中にヘモグロビン量は 15 g であったとする。1分間の心拍によって組織へ送られる血液量が 5 L とすると，組織で消費された(ヘモグロビンから解離した)酸素の量は何 L/分 となるか。下の空欄 (エ) ～ (カ) に当てはまる最も適切な数値をマークしなさい。解答が，小数第3位以下の数値を含む場合には，小数第3位を四捨五入し，小数第2位までの数字をマークすること。

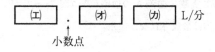

(2) ブタから採血後，異なる処理をした3種類の血液サンプル **A ～ C**(**図2**)について，**実験1～3**を行い，結果を得た。問題(a)～(c)に答えなさい。

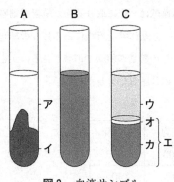

図2　血液サンプル

血液A：採血管に入れてしばらく置い
た血液
血液B：3.2％クエン酸ナトリウム溶
液※1と血液を1：9の割合で混合し，
しばらく置いた血液
血液C：クエン酸ナトリウム溶液と混
合してすぐの**血液B**を，遠心分離を
行ってから，しばらく置いた血液

※1：クエン酸ナトリウム溶液の添加によって，血液中の遊離 Ca^{2+} を凝固反
応に必要な量以下に減らすことができる。

実験1　**血液A**は室温でしばらく置いたところ血液凝固を起こし，血清（**ア**）と
血ぺい（**イ**）に分かれた。**血液B**には同様の変化は起こらなかった。

実験2　**血液B**を遠心分離して得た**血液C**は，55％が上澄みの血しょう（**ウ**）
で45％が沈殿の血球成分（**エ**）であった。沈殿（**エ**）は，1％以下の白色
の上層（**オ**）と，残りの大半を占める赤色の下層（**カ**）で構成されていた。

実験3　**血液C**の血しょう（**ウ**）を別々の試験管に3等分し，それぞれに等量
の25 mM 塩化カルシウム溶液※2を加えて混和し，3つの異なった温度
条件4℃，37℃，60℃に置いた。その結果，37℃でのみ白い凝集体
が形成された。同じ実験を**血液A**の血清（**ア**）でも行ったが，どの温度
条件でも白い凝集体は形成されなかった。

※2：塩化カルシウム溶液の添加によって，クエン酸ナトリウム処理で低下し
た血液中の遊離 Ca^{2+} の量を十分に補うことができる。

(a)　**血液A**の血清（**ア**）と**血液C**の血しょう（**ウ**）の違いは何か。適切なもの を
解答群Dから選び，その番号をマークしなさい。

解答群D

  0　血液凝固因子が，血清（**ア**）に含まれ，血しょう（**ウ**）に含まれない。

  1　血小板が，血清（**ア**）に含まれ，血しょう（**ウ**）に含まれない。

  2　トロンビンが，血清（**ア**）に含まれ，血しょう（**ウ**）に含まれない。

  3　トロンビンが，血しょう（**ウ**）に含まれ，血清（**ア**）に含まれない。

  4　フィブリンが，血清（**ア**）に含まれ，血しょう（**ウ**）に含まれない。

  5　フィブリンが，血しょう（**ウ**）に含まれ，血清（**ア**）に含まれない。

(b)　**実験2**で得た**血液C**の沈殿（**エ**）を分析したところ，白色の上層（**オ**）は主に白血球と血小板，赤色の下層（**カ**）は赤血球からなることがわかった。次の文章①〜⑤のうち，適切なものの組み合わせを**解答群E**から選び，その番号をマークしなさい。

※なお，**解答群E**は，(c)の後ろに掲載している。

  ①　血球細胞は，骨髄の中にいる造血幹細胞に由来する。

  ②　赤血球は，古くなるとひ臓で破壊される。

  ③　白血球は，体液中を浮遊して移動する免疫細胞で，その中には血管から組織へ出たり，リンパ管を経てリンパ節へ移動したりするものがある。

  ④　血小板と赤血球は血ぺい成分に含まれるが，白血球は含まれない。

  ⑤　血ぺい中の血球細胞は，傷口の修復の際に線溶によって溶解される。

(c)　次の文章①〜⑤のうち，**実験3**の結果の考察として適切なものの組み合わせを**解答群E**から選び，その番号をマークしなさい。

※なお，**解答群E**は，(b)と共通して使用する。

  ①　血しょう（**ウ**）における凝集体の形成には，タンパク質成分は関係しない。

  ②　血しょう（**ウ**）における凝集体の形成には，血小板そのものが必要である。

  ③　血しょう（**ウ**）における凝集体の形成には，酵素反応が関係する。

④　血しょう（**ウ**）では，凝集体形成に必要な遊離 Ca^{2+} の量が不足している。

⑤　血清（**ア**）では，凝集体形成に Ca^{2+} が阻害的にはたらいている。

解答群 E−(b)と(c)で使用する解答群

00　①	01　②	02　③	03　④
04　⑤	05　①，②	06　①，③	07　①，④
08　①，⑤	09　②，③	10　②，④	11　②，⑤
12　③，④	13　③，⑤	14　④，⑤	
15　①，②，③	16　①，②，④	17　①，②，⑤	
18　①，③，④	19　①，③，⑤	20　①，④，⑤	
21　②，③，④	22　②，③，⑤	23　②，④，⑤	
24　③，④，⑤	25　①，②，③，④	26　①，③，④，⑤	
27　①，②，④，⑤	28　①，③，④，⑤	29　②，③，④，⑤	
30　①，②，③，④，⑤			

(3)　文章の下線部(ⅲ)に関して，問題(a)と(b)に答えなさい。

(a)　白血球は，かたちづくりにつながるような安定な細胞接着はしないが，細胞表面にもつ分子間で盛んに接触することで，自己と非自己（異物や病原体など）などに関する情報交換を行っている。そのしくみの一つに，主要組織適合遺伝子複合体（あるいは主要組織適合抗原）（MHC）による抗原ペプチドの提示がある（**図3**）。MHC分子は，発現する細胞と提示する抗原ペプチドの違いで2つのクラスに分かれ，それぞれ異なった免疫機能に関係する。

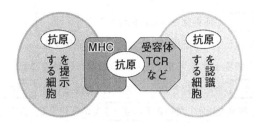

クラスⅠ：細胞内の内因性抗原ペプチドを提示
クラスⅡ：細胞外の外来性抗原ペプチドを提示

図3　MHC による抗原提示と免疫細胞による認識

　クラスⅠ分子は，ほぼすべての種類の細胞に存在し，細胞内のタンパク質に由来する内因性の抗原ペプチドを提示する。したがって，クラスⅠが提示するものは，正常な細胞に由来する自己抗原である。また，ウイルス感染した細胞やがん細胞などでは，感染やがんなどによって細胞内に生じる特有な非自己抗原も，クラスⅠによって提示される。

　クラスⅡ分子は，樹状細胞，マクロファージ，B 細胞に限って存在し，食作用などで取り込んだ病原体などの細胞外のタンパク質に由来する外来性の抗原ペプチドを提示する。したがって，クラスⅡが提示するものは，細胞外からの非自己抗原である。

　MHC 分子が提示する抗原を認識する免疫細胞は，抗原を特異的に認識するための受容体をもっている。T 細胞の仲間は，抗原を認識する T 細胞受容体(TCR)をもつが，細胞の分化段階で自己抗原を認識する TCR をもつものは排除され，非自己抗原を認識するものが選択されて成熟する。

　次の文章①〜③は，図3で示す抗原提示と認識における細胞間接触と免疫機能について記述している。

① 　樹状細胞がクラスⅡで提示する抗原を特異的に認識する TCR をもつ
　　　(ア)　　が活性化される。ついで，活性化した　　(ア)　　は，クラスⅡ
　　で同じ抗原を提示している自然免疫ではたらく　　(イ)　　を活性化する。
　　活性化した　　(イ)　　は，より活発に食作用を行うようになる。
② 　樹状細胞がクラスⅠで提示する抗原を特異的に認識する TCR をもつ

　　　　　　(ウ)　　が活性化される。活性化した　　(ウ)　　は，クラスⅠで同じ抗原を提示している感染細胞を認識すると攻撃する。

③　樹状細胞がクラスⅡで提示する抗原を特異的に認識する TCR をもつ　　(エ)　　が活性化される。ついで，活性化した　　(エ)　　は，クラスⅡで同じ抗原を提示している　　(オ)　　を活性化する。活性化した　　(オ)　　は，増殖・分化して，抗体を産生するようになる。

　　文章①～③の空欄　　(ア)　　～　　(オ)　　に当てはまる適切な語句を**解答群F**から選び，その番号をマークしなさい。同じ語句を複数回選択してもよい。

解答群F

　0　NK 細胞　　　　　　　1　B 細胞　　　　　　　2　マクロファージ

　3　ヘルパー T 細胞　　　4　キラー T 細胞

(b)　**図 4** を参考にして，ヒトの腸内細菌叢と腸管免疫に関する次の**事例**①，②を読み，問題に答えなさい。

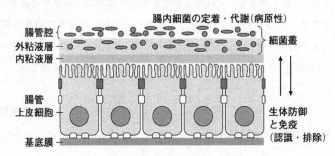

図 4　腸管における腸内細菌と腸管免疫

事例①

　外粘液層には細菌は常在するが，内粘液層は粘液成分や抗菌成分などによってほぼ無菌的に保たれている。また，腸管上皮細胞は，腸管腔から物質が深部へ入り込むことを防いでいる。

　例えば，食中毒を引き起こすウェルシュ菌が産生する様々な毒素の一つのエンテロトキシンは，腸管上皮細胞間の　(カ)　を脆弱化させることで物質の漏れにつながり，下痢の誘発に関係している。腸管上皮細胞が，腸管腔から体内へ物質の漏れを防いでいるしくみは，　(キ)　の一つである。

事例②

　腸管は外部から取り込む食物や常在する膨大な数の細菌類に常にさらされている。このため，多くのリンパ球が腸管に集まって異物の侵入や感染から防御しつつ，食物や常在細菌に対しては非自己であっても過剰な免疫応答を抑制することで不要な食物アレルギーや腸炎の発症から守っている。

　例えば，クロストリジウム・ブチリカム菌由来の細胞壁成分を　(ク)　細胞がトル様受容体(TLR)で認識すると，免疫応答の抑制が引き起こされる。こうした無害な非自己に対して免疫が不応答性となる現象は，自己の抗原に対して免疫応答が抑制される現象である　(ケ)　の，もう一つのしくみと考えられている。

　次の①〜⑫は，空欄　(カ)　〜　(ケ)　に該当する語句の選択肢である。

- (カ)　① 固定結合　　　② 密着結合　　　③ ギャップ結合
- (キ)　④ 物理的・化学的防御　⑤ 体液性免疫　⑥ 細胞性免疫
- (ク)　⑦ 樹　状　　　　⑧ 形　質　　　　⑨ 記　憶
- (ケ)　⑩ 免疫記憶　　　⑪ 自己免疫　　　⑫ 免疫寛容

　（A）(カ)と(キ)の語句の組み合わせと，（B）(ク)と(ケ)の語句の組み合わせとして適切なものを**解答群G**からそれぞれ選び，その番号をマークしなさい。

解答群G

(A) (カ)と(キ)の組み合わせ			(B) (ク)と(ケ)の組み合わせ		
番号	(カ)	(キ)	番号	(ク)	(ケ)
0	①	④	0	⑦	⑩
1	②	⑤	1	⑧	⑪
2	③	⑥	2	⑨	⑫
3	①	⑤	3	⑦	⑪
4	②	⑥	4	⑧	⑫
5	③	④	5	⑨	⑩
6	①	⑥	6	⑦	⑫
7	②	④	7	⑧	⑩
8	③	⑤	8	⑨	⑪

3 植物の側芽の成長制御に関する問題(1), (2)に答えなさい。解答はそれぞれの指示に従って最も適切なものを**解答群**の中から選び，その番号を**解答用マークシート**の指定された欄にマークしなさい。　　　　　　　　　　(32点)

(1) 植物は葉の付け根に生じる側芽の不必要な成長を抑制し，発達中の若い葉を含む頂芽を優先的に成長させる。このような現象を頂芽優勢といい，植物ホルモンAとBの関与が知られている。(a)〜(c)の設問に答えなさい。

(a) 植物ホルモンAとBは頂芽優勢以外にも様々な現象への関与が知られている。例えば，ニンジンの形成層の細胞を，植物ホルモンAとBをどちらも高濃度で含む培地で培養するとカルスが形成される。カルスを，高濃度の植物ホルモンAと低濃度の植物ホルモンBで培養すると芽が，低濃度の植物ホルモンAと高濃度の植物ホルモンBで培養すると根が形成される。植物ホルモンAとBの名称として適切なものの組み合わせを**解答群A**から選び，その番号をマークしなさい。

解答群A

	植物ホルモン A	植物ホルモン B
00	アブシシン酸	オーキシン
01	オーキシン	アブシシン酸
02	アブシシン酸	サイトカイニン
03	サイトカイニン	アブシシン酸
04	アブシシン酸	ジベレリン
05	ジベレリン	アブシシン酸
06	オーキシン	サイトカイニン
07	サイトカイニン	オーキシン
08	オーキシン	ジベレリン
09	ジベレリン	オーキシン
10	ジベレリン	サイトカイニン
11	サイトカイニン	ジベレリン

(b)　植物ホルモン A と B の機能の説明として最も適切なものをそれぞれ**解答群B**から一つずつ選び，その番号をマークしなさい。

植物ホルモン A： [(ア)] ，植物ホルモン B： [(イ)]

解答群B

0　植物が乾燥したときに孔辺細胞の膨圧を上げる。

1　植物が乾燥したときに孔辺細胞の膨圧を下げる。

2　種子の発芽を促進する。

3　種子の発芽を抑制する。

4　細胞壁を硬化させる。

5　細胞壁を軟化させる。

6　0～5のすべてが該当する。

7　0～5のいずれも該当しない。

(c)　植物ホルモンAとBの頂芽優勢における役割を調べるために，ある植物を用いて，図1のように実験1〜6を行った。

図1　植物ホルモンA，Bの頂芽優勢における役割を調べる実験

実験1　頂芽を切除後すぐに，切り口に蒸留水を含む寒天ゲルを載せて成長させた。

実験2　頂芽を切除後すぐに，切り口に植物ホルモンAの水溶液を含む寒天ゲルを載せて成長させた。

実験3　頂芽を切除後すぐに，切り口に植物ホルモンBの水溶液を含む寒天ゲルを載せて成長させた。

実験4　頂芽を切除せずに，側芽に触れるように蒸留水を含む寒天ゲルを載せて成長させた。

実験5　頂芽を切除せずに，側芽に触れるように植物ホルモンAの水溶液を含む寒天ゲルを載せて成長させた。

実験6　頂芽を切除せずに，側芽に触れるように植物ホルモンBの水溶液を含む寒天ゲルを載せて成長させた。

　なお，どの実験においても寒天ゲルに含まれる植物ホルモンは，効果を発揮するのにじゅうぶんな濃度と量であったとする。また，蒸留水または植物ホルモン水溶液は，**実験1〜3**では切り口からのみ茎に吸収され，**実験4〜6**では側芽だけに吸収されたものとする。

　実験2，3，5，6において，側芽の成長がみられた実験の組み合わせと
して適切なものを**解答群C**から選び，その番号をマークしなさい。

解答群C

	実験2	実験3	実験5	実験6
00	−	−	−	−
01	＋	−	−	−
02	−	＋	−	−
03	−	−	＋	−
04	−	−	−	＋
05	＋	＋	−	−
06	＋	−	＋	−
07	＋	−	−	＋
08	−	＋	＋	−
09	−	＋	−	＋
10	−	−	＋	＋
11	＋	＋	＋	−
12	＋	＋	−	＋
13	＋	−	＋	＋
14	−	＋	＋	＋
15	＋	＋	＋	＋

　＋：いずれかの側芽の成長がみられた
　−：いずれの側芽の成長もみられなかった

(2)　側芽の成長は光条件などの環境要因によっても調節される。アブラナ科のあ
　　る植物を用いて行った実験に関する以下の文章を読み，(a)～(d)の設問に答えな
　　さい。

　　遠赤色光域の波長をほとんど含まない白色光のもと，明期16時間，暗期8
　　時間の周期にて22℃でこの植物を生育させると，生育初期にはロゼット葉

(茎の伸長を伴わず，地面に張り付くように放射状に展開する葉)が形成される
とともに，その付け根には側芽が形成されるが，その成長は抑制されている。
ある時点 t_1 において，茎頂から主花茎が伸長し始めると新たなロゼット葉の
形成は停止し，遅れていくつかの側芽の成長抑制が解除され伸長し，側花茎と
なる。主花茎の伸長開始から2週間後を t_2 とする。図2は，ロゼット葉形成
段階と t_1 および t_2 における植物体の模式図を示す。この植物における側芽の
成長に及ぼす光の影響と，その制御に関わる遺伝子の機能を明らかにするため
に，以下の実験1～3を行った。

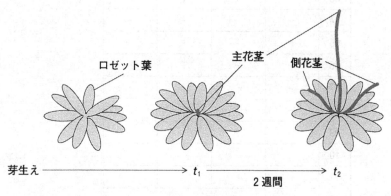

ロゼット葉　　　　　　　主花茎　　　側花茎

芽生え ⟶　　　　　　　　　　　　⟶ t_1　　　　　　　⟶ t_2

2週間

図2　本実験で用いた植物の成長の過程

単純化するため，主花茎および側花茎上に形成される花，葉，枝などは省略し
ている。

実験1

　この植物の野生型(WT)株，遺伝子 X または遺伝子 Y の機能を完全に欠損
した変異体(それぞれ x 変異体，y 変異体)，および遺伝子 X と遺伝子 Y の両
方の機能を完全に欠損した二重変異体(xy 二重変異体)を，t_2 まで白色光下に
おいて生育させた(白色光条件)。伸長した側芽の数を葉の数で除した値を計測
したところ，図3の白色バーの結果が得られた。一方，t_1 まで白色光下におい
て生育させ，その後，さらに遠赤色光を同時に照射して t_2 まで生育させた(白
色光と遠赤色光の同時照射条件)ところ，図3の黒色バーの結果が得られた。

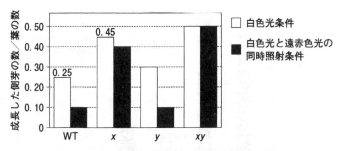

図3　WT 株および *x, y, xy* 変異体における側芽成長の頻度

実験2

　遠赤色光による側芽の成長調節における，赤色光および遠赤色光受容体であるフィトクロムの関与を調べるため，WT 株，*x* 変異体，フィトクロム遺伝子 *P* の機能を完全に欠損した変異体（*p* 変異体），遺伝子 *P* と遺伝子 *X* の両方の機能を完全に欠損した二重変異体（*px* 二重変異体）を用いて実験を行った。これらの植物を，白色光条件で生育させ，伸長した側芽の数を葉の数で除した値を計測したところ，**図4** の結果が得られた。

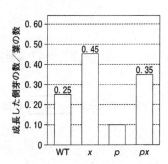

図4　WT 株および *x, p, px* 変異体における側芽成長の頻度

実験3

　t_1 の直後から，「白色光条件」と「白色光と遠赤色光の同時照射条件」で光を照射して8時間後の遺伝子 *X* および *Y* の mRNA 蓄積量を，WT 株と *p* 変異体において調べたところ，**図5** の結果が得られた。

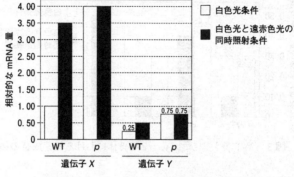

図5　異なる光条件における WT 株と p 変異体での遺伝子 X および Y の発現

(a)　下記の文章は，**実験1**の結果より導かれる推論である。空欄　(ウ)　と
(エ)　に入る語句として最も適切なものをそれぞれ**解答群D**と**E**から一
つ選び，その番号をマークしなさい。

推論1　WT 株では，遠赤色光により側芽の成長抑制が解除　(ウ)　なる。

解答群D

0　されやすく　　　　　　　　　　　1　されにくく

推論2　遺伝子 X は，側芽の成長を　(エ)　機能をもつ。

解答群E

0　「白色光条件」でのみ促進する

1　「白色光条件」でのみ抑制する

2　「白色光と遠赤色光の同時照射条件」でのみ促進する

3　「白色光と遠赤色光の同時照射条件」でのみ抑制する

4　「白色光条件」でも，「白色光と遠赤色光の同時照射条件」でも促進する

5　「白色光条件」でも，「白色光と遠赤色光の同時照射条件」でも抑制する

(b) 下記の(i)〜(v)の現象のそれぞれについて，下線部①「赤色光および遠赤色光受容体であるフィトクロム」により制御を受けるものは0を，制御を受けないものは1を選び，**解答用マークシート**の指定された欄にマークしなさい。

(i) 種子の発芽 　　(ii) 葉緑体の定位運動
(iii) 光屈性 　　(iv) 気孔開口
(v) 花芽形成

(c) 下記の文章は，本実験の結果より導かれる推論である。空欄 (オ) 〜 (ス) に入る語句として最も適切なものの組み合わせ (あ)，(い)，(う) を，それぞれ**解答群F，G，H**から一つずつ選び，その番号をマークしなさい。

推論3 フィトクロムは，「白色光条件」での側芽の成長を (オ) する機能をもつ。 (カ) 型に対する (キ) 型のフィトクロムの割合が，「白色光と遠赤色光の同時照射条件」よりも高い「白色光条件」では，遺伝子 X および遺伝子 Y の発現が抑制される。その結果，推論1に記載の現象が起こる。

(オ) 〜 (キ) の組み合わせ： (あ)

解答群F

	(オ)	(カ)	(キ)
0	促 進	Pfr（または P_{FR}）	Pr（または P_R）
1	促 進	Pr（または P_R）	Pfr（または P_{FR}）
2	抑 制	Pfr（または P_{FR}）	Pr（または P_R）
3	抑 制	Pr（または P_R）	Pfr（または P_{FR}）

推論4 図4の結果より， (ク) は WT 株と比べて「伸長した側芽の数を葉の数で除した値」が (ケ) という表現型を示す。このためには (コ) の機能が必要である。

　　　　　⑦　～　㋙　の組み合わせ：　㋑

解答群G

	⑦	㋗	㋙
0	p 変異体	高くなる	遺伝子 X
1	p 変異体	低くなる	遺伝子 X
2	x 変異体	高くなる	遺伝子 P
3	x 変異体	低くなる	遺伝子 P

推論5　図5の結果より，「白色光条件」で遺伝子 P は，　㋛　。また図3の結果より，x 変異体または y 変異体の単独の表現型に比べて，xy 二重変異体の方が表現型が　㋜　。よって，遺伝子 X と遺伝子 Y は，　㋝　機能をもつことが推論される。

　　　　　㋛　～　㋝　の組み合わせ：　㋒

解答群H

	(サ)	(シ)	(ス)
00	遺伝子 X の発現のみを促進する	強 い	同様の
01	遺伝子 X の発現のみを促進する	強 い	相反する
02	遺伝子 X の発現のみを促進する	弱 い	同様の
03	遺伝子 X の発現のみを促進する	弱 い	相反する
04	遺伝子 X の発現のみを抑制する	強 い	同様の
05	遺伝子 X の発現のみを抑制する	強 い	相反する
06	遺伝子 X の発現のみを抑制する	弱 い	同様の
07	遺伝子 X の発現のみを抑制する	弱 い	相反する
08	遺伝子 Y の発現のみを促進する	強 い	同様の
09	遺伝子 Y の発現のみを促進する	強 い	相反する
10	遺伝子 Y の発現のみを促進する	弱 い	同様の
11	遺伝子 Y の発現のみを促進する	弱 い	相反する
12	遺伝子 Y の発現のみを抑制する	強 い	同様の
13	遺伝子 Y の発現のみを抑制する	強 い	相反する
14	遺伝子 Y の発現のみを抑制する	弱 い	同様の
15	遺伝子 Y の発現のみを抑制する	弱 い	相反する
16	遺伝子 X および遺伝子 Y の発現を促進する	強 い	同様の
17	遺伝子 X および遺伝子 Y の発現を促進する	強 い	相反する
18	遺伝子 X および遺伝子 Y の発現を促進する	弱 い	同様の
19	遺伝子 X および遺伝子 Y の発現を促進する	弱 い	相反する
20	遺伝子 X および遺伝子 Y の発現を抑制する	強 い	同様の
21	遺伝子 X および遺伝子 Y の発現を抑制する	強 い	相反する
22	遺伝子 X および遺伝子 Y の発現を抑制する	弱 い	同様の
23	遺伝子 X および遺伝子 Y の発現を抑制する	弱 い	相反する

(d)　**実験2**を，遺伝子 P と遺伝子 Y の両方の機能を完全に欠損した py 二重変異体，および遺伝子 P，遺伝子 X，遺伝子 Y の全ての機能を完全に欠損した pxy 三重変異体を用いて行った。それぞれの変異体の「白色光条件」における「伸長した側芽の数を葉の数で除した値」として，これまでの推論に加えて，以下の四つの条件にも基づいて予想される最も適切なものを**解答群I**から選び，その番号をマークしなさい。

条件1　遺伝子 X と遺伝子 Y の機能は，それぞれの mRNA の蓄積量によって完全に規定される。

条件2　遺伝子 X と遺伝子 Y は互いの mRNA 蓄積量には影響を与えない。

条件3　遺伝子 X と遺伝子 Y の mRNA 蓄積量は，t_1 の8時間後から t_2 までの間は変化しない。

条件4　「伸長した側芽の数を葉の数で除した値」は，t_1 の8時間後から t_2 までの間の遺伝子 X と遺伝子 Y の mRNA 蓄積量によって完全に規定される。

py 二重変異体：　 (セ) 　，　pxy 三重変異体：　 (ソ)

解答群 I

0　0.00	1　0.05	2　0.10	3　0.15
4　0.20	5　0.25	6　0.30	7　0.35
8　0.40	9　0.45	10　0.50	

解 答 編

英 語

（注）　解答は，東京理科大学から提供のあった情報を掲載しています。

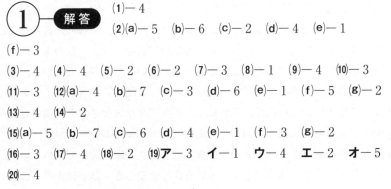

① 　解答
(1)— 4
(2)(a)— 5　(b)— 6　(c)— 2　(d)— 4　(e)— 1
(f)— 3
(3)— 4　(4)— 4　(5)— 2　(6)— 2　(7)— 3　(8)— 1　(9)— 4　(10)— 3
(11)— 3　(12)(a)— 4　(b)— 7　(c)— 3　(d)— 6　(e)— 1　(f)— 5　(g)— 2
(13)— 4　(14)— 2
(15)(a)— 5　(b)— 7　(c)— 6　(d)— 4　(e)— 1　(f)— 3　(g)— 2
(16)— 3　(17)— 4　(18)— 2　(19)ア— 3　イ— 1　ウ— 4　エ— 2　オ— 5
(20)— 4

.... 全 訳 ....

《「聞くこと」は「読むこと」を超えるか》

［１］　不眠症の人は夜中にそれを行う。犬の飼い主は公園を散歩しながらそれを行う。ジムでそれを行う人もいるが，最近私は，暗闇の中を北へ向かう長旅の途中で，頭の中をぐるぐる回るあらゆるものから気をそらす必要があるときに，車の中で一人それを行うのにはまっている。

［２］　それ，とは聞くことである，つまり，より具体的に言うと，かつては聞くのではなく読んでいたであろうものを聞くことである。オーディオブックやポッドキャスト，そしてボイスノートでさえ——ワッツアップでタイプされたメッセージから着実に取って代わりつつある，送信者によって，てきぱきしたボイスメールのようなものから，とりとめのない内面の独り言に至るまで，これらの素早く自分で録音したクリップ——の増

2024年度　2月3日　英語

加は，私たちが世界を理解する方法として，そしておそらくまたその理解の仕方において，目から耳へと着実に世代交代が進んでいることを反映している。

［3］　読むことは本能的に高尚な芸術のように感じられるが，それはおそらく，就寝前の読み聞かせが全く子ども向けであったことと，口承による語り聞かせが印刷機以前の時代の，より原始的な文化を思い出させるからだろう。しかし，それは公平だろうか？　もし，座って，実際の目で，書かれた言葉を読み解くのに伴う努力が何年か後に徐々に消えていくとしたら，——昔ながらの固定電話の限界がポケットの中の携帯電話の自由さに取って代わられ，現金がクレジットカードの味気ない効率性に道を譲ったのとちょうど同じように——私たちはいったい何を失ってしまったことになるのだろうか？

［4］　読書はまだ滅亡にはほど遠い。ロックダウンは，出版社が喜んだことに，体を丸めてよい小説を読む楽しみに再び火をつけ，3分の1を超える人々が，日々を過ごすために読む本が増えていると述べた。しかし，オーディオブック市場も，まだ小さいとはいえ，2021年のパンデミックの年に，7年連続の二桁成長を達成した。ポッドキャスティングは他のどのメディアよりも急成長しており，今夏のラジャールの調査によれば，現在イギリス人のほぼ5人に1人が，少なくとも週に1回は聞いているという。

［5］　世界が崩壊しようとしているように思えるとき，誰かほかの人に話をしてもらうのは心地いいものだ。Appleのポッドキャストのチャート上位をニュースや政治が占めていることを考えると，たとえそれが，かすかにこの世の終わりを思わせる話であったとしても，である。ミレニアル世代の人は特に，熱心なリスナーであるようだ。ウォール・ストリート・ジャーナルの元社長で，スローニュースサイト「トータス」の共同設立者であるケイティ=バネック-スミスは，最近その社員たち（ほとんどが39歳未満）が何を読みたいかを尋ねられたところ，「実は，聞きはしますが，読まないのです」というのが一致した意見だったことを認めた。

［6］　ある人にとっては，それはいらいらするほど知能が低いように聞こえるかもしれない。しかし，産休中の私がそうだった。誰にも邪魔されずに新聞を持って座る10分間を見つけることができそうもなく，したがって大人の会話らしきものが聞きたくて，1日の半分をラジオ4をつけっぱ

なしにしていたときの私だった。それはまた，私の古い隣人でもあった。彼女はかつて貪欲な読書家だったのに，その頃までにはほとんど目が見えなくなっていたが，何時間も昔ながらのオーディオブックのテープを満足げに聞くことができた。彼女が次のカセットを探すのを誰かが時折手伝ってくれる限りではあったが。それは，イヤホンをずっと突っ込んだままの子どもである。親の声を聞かなくて済むから都合がいいのだ。

［7］　しかし，それは彼らの親も同じである。つまり，情報が飽和した世界で，ランニングをしたり夕食を作ったりしながらも，乗り遅れることを恐れるすべての時代精神についていこうと頑張る，過剰な負担を負った，マルチタスクの中年たちだ。今年，政治について執筆することと，ガーディアンのポッドキャスト版週刊ポリティックスの制作を手伝うことに，交互に時間を割いてきたが，問題は同じだと私は考える。ただ私が経験上わかるのは，ポッドキャストのリスナーは，聞きながら同時に食器洗い機に皿を入れている可能性が高いということだ。

［8］　しかし，聞くことは軽薄あるいは不真面目なもので，コツコツと努力するのが面倒でできない，怠け者向けのものだという考えは，広く行きわたっている。2016年に行われた調査の回答者の55％が，オーディオブックは文学を消費する「劣った」方法だと考えており，本を聞くことは読むことと完全に同等だと考えているのは，わずか10％だった。学生が座って講義を聞くことを怠慢だとは誰も思わないし，劇場に行くことが家で戯曲を読むことより知的に劣っているとは考えられていないにもかかわらず，聞くことはずるい行為だという見方が，一般的なのである。

［9］　ペンシルベニア州ブルームズバーグ大学の教育学の准教授ベス=ロゴフスキーによるある研究によると，学生にノンフィクションの本を読むか，音声版を聞くのかのどちらかを選択させたところ，彼らがそこからどれくらいの量を理解したかについて，大きな差は見られなかった。しかし，複雑な内容やなじみのない内容となると，米国の心理学者で読解力の専門家であるダニエル=ウィリンガムは，活字で読むことは，最初によく理解できなかった難しい部分をもう一度読み返したり，あるいは立ち止まってじっくり考えたりするのに役立つかもしれないと指摘している。

［10］　聞くことにはまた親しみやすさがある。心中を打ち明けたインタビューや，セックスや更年期障害，子育てに関するタブーを打ち破るような

議論に適した，告白的な雰囲気がある。また，ある本がその著者によって読まれるのを聞くことで，その声の抑揚によって，朗読でなければ察知できなかったであろう意味を理解できることもある。ボイスノートは，電話よりも押しつけがましくなく，テキストよりも誤解されにくいので，ほぼ同じように，心配性の若者にはぴったりである。あなたが皮肉っぽい口調のときにも，人はそれを聞きとるので，うっかり不快感を与えてしまう危険を減らすことができる。

[11]　聞くことに関して私が最も困るのは，共有するのがより難しいということだと思う。ポッドキャストを友人に薦めることはできても，私が読み終わった新聞をずっとそうしてきたように，電車から降りるときに，次に聞く人のために電車の座席にポッドキャストを置いていくことはできない。名づけ子に，自分が彼女の年頃だったときに自分にとってかけがえのないものであることを意味していた，ページの隅が折れ背がひび割れたオーディオブックの1冊を渡すこともできない。古本屋で古いオーディオブックを買って，余白に書かれたほかの誰かの色あせたメモや，しおりとして使われ長い間忘れられていた絵はがきを見つけて，送り主の人生についてもっと知りたくなるというようなことも決してない。電車の通路の向かい側の見知らぬ人を眺めて，実際にその人が聞いているのかわからないポッドキャストに基づいて，その人に好意を持ったり反感を覚えたりすることはできない。紙は停電になったからといって役に立たなくなるということはないし，政府が認めない情報は地下で秘密裏に伝えなければならない時代，あるいはそういう社会では，電子的な痕跡を何も残したりしない。

[12]　これらすべてが，読むことは聞くことに完全に負けることは決してないと私に思わせる。手書きのラブレターやテレビの時代の映画のように，それは楽しみやロマンスのために，またそれ以外のものでは全く期待に添わないときがあるが故に，生き残っていくだろう。しかし，もし私が間違っていることが判明したら——まあ，それは私から聞いたことではなかったのだ。

========================= 解説 =========================

(1)　第1段は英文の導入部であり，do it が繰り返し出てくるが，それが具体的に何を指すのかは，第2段の冒頭の Listening で「聞くこと」であると判明する。下線部(1)の lately は「最近」，take to ～ は「～を好きに

なる，〜に凝る」という意味なので，4．「最近私は〜の習慣を身につけた」が最も近い。1．「ようやく〜を受け入れた」，2．「時間とともに私は〜を始めた」，3．「ゆっくりと〜に合わせて意見を変えた」は，いずれも筆者が最近，車中で聞くことを楽しむようになったという状況に合わないので不適。

(2)　listening「聞くこと」について説明する部分である。直前に more specifically「より具体的に言うと」とあるので，聞くことに関して具体的に説明する文意となると考え，listening で始め，「〜を聞く」を表す listening to の形にし，things をその目的語とする。これに things を説明する節を続ける。空所のあとに instead があるので，「かつては代わりに読んでいたような事柄を聞く」という内容になると考え，you might once have read (instead.) とつなげる。以上より，listening to things you might once have read と並べることができる。

(3)　下線部(3)を含む部分はダッシュ（―）で挟まれていて，先行する audiobooks, podcasts and even voice notes について説明を加えている部分である。that are (3)steadily taking over from typed messages on WhatsApp は those quick self-recorded clips を修飾する関係詞節である。take over from 〜 は「〜に取って代わる」という意味で，WhatsApp はメッセージをやりとりするアプリだが，それを知らなくても，録音がテキストメッセージに取って代わるという文脈を把握したい。steadily は「着々と，だんだん」という意味なので，4．「少しずつ〜の代わりに用いられて（いる）」が最も近い意味を表す。1．「急速に〜を隠して（いる）」，2．「最終的には〜に取って代わって（いる）」，3．「徐々に〜によってさらに影響を受けて（いる）」は，いずれも音声の媒体が文字の媒体に着々と取って代わろうとしている状況に合わない。

(4)　(3)で確認した文と同じ文で，ダッシュで挟まれた部分を省略するとS（The growth of audiobooks, podcasts and even voice notes）+ V（reflects）+ O（a steady generational shift …）という構造で，as の前までは「オーディオブックやポッドキャスト，そしてボイスノートの増加は，目から耳へと着実に世代交代が進んでいることを反映している」という意味である。(A)には次の in と熟語を作る take，(B)には understand を入れ，as 以下を「私たちが世界を理解する方法として，そしておそらくまたそ

２０２４年度
２月３日

英語

の理解の仕方において」という意味にすると，情報の収集の仕方が視覚から聴覚へと変化しているという文意に合致する。1.「(A)測る，(B)見積もる」，2.「(A)求める，(B)維持する」，3.「(A)確認する，(B)除去する」は，この文意に合わないので，不適。

(5)　前段の，情報のやりとりが読むことから聞くことへシフトしているという流れをふまえて，下線部(4)を含む文を確認する。「読むことは本能的に(4)the higher art のように感じられるが，それはおそらく，就寝前の読み聞かせが全く子ども向けであったことと，口承による語り聞かせが印刷機以前の時代の，より原始的な文化を思い出させるからだろう」の下線部中の higher は，聞くことと比べて読むことのほうが higher であることを表す比較級である。perhaps because 以下で，口頭で話されるものを聞く行為が子ども向けであるとか，原始的な文化を思い出させるものであると述べているので，the higher art は「より高尚な芸術」ととらえられる。したがって，2.「より知的に熟練した活動」が最も近い意味を表す。1.「より高揚した作家の行動」，3.「最も多くの読者に届く伝達手段」，4.「読者の意見のより大きな表現」は，いずれも聞くことと比較しての特徴として perhaps because 以下の内容と合わないので，不適。

(6)　下線部(5)「しかし，それは公平だろうか？」の that「それ」は，(5)で確認した前文の「読むことは本能的に高尚な芸術のように感じられるが，それはおそらく，就寝前の読み聞かせが全く子ども向けであったことと，口承による語り聞かせが印刷機以前の時代の，より原始的な文化を思い出させるからだろう」の内容を指す。筆者は読むことが高尚な芸術と感じられる一般的な傾向に疑念を示しているということなので，2.「書かれた言葉を読むという伝統的な行為はそれほど称賛されるべきものとは考えない」が正解である。1.「印刷された本の消滅についてはよくわからない」の「印刷された本」に関しては前の部分で問題になっていないので不適。3.「印刷された本はオーディオブックに取って代わられるべきだと考えている」は，前の部分で印刷された本とオーディオブックの関連について言及していないので不適。4.「書かれた物語は原始的文化と結びつけられるという見方に異議を唱えている」は，前の部分で原始的な文化と関連して思い出されるとされているのは oral storytelling「口承による語り聞かせ」であり，「書かれた物語」ではないので不適。

(7)　ダッシュの前の部分 If the effort … come は were to を用いた仮定法の if 節で，「もし，座って，実際の目で，書かれた言葉を読み解くのに伴う努力が何年か後に徐々に消えていくとしたら」という意味である。ダッシュで挟まれた部分はこの仮定について補足説明を加える。下線部(6) just as のあとの the old-fashioned … credit cards「昔ながらの固定電話の限界がポケットの中の携帯電話の自由さに取って代わられ，現金がクレジットカードの味気ない効率性に道を譲った」は，旧来のやり方や方式が徐々に新しいものに取って代わられる具体例を述べているので，just as は「ちょうど〜と同じように」の意味を表す。したがって，3．「〜と同様に」が正解。1．「〜の間」，2．「〜する限り」，4．「同時に」はこの意味を表さないので不適。

(8)　「読書はまだ（　C　）にはほど遠い。ロックダウンは，出版社が喜んだことに，丸まってよい小説を読む（　D　）に再び火をつけ，3分の1を超える人々が，日々を過ごすために読む本が増えていると述べた」

空所Dを含む文の後半「3分の1を超える人々が，日々を過ごすために読む本が増えていると述べた」より，読書はまだ衰えていないことが読み取れるので，(C)には「衰える」といった意味の語が入る。また，(D)の直後の curling up with … は curl up with a book「丸まって本を読む」の表現だが，わからなくても本に親しむ趣旨であると推測し，読書回帰を表す文であることから，(D)には「愛，楽しみ」といった意味の語が入る。したがって，1．「(C)死んだ，(D)愛」が最も適切。2．「(C)生きて，(D)嫌悪」，3．「(C)弱い，(D)力」，4．「(C)無用な，(D)困難」は，いずれも適切な組み合わせにならない。

(9)　下線部(7)「オーディオブック市場も，まだ小さいとはいえ，2021年のパンデミックの年に7年目の二桁成長を達成した」は，読書への回帰傾向と同時に，オーディオブックの市場は小規模ながらも急成長が続いたことを説明している文である。4．「パンデミック中，オーディオブックは，総売上数はそれほど多くなかったという事実にもかかわらず，売上を大幅に伸ばした」が同じ内容を表す。1．「2019年にパンデミックが始まったのち，それまで数が少なかったオーディオブックの売上が伸び始めた」は，「7年目の二桁成長」と合致しない。2．「パンデミックのために，数が少なかったオーディオブックの売上が伸びた」は，パンデミックにかかわら

ず7年目の二桁成長を遂げているので不適。3.「パンデミックの時期の間，従来の手段で読んでいた顧客がオーディオブックに切り替えようとした」は，下線部には従来の手段からオーディオブックに切り替えたという記述はないので不適。

(10)　下線部(8)「Apple のポッドキャストのチャート上位をニュースや政治が占めていることを考えると」は，人々はニュースや政治に関心があるということなので，3.「時事的な出来事や政府の政策に一般的な関心を示す傾向を考えると」が最もよく内容を表している。given ～ も considering ～ もともに，「～を考慮に入れると」という前置詞である。1.「もし，世界の問題についての記事が真実であると調査によって立証されれば」，および2.「最も人気のある内容が時事問題と関連するなら」，は「もし」という条件を表しているので，下線部とは意味が異なる。4.「チャートを支配している，国内および海外の新しい話に関連する内容により」も，「原因」について述べており，不適。

(11)　下線部(9)はニュースサイトの39歳未満の社員たちが，何を読みたいかを尋ねられたときの返答である。「『実は，聞きはしますが，読まないのです』という意見で一致したことを認めた」という意味で，ニュースサイトに携わる若者でも，読むことよりもポッドキャストをはじめとした音声を聞くほうを好んでいることを示している。したがって，3.「全体としての回答は，読むことよりも，回答者は録音されたものを利用する傾向にあるというものだった」が正解となる。1.「回答は，彼らがポッドキャストよりもオーディオブックを好むことを示した」は，ポッドキャストとオーディオブックの比較については述べられていない。2.「アンケートで最も多かった回答は，書かれた言葉そのものへの評価の低さを示唆した」は，書かれた言葉自体に低い評価を下しているわけではないので，不適。4.「販売記録から，以前は本を楽しみのために読んでいた人々が，現在ではオーディオ形式のコンテンツをより批判的に評価していることが裏付けられた」は，読書よりも音声を好むというこの箇所の内容に合わない。

(12)　先行する when I was on maternity leave は「私が産休中」，後続する so kept … adult conversation は「したがって大人の会話らしきものが聞きたくて，1日の半分をラジオ4をつけっ放しにしていた」という内容

である。選択肢の語句より，新聞を座ってゆっくり読むことができないという内容の文を完成させるとよい。couldn't につながるのは原形の seem か find だが，seem to に続くのは find，そのあとの ten に続くのは uninterrupted minutes で，sit down with the paper「新聞を手にして座る」と続けることができる。以上より，couldn't seem to find ten uninterrupted minutes to sit down with the paper「誰にも邪魔をされず新聞を持って座る 10 分間を見つけることができそうもなく」とする。

⒀ so〔as〕long as ～「～する限りは」は〈条件〉を表し，接続詞の働きをする。ここでは，先行する部分で，読書家だった筆者の古い隣人が，目が見えにくくなってからオーディオブックのテープを何時間も聞くようになったことを述べたうえで，「彼女が次のカセットを探すのを誰かが時折手伝ってくれる限りではあったが」と，その条件をつけ加えている。選択肢の中では，4.「ただし～なら，～という条件で」が同じ意味を表す。1.「～を受けて」，2.「～を考慮すると」，3.「～でない限り」は，いずれも so long as の意味を表さないので不適。

⒁ 第 7 段第 1 文（But it's their …）は，前段で述べられている「イヤホンをずっと装着したままの子ども」について，「しかし，それは彼らの親もそうである」と述べ，中年世代も情報を得るために他のことをしながら聞いていると述べている。空所を含む文は筆者自身について述べる文で「今年は政治についての執筆とガーディアンのポッドキャスト版週刊ポリティックスの制作を交互に手伝うことに時間を費やし，問題は同じと私は考える」という意味である。spend *A doing*「*A*（時間）を～することに費やす」の形，および筆者自身の経験について述べる箇所であることから，⒠には完了形の分詞構文となるように Having spent を入れる。また，主文は現在の考えについて述べると考え，⒡に are を入れると自然につながる。1 は，⒠の受動態 Being spent が不適。3 は，⒠が to *do* の形だと目的を表すことになり，あとの部分とつながらないので不適。4 は，⒠の expand「～を広げる」が this year 以下とつながらないので不適。

⒂ 選択肢より，be likely to *do* の形が想定される。また，from experience the のあとには名詞 podcast audience が続く。空所のあとには simultaneously stacking the dishwasher と *doing* の形が続いており，選択肢に be があることから進行形を想定できる。以上より，（… I know) from experience the podcast audience is more likely to be (simultaneously stacking the dishwasher.) とすると，音声を聞きながらほかの行為を行うことについて述べる文となり，前の部分と自然につながる。

⒃　第8段は聞くことについて否定的な見解について述べる段落である。下線部⒀の deem は「～と考える，思う」で，この文は「2016 年に行われた調査の回答者の 55 ％が，オーディオブックは文学を消費する『劣った』方法だと考えており，本を聞くことは読むことと完全に同等だと考えているのはわずか 10 ％だった」という意味である。3．「調査に答えた 10 人に 1 人が，オーディオブックは文字版と同じくらい優れていると考えた」が，下線部⒀の後半部分と一致するので，これが正解。1．「調査対象者の 55 ％がアンケートに回答した」は，55 ％は「オーディオブックは文学を消費する『劣った』方法」と答えた割合なので不適。2．「回答者の約 45 ％が，印刷された本よりもオーディオブックを好んだ」は，「オーディオブックは文学を消費する『劣った』方法」と答えた 55 ％以外の 45 ％の人々を指していると考えられるが，「印刷された本よりもオーディオブックを好んだ」とは読み取れないので不適。4．「回答者の約 10 分の 1 が，同じ本のオーディオブックと印刷物を同数聞いたり読んだりしたことがある」とは書かれていないので，不適。

⒄　ロゴフスキー氏とウィリンガム氏のそれぞれの研究からわかったことを整理する。ロゴフスキー氏は，本と音声版のいずれを選択しても理解した量においては大きな差は見られなかったとしている。一方，ウィリンガム氏は，複雑な内容やなじみのない内容となると，読み返したり，読むのを止めてじっくり考えたりできるため，活字で読むことが役に立つと指摘している。以上より，4．「ロゴフスキー氏とウィリンガム氏は，文字と音声の両方の形式の内容について，同じ見解を持っているとは言えない」が正解。1．「ロゴフスキー氏もウィリンガム氏も，聞くことは注意深く読むことに劣ると考えた」，2．「人々は現在，印刷された本を読むよりも，ポッドキャストやオーディオブックを介して，より多くの内容を吸収している」，3．「両研究者とも，読むことと聞くことのどちらがどちらより優れているとは決して言えないという点で意見が一致している」は，いずれも第9段の内容に合わない。

2024年度　2月3日　英語

⒅　第10段は聞くことに関する利点について述べている。第1文
(There's an intimacy …) では聞くことには親密さがあり，告白的な雰囲
気があること，第2文 (And to hear …) では著者朗読を聞くと文字だけ
では拾いきれなかったであろう意味を理解できることもあること，第3文
(Voice notes suit …) ではボイスノートはテキストメッセージより誤解
されにくいので不安な若者に合っていることを述べている。以上より，声
の調子から伝えられ，読み取ることができる利点について述べているので，
2．「人々は話し手の声のトーンを聞くことができるので，その言葉の真
意をよりよく理解することができる」が正解。1．「音声コンテンツが丁
寧に届けられれば，話し手が自分の意見に反対なときも，人々は侮辱され
ることはないだろう」，3．「オーディオブックやポッドキャストに簡単に
アクセスできるようになった今，読者は作家たちが何を書くべきだったか
について意見を形成することができる」，4．「音声コンテンツには私的な
考えを隠せるという利点がある一方，直接的なコミュニケーションの約束
を要求している」は，いずれも第10段に述べられている内容ではない。

⒆　選択肢はそれぞれ，1．「そして余白に書かれたほかの誰かの色あせ
たメモを見つける」，2．「そして実際その人が聞いているかはわからない
ポッドキャストを根拠にして，その人に賛成あるいは反対したりする」，
3．「自分が彼女の年頃だったときに自分にとってすべてを意味していた
（ような）」，4．「それを送った人の人生についてもっと知りたくなる（よ
うな）」，5．「政府が認めない情報は地下で秘密裏に伝えなければならな
い（場所である）」という意味である。

ア．give A B「AにBを与える」の形で，Aに当たる your goddaughter
を受ける her を含み，an audiobook について説明する that 節となる3が
適切。

イ．オーディオブックでは経験できない，古本を買うときの出来事であり，
並列の or 以下で「しおりとして使われている絵はがき」を挙げているの
で，余白への書き込みについて述べる1が適切。

ウ．しおりとして使われている絵はがきについて説明するものとしては，
送り主について言及する4が適切。

エ．電車で向かい側の人の持つ本や新聞などが目に入り，その内容によっ
て何らかの感想を持つことがあるが，ポッドキャストだとそういうことも

ない，と考えると自然なので，2が適切。

オ．電子的な痕跡を残さないことが重要な時代や社会について説明するものとしては5が適切。

⑳　記事全体の主旨をとらえる。最終段で「これらすべてが，読むことは聞くことに負けることは決してないと私に思わせる」と述べているように，筆者は近年の音声コンテンツの台頭について紹介しつつ，読むことの人気も衰えておらず，その良さについても述べている。4．「印刷物の根強い人気に加えて，音声コンテンツの消費増大」が最も適切である。1．「視覚障害者がどのようにして印刷されていない内容から利益を得ることができるか」については，第6段で聞くことのメリットとして述べられているが，あくまで部分的で本文全体の内容を表しているとは言えない。2．「印刷された形式が人気を失っているなか，新しい形式の使用が増大していること」は，印刷された本もまだ根強い人気があるとする本文の内容に合わない。3．「若い消費者と高齢の消費者の娯楽に対する嗜好の違い」は，聞くことと読むことに関する本文の主旨とは異なる。5．「以前のメディアへのアクセス方法と最近のメディアへの人々のアクセス方法の類似性」については述べられていない。

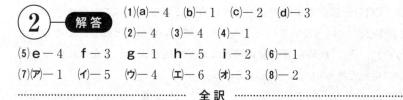

②　解答　(1)(a)—4　(b)—1　(c)—2　(d)—3
(2)—4　(3)—4　(4)—1
(5)e—4　f—3　g—1　h—5　i—2　(6)—1
(7)(ア)—1　(イ)—5　(ウ)—4　(エ)—6　(オ)—3　(8)—2

──────────────── **全訳** ────────────────

《大学で学ぶにあたって》

［1］　大学は視野を広げるめったにない機会──「一生に一度の」機会とさえ言えるかもしれない──を提供する。それはつまり，自分が一緒に育ってきた人々の大半とは全く異なる個人と出会い，知り合うことができる機会である──そして，同様に重要なのは，彼らにとってはあなたと出会い，知り合うことができる機会だということだ──直接の出会いや，授業で，食堂で，フリスビーで遊んでいて，試験勉強中に，アカペラ・グループで歌っていて，ロボットを作っていて，昼食を食べていて，あるいは深夜に会話していて…Zoom上でさえも！

〔2〕　あなたはしばらくの間，この惑星に生きてきた。ある種の特徴や願望は変わらないだろうし，おそらく変わるべきではない。しかし，単に同じままでいたいのであれば，大学に行く意味はほとんどない。

〔3〕　あなたが飛躍を決意したのだから——そしてそれは「あなたの」決定だったことを望むが——自分が何について考えるか，それについてどう考えるか，何に感心するか，何を心配するか，自分はどんな人間か，相手にどう接するか——これは思いがけず出会う人（例えばバスで）と，より持続的な関係を結ぶ相手（ルームメイトや教師，コーチ，夏の雇い主）の両方だ——こうしたことを変える心構えを持ってほしい。私たちはこういう言い方をよくするのだが，大学での経験を惰性で流してはいけない——これは単なる高校の続きではないのだ。ただのやりとりですませてはいけない。そうではなく，身体的，認知的，社会的，感情的に新たな領域を探索し，確かな形で変わる心構えを持ち続けなさい。

〔4〕　あなたは——またはあなたの両親，あるいは他の誰か（学校の現在の支援者であるかもしれないし，州税を納めている裕福な市民，あるいはかなり昔の卒業生かもしれない）は——あなたが大学に行くのにかなりのお金を費やしてきた。これらの人々はおそらく，本当に犠牲を払ってくれているだろうから，あなたは感謝し，できれば，感謝の気持ちを直接伝えるべきだ。しかし，大学の恩恵を短期的な「投資に対する収益」という枠で考えてはならない。そうではなく，大学は，中には思いもしなかったかもしれないものも含めた，あらゆる種類の配当を得る機会のある，生涯にわたる投資であると考えなさい。自然科学，社会科学，芸術，人文科学，コンピュータの世界など，幅広い教育を受けた人は，何十年にもわたって引き出すことのできる資本を蓄積する。そしてこれらの資源は，あなた自身にとっても，そして偶然にせよ意図的にせよあなたが出会う人々にとっても，より充実した，より有意義な人生をもたらすのである。

〔5〕　あなたの学校の全教員と上層部は，あなたに対し，優れて均斉の取れた教育を提供するために最善を尽くす義務を負っている。しかし，たとえ彼らが昼夜を問わず努力したとしても，彼らは見返りを期待せずに優れた教育をあなたにただ手渡しすることはできない。あなたは，それと同等の努力をする必要がある。そして重要なことに，もしあなた自身の努力が十分でなければ，あなたは助けを求めなければならない——あるいは，

自分に必要なモチベーションがあると感じるまでおそらく休憩しなければ
ならない。私たちの多くにとって，1年のギャップイヤー（あるいは2年，
3年でも）は，意義のある，前向きな違いを生じうる。

[6]　あなたがキャンパスで必要とするかもしれない助けの種類は，多岐
にわたるだろう——助けを必要とするのは，課題，計画，ストレスや不
安，疎外感かもしれない。このような必要を自分ひとりで抱え込んではい
けない。他の人に話し，他の人と分かち合い，彼らの最善のアドバイスを
請い求め，そしてできる限りそれに従いなさい（そして，同様に，できる
ときには報いなさい）。もちろん，自分の願望や不安なことを友人やルー
ムメイト，家族と共有するのはいいことだ——しかし，あなたの人生な
のだから，手遅れになるまで待つのではなく，利用できる資源を最大限に
活用する必要がある。多くの研究が，大学生ができる最も重要なことは，
教員と有意義な関係を築くことであることを示しており，あなたがそうし
た経験に対して前向きで，おそらく率先して行動までしない限り，そうし
たことは起こらないことも多くの研究で示されている。そしてもし，何ら
かの理由で，連絡をしようとする最初のそのような試みがうまくいかなか
った場合は，ぜひもう一度試してみてほしい。

=================== 解　説 ===================

⑴　大学でこれから学ぼうとする学生に対し，心構えやアドバイスを述べ
る英文である。第1段では大学は視野を広げ，様々な人と出会うまたとな
い機会を提供する場であること，第2段では単に同じままでいたいのなら
大学に進む意味がほとんどないことが述べられる。第3段は，大学に進む
に際し，どのような心構えを持つべきかについて述べている部分である。

⒜　直後に the leap があり，ダッシュで挟まれた部分には「そしてそれ
は『あなたの』決定だったことを望むが」とあるので，進学に関して決意
する内容となるように，take the leap「飛躍する，飛び込む」となる 4
の take を入れる。

⒝　あとに続く what you think about をはじめとする疑問詞節が⒝の目
的語になる。この段の最終文に同じく open to を用いた（　d　）open
to being transformed in certain ways という表現があることに着目し，
考える対象や考え方などを「変える」ために，前向きでいるように勧めて
いると考え，1の change を入れる。

(c) 直前の *Do not* be simply transactional「ただのやりとりですませてはいけない」に対し，instead「そうではなく」と続いているので，能動的に新たな領域を「探索する」となるように2のexploreを入れると，自然につながる。

(d) (b)で確認したように，最後で再び変化に前向きであるよう勧めていると考え，3のremain「～のままでいる」を入れる。

(2) 第4段では，大学への金銭的な投資に対する価値について述べている。第1・2文（You—or your parents … gratitude directly.）では負担してくれている人に感謝するべきであると述べ，第3～最終文（But do not … by design.）では，大学の恩恵は短期的な投資収益の枠で考えるのではなく，生涯の投資であると考え，その後何十年にもわたって引き出せる資本を蓄積する場であると説いている。この内容と一致するのは4.「大学を卒業する前に，そこで学ぶことの利益がすべて予測できるわけではないので，長期的な投資の観点から大学を見ることが助けとなるだろう」である。したがって4が正解。1.「大学は短期的な利益を求めて効果的な投資に勤しまなければならない」，2.「学費が高いので，大学生の親は大学への寄付を減らすべきである」，3.「より裕福な学生の家族はかなりの犠牲を払っているので，国はそうした学生に奨学金を支給すべきである」は，いずれも本文で述べられていないため，不適。

(3) 最も不適切なものを選ぶ問題であることに注意する。ここでのmake forはa fuller and more meaningful life「より充実した，より有意義な人生」が続いているので，「～をつくり出す，～をもたらす」といった意味を表す。1.「～に貢献する」，2.「～を達成するのに役立つ」，3.「～につながる」はいずれもほぼ同じ内容を表すことができるが，4.「～をわきへ追いやる，忘れる」は同じ内容を表さない。したがって4が正解。

(4) accidentallyとorで対比になっていることから，by designは「故意に，意図的に」という意味とわかる。1.「わざと，故意に」が正解。2.「無作為に，でたらめに」，3.「わずかに」，4.「実質的には」はいずれも不適。

(5) 第5段は，斜字体になっている第3文（*You need to* …）より，学生自身が努力する姿勢について述べていることをつかむ。

e. 主語が「全教員と上層部」という大学側であり，空所のあとに「教育

を提供する」という内容の to 不定詞句が続いているので，４.「あなたに対して最善を尽くす義務を負っている」が適切。

f. 主語 they は e と同じ大学側であり，even if ～ の譲歩の節が「たとえ彼らが昼夜を問わず努力したとしても」という内容なので，３.「あなたに単に手渡しすることができない」を入れると，大学側がどんなに努力しても，学生がただ受け取るだけでは，優れた教育にはなりえないという趣旨になり，直後の第３文の内容につながる。

g. if 節の主語が your own efforts「自分自身の努力」であり，主節 you need to reach out for help が「あなたは助けを求めなければならない」という意味なので，「努力が十分でなければ」という意味になるように１.「十分でない」を入れる。

h. ダッシュの前の「助けを求めなければならない」と or で並列になっており，until 以下が「自分に必要なモチベーションがあると感じるまで」なので，５.「休憩する」を入れる。

i. gap year「ギャップイヤー」は大学に入学するのを１年間先に延ばして，その間に旅行やアルバイト・ボランティアなどをする年のことを指す。空所の直後に difference があるので，make a difference「違いを生む」を用いた２.「意義のある，前向きな（違い）を生じうる」が正解となる。

⑹　第６段の下線部 that experience を含む文は「多くの研究が，大学生ができる最も重要なことは，教員と有意義な関係を築くことであり，あなたがそうした経験に対して前向きで，おそらく率先して行動までしない限り，そうしたことは起こらないことを示している」という意味である。この段落の前半部分では，学生が課題やストレスなど助けが必要な場合，ひとりで抱え込むのでなく他人に助けを求めることを勧めたうえで，but it's *your* life … until it's too late.「しかし，あなたの人生なのだから，手遅れになるまで待つのではなく，利用できる資源を最大限に活用する必要がある」と述べている。つまり，ほかの人の助けを得ながらも，自ら行動して教員と有意義な関係を築くことが最も大切だという主旨である。したがって that experience「そうした経験」は教員と有意義な関係を築くことであり，例として最も適切なのは，１.「あなたとクラスメートは，昼食をとりながら教授と将来の職業について話し合った」である。２.「あ

なたはオリエンテーションの小旅行で，同じグループになった仲間や先輩と夜遅くまで語り合った」は，最も重要である教員と有意義な関係を結ぶことが述べられていないので不適。3.「あなたは大学院の研究について知りたいと思い，知り合いの先輩から紹介されていた大学院生と昼食をとりながら話した」も，教員との関係構築について述べられていないので不適。4.「あなたは教授から，翌週の授業が行われないことを知らされた」は，自ら行動して有意義な関係を結ぶ内容ではないので不適。

(7)(ア)　第1段で，大学は様々な人々と出会う機会であること，第2段では同じままでいたいのであれば大学へ行く意味はないということを述べたうえで，第3段では自分自身を変える心構えを持つよう説いている。以上の流れより，1を選び，「自分自身を変えるチャンスは，大学で多様な人々と出会うことから生まれる」という文にする。

(イ)　第2段最終文（But if you …）「しかし，単に同じままでいたいのであれば，大学に行く意味はほとんどない」，および第3段第2文（As we like …）「私たちはこういう言い方をよくするのだが，大学での経験を惰性で流してはいけない——これは単なる高校の続きではないのだ」より，5を選び，「もしあなたが単に大学生活を高校の延長と考えるなら，大学で学ぶ意味はほとんどない」という文にする。

(ウ)　第4段第4文（Think of college …）「そうではなく，大学は，中には思いもしなかったかもしれないものも含めた，あらゆる種類の配当を得る機会のある，生涯の投資であると考えなさい」より，4を選び，「大学は，そこから，予想外のものも含め，あらゆる見返りを受け取る機会を得られる，長期的な投資と考えられる」という文にする。

(エ)　第6段第1文と第2文前半（The kind of … yourself:）「あなたがキャンパスで必要とするかもしれない助けの種類は多岐にわたるだろう…このような必要を自分ひとりで抱え込んではいけない」より，6を選び，「あなたが大学で助けを必要とする物事は多岐にわたり，これらをひとりで抱え込むべきではない」という文にする。

(オ)　第6段第4文（Lots of research …）「多くの研究が，大学生ができる最も重要なことは，教員と有意義な関係を築くことであり，あなたがそうした経験に対して前向きで，おそらく率先して行動までしない限り，そうしたことは起こらないことを示している」より，3を選び，「大学生は

大学の教員と良好な関係を築くよう努力するべきである，と示唆する調査に基づいた証拠がある」という文にする。

　2．「自分のやりたい研究ができる大学を注意深く探す」が不要な選択肢である。

(8)　第1～3段では，大学は様々な人と出会って視野を広げる機会であり，自らを変える心構えを持ってほしいと述べている。第4段では，大学への投資は，幅広い教育を身につけることでその後の人生でずっと引き出せる資本を蓄積する長期的なものであると述べている。第5・6段では，学生は提供される教育を受け取る努力が必要であり，十分でない場合には助けを求めることも必要であること，また得られる援助も多岐にわたるが，最も重要なのは教員と有意義な関係を築くことであると述べている。以上より，筆者の考えを最もよく表すものとしては，2．「大学で幅広い教育を受けた人々は，これから何年にもわたって，人生を豊かにするであろう何かを得るだろう」が正解となる。1．「大学での新生活は不安だらけだろうから，高校時代にしていたのと同じことを続けるべきだ」は，高校の延長と考えず，変わる心構えを持つよう勧めているので不適。3．「大学で学ぶ人々は幅広い教育を受けることができるので，自分自身を変えようと努力する必要がない」は，変わる心構えを持つよう勧めているので不適。4．「大学の教員だけが，可能な限り最高の教育を学生に与えるために，日夜努力を続けるべきだ」は，第5段第3文（*You need to* …）で，大学側の努力だけでなく，学生に同等の努力をする必要があると述べているので不適。

講 評

　大問2題の構成で，大問1の小問数が20問，大問2の小問数が8問である。60分という制限時間内で解ききるためには，最初に全体を見渡して時間配分を決めるのが大切である。さらに，設問にざっと目を通し，おおむね英文の展開通りの出題であることが確認できたら，英文を読みながら解けるところは解いていきたい。以下，各大問について解説する。

　1　listening（聞くこと）と reading（読むこと）の比較について述

べた文章である。得られる情報の吸収量に違いはあるのか，またどのような利点や欠点があるのかなど，様々な観点から考察されている。一般的な話題であり，難語も少なめだが，英文の分量も設問も多いので，立ち止まらずに集中して読み進めたい。

　同意表現を選ぶ問題は定番の出題であるが，(1)・(3)のように熟語の言い換え表現を選ぶものもあれば，(5)のように文脈を考慮して選ぶ問題もある。また，似た形式だが，(9)などのように，下線部の内容を最もよく表すものを選ぶ問題では，内容を読み取ったうえで各選択肢を検討する必要がある。語彙・文法で解ける問題は素早く確実に解答し，内容理解に関わる設問では丁寧に正解の根拠を本文中から探すようにしたい。(2)・(12)のような語句整序問題では，前後の文脈からどのような内容の文が入るかを考えながら，選択肢の語句で文法的につなげられるものからつなげていくとよい。(4)・(8)のような空所補充でも，内容を推測したうえで選択肢を確認することが有効である。(17)は段落の主旨理解，(18)・(20)は全体の主旨理解であった。この類の問題に至るまでに英文全体の内容が押さえられている状態にしておきたい。

　2　大学入学者向けの講話的な文章である。自分自身の心構えとして読んだ者も多かったのではないだろうか。標準的な内容・設問なので，大問1で時間を使いすぎず，すべて完答したい。

　(1)・(3)・(4)は語彙の知識で時間をかけずに解答したい。(7)は英文全体にわたるが，トピックセンテンスの言い換えに近いので，これも確実に得点したい。(8)が主旨理解の設問で，今回は誤答が明らかで解きやすいタイプであったが，自分自身で内容をまとめながら読み進めたうえで設問にあたるようにしたい。

（注）　解答は，東京理科大学から提供のあった情報を掲載しています。

=== 解説 ===

①　解答

(1) **ア.** 0　**イ.** 2　**ウ.** 2　**エ.** 4　**オ.** 1　**カ.** 5

(2) **キ.** 4　**ク.** 2　**ケ.** 3　**コ.** 2　**サ.** 2　**シ.** 1
ス. 2　**セ.** 3　**ソ.** 3　**タ.** 2　**チ.** 3　**ツ.** 2　**テ.** 3　**ト.** 4
ナ. 3

(3) **ニ.** 1　**ヌ.** 3　**ネ.** 2　**ノ.** 6　**ハ.** 1　**ヒ.** 5

═══════════════ 解　説 ═══════════════

《小問3問》

(1)　①より

$$x^2+ax+2=0 \quad \cdots\cdots ①' \quad \text{または} \quad x^2-ax-1=0 \quad \cdots\cdots ①''$$

①′ の判別式を D_1，①″ の判別式を D_2 とする。

$$D_2=a^2-4\cdot(-1)=a^2+4>0$$

よって，①″ は a の値にかかわらず異なる2つの実数解をもつ。

条件より，①′ が異なる2つの虚数解をもつから　　$D_1<0$

$$D_1=a^2-4\cdot2<0 \qquad a^2<8$$

$a>0$ より　　$0<a<2\sqrt{2}$　（→ア〜ウ）

$2<2\sqrt{2}<3$ だから，最大の整数 a は　　$a=2$

このとき，虚数解は

$$x^2+2x+2=0 \qquad x=-1\pm\sqrt{1-2}=-1\pm i$$

複素数平面上でA$(-1+i)$，B$(-1-i)$，
C$(3+i)$ とする。

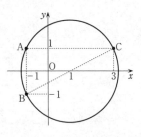

右図より，AB$=2$，AC$=4$ で，△ABC の面
積は

$$\frac{1}{2}\cdot2\cdot4=4 \quad \cdots\cdots （→エ）$$

∠BAC$=90°$ であることから，BC は△ABC
の外接円の直径である。よって，△ABC の外接円の中心は辺 BC の中点

であり，その複素数は

$$\frac{-1-i+3+i}{2}=1$$

半径は　　$\frac{BC}{2}=\frac{\sqrt{4^2+2^2}}{2}=\sqrt{5}$

よって，外接円の方程式は

$$|z-1|=\sqrt{5}　　（→オ・カ）$$

(2)　　$\sin 2\theta=2\sin\theta\cos\theta=2ab$

$$\cos\left(\theta+\frac{\pi}{6}\right)=\cos\theta\cos\frac{\pi}{6}-\sin\theta\sin\frac{\pi}{6}=\frac{\sqrt{3}}{2}a-\frac{1}{2}b$$

よって，③より

$$2ab>\sqrt{3}a-b+\frac{\sqrt{3}}{2}$$

$$4ab-2\sqrt{3}a+2b-\sqrt{3}>0　　（→キ〜コ）$$

$$（左辺）=2a(2b-\sqrt{3})+2b-\sqrt{3}$$

$$=(2a+1)(2b-\sqrt{3})　　（→サ〜セ）$$

$$(2a+1)(2b-\sqrt{3})>0$$

$$\begin{cases}2a+1>0\\2b-\sqrt{3}>0\end{cases}　または　\begin{cases}2a+1<0\\2b-\sqrt{3}<0\end{cases}$$

よって

$$\begin{cases}a>-\dfrac{1}{2}\\[2mm]b>\dfrac{\sqrt{3}}{2}\end{cases}　または　\begin{cases}a<-\dfrac{1}{2}\\[2mm]b<\dfrac{\sqrt{3}}{2}\end{cases}$$

$a=\cos\theta$，$b=\sin\theta$ だから，$0\leqq\theta<2\pi$ より

$$\frac{\pi}{3}<\theta<\frac{2}{3}\pi　または　\frac{2}{3}\pi<\theta<\frac{4}{3}\pi　　（→ソ〜ナ）$$

(3)　U の要素の個数は

$$AP_n=\sqrt{(n-a)^2+(-1)^2}\leqq b$$

をみたす自然数 n の個数である。変形して

$$(n-a)^2\leqq b^2-1$$

(a)　$a=2$，$b=1$ のとき　　$(n-2)^2\leqq0$　　$n=2$

よって，このとき U の要素の個数は1個。（→ニ）

$a=2$, $b=\sqrt{3}$ のとき $(n-2)^2 \leqq 2$

$n-2$ は整数だから $n-2 = -1$, 0, 1 $n=1$, 2, 3

よって，このとき U の要素の個数は 3 個。（→ヌ）

(b) $a=\dfrac{7}{2}$, $b=\sqrt{2}$ のとき $\left(n-\dfrac{7}{2}\right)^2 \leqq 1$ $(2n-7)^2 \leqq 4$

n は整数より，$2n-7$ は奇数だから

$\quad 2n-7 = -1$, 1 $n=3$, 4

よって，このとき U の要素の個数は 2 個。（→ネ）

$a=\dfrac{7}{2}$, $b=2\sqrt{2}$ のとき $\left(n-\dfrac{7}{2}\right)^2 \leqq 7$ $(2n-7)^2 \leqq 28$

n は整数より，$2n-7$ は奇数だから

$\quad 2n-7 = -5$, -3, -1, 1, 3, 5 $n=1$, 2, 3, 4, 5, 6

よって，このとき U の要素の個数は 6 個。（→ノ）

(c) $b=2$ のとき $(n-a)^2 \leqq 3$

$n-a$ は整数だから $n-a = -1$, 0, 1 $n=a-1$, a, $a+1$

自然数 n が 2 個となるとき，a は自然数だが $a-1$ は自然数ではないから

$\quad a=1$ （→ハ）

$b=5$ のとき $(n-a)^2 \leqq 24$

$n-a$ は整数だから

$\quad n-a = -4$, -3, -2, -1, 0, 1, 2, 3, 4

$\quad n=a-4$, $a-3$, $a-2$, $a-1$, a, $a+1$, $a+2$, $a+3$, $a+4$

自然数 n が 9 個となるとき，$a-4$ が自然数で

$\quad a-4 \geqq 1$ $a \geqq 5$

よって，最小の自然数 a は $a=5$ （→ヒ）

② 解答 (1) $P=(0, \ ma^2+1)$ (2) $Q=(-2ma(ma^2+1), \ 0)$

(3) $a=-\dfrac{1}{2m}$ (4)(a) $\sqrt{2}$ (b) $\dfrac{\sqrt{10}}{4}$

※計算過程の詳細については省略。

════════════ 解　説 ════════════

《放物線の接線，極限》

(1) l_1 の式は　　　$y - f(a) = f'(a)(x-a)$

$f'(x) = -2mx$ だから

$$y - (-ma^2 + 1) = -2ma(x-a)$$

$$y = -2max + ma^2 + 1$$

よって　　$P = (0,\ ma^2 + 1)$　……(答)

(2) l_1 の傾きは $-2ma$ だから，$-2ma \neq 0$ より l_2 の傾きは $\dfrac{1}{2ma}$ で，l_2 の式は

$$y = \frac{1}{2ma}x + ma^2 + 1$$

$y = 0$ として

$$0 = \frac{1}{2ma}x + ma^2 + 1$$

$$x = -2m^2a^3 - 2ma$$

よって　　$Q = (-2ma(ma^2 + 1),\ 0)$　……(答)

(3) l_2 が C の接線だから，方程式

$$-mx^2 + 1 = \frac{1}{2ma}x + ma^2 + 1$$

が重解をもつ。変形して

$$2m^2ax^2 + x + 2m^2a^3 = 0$$

判別式を D とすると　　$D = 0$

$$D = 1 - 4 \cdot 2m^2a \cdot 2m^2a^3 = 0 \qquad (2ma)^4 = 1$$

$a < 0$，$m > 0$ より，$2ma < 0$ だから

$$-2ma = 1 \qquad a = -\frac{1}{2m}$$　……(答)

(4)(a)　$a = -\dfrac{1}{2m}$ より

$$f(a) = -ma^2 + 1 = -\frac{m}{4m^2} + 1 = -\frac{1}{4m} + 1$$

$$A\left(-\frac{1}{2m},\ -\frac{1}{4m} + 1\right)$$

また，Qの x 座標は

$$-2m^2a^3-2ma=\frac{2m^2}{8m^3}+\frac{2m}{2m}=\frac{1}{4m}+1$$

よって

$$L(m)=\sqrt{\left(-\frac{1}{2m}-\frac{1}{4m}-1\right)^2+\left(-\frac{1}{4m}+1\right)^2}$$

$$=\sqrt{\left(\frac{3}{4m}+1\right)^2+\left(-\frac{1}{4m}+1\right)^2}$$

$$=\sqrt{\frac{5}{8m^2}+\frac{1}{m}+2}$$

$$\lim_{m\to\infty}L(m)=\sqrt{0+0+2}=\sqrt{2}\quad\cdots\cdots(答)$$

(b)　$m>0$ だから

$$mL(m)=m\sqrt{\frac{5}{8m^2}+\frac{1}{m}+2}=\sqrt{\frac{5}{8}+m+2m^2}$$

$$\lim_{m\to0}mL(m)=\sqrt{\frac{5}{8}+0+0}=\frac{\sqrt{10}}{4}\quad\cdots\cdots(答)$$

3　**解答**　(1)$f'(x)=\dfrac{2-\log x}{2x\sqrt{x}}$,　$f''(x)=\dfrac{3\log x-8}{4x^2\sqrt{x}}$

(2)$\mathrm{P}\left(e^{\frac{8}{3}},\ \frac{8}{3}e^{-\frac{4}{3}}\right)$　(3)$\dfrac{320}{81}\pi+\dfrac{64}{27}\pi e^{-\frac{8}{3}}$　(4)$4+\dfrac{4}{3}e^{-\frac{4}{3}}$

※計算過程の詳細については省略。

━━━━━━━━━━━ **解説** ━━━━━━━━━━━

《対数関数を含む関数の微・積分，曲線と直線で囲まれた部分の面積，回転体の体積》

(1)　$f(x)=x^{-\frac{1}{2}}\log x$ だから

$$f'(x)=-\frac{1}{2}x^{-\frac{3}{2}}\log x+x^{-\frac{1}{2}}\cdot\frac{1}{x}=-\frac{1}{2}x^{-\frac{3}{2}}(\log x-2)$$

$$=\frac{2-\log x}{2x\sqrt{x}}\quad\cdots\cdots(答)$$

$$f''(x)=\frac{3}{4}x^{-\frac{5}{2}}(\log x-2)-\frac{1}{2}x^{-\frac{3}{2}}\cdot\frac{1}{x}=\frac{1}{4}x^{-\frac{5}{2}}(3\log x-8)$$

$$= \frac{3\log x - 8}{4x^2\sqrt{x}} \quad \cdots\cdots (答)$$

別解　$f'(x) = \dfrac{(\log x)' \cdot \sqrt{x} - \log x \cdot (\sqrt{x})'}{(\sqrt{x})^2} = \dfrac{\dfrac{1}{x} \cdot \sqrt{x} - \log x \cdot \dfrac{1}{2\sqrt{x}}}{x}$

$$= \frac{2 - \log x}{2x\sqrt{x}}$$

$$f''(x) = \frac{1}{2} \cdot \frac{(2 - \log x)' \cdot x\sqrt{x} - (2 - \log x) \cdot (x\sqrt{x})'}{(x\sqrt{x})^2}$$

$$= \frac{1}{2} \cdot \frac{-\dfrac{1}{x} \cdot x\sqrt{x} - (2 - \log x) \cdot \dfrac{3}{2}\sqrt{x}}{x^3} = \frac{3\log x - 8}{4x^2\sqrt{x}}$$

(2)　$f''(x) = 0$ とすると

$$3\log x - 8 = 0 \qquad x = e^{\frac{8}{3}}$$

また，$x < e^{\frac{8}{3}}$ のとき　　$f''(x) < 0$

　　　$x > e^{\frac{8}{3}}$ のとき　　$f''(x) > 0$

よって，変曲点は $x = e^{\frac{8}{3}}$ で

$$y = f\left(e^{\frac{8}{3}}\right) = \frac{\log e^{\frac{8}{3}}}{\sqrt{e^{\frac{8}{3}}}} = \frac{8}{3}e^{-\frac{4}{3}}$$

したがって　　$P\left(e^{\frac{8}{3}}, \ \dfrac{8}{3}e^{-\frac{4}{3}}\right)$　$\cdots\cdots(答)$

(3)　$p = e^{\frac{4}{3}}$ とする。このとき　　$P\left(p^2, \ \dfrac{8}{3p}\right)$

$f(x) = 0$ のとき　　$x = 1$

よって　　$Q(1, \ 0)$

$f'(x) = 0$ とすると　　$2 - \log x = 0$　　$x = e^2$

x	0	$\cdots$	e^2	$\cdots$
$f'(x)$		$+$	0	$-$
$f(x)$		↗	極大	↘

$e^2 < p^2$ で，グラフは次図のようになる。P から x 軸に垂線 PH を下ろす。

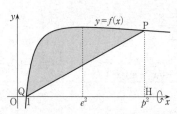

A と $\triangle$PQH を合わせた部分を回転させた立体の体積を V_1 とし，$\triangle$PQH を回転させた円錐の体積を V_2 とすると

$$V_1 = \pi \int_1^{p^2} \{f(x)\}^2 dx = \pi \int_1^{p^2} \frac{(\log x)^2}{x} dx$$

$$= \pi \int_1^{p^2} (\log x)^2 (\log x)' dx$$

$$= \pi \left[\frac{1}{3}(\log x)^3\right]_1^{p^2} = \frac{\pi}{3}(\log p^2)^3 = \frac{\pi}{3}\left(\log e^{\frac{8}{3}}\right)^3 = \frac{\pi}{3}\left(\frac{8}{3}\right)^3$$

$$= \frac{512}{81}\pi$$

$$V_2 = \left(\frac{8}{3p}\right)^2 \pi \cdot \left(p^2 - 1\right) \cdot \frac{1}{3} = \frac{64}{27}\left(1 - \frac{1}{p^2}\right)\pi$$

よって

$$V = V_1 - V_2 = \frac{512}{81}\pi - \frac{64}{27}\left(1 - \frac{1}{p^2}\right)\pi = \frac{64}{81}\pi\left\{8 - 3\left(1 - \frac{1}{p^2}\right)\right\}$$

$$= \frac{320}{81}\pi + \frac{64}{27}\pi e^{-\frac{8}{3}} \quad\cdots\cdots(\text{答})$$

別解　$u = \log x$ とする。

$du = \frac{1}{x}dx,$

x	$1 \to p^2$
u	$0 \to \dfrac{8}{3}$

$$V_1 = \pi \int_0^{\frac{8}{3}} u^2 du = \pi \left[\frac{1}{3}u^3\right]_0^{\frac{8}{3}} = \frac{\pi}{3}\left(\frac{8}{3}\right)^3 = \frac{512}{81}\pi$$

(4) A と $\triangle$PQH を合わせた部分の面積を S_1，$\triangle$PQH の面積を S_2 とすると

$$S_1 = \int_1^{p^2} f(x)\, dx = \int_1^{p^2} x^{-\frac{1}{2}} \log x\, dx$$

$$= \left[2x^{\frac{1}{2}}\log x\right]_1^{p^2} - \int_1^{p^2} 2x^{\frac{1}{2}} \cdot \frac{1}{x} dx$$

$$= 2p \log p^2 - \int_1^{p^2} 2x^{-\frac{1}{2}} dx = 2p \cdot \frac{8}{3} - \left[4x^{\frac{1}{2}} \right]_1^{p^2}$$

$$= \frac{16}{3}p - (4p - 4) = \frac{4}{3}p + 4$$

$$S_2 = \frac{1}{2} \cdot \frac{8}{3p} \cdot (p^2 - 1) = \frac{4}{3}\left(p - \frac{1}{p} \right)$$

よって，求める面積は

$$S_1 - S_2 = \frac{4}{3}p + 4 - \frac{4}{3}\left(p - \frac{1}{p} \right) = 4 + \frac{4}{3p} = 4 + \frac{4}{3}e^{-\frac{4}{3}} \quad \cdots\cdots (答)$$

講 評

2024 年度も，記述式 2 題，マークシート式 1 題（独立した内容の小問 3 問）という構成であった。全体を通して，各単元での基本的な知識が幅広く問われている。応用問題では小問による誘導があるので，落ち着いて考えよう。2024 年度は計算量がそれほど多くはなかったが，文字の範囲や次数の処理など単純なミスをしやすい要素は多いため，式の変形は丁寧に進めたい。

1 (1)は 2 次方程式の解，複素数平面に関する基本的な問題，(2)は三角関数と不等式に関する標準的な問題，(3)は平面座標，整数と不等式に関する標準的な問題である。(2)は，$\cos\theta$，$\sin\theta$ の定義から単位円を用いると見通しがよい。(3)は，不等式をみたす整数を代入しながら考えるとわかりやすい。実数の範囲で不等式を解いてもよいが，平方根の値を評価する必要があり少し難しくなる。座標平面上で，中心 A，半径 b の円の内部にある x 軸上の点を調べてもよい。

2 2 次関数と接線に関する標準的な問題である。接線は基本的に微分法を用いて考えるが，2 次関数では直線の式と連立して解が 1 つ（判別式が 0）とすることも多い。(1)では微分法を，(3)では判別式を用いるとよい。a が負であることには注意しておこう。(4)は，極限の基本的な計算で易しい。

3 対数関数を含む関数の微・積分に関しての標準的な問題である。

(1)は，$\dfrac{1}{\sqrt{x}} = x^{-\frac{1}{2}}$ とすると積の導関数の公式を用いて計算できるが，〔別

解〕のように商の導関数の公式を用いてもよい。(3)は，$\dfrac{1}{x}=(\log x)'$ を利用して不定積分が求められるが，〔別解〕のように置換積分を用いてもよい。一方，(4)は，式が(3)と似ているが部分積分を用いる。

物　理

（注）　解答は，東京理科大学から提供のあった情報を掲載しています。

① 解答

(1)(ア)—⑩　(イ)—①　(ウ)—②　(エ)—⑩　(オ)—④
(カ)—②　(キ)—⑩　(ク)—⑩

(2)(ケ)—②　(コ)—⑤　(サ)—⑩　(シ)—②　(ス)—⑩　(セ)—①　(ソ)—⑩　(タ)—②
(チ)—⑩

=== 解　説 ===

《重力で落下するバネでつながれた小球の単振動》

(1)(ア)　鉛直上向きに一定の速さ V で動く慣性系で考えると，小球を投げ出す前の気球は静止しており，小球は x 軸方向に投げ出される。気球の質量が小球の質量に比べて十分に大きいと仮定すると，小球を投げ出した後の気球の x 軸方向の速度は 0 とみなせるので，小球の速度の x 成分は v である。これは，地表で静止している人から見ても変わらない。

(イ)　地表で静止している人から見ると，小球を投げ出す前の気球は鉛直上向きに一定の速さ V で動いているので，投げ出された直後の小球の速度の y 成分も V である。

(ウ)　(ア)，(イ)より，地表で静止している人から見た小球の速さは
$$\sqrt{V^2+v^2}$$

(エ)　小球の速度の x 成分は v のまま変化しない。

(オ)　小球は自由落下するので，小球の速度の y 成分は $V-gt$ となる。

(カ)　小球が地表に到達する直前の小球の速さを v' とすると，力学的エネルギー保存則より

$$\frac{1}{2}m(\sqrt{V^2+v^2})^2+mgh=\frac{1}{2}mv'^2$$

$$\therefore\quad v'=\sqrt{V^2+v^2+2gh}$$

(キ)　小球の運動の y 成分は等加速度直線運動なので

$$h+VT-\frac{1}{2}gT^2=0 \quad \therefore\quad T=\frac{V\pm\sqrt{V^2+2gh}}{g}$$

$T > 0$ より　　　$T = \dfrac{V + \sqrt{V^2 + 2gh}}{g}$

(ク)　小球の速度の x 成分は変化しないが，y 成分は正の値から負の値に変化する。よって，小球の速さは，投げ出されてから減少し，y 成分が 0 となるときに最小となり，その後，増加する。よって，グラフは⓪となる。

(2)(ケ)　小球 B は静止しているので，力のつり合いより，バネは小球 B に対して鉛直上向きに m_Bg の力を及ぼしている。よって，バネの長さは

$\qquad l + \dfrac{m_Bg}{k}$

(コ)　気球から物体 C が離れる前後でバネの長さは変化しないことに注意する。重力とバネの弾性力を考えると，小球 A にはたらく力の y 成分は

$\qquad -m_Ag - m_Bg = -(m_A + m_B)g$

(サ)　小球 B にはたらく力はつり合ったままである。

(シ)　気球から物体 C が離れた瞬間における，小球 A の y 軸正の向きの加速度を a_{0A} とすると，運動方程式より

$\qquad m_A a_{0A} = -(m_A + m_B)g$　　∴　$a_{0A} = -\dfrac{m_A + m_B}{m_A}g$

　　よって，離れた瞬間から微小な時刻 Δt だけ経ったときの小球 A の速さは

$\qquad |a_{0A} \Delta t| = \dfrac{m_A + m_B}{m_A}g\Delta t$

(ス)　小球 B にはたらく力はつり合っているので，微小な時刻 Δt だけ経ったときの小球 B の速さは 0 である。

(セ)　バネの長さは $y_A - y_B$ なので，小球 A にはたらく力の y 成分は

$\qquad -m_Ag - k(y_A - y_B - l)$

(ソ)　小球 B にはたらく力の y 成分は

$\qquad -m_Bg + k(y_A - y_B - l)$

(タ)　小球 B と一緒に運動している観測者から見た，小球 A の加速度の y 成分を a_{AB} とすると，この観測者から見た小球 A にはたらく力の y 成分は

$\qquad m_A a_{AB} = m_A(a_A - a_B)$

$\qquad\qquad\quad = m_A a_A - \dfrac{m_A}{m_B} \cdot m_B a_B$

$$= \{-m_A g - k\,(y_A - y_B - l)\} - \frac{m_A}{m_B}\{-m_B g + k\,(y_A - y_B - l)\}$$

$$= -\left(1 + \frac{m_A}{m_B}\right)k\,(y_A - y_B - l)$$

$$= -\left(1 + \frac{m_A}{m_B}\right)k\,(y_{AB} - l)$$

(チ)　(タ)より

$$a_{AB} = -\left(\frac{1}{m_A} + \frac{1}{m_B}\right)k\,(y_{AB} - l) = -\frac{(m_A + m_B)\,k}{m_A m_B}\,(y_{AB} - l)$$

よって，小球Aは $y_{AB} = l$ を振動の中心として，角振動数

$\sqrt{\dfrac{(m_A + m_B)\,k}{m_A m_B}}$ で単振動しているように見える。

　解　答　(1)(ア)—⓪　(イ)—①　(ウ)—⑧　(エ)—⓪　(オ)—⑧

(2)(カ)—②　(キ)—⓪　(ク)—⑥　(ケ)—②

(3)(コ)—④　(サ)—④　(シ)—⑤　(ス)—④

══════════════════ 解　説 ══════════════════

《点電荷による電場中の荷電粒子の運動》

(1)(ア)　小物体と原点Oの距離が a なので

$$V_1 = \frac{kQ}{a}$$

(イ)　エネルギーの単位 J は〔$m^2 \cdot kg \cdot s^{-2}$〕である。運動エネルギーを例に考えればわかる。

(ウ)　電位の単位 V は〔$m^2 \cdot kg \cdot s^{-3} \cdot A^{-1}$〕である。電気量の単位は〔$A \cdot s$〕であり，電気量と電位の積がエネルギーとなることからわかる。

(エ)　外力がした仕事は，電場による小物体の位置エネルギーの増加量と等しいので

$$W_1 = Q\,(V_1 - 0) = \frac{kQ^2}{a}$$

(オ)　半径 a の円弧上で電位は等しいので　　$W'_1 = 0$

(2)(カ)　2つの小物体について，それぞれによる電位の和を考えればよいので

$$V = k\frac{Q}{\sqrt{x^2+a^2}} + k\frac{Q}{\sqrt{x^2+(-a)^2}} = \frac{2kQ}{\sqrt{x^2+a^2}}$$

㈮　x の符号が反転しても電位 V は変化しないことや，$x \geqq 0$ の範囲において単調減少となることから，グラフは⓪となる。

㈯　x 軸上において，電位は原点で最大となる。原点まで到達しない条件は，小物体Aを運動させ始めたときの運動エネルギーが，小物体Aが原点にあるときの電場による位置エネルギーよりも小さいことなので

$$\frac{1}{2}mv_0{}^2 < Q \cdot 2k\frac{Q}{\sqrt{0^2+a^2}} \qquad \therefore\quad v_0 < 2Q\sqrt{\frac{k}{ma}}$$

㈰　小物体Aの速度が 0 となる位置の x 座標を x_0 とする。力学的エネルギー保存則より，小物体Aを運動させ始めたときの運動エネルギーは，小物体Aの速度が 0 となるときの電場による位置エネルギーと等しいので

$$\frac{1}{2}mv_0{}^2 = Q \cdot 2k\frac{Q}{\sqrt{x_0{}^2+a^2}} \qquad \therefore\quad x_0 = \pm\sqrt{\frac{16k^2Q^4}{m^2v_0{}^4} - a^2}$$

$x_0 > 0$ より　　$x_0 = \sqrt{\dfrac{16k^2Q^4}{m^2v_0{}^4} - a^2}$

⑶㈳　⑵㈮のグラフを原点から $\pm a$ だけずらした，2つのグラフの重ね合わせとなるので，電位のグラフは④となる。

㈴　4つの小物体について，それぞれによる静電気力の x 成分の和を考えればよいので

$$F_x = 2 \times k\frac{Q^2}{(x-a)^2+a^2} \cdot \frac{x-a}{\sqrt{(x-a)^2+a^2}}$$

$$+ 2 \times k\frac{Q^2}{(x+a)^2+a^2} \cdot \frac{x+a}{\sqrt{(x+a)^2+a^2}}$$

$$= 2kQ^2\left[\frac{a+x}{\{(a+x)^2+a^2\}^{\frac{3}{2}}} - \frac{a-x}{\{(a-x)^2+a^2\}^{\frac{3}{2}}}\right]$$

㈵　$|x| \ll a$ より

$$F_x = \frac{2kQ^2}{a^2}\left[\left(1+\frac{x}{a}\right)\left\{\left(1+\frac{x}{a}\right)^2+1\right\}^{-\frac{3}{2}} - \left(1-\frac{x}{a}\right)\left\{\left(1-\frac{x}{a}\right)^2+1\right\}^{-\frac{3}{2}}\right]$$

$$\fallingdotseq \frac{2kQ^2}{a^2}\left[\left(1+\frac{x}{a}\right)\left\{\left(1+\frac{2x}{a}\right)+1\right\}^{-\frac{3}{2}} - \left(1-\frac{x}{a}\right)\left\{\left(1-\frac{2x}{a}\right)+1\right\}^{-\frac{3}{2}}\right]$$

$$= \frac{kQ^2}{\sqrt{2}\,a^2}\Big[\Big(1+\frac{x}{a}\Big)^{-\frac{1}{2}} - \Big(1-\frac{x}{a}\Big)^{-\frac{1}{2}}\Big]$$

$$\fallingdotseq \frac{kQ^2}{\sqrt{2}\,a^2}\Big\{\Big(1-\frac{x}{2a}\Big) - \Big(1+\frac{x}{2a}\Big)\Big\}$$

$$= -\frac{\sqrt{2}\,kQ^2}{2a^3}\times x$$

参考　電位の式を導いた後に，x で微分して静電気力の式を求めることもできるが，電位の式の段階で近似する場合は，x の 2 次の項まで求めておく必要があり，与えられた近似式よりも高次の近似式である $(1+t)^\alpha$ $\fallingdotseq 1+\alpha t + \frac{\alpha(\alpha-1)}{2}t^2$ を使う必要がある。t の部分に x の 2 次の項まで含めても，$(1+t)^\alpha \fallingdotseq 1+\alpha t$ の近似式を使ったのでは 2 次の項まで求めたことにはならないので注意する。

(ス)　小物体 A の x 方向の加速度を α とすると，運動方程式より

$$m\alpha = -\frac{\sqrt{2}\,kQ^2}{2a^3}x \qquad \therefore\quad \alpha = -\frac{\sqrt{2}\,kQ^2}{2a^3 m}x$$

よって，小物体 A の単振動の角振動数を ω とすると

$$\omega = \sqrt{\frac{\sqrt{2}\,kQ^2}{2a^3 m}} = 2^{-\frac{1}{4}}\frac{Q}{a}\sqrt{\frac{k}{ma}}$$

単振動の周期は

$$T = \frac{2\pi}{\omega} = 2^{\frac{5}{4}}\times\frac{\pi a}{Q}\sqrt{\frac{ma}{k}}$$

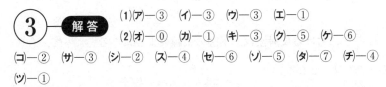

③ 解答　(1)(ア)—③　(イ)—③　(ウ)—③　(エ)—①
(2)(オ)—⓪　(カ)—①　(キ)—③　(ク)—⑤　(ケ)—⑥
(コ)—②　(サ)—③　(シ)—②　(ス)—④　(セ)—⑥　(ソ)—⑤　(タ)—⑦　(チ)—④
(ツ)—①

════════════ 解　説 ════════════

《疎密波の反射によって生じる定常波》

(1)(ア)・(イ)　図 3-2 より，点 A から原点 O までの距離は $\frac{3}{2}$ 波長に対応することがわかる。

(ウ)・(エ)　点 E では，媒質が両側から集まってくるため密となり，点 C では，媒質が両側へ離れていくため疎となる。

2024年度

2月3日

物理

(2)(オ)　波は壁で固定端反射するので，位相が π ずれる。よって，反射直後の反射波は，下図の太線のようになる。反射波の粗密を考えると，先端より左側では媒質が移動せず，右側からは媒質が集まってくるので密となる。

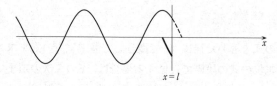

(カ)　$t = \dfrac{1}{4} T$ における反射波は，下図の太線のようになる。よって，合成波のグラフは①となる。

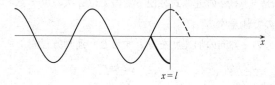

(キ)　$t = \dfrac{1}{2} T$ における反射波は，下図の太線のようになる。よって，合成波のグラフは③となる。

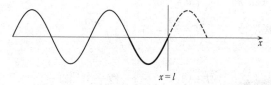

(ク)　$t = \dfrac{3}{4} T$ における反射波は，下図の太線のようになる。よって，合成波のグラフは⑤となる。

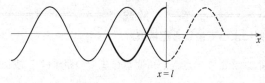

(ケ)　$t = T$ における反射波は，次図の太線のようになる。よって，合成波のグラフは⑥となる。

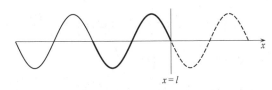

$x = l$

⑶　固定端反射なので，入射波と反射波の重ね合わせは，壁を節とする定常波となる。

(サ)〜(ス)　1周期の間に2回，入射波と反射波が同じ波形となり，合成波の振幅が最大となる。また，1周期の間に2回，入射波と反射波が打ち消し合って，合成波の振幅が0となる。

(セ)　$t = 0$ での入射波のグラフは図3−3のようになることから

$-A\sin\left\{2\pi\left(\dfrac{x-l}{\lambda}\right)\right\}$ と表すことができる。また，入射波のグラフは x 軸の

正の方向に速度 $\dfrac{\lambda}{T}$ で移動するので

$$y_{\mathrm{I}} = -A\sin\left[2\pi\left\{\dfrac{\left(x-\dfrac{\lambda}{T}t\right)-l}{\lambda}\right\}\right]$$

$$= -A\sin\left\{2\pi\left(-\dfrac{t}{T}+\dfrac{x-l}{\lambda}\right)\right\}$$

$$= A\sin\left\{2\pi\left(\dfrac{t}{T}-\dfrac{x-l}{\lambda}\right)\right\}$$

(ソ)　$x = l$ における入射波の変位は $A\sin 2\pi\dfrac{t}{T}$ となるので，固定端反射に

よって生じる反射波の変位は $-A\sin 2\pi\dfrac{t}{T}$ となる。反射波のグラフは x 軸

の負の方向に速度 $\dfrac{\lambda}{T}$ で移動するので

$$y_{\mathrm{R}} = -A\sin\left[2\pi\left\{\dfrac{t-\dfrac{l-x}{\lambda}}{T}\right\}\right] = -A\sin\left\{2\pi\left(\dfrac{t}{T}+\dfrac{x-l}{\lambda}\right)\right\}$$

(タ)　三角関数の和積の公式を使うと

物理

$$y_{\mathrm{I}} + y_{\mathrm{R}} = A \sin\left\{2\pi\left(\frac{t}{T} - \frac{x-l}{\lambda}\right)\right\} - A \sin\left\{2\pi\left(\frac{t}{T} + \frac{x-l}{\lambda}\right)\right\}$$

$$= -2A \cos\left(2\pi\frac{t}{T}\right)\sin\left(2\pi\frac{x-l}{\lambda}\right)$$

$$= 2A \cos\left(2\pi\frac{t}{T}\right)\sin\left(2\pi\frac{l-x}{\lambda}\right)$$

(チ) (タ)より，合成波が節となるのは

$$2\pi\frac{l-x}{\lambda} = n\pi \qquad \therefore \quad x = l - \frac{n}{2}\lambda$$

(ツ) 節におけるグラフの傾きが負となるとき，媒質が両側から集まって密となり，正となるとき，媒質が両側へ離れて疎となる。

講評

　例年通り，試験時間80分，大問3題の構成である。

　1 重力で落下するバネでつながれた小球の単振動の問題である。(1)は重力による落下についての基本的な問題。(2)はバネでつながれた小球の単振動の問題。最後の，小球Bと一緒に運動している観測者から見た小球Aにはたらく力を求める部分がわかりにくかったかもしれないが，相対的な加速度を使って運動方程式を立てるだけである。式変形の過程で出てくる $m_{\mathrm{A}}a_{\mathrm{B}}$ の項が慣性力である。加速度運動をしている小球Bから見ると，小球Aに加速度 a_{B} を与える見かけの力がはたらくように見える，ということに対応している。(チ)では，質量 $\frac{m_{\mathrm{A}}m_{\mathrm{B}}}{m_{\mathrm{A}}+m_{\mathrm{B}}}$ を持つ振り子をバネにつけた鉛直バネ振り子の単振動と同じ角振動数を持つことがわかる。この $\frac{m_{\mathrm{A}}m_{\mathrm{B}}}{m_{\mathrm{A}}+m_{\mathrm{B}}}$ は2つの小球の換算質量と呼ばれる量であり，2体問題では相対運動の表式に換算質量が表れるので，計算が正しいことを確認できる。全体的に計算も容易なので，確実に解答したい。

　2 点電荷による電場中の荷電粒子の運動の問題である。(1)は電位についての基本的な問題。(2)は2つの点電荷による電場中における荷電粒子の運動の標準的な問題。(3)は4つの対称な位置に置かれた点電荷による電場中における荷電粒子の単振動の問題。(サ)以降は，計算式が複雑に

なるので，各項の間の対称性などに注意して，丁寧に式変形する必要がある。(シ)では x の1次の項まで求めれば十分なのだが，(サ)の結果に対して，与えられた近似式を繰り返し使う必要がある。

3 疎密波の反射によって生じる定常波の問題である。(1)は疎密波についての基本的な問題。(2)は疎密波が壁で固定端反射した際の定常波についての問題。(オ)・(コ)は〔解説〕に記載したように，時間を少しずつ進ませて，具体的に入射波と反射波を描いて考えれば理解しやすいだろう。(セ)・(ソ)では，符号を間違えやすいが，得られた式が正しいか，特定の時刻 $(t=0)$ や特定の場所 $(x=l)$ に固定して確認すれば，計算ミスに気づくことができる。(チ)・(ツ)は基本的な問題。本問のテーマである疎密波の固定端反射というのは，壁の付近では媒質が自由に変位できないことを意味しており，実際の媒質の変位である合成波の変位が壁において0となるように反射波が生じるということである。厄介なのは，疎密波を媒質の変位ではなく，媒質の疎密に直接対応する密度や圧力の変化としてグラフで表すことがあり，圧力変化のグラフにおいては，壁での反射において位相が反転しないという点である。壁の付近で密度や圧力が一定の値で固定される理由がないことを考えれば明らかであろう。この機会に，納得するまでグラフを自分で描いて，理解を深めておくとよいだろう。

全体的に，ほぼ例年通りの内容だが，複雑な式変形が少なかった分，例年よりは若干易しめであったように思われる。

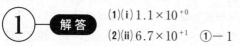

（注）　解答は，東京理科大学から提供のあった情報を掲載しています。

1　解答　(1)(i) $1.1 \times 10^{+0}$

(2)(ii) $6.7 \times 10^{+1}$　①— 1

(3)(iii) $3.9 \times 10^{+2}$　(iv) $1.7 \times 10^{+2}$

(4)(ア)— 5　(イ)— 1　②— 2

━━━━━ 解　説 ━━━━━

《沸点上昇，中和熱と溶解熱，化学反応の量的関係，Fe^{3+} の反応》

(1)　$CaCl_2$ は水溶液中で次のように電離する。

$$CaCl_2 \longrightarrow Ca^{2+} + 2Cl^-$$

　よって，溶かした $CaCl_2$（式量 111.1）の質量を w〔g〕とすると，電離により生じるイオンの総物質量は $\dfrac{w}{111.1} \times 3$〔mol〕となるから，沸点上昇度が 0.074K であることより

$$0.074 = 0.515 \times \frac{\dfrac{w}{111.1} \times 3}{\dfrac{200}{1000}} \qquad \therefore \quad w = 1.06 \fallingdotseq 1.1 \text{〔g〕}$$

(2)　NaOH（固）と塩酸の反応の熱化学方程式は

$$NaOH\text{（固）} + HClaq = NaClaq + H_2O\text{（液）} + 101\,kJ \quad \cdots\cdots ①$$

　NaOH 水溶液と塩酸の反応の熱化学方程式は

$$NaOHaq + HClaq = NaClaq + H_2O\text{（液）} + 56.5\,kJ \quad \cdots\cdots ②$$

　NaOH（固）の溶解熱を Q〔kJ/mol〕とすると

$$NaOH\text{（固）} + aq = NaOHaq + Q\,kJ \quad \cdots\cdots ③$$

②+③ より

$$NaOH\text{（固）} + HClaq = NaClaq + H_2O\text{（液）} + (Q + 56.5)\,kJ$$

これと① より

$$Q + 56.5 = 101 \qquad \therefore \quad Q = 44.5 \text{〔kJ/mol〕}$$

　溶解熱が正であるから，NaOH（固）を水に溶解すると発熱が起こり，1.5 mol の NaOH（固）を溶解したときに発生する熱量は

$$44.5 \times 1.5 = 66.75 \fallingdotseq 67 \text{〔kJ〕}$$

(3)(iii)　Al と Fe_2O_3 の反応は次のようになる。

$$2Al + Fe_2O_3 \longrightarrow Al_2O_3 + 2Fe$$

189.0 g の Al の物質量は

$$\frac{189.0}{27.0} = 7.0 \text{〔mol〕}$$

であるから，得られる Fe の質量は

$$55.8 \times 7.0 = 390.6 \fallingdotseq 3.9 \times 10^2 \text{〔g〕}$$

(iv)　Fe_2O_3 と CO の反応は次のようになる。

$$Fe_2O_3 + 3CO \longrightarrow 2Fe + 3CO_2$$

279.0 g の Fe の物質量は

$$\frac{279.0}{55.8} = 5.0 \text{〔mol〕}$$

であるから，必要な CO の標準状態における体積は

$$22.4 \times 5.0 \times \frac{3}{2} = 168 \fallingdotseq 1.7 \times 10^2 \text{〔L〕}$$

(4)(イ)・②　Fe^{3+} を含む水溶液に NaOH 水溶液を加えると，$Fe(OH)_3$ の赤褐色沈殿が生成する。過剰の NaOH 水溶液に溶解するのは，両性元素（Al, Zn, Sn, Pb など）の水酸化物の沈殿であり，$Fe(OH)_3$ の沈殿は溶解しない。

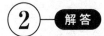

(1)(i) 2.50×10^{-1}　**(ii)** 6.25×10^{-3}　**①**－3

(2)(iii) $1.47 \times 10^{+0}$　**(iv)** 9.81×10^{-1}　**(ア)**－1

────────────── **解　説** ──────────────

《直列電解槽と並列電解槽の電気分解》

(1)(i)　電解槽Ⅰの各電極で起こる反応は，それぞれ次のようになる。

陽極Ⅰ：$2H_2O \longrightarrow O_2 + 4H^+ + 4e^-$

陰極Ⅰ：$Ag^+ + e^- \longrightarrow Ag$

　陰極Ⅰで析出した Ag の物質量は

$$\frac{1.35}{108} = 1.25 \times 10^{-2} \text{〔mol〕}$$

であり，陰極Ⅰでの反応式から，流れた電子の物質量も 1.25×10^{-2} mol となるから，流した電流の大きさを I〔A〕とすると

$$I \times (80 \times 60 + 25) = 1.25 \times 10^{-2} \times 9.65 \times 10^{4} \qquad \therefore \quad I = 0.250 \text{〔A〕}$$

(ii)　電解槽Ⅱの各電極で起こる反応は，それぞれ次のようになる。

陽極Ⅱ：$2Cl^- \longrightarrow Cl_2 + 2e^-$

陰極Ⅱ：$2H_2O + 2e^- \longrightarrow H_2 + 2OH^-$

よって，陽極Ⅱで生成する Cl_2 の物質量は

$$1.25 \times 10^{-2} \times \frac{1}{2} = 6.25 \times 10^{-3} \text{〔mol〕}$$

(2)(iii)　電解槽Ⅲの各電極で起こる反応は，それぞれ次のようになる。

陽極Ⅲ：$2Cl^- \longrightarrow Cl_2 + 2e^-$

陰極Ⅲ：$Cu^{2+} + 2e^- \longrightarrow Cu$

電気分解前と電気分解後の $CuCl_2$ 水溶液中の Cu^{2+} の物質量はそれぞれ

前：$0.400 \times 0.100 = 4.00 \times 10^{-2}$〔mol〕

後：$0.180 \times 0.100 = 1.80 \times 10^{-2}$〔mol〕

であるから，電解槽Ⅲで反応した Cu^{2+}（析出した Cu）の物質量は

$$4.00 \times 10^{-2} - 1.80 \times 10^{-2} = 2.20 \times 10^{-2} \text{〔mol〕}$$

よって，電解槽Ⅲに流れた電子の物質量は

$$2.20 \times 10^{-2} \times 2 = 4.40 \times 10^{-2} \text{〔mol〕}$$

となるから，電解槽Ⅲに流れた電流の大きさを I'〔A〕とすると

$$I' \times (48 \times 60 + 15) = 4.40 \times 10^{-2} \times 9.65 \times 10^{4}$$

$$\therefore \quad I' = 1.466 \fallingdotseq 1.47 \text{〔A〕}$$

(iv)　電解槽Ⅳの各電極で起こる反応は，それぞれ次のようになる。

陽極Ⅳ：$2H_2O \longrightarrow O_2 + 4H^+ + 4e^-$

陰極Ⅳ：$Cu^{2+} + 2e^- \longrightarrow Cu$

電解槽Ⅳに流れた電流は

$$2.50 - 1.47 = 1.03 \text{〔A〕}$$

であるから，電解槽Ⅳに流れた電子の物質量は

$$\frac{1.03 \times (48 \times 60 + 15)}{9.65 \times 10^{4}} \text{〔mol〕}$$

よって，陰極Ⅳで析出する Cu の質量は

$$63.5 \times \frac{1.03 \times (48 \times 60 + 15)}{9.65 \times 10^4} \times \frac{1}{2} = 0.9810 \fallingdotseq 9.81 \times 10^{-1} \,\text{〔g〕}$$

(ア)　陽極Ⅳでは H_2O が酸化されて O_2 が発生し，また H^+ が生じるため pH は小さくなる。

③　**解答**　(1)(ア)— 1　(イ)— 3　(i) 2.0×10^{-2}　(ii) 2.4×10^{-2}
　　　　　　(2)(ウ)— 8　(エ)— 7　(iii) $3.2 \times 10^{+0}$

=== **解説** ===

《Na_2CO_3 と NaOH の混合水溶液の二段滴定，酢酸の電離平衡》

(1)(ア)・(イ)　Na_2CO_3 と NaOH の混合水溶液に塩酸を加えると，まず次のような 2 つの反応が起こる。

$$Na_2CO_3 + HCl \longrightarrow NaHCO_3 + NaCl \quad \cdots\cdots(A)$$

$$NaOH + HCl \longrightarrow NaCl + H_2O$$

Na_2CO_3 から生成した $NaHCO_3$ は水溶液中で加水分解して塩基性を示すので，中和点での水溶液は塩基性である。よって，このときの指示薬はフェノールフタレインを用い，水溶液の色が赤色から無色に変わったところが終点（第一中和点）である。

次に指示薬としてメチルオレンジを加え，さらに塩酸を加えていくと，$NaHCO_3$ が HCl と次のように反応する。

$$NaHCO_3 + HCl \longrightarrow NaCl + H_2O + CO_2$$

水溶液の色が黄色から赤色に変わったところが終点（第二中和点）である。

(i)・(ii)　水溶液①中の Na_2CO_3 と NaOH の濃度をそれぞれ x〔mol/L〕，y〔mol/L〕とおくと，第一中和点までに反応した HCl の物質量について

$$x \times \frac{25.0}{1000} + y \times \frac{25.0}{1000} = 0.100 \times \frac{11.0}{1000} \quad \cdots\cdots(B)$$

が成り立つ。

次に(A)より，水溶液①中の Na_2CO_3 の物質量と，生成する $NaHCO_3$ の物質量は等しいので，第一中和点から第二中和点までに反応した HCl の物質量について

$$x \times \frac{25.0}{1000} = 0.100 \times \frac{5.0}{1000} \quad \cdots\cdots(C)$$

が成り立つ。

(B)，(C)より　　$x = 2.0 \times 10^{-2}\,[\mathrm{mol/L}]$，$y = 2.4 \times 10^{-2}\,[\mathrm{mol/L}]$

(2)(ウ)・(エ)　水溶液中の CH_3COOH の電離による濃度変化は次のようになる。

$$CH_3COOH \rightleftharpoons CH_3COO^- + H^+$$

反応前	c	0	0
反応量	$-c\alpha$	$+c\alpha$	$+c\alpha$
平衡時	$c(1-\alpha)$	$c\alpha$	$c\alpha$

よって，電離定数 K_a は

$$K_a = \frac{[CH_3COO^-][H^+]}{[CH_3COOH]} = \frac{c\alpha \cdot c\alpha}{c(1-\alpha)} = \frac{c\alpha^2}{1-\alpha}$$

α が 1 よりじゅうぶんに小さいときは，$1-\alpha \fallingdotseq 1$ としてよいので，$K_a \fallingdotseq c\alpha^2$ と近似できる。これより，$\alpha = \sqrt{\dfrac{K_a}{c}}$ と表すことができ，水素イオン濃度は

$$[H^+] = c\alpha = c\sqrt{\frac{K_a}{c}} = \sqrt{K_a c}$$

と表すことができる。

(ⅲ)　pH が 2.70 の酢酸水溶液の濃度を $c\,[\mathrm{mol/L}]$ とすると，水素イオン濃度は $1.0 \times 10^{-2.70}\,\mathrm{mol/L}$ であるから，(エ)より

$$\sqrt{K_a c} = 1.0 \times 10^{-2.70}\,[\mathrm{mol/L}]$$

この酢酸水溶液を 10 倍に希釈すると，濃度は $\dfrac{c}{10}\,[\mathrm{mol/L}]$ になるから，水素イオン濃度は

$$[H^+] = \sqrt{K_a \cdot \frac{c}{10}} = \frac{\sqrt{K_a c}}{\sqrt{10}} = \frac{1.0 \times 10^{-2.70}}{10^{0.50}} = 1.0 \times 10^{-3.2}\,[\mathrm{mol/L}]$$

よって，求める pH は 3.2 である。

（1）(i) 4.0×10^{-2}　(2)(ii) $2.8 \times 10^{+1}$
（3）(iii) $7.2 \times 10^{+2}$　① - 1

=========== 解　説 ===========

《混合気体の圧力，蒸気圧，水の凝縮熱》

（1）混合気体中の H_2O と Ar は物質量比が $1:1$ であり，H_2O は完全に気体として存在していたことから，分圧の比も $1:1$ である。よって，水蒸気の分圧は

$$2.0 \times 10^3 \times \frac{1}{1+1} = 1.0 \times 10^3 \,[Pa]$$

であるから，気体の状態方程式より，H_2O の物質量は

$$\frac{1.0 \times 10^3 \times 100}{8.31 \times 10^3 \times 300} = \frac{1}{24.93} = 4.01 \times 10^{-2} \fallingdotseq 4.0 \times 10^{-2} \,[mol]$$

（2）水蒸気の圧力が飽和蒸気圧に達すると，H_2O の凝縮が始まる。このときの体積を求めればよい。飽和蒸気圧に達した瞬間は，H_2O は完全に気体として存在していると考えてよいので，求める体積を $V\,[L]$ とすると，水蒸気についてボイルの法則より

$$1.0 \times 10^3 \times 100 = 3.6 \times 10^3 \times V \quad \therefore \quad V = 27.7 \fallingdotseq 28 \,[L]$$

（3）液体の水が存在している間は，水蒸気の圧力は飽和蒸気圧になっているので，容器内部の圧力が $1.0 \times 10^4\,Pa$ に達したときの Ar の分圧は

$$1.0 \times 10^4 - 3.6 \times 10^3 = 6.4 \times 10^3 \,[Pa]$$

よって，このときの容器内部の体積を $V'\,[L]$ とすると，Ar についてボイルの法則より

$$1.0 \times 10^3 \times 100 = 6.4 \times 10^3 \times V' \quad \therefore \quad V' = \frac{125}{8} \,[L]$$

となるから，気体の状態方程式より，気体として存在している H_2O の物質量は

$$\frac{3.6 \times 10^3 \times \dfrac{125}{8}}{8.31 \times 10^3 \times 300} = 2.25 \times 10^{-2} \,[mol]$$

したがって，液体として存在している H_2O（(1)の状態から凝縮した H_2O）の物質量は

$$4.01 \times 10^{-2} - 2.25 \times 10^{-2} = 1.76 \times 10^{-2} \,[mol]$$

水蒸気が凝縮するときには熱を放出し，その熱量は

$$41 \times 10^3 \times 1.76 \times 10^{-2} = 721 \fallingdotseq 7.2 \times 10^2 〔J〕$$

⑤　解　答　(1)(i) 11　(2)(ア)— 3　(イ)— 6　(ウ)— 2　(エ)— 5
(オ)— 4　(カ)— 1　(キ)— 6　(ク)— 3　(3)— 4

━━━━━━━━ 解　説 ━━━━━━━━

《$C_5H_{12}O$ のアルコールの異性体，アルコールの脱水反応》

(1)　分子式が $C_5H_{12}O$ のアルコールには，次の8種類の構造異性体が存在する（C^*は不斉炭素原子）。

① $CH_3-CH_2-CH_2-CH_2-CH_2-OH$　② $CH_3-CH_2-CH_2-C^*H-CH_3$
　　　　　　　　　　　　　　　　　　　　　　　　　　　　　　　$\underset{OH}{|}$

③ $CH_3-CH_2-\underset{\underset{OH}{|}}{CH}-CH_2-CH_3$　④ $CH_3-CH_2-\underset{\underset{CH_3}{|}}{C^*H}-CH_2-OH$

⑤ $CH_3-CH_2-\underset{\underset{OH}{|}}{\overset{\overset{CH_3}{|}}{C}}-CH_3$　⑥ $CH_3-\underset{\underset{CH_3}{|}}{CH}-\underset{\underset{OH}{|}}{C^*H}-CH_3$

⑦ $CH_3-\underset{\underset{CH_3}{|}}{CH}-CH_2-CH_2-OH$　⑧ $CH_3-\underset{\underset{CH_3}{|}}{\overset{\overset{CH_3}{|}}{C}}-CH_2-OH$

　これらのうち，②，④，⑥には不斉炭素原子が1個ずつ存在するので，鏡像異性体がそれぞれ1組存在する。よって，異性体の種類は全部で

　　$8+3=11$ 種類

(2)(ア)　Aには不斉炭素原子があり，脱水させて得られるアルケンが1種類のみであることから，④の2-メチル-1-ブタノールであるとわかる。

$$CH_3-CH_2-\underset{\underset{CH_3}{|}}{C^*H}-CH_2-\underset{\cdot}{OH} \xrightarrow[-H_2O]{} \underset{CH_3-CH_2}{\overset{CH_3}{\diagdown}}C=C\underset{H}{\overset{H}{\diagup}}$$

　　アルコール A

（∵で囲ったHとOHがとれる）

(イ)・(ウ)　Bには不斉炭素原子があり，脱水させて得られるアルケンが2種類（主生成物と副生成物）であることから，⑥の3-メチル-2-ブタノールであるとわかる。

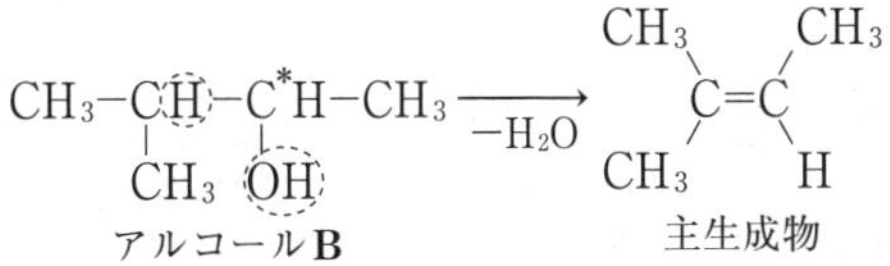

$$CH_3-CH-C^*H-CH_3 \xrightarrow{-H_2O} \quad \overset{CH_3}{\underset{CH_3}{>}}C=C\overset{CH_3}{\underset{H}{<}}$$
$$\overset{|}{CH_3} \overset{|}{OH}$$

アルコール**B**　　　　　主生成物

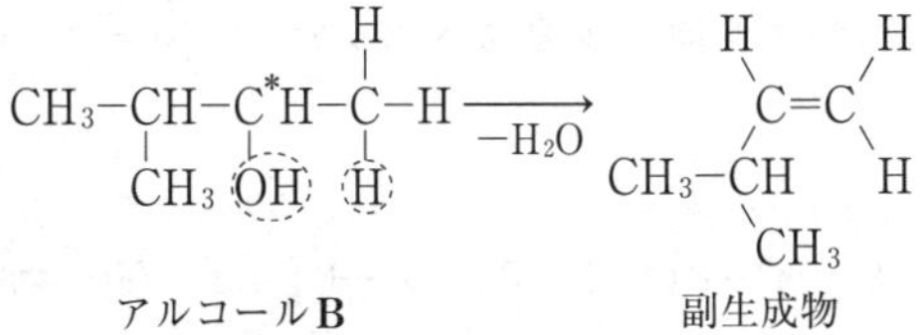

$$CH_3-CH-C^*H-C-H \xrightarrow{-H_2O} \quad \overset{H}{\underset{CH_3-CH}{>}}C=C\overset{H}{\underset{H}{<}}$$

アルコール**B**　　　　　副生成物

（エ）〜（カ）　**C**には不斉炭素原子があり，**A**が④，**B**が⑥なので，**C**は②の2-ペンタノールと決まる。これを脱水させると，次のような3種類のアルケンが得られる。

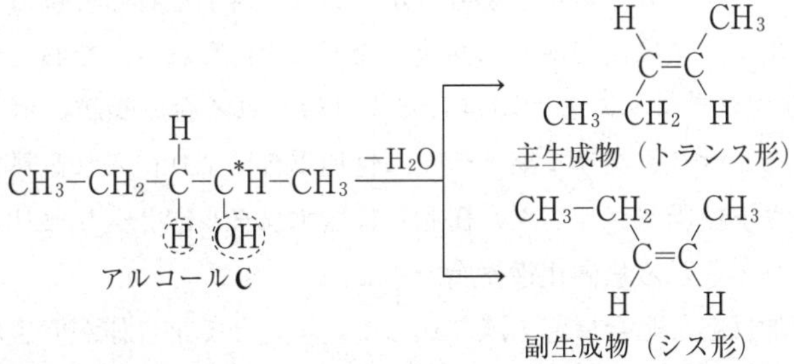

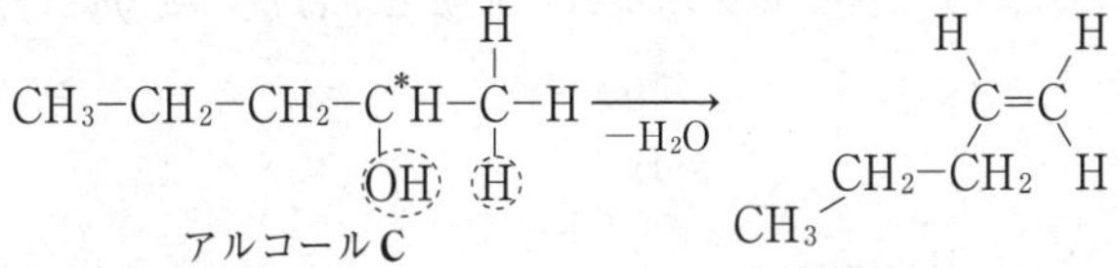

$$CH_3-CH_2-C-C^*H-CH_3 \xrightarrow{-H_2O}$$

アルコール**C**

主生成物（トランス形）

副生成物（シス形）

$$CH_3-CH_2-CH_2-C^*H-C-H \xrightarrow{-H_2O}$$

アルコール**C**

（キ）・（ク）　**D**は硫酸酸性の二クロム酸カリウム水溶液と反応しなかった（酸化されなかった）ことから，第三級アルコールとわかるので，⑤の2-メチル-2-ブタノールと決まる。

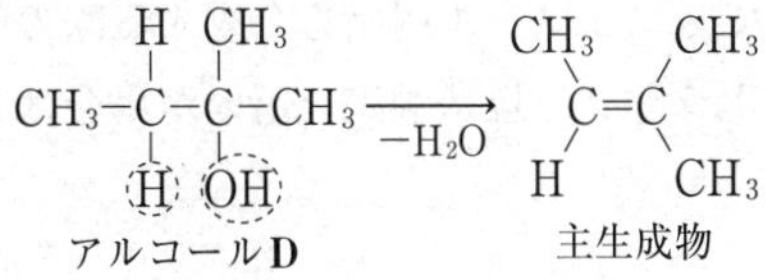

$$CH_3-C-C-CH_3 \xrightarrow{-H_2O} \quad \overset{CH_3}{\underset{H}{>}}C=C\overset{CH_3}{\underset{CH_3}{<}}$$

アルコール**D**　　　　　主生成物

2024年度 2月3日 化学

$$CH_3-CH_2-\underset{\underset{OH}{|}}{\overset{\overset{CH_3}{|}}{C}}-\underset{\underset{H}{|}}{\overset{\overset{H}{|}}{C}}-H \xrightarrow[-H_2O]{} \underset{CH_3-CH_2}{\overset{CH_3}{}}C=\underset{H}{\overset{H}{}}$$

アルコール **D** 　　　　　　　副生成物

(3) $CH_3-\underset{\underset{OH}{|}}{CH}-$ の構造をもつアルコールを選べばよい。

⑥ **解　答**　(ア)―02　(イ)―01　(ウ)―03　(エ)―04　(オ)―09　(カ)―19
　　　　　　(キ)―15　(ク)―11　(ケ)―21　(コ)―17　(サ)―06　(シ)―05

解　説

《熱可塑性樹脂と熱硬化性樹脂》

(オ)〜(キ)　酢酸ビニルもビニル基をもつが，これを付加重合して得られるポリ酢酸ビニルは，主に接着剤や水性塗料などに用いられる。なお，ナイロン6は ε-カプロラクタムの開環重合により得られる合成繊維，ポリメタクリル酸メチルはメタクリル酸メチルの付加重合により得られる熱可塑性樹脂，アルキド樹脂（グリプタル樹脂）は無水フタル酸とグリセリンの縮合重合により得られる熱硬化性樹脂である。

(ク)〜(シ)　付加反応と縮合反応を繰り返していくことで重合体ができる反応を付加縮合という。フェノールとホルムアルデヒドは次のように付加縮合する。

　上の反応が繰り返されることで，フェノール樹脂を合成する際の中間生成物（酸触媒を用いた場合はノボラック，塩基触媒を用いた場合はレゾール）が得られる。

講評

1　理論分野の小問集合と Fe^{3+} の反応に関する問題。いずれも典型的な問題であり，完答しておきたい。⑴は，$CaCl_2$ の電離により，溶質粒子の物質量が $CaCl_2$ の物質量の3倍になることに注意。

2　直列電解槽と並列電解槽の電気分解に関する問題。直列電解槽では流れる電子の物質量が電解槽ⅠとⅡで等しく，並列電解槽では電源からの電子が電解槽ⅢとⅣに分かれて流れ込むことをおさえる。

3　二段滴定と酢酸の電離平衡に関する問題。⑴は Na_2CO_3 と $NaOH$ の混合水溶液の二段滴定であり，典型的な問題である。⑵(ⅲ)は，濃度が $\frac{1}{10}$ になったからといって，安易に pH は1大きくなると考えないように注意。

4　混合気体の圧力と蒸気圧，水の凝縮熱に関する問題。頻出の出題パターンではあるが，気体の分野が苦手な受験生には，状況把握に時間がかかり，難しく感じられたかもしれない。体積変化の前後で物質量が一定の気体に着目し，ボイルの法則をうまく使いたい。

5　アルコールの異性体とその脱水反応に関する問題。A～Cは不斉炭素原子をもち，Dは第三級アルコールであるという大きなヒントが与えられているので，構造は比較的容易に決定できたはずである。

6　いろいろな樹脂に関する知識問題。計算もなく，すべて基本的な知識を問う問題であるから，短時間で完答したい。ただ，(ｵ)は酢酸ビニルを選んだ受験生も多かったかもしれない。合成高分子化合物については，合成法だけでなく，その用途までしっかりおさえておきたい。

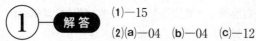

生　物

（注）　解答は，東京理科大学から提供のあった情報を掲載しています。

① 解答
(1)―15
(2)(a)―04　(b)―04　(c)―12
(3)(a)―22　(b)― 5
(4)(a)― 7　(b)―18　(c)― 3　(d)(ア)― 0　(ウ)― 2
(e)(i)― 2　(ii)― 2　(f)― 3

——————————— 解　説 ———————————

《進化のしくみ，遺伝子組換え，オペロン説，酵素反応》

(1)　④誤文。かま状赤血球症の原因遺伝子をホモ接合でもつヒトは重篤な貧血となり，死亡率が高くなる。しかし，ヘテロ接合でもつヒトの場合，貧血が軽度になるとともに，マラリアに対して抵抗性を示すことが知られている。マラリアが多発するアフリカ西部などでは，この原因遺伝子をヘテロ接合でもつヒトの生存率が高まるという自然選択（遺伝的浮動ではない）がはたらくため，この遺伝子の頻度が他地域より高くなる。
⑤誤文。一塩基多型は約1000塩基対に1個程度の割合で存在するといわれている。

(2)　(a)　(i)誤文。遺伝子の途中にDNA断片が組み込まれると，アンピシリン耐性遺伝子は機能しなくなる。よって，このようなプラスミドが導入された大腸菌を，アンピシリンを含む培地で培養しても増殖することはない。
(ii)誤文。大腸菌に導入されたプラスミドは，大腸菌の染色体とは別に，環状のまま存在する。
(iii)誤文。大腸菌など原核生物の遺伝子にはイントロンがなく，スプライシングは起こらない。

(b)　(i)誤文。プラスミドはDNAであり，塩基配列を確認するために逆転写が必要となることはない。なお，真核生物の遺伝子をプラスミドに組み込む際には，スプライシング後のmRNAをもとに逆転写し，cDNAを得

る工程が必要となる。

(ⅱ)誤文。サンガー法では，塩基配列を調べたい１本鎖DNAを鋳型に複製を行うが，その際に材料となるヌクレオチドの中に，蛍光標識したジデオキシヌクレオチドを少量混ぜておく。この特殊なヌクレオチドを取りこんだDNA鎖はそこで伸長が停止するため，さまざまな長さのDNA断片ができる（単一の長さではない）。

(ⅲ)誤文。PCR法では，増幅したい領域の両側に２種類のプライマーが設計され，サイクルを繰り返すごとに，反応開始時に用意した鋳型DNAだけでなく，新しく合成された新生鎖も鋳型となって指数関数的に新生鎖が合成されていく。一方，サンガー法では，プライマーは１種類のみで，反応開始時に用意した鋳型DNAをもとに新生鎖（蛍光色素が付加したDNA断片）が合成されていく。

(c) (ⅲ)誤文。同じ制限酵素を用いてDNA断片をベクター（プラスミド）に挿入する場合，DNA断片が，予定された方向に挿入される場合と逆方向に挿入される場合の２通りが考えられる。

(3)(a)　①誤文。目的遺伝子全長が予定した通りに挿入されると，プライマー１（20塩基），*lacZ*（3000塩基対），目的遺伝子（1500塩基対），プライマー２（20塩基）の長さを合計した4540塩基対からなるDNA断片が得られる。

②正文。目的遺伝子全長が図１とは逆向きに挿入されると，プライマー１（20塩基），*lacZ*の左端から挿入位置まで（90塩基対），プライマー４の起点（矢印の根本）から目的遺伝子の末端まで（1500−1000＝500塩基対）の長さを合計した610塩基対からなるDNA断片が得られる。また，例えば目的遺伝子のプライマー３側の一部が欠失したDNA断片が図１とは逆向きに挿入された場合でも，欠失した領域はプライマー１，４により増幅される領域ではなく，610塩基対からなるDNA断片が得られる。

③正文。目的遺伝子全長が図１のように挿入されると，プライマー１（20塩基），*lacZ*の左端から挿入位置まで（90塩基対），プライマー３の起点から目的遺伝子の末端まで（500塩基対）の長さを合計した610塩基対からなるDNA断片が得られる。また，目的遺伝子の右半分（プライマー４側）が欠失したDNA断片が図１のように挿入されると，欠失した領域はプライマー１，３によって増幅される領域ではないので，この場合も610

塩基対からなる DNA 断片が得られる。

④誤文。プライマーの矢印の先端が互いに向かい合う方向でないと，DNA 断片は増幅されない。

⑤正文。目的遺伝子全長が図1のように挿入されると，プライマー4の起点から目的遺伝子の末端まで（500 塩基対），*lacZ* の挿入位置から右端まで（3000－90＝2910 塩基対），プライマー2（20 塩基）の長さを合計した3430 塩基対からなる DNA 断片が得られる。

(b)　まず，ラクトースオペロンのしくみを確認する。培地にラクトースが存在しないと，調節遺伝子から合成されたリプレッサーがオペレーターに結合するため，RNA ポリメラーゼはプロモーターに結合できず，*lacZ* の転写は抑制される（下図左）。また，培地にグルコースが存在せずラクトースが存在すると，ラクトースから生じた誘導物質がリプレッサーに結合するため，リプレッサーはオペレーターに結合できなくなる。その結果，RNA ポリメラーゼがプロモーターに結合し，*lacZ* が転写される（下図右）。

<ラクトースなし>　　　　　　　　　　<ラクトースあり>

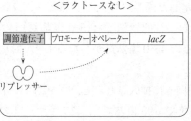

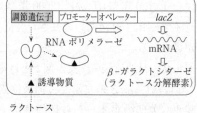

なお，上図右において，β-ガラクトシダーゼ（ラクトース分解酵素）によってラクトースが分解されると誘導物質もなくなるため，*lacZ* の転写は抑制されるようになる（上図左の状態になる）。設問文をみると，IPTG は「非分解性のラクトース類似化合物」とある。つまり，IPTG は誘導物質と同様のはたらきをもつが，β-ガラクトシダーゼによって分解されないので，常にリプレッサーに結合し，*lacZ* の転写を維持することができる。

(4)(a)　実験1の結果から，酵素Aの溶液を 80℃で 10 分間加熱した場合，酵素Aの活性は加熱処理なしの場合と変わらないが，100℃で 10 分間加熱した場合，酵素Aは熱変性により失活することがわかる。よって，グラ

フの横軸「保温の温度（℃）」が80℃までは，酵素活性が一定で，80℃を超えると急激に低下し，100℃には0になるグラフ7を選ぶ。

(b)　実験2の中ほどに「一定時間酵素反応を行ったのちに酵素反応を停止させ，さらに反応液に蓄積した化合物Xを発色させる」とあるので，操作2では，酵素がはたらかず，かつXが発色する条件を選ぶ必要がある。それぞれの条件を整理すると以下のようになる。

- 酵素がはたらかない条件

  100℃で10分間加熱する（実験1より）か，pH4-11以外のpHで10分間処理する（実験2より）ことにより，酵素を失活させる。または，pH5-9以外のpHに保つ（図4(右)より）ことにより，酵素活性を0にする。

- Xを発色させる条件

  pH6より大きなpHに保つ（図4(左)より）。

選択肢をみると，①では酵素は失活しているが，pH5なのでXが発色しない。②では80℃なので酵素が失活していない。④ではpH8なので酵素がはたらいてしまう。その他の選択肢は条件を満たしている。

(c)・(d)　酵素①も酵素②も解糖系ではたらく酵素とある。解糖系ではグルコースからピルビン酸が形成される際に，まず先にATPの消費が起こり，その後にATPの合成が起こることから，(ア)がATPで，(イ)がADPと決まる。また，Rはピルビン酸であり，ピルビン酸から乳酸を生成する過程で(ウ)NADHが(エ)NAD^+に変化する。なお，Pはグルコースがリン酸化されたグルコース6-リン酸，Qはリン酸化されることでピルビン酸となるホスホエノールピルビン酸であると考えられる。

(e)　実験3において，酵素Bの反応により生成したグルコースの量を測定するしくみを以下に説明する。なお，設問文中には記されていないが，右図の各分子の係数はすべて1である。

まず，グルコース1分子がP1分子となる過程でADP1分子が生成し，生じたADP1分子を利用してQ1分子から

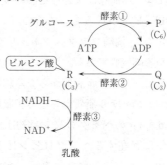

R 1分子が生成する。その後，生じた R 1分子が乳酸となる過程で NAD$^+$ 1分子が生成する。つまり，（生成したグルコースの分子数）＝（消費した NADH の分子数）または（生成した NAD$^+$ の分子数）という関係になっている。これを踏まえて考えると，あらかじめ反応系に加えておく必要があるのは ATP と NADH と Q であることがわかる。あらかじめ R を加えておくと，生成するグルコースの分子数と R の分子数が対応しなくなるので適当ではない。また，実際の解糖系では，P から複数の酵素反応を経て Q が生成するので，Q は不要と考えたかもしれないが，解糖系ではたらく酵素のうち，ここでは酵素①と②しか加えていないので，P から Q が生成することはない。よって，Q はあらかじめ加える必要がある。

(f)　設問文の最後の段落から，基質はじゅうぶんな量存在し，10分間の酵素反応の間は，反応速度が一定とわかる。また，マルトース1分子からグルコース2分子が生成するので，Y〔mol〕のマルトースからは $2Y$〔mol〕のグルコースが生成し，その結果，$2Y$〔mol〕の NAD$^+$ が生成する。よって，3のようなグラフになる。

2 　解答

(1)(a)— 3　(b)— 3　(c)— 6
(d)(エ) 0　(オ) 2　(カ) 3
(2)(a)— 2　(b)—15　(c)—12
(3)(a)(ア)— 3　(イ)— 2　(ウ)— 4　(エ)— 3　(オ)— 1
(b)(A)— 7　(B)— 6

=====　**解説**　=====

《酸素の運搬，血液凝固，自然免疫と適応免疫》

(1)(a)　赤血球は核をもたないので，3だけが適切である。

(b)　ヒトがもっているものは，DNA ヘリカーゼ（DNA の複製時にはたらく），岡崎フラグメント，リボソーム，リソソーム，エステル脂質からなる細胞膜である。このうち，細菌にないものはリソソームである。ちなみに，エステル脂質からなる細胞膜は真核生物と細菌（バクテリア）がもち，エーテル脂質からなる細胞膜は古細菌（アーキア）がもつ。

(d)　1g のヘモグロビンは約 1.34 mL の酸素と結合する。また，血液1L 中に存在するヘモグロビンは 150g なので，血液1L 中のヘモグロビン 100 ％が酸素と結合すると，その酸素量は

$$1.34 \times 150 = 201 \text{(mL)} = 0.201 \text{(L)}$$

一方,組織で酸素を放出するヘモグロビンの割合は

$$98 - 75 = 23 \text{(\%)}$$

よって,血液1Lあたりに組織で放出される酸素量は

$$0.201 \times \frac{23}{100} \text{L}$$

1分間の心拍によって組織に送られる血液5Lあたりでは

$$0.201 \times \frac{23}{100} \times 5 = 0.231 \fallingdotseq 0.23 \text{(L/分)}$$

(2)(a)　血液凝固反応において,下の図1の反応によってフィブリンがつくられる。フィブリンは重合して繊維状となり,血球をからめとって血ぺいを生じる。血液Aではこの反応が行われるが,血液CではCa^{2+}が除去されているため,この反応が起こらない。そのため,血液Aと血液Cの上澄みと沈澱には下の図2のような物質と血球が含まれている。

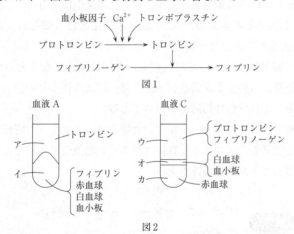

図1

図2

　血液凝固因子にあたるものは,図1よりプロトロンビン,フィブリノーゲン,血小板因子(血小板から放出される因子),血しょう中のCa^{2+},トロンボプラスチン(血管のまわりの組織の細胞膜表面に存在する)があるが,ここではプロトロンビンとフィブリノーゲンの2つを考える。血しょう(ウ)にはプロトロンビンとフィブリノーゲンが存在するので,0は誤り。図2より,1～5のうち2のみが正しい。

(b)　④誤文。血ぺいには白血球も含まれる。

⑤誤文。線溶によって溶解するのは血球細胞ではなくフィブリンである。

(c)　①誤文。4℃と60℃では凝集体が形成されないので，タンパク質成分（酵素であるトロンビンなど）が関係するといえる。

②誤文。血小板そのものではなく，血小板から血しょう中に放出された凝固因子が必要である。

⑤誤文。Ca^{2+} は凝集体形成を促進する。

(3)(a)　①樹状細胞が提示した抗原を認識して活性化したヘルパーT細胞は，同じ抗原を提示しているマクロファージを活性化する（設問文中にあるようにマクロファージもクラスⅡで抗原を提示する）。こうして活性化したマクロファージは，より活発に食作用を行うようになる。

②樹状細胞が提示した抗原を認識して活性化したキラーT細胞は，同じ抗原を提示している感染細胞を攻撃する。

③樹状細胞が提示した抗原を認識して活性化したヘルパーT細胞は，同じ抗原を提示しているB細胞を活性化する（設問文中にあるようにB細胞もクラスⅡで抗原を提示する）。こうして活性化したB細胞は，形質細胞（抗体産生細胞）へと分化する。

(b)(カ)・(キ)　密着結合によって細胞がシート状にすきまなく密着することで，腸管腔側から腸管上皮細胞側（体内側）に病原体などの侵入を防ぐことができる。これは物理的防御の一つである。

(ク)　樹状細胞やマクロファージなどの食細胞は，細菌などの病原体だけがもつ成分と特異的に結合する受容体（パターン認識受容体）をもち，代表的なものとしてトル様受容体がある。

3　**解　答**　　(1)(a)—07　(b)(ア)— 7　(イ)— 5　(c)—06

　　　　　　　　(2)(a)(ウ)— 1　(エ)— 5

(b)(ⅰ)— 0　(ⅱ)— 1　(ⅲ)— 1　(ⅳ)— 1　(ⅴ)— 0

(c)(あ)— 1　(い)— 1　(う)—20

(d)(セ)— 2　(ソ)—10

━━━━━━━━━━━━━━━　解　説　━━━━━━━━━━━━━━━

《植物ホルモン，光受容体と側芽の成長に関する実験》

(1)(a)　カルスがどのような組織に分化するかは，培地中のオーキシンとサイトカイニンの濃度比に影響を受けることが知られており，サイトカイ

ニンの比率が高いと葉や芽に分化し，オーキシンの比率が高いと根に分化
する。

(b)　植物ホルモンA（サイトカイニン）は，細胞分裂の促進，側芽の成長
促進などの作用をもつが，解答群に該当するものはない。植物ホルモンB
（オーキシン）は，細胞壁を軟化させることで，吸水による細胞の伸長を
促進する作用をもつ。

(c)　頂芽優勢にはサイトカイニンとオーキシンが関与している。サイトカ
イニンは側芽の成長を促進するが，通常は，頂芽から輸送されたオーキシ
ンによって側芽周辺でのサイトカイニンの合成が抑制されていること，頂
芽があっても側芽にサイトカイニンを与えると側芽は成長を始めることな
どは，知識として知っておきたい。よって，実験1，2のように，頂芽を
切除するとサイトカイニンの合成が促進されて側芽が成長する。また，実
験5のように，頂芽を切除せずに側芽にサイトカイニンを与えても側芽が
成長する。一方，実験3，4，6では，オーキシンによるサイトカイニン
の合成抑制が起こるので，側芽は成長しない。

(2)(a)　（推論1）図3においてWT株の白色光条件と，白色光と遠赤色光
の同時照射条件（以降「同時照射条件」とする）を比較する。図3の縦軸
「成長した側芽の数／葉の数」（以降「縦軸」とする）の値が大きいほど，
葉の数に対する成長した側芽の数が増えるため，側芽の成長が促進されて
いることになる。白色光条件では縦軸の値が0.25であるのに対し，同時
照射条件では0.10まで低下している。したがって，遠赤色光により側芽
の成長が抑制されたこと，すなわち側芽の成長抑制が解除されにくくなる
ことがわかる。

（推論2）図3においてWT株とx変異体を比較する。白色光条件におい
て，WT株の縦軸の値は0.25であるのに対し，x変異体では0.45まで上
昇している。また，同時照射条件において，WT株の縦軸の値は0.10で
あるのに対し，x変異体では0.40まで上昇している。したがって，どち
らの光条件においても，遺伝子Xの変異によって側芽の成長が促進され
ている。このことから，遺伝子Xは側芽の成長を抑制する機能をもつと
推察される。ちなみに，WT株とy変異体を比較すると，白色光条件に
おいてy変異体の縦軸の値は0.30であり，WT株（0.25）よりも値が上
昇していることから，遺伝子Yも側芽の成長を抑制する機能をもつと考

えられる。

(b)　(ii)葉緑体の定位運動，(iii)光屈性，(iv)気孔開口はフォトトロピンによる制御を受ける。

(c)　(推論3)　(オ)　図4において，WT株とp変異体を比較する。WT株では縦軸の値が0.25であるのに対し，p変異体では0.10まで低下している。したがって，フィトクロム遺伝子Pの変異によって側芽の成長が抑制されている。このことから，フィトクロムは側芽の成長を促進する機能をもつと推察される。

(カ)・(キ)　右図に示すように，白色光（赤色光を十分に含むものと考える）があたるとPr型はPfr型になり，遠赤色光があたるとPfr型はPr型になる。よって，白色光条件ではPr型に対するPfr型のフィトクロムの割合が高い。

白色光（赤色光を十分含む）

遠赤色光

推論3の内容をひきつづき検討する。推論3によると，白色光により生成するPfr型フィトクロムは，遺伝子Xおよび遺伝子Yの発現を抑制する。また，推論2で検討したように，遺伝子Xおよび遺伝子Yは側芽の成長を抑制する機能をもつ。これらの関係を次図にまとめる。白色光照射によりPfr型フィトクロムが生成すると，遺伝子Xおよび遺伝子Yの発現が抑制され，これら遺伝子による側芽の成長抑制が解除される。一方，遠赤色光照射によりPr型フィトクロムが生成すると，遺伝子Xおよび遺伝子Yの発現が促進され，その結果側芽の成長が強く抑制されることになる。

白色光（赤色光を十分含む）

（推論4）図4において，p変異体はWT株と比べて縦軸の値が低い（側芽の成長が抑制されている）。これは推論3で検討したように，p変異体ではPfr型フィトクロムによる遺伝子Xおよび遺伝子Yの発現抑制がまったく起こらず，これら遺伝子による側芽の成長抑制が強く発揮されたためと考えられる。

（推論 5）(サ)　これまでの推論から，遺伝子 P は「遺伝子 X および遺伝子 Y の発現を抑制する」ことがわかる。なお，設問の指示通り図 5 にもとづき考察する場合には，各遺伝子につき p 変異体と WT 株を比較する。

(シ)・(ス)　図 3 の結果より，xy 二重変異体の縦軸の値は単独の変異体よりも高くなっていることから，表現型が強くなっていることがわかる。これにより遺伝子 X と遺伝子 Y は，同様の機能をもち，相加的に作用すると考えられる。

(d)　設問文の条件 1 から，各遺伝子の機能は mRNA の蓄積量によって完全に規定される。また，条件 3・4 から，求めるべき縦軸の値は，t_1 の 8 時間後における遺伝子 X と遺伝子 Y の mRNA 蓄積量によって規定される。したがって，図 5 に示される各 mRNA 量をもとに，縦軸の値を考えていく。

　各植物体における遺伝子 X と遺伝子 Y の mRNA 量を図 5 から求め，そのときの図 3 または図 4 における縦軸の値とともにまとめると，次表のようになる。なお，実験 1 の白色光条件と実験 2 は同じ条件であり，同様に扱ってよいものとする。また，遺伝子 X と遺伝子 Y は互いの mRNA 蓄積量には影響を与えない（条件 2）ことから，例えば y 変異体の場合には，遺伝子 X の発現量は WT 株と同じになると考えられる。

		遺伝子 X の mRNA 量	遺伝子 Y の mRNA 量	縦軸の値
WT 株	白色光条件	1.00	0.25	0.25
	同時照射条件	3.50	0.50	0.10
x 変異体	白色光条件	0	0.25	0.45
	同時照射条件	0	0.50	0.40
y 変異体	白色光条件	1.00	0	0.30
	同時照射条件	3.50	0	0.10
xy 二重変異体	白色光条件	0	0	0.50
	同時照射条件	0	0	0.50
p 変異体	白色光条件	4.00	0.75	0.10
	同時照射条件	4.00	0.75	—
px 二重変異体	白色光条件	0	0.75	0.35
	同時照射条件	0	0.75	—
py 二重変異体	白色光条件	4.00	0	(セ)
	同時照射条件	4.00	0	—
pxy 三重変異体	白色光条件	0	0	(ソ)
	同時照射条件	0	0	—

　この表から，遺伝子 X と遺伝子 Y の mRNA 量がともに 0 のとき，縦軸の値が 0.50 となっていることがわかる。よって，(ソ)白色光条件における pxy 三重変異体の縦軸の値は，0.50 となると予想される。また，遺伝子 X と遺伝子 Y の mRNA 量の合計が，3.50 以上のとき，縦軸の値が 0.10 となっていることがわかる。よって，白色光条件における py 二重変異体の縦軸の値(セ)は，0.10 となると予想される。

（講 評）

　2024 年度は，2023 年度と同様に大問 3 題の構成であった。2023 年度と比べると，知識を問う問題の量は変わらないが，実験考察問題がやや難化したと思われる。

　1　(1)·(2)はやや細かな知識が要求されており，完答は難しい。(3)の(a)は設問文を丁寧に読めば完答できる。(b)の IPTG に関する設問は，類

題を解いたことがない受験生にはやや難しかったと思われる。(4)の(b)は酵素反応を停止させることに気づかないと苦戦する。(c)〜(f)は実験内容や設問を把握するのに時間を要すると思われる。特に(e)はやや難である。

　　2　(1)はどれも基礎〜標準レベルの問題であり，完答したい。(2)も基本的な問題であり，これについても完答したい。(3)はクラスⅠ，クラスⅡなどのあまり見慣れない内容ではあるが，これもさほど難しくはない。この大問でできるだけ得点したい。

　　3　(1)はどれも基本レベルの問題であり，完答したい。なお，(a)の組織培養は，新課程の教科書ではほとんど扱われなくなっている。(2)は実験内容を把握するのにかなり時間を要する。(b)は知識問題であり，ここは得点したいが，(a)・(c)・(d)のうち，少なくとも(a)と(c)で半分程度は得点したい。最後まで解き切るには，時間的に厳しかったと思われる。

B方式2月6日実施分：建築・先端化・電気電子情報工・

機械航空宇宙工・社会基盤工学科

S方式2月6日実施分：数理科学科

問 題 編

▶**試験科目・配点**

方　式	教　科	科　　　　　　　目	配　点
B 方 式	外国語	コミュニケーション英語Ⅰ・Ⅱ・Ⅲ，英語表現Ⅰ・Ⅱ	100点
	数　学	数学Ⅰ・Ⅱ・Ⅲ・A・B	100点
	理　科	**建築・電気電子情報工・機械航空宇宙工学科**：物理基礎・物理 **先端化学科**：化学基礎・化学 **社会基盤工学科**：「物理基礎・物理」，「化学基礎・化学」から1科目選択	100点
S 方 式	外国語	コミュニケーション英語Ⅰ・Ⅱ・Ⅲ，英語表現Ⅰ・Ⅱ	100点
	数　学	数学Ⅰ・Ⅱ・Ⅲ・A・B	300点

▶**備　考**

• 英語はリスニングおよびスピーキングを課さない。

• 数学Bは「数列」「ベクトル」から出題。

英　語

(60分)

1 　Read the following part of an essay, and answer the questions below.

(65 points)

[1] Last fall, teams of scientists began fanning out* across the globe to stalk
and capture thousands of creatures — rhinos in South Africa, blackbirds
in France, fruit bats in Zambia — in order to outfit them with an array of
tracking devices that can run on solar energy and that weigh less than
five grams.　The data they collect will stream into an ambitious new
project, two decades in the making and costing tens of millions of dollars,
called the International Cooperation for Animal Research Using Space, or
ICARUS, project.　Each tag will collect data on its wearer's position,
physiology* and microclimate, sending it to a receiver on the International
Space Station, which will beam it back down to computers on the
ground.　This will allow scientists to track the collective movements of
wild creatures roaming the planet in ways technically unimaginable until
recently: continuously, over the course of their lifetimes and nearly
anywhere on Earth they may go.

[2] By doing so, ICARUS could fundamentally reshape the way we
understand the role of mobility on our changing planet.　The scale and
meaning of animal movements has been underestimated for decades.
Although we share the landscape with wild species, their movements are
mostly obscure to us, glimpsed episodically if at all.　They leave behind
(1)
only faint physical traces — a few paw prints in the hardening mud of a
jungle path, a quickly fading arc of displaced air* in the sky, a dissipating

ripple* under the water's surface. But unlike, say, the sequence of the human genome, or the nature of black holes, our lack of knowledge about where our fellow creatures go has not historically been regarded as a <u>particularly pressing gap</u> in scientific understanding. The assumption
(2)
that animal movements are circumscribed and rare tended to limit scientific interest in <u>the question</u>. The 18th-century Swedish naturalist
(3)
Carl Linnaeus, imagining nature as an expression of God's perfection, presumed each species belonged in its own singular locale*, a notion embedded in his taxonomic* system, which forms the foundation of a wide array of biological sciences to this day. Two centuries later, the zoologist Charles Elton, hailed as the "father of animal ecology," fixed species into place with his theory that each species <u>nestles into its own</u>
(4)
<u>peculiar "niche,"</u> like a pearl in a shell. Such concepts, like modern notions of "home ranges" and "territories," presumed an underlying stationariness in undisturbed ecosystems.

[3] But over the last few decades, new evidence has emerged suggesting that animals move farther, more readily and in more complex ways than previously imagined. And those movements, ecologists suspect, could be crucial to unraveling a wide range of ecological processes, including the spread of disease and species' adaptations to habitat loss. ICARUS will allow scientists to observe animal movements in near totality for the first time. It will help create what its founder, Martin Wikelski, a biologist at the University of Konstanz and managing director of the Max Planck Institute of Animal Behavior in Germany, calls the "internet of animals."

[4] If successful, ICARUS will help us understand where animals go: the locations where they perish, the precise pathways of their migrations, their mysterious radiations into novel habitats* — phenomena scientists have puzzled over for generations. "These (<u>1 are　2 been　3 have</u>
(6)
<u>4 questions　5 to　6 trying　7 we)</u> answer for 30 years," says the butterfly biologist Camille Parmesan, research director of the French

National Center for Scientific Research. "It's fabulous." Peter Marra, an ecologist and the director of the Georgetown Environment Initiative at Georgetown University, agrees. ICARUS, he says, will be an "incredibly powerful tool to start asking these fundamental questions" in ecology, and to address "enormously vexing* problems in conservation biology." The evolutionary ecologist Susanne Akesson, chairwoman of the Center for Animal Movement Research at Lund University in Sweden, notes that ICARUS "gives many possibilities for new research which has not been possible." The conservation ecologist Francesca Cagnacci, who coordinates a research consortium* dedicated to studying the movement of terrestrial mammals, likens ICARUS to (**a**) (**b**) with (**c**). It will, (7) she says, "take us to another level."

[5] The ICARUS project challenges traditional paradigms whose tentacles (8) run deep into science, politics and culture. It isn't just that scientists were long unable to observe complex and long-distance wildlife movements, the way they had been unable to observe, say, the passage (9) of DNA from parent to child. The scientific establishment presumed that what they couldn't see didn't exist. The absence of evidence of wild mobility, in other words, was taken as evidence of absence. (10)

[6] This wasn't a marginal notion with glancing significance. It was central (11) to the way scientists, for decades, understood ecological processes, from climate change to how ecosystems established themselves and how diseases unfolded. When scientists predicted the impact of climate change, for example, many pictured immobile wild species marooned* in newly inhospitable habitats, condemning them to extinction. When they (12) considered the dispersal* of seeds, which dictates the diversity and abundance of the plants that serve as the scaffolding* of ecosystems, they dismissed the possibility that certain animals on the move played a role. Wild creatures like orchid bees, for example, could not possibly pollinate plants across long distances, scientists presumed, because they

could not tolerate the heat stress of flying under direct sunlight; fruit-eating guácharos, or oilbirds, couldn't disperse seeds in the Venezuelan rainforest, because scientists thought the birds perched in their caves all day. The 19th-century naturalist Alexander von Humboldt <u>dismissed the birds as parasites</u>.
(13)

[7] When scientists considered movements across barriers and borders, they characterized them as disruptive and outside the norm, even in the absence of direct evidence of either the movements themselves or the negative consequences they supposedly triggered. Popular hypotheses held that bats spread Ebola virus, for example, and gazelles foot-and-mouth disease. No one really knew where the bats or the gazelles went, though. It was believed the parallels between the intermittent* and disruptive quality of epidemics and the presumed nature of wildlife movements spoke for themselves. Influential disciplines of biological inquiry focused on the negative impact of long-distance transfers of wild species, presuming that the most significant of these occurred not through the agency of animals on the move but when human trade and travel carelessly put creatures into novel places.

（中略）

[8] Nobody knows precisely when the bats will arrive in any given forest, or why some butterflies shift into new ranges while others do not. ICARUS could unlock that knowledge. It could enable scientists to unravel wild animals' social dynamics as they move around the （ あ ） in flocks, swarms and colonies; to study what influence animals' conflicts and （ い ） with other species have on where they go and how they get there; and to chart the depth of their perceptions and the dynamism of their responses to the environmental （ う ） they encounter on their journeys.

(From *The Best American Science and Nature Writing 2022*)

出典追記：© The New York Times

(Notes)

fanning out < fan out：(軍隊のように)展開する　　physiology：生理(機能)

arc of displaced air：(鳥[の群れ]が飛行するときに押しのけた)弧状の空気

a dissipating ripple：消散する波　　its own singular locale：種独自の生息域

taxonomic < taxonomy：分類学　　radiations into novel habitats：新しい生息

地に適応し，種として多様に分化すること　　vexing：頭を悩ませる

consortium：共同体　　marooned：孤立して　　dispersal：分散

scaffolding：足場　　intermittent：断続的な

(1)　Which of the items below is the closest in meaning to the underlined part (1) in paragraph [2]?

1　generally possible to be found and if concealed from us, only occasionally

2　generally unknown to us and if known, very rarely

3　usually clear to us and if hidden from us, very rarely

4　usually quick and if slow, only occasionally

(2)　Which of the items below is the closest in meaning to the underlined part (2) in paragraph [2]?

1　break not able to make at all

2　hole to enlarge very quickly

3　lack to overcome very urgently

4　space to pass through quite easily

(3)　Which of the items below does the underlined part (3) in paragraph [2] refer to?

1　the foundation of biological sciences

2　the mobility of our fellow creatures

3　the nature of black holes

4　the sequence of the human genome

(4)　Which of the items below is the closest in meaning to the underlined part (4) in paragraph ［2］?

　　1　looks for new surroundings,　　　2　has its specific surroundings,

　　3　wants barely livable places,　　　4　lives in various places,

(5)　The sentences below, numbered (5), is a restatement of paragraph ［3］. Which of the items below best fills in each blank?

　　(5) Over the past decades, scientists have discovered new facts that show the possibility of animals' (　a　), which are over a greater distance, started more (　b　), and made more complexly than expected. These movements might be (　c　) in explaining various ecological processes. Using ICARUS, scientists can (　d　) animal movements and create the "internet of animals."

　　1　confidential　　2　essential　　3　exercises　　4　influence

　　5　journeys　　6　likely　　7　monitor　　8　unhesitatingly

(6)　Rearrange the words in the underlined part (6) in paragraph ［4］ into the correct order.

(7)　Which of the items below best fills in each blank in the underlined part (7) in paragraph ［4］?

　　1　compared　　2　comparing　　3　a normal car　　4　a sports car

(8)　Which of the items below is the closest in meaning to the underlined part (8) in paragraph ［5］?

　　1　which have little control over

　　2　which produce as tremendous effects as

　　3　which set better examples for

4 which have great influence on

(9) Which of the items below is the closest in meaning to the underlined part

(9) in paragraph [5]?

1 as   2 if   3 that   4 though

(10) The phrase below expresses the meaning of the underlined part (10) in

paragraph [5]. Which of the items below best fills in the blank?

the evidence that wildlife (   )

1 does not move from its habitat   2 is not present in its habitat

3 was not observed carefully   4 was not presumed to be absent

(11) The sentence below expresses the meaning of the underlined part (11) in

paragraph [6]. Which of the items below best fills in each blank?

This was not a (a) opinion of (b) importance, but rather the

(c) opinion for scientists to understand ecological processes

1 little   2 main   3 minority   4 much

(12) Which of the items below is the closest in meaning to the underlined part

(12) in paragraph [6]?

1 blaming them for their weakness

2 judging them as unfit for existence

3 seeing them disappear in an instant

4 sentencing them to life in prison

(13) Which of the items below is the closest in meaning to the underlined part

(13) in paragraph [6]?

  1   decided that the birds were idle because they didn't move all day

  2   decided that the birds were worthless because they had little staying power

  3   regarded the birds as beneficial because they could eat fruit and disperse seeds

  4   regarded the birds as unimportant because they didn't add anything to maintain the environment

(14)   The sentences below, numbered (14), is an interpretation of paragraph [7]. Which of the items below best fills in each blank?

  (14) There wasn't any concrete evidence for either animals' movements across boundaries or the negative results they were supposed to cause. Scientists decided the movements were disturbing and (**a**). Many people thought without any reliable (**b**) that some animals moved and spread disease-producing viruses. They assumed this was (**c**) when they looked at the similarities between a certain quality of epidemics and the supposed nature of wildlife movements. Some biologists claimed that the most serious of the negative results was from the movements not of animals but of (**d**) carrying them out of their supposed natural habitats.

  1   abnormal   2   any   3   data

  4   humans   5   obvious

(15)   Which of the items below best fills in each blank in paragraph [8]?

  1   alliances   2   globe   3   phenomena   4   recognition

2 Read the following stories **A**, **B** and **C** and answer the questions below.

(20 points)

A A Crow was sitting on a branch of a tree with a piece of cheese in his beak when a Fox saw him and set about thinking of a way to get the cheese for herself. She went and stood under the tree, looked up and said to him, "How beautiful you look today! Your feathers are so glossy and your eyes so bright. I am sure that if only you had a voice it would be more lovely than any other bird's." The Crow was much pleased by such praise, and wanted to prove that he could sing. He gave a loud "Caw!" but as soon as he opened his beak the cheese fell to the ground and the Fox snapped it up. "You can sing, I see," remarked the Fox, "but what you lack is brains."

B A hungry Fox wandered into a vineyard and spied a juicy-looking bunch of Grapes hanging on a trellis just above his head. "This is the thing for me," he said, and jumped up to pull the Grapes down, but they were just out of his reach. He stepped back to take a running start, and had no better luck than his first attempt. Again and again he jumped up after the Grapes. At last he gave up trying, and walked out of the vineyard with his nose in the air, saying, "I thought those Grapes were ripe, but now I see that they are sour."

C The Moon once asked her Mother to make her a gown. "How can I?" she replied. "There's no fitting you. At one time you're a New Moon, and at another you're a Full Moon, and in between you're neither one nor the other."

What can you learn from the stories above?

　(1)　Put the words below in the best order to express the lessons of the
　　　stories. All answer choices start with lower-case letters.

　(2)　Then match each sentence, (あ)-(う), with the corresponding story.

* * *

(1)　(あ)　It is (　a　) to scorn (　b　) (　c　) (　d　) (　e　).

　　　1　cannot　　　　　2　easy　　　　　　3　get

　　　4　what　　　　　　5　you

　　(い)　(　a　) (　b　) (　c　) (　d　) (　e　).

　　　1　be　　　　　　　2　by　　　　　　　3　don't

　　　4　fooled　　　　　5　flatterers

　　(う)　(　a　) ever (　b　) (　c　) (　d　) (　e　) always
　　　　(　f　).

　　　1　changing　　　　2　is　　　　　　　3　nothing

　　　4　one　　　　　　　5　suits　　　　　　6　who

(2)　Sentence (あ) is the lesson of story (　　　　).

　　　Sentence (い) is the lesson of story (　　　　).

　　　Sentence (う) is the lesson of story (　　　　).

3 Which of the items below best fills in each blank?　　　(15 points)

(1) At the conference, stem cell engineering, the microbiome and metabolism, and big data science were all (　　) great detail by researchers from all over the world.

　1 discussed about　　　　　2 discussed in
　3 persuaded about　　　　　4 persuaded in

(2) If we asked you to visualize a creative person, you might (　　) an artist with paint-speckled clothing, a designer launching a revolutionary new product, or even a child, carefully creating a sportscar out of Lego bricks.

　1 despise　　2 imagine　　3 recognize　　4 wish

(3) The essential property of carbon atoms that makes them so suitable for life and for industrial synthetics, is that they (　　) to form a limitless range of different kinds of very large molecules.

　1 figure out　　2 get along　　3 join together　　4 break up

(4) Citizen science is the practice of public participation and collaboration in scientific research (　　) increase scientific knowledge.

　1 for　　2 of　　3 to　　4 with

(5) Fifty years ago, the idea of having a large (　　) of the population working, studying, and socializing remotely was the stuff of science fiction.

　1 demand　　2 deposit　　3 participation　　4 proportion

数　学

（100分）

問題 $\boxed{1}$ の解答は解答用マークシートにマークしなさい。

$\boxed{1}$　次の文章中の $\boxed{ア}$ から $\boxed{フ}$ までに当てはまる数字 0 ～ 9 を求めて，**解答用マークシート**の指定された欄にマークしなさい。 ただし，分数は既約分数として表しなさい。なお，$\boxed{シ}$ などは既出の $\boxed{シ}$ などを表す。

（40 点，ただし数理科学科は 120 点）

(1) 自然数の列を次のような群に分ける。ただし，第 n 群には 3^{n-1} 個の数が入るものとする。

$$1 \quad \bigg| \quad 2,3,4 \quad \bigg| \quad 5,6,7,8,9,10,11,12,13 \quad \bigg| \quad 14,\cdots\cdots$$
$$\text{第1群} \quad \text{第2群} \qquad\qquad \text{第3群}$$

(a) 第 5 群の第 26 番目の数は $\boxed{ア}\,\boxed{イ}$ である。

(b) 2024 は第 $\boxed{ウ}$ 群の第 $\boxed{エ}\,\boxed{オ}\,\boxed{カ}$ 番目の数である。

(c) 第 n 群の最後の数は $\dfrac{\boxed{キ}^{n}-1}{\boxed{ク}}$ である。

(2) A さんを含む 6 人でじゃんけんを 1 回する。

(a) A さんと同じ手を出す人が他にいる確率は，$\dfrac{\boxed{ケ}\,\boxed{コ}\,\boxed{サ}}{\boxed{シ}\,\boxed{ス}\,\boxed{セ}}$ である。

A さんと同じ手を，他に少なくとも 2 人が出す確率は，$\dfrac{\boxed{ソ}\,\boxed{タ}\,\boxed{チ}}{\boxed{シ}\,\boxed{ス}\,\boxed{セ}}$ で

ある。

(b)　A さんだけが勝つ確率は $\dfrac{\boxed{ツ}}{\boxed{シ}\ \boxed{ス}\ \boxed{セ}}$ であり，A さんが勝つ確率は

$\dfrac{\boxed{テ}\ \boxed{ト}}{\boxed{シ}\ \boxed{ス}\ \boxed{セ}}$ である。

(3)　座標空間に点 A$(3,1,0)$，点 B$(3,1,1)$，点 C$(7,4,0)$ がある。

(a)　$\angle \mathrm{BAC} = \boxed{ナ}\ \boxed{ニ}$ ° である。

(b)　さらに，y 座標が正である点 D があり，$\angle \mathrm{DAB} = \angle \mathrm{DAC} = 90°$，DA $= 5$ を満たすとする。このとき，点 D の座標は $(\boxed{ヌ}, \boxed{ネ}, \boxed{ノ})$ であり，四面体 ABCD の体積は $\dfrac{\boxed{ハ}\ \boxed{ヒ}}{\boxed{フ}}$ である。

問題 $\boxed{2}$ の解答は白色の解答用紙に記入しなさい。答だけでなく答を導く過程も記入しなさい。

$\boxed{2}$　関数 $f(x)$ を

$$f(x) = (x-3)^2 - 2|x-3| - 3$$

とする。a を正の実数，b を実数とする。座標平面において，曲線 $y = f(x)$ を C，直線 $y = ax + b$ を ℓ とおく。

(1)　関数 $f(x)$ の極値を与える x の値をすべて求めよ。極大値を与えるか極小値を与えるかも明記せよ。

(2)　$-4 < b < -3$ のとき，曲線 C と直線 ℓ の共有点の個数が 4 個となる正の実数 a の範囲を b を用いて表せ。

(3)　$0 < a < 2$ とする。直線 ℓ が点 $(3,-3)$ を通るとき，曲線 C と直線 ℓ で囲まれた部分の面積を a を用いて表せ。

(30 点，ただし数理科学科は 90 点)

問題 $\boxed{3}$ の解答はクリーム色の解答用紙に記入しなさい。答だけでなく答を導く過程も記入しなさい。

$\boxed{3}$　座標平面上の曲線 $xy = 4\ (x > 0)$ を C とする。点 P と点 Q は曲線 C 上にあり，点 P の x 座標は点 Q の x 座標より小さく，点 P における曲線 C の接線と点 Q における曲線 C の接線はどちらも点 $\left(\dfrac{8}{3},\ \dfrac{4}{3}\right)$ を通る。

(1)　点 P と点 Q の座標を求めよ。

(2)　a を正の実数とする。曲線 $xy = a\ (x > 0)$ が直線 PQ と接するとき，a の値を求めよ。

(3)　点 R が曲線 $xy = 32\ (x > 0)$ 上を動くとき，線分 PR と線分 QR および曲線 C で囲まれた部分の面積の最小値を求めよ。

(30 点，ただし数理科学科は 90 点)

物　理

（80 分）

1 　次の問題の 　　　　　 の中に入れるべき最も適当なものをそれぞれの**解答群**の中から選び，その番号を**解答用マークシート**の指定された欄にマークしなさい。（　　　　 は既出のものを表す。同じ番号を何回用いてもよい。）　　　　　（35 点）

以下では，長さ，質量，時間，角度の単位をそれぞれ m, kg, s, rad とし，その他の物理量に対してはこれらを組み合わせた単位を使用する。例えば，速度の単位は m/s と表すことができる。

あらい水平な床の上（xy 平面上）において，円板と壁との衝突や円板同士の衝突を考える。以下では，半径 r，質量 m の円板を円板 A，半径 R，質量 M の円板を円板 B とし，どちらの密度も一様とする。円板の側面はなめらかとし，衝突の前後で円板は回転しないものとする。また，床から円板にはたらく動摩擦力は垂直抗力に比例し，その動摩擦係数は，円板 A と B ともに μ であるとする。重力加速度の大きさを g とし，重力は，水平面に垂直にはたらいているとする。

(1) 　この小問では，円板 A と壁との衝突を考える。**図 1-1** のように，時刻 $t=0$ で中心の位置が $(0, b+r)$ にある円板 A が $y=0$ にある壁と角度 θ $(0 < \theta < \frac{\pi}{2})$ をなす向きから大きさ v_0 の初速度で運動している。ここで，$b>0$ とする。その後，円板 A は壁と衝突し，壁と角度 θ' $(< \theta)$ をなす向きにはね返った。時刻 $t\,(>0)$ で円板 A はまだ壁と衝突しておらず，静止もせずに運動しているとすると，この時刻 t における円板 A の運動方程式は，x 方向では，$ma_x =$ 　**(ア)**　 ，y 方向では，$ma_y =$ 　**(イ)**　 となる。ここで，a_x, a_y は，それぞれ加速度の x 成分，y 成分である。円板 A が壁と衝突するには，円板 A の中心の y 座標が $y=r$ に達しなければならない。したがって，$v_0^2 >$ 　**(ウ)**　 のとき，円板 A は壁と衝突するが，$v_0^2 <$ 　(ウ)　 のときは円板 A は壁と衝突しない。円板 A が壁と衝突するとき，衝突する直前の円板 A の速度は，$($ 　**(エ)**　 $\times \cos\theta,$ 　**(オ)**　 $\times \sin\theta)$

となる。壁との衝突は非弾性衝突であるが，速度の x 成分は変化しないため，衝突直後の円板 A の速度は v_0, θ, θ' などを用いると，((エ) $\times \cos\theta$, (カ) $\times \cos\theta$) となる。以上より，衝突直後の運動エネルギーは，衝突直前の運動エネルギーに比べて，(キ) だけ変化する。

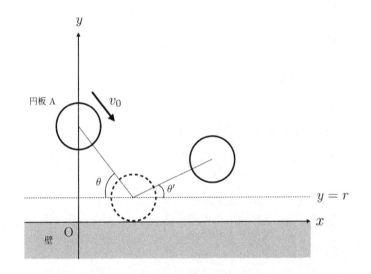

図 1-1 破線の円は，衝突時の円板 A を表している。

(ア)，(イ) の解答群

⓪ μmg　　　　　　　① $-\mu mg$　　　　　　② $\mu mg \cos\theta$

③ $-\mu mg \cos\theta$　　　④ $\mu mg \sin\theta$　　　⑤ $-\mu mg \sin\theta$

(ウ) の解答群

⓪ μgb　　　　　　　① $2\mu gb$　　　　　　② $\dfrac{\mu gb}{\cos\theta}$

③ $\dfrac{2\mu gb}{\cos\theta}$　　　④ $\dfrac{\mu gb}{\sin\theta}$　　　⑤ $\dfrac{2\mu gb}{\sin\theta}$

(エ)，(オ) の解答群

⓪ $\sqrt{v_0^2 - 2\mu gb}$　　① $-\sqrt{v_0^2 - 2\mu gb}$　　② $\sqrt{v_0^2 - \dfrac{2\mu gb}{\cos\theta}}$

③ $-\sqrt{v_0^2 - \dfrac{2\mu gb}{\cos\theta}}$ ④ $\sqrt{v_0^2 - \dfrac{2\mu gb}{\sin\theta}}$ ⑤ $-\sqrt{v_0^2 - \dfrac{2\mu gb}{\sin\theta}}$

(カ) の解答群

⓪ $\cos\theta'\sqrt{v_0^2 - 2\mu g}$ ① $\tan\theta'\sqrt{v_0^2 - 2\mu g}$

② $\cos\theta'\sqrt{v_0^2 - \dfrac{2\mu gb}{\cos\theta}}$ ③ $\tan\theta'\sqrt{v_0^2 - \dfrac{2\mu gb}{\cos\theta}}$

④ $\cos\theta'\sqrt{v_0^2 - \dfrac{2\mu gb}{\sin\theta}}$ ⑤ $\tan\theta'\sqrt{v_0^2 - \dfrac{2\mu gb}{\sin\theta}}$

(キ) の解答群

⓪ 0

① $\dfrac{m}{2}(v_0^2 - 2\mu gb)\left(\dfrac{\cos^2\theta}{\cos^2\theta'} - 1\right)$

② $\dfrac{m}{2}(v_0^2 - 2\mu gb)\left(\dfrac{\tan^2\theta}{\tan^2\theta'} - 1\right)$

③ $\dfrac{m}{2}\left(v_0^2 - \dfrac{2\mu gb}{\cos\theta}\right)\left(\dfrac{\cos^2\theta}{\cos^2\theta'} - 1\right)$

④ $\dfrac{m}{2}\left(v_0^2 - \dfrac{2\mu gb}{\cos\theta}\right)\left(\dfrac{\tan^2\theta}{\tan^2\theta'} - 1\right)$

⑤ $\dfrac{m}{2}\left(v_0^2 - \dfrac{2\mu gb}{\sin\theta}\right)\left(\dfrac{\cos^2\theta}{\cos^2\theta'} - 1\right)$

⑥ $\dfrac{m}{2}\left(v_0^2 - \dfrac{2\mu gb}{\sin\theta}\right)\left(\dfrac{\tan^2\theta}{\tan^2\theta'} - 1\right)$

(2) 　**図 1-2** のように，初速度の大きさ v_0 で x 軸の正の向きに運動している円板 A（半径 r，質量 m ）が静止している円板 B（半径 R，質量 M ）に衝突することを考える。以下，円板 A の中心を A_G，円板 B の中心を B_G とする。初め，A_G が $(-c, 0)$，B_G が $(0, l)$ $(l > 0)$ にあるとし，$c > r + R$，かつ，$l < r + R$ とする。円板 A が円板 B に衝突するとき，衝突の直前での円板 A と B の配置は**図 1-3** のようになる。ここで，円板 A と円板 B が衝突する瞬間に接触している点を原点として，x' 軸を衝突の直前の A_G から B_G への向きにとり，x' 軸を反時計回りに $\pi/2$ 回転させた向きに y' 軸をとっている。このとき，x' 軸と x 軸のなす角を φ とする。$\sin\varphi, \cos\varphi$ を r, R や l を用いて表すと，$\sin\varphi =$ **(ク)** ，$\cos\varphi =$ **(ケ)** となる。以下，円板 A が円板 B に衝突する状況を考える。衝突する直前での円板 A の速さを v とすると $v^2 =$ **(コ)** とな

る。したがって，衝突する直前での円板 A の速度の x' 成分 $v_\parallel$ は $v_\parallel = v\cos\varphi$ となり，y' 成分 $v_\perp$ は $v_\perp = -v\sin\varphi$ となる。円板 B は衝突の際，円板 A の中心から円板 B の中心への向きの力を受けるため，衝突後，円板 B は x' 軸の正の向きに運動する。

　円板 A と円板 B との衝突が弾性衝突であるとき，衝突直後の円板 B の速さを求める。衝突直後の円板 A の速度の x' 成分を $v_\parallel'$，y' 成分を $v_\perp'$，また，円板 B の衝突直後の速さを V とする。衝突前後の運動量の x' 成分についての運動量保存の法則から $mv_\parallel = \boxed{\textbf{(サ)}}$ が成り立つ。また，衝突前後の運動量の y' 成分についての運動量保存の法則から $mv_\perp = \boxed{\textbf{(シ)}}$ が成り立つ。さらに，力学的エネルギー保存の法則は $\dfrac{mv^2}{2} = \boxed{\textbf{(ス)}}$ と書ける。運動量保存の法則と力学的エネルギー保存の法則を組み合わせ，整理すると，衝突直後の円板 B の速さは $V = \boxed{\textbf{(セ)}} \times v_\parallel$ となる。

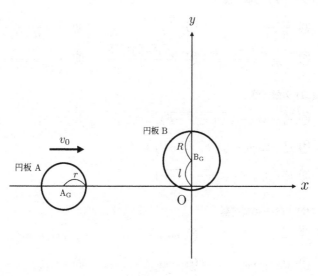

図 1-2

2024年度
2月6日
物理

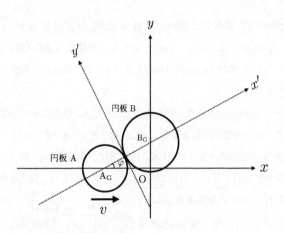

図 1-3

(ク), (ケ) の解答群

⓪ $\dfrac{l}{R+r}$ ① $\dfrac{R+r}{l}$ ② $\dfrac{\sqrt{(R+r)^2-l^2}}{R+r}$

③ $\dfrac{R+r}{\sqrt{(R+r)^2-l^2}}$ ④ $\dfrac{\sqrt{(R+r)^2-l^2}}{l}$ ⑤ $\dfrac{l}{\sqrt{(R+r)^2-l^2}}$

(コ) の解答群

⓪ $v_0^2 - \mu g(c - \sqrt{(R+r)^2-l^2})$

① $v_0^2 - 2\mu g(c - \sqrt{(R+r)^2-l^2})$

② $v_0^2 - 4\mu g(c - \sqrt{(R+r)^2-l^2})$

(サ), (シ) の解答群

⓪ $mv'_{\parallel}$ ① $mv'_{\perp}$ ② $MV + mv'_{\parallel}$

③ $MV + mv'_{\perp}$ ④ $-mv'_{\parallel}$ ⑤ $-mv'_{\perp}$

⑥ $MV - mv'_{\parallel}$ ⑦ $MV - mv'_{\perp}$

(ス) の解答群

⓪ $\dfrac{1}{2}MV^2 + \dfrac{1}{2}mv'^2_{\parallel}$

① $\dfrac{1}{2}MV^2 + \dfrac{1}{2}mv'^2_{\perp}$

② $\frac{1}{2}MV^2 + \frac{1}{2}m\left(v_{\parallel}'^2 + v_{\perp}'^2\right)$

(セ) の解答群

⓪ 1　　　　① $\frac{m}{M+m}$　　　　② $\frac{2m}{M+m}$

③ $\frac{M-m}{M+m}$

2 　次の問題の 　　　　 の中に入れるべき最も適当なものをそれぞれの**解答群**の中から選び，その番号を**解答用マークシート**の指定された欄にマークしなさい。（ 　　　 は既出のものを表す。同じ番号を何回用いてもよい。）　　　　(35 点)

以下では，長さ，質量，時間，角度，電流の単位をそれぞれ m，kg，s, rad, A とし，その他の物理量に対してはこれらを組み合わせた単位を使用する。例えば，磁束密度の単位は $kg/(A \cdot s^2)$ のように表される。

半径 a の 4 半円（円を中心を通る直線で 4 等分したもの）状の扇形コイル L_1, L_2, L_3, L_4 を用意し，それらを半径 a の磁場を通す絶縁物の円板に埋め込んだ物体を作る。コイルは，扇形の頂点（元の円の中心）が円板の中心 O の位置に一致するように配置される（**図 2-1**）。ただし，扇形コイル同士，および扇形コイルと円板のへりの間は，大きさの無視できる絶縁物で隔てられているものとする。円板は中心 O を通り円板に垂直な回転軸を中心として自由に回転できるようになっている。この円板の上下に，半径 a の 4 半円の断面をもつ棒磁石を配置する。上の磁石は N 極が下，下の磁石は S 極が上を向いている（**図 2-2**）。棒磁石は回転軸に取り付けられており，回転軸を中心として，**図 2-2** の上方から見て反時計まわりに一定の角速度 $\omega\,(>0)$ で回転している。2 つの磁極の面と円板の面は常に平行であり，磁極と円板の間隔は無視できるほど小さい。2 つの磁石の間の磁場は磁極の面に垂直で，その磁束密度の大きさは B である。2 つの磁極の面は扇形コイルの一つとある時刻に完全に重なるように調整されている。本問ではコイルに対して垂直に貫くこれら 2 つの磁極の作る磁場の効果のみを考え，周辺に漏れ

出す磁束はすべて無視するものとする。扇形コイルの抵抗値を R とし，コイルの自己誘導や相互誘導は無視する。扇形コイル内の電流の向きは円板の上方から見て時計まわりを正とする。

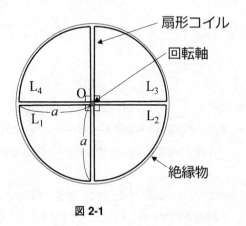

図 2-1

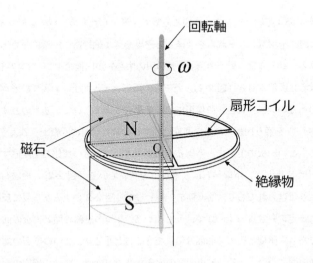

図 2-2

(1)　　まず，円板が固定されていて動かない場合について考えよう。**図2-3**は，ある瞬間の磁場がコイル L_1, L_2 を貫いている様子を図示したものである。磁極がコイル L_1 と完全に重なった瞬間を $t = 0$ とすると，時刻 t のときそれぞれのコイル L_1, L_2 を貫く磁束 Φ_{L_1}, Φ_{L_2} は，$0 \leqq t < \dfrac{\pi}{2\omega}$ においては，$\Phi_{L_1} =$ 　**(ア)**　，$\Phi_{L_2} =$ 　**(イ)**　と表される。このとき，コイル L_1, L_2 に発生する電流をそれぞれ I_{L_1}, I_{L_2} とすると，円板の上方から見て時計まわりに流れる電流の向きを正として $I_{L_1} =$ 　**(ウ)**　，$I_{L_2} =$ 　**(エ)**　のように求められる。$\dfrac{\pi}{2\omega} \leqq t < \dfrac{\pi}{\omega}$ においては，$\Phi_{L_1} =$ 　**(オ)**　，$\Phi_{L_2} =$ 　**(カ)**　となる。このとき，コイル L_1, L_2 に発生する電流は，それぞれ $I_{L_1} =$ 　**(キ)**　，$I_{L_2} =$ 　**(ク)**　と求められる。$t \geqq \dfrac{\pi}{\omega}$ についても，同様な考察によって，コイルを貫く磁束や，流れる電流を求めることができる。棒磁石が1回転して元の位置に戻るまでに，コイル L_1, L_2, L_3, L_4 を貫く磁束 Φ_{L_1}, Φ_{L_2}, Φ_{L_3}, Φ_{L_4} を時刻 t の関数としてグラフに描いたものとして，もっとも適切なものは　**(ケ)**　である。

　　以下では，コイルが磁場から受ける力を電磁力と呼ぶことにする。**図2-3** の $0 < t < \dfrac{\pi}{2\omega}$ の間に，コイル L_1 の OA の部分にはたらく電磁力を求めてみると，例えば $t = \dfrac{\pi}{4\omega}$ のときに**図2-4**に示した　**(コ)**　の向きで，大きさは　**(サ)**　である。一般に，一様な棒全体に一定の力がはたらいているとき，その作用点は中点である。このことから，円板は中心 O のまわりの大きさ　**(シ)**　の電磁力のモーメントに逆らって固定されていることになる。

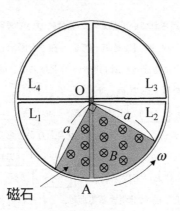

図 2-3　円板を上方から眺めた図。磁石の N 極と S 極は重なって描かれてい
　　　　る。磁場は紙面の表から裏に向かっている。

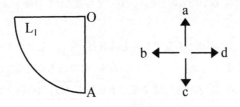

図 2-4　**図 2-3** のコイル L_1 の部分のみを抜き出したものである。

（ア），（イ）の解答群

⓪ 0 　　　　　① $\dfrac{Ba^2}{2}\omega t$ 　　　　② $Ba^2\omega t$

③ $2Ba^2\omega t$ 　　　④ $\dfrac{Ba^2}{2}\left(\dfrac{\pi}{2}-\omega t\right)$ 　　⑤ $\dfrac{Ba^2}{2}(\pi-\omega t)$

⑥ $Ba^2\left(\dfrac{\pi}{2}-\omega t\right)$ 　　⑦ $Ba^2(\pi-\omega t)$

（ウ），（エ）の解答群

⓪ $\dfrac{Ba^2\omega t}{2R}$ 　　　① $-\dfrac{Ba^2\omega t}{2R}$ 　　　② $\dfrac{Ba^2}{2R}\left(\dfrac{\pi}{2}-\omega t\right)$

③ $-\dfrac{Ba^2}{2R}\left(\dfrac{\pi}{2}-\omega t\right)$ 　　④ $\dfrac{Ba^2\omega}{2R}$ 　　　⑤ $-\dfrac{Ba^2\omega}{2R}$

⑥ $\dfrac{Ba^2\omega}{R}$ 　　　⑦ $-\dfrac{Ba^2\omega}{R}$

(オ),(カ)　の解答群

⓪ 0　　　　　　　① $\dfrac{Ba^2}{2}\omega t$　　　② $Ba^2\omega t$

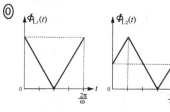 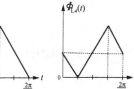

③ $\dfrac{3Ba^2}{2}\omega t$　　④ $\dfrac{Ba^2}{2}(\pi-\omega t)$　　⑤ $\dfrac{Ba^2}{2}\left(\dfrac{3\pi}{2}-\omega t\right)$

⑥ $Ba^2(\pi-\omega t)$　　⑦ $Ba^2\left(\dfrac{3\pi}{2}-\omega t\right)$

(キ),(ク)　の解答群

⓪ 0　　　　　　　① $\dfrac{Ba^2\omega t}{2R}$　　② $\dfrac{Ba^2\omega}{2R}$

③ $-\dfrac{Ba^2\omega}{2R}$　　④ $\dfrac{Ba^2\omega}{R}$　　⑤ $-\dfrac{Ba^2\omega}{R}$

⑥ $\dfrac{3Ba^2\omega}{2R}$　　⑦ $-\dfrac{3Ba^2\omega}{2R}$

(ケ)　の解答群

⓪

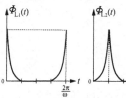

①

②

③

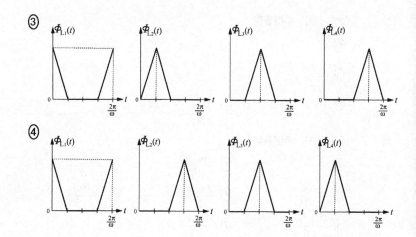

④

(コ) の解答群

⓪ a   ① b   ② c   ③ d

(サ) の解答群

⓪ 0

① $\dfrac{Ba^2\omega}{2R}$

② $\dfrac{Ba^3\omega}{2R}$

③ $\dfrac{B^2a^2\omega}{2R}$

④ $\dfrac{B^2a^3\omega}{2R}$

⑤ $\dfrac{Ba^2\omega}{R}$

⑥ $\dfrac{B^2a^2\omega}{R}$

⑦ $\dfrac{B^2a^3\omega}{R}$

(シ) の解答群

⓪ 0

① $\dfrac{B^2a^4\omega}{4R}$

② $\dfrac{Ba^3\omega}{2R}$

③ $\dfrac{Ba^4\omega}{2R}$

④ $\dfrac{B^2a^3\omega}{2R}$

⑤ $\dfrac{B^2a^4\omega}{2R}$

⑥ $\dfrac{B^2a^3\omega}{R}$

⑦ $\dfrac{B^2a^4\omega}{R}$

(2) 次に，円板の固定を外し，回転軸を中心に自由に回転できるようにしたところ，電磁力によって円板は回転を始めた。**図 2-5** のように，円板のへりの点 P を作用点とする一定の外力を円板の円弧の接線方向に回転を妨げるように加え続けたところ，円板は，**図 2-2** の上方から見て反時計まわりに一定の角速度

$\omega'\ (\omega > \omega' > 0)$ で回転するようになった。外力の大きさを仮に S としたとき，中心 O のまわりの外力 S のモーメントの大きさは $S \times a$ のように書くことができるので，これと中心 O のまわりの電磁力のモーメントのつり合いから，外力の大きさは　(ス)　のように求められる。回転する棒磁石が円板に与えるエネルギーは，一部は円板が外力に逆らってした仕事として消費され，残りはコイルの電流によって発生するジュール熱となる。円板がする仕事の仕事率は外力の大きさ S と点 P の速さの積で計算できるので，ω' などを用いてそれを表すと　(セ)　と求められる。また，単位時間あたりのジュール熱は　(ソ)　と求められる。外力の大きさをいろいろと変えてみると，仕事率もそれに応じて変化するが，仕事率が最大のときの円板の角速度 ω' は，　(タ)　$\times \omega$ である。

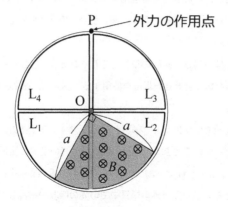

P　——外力の作用点

図 2-5　円板を上方から眺めた図。

(ス) の解答群

⓪ 0
① $\dfrac{B^2 a^3}{2R}$
② $\dfrac{B^2 a^3 \omega'}{2R}$

③ $\dfrac{B^2 a^3 \omega}{R}$
④ $\dfrac{B^2 a^4 \omega'}{2R}$
⑤ $\dfrac{B^2 a^4 (\omega - \omega')}{2R}$

⑥ $\dfrac{B^2 a^3 (\omega - \omega')}{2R}$
⑦ $\dfrac{B^2 a^3 (\omega - \omega')}{R}$

(セ),(ソ) の解答群

⓪ $\dfrac{B^2 a^4}{2R}(\omega - \omega')$
① $\dfrac{B^2 a^4}{R}(\omega - \omega')$
② $\dfrac{B^2 a^4}{2R}\omega(\omega - \omega')$

③ $\dfrac{B^2 a^4}{R} \omega(\omega - \omega')$ ④ $\dfrac{B^2 a^4}{2R} \omega'(\omega - \omega')$ ⑤ $\dfrac{B^2 a^4}{R} \omega'(\omega - \omega')$

⑥ $\dfrac{B^2 a^4}{2R} (\omega - \omega')^2$ ⑦ $\dfrac{B^2 a^4}{R} (\omega - \omega')^2$

(タ) の解答群

⓪ 0   ① $\dfrac{1}{5}$ ② $\dfrac{1}{4}$ ③ $\dfrac{1}{3}$

④ $\dfrac{1}{2}$ ⑤ $\dfrac{3}{4}$ ⑥ $\dfrac{4}{5}$ ⑦ 1

3　　次の問題の　　　　　の中に入れるべき最も適当なものをそれぞれの**解答群**の
中から選び，その番号を**解答用マークシート**の指定された欄にマークしなさい。
（┊　　　┊は既出のものを表す。同じ番号を何回用いてもよい。）　　　　　（30点）

以下では，長さ，時間の単位をそれぞれ m, s とし，その他の物理量に対して
はこれらを組み合わせた単位を使用する。例えば，速度の単位は m/s と表すこと
ができる。

この問題では屈折率 n_1 の媒質 1，屈折率 n_2 の媒質 2，屈折率 n_3 の媒質 3 の 3
層が重なっているときの，媒質の境界での光の反射と屈折を考える。屈折率の大
小関係は，$n_1 < n_2 < n_3$ とする。それぞれの境界面は平行であり，媒質 2 の厚さ
は d である。境界面以外の媒質中での光の吸収や散乱などは考えない。

(1)　　媒質 1 から媒質 2 に**図 3-1** に示す入射角 θ で媒質 1 における波長が λ の光を
入射した。入射する光は平面波であるとし，媒質 1 と媒質 2 の境界で反射した
光と媒質 2 と媒質 3 の境界で反射した光の媒質 1 中における干渉を考える。境
界面で一度だけ反射した光の干渉を考え，複数回反射した光は無視できるとす
る。この場合，屈折率の大小関係から，反射の際に位相が π だけ（半波長分）
変化する。

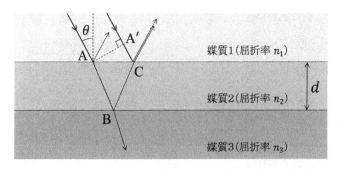

図 3-1

$\theta = 0°$ のとき，媒質 2 での光の波長は　(ア)　となることに注意すると，媒質 1 と媒質 2 の境界で反射した光と媒質 2 と媒質 3 の境界で反射した光が弱めあう条件を満たす媒質 2 の厚さ d の最小値は　(イ)　と求められる。

次に，$0° < \theta < 90°$ の場合を考える。媒質 2 と媒質 3 の境界で反射した光の経路として，**図 3-1** に示すように媒質 1 から媒質 2 に入射する点を A，媒質 3 との境界面上で反射する点を B，媒質 2 から媒質 1 に入射する点を C とすると，AB と BC の距離の和は　(ウ)　である。また，**図 3-1** に示すように，点 C に入射する光の経路に対して点 A から垂線を引き，垂線の足を A′ とすると，A′C の距離は　(エ)　である。点 A で反射する直前の光と点 A′ での光の位相は等しいことから，上記の経路の違いを考えると，媒質 1 と媒質 2 の境界で反射した光と媒質 2 と媒質 3 の境界で反射した光が弱めあう条件を満たす媒質 2 の厚さ d の最小値は　(オ)　となる。

(ア) の解答群

⓪ $n_1 n_2 \lambda$ 　　　　① $\dfrac{\lambda}{n_1 n_2}$ 　　　　② $\dfrac{n_1 \lambda}{n_2}$

③ $\dfrac{n_2 \lambda}{n_1}$ 　　　　④ $\dfrac{n_1^2 \lambda}{n_2^2}$ 　　　　⑤ $\dfrac{n_2^2 \lambda}{n_1^2}$

(イ) の解答群

⓪ $\dfrac{n_1 \lambda}{2 n_2}$ 　　　　① $\dfrac{n_2 \lambda}{2 n_1}$ 　　　　② $\dfrac{n_1 \lambda}{4 n_2}$

③ $\dfrac{n_2 \lambda}{4 n_1}$ 　　　　④ $\dfrac{n_1^2 \lambda}{4 n_2^2}$ 　　　　⑤ $\dfrac{n_2^2 \lambda}{4 n_1^2}$

(ウ) の解答群

⓪ $\dfrac{dn_1}{\sqrt{n_2^2 - n_1^2 \sin^2 \theta}}$
　　　① $\dfrac{dn_2}{\sqrt{n_2^2 - n_1^2 \sin^2 \theta}}$

② $\dfrac{dn_1}{\sqrt{n_2^2 - n_1^2 \cos^2 \theta}}$
　　　③ $\dfrac{dn_2}{\sqrt{n_2^2 - n_1^2 \cos^2 \theta}}$

④ $\dfrac{2dn_1}{\sqrt{n_2^2 - n_1^2 \sin^2 \theta}}$
　　　⑤ $\dfrac{2dn_2}{\sqrt{n_2^2 - n_1^2 \sin^2 \theta}}$

⑥ $\dfrac{2dn_1}{\sqrt{n_2^2 - n_1^2 \cos^2 \theta}}$
　　　⑦ $\dfrac{2dn_2}{\sqrt{n_2^2 - n_1^2 \cos^2 \theta}}$

(エ) の解答群

⓪ $\dfrac{dn_1 \sin^2 \theta}{\sqrt{n_2^2 - n_1^2 \sin^2 \theta}}$
　　　① $\dfrac{dn_2 \sin^2 \theta}{\sqrt{n_2^2 - n_1^2 \sin^2 \theta}}$

② $\dfrac{dn_1 \sin^2 \theta}{\sqrt{n_2^2 - n_1^2 \cos^2 \theta}}$
　　　③ $\dfrac{dn_2 \sin^2 \theta}{\sqrt{n_2^2 - n_1^2 \cos^2 \theta}}$

④ $\dfrac{2dn_1 \sin^2 \theta}{\sqrt{n_2^2 - n_1^2 \sin^2 \theta}}$
　　　⑤ $\dfrac{2dn_2 \sin^2 \theta}{\sqrt{n_2^2 - n_1^2 \sin^2 \theta}}$

⑥ $\dfrac{2dn_1 \sin^2 \theta}{\sqrt{n_2^2 - n_1^2 \cos^2 \theta}}$
　　　⑦ $\dfrac{2dn_2 \sin^2 \theta}{\sqrt{n_2^2 - n_1^2 \cos^2 \theta}}$

(オ) の解答群

⓪ $\dfrac{n_1 \lambda}{2\sqrt{n_2^2 - n_1^2 \sin^2 \theta}}$
　① $\dfrac{n_2 \lambda}{2\sqrt{n_2^2 - n_1^2 \sin^2 \theta}}$
　② $\dfrac{n_1 \lambda}{2\sqrt{n_2^2 - n_1^2 \cos^2 \theta}}$

③ $\dfrac{n_2 \lambda}{2\sqrt{n_2^2 - n_1^2 \cos^2 \theta}}$
　④ $\dfrac{n_1 \lambda}{4\sqrt{n_2^2 - n_1^2 \sin^2 \theta}}$
　⑤ $\dfrac{n_2 \lambda}{4\sqrt{n_2^2 - n_1^2 \sin^2 \theta}}$

⑥ $\dfrac{n_1 \lambda}{4\sqrt{n_2^2 - n_1^2 \cos^2 \theta}}$
　⑦ $\dfrac{n_2 \lambda}{4\sqrt{n_2^2 - n_1^2 \cos^2 \theta}}$

(2) 　**図 3-2** に示すように媒質 1 と媒質 2 の境界面と垂直に x 軸，境界面に沿って y 軸を定義し，媒質 1 から媒質 2 への向きを x 軸の正の向きとする。時刻 $t = 0$ で $(x, y) = (L_0, 0)$（ただし，$0 < L_0 < d$）の位置にある光源が x 軸に沿って正の向きに一定の速さ v で移動し，この光を媒質 1 中に x 軸を挟んで対称な位置に設置した 2 台のカメラで観測する。境界面で反射してからカメラに到達する光は無視できるとする。光源の大きさやカメラの大きさはじゅうぶんに小さく，無視できるとする。この問題では，2 台のカメラにより光の入射角を測定して求められる光源の見かけの位置と実際の光源の位置を比較する。

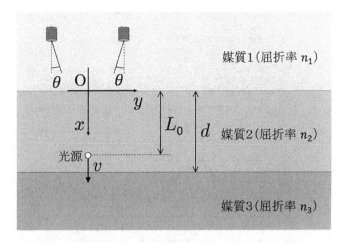

図 3-2

　図 3-3 に示すように，カメラに入射する光の経路が媒質1と媒質2の境界面と交わる位置を $(x, y) = (0, a)$ および $(0, -a)$ $(a > 0)$ とする。時刻 $t = 0$ において，2台のカメラへの光の入射角に沿って伸ばした直線が交わる点の位置（光源の見かけの位置）を $(x, y) = (L, 0)$ とすると，a，L，θ の関係は $a = L \tan\theta$ と表される。この問題では a は L や L_0（原点から実際の光源までの距離）に比べてじゅうぶんに小さいとする。このとき，$\sin\theta \fallingdotseq \tan\theta$ の近似が成り立つので，$a = L \sin\theta$ となる。一方，実際に光源が存在する位置 $(x, y) = (L_0, 0)$ から媒質1への光の入射経路を考えると $a = \boxed{\textbf{(カ)}} \times L_0$ と表すことができる。カメラへの光の入射角 θ から求めた光源の見かけの位置 $(x, y) = (L, 0)$ は，実際に光源が存在する位置 $(x, y) = (L_0, 0)$ と異なり，その関係は $L = \boxed{\textbf{(キ)}} \times L_0$ となる。

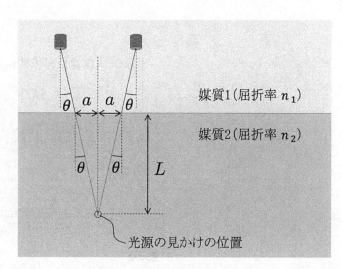

図 3-3

次に，時刻 $t > 0$ の場合を考える。光源が媒質 2 と媒質 3 の境界を通過する時刻 T は，$T =$ 　(ク)　と表される。時刻 $t > T$ のとき，光源は図 3-4 に示すように媒質 3 中に位置する。時刻 $T_1(T_1 > T)$ における光源の位置を $(x, y) = (L_1, 0)$ とする。このとき，カメラへの光の入射角 θ から光源の見かけの位置 $(x, y) = (L, 0)$ は n_1, n_2, n_3, d, L_1 を用いて $L =$ 　(ケ)　となる。

時刻 t と光源の見かけの位置の x 成分 L の関係を示す図として，もっとも適切なものは　(コ)　である。

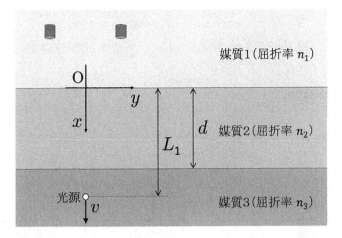

図 3-4

(カ) の解答群

⓪ $\dfrac{n_1 \sin\theta}{n_2}$　　　① $\dfrac{n_1 \cos\theta}{n_2}$　　　② $\dfrac{n_2 \sin\theta}{n_1}$

③ $\dfrac{n_2 \cos\theta}{n_1}$　　　④ $\dfrac{n_1 \sin^2\theta}{n_2}$　　　⑤ $\dfrac{n_1 \cos^2\theta}{n_2}$

⑥ $\dfrac{n_2 \sin^2\theta}{n_1}$　　　⑦ $\dfrac{n_2 \cos^2\theta}{n_1}$

(キ) の解答群

⓪ $\dfrac{n_1}{\sqrt{n_2^2 - n_1^2}}$　　　① $\dfrac{n_2}{\sqrt{n_2^2 - n_1^2}}$　　　② $\dfrac{n_1}{n_2}$

③ $\dfrac{n_2}{n_1}$　　　④ $\dfrac{n_1^2}{n_2^2}$　　　⑤ $\dfrac{n_2^2}{n_1^2}$

(ク) の解答群

⓪ $\dfrac{d + L_0}{v}$　　　① $\dfrac{d - L_0}{v}$　　　② $\dfrac{\sqrt{d^2 + L_0^2}}{v}$

③ $\dfrac{\sqrt{d^2 - L_0^2}}{v}$

(ケ) の解答群

⓪ $\dfrac{n_1 d}{n_2} + \dfrac{n_1(L_1 - d)}{n_3}$　　　　① $\dfrac{n_2 d}{n_1} + \dfrac{n_1(L_1 - d)}{n_3}$

② $\dfrac{n_1 d}{n_2} + \dfrac{n_2(L_1 - d)}{n_3}$　　　　③ $\dfrac{n_2 d}{n_1} + \dfrac{n_2(L_1 - d)}{n_3}$

④ $\dfrac{n_1 d}{n_2} + \dfrac{n_3(L_1 - d)}{n_1}$　　　⑤ $\dfrac{n_2 d}{n_1} + \dfrac{n_3(L_1 - d)}{n_1}$

⑥ $\dfrac{n_1 d}{n_2} + \dfrac{n_3(L_1 - d)}{n_2}$　　　⑦ $\dfrac{n_2 d}{n_1} + \dfrac{n_3(L_1 - d)}{n_2}$

(コ) の解答群

⓪
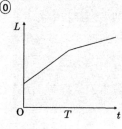

①
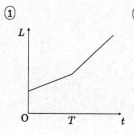

②
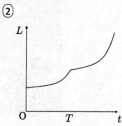

③
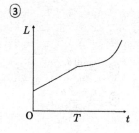

④
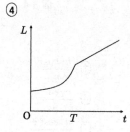

化　学

（80 分）

各設問の計算に必要ならば下記の数値を用いなさい。

原子量：H 1.0，C 12.0，N 14.0，O 16.0，Al 27.0，S 32.1，Cu 63.5，Br 79.9

ファラデー定数：9.65×10^4 C/mol

アボガドロ定数：6.02×10^{23}/mol

気体定数：8.31×10^3 Pa·L/(K·mol)

標準状態における理想気体のモル体積：22.4 L/mol

特段の記述がない限り，気体はすべて理想気体としてふるまうものとする。

1　次の記述の(i)～(iv)にあてはまる数値を有効数字が2桁になるように3桁目を四捨五入して求め，次の形式で**解答用マークシート**にマークしなさい。指数 c が0の場合の符号pには＋をマークしなさい。　　　　　　　　　　　　　　（12点）

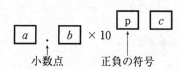

小数点　　　　　正負の符号

(1)　質量パーセント濃度が 28.0 % の濃アンモニア水のモル濃度は 14.8 mol/L である。これらの値からこの濃アンモニア水の密度を求めると　　(i)　　g/cm³ となる。

(2)　温度が 0 ℃，圧力が 1.013×10^5 Pa の水素が水 1.50 L に接しているとき，0.0315 L の水素が水に溶けるとする。同じ温度で圧力が 3.039×10^5 Pa のとき，水 1.00 L に溶ける水素の質量は　　(ii)　　g である。

(3)　容積一定の容器にヨウ化水素 HI を 10.80 mol 入れて加熱し，一定温度に保ったところ，気体のヨウ素 I_2 が 1.20 mol 生成して平衡状態となった。この温度における反応($2HI \rightleftarrows H_2 + I_2$)の平衡定数は　　(iii)　　である。

(4)　イオン交換膜法を用いて塩化ナトリウム水溶液を電気分解する。4.00 A の電流を　　(iv)　　秒間流したところ，0.120 mol の水酸化ナトリウムが生成した。

2　次の記述の(あ), (い)にあてはまる数値を**解答用マークシート**にマークしなさい。また, (ア)～(カ)にあてはまる最も適当なものを**A欄**より, (キ)にあてはまる最も適当なものを**B欄**より選び, その番号を**解答用マークシート**にマークしなさい。ただし, 同じ番号を何回用いてもよい。(i)～(iii)にあてはまる数値を有効数字が3桁になるように4桁目を四捨五入して求め, 次の形式で**解答用マークシート**にマークしなさい。指数 d が0の場合の符号 p には **+** をマークしなさい。　　　(18点)

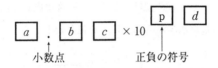

$$\boxed{a}\ .\ \boxed{b}\ \boxed{c}\ \times 10^{\boxed{\text{p}}\ \boxed{d}}$$

小数点　　　　　　正負の符号

(1)　酸化銅(I)(Cu_2O)の結晶の単位格子は図のような立方体である。この単位格子には, 銅(I)イオンが $\boxed{(あ)}$ 個, 酸化物イオンが $\boxed{(い)}$ 個含まれている。また, 単位格子の1辺の長さを 4.27×10^{-10} m として結晶の密度を計算すると, $\boxed{(i)}$ g/cm³ となる。なお, $(4.27)^3 = 77.9$ の関係を用いてもよい。

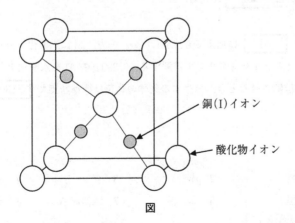

銅(I)イオン

酸化物イオン

図

(2)　硫酸銅(II)五水和物 $CuSO_4 \cdot 5H_2O$ を150℃以上で加熱したところ, 質量が 3.00×10^{-2} g 減少し, すべて無水硫酸銅(II)$CuSO_4$ になった。得られた

$CuSO_4$ の質量は　(ii)　gである。また，$CuSO_4$ は　(ア)　色粉末であるが，水を吸収すると　(イ)　色粉末になるため，水の検出に利用される。

(3)　水溶液 A 〜 C は，Cu^{2+}，Zn^{2+}，Al^{3+} のうち，それぞれ1種類の金属イオンを含んでいる。また，含まれている金属イオンは水溶液 A 〜 C で異なるものとする。これらの水溶液について以下の実験(a)〜(c)をおこなった。

(a)　水溶液 A にアンモニア水を加え続けたところ，一度生成した沈殿が溶解した。また，塩基性にした水溶液 A に，H_2S を通じたところ，　(ウ)　色の沈殿を生じた。

(b)　水溶液 B を酸性にして H_2S を通じたところ，　(エ)　色の沈殿を生じた。

(c)　水溶液 C に水酸化ナトリウム水溶液を加えると沈殿が生成し，その沈殿は水酸化ナトリウム水溶液を過剰に加えると溶解した。

　　以上の結果を考慮すると，Cu^{2+} を含んでいるのは　(オ)　，Zn^{2+} を含んでいるのは　(カ)　である。

(4)　Al を　(キ)　に加えても溶解しない。一方，Al に水酸化ナトリウム水溶液を加えると気体を発生して溶解する。0.890 g の Al を水酸化ナトリウム水溶液に溶解させたとき，発生する気体の体積は標準状態で　(iii)　L である。

A　欄

1　白	2　赤	3　青	4　緑
5　黒	6　赤　褐	7　水溶液 A	8　水溶液 B
9　水溶液 C			

B　欄

1　塩　酸　　　　2　濃硝酸　　　　3　希硫酸

3　次の記述の㋐にあてはまる最も適当なものを**A欄**より選び，その番号を**解答用マークシート**にマークしなさい。また，(i)〜(iii)にあてはまる数値を有効数字が2桁になるように3桁目を四捨五入して求め，次の形式で**解答用マークシート**にマークしなさい。指数 c が0の場合の符号pには**＋**をマークしなさい。ただし，同じ番号を何回用いてもよい。　　　　　　　　　　　(14点)

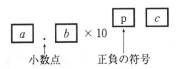

$$\boxed{a} . \boxed{b} \times 10^{\boxed{p}\ \boxed{c}}$$

小数点　　　　正負の符号

　ピストンのついた丈夫な容器にメタン(CH_4)とエタン(C_2H_6)の混合気体を合わせて0.100 mol入れ，さらにじゅうぶんな量の酸素を加えた。容器を273 Kの氷水につけ，容器内の気体が273 K，1.013×10^5 Paになるように保った。その後，容器内のCH_4とC_2H_6のすべてを完全燃焼させた。燃焼後，容器内が再び273 K，1.013×10^5 Paになったとき，容器内部の気体の体積は燃焼前より4.82 Lだけ減少していた。このとき，容器内で生成した水はすべて液体として存在したとする。また，燃焼熱により氷水の氷が一部融解したが，温度は273 Kのままである。大気圧を1.013×10^5 Pa，水(氷)の融解熱を6.01 kJ/mol，各物質の273 Kにおける生成熱は**表**の通りとする。

(1)　燃焼前のCH_4とC_2H_6の物質量比は$CH_4 : C_2H_6 = \boxed{\ \ ㋐\ \ }$ である。

(2)　容器内に生成した水の質量は $\boxed{\ (i)\ }$ gである。

(3)　燃焼により生じた熱は $\boxed{\ (ii)\ }$ kJであり，この熱がすべて氷の融解に使われたとすると，融解した氷の質量は $\boxed{\ (iii)\ }$ gである。

表　各物質の生成熱

物質	生成熱
CH_4(気)	75.6 kJ/mol
C_2H_6(気)	86.0 kJ/mol
H_2O(液)	285 kJ/mol
CO_2(気)	394 kJ/mol

A　欄

1　1:9	**2**　2:8	**3**　3:7	**4**　4:6	**5**　5:5
6　6:4	**7**　7:3	**8**　8:2	**9**　9:1	

4　次の(1)〜(4)の問に答えなさい。　　　　　　　　　　　　　　　　(17点)

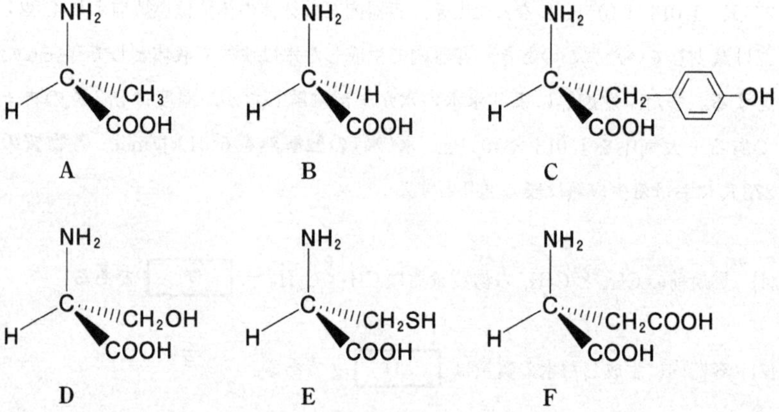

図

(太い線で表された結合は紙面の手前側，破線で表された結合は紙面の奥側にあることを示す。)

(1)　アミノ酸 A 〜 F に関する以下の記述のうち，<u>誤っているもの</u>を過不足なく

選び，それらの番号の和を**解答用マークシート**にマークしなさい。和が1桁の
数字になった場合は，十の位に0をマークしなさい。また，すべてが正しい記
述の場合は，十の位と一の位の両方に0をマークしなさい。

1　アミノ酸A〜Fにはすべて鏡像異性体が存在する。

2　アミノ酸A〜Fの水溶液にニンヒドリン水溶液を加えて温めると，これ
　　らすべてが青紫色〜赤紫色を呈する。

4　アミノ酸Fにフェーリング液を加えて加熱すると黒色沈殿を生じる。

8　酸性アミノ酸に分類されるものはアミノ酸C，D，Fの3つである。

(2)　アミノ酸A〜Eからなる鎖状トリペプチドの総数を**解答用マークシート**に
　　マークしなさい。総数が1桁の数字であれば，十の位には0をマークしなさ
　　い。なお，一つのトリペプチドの中には同一のアミノ酸を複数個，含まないも
　　のとし，立体異性体は考慮しないものとする。

(3)　前問(2)で数えた鎖状トリペプチドのうち，その水溶液に濃硝酸を加えて加熱
　　後，アンモニア水を加えて塩基性にすると橙黄色になるものの総数を**解答用
　　マークシート**にマークしなさい。総数が1桁の数字であれば，十の位には0を
　　マークしなさい。

(4)　以下の(i)，(ii)にあてはまる数値を有効数字が2桁になるように3桁目を四捨
　　五入して求め，次の形式で**解答用マークシート**にマークしなさい。指数cが0
　　の場合の符号pには＋をマークしなさい。

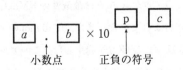

　　アミノ酸Aの陽イオンをA^+，陰イオンをA^-，双性イオンを$A^±$でそれぞ
れ表す。これらの間には，以下の電離平衡が成り立つ。

$$A^+ \rightleftarrows A^\pm + H^+ \qquad ①$$
$$A^\pm \rightleftarrows A^- + H^+ \qquad ②$$

①式の電離定数が 5.0×10^{-3} mol/L，②式の電離定数が 2.0×10^{-10} mol/L であるとき，アミノ酸 A の等電点における水素イオン濃度は ┃(i)┃ mol/L になる。また，pH が 4.0 の水溶液中で A^+ のモル濃度は A^- のそれの ┃(ii)┃ 倍になる。

5 次の記述の(ア)，(イ)にあてはまる最も適当なものを **A 欄**より，(ウ)〜(カ)にあてはまる最も適当なものを **B 欄**より選び，その番号を**解答用マークシート**にマークしなさい（番号の中の **0** という数字も必ずマークすること）。 (18 点)

アルケンを硫酸酸性の $KMnO_4$ 水溶液で酸化すると下式のように分解しカルボン酸やケトンが生成する。これを参考にして次の(1)，(2)の問いに答えなさい。

ただし，$R^3=H$ のときは，生成物の HCOOH はさらに $KMnO_4$ によって酸化され，CO_2 と H_2O が生成する。

(1) アルケン A および B がある。0.70 g のアルケン A は 2.0 g の臭素と過不足なく反応することができる。このアルケン A を硫酸酸性の $KMnO_4$ 水溶液で酸化すると生成物にアセトンが含まれていた。また，0.10 mol のアルケン B を完全燃焼させると標準状態で 11.2 L の CO_2 を発生した。このアルケン B を同様にして酸化すると生成物にプロピオン酸が含まれていた。アルケン A の構造は ┃(ア)┃ ，アルケン B の構造は ┃(イ)┃ である。

A　欄

01
$CH_2=CH-CH_2-CH_3$

02
$CH_3-CH=CH-CH_3$

03
$CH_2=\underset{\underset{CH_3}{|}}{C}-CH_3$

04
$CH_2=CH-CH_2-CH_2-CH_3$

05
$CH_3-CH=CH-CH_2-CH_3$

06
$CH_2=\underset{\underset{CH_3}{|}}{C}-CH_2-CH_3$

07
$CH_3-\underset{\underset{CH_3}{|}}{C}=CH-CH_3$

08
$CH_3-\underset{\underset{CH_3}{|}}{CH}-CH=CH_2$

09
$CH_2=CH-CH_2-CH_2-CH_2-CH_3$

10
$CH_3-CH=CH-CH_2-CH_2-CH_3$

11
$CH_3-CH_2-CH=CH-CH_2-CH_3$

12
$CH_2=CH-\underset{\underset{CH_3}{|}}{CH}-CH_2-CH_3$

13
$CH_3-CH=\underset{\underset{CH_3}{|}}{C}-CH_2-CH_3$

14
$CH_2=\underset{\underset{CH_3}{|}}{C}-CH_2-CH_2-CH_3$

15
$CH_3-\underset{\underset{CH_3}{|}}{C}=CH-CH_2-CH_3$

16
$CH_2=\underset{\underset{CH_3}{|}}{C}-\underset{\underset{CH_3}{|}}{CH}-CH_3$

17
$CH_3-\underset{\underset{CH_3}{|}}{C}=\underset{\underset{CH_3}{|}}{C}-CH_3$

(2)　分子式 $C_6H_{12}O$ で表される化合物 C はナトリウムと反応し水素を発生した。化合物 C を適切な酸化剤を用いて酸化すると分子式 $C_6H_{10}O$ で表される化合

物 D が生成した。化合物 D は還元性を示さなかった。また，化合物 C と濃硫酸の混合物を適切な温度で高温加熱すると化合物 E が生成した。さらに化合物 E を硫酸酸性の $KMnO_4$ 水溶液で酸化すると一種類のカルボン酸（化合物 F）が生成した。化合物 F とヘキサメチレンジアミンを混合して加熱すると縮合重合が起こり，カロザースによって初めて合成されたポリアミド系繊維が生成した。以上のことから，化合物 C は ┃(ウ)┃ ，化合物 D は ┃(エ)┃ ，化合物 E は ┃(オ)┃ ，化合物 F は ┃(カ)┃ とわかる。ただし，B欄では環状の構造をもつ炭化水素は次のように略記する。

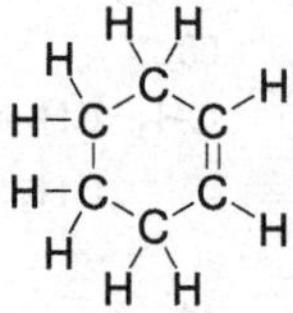

略記法

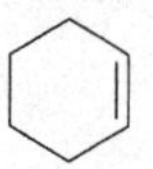

B　欄

01
$=CH_2$（シクロペンタン環）

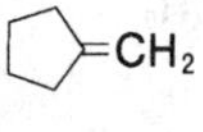

02
$-CH_3$（シクロペンテン環）

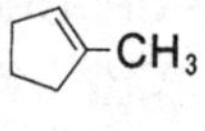

03
$\triangleright-CH=CH_2$

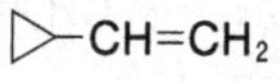

04
（シクロヘキセン環）

05
$CH_3-\underset{\underset{CH_3}{|}}{C}-CH=CH_2$ ，CH_2-OH

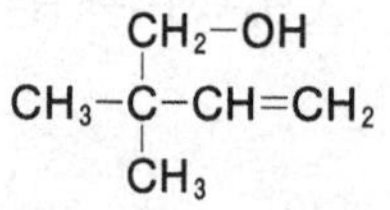

06
$CH_2=CH-CH_2-CH_2-CH_2-CH_2-OH$

07
$CH_3-CH=CH-\underset{\underset{OH}{|}}{CH}-CH_2-CH_3$

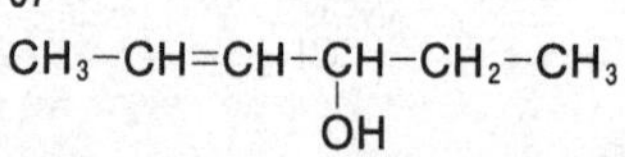

08
$CH_3-CH=CH-CH_2-\underset{\underset{OH}{|}}{CH}-CH_3$

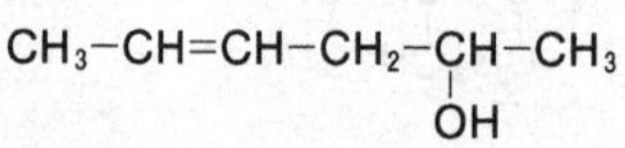

09
（シクロペンタン環）$-CH_2OH$

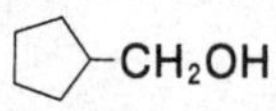

10
（シクロペンタン環）$\overset{}{-}OH$ ，CH_3

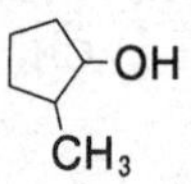

11
$\triangleright-CH_2CH_2OH$

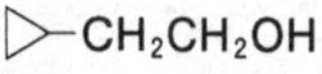

12
（シクロヘキサン環）$-OH$

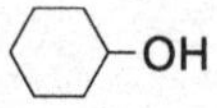

13
$CH_3-\underset{\underset{CH_3}{|}}{C}-CH=CH_2$ ，CHO

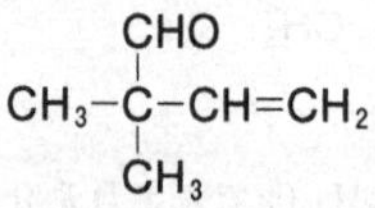

14
$CH_2=CH-CH_2-CH_2-CH_2-CHO$

15
$CH_3-CH=CH-\overset{\displaystyle O}{\underset{\displaystyle |\!|}{C}}-CH_2-CH_3$

16
$CH_3-CH=CH-CH_2-\overset{\displaystyle |\!|}{\underset{\displaystyle O}{C}}-CH_3$

17
⬠-CHO

18
⬠=O に CH₃

19
▷-CH₂CHO

20
⬡=O

21
CH_3COOH

22
$CH_3-\overset{\displaystyle O}{\overset{\displaystyle |\!|}{C}}-CH_2-CH_2-CH_2-COOH$

23
⬠-COOH

24
▷-COOH

25
COOH
COOH

26
CH₂COOH
CH₂COOH

27
CH₂CH₂COOH
CH₂CH₂COOH

6　次の記述の(ア)〜(タ)にあてはまる最も適当なものを **A欄**より選び，その番号を**解答用マークシート**にマークしなさい（番号の中の **0** という数字も必ずマークすること）。ただし，同じ番号を何回用いてもよい。また，(i)，(ii)にあてはまる数値を有効数字が2桁になるように3桁目を四捨五入して求め，次の形式で**解答用マークシート**にマークしなさい。指数 c が 0 の場合の符号 p には＋をマークしなさい。

(21 点)

$$\boxed{a}\ .\ \boxed{b}\ \times 10\ \overset{\boxed{\text{p}}}{}\ \boxed{c}$$

小数点　　　正負の符号

　糖は炭素と水で構成されていることから炭水化物ともよばれる。単糖であるグルコースには2種類の環状構造と1種類の鎖状構造が水溶液中で平衡状態にある。

2種類の環状構造については, セルロースを構成する (ア) とアミロースを構成する (イ) が存在する。また, 鎖状構造のグルコースには (ウ) 基が含まれていることからフェーリング液中の銅(II)イオンを (エ) することができる。3種類の異性体は25℃の水溶液中では (オ) が約64%, (カ) が約36%, 鎖状のグルコースが微量の割合で存在している。環状構造のグルコースには (キ) 個の不斉炭素原子が, 鎖状構造のグルコースには (ク) 個の不斉炭素原子が含まれることからグルコースには極めて多くの立体異性体が存在する。 (ケ) は寒天の成分である多糖を加水分解することで得られる単糖で, グルコースの (コ) 位の炭素原子に結合している −H と −OH の向きが逆になった立体異性体である。

単糖二分子が脱水縮合した二糖の中で, 天然に最も多く存在する (サ) は (シ) の1位の −OH と五員環構造の (ス) の2位の −OH との間で脱水縮合して (セ) 結合した化合物である。ヒトや牛の乳汁に含まれる (ソ) はグルコースの4位の −OH と (タ) の1位の −OH が脱水縮合してできた化合物である。

(1) 下線部(a)について, 8.10 g のセルロースに水を加え, 適度に加温しながら適切な酵素を作用させたところセルロースの70%が加水分解されて, 1種類の二糖が (i) g生じた。

(2) 下線部(b)について, 5.13 g の (サ) を適切な酵素で完全に加水分解して得られた2種類の単糖を酸素のない条件下で酵母を用いて処理すると1.52 g のエタノールが得られた。したがって, 2種類の単糖の (ii) % が分解されたことがわかる。ただし, それぞれの単糖はそれぞれ同じ速度で分解したものとする。

A 欄

01 アミノ	02 エステル	03 カルボキシ
04 グリコシド	05 ケトン	06 ペプチド

07	ホルミル（アルデヒド）			08	アミロース
09	アミロペクチン	10	ガラクトース	11	グリコーゲン
12	α-グルコース	13	β-グルコース	14	スクロース
15	セルロース	16	セロビオース	17	フルクトース
18	マルトース	19	ラクトース	20	酸　化
21	還　元	22	中　和	23	0
24	1	25	2	26	3
27	4	28	5	29	6
30	7	31	8	32	9
33	10				

解 答 編

英 語

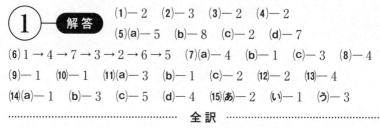

① 解答　(1)—2　(2)—3　(3)—2　(4)—2
(5)(a)—5　(b)—8　(c)—2　(d)—7
(6)1→4→7→3→2→6→5　(7)(a)—4　(b)—1　(c)—3　(8)—4
(9)—1　(10)—1　(11)(a)—3　(b)—1　(c)—2　(12)—2　(13)—4
(14)(a)—1　(b)—3　(c)—5　(d)—4　(15)(あ)—2　(い)—1　(う)—3

.... 全 訳 ....

《動物の移動を探査する ICARUS プロジェクト》

[1]　昨年の秋，科学者チームは，世界中に展開して，何千という生物——南アフリカではサイ，フランスではクロウタドリ，ザンビアではフルーツコウモリという具合に——を，それらに太陽エネルギーで動く重さ5グラム未満の追跡装置一式を装着させる目的で，追跡し捕獲することを始めた。収集するデータは，宇宙を利用した動物研究のための国際協力（ICARUS）プロジェクトと呼ばれる，設置に20年の歳月と費用に数千万ドルをかけた，野心的な新しいプロジェクトに投入される予定だ。それぞれのタグは，装着動物の位置，生理機能，および微気候に関するデータを収集し，国際宇宙ステーションの受信機に送信し，国際宇宙ステーションはそれを地球上のコンピュータに向けて送り返す。これにより科学者たちは，世界中を移動する野生生物の集合的な動きを，最近まで技術的に想像もできなかった方法で追跡することができるようになるだろう。つまり，継続的に，その生涯にわたり，地球上のどこに行こうともほとんどどこでも追跡できるのだ。

〔2〕　そうすることで，ICARUS は，変化し続ける地球を移動することの役割を理解する方法を，根本的に変える可能性がある。動物の移動の規模と意味は，何十年もの間，過小評価されてきた。私たちは野生種と行動域を共有しているにもかかわらず，それらの動きは私たちにはほとんど見えず，垣間見たとしてもそれは偶発的なものである。それらが残すのはほんのわずかな物理的痕跡だけである——ジャングルの小道で，固まった泥の中に残るいくつかの足跡や，空中ですぐに消えていく弧状に押しやられた空気，水面下で消散する波というように。しかし，例えばヒトゲノムの塩基配列や，あるいはブラックホールの性質とは異なり，私たちの仲間の生物がどこへ行くかについての私たちの知識不足は，科学的理解において，特に差し迫ったギャップとは歴史上みなされてこなかった。動物の移動は限定的でまれなものだという想定のために，その問題に対する科学的関心が限定的なものになる傾向があった。18世紀のスウェーデンの博物学者カール=リンネは，自然を神の完全性の表現と考え，それぞれの種は種独自の生息域に属すると考えていたが，この考えは彼の分類体系に組み込まれていたもので，それは今日に至るまで幅広い生物科学の基礎を形成している。その2世紀後，「動物生態学の父」と称された動物学者チャールズ=エルトンは，貝殻の中の真珠のように，それぞれの種は固有の「適所」に収まるという理論で，種の位置を固定した。このような考えは，現代の「生息域」や「テリトリー」の概念と同様に，乱されることのない生態系の根底にある定常性を前提としていた。

〔3〕　しかし，ここ数十年の間，動物はこれまで想像されていたよりも遠くへ，よりためらうことなく，しかもより複雑な方法で移動することを示唆する，新たな証拠が出てきた。そして，そのような動きは，病気の蔓延や生息地を失うことに対する種の適応を含む，幅広い生態学的プロセスを解明するうえで極めて重要でありうると生態学者は考えている。ICARUSによって，科学者たちは初めて，動物の動きをほぼ完全に観察できるようになる。それは，ICARUS の創設者であり，コンスタンツ大学の生物学者で，ドイツのマックス・プランク動物行動研究所の所長を務めるマーティン=ヴィケルスキーが「動物のセンサーネットワーク」と呼ぶものを生み出すのに役立つだろう。

〔4〕　うまくいけば，ICARUS は，動物がどこへ行くのかを私たちが理

解する助けとなるだろう。つまり，死に場所，正確な移動経路，新しい生息地に適応し，種として多様に分化する謎——それらは科学者たちが何世代にもわたって，頭を悩ませてきた現象である——を理解する助けとなるのだ。「これらは，私たちが30年間ずっと答えようとしてきた問いなのです」と，フランス国立科学研究センターの研究部長で，ある蝶の生物学者，カミーユ＝パルメザンは言う。「それはすばらしいことです」 生態学者であり，ジョージタウン大学のジョージタウン環境イニシアティブのディレクターであるピーター＝マーラも同意する。ICARUS は，生態学において「このような根本的な疑問を問い始めるための」，また「保全生物学において非常に頭を悩ませる問題」に取り組むための「信じられないほど強力なツール」になるだろうと彼は言う。スウェーデンのルンド大学動物行動研究センターの代表者である進化生態学者スサン＝オーケソンは，ICARUS は「これまで不可能だった新しい研究に多くの可能性を与えてくれる」と指摘する。保全生態学者のフランチェスカ＝カニャッチは，陸上哺乳類の移動の研究が専門の研究共同体を統率しているが，ICARUS を普通の車と比較しながらスポーツカーにたとえている。ICARUS は「私たちを別の次元に連れて行ってくれる」だろうと彼女は述べている。

［5］ ICARUS プロジェクトは，その影響力が科学，政治，文化に深く入り込んでいる，伝統的な理論的枠組みに異議を唱えている。科学者は，例えば親から子への DNA の受け渡しを観察できなかったように，ただ単に，複雑で長距離の野生動物の動きを長い間観察できなかった，ということではない。科学界では，目に見えないものは存在しないとされていた。言い換えると，野生動物の移動の証拠がないことは，移動が存在しないことの証拠とみなされたのだ。

［6］ これは，ほんのわずかに重要な，取るに足らない概念ではなかった。気候変動に始まり，生態系それ自体がどのように成立し，どのように病気が発生するかに至るまで，何十年もの間，科学者が生態学的プロセスを理解する方法の中核をなすものだった。例えば，科学者たちが気候変動の影響を予測したとき，その多くは，新たに棲めなくなった生息地で孤立した，動けない野生種を想像して，彼らが絶滅するだろうと宣告していた。生態系の足場として役立つ，植物の多様性と豊富さに影響する種子の分散について考えたとき，科学者たちは，移動する特定の動物がある役割を果たし

ている可能性を否定した。例えば，シタバチのような野生生物は，直射日光の下を飛ぶという熱ストレスに耐えられないため，長距離を飛んで植物に授粉することはとてもできないと科学者たちは推測した。また，果実を食べるグワチャロウ，つまりアブラヨタカは，ベネズエラの熱帯雨林で種子をまくことはできないだろうと科学者たちは推測したが，それは，その鳥は1日中巣穴にとどまると科学者たちが考えたからである。19世紀の博物学者アレクサンダー=フォン=フンボルトは，その鳥を寄生動物であるとみなして問題にしなかった。

[7]　科学者たちが境界や国境を越える移動について考えるとき，彼らは，その移動そのもの，あるいはその移動が引き起こすとされる悪影響のいずれかの直接的な証拠がない場合でも，それらを破壊的で常識外れのものとみなした。例えばコウモリがエボラウイルスを広め，ガゼルが口蹄疫を広めたという一般的な仮説があった。しかし，コウモリやガゼルがどこへ行ったのか，本当のところは誰にもわからなかった。伝染病の断続的で破壊的な性質と，野生動物の移動の推定される性質との類似性によって，おのずと明らかであると考えられた。生物学的研究の影響力のある分野では，野生種の長距離移動がもたらす悪影響に焦点が当てられ，これらの中で最も重大なものは，移動する動物たちの仲介によるものではなく，人間の貿易や旅行によって，生物が新しい場所に不注意にも送り込まれたときに起こると推定された。

[8]　コウモリがいつ，ある特定の森林に到着するのか，あるいは，新しい生息域に移動するチョウもいれば，移動しないチョウもいるのはなぜか，正確なことは誰にもわからない。ICARUS はその知識を明らかにすることができるだろう。ICARUS によって科学者たちは，野生動物が群れで，大群で，群体で地球上を移動するときの社会力学を解明したり，動物の他の種との衝突や協調は，動物たちの移動先や移動方法にどんな影響を与えるかを研究したり，また，移動中に遭遇する環境的な現象に対する，動物たちの認識の深さや反応の強さを明らかにしたりすることができるだろう。

═══════════════════ 解　説 ═══════════════════

(1)　第1段では，野生動物にタグを取り付けて，動物の位置などのデータを収集する ICARUS プロジェクトについて説明されている。第2段はこの ICARUS が持つ可能性について述べている部分である。下線部(1)を含

む文の前文（The scale and meaning …）は「動物の移動の規模と意味は，何十年もの間，過小評価されてきた」という意味である。下線部(1)中のepisodically「一時的に，時たま」，if at all「もしあるとしても」がわからなくても，先行する部分にある although は譲歩を表す節を導くことと，mostly obscure to us から意味を想像したい。「私たちは野生種と行動域を共有しているにもかかわらず，それらの動きは(1)私たちにはほとんど見えず，垣間見たとしても偶発的なものである」という意味になるので，2.「一般に知られておらず，もし知られても，非常にまれである」が最も近い。1.「一般に見つかる可能性があり，もし私たちから隠されても，それはたまにしかない」，3.「通常は私たちには明らかであり，もし私たちから隠されても，それは非常にまれである」，4.「通常は素早く，もし遅いとしても，それはたまにしかない」は，いずれも野生動物の動きが私たち人間にはほとんど見えないという趣旨にならないので，不適。

(2)　第2段は，私たちが野生動物の動きを見ることは少ないという内容から始まっている。下線部(2)を含む文の前文（They leave behind …）では，その具体例として，ジャングルの小道に残る足跡や，渡り鳥によって押しやられた弧状の空気などを挙げている。下線部(2)を含む文は But で始まっているので，先行する部分と対立する内容になる。「しかし，例えばヒトゲノムの塩基配列や，あるいはブラックホールの性質とは異なり，私たちの仲間の生物がどこへ行くかについての私たちの知識不足は，科学的理解において，(2)特に差し迫ったギャップとは歴史上みなされてこなかった」という意味である。動物の痕跡を目にする機会がまれなために，動物の移動についての知識が少なかったが，それは科学的理解においてはこれまで a particularly pressing gap と考えられてこなかった，という文脈なので，下線部(2)が表すのは早急に理解が必要な事柄と考えられる。したがって，3.「非常に急いで乗り越えるべき不足」が最も近い意味を表す。1.「全く取ることのできない休憩〔全く不可能な逃亡〕」，2.「非常に急速に拡大する穴」，4.「非常に簡単に通り抜ける空間」は，いずれも動物の移動に対するこれまでの認識不足について表さないので，不適。

(3)　前問(2)で確認したように，動物の移動についてこれまで十分に研究されてこなかったことを述べている部分である。下線部(3)を含む文は「動物の移動は限定的でまれなものだという想定が，(3)その問題に対する科学的

東京理科大-創域理工〈B方式・S方式〉　　　　　　解　答　　201

関心を限定的なものにする傾向にあった」という意味。動物の移動は限定的でまれなものだと決めてかかることで科学的な関心が限られる対象の問題としては，2．「私たちの仲間の生物の移動性」が適切である。1．「生物科学の基礎」，3．「ブラックホールの性質」，4．「ヒトゲノムの塩基配列」は，いずれも動物の移動への関心の薄さについて言及するこの部分に合わない。

⑷　下線部⑷を含む文の … the zoologist Charles Elton, … fixed species into place は「動物学者チャールズ=エルトンは種の位置を固定した」という意味。下線部⑷はその根拠となった彼の理論を表す with 以下の his theory と同格の that 節内にある。each species ⑷nestles into its own peculiar "niche," は，あとに続く like a pearl in a shell「貝殻の中の真珠のように」からわかるように，それぞれの種はそれぞれ固有の場所にいるという趣旨になると考えられる。したがって，2．「それ特有の環境を持つ」が最も近い。1．「新しい環境を探す」，3．「かろうじて住むことのできる場所を求める」，4．「様々な場所に生息する」は，いずれも種の位置を固定する裏付けとなる学説にならないので，不適。

⑸(a)・(b)　与えられた英文の第1文は「過去数十年の間に，科学者たちは，動物たちの（　a　）が，予想されたよりも長距離で，より（　b　）出発し，より複雑になされる可能性を示す，新しい事実を発見した」という意味になる。本文第3段第1文（But over the last …）がこの内容に該当する。本文の animals move farther, more readily より，「動物たちの移動」を表すように(a)には5．journeys を入れ，「よりためらうことなく」という趣旨になるように(b)には8．unhesitatingly を入れる。

(c)　与えられた英文の第2文は「こうした動きは，様々な生態学的プロセスを説明する際に（　c　）かもしれない」という意味になる。本文第3段第2文（And those movements …）がこの内容に該当する。本文中の crucial とほぼ同じ意味を表す2．essential を入れる。

(d)　与えられた英文の第3文は「ICARUS を用いて，科学者たちは動物の動きを（　d　）し，『動物のセンサーネットワーク』を作ることができる」という意味になる。本文第3段第3文（ICARUS will allow …）がこの内容に該当する。本文中の observe とほぼ同じ意味を表す7．monitor を入れる。

⑹ 先行する部分では，ICARUS のプロジェクトが成功すれば，これまで長年詳しく調査されてこなかった動物の移動について明らかになるだろうと述べられている。「動物が死ぬ場所，正確な移動経路，新しい生息地に適応し，種として多様に分化する謎」という内容を These で受けて，「これらは，私たちが 30 年間ずっと答えようとしてきた問いなのです」という意味の文になるように，(These) are questions we have been trying to (answer for 30 years) と並べ換える。

⑺ liken は liken *A* to *B* で「*A* を *B* にたとえる」という意味であり，*A* に相当するのが ICARUS である。先行する部分では ICARUS が生態学において革新的な進歩を遂げる情報をもたらす可能性について述べており，さらに直後の部分で「それは『私たちを別の次元に連れて行ってくれる』だろう，と彼女は述べている」とあるので，ICARUS をスポーツカーにたとえていると考えて，(a)には 4．a sports car を入れる。(b)の直後には with があるので，compared with ～「～と比較すると」となるように 1．compared を(b)に入れ，スポーツカーとの比較対象として 3．a normal car「普通の車」を(c)に入れると，前後の文脈と自然につながる。

⑻ 下線部⑻の whose の先行詞は traditional paradigms「伝統的な理論的枠組み〔パラダイム，規範〕」である。tentacle は「触手；外部からの影響力」で，この文は「ICARUS プロジェクトは，その影響力が科学，政治，文化に深く入り込んでいる伝統的な理論的枠組みに異議を唱えている」という意味になる。run deep into と意味が最も近いのは，4．「(科学，政治，文化)に多大な影響を持つ」(理論的枠組み)と考えることができる。1．「～をほとんど制御できない」，2．「～と同じくらいすさまじい効果を生む」，3．「～のためのよりよい例を示す」は，いずれも ICARUS が異議を唱える伝統的な理論的枠組みを説明するものとして不適。

⑼ 下線部⑼の前まで (It isn't just … wildlife movements,) は「科学者は，ただ単に，複雑で長距離の野生動物の動きを長い間観察できなかったということではない」という意味である。下線部⑼のあとの they は scientists を指し，「例えば，科学者は親から子への DNA の受け渡しを観察できなかった」が続いているので，この the way は接続詞的に用いて「～のように」を表すと考えられる。したがって 1．as「～のように」が

正解。

　2. if「もし〜なら」, 4. though「〜だけれども」は文意が自然につ
ながらない。3. that は文法的につながらない。

⑽　in other words があるので, 前文と同じ内容を言い換えた文になる。
前文 (The scientific establishment …) は「科学界では, 目に見えない
ものは存在しないとされていた」という意味。下線部⑽を含む文「言い換
えると, 野生動物の移動の証拠がないことは, ⑽存在しないことの証拠と
みなされたのだ」中の, evidence of absence は absence の後ろに of wild
mobility を補って読む。したがって,「野生動物の移動の証拠が見られな
い」=「野生動物は移動しない」とみなされたことを表す。与えられた英語
「野生動物は（　　　）証拠」の空所を埋めるのに適するのは, 1.「その
生息地から動かない」である。2.「その生息地に存在しない」, 3.「注
意深く観察されなかった」, 4.「存在しないと考えられなかった」は, い
ずれも本文に基づく内容の英語にならないので, 不適。

⑾　下線部⑾の第1文「これは, ほんのわずかに重要な, 取るに足らない
概念ではなかった」が, 与えられた英文の前半部分 This was not …
importance に該当する。This は, 前の部分の「野生動物の移動の証拠が
ないことは,（移動が）存在しないことの証拠とみなされた」ことを指し
ている。本文の marginal「重要でない, 取るに足らない」に対応する 3.
minority「少数派（の）」を⒜に入れ, ⒝に 1. little を入れて of little
importance「ほとんど重要ではない」とすると同じ内容になる。

　下線部⑾の第2文「何十年もの間, 科学者が生態学的プロセスを理解す
る方法の中核をなすものだった」が, 与えられた英文の後半部分 but
rather … processes に該当する。本文の central「中核をなす, 中心とな
る」に対応する 2. main「主要な」を⒞に入れると同じ内容になる。

⑿　下線部⑿を含む文には for example があるので, ⑾で確認した,「科
学界では, 目に見えないものは存在しないとされ, これは科学者が生態学
的プロセスを理解する主要な考え方だった」という内容の例を挙げている
部分だとわかる。「例えば, 科学者たちが気候変動の影響を予測したとき,
その多くは, 新たに棲めなくなった生息地で孤立した, 動けない野生種を
想像して, ⑿彼らが絶滅するだろうと宣告していた」の下線部を説明する
ものとしては, 移動することなくそのまま絶滅への道をたどるという主旨

になる２．「それらを生存には不適格であると判断する」が最も近い。１．「それらの弱さを非難する」，３．「それらが一瞬にして消滅するのを見る」，４．「それらに終身刑を宣告する」は，いずれも主旨に合わない。

⒀　下線部⒀を含む文の前までは，科学者たちが，移動する動物が植物の種子の分散に果たす役割を否定していたことが説明されている。その例を挙げている第６段第５文（Wild creatures like …）のセミコロン（；）以降 fruit-eating guácharos, or oilbirds の例に着目する。「果実を食べるグワチャロウ，つまりアブラヨタカは，ベネズエラの熱帯雨林で種子をまくことはできないだろうと科学者たちは推測したが，それは，その鳥は１日中巣穴にとどまると科学者たちが考えたからである」の内容を受けて，下線部⒀を含む文で「19 世紀の博物学者アレクサンダー＝フォン＝フンボルトは，その鳥を寄生動物であるとみなして問題にしなかった」と述べているのだから，下線部⒀は，アブラヨタカは移動せずに巣穴にとどまり，環境においては何の役割も果たしていないとみなされていたという内容になる。したがって，４．「その鳥は環境を維持するために何も加えなかったので，重要でないとみなした」が最も近い意味を表す。１．「その鳥は１日中動かないので，怠惰であると結論づけた」は，idle「怠惰な」がこの部分の主旨に合わない。２．「その鳥はほとんど持久力がないので，無価値であると結論づけた」は，because 以下がこの部分の主旨に合わない。３．「その鳥は果実を食べて種子をまくことができるので，有益な存在であると考えた」は，この部分の主旨に合わない。

⒁　与えられた英文の和訳は以下の通り。「動物が境界を越えて移動することも，それが引き起こすとされる否定的な結果のどちらも，具体的な証拠はなかった。科学者たちはその移動が邪魔で（　ａ　）であると結論づけた。多くの人々は，信頼できる（　ｂ　）もなしに，一部の動物が移動して病気を引き起こすウイルスをまき散らすと考えていた。彼らは，伝染病のある特質と野生動物の動きの想定される性質との類似性を見て，これは（　ｃ　）であると考えた。一部の生物学者は，最も深刻な負の結果は，動物の移動からではなく，想定される自然の生息地から動物を運び出す（　ｄ　）の移動から生じるものだと主張した」

⒜　科学者が動物たちの移動について結論づけた内容であり，disturbing と並列なので形容詞が入る。第７段第１文（When scientists considered

…）の disruptive and <u>outside the norm</u> と同義の1.「特異な，異常な」を入れる。

(b)　同段第2・3文（Popular hypotheses … gazelles went, though.）「例えばコウモリがエボラウイルスを広め，ガゼルが口蹄疫を広めたという一般的な仮説があった。しかし，コウモリやガゼルがどこへ行ったのか，本当のところは誰にもわからなかった」より，裏付けされるデータもなかったことを表すように名詞の3.「データ」を入れる。

(c)　同段第4文（It was believed …）末尾の speak for *oneself*「自明の理である」に着目し，形容詞の5.「明白な」を入れる。

(d)　not *A* but *B*「*A* ではなくて *B*」の形が同段第5文（Influential disciplines …）の <u>not</u> through the agency of animals on the move <u>but</u> when human trade and travel … にもあることに着目し，また not of *A*（animals）but of *B* の形から名詞の4.「人間」を入れる。

(15)　(あ)　It could enable … （　あ　）in flocks, swarms and colonies は「それ（＝ICARUS）によって科学者たちは，野生動物が群れで，大群で，群体で（　あ　）を移動するときの社会力学を解明できるだろう」という意味である。野生動物が移動する場所なので，2.「地球（上）」を入れる。

(い)　conflicts「衝突，争い」と並列であり，あとに with other species「ほかの種との」があるので，1.「協調」を入れる。

(う)　直前の environmental と，あとに続く they encounter on their journeys によって修飾されているので，3.「現象」を入れると「動物が移動中に遭遇する環境的な現象」となり，自然につながる。

　**解答**　(1)(あ)(a)—2　(b)—4　(c)—5　(d)—1　(e)—3
　　　　　　　　　(い)(a)—3　(b)—1　(c)—4　(d)—2　(e)—5
(う)(a)—3　(b)—5　(c)—4　(d)—6　(e)—2　(f)—1
(2)(あ)—B　(い)—A　(う)—C

──────────────────── 全訳 ────────────────────

《イソップ物語とその教訓》

A　1羽のカラスがくちばしにチーズをくわえて木の枝にとまっていると，キツネが彼を見かけ，そのチーズを自分のものにする方法を考え始めた。キツネは木の下に行って立ち，見上げてカラスに向かって言った。「あな

たは今日，なんと美しく見えるのでしょう！　羽はとてもつやつやで，目はとても輝いている。もしあなたに声があるなら，きっと他のどの鳥よりも素敵な声でしょうに」と。カラスはそのようなほめ言葉にたいそう喜んで，自分が歌えることを証明したいと思った。カラスは「カー！」と大きな声を出したが，くちばしを開いたとたん，チーズは地面に落ち，キツネはそれを拾い上げた。「なるほど，あなたは歌えるのね」とキツネは言った。「でも，あなたにないのは脳みそね」

B　腹ペコのキツネがブドウ畑に迷い込み，ちょうど頭上の格子棚に，果汁たっぷりに見えるブドウの房がぶらさがっているのを目にした。「これはぼくのためのものだ」と彼は言い，ブドウをもぎとるために跳び上がったが，それらはちょうど彼が届かないところにあった。キツネは助走をつけるために後ずさりしてみたが，最初の試み同様うまくいかなかった。何度も何度も，彼はブドウめがけて跳び上がった。ついに彼は挑戦するのをあきらめ，鼻をつんとすまして，ブドウ畑から歩き去った。「あのブドウは熟していると思ったけど，なに，あれはすっぱいさ」と言いながら。

C　月が母親にガウンを作ってくれるよう頼んだことがある。「どうやって？」と母は返答した。「あなたに合わせることはできないわ。あなたは，あるときは新月で，またあるときは満月で，その中間ではそのどちらでもないのだから」

=== 解説 ===

(1)(あ)　scorn は動詞「～をあざ笑う」と名詞「軽蔑，嘲笑」があるが，前に to があり It is で始まっているので，It is＋形容詞＋to do の形を想定し，scorn は動詞と考える。(a)に形容詞 easy を入れ，scorn の目的語に what が導く名詞節を置く。what のあとは主語＋動詞の形が続くので，残った you cannot get を続けると，(It is) easy (to scorn) what you cannot get(.) となる。

(い)　be, fooled, by より受動態の形を考える。be が原形であり，don't があるので，否定の命令文にする。by に続く動作主を flatterers と考えると，Don't be fooled by flatterers(.) となる。

(う)　関係代名詞 who は人を先行詞とするので one は「人」を表すと考えられ，… one who … というつながりができる。主語が何か考えると，2つある名詞のうち one は次に who がくるので，主語の(a)には入らず，主

語は nothing ということになる。述語動詞は is か suits だが，changing があるので現在進行形が作れ，always と合わせて「常に変化している（人）」とつながるので，述語動詞(b)は suits で，Nothing (ever) suits one who is (always) changing(.) という文ができる。

(2)(あ)　「自分が手に入れられないものをあざ笑うことは簡単だ」なので，手の届かなかったブドウをすっぱいブドウだとあざ笑って立ち去るキツネの話であるBの教訓と言える。

(い)　「お世辞を言う人にだまされるな」という意味で，キツネにおだてられて，くわえていたチーズを落としてしまうカラスの話であるAの教訓と言える。

(う)　「常に変化している人には何も合わない」という教訓を表すたとえ話は，Cの新月から満月，そしてまた新月へと常に形を変える月の話である。

③　解答　(1)—2　(2)—2　(3)—3　(4)—3　(5)—4

解説

(1)　be 動詞が前にあるので，選択肢はすべて受動態の過去分詞である。1．discussed about は，discuss が「～を議論する」という意味の他動詞で about は伴わないので不可。この about は次の great detail ともつながらない。2．discussed in は後ろの great detail とつながって副詞句 in great detail「かなり詳細に」となり，これが正解。3・4の persuade は「～を説得する」という意味の他動詞で，能動態でも受動態でも人を主語とし，物を主語としない。また意味的にもつながらないので不適。

　「会議では，幹細胞工学，微生物叢と代謝，ビッグデータサイエンスのすべてが，世界中の研究者たちによって，非常に詳細に議論された」

(2)　If we asked … と空所の前の might より仮定法過去の文と判断する。「創造的な人物を思い浮かべるとしたら，…芸術家や…デザイナー…を（　　　）かもしれない」という内容から，2．imagine「～を想像する」が正解。1．despise「～を軽蔑する」，3．recognize「～を認める，～をそれとわかる」，4．wish「～であればよいのにと思う」は意味がつながらないので不適。

　「もし私たちがあなたに創造的な人物を思い浮かべるように頼んだら，

２０２４年度

２月６日

英語

あなたは絵の具のしみのついた服を着た芸術家や，画期的な新製品を売り出すデザイナー，あるいはレゴブロックで丹念にスポーツカーを作り上げる子どもさえ想像するかもしれない」

⑶　S（The essential property of carbon atoms …）+ V（is）+ C（that 節）の構文で，that makes them … synthetics は property を先行詞とする関係詞節。空所に続く to form 以下は目的を表す to 不定詞句で，「無限の範囲の様々な種類の非常に大きな分子を形成するために」とあるので，炭素原子の本質的な特質を表す文として適切なのは，3．join together「結びつく」である。1．figure out「～を理解する」，2．get along「何とかやっていく，うまくいく」，4．break up「壊れる」では意味が通らないので不適。

「炭素原子を，生命体にとって，また産業用合成製品にとって非常に適した存在とするその本質的な特性は，無限の範囲，かつ様々な種類の非常に大きな分子を形成するために，結合するということである」

⑷　空所のあとに続く increase は，目的語 scientific knowledge をとっているので他動詞である。したがって，目的を表す to 不定詞となるように，3．to を入れる。1．for，2．of，4．with ではあとの部分につながらないので不適。

「市民科学とは，科学的知識を増やすために，一般の人々が科学的研究に実際に参加し協力することである」

⑸　前に a large があり，あとに of the population が続いていることに着目する。「人口のかなりの割合」という意味になるように，4．proportion「割合」を入れると，かなりの割合の人々が遠隔で仕事や勉強などを行っているという現在の事実と対照的な過去のことを述べる自然な文意となる。1．demand「要求，需要」，2．deposit「預金，手付金」，3．participation「参加」では前後の内容とつながらないので不適。

「50 年前，人口のかなりの割合の人々が遠隔で仕事をし，勉強し，社交するという考えは，SF のようなものであった」

講評

　読解の大問が2題と，語彙・文法の大問が1題という構成であった。最初に時間配分のために全体を見渡した時点で，大問1は設問にも読むべき英文が多いこと，また大問2は語句整序と主旨理解のみであることに気づくだろう。大問1に十分に時間を割けるように時間配分を決め，スピードを持って取り組みたい。

　1　動物の移動に関する研究について述べた英文である。自然科学の話題に関する英文は頻出なので，普段からそういった英文に親しんでいれば，長文であっても落ち着いて読み進められただろう。注が付されるとはいえ，難語も多い分野なので，未知語が少なければ理解度が上がる。普段から語彙を増やすことを意識しておきたい。

　(1)・(2)などに見られる同意表現の出題形式が多いが，単なる語句の言い換えから，文意から適切なものを選ぶ内容説明問題まで出題内容は多岐にわたる。段落ごとに大意をおさえながら問題にあたり，誤答は誤っている箇所に印をつけるなどして消去していくことで，自信を持って正答を選べるだろう。(5)・(14)で出題された，本文のある段落に基づく文章を完成させる問題は，今回は本文の言い換えに近いものが多く，該当箇所を探すことができれば比較的解きやすかったであろう。今後，段落や英文全体の要約文を完成させる問題が出題されても答えられるように，主旨を把握してそれを表現する練習をしておきたい。

　2　イソップ物語から3編の物語を読み，それぞれの教訓を表す文を完成させる問題である。内容・設問ともに平易なので，素早く確実に解答したい。語句整序は，与えられた語句と本文から意味を類推し，つなげられるところからつないでいくとよい。

　3　基本的な語彙・文法問題である。語彙の知識と確実な文法の運用力が必要とされる。(2)・(3)のように文の内容に合った語を選ぶ問題では，読解問題と同じような検討を行うことになるだろう。とはいえ，選択肢はいずれも基本的な語句なので，基礎を固めて確実に得点源としたい。

（注）　解答は，東京理科大学から提供のあった情報を掲載しています。

① 　解答　(1)**アイ**. 66　**ウ**. 8　**エオカ**. 931　**キ**. 3　**ク**. 2
　　　　　(2)**ケコサ**. 211　**シスセ**. 243　**ソタチ**. 131　**ツ**. 1
テト. 31
(3)**ナニ**. 90　**ヌ**. 0　**ネ**. 5　**ノ**. 0　**ハヒ**. 25　**フ**. 6

━━━━━━━━━━━━ 解説 ━━━━━━━━━━━━

《小問3問》

(1)(a)　第3群の最後の数は13で，第4群には 3^3 個の数が入るから，第4
群の最後の数は

　　　$13 + 3^3 = 40$

　よって，第5群の26番目の数は

　　　$40 + 26 = 66$　（→アイ）

(b)　第5，6，7群にはそれぞれ 3^4, 3^5, 3^6 個の数が入るから，第7群
の最後の数は

　　　$40 + 3^4 + 3^5 + 3^6 = 40 + 81 + 243 + 729 = 1093$

　第8群には 3^7 個の数が入り

　　　$3^7 = 2187$, $2024 - 1093 = 931 < 3^7$

　よって，2024は，第8群の931番目の数である。（→ウ～カ）

(c)　第1，2，3，…，n 群にはそれぞれ 3^1, 3^2, …, 3^{n-1} 個の数が入るか
ら，第 n 群の最後の数は

　　　$1 + 3 + 3^2 + \cdots + 3^{n-1} = \dfrac{3^n - 1}{3 - 1} = \dfrac{3^n - 1}{2}$　（→キ・ク）

(2)(a)　A以外の5人はそれぞれAと異なる手を出す確率が $\dfrac{2}{3}$ だから，A
と同じ手を出す人がいない確率は

　　　$\left(\dfrac{2}{3}\right)^5 = \dfrac{32}{243}$

よって，Aと同じ手を出す人がいる確率は

$$1 - \frac{32}{243} = \frac{211}{243} \quad (\rightarrow \text{ケ} \sim \text{セ})$$

A以外の5人はそれぞれAと同じ手を出す確率が　$\dfrac{1}{3}$

Aと同じ手を他に1人だけが出すとき，1人の選び方は5通りだから，確率は

$$5 \cdot \frac{1}{3} \cdot \left(\frac{2}{3}\right)^4 = \frac{80}{243}$$

よって，Aと同じ手を他に少なくとも2人が出す確率は

$$\frac{211}{243} - \frac{80}{243} = \frac{131}{243} \quad (\rightarrow \text{ソ} \sim \text{チ})$$

(b)　A以外の5人はそれぞれAに負ける手を出す確率が$\dfrac{1}{3}$だから，Aだけが勝つ確率は

$$\left(\frac{1}{3}\right)^5 = \frac{1}{243} \quad (\rightarrow \text{ツ})$$

A以外の5人はそれぞれAに勝つ手を出さない確率が$\dfrac{2}{3}$だから，Aに勝つ手を出す人がいない確率は

$$\left(\frac{2}{3}\right)^5 = \frac{32}{243}$$

このうち，Aが勝たないのはAと同じ手を他の全員が出すときで，確率は

$$\left(\frac{1}{3}\right)^5 = \frac{1}{243}$$

よって，Aが勝つ確率は

$$\frac{32}{243} - \frac{1}{243} = \frac{31}{243} \quad (\rightarrow \text{テト})$$

別解　Aが勝つとき，A以外の5人のうち少なくとも1人がAに負ける手を，その他の人はAと同じ手を出す。Aに負ける手を出す人の選び方は，1，2，3，4，5人のときそれぞれ $_5C_1$，$_5C_2$，$_5C_3$，$_5C_4$，$_5C_5$ 通り。

よって，Aが勝つ確率は

$$_5C_1\cdot\left(\frac{1}{3}\right)^5+{}_5C_2\cdot\left(\frac{1}{3}\right)^5+{}_5C_3\cdot\left(\frac{1}{3}\right)^5+{}_5C_4\cdot\left(\frac{1}{3}\right)^5+{}_5C_5\cdot\left(\frac{1}{3}\right)^5=\frac{31}{243}$$

(3)(a) $\overrightarrow{AB}=(0,\ 0,\ 1)$，$\overrightarrow{AC}=(4,\ 3,\ 0)$ だから

　　$\overrightarrow{AB}\cdot\overrightarrow{AC}=0$，$|\overrightarrow{AB}|\neq0$，$|\overrightarrow{AC}|\neq0$

　よって，$\overrightarrow{AB}\perp\overrightarrow{AC}$ で　　$\angle BAC=90°$　（→ナ二）

(b) $D(x,\ y,\ z)\ (y>0)$ とすると　　$\overrightarrow{AD}=(x-3,\ y-1,\ z)$

　　$DA=5$ だから

　　　$DA^2=|\overrightarrow{AD}|^2=(x-3)^2+(y-1)^2+z^2=5^2$　……①

　　$\angle DAB=90°$ だから　　$\overrightarrow{AD}\cdot\overrightarrow{AB}=0$

　よって　　$z=0$

　　$\angle DAC=90°$ だから　　$\overrightarrow{AD}\cdot\overrightarrow{AC}=0$

　よって

$$4(x-3)+3(y-1)=0\qquad x=3-\frac{3}{4}(y-1)$$

①に代入して

$$\frac{9}{16}(y-1)^2+(y-1)^2=25\qquad(y-1)^2=16$$

$y>0$ だから　　$y=5$，$x=3-\dfrac{3}{4}(5-1)=0$

よって　　$D(0,\ 5,\ 0)$　（→ヌ〜ノ）

$\angle BAC=90°$ だから

$$\triangle ABC=\frac{1}{2}\cdot AB\cdot AC=\frac{1}{2}\cdot1\cdot\sqrt{4^2+3^2}=\frac{5}{2}$$

$\angle DAB=\angle DAC=90°$ だから，辺 AD は面 ABC に垂直である。

よって，四面体 ABCD の体積は

$$\triangle ABC\cdot AD\cdot\frac{1}{3}=\frac{5}{2}\cdot5\cdot\frac{1}{3}=\frac{25}{6}\quad(\rightarrow\text{ハ〜フ})$$

別解 **(a)**　A，C はともに xy 平面上の点，直線 AB は xy 平面に垂直な直線だから　　$\angle BAC=90°$

(b)　$\angle DAB=90°$ より，D は xy 平面上の点である。

　　$AC=\sqrt{3^2+4^2}=5=DA$

　よって，xy 平面上で A を中心に C を反時計回りに $90°$ だけ回転させて

　　$D(0,\ 5,\ 0)$

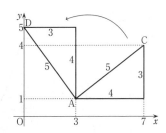

$\angle \mathrm{DAC}=90°$ で，辺 AB は xy 平面に垂直より，四面体 ABCD の体積は

$$\triangle \mathrm{DAC}\cdot \mathrm{AB}\cdot \frac{1}{3}=\frac{5^2}{2}\cdot 1\cdot \frac{1}{3}=\frac{25}{6}$$

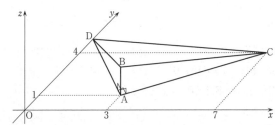

2 **解答** (1) $x=2$ で極小，$x=3$ で極大，$x=4$ で極小

(2) $(0<)\,a<-\dfrac{b}{3}-1$ (3) $2a^2+\dfrac{8}{3}$

※計算過程の詳細については省略。

━━━━━━━━ 解 説 ━━━━━━━━

《絶対値を含む関数，直線と曲線の交点の個数，曲線と直線で囲まれた部分の面積》

(1) $x\geqq 3$ のとき，$|x-3|=x-3$ だから

$$f(x)=(x-3)^2-2(x-3)-3=x^2-8x+12=(x-4)^2-4 \quad \cdots\cdots①$$

$x<3$ のとき，$|x-3|=-(x-3)$ だから

$$f(x)=(x-3)^2+2(x-3)-3$$
$$=x^2-4x=(x-2)^2-4 \quad \cdots\cdots②$$

右図より，$f(x)$ の極値を与える x は

$x=3$ のとき極大値，

$x=2,\ 4$ のとき極小値 ……(答)

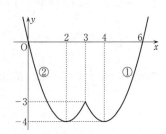

(2) 直線 l が点 $(3, -3)$ を通るとき

$$-3 = 3a + b \quad \cdots\cdots ③$$

$$a = -\frac{1}{3}b - 1$$

$-4 < b < -3$ のとき，右図より，求める
a の範囲は

$$0 < a < -\frac{b}{3} - 1 \quad \cdots\cdots (答)$$

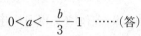

(3) 直線 l が点 $(3, -3)$ を通るとき，③より $b = -3a - 3$ で

$$l : y = ax - 3a - 3$$

①との交点は

$$x^2 - 8x + 12 = ax - 3a - 3$$
$$x^2 - (a+8)x + 3a + 15 = 0$$
$$(x-3)\{x - (a+5)\} = 0$$
$$x = 3, \ a+5$$

②との交点は

$$x^2 - 4x = ax - 3a - 3$$
$$x^2 - (a+4)x + 3a + 3 = 0$$
$$(x-3)\{x - (a+1)\} = 0$$
$$x = 3, \ a+1$$

$0 < a < 2$ より　　$a+1 < 3 < a+5$

よって，右図より，求める面積は

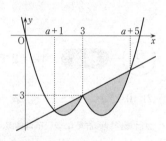

$$\int_{a+1}^{3} \{ax - 3a - 3 - (x^2 - 4x)\} dx + \int_{3}^{a+5} \{ax - 3a - 3 - (x^2 - 8x + 12)\} dx$$

$$= -\int_{a+1}^{3} (x-3)\{x-(a+1)\} dx - \int_{3}^{a+5} (x-3)\{x-(a+5)\} dx$$

$$= \frac{1}{6}\{3-(a+1)\}^3 + \frac{1}{6}(a+5-3)^3 = \frac{1}{6}(2-a)^3 + \frac{1}{6}(a+2)^3$$

$$= \frac{1}{6}\cdot 2(6a^2 + 8) = 2a^2 + \frac{8}{3} \quad \cdots\cdots (答)$$

参考　公式 $\int_{\alpha}^{\beta}(x-\alpha)(x-\beta)\,dx = -\frac{1}{6}(\beta-\alpha)^3$ を用いた。

(1) P (2, 2), Q (4, 1)　(2) $a = \dfrac{9}{2}$　(3) $8 - 4\log 2$

※計算過程の詳細については省略。

===== 解 説 =====

《反比例のグラフと接線，曲線と直線で囲まれた部分の面積》

(1) $y = \dfrac{4}{x}$ より $y' = -\dfrac{4}{x^2}$ だから，曲線 C 上の点 $\left(p, \dfrac{4}{p}\right)$ $(p>0)$ での接線は

$$y - \frac{4}{p} = -\frac{4}{p^2}(x - p)$$

この接線が点 $\left(\dfrac{8}{3}, \dfrac{4}{3}\right)$ を通るとき

$$\frac{4}{3} - \frac{4}{p} = -\frac{4}{p^2}\left(\frac{8}{3} - p\right)$$

$$4p^2 - 12p = -4(8 - 3p)$$

$$p^2 - 6p + 8 = 0$$

$$(p-2)(p-4) = 0$$

$$p = 2, \ 4$$

これは，$p>0$ をみたす。点 P の x 座標は点 Q の x 座標より小さいから

P (2, 2), Q (4, 1)　……(答)

(2) 直線 PQ の式は

$$y - 2 = \frac{1 - 2}{4 - 2}(x - 2)$$

$$y = -\frac{1}{2}x + 3$$

$y = \dfrac{a}{x}$ より $y' = -\dfrac{a}{x^2}$ だから，点 $\left(t, \dfrac{a}{t}\right)$ $(t>0)$ での接線は

$$y - \frac{a}{t} = -\frac{a}{t^2}(x - t)$$

$$y = -\frac{a}{t^2}x + \frac{2a}{t}$$

これが直線 PQ になるとすると

$$-\frac{a}{t^2} = -\frac{1}{2}, \ \frac{2a}{t} = 3$$

$$2a = t^2 = 3t$$

$t > 0$ だから　　　$t = 3$,　$a = \dfrac{9}{2}$

これは，$a > 0$ をみたす。よって，求める a の値は

$$a = \dfrac{9}{2} \quad \cdots\cdots (答)$$

(3)　(2)で $a < 32$ だから，$x > 0$ のとき　　　$\dfrac{a}{x} < \dfrac{32}{x}$

よって，直線 PQ と曲線 $xy = 32$ は交点をもたない。

直線 PQ と曲線 C で囲まれる部分の面積を S_1，$\triangle$PQR の面積を S_2 とする。

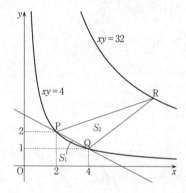

上図より

$$S_1 = \int_2^4 \left(-\frac{1}{2}x + 3 - \frac{4}{x} \right) dx = \left[-\frac{1}{4}x^2 + 3x - 4\log x \right]_2^4$$

$$= -4 + 12 - 4\log 4 - (-1 + 6 - 4\log 2)$$

$$= 3 - 4\log\frac{4}{2} = 3 - 4\log 2$$

求める面積は $S_1 + S_2$ で，S_1 は定数だから，S_2 が最小となる場合を考えればよい。

直線 PQ の方程式は $x + 2y - 6 = 0$ と変形されるから，$R\left(r, \dfrac{32}{r} \right)$ $(r > 0)$ との距離を d とすると

$$d = \frac{\left| r + \dfrac{64}{r} - 6 \right|}{\sqrt{1^2 + 2^2}} = \frac{1}{\sqrt{5}} \left| r + \frac{64}{r} - 6 \right|$$

また

$$PQ = \sqrt{(4-2)^2 + (1-2)^2} = \sqrt{5}$$

よって

$$S_2 = \frac{1}{2} \cdot PQ \cdot d = \frac{1}{2} \left| r + \frac{64}{r} - 6 \right|$$

$r > 0$, $\dfrac{64}{r} > 0$ だから，相加平均と相乗平均の大小関係より

$$r + \frac{64}{r} - 6 \geqq 2\sqrt{r \cdot \frac{64}{r}} - 6 = 10$$

$$S_2 \geqq \frac{1}{2} \cdot 10 = 5$$

等号が成り立つとき

$$r = \frac{64}{r} \qquad r^2 = 64$$

$r > 0$ より　　$r = 8$

このとき S_2 は最小で　　$S_2 = 5$

よって，求める面積の最小値は

$$S_1 + S_2 = 3 - 4\log 2 + 5 = 8 - 4\log 2 \quad \cdots\cdots (答)$$

別解　次図より，曲線 $xy = 32$ の R での接線と直線 PQ が平行になるとき，S_2 は最小である。

$y = \dfrac{32}{x}$ より $y' = -\dfrac{32}{x^2}$ だから，$R\left(r, \dfrac{32}{r}\right)$ $(r > 0)$ とすると

$$-\frac{32}{r^2} = -\frac{1}{2}$$

$r > 0$ より　　$r = 8$

よって，$R(8, 4)$ のとき S_2 は最小で

$$S_2 = 6 \cdot 3 - \frac{1}{2} \cdot 2 \cdot 1 - \frac{1}{2} \cdot 4 \cdot 3 - \frac{1}{2} \cdot 6 \cdot 2$$

$$= 18 - 1 - 6 - 6 = 5$$

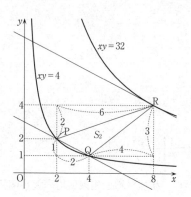

 数学

【**講評**】

　　2024年度も，記述式2題，マークシート式1題（独立した内容の小問3問）という構成であった。全体を通して，各単元での基本的な知識が幅広く問われている。応用問題では小問による誘導があるので，落ち着いて考えよう。計算量が多くなることも多いため，できるだけ簡単になるよう変形し，丁寧に計算を進めたい。

　　1　(1)は群数列に関する基本的な問題，(2)はじゃんけんを題材とした確率に関する標準的な問題，(3)は空間図形に関する標準的な問題である。(1)は，各項の最後の数に注目すると考えやすい。群数列では，各群の項数，第何群の第何項か，元の数列で第何項かを，混乱しないように注意しながら進めよう。(2)は，余事象を考えると計算しやすいが，〔別解〕のように条件をみたす場合を分けて考えてもよい。(3)は，ベクトルを用いて考えるとよい。角度の条件，特に90°は内積が使いやすい。(a)は，余弦定理や三平方の定理などでもわかる。(a)・(b)ともに，〔別解〕のように図を用いて考えても解答できる。

　　2　絶対値を含む関数と直線の交点に関する標準的な問題である。(1)は，極の定義が減少と増加が切り替わる点であることに注意して，グラフを見るとよい。絶対値を含む関数は，正と負での場合分けが基本である。(2)は，交点の個数をグラフで調べよう。y切片bが$-4 < b < -3$であることと$a > 0$であることをふまえて傾きaを変化させると，$(3, -3)$を通る場合を調べればよいとわかる。(3)は，交点を求め，囲

まれる部分を図示し，立式して積分するという面積の基本的な求め方に従えばよい。

3　反比例のグラフの接線と面積に関する標準的な問題である。(1)・(2)は，円と放物線以外の曲線では接線の定義が微分係数を傾きとする直線だから，必ず微分法を用いる。(3)は，面積を2つの部分に分けて考えるとよい。S_2 の最小値は〔別解〕のようにしても求められる。

物
理

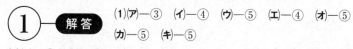

（注）　解答は，東京理科大学から提供のあった情報を掲載しています。

① 解答　(1)(ア)—③　(イ)—④　(ウ)—⑤　(エ)—④　(オ)—⑤
(カ)—⑤　(キ)—⑤
(2)(ク)—⓪　(ケ)—②　(コ)—①　(サ)—②　(シ)—①　(ス)—②　(セ)—②

――――――――――――――　解　説　――――――――――――――

《摩擦のある床上での円板の衝突》

(1)(ア)　動摩擦力の大きさは μmg なので，x 方向の運動方程式は
$$ma_x = -\mu mg\cos\theta$$

(イ)　y 方向の運動方程式は
$$ma_y = \mu mg\sin\theta$$

(ウ)　円板Aが壁に衝突するまでに移動する距離は $\dfrac{b}{\sin\theta}$ なので，その距離を動摩擦力に逆らって移動しても，円板Aの運動エネルギーが正であればよいので，エネルギーと仕事の関係より

$$\frac{1}{2}mv_0{}^2 - \mu mg\times\frac{b}{\sin\theta} > 0 \qquad v_0{}^2 > \frac{2\mu gb}{\sin\theta}$$

(エ)・(オ)　壁と衝突する直前の円板Aの速さを v_1 とすると，エネルギーと仕事の関係より

$$\frac{1}{2}mv_1{}^2 = \frac{1}{2}mv_0{}^2 - \mu mg\times\frac{b}{\sin\theta} \qquad \therefore \quad v_1 = \sqrt{v_0{}^2 - \frac{2\mu gb}{\sin\theta}}$$

　よって，壁と衝突する直前の円板Aの速度を成分で表示すると

$$(v_1\cos\theta,\ -v_1\sin\theta) = \left(\sqrt{v_0{}^2 - \frac{2\mu gb}{\sin\theta}}\times\cos\theta,\ -\sqrt{v_0{}^2 - \frac{2\mu gb}{\sin\theta}}\times\sin\theta\right)$$

(カ)　壁と衝突後の円板Aの速度の向きから，衝突直後の速度の y 成分は

$$\tan\theta'\sqrt{v_0{}^2 - \frac{2\mu gb}{\sin\theta}}\times\cos\theta$$

(キ)　衝突前後の運動エネルギーを比較すると

$$\frac{1}{2}m\left\{\left(\sqrt{v_0{}^2-\frac{2\mu gb}{\sin\theta}}\cos\theta\right)^2+\left(\tan\theta'\sqrt{v_0{}^2-\frac{2\mu gb}{\sin\theta}}\cos\theta\right)^2\right\}$$

$$-\frac{1}{2}m\left\{\left(\sqrt{v_0{}^2-\frac{2\mu gb}{\sin\theta}}\cos\theta\right)^2+\left(-\sqrt{v_0{}^2-\frac{2\mu gb}{\sin\theta}}\sin\theta\right)^2\right\}$$

$$=\frac{1}{2}m\left\{\left(\tan\theta'\sqrt{v_0{}^2-\frac{2\mu gb}{\sin\theta}}\cos\theta\right)^2-\left(-\sqrt{v_0{}^2-\frac{2\mu gb}{\sin\theta}}\sin\theta\right)^2\right\}$$

$$=\frac{m}{2}\left(v_0{}^2-\frac{2\mu gb}{\sin\theta}\right)(\tan^2\theta'\cos^2\theta-\sin^2\theta)$$

$$=\frac{m}{2}\left(v_0{}^2-\frac{2\mu gb}{\sin\theta}\right)\left\{\left(\frac{1}{\cos^2\theta'}-1\right)\cos^2\theta-\sin^2\theta\right\}$$

$$=\frac{m}{2}\left(v_0{}^2-\frac{2\mu gb}{\sin\theta}\right)\left(\frac{\cos^2\theta}{\cos^2\theta'}-1\right)$$

(2)(ク)　図1-3において，三角形 OA_GB_G を考えると

$$\sin\phi=\frac{l}{R+r}$$

(ケ)　図1-3において，三平方の定理より，OA_G の長さは $\sqrt{(R+r)^2-l^2}$ なので

$$\cos\phi=\frac{\sqrt{(R+r)^2-l^2}}{R+r}$$

(コ)　円板Aが円板Bに衝突するまでに移動する距離は $c-\sqrt{(R+r)^2-l^2}$ なので，エネルギーと仕事の関係より

$$\frac{1}{2}mv^2=\frac{1}{2}mv_0{}^2-\mu mg\times\left(c-\sqrt{(R+r)^2-l^2}\right)$$

$$\therefore\quad v^2=v_0{}^2-2\mu g\left(c-\sqrt{(R+r)^2-l^2}\right)$$

(サ)　x' 成分についての運動量保存則より

$$mv_\parallel=MV+mv'_\parallel$$

(シ)　y' 成分についての運動量保存則より

$$mv_\perp=mv'_\perp$$

(ス)　力学的エネルギー保存則より

$$\frac{1}{2}mv^2=\frac{1}{2}MV^2+\frac{1}{2}m(v'_\parallel{}^2+v'_\perp{}^2)$$

(セ)　(ス)より

$$\frac{1}{2}m\left(v_\parallel{}^2+v_\perp{}^2\right)=\frac{1}{2}m\left(v'_\parallel{}^2+v'_\perp{}^2\right)+\frac{1}{2}MV^2$$

(シ)より $v_\perp=v'_\perp$ なので，上の式は

$$mv_\parallel{}^2=mv'_\parallel{}^2+MV^2$$

(サ)を用いて $v_\parallel$ を消去すると

$$mv_\parallel{}^2=m\left(v_\parallel-\frac{M}{m}V\right)^2+MV^2 \qquad \therefore\quad V=\frac{2m}{M+m}\times v_\parallel$$

② 解答

(1)(ア)—④　(イ)—①　(ウ)—④　(エ)—⑤　(オ)—⓪
(カ)—④　(キ)—⓪　(ク)—②　(ケ)—③　(コ)—③　(サ)—④
(シ)—⑤
(2)(ス)—⑥　(セ)—④　(ソ)—⑥　(タ)—④

―――――――― 解説 ――――――――

《誘導起電力，力のモーメント》

(1)(ア)　$t=0$ から時刻 t までの間に磁極は ωt だけ回転するので，コイル L_1 と磁極が重なる部分の面積は

$$\frac{a^2}{2}\left(\frac{\pi}{2}-\omega t\right)$$

よって，コイル L_1 を貫く磁束は

$$\Phi_{L1}=\frac{Ba^2}{2}\left(\frac{\pi}{2}-\omega t\right)$$

(イ)　コイル L_2 を貫く磁束は

$$\Phi_{L2}=\frac{Ba^2}{2}\omega t$$

(ウ)　レンツの法則より I_{L_1} は正となる。符号に注意して，ファラデーの電磁誘導の法則より

$$I_{L_1}R=-\frac{d\Phi_{L1}}{dt}=\frac{Ba^2\omega}{2} \qquad \therefore\quad I_{L1}=\frac{Ba^2\omega}{2R}$$

(エ)　レンツの法則より I_{L_2} は負となる。符号に注意して，ファラデーの電磁誘導の法則より

$$I_{L_2}R=-\frac{d\Phi_{L2}}{dt}=-\frac{Ba^2\omega}{2}$$

$$\therefore \quad I_{L2} = -\frac{Ba^2\omega}{2R}$$

(オ)　コイル L_1 と磁極は重ならず　　$\Phi_{L1} = 0$

(カ)　コイル L_2 を貫く磁束は

$$\Phi_{L2} = B \times \frac{a^2}{2}\left(\pi - \omega t\right) = \frac{Ba^2}{2}\left(\pi - \omega t\right)$$

(キ)　磁束が変化しないので，誘導起電力は生じず，電流も流れない。

(ク)　対称性より，$0 \leqq t < \frac{\omega}{2\pi}$ におけるコイル L_1 と同じ状況とみなせるので，

(ウ)より

$$I_{L2} = \frac{Ba^2\omega}{2R}$$

(ケ)　(イ)より，グラフは③とわかる。

(コ)　コイル L_1 の OA の部分を流れる電流は図 2-4 の c の向きなので，フレミング左手の法則より，電磁力の向きは図 2-4 の d の向きである。

(サ)　コイル L_1 の OA の部分を流れる電流が磁場から受ける力の大きさは

$$I_{L1}Ba = \frac{B^2a^3\omega}{2R}$$

(シ)　$t = \frac{\pi}{4\omega}$ のとき，円板上のコイルが磁場から受ける力は，コイル L_1 の OA の部分と，それに隣り合うコイル L_2 の部分を流れる電流のみである。どちらの電流も図 2-4 の c の向きであり，電磁力の向きも図 2-4 の d の向きなので，円板の中心 O のまわりの円板にはたらく電磁力のモーメントは

$$2 \times \left(\frac{a}{2} \times \frac{B^2a^3\omega}{2R}\right) = \frac{B^2a^4\omega}{2R}$$

(2)(ス)　円板も回転することに注意すると，磁極は円板に対して相対的に角速度 $\omega - \omega'$ で回転する。よって，電磁力のモーメントは(シ)における ω を $\omega - \omega'$ に置き換えれば求められるので

$$S \times a = \frac{B^2a^4(\omega - \omega')}{2R}$$

$$\therefore \quad S = \frac{B^2a^3(\omega - \omega')}{2R}$$

(セ)　円板上の点 P の速さは $a\omega'$ となるので，円板がする仕事の仕事率は

物
理

$$S \times a\omega' = \frac{B^2 a^4}{2R} \omega'(\omega - \omega')$$

(ソ)　磁極が1つのコイルと完全に重なる瞬間を無視すると，磁極と重なる2つのコイルに電流が流れ，その電流の大きさは等しい。電流の大きさは，(ウ)における ω を $\omega - \omega'$ に置き換えれば求められるので，2つのコイルで発生する単位時間あたりのジュール熱の和は

$$2 \times R \left\{ \frac{Ba^2(\omega - \omega')}{2R} \right\}^2 = \frac{B^2 a^4(\omega - \omega')^2}{2R}$$

(タ)　(セ)より，円板がする仕事率は

$$\frac{B^2 a^4 \omega'(\omega - \omega')}{2R} = \frac{B^2 a^4}{2R} \left\{ -\left(\omega' - \frac{\omega}{2} \right)^2 + \frac{\omega^2}{4} \right\}$$

よって，$\omega' = \frac{1}{2} \times \omega$ のとき最大値となる。

③　解答　　(1)(ア)—②　(イ)—②　(ウ)—⑤　(エ)—④　(オ)—④
　　　　　　(2)(カ)—⓪　(キ)—②　(ク)—①　(ケ)—⓪　(コ)—⓪

━━━━━━━━━━━━━━━━━ 解説 ━━━━━━━━━━━━━━━━━

《光の屈折による光源の見かけの浮き上がり》

(1)(ア)　各媒質中での光の波長は，各媒質での光速に比例し，各媒質の屈折率に反比例する。よって，媒質2での光の波長は

$$\frac{n_1 \lambda}{n_2}$$

(イ)　経路差が媒質2での光の波長の半整数倍となるとき，光が弱め合うので，d が最小値をとるとき

$$2d = \frac{1}{2} \cdot \frac{n_1 \lambda}{n_2}$$

$$\therefore \quad d = \frac{n_1 \lambda}{4 n_2}$$

(ウ)　媒質1から媒質2に入射した光の屈折角を φ とすると，スネルの法則より

$$n_1 \sin \theta = n_2 \sin \varphi$$

AB と BC の距離の和は

$$2 \times \frac{d}{\cos\varphi} = \frac{2d}{\sqrt{1-\sin^2\varphi}} = \frac{2d}{\sqrt{1-\left(\dfrac{n_1}{n_2}\sin\theta\right)^2}}$$

$$= \frac{2dn_2}{\sqrt{n_2{}^2 - n_1{}^2\sin^2\theta}}$$

(エ)　AC の距離は

$$2 \times d\tan\varphi = 2d\frac{\sin\varphi}{\sqrt{1-\sin^2\varphi}} = 2d\frac{\dfrac{n_1}{n_2}\sin\theta}{\sqrt{1-\left(\dfrac{n_1}{n_2}\sin\theta\right)^2}}$$

$$= \frac{2dn_1\sin\theta}{\sqrt{n_2{}^2 - n_1{}^2\sin^2\theta}}$$

よって，A′C の距離は

$$\frac{2dn_1\sin\theta}{\sqrt{n_2{}^2 - n_1{}^2\sin^2\theta}} \times \sin\theta = \frac{2dn_1\sin^2\theta}{\sqrt{n_2{}^2 - n_1{}^2\sin^2\theta}}$$

(オ)　d が最小値をとるとき，2 つの経路を通った光の位相差が π となるので

$$\frac{2\pi}{\dfrac{n_1\lambda}{n_2}} \times \frac{2dn_2}{\sqrt{n_2{}^2 - n_1{}^2\sin^2\theta}} - \frac{2\pi}{\lambda} \times \frac{2dn_1\sin^2\theta}{\sqrt{n_2{}^2 - n_1{}^2\sin^2\theta}} = \pi$$

$$d = \frac{n_1\lambda}{4\sqrt{n_2{}^2 - n_1{}^2\sin^2\theta}}$$

(2)(カ)　(1)で求めた屈折角 φ を使うと $a = L_0\tan\varphi$ となるので

$$a \fallingdotseq L_0\sin\varphi$$

$$= \frac{n_1\sin\theta}{n_2} \times L_0$$

(キ)　$a = L\tan\theta$ より

$$a \fallingdotseq L\sin\theta$$

(カ)より

$$L\sin\theta = \frac{n_1\sin\theta}{n_2}L_0$$

$$\therefore \quad L = \frac{n_1}{n_2} \times L_0$$

(ク) $T = \dfrac{d - L_0}{v}$

(ケ) (キ)より，媒質 2 の中にある 2 台のカメラから見た媒質 3 の中にある光源の見かけの位置 L' と実際の位置 L_1 の関係を求めると

$$L' - d = \frac{n_2}{n_3}(L_1 - d)$$

また，(キ)より，媒質 1 の中にある 2 台のカメラから見た見かけの位置は，媒質 2 の中にある 2 台のカメラから見た見かけの位置を実際の位置として代入して求められるので

$$L = \frac{n_1}{n_2}L'$$
$$= \frac{n_1}{n_2}\left\{ d + \frac{n_2}{n_3}(L_1 - d) \right\}$$
$$= \frac{n_1 d}{n_2} + \frac{n_1(L_1 - d)}{n_3}$$

(コ) 横軸は実際の深さと対応している。時刻 T に光源が媒質 3 に到達するまでは，実際の深さに対して見かけの位置は傾き $\dfrac{n_1}{n_2}$ の直線上を移動するが，その後は，傾きが小さくなり，傾き $\dfrac{n_1}{n_3}$ の直線上を移動する。よって，グラフは⑩となる。

講 評

　例年通り，試験時間 80 分，大問 3 題の構成である。

　1 摩擦のある床上での円板の衝突の問題である。(1)は摩擦のある床上での円板の運動と壁への衝突の問題。(キ)以外は標準的な内容だが，(キ)の式変形が難しかったと思われる。記述式の出題であれば〔解説〕の途中の式でも全く問題なく正解なのだが，選択肢の中から選ぶのが難しかった。$\tan^2 \theta'$ の変形に気づけなくても，壁との衝突における反発係数が非常に小さく θ' が 0 に近い状況であれば，速度の y 成分に対応する運動エネルギーが失われると予想できる。特に，$\dfrac{\tan^2 \theta}{\tan^2 \theta'}$ を含む選択肢

②・④・⑥は，θ' が 0 に近づくと無限に大きくなるので，明らかに不適切である。このように，物理的に変な選択肢を見抜くことは，数式が煩雑で手がつけられない場合だけでなく，計算結果の確認にも役立つ。

(2)は摩擦のある床上での 2 つの円板の衝突の問題である。あまり見ない設定で難しく感じるかもしれないが，内容としては基本的である。(セ)より，2 つの円板の運動の x' 成分だけを考えれば，通常の 2 物体の衝突の問題と同じ結果になることが確認できる。

2　誘導起電力と力のモーメントに関する問題である。(1)は固定されたコイルの近くで磁石を回転させる状況での誘導起電力に関する標準的な問題。(2)はコイルを固定した円板を回転できるようにした上で，磁石を回転させる問題。磁石は円板に対して相対的に角速度 $\omega-\omega'$ で回転していると考えれば，(1)の結果を使うことができる。円板がする仕事とコイルで発生するジュール熱の和は，電磁力のモーメントと磁石の角速度の積で求まる，磁石に加える仕事率に等しいことがわかる。

3　光の屈折による光源の見かけの浮き上がりに関する問題である。(1)は光の屈折に関する標準的な問題。(ウ)・(エ)は計算式が煩雑になるので，丁寧に式変形することが求められる。(2)は 3 層の媒質を使って光の屈折による光源の見かけの浮き上がりを考察する問題。(1)の結果や式変形を活用できるので，見た目よりも易しい。(ケ)は，(キ)の結果を繰り返し使えばよいことに気づくのがポイント。(コ)は，グラフの横軸を原点がずれた実際の深さと考えることができる。

全体的に，ほぼ例年通りの内容であった。一部に複雑な式変形を要する出題があったが，過去にも同じような出題が頻繁に見られるため，例年と同程度の難易度であったように思われる。

化　学

(注)　解答は，東京理科大学から提供のあった情報を掲載しています。

1 　解答　　(1)(i) 9.0×10^{-1}　(2)(ii) 5.6×10^{-3}
(3)(iii) 2.0×10^{-2}　(4)(iv) $2.9 \times 10^{+3}$

═══════════ 解説 ═══════════

《溶液の濃度，気体の溶解度，平衡定数，陽イオン交換膜法》

(1)　濃アンモニア水の密度を d〔g/cm³〕とする。1 L（1000 cm³）の濃アンモニア水に溶けている NH_3（分子量 17.0）の質量について

$$1000d \times \frac{28.0}{100} = 14.8 \times 17.0 \qquad \therefore \quad d = 0.89 \fallingdotseq 9.0 \times 10^{-1} \text{〔g/cm}^3\text{〕}$$

(2)　圧力が 1.013×10^5 Pa のときに，1.50 L の水に溶ける H_2 の物質量は $\dfrac{0.0315}{22.4}$ mol であるから，3.039×10^5 Pa のとき，1.00 L の水に溶ける H_2（分子量 2.0）の質量は

$$2.0 \times \frac{0.0315}{22.4} \times \frac{3.039 \times 10^5}{1.013 \times 10^5} \times \frac{1.00}{1.50} = 5.62 \times 10^{-3} \fallingdotseq 5.6 \times 10^{-3} \text{〔g〕}$$

(3)　反応による物質量の変化は次のようになる。

	2HI	⇌	H_2	+	I_2	
反応前	10.80		0		0	〔mol〕
反応量	-2.40		+1.20		+1.20	〔mol〕
平衡時	8.40		1.20		1.20	〔mol〕

　よって，容器の容積を V〔L〕とすると，この反応の平衡定数 K は

$$K = \frac{[H_2][I_2]}{[HI]^2} = \frac{\dfrac{1.20}{V} \times \dfrac{1.20}{V}}{\left(\dfrac{8.40}{V}\right)^2} = \frac{1.20 \times 1.20}{8.40 \times 8.40} = \frac{1}{49}$$

$$= 0.0204 \fallingdotseq 2.0 \times 10^{-2}$$

(4)　各電極で起こる反応は，それぞれ次のようになる。

　　陽極：$2Cl^- \longrightarrow Cl_2 + 2e^-$

陰極：$2H_2O + 2e^- \longrightarrow H_2 + 2OH^-$

　陰極の反応式より，生成した NaOH の物質量は陰極で生成した OH^- の物質量に等しいので，流れた電子は 0.120 mol である。よって，電流を流した時間を t 秒とすると

$$4.00 \times t = 9.65 \times 10^4 \times 0.120 \quad \therefore \quad t = 2895 \doteqdot 2.9 \times 10^3 〔秒〕$$

② 解答

(1)(あ) 4　(い) 2　(i) $6.10 \times 10^{+0}$

(2)(ii) 5.32×10^{-2}　(ア)— 1　(イ)— 3

(3)(ウ)— 1　(エ)— 5　(オ)— 8　(カ)— 7

(4)(キ)— 2　(iii) $1.11 \times 10^{+0}$

======= 解説 =======

《イオン結晶の結晶格子，Cu・Zn・Al の単体と化合物の反応》

(1)　Cu^+ はすべて単位格子の内部に存在しているので

$$1 \times 4 = 4 \text{ 個}$$

O^{2-} は，単位格子の内部に 1 個，頂点に 8 個存在しているので

$$1 \times 1 + \frac{1}{8} \times 8 = 2 \text{ 個}$$

　よって，単位格子に Cu_2O（式量 143）は 2 個含まれていることになる。単位格子の 1 辺の長さは 4.27×10^{-8} cm であるから，求める密度は

$$\frac{単位格子の質量〔g〕}{単位格子の体積〔cm^3〕} = \frac{\dfrac{143}{6.02 \times 10^{23}} \times 2}{(4.27 \times 10^{-8})^3} = \frac{143 \times 2 \times 10}{77.9 \times 6.02}$$

$$= 6.098 \doteqdot 6.10 〔g/cm^3〕$$

(2)　$CuSO_4 \cdot 5H_2O$ を加熱したときに起こる反応は，次のようになる。

$$CuSO_4 \cdot 5H_2O \longrightarrow CuSO_4 + 5H_2O$$

　減少した質量は H_2O の質量であるから，得られた $CuSO_4$（式量 159.6）の質量は

$$159.6 \times \frac{3.00 \times 10^{-2}}{18.0} \times \frac{1}{5} = 0.0532 \doteqdot 5.32 \times 10^{-2} 〔g〕$$

(3)　酸性条件下で H_2S を通じたときに沈殿を生じるのは Cu^{2+} のみであるから，Cu^{2+} を含んでいるのは水溶液 B である。このとき生じるのは，CuS の黒色の沈殿である。

　Zn²⁺ は(a)と(c)の両方の記述に当てはまるが，Al³⁺ が(c)のみに当てはまるので，Zn²⁺ を含んでいるのは水溶液Aであり，Al³⁺ を含んでいるのは水溶液Cである。

　(a)について，Zn²⁺ を含んだ水溶液にアンモニア水を少量加えると Zn(OH)₂ の白色沈殿が生じ，さらに加え続けると，錯イオンを生じて溶解する。

$$Zn^{2+} + 2OH^- \longrightarrow Zn(OH)_2$$
$$Zn(OH)_2 + 4NH_3 \longrightarrow [Zn(NH_3)_4]^{2+} + 2OH^-$$

また，塩基性条件下で Zn²⁺ を含んだ水溶液に H₂S を通じると，ZnS の白色の沈殿が生じる。

　(c)について，Al³⁺ を含んだ水溶液に NaOH 水溶液を少量加えると Al(OH)₃ の白色沈殿が生じ，さらに加え続けると，錯イオンを生じて溶解する。

$$Al^{3+} + 3OH^- \longrightarrow Al(OH)_3$$
$$Al(OH)_3 + NaOH \longrightarrow [Al(OH)_4]^- + Na^+$$

⑷　Al を濃硝酸に加えると，表面に緻密な酸化物の被膜が形成されて内部が保護されるので，ほとんど反応せず，溶解しない。このような状態を不動態という。

　また，Al は両性元素なので，酸だけでなく強塩基の水溶液にも溶解する。NaOH 水溶液に対しては，次のような反応を起こして溶解し，H₂ が発生する。

$$2Al + 2NaOH + 6H_2O \longrightarrow 2Na[Al(OH)_4] + 3H_2$$

　よって，0.890 g の Al が溶解したときに発生する H₂ の標準状態における体積は

$$22.4 \times \frac{0.890}{27.0} \times \frac{3}{2} = 1.107 \fallingdotseq 1.11 \,(L)$$

③　解答　⑴(ア)— 7　　⑵(i) $4.1 \times 10^{+0}$
　　　　　⑶(ii) $1.1 \times 10^{+2}$　⑶(iii) $3.2 \times 10^{+2}$

━━━━━━━━━━━━ 解説 ━━━━━━━━━━━━

《化学反応の量的関係，反応熱》

⑴　燃焼前の CH₄ と C₂H₆ の物質量をそれぞれ $x\,(mol)$，$y\,(mol)$ とおく

と

$$x+y=0.100 \quad \cdots\cdots ①$$

それぞれの気体の燃焼の化学反応式と反応量は

$$CH_4+2O_2 \longrightarrow CO_2+2H_2O$$

反応量　　$-x$　　$-2x$　　　$+x$　　$+2x$〔mol〕

$$2C_2H_6+7O_2 \longrightarrow 4CO_2+6H_2O$$

反応量　　$-y$　　$-\dfrac{7}{2}y$　　$+2y$　　$+3y$〔mol〕

となるので，燃焼により減少した気体の物質量は

$$(x+2x)+\left(y+\frac{7}{2}y\right)=3x+\frac{9}{2}y\,\text{〔mol〕}$$

H_2O がすべて液体であることに注意すると，増加した気体の物質量は $x+2y$〔mol〕である。よって，容器内部の気体の物質量は

$$3x+\frac{9}{2}y-(x+2y)=2x+\frac{5}{2}y\,\text{〔mol〕}$$

だけ減少することになる。このことと，273K，1.013×10^5Pa の気体1mol の体積は 22.4L であることから

$$2x+\frac{5}{2}y=\frac{4.82}{22.4} \quad \cdots\cdots ②$$

①，②より　　$x=0.0696 \fallingdotseq 0.070$，$y=0.0303 \fallingdotseq 0.030$

ゆえに，求める物質量比は

$$CH_4 : C_2H_6=0.070:0.030=7:3$$

(2)　(1)の反応式より，生成した H_2O の物質量は

$$2x+3y=2\times0.070+3\times0.030=0.23\,\text{〔mol〕}$$

であるから，求める H_2O の質量は

$$18.0\times0.23=4.14\fallingdotseq4.1\,\text{〔g〕}$$

(3)(ii)　CH_4 の燃焼熱を Q_1〔kJ/mol〕とすると，熱化学方程式は

$$CH_4\,(気)+2O_2\,(気)=CO_2\,(気)+2H_2O\,(液)+Q_1\text{kJ}$$

となり，「(反応熱)=(生成物の生成熱の総和)-(反応物の生成熱の総和)」の関係より

$$Q_1=394+2\times285-75.6=888.4\,\text{〔kJ/mol〕}$$

C_2H_6 の燃焼熱を Q_2〔kJ/mol〕とすると，熱化学方程式は

$$C_2H_6 \text{（気）} + \frac{7}{2}O_2 \text{（気）} = 2CO_2 \text{（気）} + 3H_2O \text{（液）} + Q_2\text{kJ}$$

となるので，同様にして

$$Q_2 = 2 \times 394 + 3 \times 285 - 86.0 = 1557 \text{〔kJ/mol〕}$$

よって，混合気体の燃焼により生じた熱は

$$888.4 \times 0.070 + 1557 \times 0.030 = 108 \fallingdotseq 1.1 \times 10^2 \text{〔kJ〕}$$

(iii)　融解した氷の質量を w〔g〕とおくと

$$6.01 \times \frac{w}{18.0} = 108 \qquad \therefore \quad w = 323 \fallingdotseq 3.2 \times 10^2 \text{〔g〕}$$

④　解答　　(1) 13　(2) 60　(3) 36
　　　　　　(4)(i) 1.0×10^{-6}　(ii) $1.0 \times 10^{+4}$

━━━━━━━━━━ 解　説 ━━━━━━━━━━

《アミノ酸の性質と反応，ペプチドの数，アミノ酸の等電点》

(1)　1．誤文。アミノ酸B（グリシン）には不斉炭素原子がないので，鏡像異性体は存在しない。

2．正文。ニンヒドリン水溶液を用いたニンヒドリン反応は，アミノ酸やタンパク質の検出に用いられる。

4．誤文。アミノ酸F（アスパラギン酸）にはホルミル基（アルデヒド基）がないので，フェーリング液を還元しない。また，フェーリング液の還元により生じる沈殿は，Cu_2O（酸化銅（I））の赤色沈殿である。

8．誤文。酸性アミノ酸は，側鎖にカルボキシ基をもつアミノ酸であり，アミノ酸F（アスパラギン酸）のみがこれに分類される。

(2)　アミノ酸A～Eから異なる3つのアミノ酸を選び，その3つのアミノ酸を一列に並べる方法の数を求めればよいので

$${}_5P_3 = 5 \times 4 \times 3 = 60$$

(3)　問題文の反応はキサントプロテイン反応であり，ベンゼン環をもつアミノ酸がこの反応を示すから，アミノ酸C（チロシン）を含む鎖状トリペプチドの総数を求めればよい。よって，アミノ酸Cを除く4つのアミノ酸から2つのアミノ酸を選び，3つのアミノ酸を一列に並べる方法の数であるから

$${}_4C_2 \times 3! = 6 \times 6 = 36$$

(4)(i)　①式, ②式の電離定数をそれぞれ K_1〔mol/L〕, K_2〔mol/L〕とすると

$$K_1 = \frac{[A^{\pm}][H^+]}{[A^+]}, \ K_2 = \frac{[A^-][H^+]}{[A^{\pm}]}$$

等電点においては, $[A^+] = [A^-]$ であるから

$$K_1 K_2 = \frac{[A^{\pm}][H^+]}{[A^+]} \cdot \frac{[A^-][H^+]}{[A^{\pm}]} = [H^+]^2$$

∴　$[H^+] = \sqrt{K_1 K_2}$〔mol/L〕

よって, 求める水素イオン濃度は

$$[H^+] = \sqrt{5.0 \times 10^{-3} \times 2.0 \times 10^{-10}} = 1.0 \times 10^{-6}〔mol/L〕$$

(ii)　(i)の電離定数の式を変形すると

$$[A^+] = \frac{[A^{\pm}][H^+]}{K_1}, \ [A^-] = \frac{K_2 [A^{\pm}]}{[H^+]}$$

となるから

$$\frac{[A^+]}{[A^-]} = \frac{\dfrac{[A^{\pm}][H^+]}{K_1}}{\dfrac{K_2 [A^{\pm}]}{[H^+]}} = \frac{[H^+]^2}{K_1 K_2}$$

pH が 4.0 のとき, $[H^+] = 1.0 \times 10^{-4}$〔mol/L〕であるから

$$\frac{[A^+]}{[A^-]} = \frac{(1.0 \times 10^{-4})^2}{5.0 \times 10^{-3} \times 2.0 \times 10^{-10}} = 1.0 \times 10^4$$

よって, A^+ のモル濃度は, A^- のモル濃度の 1.0×10^4 倍になる。

(1)(ア)―03　(イ)―05
(2)(ウ)―12　(エ)―20　(オ)―04　(カ)―27

========== 解 説 ==========

《アルケンの酸化開裂, アルコールの反応》

(1)(ア)　アルケン **A** の分子式を $C_x H_{2x}$ とする。1 mol の **A**（分子量 $14.0x$）と過不足なく反応する Br_2（分子量 159.8）は 1 mol であるから

$$\frac{0.70}{14.0x} = \frac{2.0}{159.8} \quad ∴ \quad x = 4$$

よって, **A** の分子式は $C_4 H_8$ となり, その酸化生成物にアセトンが含まれていたことから, その構造と酸化反応は次のようになる。

$$\begin{matrix}H\\H\end{matrix}C=C\begin{matrix}CH_3\\CH_3\end{matrix}\xrightarrow[KMnO_4]{H_2SO_4}\left[\begin{matrix}H\\H\end{matrix}C=O + O=C\begin{matrix}CH_3\\CH_3\end{matrix}\right]$$

アルケン A

$$\longrightarrow CO_2 + H_2O + O=C\begin{matrix}CH_3\\CH_3\end{matrix}$$

アセトン

(イ)　アルケン**B**の分子式を C_yH_{2y} とすると，その燃焼は次の化学反応式で表される。

$$C_yH_{2y} + \frac{3}{2}yO_2 \longrightarrow yCO_2 + yH_2O$$

これより，1mol の**B**から発生する CO_2 は y〔mol〕であるから

$$0.10 : \frac{11.2}{22.4} = 1 : y \quad \therefore \quad y = 5$$

よって，**B**の分子式は C_5H_{10} となり，その酸化生成物にプロピオン酸が含まれていたことから，その構造と酸化反応は次のようになる（**B**にはシス・トランス異性体が存在するが，下図ではシス形の異性体を示している）。

$$\begin{matrix}H_3C\\H\end{matrix}C=C\begin{matrix}CH_2-CH_3\\H\end{matrix}\xrightarrow[KMnO_4]{H_2SO_4}\left[\begin{matrix}H_3C\\H\end{matrix}C=O + O=C\begin{matrix}CH_2-CH_3\\H\end{matrix}\right]$$

アルケン B

$$\longrightarrow \begin{matrix}CH_3\\H\end{matrix}C=O + O=C\begin{matrix}CH_2-CH_3\\OH\end{matrix}$$

プロピオン酸

(2)　化合物**C**はナトリウムと反応して H_2 を発生したことから，ヒドロキシ基 −OH をもつことがわかるので，アルコールである。また，これを酸化して生成した化合物**D**は，還元性を示さなかったことからケトンとわかるので，**C**は第二級アルコールである。

アルコール**C**と濃硫酸の混合物を加熱すると，脱水反応が起こるので，化合物**E**は炭素間二重結合 C=C をもち，分子式は C_6H_{10} となる。

$$C_6H_{12}O \longrightarrow C_6H_{10} + H_2O$$
化合物C　　　化合物E

Eを硫酸酸性の $KMnO_4$ 水溶液で酸化して生成したカルボン酸**F**は，カロザースによって初めて合成された繊維である 6,6-ナイロン（ナイロン66）の原料であるから，アジピン酸 $HOOC-(CH_2)_4-COOH$ とわかる。

Eを KMnO₄ 水溶液で酸化しても炭素数が減少していないことから，**E**には環状構造があり，C=C は環に含まれることがわかる。また，**F**（アジピン酸）は直鎖構造をもつことから，**E** の構造とその酸化反応は次のようになる。

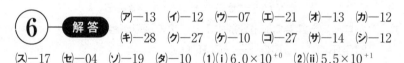

これより，**C** は **E** に H_2O を付加した環状の第二級アルコールとなり，**D** は **C** を酸化した環状のケトンとなる。

$$\begin{array}{c} CH_2-CH_2 \\ CH_2 \quad CH \\ CH_2-CH \end{array} \xrightarrow{+H_2O} \begin{array}{c} CH_2-CH_2 \\ CH_2 \quad CH-OH \\ CH_2-CH_2 \end{array} \xrightarrow{酸化} \begin{array}{c} CH_2-CH_2 \\ CH_2 \quad C=O \\ CH_2-CH_2 \end{array}$$
化合物 **E**　　　　　　　　　　化合物 **C**　　　　　　　　化合物 **D**

6 解答　(ア)—13　(イ)—12　(ウ)—07　(エ)—21　(オ)—13　(カ)—12
(キ)—28　(ク)—27　(ケ)—10　(コ)—27　(サ)—14　(シ)—12
(ス)—17　(セ)—04　(ソ)—19　(タ)—10　(1)(i) $6.0 \times 10^{+0}$　(2)(ii) $5.5 \times 10^{+1}$

━━━━━ 解　説 ━━━━━

《糖類の構造と反応》

(キ)・(ク)　環状構造のグルコースと鎖状構造のグルコースでは，下図の○で囲った炭素原子が不斉炭素原子となる。

環状構造(α-グルコース)　　　　　　鎖状構造

(ケ)・(コ)　ガラクトースは，下図のように，グルコースの4位の炭素原子に結合している −H と −OH の向きが逆になっている。

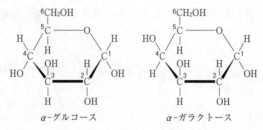

α-グルコース　　　　　　α-ガラクトース

(サ)・(タ)　ラクトースは，β-グルコースの4位の −OH と，β − ガラクトースの1位の −OH が脱水縮合した構造をしている。

←β-ガラクトース構造→　←β-グルコース構造→

(1)　セルロースを酵素で加水分解すると，次の反応が起こる。

$$2\,(C_6H_{10}O_5)_n + nH_2O \longrightarrow nC_{12}H_{22}O_{11}$$

セルロース　　　　　　　　セロビオース

加水分解されたセルロース（分子量 $162n$）の物質量は

$$\frac{8.10}{162n} \times \frac{70}{100} = \frac{7}{200n}\,[\text{mol}]$$

であるから，生じる二糖（分子量342）の質量は

$$342 \times \frac{7}{200n} \times \frac{n}{2} = 5.98 \fallingdotseq 6.0\,[\,g\,]$$

(2)　スクロースを加水分解したときに生じる2種類の単糖はグルコースとフルクトースであるが，分子式はともに $C_6H_{12}O_6$ であるから，加水分解の化学反応式を次のように表す。

$$C_{12}H_{22}O_{11} + H_2O \longrightarrow 2C_6H_{12}O_6$$

これより，5.13 g のスクロース（分子量342）の加水分解により生成した単糖の物質量は

$$\frac{5.13}{342} \times 2 = 0.030 \,[\text{mol}]$$

次に，単糖を酸素のない条件下で酵母を用いて処理すると，次の反応式で表されるアルコール発酵が起こり，エタノール（分子量 46.0）が得られる。

$$C_6H_{12}O_6 \longrightarrow 2C_2H_5OH + 2CO_2$$

よって，アルコール発酵により分解した単糖の物質量は

$$\frac{1.52}{46.0} \times \frac{1}{2} \,[\text{mol}]$$

であるから，0.030 mol の単糖の $x\,[\%]$ が分解したとすると

$$0.030 \times \frac{x}{100} = \frac{1.52}{46.0} \times \frac{1}{2} \qquad \therefore \quad x = 55.0 \fallingdotseq 55\,[\%]$$

講　評

　1　理論分野の計算問題の小問集合。いずれも基本問題であり，完答を目指したい。(1)は 1L の濃アンモニア水に溶けている NH_3 の質量に着目して式を立てるとよい。溶液の濃度は，式を覚えるのではなく，意味を理解することが重要である。

　2　Cu, Zn, Al がテーマの問題。(1)(i), (2)(ii)は式が煩雑なので丁寧に計算を行いたい。(4)(iii)は考え方は易しいが，Al と NaOH 水溶液の化学反応式が書けずに解けなかった受験生もいたであろう。

　3　化学反応の量的関係と反応熱に関する問題。(1)は気体の体積減少量の扱いが難しかったかもしれない。化学反応式から気体の増加量と減少量を考えることがポイント。水がすべて液体であることに注意。

　4　アミノ酸とペプチドに関する問題。(2)・(3)のペプチドの総数は，数学の問題と考えて解けばよい。(4)の電離平衡に関する問題は典型的であり，一度は類題を解いた経験があるはずである。中性アミノ酸の等電点における $[H^+]$ の式は覚えていた受験生も多かったと思われる。

　5　アルケンの酸化開裂とアルコールの反応に関する問題。(1)は計算が含まれるが，構造の決定は易しい。(2)は F がアジピン酸であることはすぐにわかるが，E が環状構造をもつという発想が難しかったかもしれ

２０２４年度

２月６日

化学

ない。

　6　糖類に関する問題。空所補充問題はいずれも基本的な知識が問われており，完答しておきたい。(1)・(2)の計算問題は化学反応式を正しく書いた上で，丁寧に物質量計算を進める必要がある。

問題と解答

■B方式2月3日実施分：数理科・先端物理・情報計算科・
　　　　　　　　　　　生命生物科・経営システム工学科
　S方式2月3日実施分：電気電子情報工学科

問題編

▶試験科目・配点

方　式	教　科	科　　　　　　　　目	配　　点
B方式	外国語	コミュニケーション英語Ⅰ・Ⅱ・Ⅲ，英語表現Ⅰ・Ⅱ	100点
	数　学	数学Ⅰ・Ⅱ・Ⅲ・A・B	数理科学科：200点　その他：100点
	理　科	数理科・情報計算科・生命生物科・経営システム工学科：「物理基礎・物理」，「化学基礎・化学」，「生物基礎・生物」から1科目選択 先端物理学科：物理基礎・物理	100点
S方式	外国語	コミュニケーション英語Ⅰ・Ⅱ・Ⅲ，英語表現Ⅰ・Ⅱ	100点
	数　学	数学Ⅰ・Ⅱ・Ⅲ・A・B	100点
	理　科	物理基礎・物理	200点

▶備　考

• 英語はリスニングおよびスピーキングを課さない。
• 数学Bは「数列」「ベクトル」から出題。

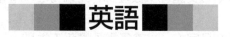

（60 分）

1 Read the following passage and answer the questions below.　（67 points）

[1] Though scholars since antiquity had speculated that material objects are made of fundamental building blocks, no one had guessed that so are living things.　And so it must have come as quite a surprise when, in 1664, our old friend Robert Hooke sharpened his penknife until it was "as keen as a razor," shaved a <u>thin</u> slice from a piece of cork, peered at it
(1)
through his homemade microscope, and became the first human to see what he would call "cells."　He chose that name because they reminded him of the tiny bedrooms assigned to monks in their monasteries*.

[2] <u>One can think of cells as the atoms of life, but they are more complex
(2)
than atoms, and — even more shocking to those who first perceived them
— they are themselves alive.</u>　A cell is a vibrant living factory that consumes energy and raw materials, and produces from them many diverse products, mainly proteins, which carry out almost every crucial biological function.　It takes a lot of knowledge to perform the functions of a cell, so although cells don't have brains, they do "know" things — <u>they
(3)
know how to make the proteins and other materials we need to grow and function</u>, and, perhaps most crucial, they know how to reproduce.

[3] The most important single product of a cell is a copy of itself.　As a result of that ability, we humans start from a single cell and, through a series of forty-plus cell doublings, we eventually come to be made of about <u>thirty trillion</u> cells — a hundred times more cells than there are stars in
(4)
the Milky Way.　It is a great wonder that the sum of our cells' activities,

the interaction of a galaxy of unthinking individuals, adds up to a whole
(5)
that is us. Just as staggering* a thought is the notion that we could
untangle how that all works, like computers that, unbidden* by any
(6)
programmer, analyze themselves. That is the miracle of biology.

[4] The miracle appears even greater when you consider that most of the
(7)
world of biology is invisible to us. That's partly due to the minuteness of
cells and partly due to the magnificent diversity of life. If you exclude
creatures like bacteria and count only living things with cells that have a
nucleus, then, scientists estimate, there are roughly ten million species on
our planet, of which we have discovered and classified only about 1
percent. There are at least 22,000 species of ants alone, and somewhere
between one and ten million individual ants for every person on earth.

[5] We are all familiar with a medley of backyard insects, but a scoop of
good soil contains more types of creatures than we could ever count ─
hundreds or even thousands of invertebrate species*, several thousand
microscopic roundworms*, and tens of thousands of types of bacteria.
The presence of life on earth is so pervasive, in fact, that we are
(8)
continually ingesting organisms that we'd probably rather not eat. Try
buying peanut butter that's free of insect fragments: you can't. The
government recognizes that producing insect-free peanut butter is
impractical, so regulations allow for up to ten insect fragments per thirty-
one-gram serving. Meanwhile, a serving of broccoli may contain sixty
aphids and/or mites*, while a jar of ground cinnamon may contain four
hundred insect fragments.

[6] That all sounds unappetizing, but it's good to remember that even our
(9)
own bodies are not free of foreign life ─ we are, each of us, an entire
ecosystem of living things. Scientists have identified, for example, forty-
four genera (species groups) of microscopic organisms that live on your
forearm, and at least 160 species of bacteria that live in people's bowels.
Between your toes? Forty species of fungi*. In fact, if you bother to total

it up, you find that there are far more microbial* cells in our bodies than human cells.

[7] Our body parts each form a distinct habitat, and the creatures in your intestines* or between your toes have more in common with the organisms in those regions of *my* body than with the creatures on your own forearm. There is even an academic center called the Belly Button Biodiversity project at North Carolina State University, set up to study the life that exists in that dark, isolated landscape. And then there are the infamous skin mites. Relatives of ticks*, spiders, and scorpions, these creatures are less than a third of a millimeter long and live on your face — in hair follicles and glands* connected to hair follicles — mainly near the nose, eyelashes, and eyebrows, where they suck the innards* out of your juicy cells. But don't worry, they normally cause no ill effects, and if you're an optimist, you can hope you're among the half of the adult population that is free of them.

[8] ((11)) the complexity of life, its diversity in size, shape, and habitat, and our natural disinclination* to believe that we are "mere" products of physical law, it is not surprising that biology lagged behind* physics and chemistry in its development as a science. Like those other sciences, for biology to grow it had to overcome the natural human tendencies to feel that we are special and that deities* and/or magic govern the world. And, as in those other sciences, that meant overcoming the God-centric doctrine of the Catholic Church and the human-centric theories of Aristotle*.

[9] Aristotle was an enthusiastic biologist — almost a quarter of his surviving writings pertain to that discipline. And while Aristotle's physics has our earth at the physical center of the universe, his biology, more personal, exalts humans, and males in particular.

[10] Aristotle believed that a divine* intelligence designed all living beings, which differ from the inanimate in that they have a special quality or essence that departs or ceases to exist when the living thing dies. Among

all those blueprints for life, Aristotle argued, humans represent the high point. On this point Aristotle was so vehement* that when he described a (13) characteristic of a species that differs from the corresponding human characteristic, he referred to it as a deformity. Similarly, he viewed the human female as a deformed or damaged male.

[11] The erosion of such traditional but false beliefs set the stage for the birth of modern biology. One of the important early victories over such ideas was the debunking of a principle of Aristotle's biology called spontaneous (14) generation, in which living things were said to arise from inanimate matter such as dust. Around the same time, by showing that even simple life has organs as we do, and that we, like other plants and animals, are made of cells, the new technology of the microscope cast doubt on the old (15) ways of thinking. But biology could not begin to really mature as a science until the discovery of its great organizing principle.

(From Leonard Mlodinow, *The Upright Thinkers: The Human Journey from Living in Trees to Understanding the Cosmos.*)

（Notes)

monks in their monasteries：修道院の僧たち　　staggering：びっくりさせる

unbidden：命じられていない　　invertebrate species：無脊椎動物の種

roundworms：線形動物，回虫

aphids and/or mites：アブラムシ類と／あるいはダニ類

fungi < fungus：菌類　　microbial < microbe：微生物

intestines：腸　　ticks：マダニ類

follicles and glands：毛穴と分泌腺　　innards：内部組織

disinclination：気がすすまないこと　　lagged behind：遅れをとった

deities < deity：神　　Aristotle：アリストテレス。古代ギリシャの哲学者

divine：神の　　vehement：激しい，熱烈な

(1)   Which of the items below is the closest in meaning to the underlined part (1) in paragraph［1］? Consider the context, choose one from the following answer choices, and mark the number on your **Answer Sheet**.

  1   broad   2   fine   3   soft   4   substantial

(2)   Complete the blank below so that the sentence has the closest meaning to the underlined part (2) in paragraph［2］. Choose one from the following answer choices, and mark the number on your **Answer Sheet**.

Not only do atoms have simpler formation than cells, the latter are （　(2)　） while the former are not.

  1   animate   2   independent   3   material   4   vibrating

(3)   Which of the items below is the most adequate explanation of the underlined part (3) in paragraph［2］? Consider the context, choose one from the following answer choices, and mark the number on your **Answer Sheet**.

  1   Cells produce protein and other materials but people need to "know" how to help make those products of the cells function properly in their body.

  2   In order to grow and function properly as living beings people need proteins and other materials, and it is cells that "know" how to provide them.

  3   People need to produce proteins and other materials while the brain "knows" how to command cells to function properly and produce those necessary items.

  4   Cells "know" how to produce proteins while people grow other necessary materials and help those materials function in their body.

(4)   Which of the items below is the correct figure for the underlined part (4) in paragraph［3］? Choose one from the following answer choices, and

mark the number on your **Answer Sheet**.

1 30, 000, 000

2 30, 000, 000, 000

3 30, 000, 000, 000, 000

4 30, 000, 000, 000, 000, 000

(5) Which of the items below is the closest in meaning to the underlined part (5) in paragraph [3]? Consider the context, choose one from the following answer choices, and mark the number on your **Answer Sheet**.

1 individual activities

2 individual cells

3 individual people

4 individual stars

(6) Which of the items below is the closest in meaning to the underlined part (6) in paragraph [3]? Consider the context, choose one from the following answer choices, and mark the number on your **Answer Sheet**.

1 figure out each and every single function of all the various individual human cells

2 detect the mysterious parallels between human cells and stars in the Milky Way

3 explore accurate ways in which human cells can function as computers

4 solve the mystery of the complex mechanism of the human body

(7) Besides the extreme smallness (the minuteness) of cells, what is the other reason the author gives for the underlined part (7) in paragraph [4]? Choose one from the following answer choices, and mark the number on your **Answer Sheet**.

1 Because there are a great variety of living things.

2 Because living things are constantly changing by the minute.

3　Because there are too many individual creatures of the same species.

4　Because we can only observe living things with cells that have a nucleus.

(8)　Which of the items below is the closest in meaning to the underlined part (8) in paragraph [5]?　Consider the context, choose one from the following answer choices, and mark the number on your **Answer Sheet**.

　1　Since living things are just everywhere including in our food, we cannot avoid eating them even if we don't want to.

　2　While such a diversity of life is contained in our food, we usually avoid things we do not want to eat.

　3　Although it is widely known that our food contains a lot of creatures, we do not want to avoid them, because they are a good source of vitamins and minerals.

　4　There is priceless life in every single piece of food we eat, but we are selfishly avoiding some of which we do not want to eat.

(9)　Complete the blank below so that the sentences have the closest meaning to the underlined part (9) in paragraph [6].　Choose one from the following answer choices, and mark the number on your **Answer Sheet**.

Different kinds of creatures are living on and in people's bodies.　And it is only a (　(9)　) condition for human bodies, which are themselves a world where a variety of species live together.

　1　foreign　　　　**2**　natural　　　　**3**　temporary　　　**4**　potential

(10)　Which of the items below is the closest in meaning to the underlined part (10) in paragraph [7]?　Consider the context, choose one from the following answer choices, and mark the number on your **Answer Sheet**.

　1　an academic center　　　　　　**2**　the belly button

　　3　biodiversity　　　　　　　　　4　North Carolina

(11)　Which of the items below correctly fills in the blank（　(11)　）in paragraph
　　［8］?　Consider the context, choose one from the following answer choices,
　　and mark the number on your **Answer Sheet**.

　　　1　To give　　　　2　Give　　　　3　Giving　　　　4　Given

(12)　Which of the items below is the closest in meaning to the underlined part
　　(12) in paragraph ［9］?　Consider the context, choose one from the following
　　answer choices, and mark the number on your **Answer Sheet**.

　　　1　lead straight to the science-centric doctrine

　　　2　oppose the systematic ways of physics

　　　3　have something to do with biology

　　　4　show good samples of enthusiasm

(13)　Which of the items below is the closest in meaning to the underlined part
　　(13) in paragraph ［10］?　Consider the context, choose one from the following
　　answer choices, and mark the number on your **Answer Sheet**.

　　　1　On his conviction that humans have reached the absolute peak of
　　　perfection in the course of their own development,

　　　2　On the logical conclusion of his scientific theories on all living beings,

　　　3　On the most advanced quality of human intelligence according to his
　　　philosophy,

　　　4　On his argument that humans are superior to all the other species,

(14)　Which of the items below is the closest in meaning to the underlined part
　　(14) in paragraph ［11］?　Consider the context, choose one from the following
　　answer choices, and mark the number on your **Answer Sheet**.

　　　1　applying　　　2　appreciating　　3　rejecting　　　4　updating

⑮　Which of the items below do **NOT** fall into the category of the underlined part ⑮ in paragraph [11]?　Choose **two** from the following answer choices, and mark the numbers, **Answer Choice 1** and **Answer Choice 2**, on your **Answer Sheet**.

1　Humans are no more than products of physical law.

2　The earth is at the physical center of the universe.

3　It was a divine intelligence that designed all living things.

4　Life can be produced from inanimate matter.

5　Animals and plants are made of cells; so are humans.

⑯　According to paragraphs [2] and [3], what is the most important thing that a cell makes?　Choose one from the following answer choices, and mark the number on your **Answer Sheet**.

1　brains

2　functions

3　another cell

4　energy and raw materials

⑰　Which of paragraphs [1] ~ [10] refers to the reasons that biology was comparatively slow in growing as a science?　Choose one paragraph and mark the number on your **Answer Sheet**.

2　Read the following passage and answer the questions below.　(23 points)

[1] Supercomputer calculations have revealed details of the growth of so-called nanobubbles, which are tens of thousands of times smaller than a pin head.　The <u>findings</u> could lend valuable insight into damage caused on industrial structures, such as pump components, when these bubbles burst to release tiny but powerful jets of liquid.　This rapid expansion and collapse of bubbles, known as cavitation, is a common problem in engineering but is not well understood.

[2] Engineers at the University of Edinburgh devised complex simulations of air bubbles in water, using the UK's national supercomputer.　The team modelled the motion of atoms in the bubbles and observed how they grew in response to small drops in water pressure.　They were able to determine the <u>critical</u> pressure needed for bubble growth to become unstable, and found that this was <u>(1　by　　2　lower　　3　much　　4　suggested</u> (A) <u>5　than　　6　theory)</u>.

[3] Their <u>findings</u> could inform the development of nanotechnologies to harness the power of thousands of jets from collapsing nanobubbles, such as therapies to target some cancers, or for cleaning high-precision* technical equipment.　Researchers have proposed an updated theory on the stability of surface nanobubbles based on their <u>findings</u>.　Their study, published in *Langmuir*, was supported by the Engineering and Physical Sciences Research Council.

[4] Duncan Dockar, of the University of Edinburgh's School of Engineering, said: "Bubbles routinely form and burst on surfaces that move through fluids and the resulting wear* can cause drag* and <u>critical</u> damage.　We

hope our insights, made possible with complex computing, can help limit
(B)
the impact on machine performance and enable future technologies."

（From *www.sciencedaily.com*）

（Notes）

　high-precision：高精度の

　wear：摩滅（まめつ）

　drag：抵抗

(1)　Which of the following answer choices best describes the underlined part
　　"findings" in paragraphs［1］and［3］? Consider the context, choose one
　　from the following answer choices, and mark the number on your **Answer
　　Sheet**.

　　　1　equivalents　　2　issues　　　3　questions　　4　results

(2)　Which of the following answer choices best expresses the meaning of the
　　underlined part "critical" in paragraphs［2］and［4］? Consider the
　　context, choose one from the following answer choices, and mark the
　　numbers on your **Answer Sheet**.

　　ⅰ．Paragraph［2］
　　　　1　analytical　　2　decisive　　3　potential　　4　wind
　　ⅱ．Paragraph［4］
　　　　1　acute　　　　2　minor　　　3　necessary　　4　reasonable

(3)　Put the words in the underlined part (A) in paragraph［2］into the correct
　　order. Mark the numbers from top to bottom on your **Answer Sheet**.

(4)　Which of the following answer choices best expresses the meaning of the
　　underlined part (B) in paragraph［4］? Consider the context, choose one from

the following answer choices, and mark the number on your **Answer Sheet**.

1　cancel the effect

2　control the effect

3　feel the effect

4　magnify the effect

3　The passage below is a remark on the word "than." Choose one item from the answer choices to fill in each blank and complete the sentence in the best possible way. Mark the numbers on your **Answer Sheet**. There are five extra items among the choices.　　　　　(10 points)

than. Three small but common problems need noting.

[1] In comparative constructions*, *than* is often wrongly used, as here: "Nearly twice as many people die under twenty in France than in Great Britain." Make it "(**a**) in Great Britain."

[2] It is wrongly used after *hardly* in sentences such as this: "Hardly had I landed at Liverpool than the Mikado's death recalled me to Japan." Make it "No (**b**) had I landed at Liverpool than" or "Hardly had I landed at Liverpool (**c**)."

[3] It is often a source of ambiguity in sentences of the following type: "She likes tennis more than me." Does this mean that she likes tennis more than I (**d**) or that she likes tennis more than she (**e**) me? In such cases, it is better to supply a second verb if it avoids ambiguity, e.g., "She likes tennis more than she (**e**) me" or "She likes tennis more than I (**d**)."

(From Bill Bryson, *Bryson's Dictionary of Troublesome Words*)

（**Note**）

comparative constructions：比較構文

1 am	**2** as	**3** do	**4** has	**5** how
6 likes	**7** more	**8** so	**9** sooner	**10** when

数学

（100 分）

問題 $\boxed{1}$ の解答は解答用マークシートにマークしなさい。

$\boxed{1}$ 次の文章中の $\boxed{ア}$ から $\boxed{お}$ までに当てはまる数字 $0 \sim 9$ を求めて，**解答用マークシート**の指定された欄にマークしなさい。 ただし，分数は既約分数として表しなさい。なお， $\boxed{ヌ}$ などは既出の $\boxed{ヌ}$ などを表す。

（40 点，ただし数理科学科は 80 点）

(1) (a) 1 個のさいころを 4 回続けて投げるとき，4 回とも同じ目が出る確率は $\dfrac{1}{\boxed{ア\ イ\ ウ}}$ であり，3，4，5，6 の目がそれぞれ 1 回ずつ出る確率は $\dfrac{1}{\boxed{エ\ オ}}$ である。

(b) 1 個のさいころを 4 回続けて投げて，出た目を順に左から並べて 4 桁の整数 N を作る。例えば，1 回目に 2，2 回目に 6，3 回目に 1，4 回目に 2 の目が出た場合は $N = 2612$ である。N が偶数となる確率は $\dfrac{1}{\boxed{カ}}$ であり，$N \geqq 2023$ となる確率は $\dfrac{\boxed{キ}}{\boxed{ク}}$ であり，$N \geqq 5555$ となる確率は $\dfrac{\boxed{ケ\ コ}}{\boxed{サ\ シ\ ス}}$ である。

(2) A, B, C, D を定数とする。$f(x) = 2x^3 - 9x^2 + Ax + B$, $g(x) = x^2 - Cx - D$ とおく。以下の問いに答えよ。

(a) $g(1-\sqrt{2}) = 0$ かつ $g(1+\sqrt{2}) = 0$ のとき，$C = \boxed{セ}$, $D = \boxed{ソ}$ である。また，$f(1-\sqrt{2}) = 0$ かつ $f(1+\sqrt{2}) = 0$ のとき，$A = \boxed{タ}$, $B = \boxed{チ}$ で

あり，方程式 $f(x) = 0$ を満たす有理数 x は

$$x = \frac{\boxed{ツ}}{\boxed{テ}}$$

である。

(b) $f(x)$ の導関数 $f'(x)$ は

$$f'(x) = \boxed{ト}\, x^2 - \boxed{ナ}\,\boxed{ニ}\, x + A$$

であり，方程式 $f'(x) = 0$ が実数解をもつような A の値の範囲は

$$A \leqq \frac{\boxed{ヌ}\,\boxed{ネ}}{\boxed{ノ}}$$

である。$A = \dfrac{\boxed{ヌ}\,\boxed{ネ}}{\boxed{ノ}}$，$B = \dfrac{1}{4}$ のときには，

$$f(x) = \frac{1}{\boxed{ハ}}(2x - \boxed{ヒ})^3 + \boxed{フ}$$

と表すことができる。

(3) 数列 $\{a_n\}$ は，$a_1 = \dfrac{7}{5}$，n が偶数のときは $a_{n+1} = \dfrac{1 + a_n}{2}$，$n$ が奇数のときは $a_{n+1} = \dfrac{2 + a_n}{2}$ を満たすとする。このとき，

$$a_2 = \frac{\boxed{ヘ}\,\boxed{ホ}}{\boxed{マ}\,\boxed{ミ}}, \quad a_3 = \frac{\boxed{ム}\,\boxed{メ}}{\boxed{モ}\,\boxed{ヤ}}$$

である。さらに，自然数 k に対して

$$a_{2k+1} = \boxed{ユ} + \frac{\boxed{ヨ}}{\boxed{ラ}} a_{2k-1}$$

となる。これを

$$a_{2k+1} - \frac{\boxed{リ}}{\boxed{ル}} = \frac{\boxed{レ}}{\boxed{ロ}}\left(a_{2k-1} - \frac{\boxed{リ}}{\boxed{ル}}\right)$$

と変形することにより

$$a_{2k-1} = \cfrac{1}{\boxed{ワ} \,\vdots\, \boxed{ヲ}} \left(\cfrac{\boxed{レ}}{\boxed{ロ}} \right)^{k-1} + \cfrac{\boxed{リ}}{\boxed{ル}}$$

が得られる。また,

$$a_{2k} = \cfrac{1}{\boxed{ン} \,\vdots\, \boxed{あ}} \left(\cfrac{\boxed{い}}{\boxed{う}} \right)^{k-1} + \cfrac{\boxed{え}}{\boxed{お}}$$

も得られる。

問題 $\boxed{2}$ の解答は白色の解答用紙に記入しなさい。答だけでなく答を導く過程も記入しなさい。

$\boxed{2}$ 座標平面上に点 A(2,0) と点 B(0,1) がある。正の実数 t に対して,x 軸上の点 P$(2+t,0)$ と y 軸上の点 Q$\left(0, 1+\dfrac{1}{t}\right)$ を考える。

(1) 直線 AQ の方程式を,t を用いて表せ。

(2) 直線 BP の方程式を,t を用いて表せ。

直線 AQ と直線 BP の交点を R(u,v) とする。

(3) u と v を,t を用いて表せ。

(4) $t > 0$ の範囲で,$u + v$ の値を最大にする t の値を求めよ。

(30 点,ただし数理科学科は 60 点)

問題 $\boxed{3}$ の解答はクリーム色の解答用紙に記入しなさい。答だけでなく答を導く過程も記入しなさい。

$\boxed{3}$ 座標平面上で，曲線 $y = \sqrt{5}\log x\ (x>0)$ を C とし，C 上に点 $\mathrm{A}(a, \sqrt{5}\log a)$ $(a>0)$ をとる。ただし，$\log$ は自然対数とする。点 A における C の接線を ℓ とし，ℓ と y 軸の交点を $\mathrm{Q}(0, q)$ とする。また，点 A における C の法線を m とし，m と y 軸の交点を $\mathrm{R}(0, r)$ とする。

(1) q を，a を用いて表せ。

(2) r を，a を用いて表せ。

(3) 線分 QR の長さが $3\sqrt{5}$ となるような a の値を求めよ。

(4) $\angle \mathrm{ARQ} = \dfrac{\pi}{6}$ となるような a の値を求めよ。

(5) $a = e^2$ とする。このとき，x 軸，曲線 C および直線 ℓ で囲まれた部分の面積を求めよ。ただし，e は自然対数の底である。

(30 点，ただし数理科学科は 60 点)

物理

（80 分）

1　次の問題の　　　　　の中に入れるべき最も適当なものをそれぞれの**解答群**の
中から選び，その番号を**解答用マークシート**の指定された欄にマークしなさい。
（　　　　は既出のものを表す。同じ番号を何回用いてもよい。）

（35 点，ただし電気電子情報工学科は 70 点）

以下では，長さ，質量，時間，角度の単位をそれぞれ m, kg, s, rad とし，そ
の他の物理量に対してはこれらを組み合わせた単位を使用する。例えば，速度の
単位は m/s と表すことができる。

本問では小球の衝突を考える。衝突の前後で小球は回転運動せず，また，衝突
の際に摩擦は生じないものとする。

(1)　滑らかな水平面内における質量 m の小球 A と質量 M の小球 B の衝突を考
える。**図 1** のように，小球 A が x 軸の正の向きに速さ v で運動しており，原
点 O 上に静止している小球 B に衝突した。衝突後の小球 A は x 軸から反時計
回りに角度 θ_1 の方向に速さ v_1 で，衝突後の小球 B は x 軸から時計回りに角度
θ_2 の方向に速さ v_2 で，それぞれ運動した。この衝突は弾性衝突であったとす
る。このときエネルギー保存の法則から $\dfrac{mv^2}{2} = $　**(ア)**　が成り立つ。また，
衝突前後の運動量の x 成分について運動量保存の法則から $mv = $　**(イ)**　が
成り立つ。同様に，衝突前後の運動量の y 成分について運動量保存の法則から
　(ウ)　$= 0$ が成り立つ。運動量保存の法則から得られたこれら二つの式と，
公式 $\cos^2\theta + \sin^2\theta = 1$ を用いて計算すると，衝突後の小球 A の速さについて
は，m, M, v, v_2, θ_2 などを使って，$v_1^2 = $　**(エ)**　と表される。これをエネル
ギー保存の法則から導かれた式と組み合わせ，$v_2 \neq 0$ であることに注意して
整理すると，衝突後の小球 B の速さは $v_2 = $　**(オ)**　となる。これより衝突後
の小球 B の運動量の大きさが最大となる角度は $\theta_2 = $　**(カ)**　であることがわ
かる。

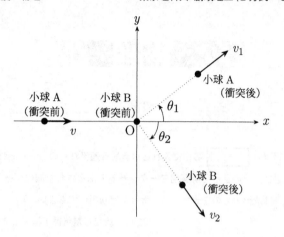

図 1

(ア) の解答群

⓪ $\dfrac{mv_1^2}{2} + \dfrac{Mv_2^2}{2}$　　　① $\dfrac{Mv_1^2}{2} + \dfrac{mv_2^2}{2}$　　　② $-\dfrac{mv_1^2}{2} + \dfrac{Mv_2^2}{2}$

③ $\dfrac{mv_1^2}{2} - \dfrac{Mv_2^2}{2}$　　　④ $-\dfrac{Mv_1^2}{2} + \dfrac{mv_2^2}{2}$　　　⑤ $\dfrac{Mv_1^2}{2} - \dfrac{mv_2^2}{2}$

(イ), (ウ) の解答群

⓪ $mv_1 \sin\theta_1 + Mv_2 \cos\theta_2$　　　① $mv_1 \cos\theta_1 + Mv_2 \sin\theta_2$

② $mv_1 \cos\theta_1 + Mv_2 \cos\theta_2$　　　③ $mv_1 \sin\theta_1 + Mv_2 \sin\theta_2$

④ $mv_1 \sin\theta_1 - Mv_2 \cos\theta_2$　　　⑤ $mv_1 \cos\theta_1 - Mv_2 \sin\theta_2$

⑥ $mv_1 \cos\theta_1 - Mv_2 \cos\theta_2$　　　⑦ $mv_1 \sin\theta_1 - Mv_2 \sin\theta_2$

(エ) の解答群

⓪ $v^2 + \dfrac{2Mvv_2 \sin\theta_2}{m} + \dfrac{M^2v_2^2}{m^2}$　　　① $v^2 - \dfrac{2Mvv_2 \sin\theta_2}{m} + \dfrac{M^2v_2^2}{m^2}$

② $v^2 + \dfrac{2Mvv_2 \cos\theta_2}{m} + \dfrac{M^2v_2^2}{m^2}$　　　③ $v^2 - \dfrac{2Mvv_2 \cos\theta_2}{m} + \dfrac{M^2v_2^2}{m^2}$

④ $v_2^2 + \dfrac{2Mvv_2 \sin\theta_2}{m} + \dfrac{M^2v^2}{m^2}$　　　⑤ $v_2^2 - \dfrac{2Mvv_2 \sin\theta_2}{m} + \dfrac{M^2v^2}{m^2}$

⑥ $v_2^2 + \dfrac{2Mvv_2 \cos\theta_2}{m} + \dfrac{M^2v^2}{m^2}$　　　⑦ $v_2^2 - \dfrac{2Mvv_2 \cos\theta_2}{m} + \dfrac{M^2v^2}{m^2}$

(オ) の解答群

⓪ $\dfrac{m}{m+M}v\sin\theta_2$ ① $\dfrac{m}{m+M}v\cos\theta_2$ ② $\dfrac{M}{m+M}v\sin\theta_2$

③ $\dfrac{M}{m+M}v\cos\theta_2$ ④ $\dfrac{2m}{m+M}v\sin\theta_2$ ⑤ $\dfrac{2m}{m+M}v\cos\theta_2$

⑥ $\dfrac{2M}{m+M}v\sin\theta_2$ ⑦ $\dfrac{2M}{m+M}v\cos\theta_2$

(カ) の解答群

⓪ 0 ① $\dfrac{\pi}{6}$ ② $\dfrac{\pi}{5}$ ③ $\dfrac{\pi}{4}$ ④ $\dfrac{\pi}{3}$ ⑤ $\dfrac{\pi}{2}$

(2) 次に，**小問 (1)** と同じ状況を x 軸の正の向きに一定の速さ V で運動している観測者 O から見た場合の小球の運動について考察する。衝突前には，観測者 O から見た小球 A の速度の x 成分は **(キ)** ，小球 B の速度の x 成分は **(ク)** である。これより，観測者 O から見た小球 A と小球 B の衝突前の運動量の和が 0 になるのは $V =$ **(ケ)** のときだとわかる。また $V =$ **(ケ)** のときには，観測者 O から見た衝突前の小球 A と小球 B の運動量の大きさはどちらも **(コ)** である。

衝突後の運動量を考えよう。以下では $V =$ **(ケ)** とする。運動量保存の法則より，観測者 O から見た衝突後の小球 A の運動量と小球 B の運動量を比較すると **(サ)** であることがわかる。これと，観測者 O から見ても衝突前後のエネルギーが保存すること，および各小球の運動エネルギーがその運動量と質量で表せることを使うと，観測者 O から見た衝突後の小球 A の運動量の大きさは **(シ)** であることがわかる。観測者 O から見て衝突後の小球 A の運動した向きが x 軸から反時計回りに角度 ϕ であるならば，衝突による小球 A の運動量の変化の大きさ（衝突により小球 A が受けた力積の大きさ）は観測者 O から見て **(ス)** である。

(キ)，(ク) の解答群

⓪ 0 ① V ② $-V$ ③ v

④ $v+V$ ⑤ $v-V$ ⑥ $-v+V$ ⑦ $-v$

(ケ) の解答群

⓪ v　　　　　① $-v$　　　　　② $\dfrac{m}{m+M}v$

③ $\dfrac{M}{m+M}v$　　　　④ $\dfrac{m}{m-M}v$　　　　⑤ $\dfrac{M}{m-M}v$

(コ), (シ) の解答群

⓪ mv　　　　　① Mv　　　　　② $(m+M)v$

③ $\dfrac{mM}{m+M}v$　　　④ $\dfrac{m^2}{m+M}v$　　　⑤ $\dfrac{M^2}{m+M}v$

(サ) の解答群

⓪ 小球 A の運動量の大きさの方が大きく向きは同じ

① 小球 A の運動量の大きさの方が大きく互いに逆向き

② 大きさが同じで向きも同じ

③ 大きさが同じで互いに逆向き

④ 小球 B の運動量の大きさの方が大きく向きは同じ

⑤ 小球 B の運動量の大きさの方が大きく互いに逆向き

(ス) の解答群

⓪ mv　　　　　　　　　① 0

② $\dfrac{1}{2}mv$　　　　　　　③ $mv\sqrt{2(1-\cos\phi)}$

④ $\dfrac{mM}{m+M}v\sqrt{2(1-\cos\phi)}$　　　⑤ $\dfrac{\sqrt{2}mM}{m+M}v(1-\cos\phi)$

⑥ $\dfrac{2mM}{m+M}v\sqrt{1-\cos\phi}$　　　⑦ $\dfrac{2mM}{m+M}v(1-\cos\phi)$

(3)　　未知の質量と速度をもつ粒子 C が，特定の方向から決まった速度で一定の頻度で何度も飛んでくるとしよう。このとき，**小問 (1)** の結果を利用すれば，粒子 C の質量と速度は，たとえ直接それらを測定できない状況であっても推定することができる。以下では，いずれの粒子も小球とみなせて，実験室に設定した水平な xy 平面内を運動する場合を考え，重力は無視できるものとする。

　　座標原点に質量 M_{D} の粒子 D を置いて静止させた。しばらくすると粒子 C

が粒子 D に衝突し，粒子 D がある向きに運動した。このときの粒子 D の速度（速さと向き）を測定したのち，粒子 D を再び原点に置いて静止させた。しばらく待つと再び衝突が起こり，衝突後の粒子 D の速度を測定した。この測定をくり返した結果，x 軸から反時計回りに角度 θ の方向へ運動したときに，粒子 D の速さは最大になっていることがわかった。このときの粒子 D の速さを v_D とする。粒子 C と粒子 D の衝突は弾性衝突であるとすると，**小問 (1)** の結果から衝突前の粒子 C は　**(セ)**　の方向に運動していたことがわかる。

　次に，粒子 D の代わりに質量が M_E の粒子 E を用いて同様の測定を行う。測定の結果，粒子 E の速さが最大となる角度は，粒子 D と同様，x 軸から反時計回りに角度 θ の方向であることがわかった。このときの粒子 E の速さを v_E とする。ただし測定の結果，$v_E \neq v_D$ かつ $M_E v_E \neq M_D v_D$ であった。推定したい量である，衝突前の粒子 C の質量を M_C，速さを v_C とする。**小問 (1)** の結果を適用して，v_D と v_E を M_C, M_D, M_E, v_C などを使って表し，それらを M_C および v_C について解くことで，衝突前の粒子 C の質量と速さを，$M_C = $　**(ソ)**　，$v_C = $　**(タ)**　と推定できる。

(セ) の解答群

⓪ x 軸から時計回りに角度 θ 　　　　① x 軸から時計回りに角度 $\theta + \dfrac{\pi}{4}$

② x 軸から時計回りに角度 $\theta + \dfrac{\pi}{3}$ 　　③ x 軸から時計回りに角度 $\theta + \dfrac{\pi}{2}$

④ x 軸から反時計回りに角度 θ 　　　⑤ x 軸から反時計回りに角度 $\theta + \dfrac{\pi}{4}$

⑥ x 軸から反時計回りに角度 $\theta + \dfrac{\pi}{3}$ 　⑦ x 軸から反時計回りに角度 $\theta + \dfrac{\pi}{2}$

(ソ) の解答群

⓪ $\dfrac{M_E v_E^2 + M_D v_D^2}{v_D^2 + v_E^2}$ 　　　　① $\dfrac{M_D v_E^2 + M_E v_D^2}{v_D^2 + v_E^2}$

② $\dfrac{M_E v_E^2 - M_D v_D^2}{v_D^2 + v_E^2}$ 　　　　③ $\dfrac{M_D v_E^2 - M_E v_D^2}{v_D^2 + v_E^2}$

④ $\dfrac{M_E v_E + M_D v_D}{v_D + v_E}$ 　　　　⑤ $\dfrac{M_E v_E - M_D v_D}{v_D + v_E}$

⑥ $\dfrac{M_E v_E + M_D v_D}{v_D - v_E}$ 　　　　⑦ $\dfrac{M_E v_E - M_D v_D}{v_D - v_E}$

（タ）の解答群

⓪ $\dfrac{v_\mathrm{D} + v_\mathrm{E}}{2}$

① $\dfrac{M_\mathrm{D} v_\mathrm{D} + M_\mathrm{E} v_\mathrm{E}}{M_\mathrm{D} + M_\mathrm{E}}$

② $\dfrac{M_\mathrm{E} v_\mathrm{D} + M_\mathrm{D} v_\mathrm{E}}{M_\mathrm{D} + M_\mathrm{E}}$

③ $\dfrac{M_\mathrm{D} v_\mathrm{D}^2 + M_\mathrm{E} v_\mathrm{E}^2}{v_\mathrm{D} + v_\mathrm{E}}$

④ $\dfrac{v_\mathrm{D} v_\mathrm{E} (M_\mathrm{E} - M_\mathrm{D})}{2(M_\mathrm{E} v_\mathrm{E} - M_\mathrm{D} v_\mathrm{D})}$

⑤ $\dfrac{v_\mathrm{D} v_\mathrm{E} (M_\mathrm{E} - M_\mathrm{D})}{2(M_\mathrm{E} v_\mathrm{E} + M_\mathrm{D} v_\mathrm{D})}$

⑥ $\dfrac{v_\mathrm{D} v_\mathrm{E} (M_\mathrm{E} + M_\mathrm{D})}{2(M_\mathrm{E} v_\mathrm{E} + M_\mathrm{D} v_\mathrm{D})}$

⑦ $\dfrac{v_\mathrm{D} v_\mathrm{E} (M_\mathrm{E} + M_\mathrm{D})}{2(M_\mathrm{E} v_\mathrm{E} - M_\mathrm{D} v_\mathrm{D})}$

2　　次の問題の ▢ の中に入れるべき最も適当なものをそれぞれの**解答群**の中から選び，その番号を**解答用マークシート**の指定された欄にマークしなさい。（ ┊ ┊ は既出のものを表す。同じ番号を何回用いてもよい。）

（35 点，ただし電気電子情報工学科は 70 点）

　　以下では，長さ，質量，時間，電流の単位をそれぞれ m, kg, s, A とし，その他の物理量に対してはこれらを組み合わせた単位を使用する。例えば，電荷の単位 C は A·s と表すことができる。この問題では導線の抵抗と回路の自己インダクタンスは考えない。また，抵抗値とコンデンサーの電気容量は磁場（磁界）の影響やジュール熱により変化せず，常に一定とする。導線の太さ，および，抵抗とコンデンサーの寸法は，導線の長さに比べてじゅうぶんに小さく，無視できるとする。

(1)　　**図 2-1** のように，1 辺の長さが L の正方形の回路 ABCD の辺 AD，BC と平行に x 軸を，辺 AB，DC と平行に y 軸を定義する。回路は導線と抵抗値 R の抵抗で構成されている。この回路を x 軸の正の向き（**図 2-1** の右向き）に一定の速さ v で動かす。$x > 0$ の領域には**図 2-1** に示すように紙面（xy 平面）に垂直に裏から表に向かう向きの磁場（磁界）が存在し，その磁束密度の大きさは x の関数として，$B = ax$（a は正の定数）で表されるとする。**図 2-1** の下のグラフは横軸を x として，磁束密度の大きさを示す。回路 ABCD の左側の辺 AB が $x = 0$ を横切り，回路の全体が磁場の存在する領域に重なった時刻を $t = 0$ とする。**図 2-1** の上の図は $t > 0$ のある時刻での回路の位置を示している。

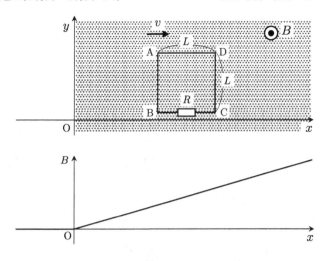

図 2-1

$t > 0$ のとき，回路全体が磁場の存在する領域に含まれるため，回路を貫く磁場の存在する面積は $S = L^2$ である。また，$x > 0$ において磁束密度の大きさが x に比例するため，回路を貫く磁束密度の大きさの平均は回路の中心での磁束密度の大きさと一致する。この平均値を $\overline{B}$ とすると，回路を貫く磁束は，t の関数として $\Phi(t) = \overline{B} \cdot S = \boxed{\text{(ア)}}$ と表される。回路には，回路を貫く磁束の時間変化により誘導起電力が生じる。時刻 t から微小な時間 Δt（$\Delta t > 0$）が過ぎた後での回路を貫く磁束を $\Phi(t + \Delta t)$ とすると，誘導起電力の大きさは $V = \left| \dfrac{\Phi(t + \Delta t) - \Phi(t)}{\Delta t} \right| = \boxed{\text{(イ)}}$ となる。このとき，回路には大きさ $\boxed{\text{(ウ)}}$ の電流が流れ，抵抗ではジュール熱が発生する。単位時間あたりに抵抗で発生したジュール熱は，$\boxed{\text{(エ)}}$ である。また，回路に電流が流れることにより，回路には力が加わる。このとき，回路全体で電流が磁場から受ける力の大きさは $\boxed{\text{(オ)}}$ であり，その向きは $\boxed{\text{(カ)}}$ である。

$t > 0$ のある時刻において，向きは変えずに回路を動かす速さを $\dfrac{v}{3}$ にする。速さを変えた後，じゅうぶんに時間がたったとき，回路に流れる電流の大きさは $\boxed{\text{(キ)}} \times \boxed{\text{(ウ)}}$ となり，回路全体で電流が磁場から受ける力の向きは $\boxed{\text{(ク)}}$ である。

(ア) の解答群

⓪ $\dfrac{1}{2}aL^2vt$ 　　① $\dfrac{1}{2}aL^2\left(vt+\dfrac{L}{2}\right)$ 　② $\dfrac{1}{2}aL^2\left(vt+L\right)$

③ aL^2vt 　　④ $aL^2\left(vt+\dfrac{L}{2}\right)$ 　⑤ $aL^2\left(vt+L\right)$

(イ) の解答群

⓪ $\dfrac{1}{2}aLv^2t$ 　　① aLv^2t 　　② $\dfrac{3}{2}aLv^2t$

③ $\dfrac{1}{2}aL^2v$ 　　④ aL^2v 　　⑤ $\dfrac{3}{2}aL^2v$

(ウ) の解答群

⓪ $\dfrac{aLv^2t}{2R}$ 　　① $\dfrac{aLv^2t}{R}$ 　　② $\dfrac{3aLv^2t}{2R}$

③ $\dfrac{aL^2v}{2R}$ 　　④ $\dfrac{aL^2v}{R}$ 　　⑤ $\dfrac{3aL^2v}{2R}$

(エ) の解答群

⓪ $\dfrac{a^2L^2v^4t^2}{4R}$ 　① $\dfrac{a^2L^2v^4t^2}{2R}$ 　② $\dfrac{a^2L^2v^4t^2}{R}$

③ $\dfrac{a^2L^4v^2}{4R}$ 　④ $\dfrac{a^2L^4v^2}{2R}$ 　⑤ $\dfrac{a^2L^4v^2}{R}$

(オ) の解答群

⓪ $\dfrac{a^2L^3v^2t}{4R}$ 　① $\dfrac{a^2L^3v^2t}{2R}$ 　② $\dfrac{a^2L^3v^2t}{R}$

③ $\dfrac{a^2L^4v}{4R}$ 　④ $\dfrac{a^2L^4v}{2R}$ 　⑤ $\dfrac{a^2L^4v}{R}$

(カ)，(ク) の解答群

⓪ x 軸の正の向き 　　　① x 軸の負の向き

② y 軸の正の向き 　　　③ y 軸の負の向き

(キ) の解答群

⓪ $\dfrac{1}{3}$ 　　　① $\dfrac{1}{2}$ 　　　② $\dfrac{2}{3}$

③ 1 　　　④ $\dfrac{4}{3}$ 　　　⑤ $\dfrac{5}{3}$

(2) 　次に，**図 2-2** に示す電気容量 C のコンデンサーと**小問 (1)** の回路と同じ抵抗を含む回路を，x 軸の正の向き（図の右向き）に一定の速さ v で動かす。$x > 0$ の領域には紙面（xy 平面）に垂直に裏から表に向かう向きの磁場が存在し，その磁束密度の大きさは**小問 (1)** と同じ関数 $B = ax$（a は正の定数）で表されるとする。回路の左側の辺が $x = 0$ を横切り，回路全体が磁場の存在する領域に重なった時刻を $t = 0$ とする。

　$t > 0$ のとき，回路全体が磁場の存在する領域に含まれる。さらに，じゅうぶんに時間がたつと，回路を流れる電流の大きさは　(ケ)　で一定となった。このとき，コンデンサーに蓄えられている静電エネルギーは　(コ)　である。

　次に，回路を流れる電流が (ケ) になった後のある時刻において，向きは変えずに回路を動かす速さを $\frac{v}{3}$ にする。この速さを変える動作はじゅうぶんに短い時間でおこなわれたものとすると，速さを変えた直後にコンデンサーに蓄えられている電気量は，速さを変える直前に蓄えられていた電気量と等しいとみなせる。このとき，回路を動かす速さを変えた直後に回路に流れる電流の大きさは，　(サ)　× (ウ) となり，回路全体で電流が磁場から受ける力の向きは　(シ)　である。

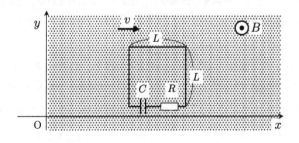

図 2-2

(ケ) の解答群

⓪ 0　　　　　　　　① $\dfrac{aL^2v}{4R}$　　　　　　　　② $\dfrac{aL^2v}{2R}$

③ $\dfrac{\sqrt{2}aL^2v}{2R}$　　　　④ $\dfrac{aL^2v}{R}$　　　　　　　　⑤ $\dfrac{2aL^2v}{R}$

(コ) の解答群

⓪ $\dfrac{Ca^2L^4v^2}{4}$　　　① $\dfrac{Ca^2L^4v^2}{2}$　　　② $\dfrac{3Ca^2L^4v^2}{2}$

③ $Ca^2L^4v^2$　　　④ $\dfrac{C^2aL^2v}{4}$　　　⑤ $\dfrac{C^2aL^2v}{2}$

⑥ $\dfrac{3C^2aL^2v}{2}$　　　⑦ C^2aL^2v

(サ) の解答群

⓪ $\dfrac{1}{3}$　　　① $\dfrac{1}{2}$　　　② $\dfrac{2}{3}$

③ 1　　　④ $\dfrac{4}{3}$　　　⑤ $\dfrac{5}{3}$

(シ) の解答群

⓪ x 軸の正の向き　　　　① x 軸の負の向き

② y 軸の正の向き　　　　③ y 軸の負の向き

(3) 次に，**図 2-3** に示すように，**小問 (1)** と磁束密度の大きさは同じであるが逆向きの磁場中で，**小問 (1)** と同じ回路を，x 軸の正の向き（図の右向き）に一定の速さ v で動かす。

$t > 0$ のとき，回路全体が磁場の存在する領域に含まれる。この状態で回路に流れる電流の大きさは，　 (ス) 　×　 (ウ) 　であり，回路全体で電流が磁場から受ける力の向きは　 (セ) 　である。

次に，この磁場中で**図 2-4** の 3 種類の回路を，底辺を x 軸に平行にして，x 軸の正の向き（図の右向き）にいずれも一定の速さ v で動かす。抵抗はすべての回路で同じものである。$t > 0$ で回路の全体が磁場の存在する領域に重なるとき，回路に流れる電流の大きさを比較すると，　 (ソ) 　。また，回路全体で電流が磁場から受ける力の大きさを比較すると，　 (タ) 　。

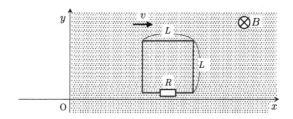

図 2-3

回路 1　　　回路 2　　　　回路 3

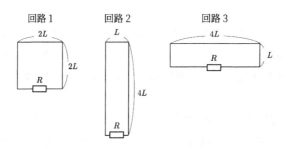

図 2-4

(ス) の解答群

⓪ $\dfrac{1}{3}$ 　　　　① $\dfrac{1}{2}$ 　　　　② $\dfrac{2}{3}$

③ 1 　　　　④ $\dfrac{4}{3}$ 　　　　⑤ $\dfrac{5}{3}$

(セ) の解答群

⓪ x 軸の正の向き 　　　　① x 軸の負の向き

② y 軸の正の向き 　　　　③ y 軸の負の向き

(ソ)，(タ) の解答群

⓪ 回路 1 がもっとも大きい

① 回路 2 がもっとも大きい

② 回路 3 がもっとも大きい

③ すべて同じである

3　　次の問題の　　　　　の中に入れるべき最も適当なものをそれぞれの**解答群**の中から選び，その番号を**解答用マークシート**の指定された欄にマークしなさい。（┊　　　　┊は既出のものを表す。同じ番号を何回用いてもよい。）

(30 点，ただし電気電子情報工学科は 60 点)

以下では，長さ，質量，時間，温度の単位をそれぞれ m，kg，s，K とし，その他の物理量に対してはこれらを組み合わせた単位を使用する。例えば，力の単位 N は $kg \cdot m/s^2$，圧力の単位 Pa は N/m^2 と表すことができる。

図 3-1 に示すように，大気中に径の異なる二つのシリンダーが中心軸をそろえて固定されている。内側のシリンダーの断面積を S_{in}，内側と外側のシリンダーに挟まれた部分の断面積を S_{out} と表す。二つのシリンダーは底面から高さ h_0 まで不揮発性の（気化しない）液体で満たされている。内側のシリンダーの底面付近には穴があり，液体は内側と外側のシリンダー間を自由に移動することができる。また，内側のシリンダーの液面から高さ l_0 の位置にはピストンの下面があり，液面とピストンの間は大気圧の空気で満たされている。空気は液体に溶解しないものとする。シリンダーは h_0 や l_0 に比べてじゅうぶん長く，ピストンは脱落することなく内側のシリンダーの中を上下に滑らかに動くことができる。液体の量はじゅうぶんあるとして，内側のシリンダーの底面付近の穴の高さまで，いずれかの液面が下がって空気が穴を通過することは考えなくてよい。ピストンとシリンダーは熱を通さない材料で作られていて，ピストンの質量は無視できるものとする。以下では，大気圧を P_0，大気の温度を T_0 とし，空気は二原子分子理想気体（比熱比 γ が $\dfrac{7}{5}$）とみなして考え，理想気体が断熱変化するとき，その圧力 P と体積 V について，PV^{γ} が一定という関係が成り立つことを用いてよい。液体の温度は大気の温度と等しく T_0，密度（単位体積あたりの質量）は ρ とし，これらは常に一定であるとする。また，鉛直下向き（重力の向き）を正の向きとし，重力加速度の大きさを g とする。

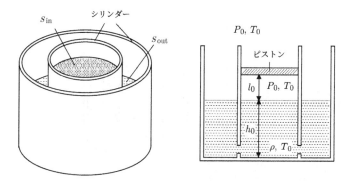

図 3-1　右の図は，水平方向から見た断面図である。

(1)　ピストンに下向きの力を加えて動かした。このときの力を F と表す（$F \geqq 0$）。
F を $F = 0$ から $F = F_1$ まで増加させてピストンを動かした。ここまで，内
側のシリンダー内の空気と液体の間でやりとりされる熱量は無視することがで
き，気体が断熱変化したと考える。$F = F_1$ で止めたとき，**図 3-2** のように内
側と外側の液面の高さはそれぞれ h_1，H_1 となり，ピストンの下面の高さは底
面から $h_1 + l_1$ となった。また，シリンダー内の空気の圧力は P_1，温度は T_1 と
なった。

　内側のシリンダーの空気層の上面において圧力のつりあいを式で表すと，
$P_1 = P_0 + \boxed{\text{(ア)}}$ である。同様にして，空気層の下面において圧力のつ
りあいを式で表すと，$P_1 = P_0 + (H_1 - h_1) \times \boxed{\text{(イ)}}$ である。これより，
$\boxed{\text{(ア)}} = (H_1 - h_1) \times \boxed{\text{(イ)}}$ の関係があることがわかる。また，液体の体積
は，内側のシリンダーにおける減少分と外側のシリンダーにおける増加分が
等しい。以上より，h_1 と H_1 は $h_1 = h_0 + \left(\boxed{\text{(ウ)}} \right) \times \dfrac{\boxed{\text{(ア)}}}{\boxed{\text{(イ)}}}$，$H_1 =$
$h_0 + \left(\boxed{\text{(エ)}} \right) \times \dfrac{\boxed{\text{(ア)}}}{\boxed{\text{(イ)}}}$ と表される。内側の液面からピストンの下面ま
での高さ l_1 は，P_0，F_1 などを用いて $l_1 = \boxed{\text{(オ)}} \times l_0$ と表される。また，
シリンダー内の空気の温度 T_1 は $T_1 = \boxed{\text{(カ)}} \times T_0$ となる。

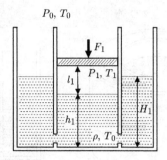

図 3-2

(ア) の解答群

⓪ $F_1 S_{\mathrm{out}}$　　　　① $F_1 S_{\mathrm{in}}$　　　　② $F_1(S_{\mathrm{out}} + S_{\mathrm{in}})$

③ $F_1(S_{\mathrm{out}} - S_{\mathrm{in}})$　　④ $\dfrac{F_1}{S_{\mathrm{out}}}$　　　⑤ $\dfrac{F_1}{S_{\mathrm{in}}}$

⑥ $\dfrac{F_1}{S_{\mathrm{out}} + S_{\mathrm{in}}}$　　⑦ $\dfrac{F_1}{S_{\mathrm{out}} - S_{\mathrm{in}}}$

(イ) の解答群

⓪ ρg　　　① $\dfrac{\rho}{g}$　　　② $F_1 g$　　　③ $\dfrac{F_1}{g}$

④ $F_1 \rho g$　　⑤ $\dfrac{F_1 \rho}{g}$　　⑥ $\dfrac{F_1 g}{\rho}$　　⑦ $\dfrac{\rho g}{F_1}$

(ウ), (エ) の解答群

⓪ $\dfrac{S_{\mathrm{out}}}{S_{\mathrm{out}} + S_{\mathrm{in}}}$　　① $\dfrac{S_{\mathrm{out}}}{S_{\mathrm{out}} - S_{\mathrm{in}}}$　　② $-\dfrac{S_{\mathrm{out}}}{S_{\mathrm{out}} + S_{\mathrm{in}}}$

③ $-\dfrac{S_{\mathrm{out}}}{S_{\mathrm{out}} - S_{\mathrm{in}}}$　④ $\dfrac{S_{\mathrm{in}}}{S_{\mathrm{out}} + S_{\mathrm{in}}}$　　⑤ $\dfrac{S_{\mathrm{in}}}{S_{\mathrm{out}} - S_{\mathrm{in}}}$

⑥ $-\dfrac{S_{\mathrm{in}}}{S_{\mathrm{out}} + S_{\mathrm{in}}}$　⑦ $-\dfrac{S_{\mathrm{in}}}{S_{\mathrm{out}} - S_{\mathrm{in}}}$

(オ) の解答群

⓪ $\left(\dfrac{P_0 S_{\text{out}}}{F_1 + P_0 S_{\text{out}}} \right)^{\frac{3}{5}}$ ① $\left(\dfrac{P_0 S_{\text{out}}}{F_1 + P_0 S_{\text{out}}} \right)^{\frac{7}{5}}$ ② $\left(\dfrac{P_0 S_{\text{out}}}{F_1 + P_0 S_{\text{out}}} \right)^{\frac{3}{7}}$

③ $\left(\dfrac{P_0 S_{\text{out}}}{F_1 + P_0 S_{\text{out}}} \right)^{\frac{5}{7}}$ ④ $\dfrac{P_0 S_{\text{out}}}{F_1 + P_0 S_{\text{out}}}$ ⑤ $\left(\dfrac{P_0 S_{\text{in}}}{F_1 + P_0 S_{\text{in}}} \right)^{\frac{3}{5}}$

⑥ $\left(\dfrac{P_0 S_{\text{in}}}{F_1 + P_0 S_{\text{in}}} \right)^{\frac{7}{5}}$ ⑦ $\left(\dfrac{P_0 S_{\text{in}}}{F_1 + P_0 S_{\text{in}}} \right)^{\frac{3}{7}}$ ⑧ $\left(\dfrac{P_0 S_{\text{in}}}{F_1 + P_0 S_{\text{in}}} \right)^{\frac{5}{7}}$

(カ) の解答群

⓪ $\left(\dfrac{F_1 + P_0 S_{\text{out}}}{P_0 S_{\text{out}}} \right)^{\frac{2}{3}}$ ① $\left(\dfrac{F_1 + P_0 S_{\text{out}}}{P_0 S_{\text{out}}} \right)^{\frac{3}{5}}$ ② $\left(\dfrac{F_1 + P_0 S_{\text{out}}}{P_0 S_{\text{out}}} \right)^{\frac{2}{7}}$

③ $\left(\dfrac{F_1 + P_0 S_{\text{out}}}{P_0 S_{\text{out}}} \right)^{\frac{3}{7}}$ ④ $\dfrac{F_1 + P_0 S_{\text{out}}}{P_0 S_{\text{out}}}$ ⑤ $\left(\dfrac{F_1 + P_0 S_{\text{in}}}{P_0 S_{\text{in}}} \right)^{\frac{2}{3}}$

⑥ $\left(\dfrac{F_1 + P_0 S_{\text{in}}}{P_0 S_{\text{in}}} \right)^{\frac{3}{5}}$ ⑦ $\left(\dfrac{F_1 + P_0 S_{\text{in}}}{P_0 S_{\text{in}}} \right)^{\frac{2}{7}}$ ⑧ $\left(\dfrac{F_1 + P_0 S_{\text{in}}}{P_0 S_{\text{in}}} \right)^{\frac{3}{7}}$

(2) 小問 **(1)** の最後の状態, すなわちピストンに下向きの力 F_1 を加えたままで, じゅうぶんに時間が経過した。この間, 内側のシリンダー内の空気と液体の間で熱のやりとりがあり, 空気の温度が T_0 になったとする。また, 大気圧は P_0 のままとする。

内側の液面からピストンの下面までの高さを l_2 とすると, P_0, F_1 などを用いて $l_2 = \boxed{(キ)} \times l_0$ と表される。また, 内側のシリンダーの液面の高さ h_2 は, $h_2 = h_0 + \left(\boxed{(ク)} \right) \times \dfrac{\boxed{(ア)}}{\boxed{(イ)}}$ と表され, 外側の液面の高さ H_2 は, $H_2 = h_0 + \left(\boxed{(ケ)} \right) \times \dfrac{\boxed{(ア)}}{\boxed{(イ)}}$ である。

(キ) の解答群

⓪ $\dfrac{P_0 S_{\text{out}}}{F_1 + P_0 S_{\text{out}}}$ ① $\left(\dfrac{P_0 S_{\text{out}}}{F_1 + P_0 S_{\text{out}}} \right)^{\frac{3}{5}}$ ② $\left(\dfrac{P_0 S_{\text{out}}}{F_1 + P_0 S_{\text{out}}} \right)^{\frac{7}{5}}$

③ $\left(\dfrac{P_0 S_{\mathrm{out}}}{F_1 + P_0 S_{\mathrm{out}}}\right)^{\frac{3}{7}}$ ④ $\left(\dfrac{P_0 S_{\mathrm{out}}}{F_1 + P_0 S_{\mathrm{out}}}\right)^{\frac{5}{7}}$ ⑤ $\dfrac{P_0 S_{\mathrm{in}}}{F_1 + P_0 S_{\mathrm{in}}}$

⑥ $\left(\dfrac{P_0 S_{\mathrm{in}}}{F_1 + P_0 S_{\mathrm{in}}}\right)^{\frac{3}{5}}$ ⑦ $\left(\dfrac{P_0 S_{\mathrm{in}}}{F_1 + P_0 S_{\mathrm{in}}}\right)^{\frac{7}{5}}$ ⑧ $\left(\dfrac{P_0 S_{\mathrm{in}}}{F_1 + P_0 S_{\mathrm{in}}}\right)^{\frac{3}{7}}$

⑨ $\left(\dfrac{P_0 S_{\mathrm{in}}}{F_1 + P_0 S_{\mathrm{in}}}\right)^{\frac{5}{7}}$

(ク)，(ケ) の解答群

⓪ $\dfrac{S_{\mathrm{in}}}{S_{\mathrm{out}} + S_{\mathrm{in}}}$ ① $\dfrac{S_{\mathrm{in}}}{S_{\mathrm{out}} - S_{\mathrm{in}}}$ ② $-\dfrac{S_{\mathrm{in}}}{S_{\mathrm{out}} + S_{\mathrm{in}}}$

③ $-\dfrac{S_{\mathrm{in}}}{S_{\mathrm{out}} - S_{\mathrm{in}}}$ ④ $\dfrac{S_{\mathrm{out}}}{S_{\mathrm{out}} + S_{\mathrm{in}}}$ ⑤ $\dfrac{S_{\mathrm{out}}}{S_{\mathrm{out}} - S_{\mathrm{in}}}$

⑥ $-\dfrac{S_{\mathrm{out}}}{S_{\mathrm{out}} + S_{\mathrm{in}}}$ ⑦ $-\dfrac{S_{\mathrm{out}}}{S_{\mathrm{out}} - S_{\mathrm{in}}}$

(3) **小問 (2)** の状態から，内側のシリンダー内の空気の温度が T_0 に保たれるように，じゅうぶん時間をかけて，まず，ピストンに加えていた力 F を $F = F_1$ から徐々に減少させ，その後，**図 3-3** のように，鉛直上向きに力を加えてピストンをゆっくりと引き上げ，最終的に $F = F_3$ $(F_3 < 0)$ とした。このとき，内側と外側の液面の高さはそれぞれ h_3，H_3 となり，ピストンの位置は底面から $h_3 + l_3$ となった。また，シリンダー内の空気の圧力は P_3 となった。

初期状態から**小問 (1)**，ついで**小問 (2)** の状態を経て，ここまでの変化について，ピストンに加えた力 F とシリンダー内の空気層の長さ l の関係を最もよく表しているグラフは　(コ)　である。

ピストンを引き上げる力をさらに強めていくことにより，P_3 を大気圧 P_0 に比べてじゅうぶん小さくすることができる。このとき，圧力のつりあいにおいて，P_3 の寄与を無視して考えてよい。空気層の上面でのつりあいで，$\dfrac{P_3}{P_0} \to 0$ として F_3 の値を求めると　(サ)　となり，これを用いて $h_3 - H_3 =$　(シ)　が得られる。さらに，**小問 (1)** と同様にして，$h_3 = h_0 + \left(\text{(ス)}\right) \times \text{(シ)}$，$H_3 = h_0 + \left(\text{(セ)}\right) \times \text{(シ)}$ と求められる。この結果より，ピストンを引き上げる力を $F_3 = $　(サ)　を超えて強くしたとき，　(ソ)　ことがわかる。

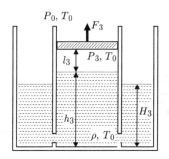

図 3-3

(コ) の解答群

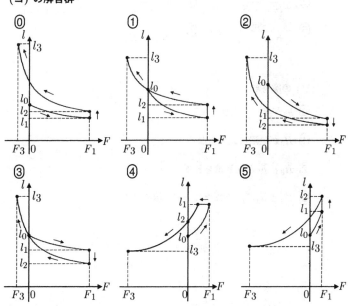

(サ) の解答群

⓪ $S_{\mathrm{in}} P_0$　　　　　　① $-S_{\mathrm{in}} P_0$　　　　　　② $S_{\mathrm{out}} P_0$

③ $-S_{\mathrm{out}} P_0$　　　　　④ $(S_{\mathrm{out}} + S_{\mathrm{in}}) P_0$　　　⑤ $-(S_{\mathrm{out}} + S_{\mathrm{in}}) P_0$

⑥ $(S_{\text{out}} - S_{\text{in}})P_0$　　　⑦ $-(S_{\text{out}} - S_{\text{in}})P_0$

(シ) の解答群

⓪ $-\dfrac{P_0\,\rho g}{S_{\text{in}}}$　　　① $-\dfrac{P_0}{S_{\text{in}}\rho g}$　　　② $-P_0\,\rho g$　　　③ $-\dfrac{P_0}{\rho g}$

④ $\dfrac{P_0\,\rho g}{S_{\text{in}}}$　　　⑤ $\dfrac{P_0}{S_{\text{in}}\rho g}$　　　⑥ $P_0\,\rho g$　　　⑦ $\dfrac{P_0}{\rho g}$

(ス)，(セ) の解答群

⓪ $\dfrac{S_{\text{out}}}{S_{\text{out}} + S_{\text{in}}}$　　　① $\dfrac{S_{\text{out}}}{S_{\text{out}} - S_{\text{in}}}$　　　② $-\dfrac{S_{\text{out}}}{S_{\text{out}} + S_{\text{in}}}$

③ $-\dfrac{S_{\text{out}}}{S_{\text{out}} - S_{\text{in}}}$　　　④ $\dfrac{S_{\text{in}}}{S_{\text{out}} + S_{\text{in}}}$　　　⑤ $\dfrac{S_{\text{in}}}{S_{\text{out}} - S_{\text{in}}}$

⑥ $-\dfrac{S_{\text{in}}}{S_{\text{out}} + S_{\text{in}}}$　　　⑦ $-\dfrac{S_{\text{in}}}{S_{\text{out}} - S_{\text{in}}}$

(ソ) の解答群

⓪ h_3が無限に大きくなる

① H_3が無限に大きくなる

② H_3と h_3が同じ値をとる

③ H_3と h_3が，それぞれ一定の値をとる

化学

（80 分）

　各設問の計算に必要ならば，下記の数値または式を用いなさい。

原子量：H 1.0, C 12.0, O 16.0, Cu 63.5

ファラデー定数：9.65×10^4 C/mol

アボガドロ定数：6.02×10^{23}/mol

気体定数：8.31×10^3 Pa·L/(K·mol) $= 8.31$ J/(K·mol)

標準状態における理想気体のモル体積：22.4 L/mol

25 ℃ における水のイオン積：1.00×10^{-14} (mol/L)^2

　特段の記述がない限り，気体はすべて理想気体としてふるまうものとする。

1　次の記述の㋐〜㋛にあてはまる最も適当な整数を**解答用マークシート**にマーク
　　しなさい。答えが 1 桁の整数の場合，十の位には **0** をマークしなさい。(16 点)

(1)　窒素原子は ㋐ 個の価電子を持つ。窒素分子では，各原子が ㋑
　　個の電子を出し合って結合が形成されている。

(2)　カルシウム原子において，M 殻に入っている電子の数は ㋒ 個であ
　　る。

(3)　第 3 周期に属する元素のうち，第 1 イオン化エネルギーが最も大きなものの
　　原子番号は ㋓ である。

(4)　第 2 周期に属する元素のうち，電気陰性度が最も大きなものの原子番号は
　　㋔ である。

(5)　第 2 周期に属する非金属元素のうち，その水素化物の沸点が最大となるもの
　　の原子番号は ㋕ である。

(6)　1 つの二酸化炭素分子中に存在する非共有電子対の数は ㋖ 個であ
　　る。

(7)　1 つの水酸化物イオン中に存在する非共有電子対の数は ㋗ 個であ
　　る。

(8)　二クロム酸カリウムが酸化剤として作用するとき，$Cr_2O_7{}^{2-}$ イオンは 1 mol
　　あたり ㋘ mol の電子を受け取る。

(9)　濃硝酸が酸化剤として作用するとき，硝酸は 1 mol あたり ㋙ mol の
　　電子を受け取る。

(10)　塩化セシウム型の結晶構造において，単位格子中に含まれるセシウムイオン，塩化物イオンの個数の和は　(サ)　であり，セシウムイオンの配位数は　(シ)　である。

(11)　面心立方格子をとる金属結晶において，単位格子中に含まれる金属原子の数は　(ス)　個であり，配位数は　(セ)　である。

2　次の記述の(A)〜(D)にあてはまる最も適当な記述を **A欄**より，(あ)にあてはまる最も適当な記述を **B欄**より選び，その番号を**解答用マークシート**にマークしなさい。ただし，同じ番号を何回選んでもよい。また，(a)，(b)にあてはまる数値を，有効数字が3桁になるように4桁目を四捨五入して求め，次の形式で**解答用マークシート**にマークしなさい。指数 d が0の場合の符号pには＋をマークしなさい。　　　　　　　　　　(17点)

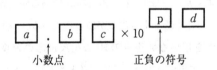

　気体状態の水素分子 H_2 と気体状態のヨウ素分子 I_2 が反応して気体状態のヨウ化水素分子 HI が生成する化学反応を考える。

　この反応の熱化学方程式は下記で与えられる。

$$H_2(気) + I_2(気) = 2HI(気) + 9.00 \times 10^3 \, J$$

　H_2 分子における水素原子間の結合を切って原子状態にするのに必要なエネルギー（結合エネルギー）は $4.32 \times 10^5 \, J/mol$，$I_2$ 分子におけるヨウ素原子間の結合エネルギーは $1.49 \times 10^5 \, J/mol$ であり，HI 分子における水素原子とヨウ素原子の間の結合エネルギーは　(a)　J/mol である。

　HI の生成反応の速度を v_1，分解反応の速度を v_2 とする。内容積が変化しない容器のなかにそれぞれ気体状態の H_2，I_2 および HI 分子が封入されており，これ

らが平衡状態にあるとする。ここで，温度を一定に保ったまま容器内にある I_2 の物質量の 3 倍の量の I_2 分子の気体を容器内に加えると，その直後の v_1 の大きさは I_2 を加える前と比べて　(A)　のに対し，v_2 の大きさは I_2 を加える前と比べて　(B)　。一方で，I_2 分子を加える代わりに，容器内にある HI の物質量の 3 倍の量の HI 分子の気体を容器内に加えた場合は，その直後の v_1 の大きさは HI を加える前と比べて　(C)　のに対し，v_2 の大きさは HI を加える前と比べて　(D)　。

　温度が増加すると v_1 も v_2 も共に増大するが，これはそれぞれの反応の速度定数が増加するからである。一般に，速度定数 k と絶対温度 T の関係は下記の式で表される。

$$k = A \times e^{-\frac{E_a}{RT}}$$

　ただし，e は自然対数の底，R は気体定数，E_a は反応の活性化エネルギーである。また，A は反応ごとに決まる頻度因子と呼ばれる定数であり，温度や活性化エネルギーには依存しないものとする。

　HI の生成反応の活性化エネルギーは 1.74×10^5 J/mol であるが，金を触媒として用いると 9.60×10^4 J/mol に低下することが知られている。つまり，温度　(b)　K において触媒を用いない場合の HI の生成反応の速度定数は，300 K において金を触媒として用いた場合の速度定数と等しい。また，HI の生成反応の速度定数を k_1，分解反応の速度定数を k_2 とすると，同じ温度における速度定数の比 $\dfrac{k_1}{k_2}$ は，金触媒を　(あ)　。

　なお，$v_1 = k_1[H_2][I_2]$，$v_2 = k_2[HI]^2$ とし，[X] は X のモル濃度を表すものとする。

A 欄

　1　16 倍に増加する　　　　　　2　16 分の 1 に減少する

　3　8 倍に増加する　　　　　　　4　8 分の 1 に減少する

　5　4 倍に増加する　　　　　　　6　4 分の 1 に減少する

　7　2 倍に増加する　　　　　　　8　2 分の 1 に減少する

　9　変化しない

B 欄

1　用いることにより増大する

2　用いても用いなくても同じ値になる

3　用いることにより減少する

3　次の記述の(A)〜(F)にあてはまる最も適当なものを**A欄**より，(あ)にあてはまる最も適当なものを**B欄**より選び，その番号を**解答用マークシート**にマークしなさい。

必要であれば下記の数値あるいは式を用いなさい。

$\log_{10} 2 = 0.30$　　　$\log_{10} 3 = 0.48$　　　$\log_{10} 5 = 0.70$　　　$x = 10^{\log_{10} x}$

また，(a)〜(e)にあてはまる数値を，次の形式で**解答用マークシート**にマークしなさい。

例えば，答えの数値が $2 (= 1 \times 10^{0.30})$ の場合は p に **+**，a に **0**，b に **0**，c に **3** を，答えの数値が $0.1 (= 1 \times 10^{-1})$ の場合は p に **−**，a に **0**，b に **1**，c に **0** をマークしなさい。答えの数値が $1 (= 1 \times 10^{0})$ である場合，p には **+** をマークしなさい。なお，指数部分は小数点第2位まで計算し，小数点第2位以下を四捨五入して小数点第1位まで解答しなさい。　　　　　　　　　　　　　(17 点)

以下の一連の操作を 25 ℃ において行った。

無水酢酸 10.2 g をフラスコに入れ，水 50.0 mL を加えて一晩静置すると，完全に反応していた。この溶液にさらに水を加え，全体を 100 mL としたものを溶液 A とする。溶液 A の pH は 2.13 であった。よって，溶液 A 中における酢酸の電離度 α は 　(a)　 であり，電離定数 K_a は 　(b)　 mol/L と計算される。一方，溶液 A から 10.0 mL をビーカーにとり，これを 10 倍に希釈したと

きの電離度 α' の値は，もとの溶液 A の電離度 α の 　(c)　 倍である。

　溶液 A の一部を別のフラスコにとり，水を加えて濃度が 0.200 mol/L の酢酸水溶液を調製した。その後，調製した酢酸水溶液を二つのビーカーに 100 mL ずつとり，そのうちの一つに 0.200 mol/L の水酸化ナトリウム水溶液 100 mL を加えたものを溶液 B とする。もう一方のビーカーには水 100 mL を加え，これを溶液 C とする。溶液 B に存在する分子やイオンの組成は，濃度 0.100 mol/L の 　(A)　 水溶液と等価とみなすことができる。すなわち，溶液 B 中では一部の 　(B)　 が 　(C)　 と反応して等物質量の 　(D)　 と 　(E)　 が生じている。ここで， 　(B)　 と 　(E)　 の物質量の和は水酸化ナトリウム水溶液を加える前後で変化せず一定であることを考慮すると，溶液 B の水素イオン濃度は酢酸の電離定数 K_a を用いて

$$\sqrt{\boxed{\text{(d)}}\ \text{mol/L} \times K_a}$$

と表される。これを計算して得られる溶液 B の水素イオン濃度は，純水の水素イオン濃度 　(F)　 。

　次に，溶液 C から 100 mL をとり，これを溶液 B のビーカーに加えて混合したものを溶液 D とする。二つのビーカーに溶液 D の全量を等量ずつ分け，そのうちの一方に 10.0 mol/L の塩酸 0.250 mL を滴下したものを溶液 E，もう一方に 10.0 mol/L の水酸化ナトリウム水溶液 0.250 mL を滴下したものを溶液 F とする。溶液 E の水素イオン濃度は溶液 F の水素イオン濃度の 　(e)　 倍となる。150 mL の水に 10.0 mol/L の塩酸 0.250 mL を滴下して得られる溶液の pH が 1.78，150 mL の水に 10.0 mol/L の水酸化ナトリウム水溶液 0.250 mL を滴下して得られる溶液の pH が 12.22 であることと比較すると，溶液 E と溶液 F の pH の差は極めて小さいことがわかる。このことは，溶液 D の 　(あ)　 による。

A 欄

　0 酢　酸 　　　　　　　　**1** 酢酸イオン 　　　　　**2** 酢酸ナトリウム

3	水酸化ナトリウム	4	水酸化物イオン	5	ナトリウムイオン
6	水	7	無水酢酸		
8	より大きい	9	より小さい	10	と等しい

B 欄

1	イオン化傾向	2	緩衝作用	3	共通イオン効果
4	相補性	5	二段階中和	6	溶媒和

4 　次の記述の(ア)～(チ)にあてはまる最も適当な語句を **A 欄**より選び，その番号を**解答用マークシート**にマークしなさい(番号の中の 0 という数字も必ずマークすること)。ただし，同じ番号を何回選んでもよい。なお，(ソ)～(チ)は小さい番号から順にマークしなさい。　　　　　　　　　　　　　　　　　(17 点)

(1) Al^{3+}，Ag^+，Cu^{2+}，Pb^{2+}，Zn^{2+} を含む水溶液がある。この水溶液に希塩酸を加えると，　(ア)　と　(イ)　が塩化物として沈殿した。ろ液が酸性であることを確認したのち，硫化水素を通じると　(ウ)　が　(エ)　色の硫化物となって沈殿した。ろ液を加熱することで硫化水素を除去し，アンモニア水を十分に加えると，　(オ)　が　(カ)　色の　(キ)　となって沈殿した。そして，ろ液が塩基性であるのを確認したのち，再び硫化水素を通じると　(ク)　が　(ケ)　色の硫化物となって沈殿した。

　　(ア)　の塩化物は熱水との接触で溶解してしまうが，この溶液をクロム酸カリウム水溶液と接触させることで　(コ)　色の沈殿物として回収できる。硫化水素を通じて分離できた　(ウ)　の硫化物に硝酸を加えて加熱し，再び溶解させ，そこに過剰のアンモニア水を加えると，　(ウ)　にアンモニアが　(サ)　個配位結合した深青色の錯イオンとなる。その形状は　(シ)　形であることが知られている。

(2) セラミックスはプラスチックと比べて耐熱性が　(ス)　ほかに，鉄などの金属と異なり　(セ)　といった性質がある。

(3) ソーダ石灰ガラスの主成分は ⎡(ソ)⎤ と ⎡(タ)⎤ と ⎡(チ)⎤ といった酸化物から構成されている。

A 欄

01 1	02 2	03 3
04 4	05 5	06 6
07 7	08 8	09 Al^{3+}
10 Ag^+	11 Cu^{2+}	12 Pb^{2+}
13 Zn^{2+}	14 白	15 黒
16 黄	17 赤	18 濃 青
19 深 赤	20 赤 褐	21 高 い
22 低 い	23 錆びない	24 錆びやすい
25 SiO_2	26 Na_2O	27 K_2O
28 CaO	29 B_2O_3	30 PbO
31 Ag_2O	32 $[Ag(NH_3)_2]^+$	33 $Pb(OH)_2$
34 $[Pb(OH)_4]^{2-}$	35 $Cu(OH)_2$	36 $[Cu(NH_3)_4]^{2+}$
37 $Al(OH)_3$	38 $[Al(OH)_4]^-$	39 $Zn(OH)_2$
40 $[Zn(NH_3)_4]^{2+}$	41 直 線	42 正四面体
43 正 方	44 正八面体	

5　次の記述の(ア)〜(タ)にあてはまる最も適当なものをA欄より選び，その番号を**解答用マークシートにマーク**しなさい(番号の中の0という数字も必ずマークすること)。ただし，同じ番号を何回選んでもよい。　　　　　　　　(17点)

　アルカンの組成式は　(ア)　($n \geq 1$の整数)と表される。nが　(イ)　以下のアルカンは常圧で沸点が$0\,{}^{\circ}\mathrm{C}$以下である。また，nが　(ウ)　以上のアルカンには構造異性体がある。プロパンの2つの水素原子を1つのフッ素原子と1つの塩素原子で置換したフルオロクロロプロパンには　(エ)　組の鏡像異性体がある。

　シクロアルカンは環式アルカンであり，その組成式は　(オ)　と表される。ここで，nは　(カ)　以上の整数である。また，nが　(キ)　以上のシクロアルカンには構造異性体がある。

　ビシクロアルカンは二環式アルカンである。ビシクロアルカンには，シクロアルカンの環状構造を形成し，かつ水素原子が結合している炭素原子のうち，同一分子内の2つの炭素原子から水素原子を1つずつ取り，それらの炭素原子をつないだ構造がある。または，直接つなぐ代わりに炭化水素基でつないでもよい。ビシクロアルカンの組成式は　(ク)　と表され，nは　(ケ)　以上の整数である。

　スピロアルカンも二環式アルカンである。スピロアルカンには，シクロアルカンの環状構造を形成する炭素原子の1つを始点かつ終点として1つの炭化水素基で架橋した構造がある。つまり，2つのシクロアルカンがただ1つの炭素原子を共有する構造をもつ。スピロアルカンの組成式は　(コ)　と表され，nは　(サ)　以上の整数である。

　アルケンの組成式は　(シ)　($n \geq 2$の整数)と表される。nが　(ス)　以上のアルケンには構造異性体やシス-トランス異性体がある。

　アルキンの組成式は　(セ)　($n \geq 2$の整数)と表される。nが　(ソ)　以上のアルキンには構造異性体がある。エチン(アセチレン)は三分子が付加重合してベンゼンを生成する。同様に，プロピン(メチルアセチレン)の三分子が付加重合すると　(タ)　種類のベンゼン誘導体が生成する。

A　欄

01	1	02	2	03	3	04	4	05	5
06	6	07	7	08	8	09	9	10	10

11　C_nH_{2n-4}　　12　C_nH_{2n-2}　　13　C_nH_{2n}　　14　C_nH_{2n+2}　　15　C_nH_{2n+4}

6　次の記述の(ア)〜(シ)にあてはまる最も適当なものを **A 欄**より選び，その番号を**解答用マークシートにマーク**しなさい（番号の中の **0** という数字も必ずマークすること）。また，(A)にあてはまる数値を，有効数字が 3 桁になるように 4 桁目を四捨五入して求め，次の形式で**解答用マークシートにマーク**しなさい。指数 d が 0 の場合の符号 p には＋をマークしなさい。

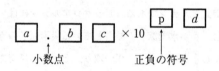

なお，①〜⑦にも **A 欄**の語句があてはまるが，これらは解答する必要はない。

(16 点)

アミノ酸が縮合してタンパク質を生成するように，ヌクレオチドが縮合してポリヌクレオチド（あるいは核酸）を生成する。ヌクレオチドであるアデノシン一リン酸にリン酸が 2 個結合した物質をアデノシン三リン酸という。この物質のリン酸どうしが脱水縮合した結合は高エネルギーリン酸結合と呼ばれる。核酸にはデオキシリボ核酸（DNA）とリボ核酸（RNA）があり，それらの核酸を構成する糖は，各々，　(ア)　とリボースであり，DNA と RNA に含まれる固有の塩基は，各々　(イ)　と　①　である。さらに，DNA と RNA の 2 つの共通の塩基として，　②　，　(ウ)　および　(エ)　がある。DNA はらせん状になった 2 本の分子間の　②　と　(イ)　，　(ウ)　と　(エ)　の部分で　(オ)　して，二重らせん構造を形成する。なお，　(イ)　，　①　，　(エ)　は 5 員環構造はなく，6 員環構造のみを有する物質であ

る。

　特に，2本のポリヌクレオチドの鎖をつなぐ2つずつの塩基の組を　(カ)　といい，　②　と　(イ)　の　(カ)　および　(ウ)　と　(エ)　の　(カ)　においては，各々，2つの水素結合，および，3つの水素結合を形成して二重らせん構造を安定にしている。それに対して，RNA は1本鎖で存在し，主に　(キ)　RNA(mRNA)，　③　RNA(tRNA) および　④　RNA(rRNA) などがある。また，DNA のポリヌクレオチドがもつ　(ク)　は通常変化しないため，それに基づいてタンパク質が合成される。

　一方，前述した糖，すなわち，リボースおよび　(ア)　以外に，天然に存在する糖としては，グルコース，　⑤　，　⑥　，　(ケ)　，マルトース，　(コ)　，　⑦　などの単糖や二糖がある。これらの単糖および二糖の中で還元性を示さない糖は，　(ケ)　であり，他は還元性を示す。還元性の判定方法の一つとして，フェーリング液の還元がある。たとえば，0.0250 mol のマルトースを完全に加水分解した後，その溶液にフェーリング液を加えて加熱すると，生成する酸化銅(Ⅰ) は　(A)　g と計算される。ただし，グルコース 1 mol について酸化銅(Ⅰ) は1 mol 生成するものとする。なお，還元性の確認方法には，　(サ)　もある。これは，硝酸銀水溶液にアンモニア水を過剰に加えたものに基質を加えて温めると，銀イオンが還元されて銀が生じる現象である。

　二糖の一つである　(ケ)　に希硫酸などの希酸を加えて加熱したり，　(シ)　という酵素を作用させると，グリコシド結合が加水分解されて，　(ケ)　1分子からグルコース1分子と　⑤　1分子が生成する。なお，　⑤　は蜂蜜や果実に存在する糖，　⑥　は　⑦　の構成成分の糖，　⑦　は哺乳類の乳汁に含まれる糖である。また，　(コ)　を加水分解すると　(ケ)　の構成成分の一つを生成する。

A　欄

　01　デオキシリボース　　　　02　チミン

　03　ウラシル　　　　　　　　04　グアニン

　05　シトシン　　　　　　　　06　アデニン

　07　水素結合　　　　　　　　08　イオン結合

09　共有結合	10　S-S 結合
11　塩基対	12　イオン対
13　電子対	14　伝　令
15　運　搬	16　リボソーム
17　塩基配列	18　アミノ酸配列
19　糖配列	20　代　謝
21　反　転	22　回　転
23　銀鏡反応	24　ルミノール反応
25　ジアゾカップリング	26　ヨードホルム反応
27　スクロース	28　セロビオース
29　フルクトース	30　ガラクトース
31　ラクトース	32　インベルターゼ
33　マルターゼ	34　セロビアーゼ
35　アミラーゼ	

生物

（80 分）

1　生物の糖の代謝に関する次の文章を読み，問題に答えなさい。解答はそれぞれ
の指示に従って最も適切なものを**解答群**の中から選び，その番号を**解答用マーク
シート**の指定された欄にマークしなさい。　　　　　　　　　　　　　（28 点）

　解糖系とクエン酸回路は糖の代謝の中心となる経路を担っている。代表的な糖
であるグルコースは，解糖系によりピルビン酸に変換された後，クエン酸回路に
によりさらに変換される。ピルビン酸はピルビン酸脱水素酵素という酵素のはたら
きにより脱炭酸され，炭素数　（ア）　の化合物が生じ，これがコエンザイム A
（CoA）と反応してアセチル CoA を生じる。クエン酸回路では，アセチル CoA と
炭素数　（イ）　のオキサロ酢酸が反応して，クエン酸を生じる。クエン酸は数
段階の反応を経た後，生じたリンゴ酸が NAD^+ と反応してオキサロ酢酸に戻る。
クエン酸回路では，CO_2 が放出されるとともに，NADH が生じ，この NADH が
電子伝達系で ATP の生産に使われる。

(a)　空欄　（ア）　，　（イ）　に当てはまる数字を**解答群A**からそれぞれ選
び，その番号をマークしなさい。

解答群A

0	0	1	1	2	2	3	3	4	4
5	5	6	6	7	7	8	8	9	9

(b)　下線部(i)に関連する次の文章を読み，空欄　（ウ）　，　（エ）　に当ては
まるものの組み合わせとして最も適切なものを**解答群B**から選び，その番号を
マークしなさい。

リンゴ酸は　(ウ)　されてオキサロ酢酸に変換される。また，NAD^+ は　(エ)　されて NADH に変換される。

解答群B

	(ウ)	(エ)
0	酸　化	酸　化
1	還　元	還　元
2	酸　化	還　元
3	還　元	酸　化

(c)　下線部(ii)に関連して，クエン酸回路について記した次の文①～⑤の中から，記述が正しいものの組み合わせとして最も適切なものを**解答群C**から選び，その番号をマークしなさい。

① クエン酸回路では解糖系よりも，グルコース1分子あたりの NADH 生成量が多い。

② クエン酸回路では，NADH だけでなく $FADH_2$ も生じる。

③ クエン酸回路では，NADH だけでなく NADPH も生じる。

④ クエン酸回路では，炭素が酸素分子により酸化されて二酸化炭素を生じる。

⑤ クエン酸回路で生じた NADH から，電子がミトコンドリアの外膜にある電子伝達系に渡される。

解答群C

00　①	01　②	02　③	03　④
04　⑤	05　①，②	06　①，③	07　①，④
08　①，⑤	09　②，③	10　②，④	11　②，⑤
12　③，④	13　③，⑤	14　④，⑤	
15　①，②，③	16　①，②，④	17　①，②，⑤	

18 ①, ③, ④	**19** ①, ③, ⑤	**20** ①, ④, ⑤
21 ②, ③, ④	**22** ②, ③, ⑤	**23** ②, ④, ⑤
24 ③, ④, ⑤	**25** ①, ②, ③, ④	**26** ①, ②, ③, ⑤
27 ①, ③, ④, ⑤	**28** ①, ③, ④, ⑤	**29** ②, ③, ④, ⑤
30 ①, ②, ③, ④, ⑤		

(d) 呼吸において，クエン酸($C_6H_8O_7$)が完全に酸化される場合の次の反応式において，空欄 (オ) ，(カ) ，(キ) に当てはまる数字を**解答群D**からそれぞれ選び，その番号をマークしなさい。

$$\boxed{\text{(オ)}}\, C_6H_8O_7 + \frac{9}{2}O_2 \rightarrow \boxed{\text{(カ)}}\, CO_2 + \boxed{\text{(キ)}}\, H_2O$$

解答群D

0 0	**1** 1	**2** 2	**3** 3	**4** 4
5 5	**6** 6	**7** 7	**8** 8	**9** 9

(e) ある真核細胞を含む液に，0.04 mol/L のクエン酸溶液を 1 mL 添加した結果，クエン酸が完全に酸化された。その際に，酸素は何 mL 消費されるか。最も近いものを**解答群E**から選び，その番号をマークしなさい。ただし，1 mol とは 6.02×10^{23} 個の粒子の集団であり，1 mol の気体の体積は 22.4 L とする。

解答群E

0 0 mL	**1** 1 mL	**2** 2 mL	**3** 3 mL	**4** 4 mL
5 5 mL	**6** 6 mL	**7** 7 mL	**8** 8 mL	**9** 9 mL

(f) 2,4-ジニトロフェノールという化合物は，ミトコンドリアのマトリックスと膜間腔の間で H^+ を自由に行き来させることにより，H^+ の濃度勾配を失わせる作用を示す。ある真核細胞を含む液に，2,4-ジニトロフェノールを添加する実験をおこなった。その結果について，次の文①～④の中から，記述が正しいものの組み合わせとして最も適切なものを**解答群F**から選び，その番号をマー

クしなさい。ただし，2,4-ジニトロフェノールは上記以外の作用を示さないとする。

① 電子伝達系において NADH が消費されなくなる。

② 電子伝達系において $FADH_2$ が消費されなくなる。

③ 電子伝達系において酸素が消費されなくなる。

④ 電子伝達系において ATP の合成が減少する。

解答群F

00 ①	01 ②	02 ③	03 ④
04 ①, ②	05 ①, ③	06 ①, ④	07 ②, ③
08 ②, ④	09 ③, ④	10 ①, ②, ③	11 ①, ②, ④
12 ①, ③, ④	13 ②, ③, ④	14 ①, ②, ③, ④	

(g) 飲料等に含まれているクエン酸の多くは，*Aspergillus niger* という子のう菌により工業生産されている。原核生物か真核生物かの分類において，*Aspergillus niger* と同じに分類されるものについて，次の生物①〜⑤の中から，正しいものの組み合わせとして最も適切なものを**解答群G**から選び，その番号をマークしなさい。

① 大腸菌

② ゼニゴケ

③ 乳酸菌

④ 担子菌

⑤ クモノスカビ

解答群G

00 ①	01 ②	02 ③	03 ④
04 ⑤	05 ①, ②	06 ①, ③	07 ①, ④
08 ①, ⑤	09 ②, ③	10 ②, ④	11 ②, ⑤

12	③, ④	13	③, ⑤	14	④, ⑤
15	①, ②, ③	16	①, ②, ④	17	①, ②, ⑤
18	①, ③, ④	19	①, ③, ⑤	20	①, ④, ⑤
21	②, ③, ④	22	②, ③, ⑤	23	②, ④, ⑤
24	③, ④, ⑤	25	①, ②, ③, ④	26	①, ②, ③, ⑤
27	①, ②, ④, ⑤	28	①, ③, ④, ⑤	29	②, ③, ④, ⑤
30	①, ②, ③, ④, ⑤				

(h) 微生物の代謝について，次の文①～⑤の中から，記述が正しいものの組み合わせとして最も適切なものを**解答群H**から選び，その番号をマークしなさい。

① 乳酸菌は，ピルビン酸を酸化して乳酸に変換する。

② 酵母によるアルコール発酵では，二酸化炭素を生じる。

③ 亜硝酸菌は，アンモニウムイオンを酸化する。また，二酸化炭素を有機物に変換する。

④ 紅色硫黄細菌は，硫化水素を硫黄に変換する。また，二酸化炭素を有機物に変換する。

⑤ アオカビは，従属栄養生物であり，生育に有機物を必要とする。

解答群H

00	①	01	②	02	③	03	④
04	⑤	05	①, ②	06	①, ③	07	①, ④
08	①, ⑤	09	②, ③	10	②, ④	11	②, ⑤
12	③, ④	13	③, ⑤	14	④, ⑤		
15	①, ②, ③	16	①, ②, ④	17	①, ②, ⑤		
18	①, ③, ④	19	①, ③, ⑤	20	①, ④, ⑤		
21	②, ③, ④	22	②, ③, ⑤	23	②, ④, ⑤		
24	③, ④, ⑤	25	①, ②, ③, ④	26	①, ②, ③, ⑤		
27	①, ②, ④, ⑤	28	①, ③, ④, ⑤	29	②, ③, ④, ⑤		
30	①, ②, ③, ④, ⑤						

2　次の問題(1), (2)に答えなさい。解答はそれぞれの指示に従って最も適切なもの
を**解答群**の中から選び，その番号を**解答用マークシート**の指定された欄にマーク
しなさい。

　　　　　　　　　　　　　　　　　　　　　　　　　　　　　　　　　　　(37 点)

(1)　遺伝子組換え技術に関する次の文章を読み，問題(a)～(e)に答えなさい。

　　細胞に特定の遺伝子を導入して発現させることによって，遺伝子の機能を解
(i)
析することができる。目的の遺伝子の DNA を細菌などの DNA に直接組み込
むのは難しいため，遺伝子組換え実験では，目的の遺伝子の DNA をベクター
と呼ばれる遺伝子の運び手の DNA につなぎかえることが多い。ベクターの代
表的なものには，細菌などへ遺伝子を運び込む　(ア)　や，ウイルスの DNA
などがある。

　　生物のゲノムから目的の DNA 断片を単離・増幅させる操作は，　(イ)
と呼ばれる。制限酵素は，DNA の特定の塩基配列を認識して DNA を切断する
(ii)
酵素で，目的の DNA 断片を切り出す際に用いられる。切断した DNA どうし
の結合には，　(ウ)　が利用される。目的の遺伝子を組み込んだ　(ア)
を大腸菌などで増やし，組み込んだ遺伝子を大腸菌内で発現させれば，その遺
(iii)
伝子が指定するタンパク質を大量に生産することができる。

　　一方，細胞の中で遺伝子が発現する様子は，GFP と呼ばれる蛍光を発する
タンパク質の発見により，生きた細胞の中で遺伝子の発現を確認できるように
なった。発現を調べたい遺伝子の下流（翻訳方向）に，GFP の遺伝子をつない
(iv)
だ DNA を細胞の中に導入すると，遺伝子の発現が GFP の蛍光として観察で
きる。これにより，細胞内のどこに目的の遺伝子に由来するタンパク質が存在
するか調べることができる。

(a)　文章中の空欄　(ア)　～　(ウ)　に当てはまる最も適切な語句を**解答
群A**から選び，その番号をマークしなさい。

解答群 A

0	ATP アーゼ	1	形質転換
2	クローニング	3	RNA ポリメラーゼ
4	DNA リガーゼ	5	プラスミド
6	プライマー	7	ラギング鎖
8	DNA ヘリカーゼ		

(b) 下線部(i)に関して，次の遺伝子導入法について記した説明文①，②に当てはまる最も適切な語句を，**解答群 B** から選び，その番号をマークしなさい。

説明文

① 塩化カルシウムを含む溶液中の大腸菌に熱を加えて，目的の遺伝子を組み込んだ文章中の　(ア)　などを取り込ませる方法。

② 植物細胞に感染する細菌を用いて，目的の遺伝子を植物細胞に導入する方法。

解答群 B

0	PCR 法	1	ヒートショック法
2	電気泳動法	3	核移植法
4	アグロバクテリウム法	5	検定交雑法
6	エレクトロポレーション法		

(c) 下線部(ii)に関して，次の文章中の空欄　(エ)　，　(オ)　に当てはまる最も適切な語句を**解答群 C** から選び，その番号をマークしなさい。また，空欄　(カ)　〜　(ク)　に当てはまる数字をマークしなさい。ただし，二桁の数字の場合には 100 の位に 0 を，一桁の数字の場合には 100 の位および 10 の位に 0 をマークしなさい。

制限酵素は，もともと　(エ)　や古細菌などの　(オ)　生物が合成する酵素である。　(エ)　は自らの制限酵素によって，侵入した外来の

DNA を切断することで外敵に対抗する。制限酵素は，DNA 中にある 4 〜 8 塩基からなる特定の塩基配列を認識し，DNA の 2 本鎖を切断する。4 塩基を認識する酵素の場合，特定の 4 塩基からなる塩基配列が DNA 中に出現する頻度は，

100 の位	10 の位	1 の位
(カ)	(キ)	(ク)

分の 1 である。ただし，A(アデニン)，C(シトシン)，G(グアニン)，T(チミン)が同じ比率で含まれているものとする。

解答群C

0	原　素	**1**	コケ植物	**2**	細　菌
3	ウイルス	**4**	原　生	**5**	菌　類
6	真　核	**7**	子のう菌	**8**	原　核
9	地衣類				

(d)　下線部(iii)に関して，次の文章中の空欄 (ケ) 〜 (シ) に当てはまる最も適切な語句を**解答群D**から選び，その番号をマークしなさい。

　　ヒトの目的遺伝子を大腸菌で発現させる場合，細胞から抽出された遺伝子の DNA 断片をそのまま導入しても，目的のタンパク質を得ることはできないことが多い。真核生物では，多くの場合，RNA の合成後に核内でそのヌクレオチド鎖の一部が取り除かれることが知られている。このとき取り除かれる部分に対応する DNA の領域を (ケ) ，それ以外の部分を (コ) という。大腸菌を用いて真核生物の遺伝子を元にタンパク質を得るには，(ケ) を含まない DNA を導入する必要がある。この DNA は，目的の遺伝子からつくられた (サ) を鋳型として DNA を合成する (シ) と呼ばれる反応によって合成される。このように，(シ) 反応によって合成された DNA を，cDNA という。

解答群D

0	スプライシング	**1**	イントロン	**2**	エキソン

　　3　rRNA　　　　　　　4　mRNA　　　　　　5　tRNA

　　6　RNAi　　　　　　　7　転　写　　　　　　8　逆転写

　　9　翻　訳

(e)　下線部(iv)に関して，図1に示すように，GFP 遺伝子を制限酵素を用いて
　　切り出し，発現を調べたい遺伝子 X の下流に挿入し，GFP が融合したタン
　　パク質を発現させることにした。

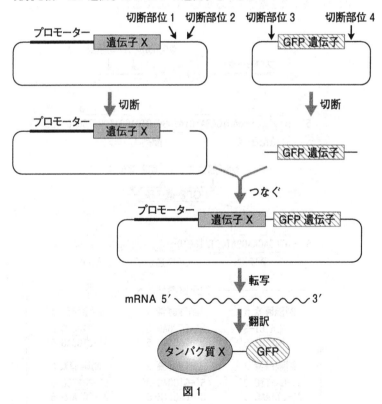

図1

　　次の図2に示す配列①〜③に含まれる制限酵素**切断部位**1〜4について，
図1のように遺伝子 X と GFP 遺伝子をつなぐためには，制限酵素リストに
含まれるどの制限酵素を用いればよいか。mRNA の塩基配列の情報は，翻

訳の過程で3つの塩基ごとのコドンに区切ってアミノ酸に変換されることを考慮すること。**切断部位1〜4に使用する制限酵素を，解答群Eから選び，**その番号をマークしなさい。

なお，開始コドンの塩基配列は AUG，終止コドンの塩基配列は UAA，UGA，UAG である。ただし**制限酵素 a〜f** の配列は，遺伝子 X と GFP 遺伝子の内部には存在しないものとし，配列①，②，および③の領域にのみ存在するものとする。また，**図1および2に示す** 遺伝子 X は，遺伝子 X の cDNA であり，アミノ酸に変換される部分のみを示し，最後のコドンはアスパラギン酸を指定する塩基配列 GAC である。

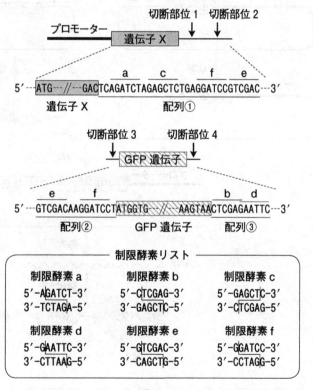

図 2

解答群E

0	制限酵素 a	1	制限酵素 b	2	制限酵素 c
3	制限酵素 d	4	制限酵素 e	5	制限酵素 f

⑵　DNA 修復に関する次の文章を読み，問題(a)〜(d)に答えなさい。

　　DNA は，紫外線や放射線，ある種の化学物質の影響によって損傷を受ける
ことがある。たとえば，ヒトの細胞では1日に何千もの塩基に変化が生じる。
　　　　　　　　　　　　　　　　　　　　　　　　　　　(i)
また，DNA が複製される時には，まれに相補的でない塩基対ができることが
ある。しかし，これらの変化の多くは DNA 修復と呼ばれるしくみによってた
だちに修復されている。まれに，正しく修復しきれなかった損傷が，細胞内に
　　　　　　　　　　　　　　　　(ii)
突然変異として蓄積することがある。近年，蛍光タンパク質を用いた目的タン
パク質の細胞内可視化技術を用いて，DNA 損傷に応答した DNA 修復タンパ
　　　　　　　　　　　　　　　　　　　　(iii)
ク質の動態解析がおこなわれている。

(a)　下線部(i)に関して，ヒトの細胞では，DNA 損傷などの細胞の異常を感知
　　し，細胞周期を停止させる機構が，細胞周期の各段階に存在する。次の文章
　　中の空欄　(ス)　〜　(タ)　に当てはまる最も適切な語句を**解答群F**か
　　ら選び，その番号をマークしなさい。

　　　(ス)　である G1 期の終わりでは，「DNA に損傷はないか」，「DNA
　　合成に必要な因子があるか」が確認される。　(セ)　である S 期では，
　　DNA 修復が複製と共におこなわれ，修復が完了していない場合には細胞周
　　期が停止される。　(ソ)　である G2 期の終わりでは，「細胞が分裂して
　　も大丈夫なのか」が確認される。M 期では，「　(タ)　に赤道面に染色体
　　が並び紡錘体が形成されたか」が確認される。

解答群F

0	DNA 合成期	1	分裂準備期	2	DNA 合成準備期
3	前　　期	4	中　　期	5	後　　期

6 終　期　　　　　**7** 細胞質分裂期　　　　**8** 休止期

9 限界暗期

(b)　下線部(ii)について，**欠失，挿入，置換**のいずれかの<u>突然変異により起こり得る影響</u>について，次の記述①〜⑤の中から，記述が正しいものの組み合わせとして最も適切なものを**解答群Ｇ**から選び，その番号をマークしなさい。

①　アミノ酸配列は変化せず，形質も変化しない。

②　コドンの読み枠がずれ，以降のアミノ酸配列が大きく変化する。

③　アミノ酸配列に変化が生じ，自然選択に対して中立である。

④　染色体の一部が切断され，それが別の染色体とつながる。

⑤　終止コドンが生じ，途中で翻訳が終了する。

解答群Ｇ

00 ①	**01** ②	**02** ③	**03** ④
04 ⑤	**05** ①，②	**06** ①，③	**07** ①，④
08 ①，⑤	**09** ②，③	**10** ②，④	**11** ②，⑤
12 ③，④	**13** ③，⑤	**14** ④，⑤	
15 ①，②，③	**16** ①，②，④	**17** ①，②，⑤	
18 ①，③，④	**19** ①，③，⑤	**20** ①，④，⑤	
21 ②，③，④	**22** ②，③，⑤	**23** ②，④，⑤	
24 ③，④，⑤	**25** ①，②，③，④	**26** ①，②，③，⑤	
27 ①，②，④，⑤	**28** ①，③，④，⑤	**29** ②，③，④，⑤	
30 ①，②，③，④，⑤			

(c)　下線部(iii)に関して，DNA 修復に機能する２種のタンパク質（タンパク質Ｙおよびタンパク質Ｚ）について，それらが損傷した DNA 領域へ集まるしくみを調べるために，次の**実験１**および**実験２**をおこなった。なお，タンパク質Ｙとタンパク質Ｚは互いに結合すること，およびそれぞれが DNA に結合できることが知られている。

実験1

　あらかじめ遺伝子操作によりタンパク質Yとタンパク質Zを指定する遺伝子を欠損させたヒトの細胞を準備し，タンパク質Yと緑色蛍光タンパク質GFPとの融合タンパク質(Y-GFP)，およびタンパク質Zと赤色蛍光タンパク質RFPとの融合タンパク質(Z-RFP)を，遺伝子導入法を用いてヒトの細胞内で発現させた。特殊な顕微鏡を用いて緑色蛍光および赤色蛍光を観察したところ，Y-GFPおよびZ-RFPのどちらも核内に存在していた。**図3**のように核の一部に紫外線を照射したところ，Y-GFPおよびZ-RFPは紫外線を照射した部分へ集積した。

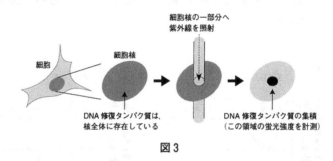

図3

　紫外線を照射した部分の蛍光強度を経時的に計測したところ，**図4**に示すグラフが得られた。

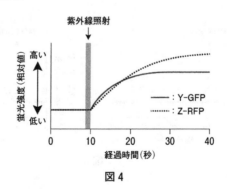

図4

実験2

　タンパク質Zと結合する機能のみを欠損させたタンパク質Y(Ymut-GFP)とZ-RFPを発現させ，**実験1**と同様の実験をおこなったところ，**図5A**に示すグラフが得られた。

　　タンパク質 Y と結合する機能のみを欠損させたタンパク質 Z(Zmut-RFP) と Y-GFP を発現させ，**実験1**と同様の実験をおこなったところ，**図5B**に示すグラフが得られた。

　　DNA と結合する機能のみを欠損させたタンパク質 Y(Ydel-GFP)と Z-RFP を発現させ，**実験1**と同様の実験をおこなったところ，**図5C**に示すグラフが得られた。

　　DNA と結合する機能のみを欠損させたタンパク質 Z(Zdel-RFP)と Y-GFP を発現させ，**実験1**と同様の実験をおこなったところ，**図5D**に示すグラフが得られた。

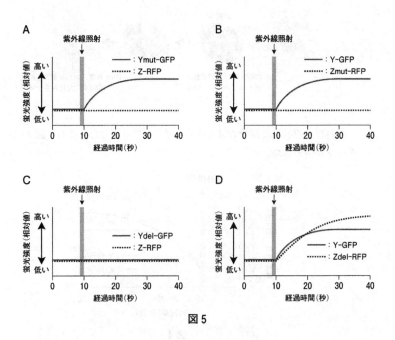

図5

　　実験1および**実験2**の結果について，次の記述①〜⑧の中から，記述が正しいものの組み合わせとして最も適切なものを解答群Hから選び，その番号をマークしなさい。ただし，GFP および RFP は，DNA 損傷領域への集積や，タンパク質 Y とタンパク質 Z との結合に影響を与えないものとする。また，一連の実験期間中には，Y-GFP および Z-RFP 以外のタンパク質 Y

とタンパク質Zは細胞内に存在していないものとする。

① タンパク質YのDNA損傷領域への集積は，タンパク質Zとの結合に
依存する。

② タンパク質YのDNA損傷領域への集積は，タンパク質Zとの結合に
依存しない。

③ タンパク質ZのDNA損傷領域への集積は，タンパク質Yとの結合に
依存する。

④ タンパク質ZのDNA損傷領域への集積は，タンパク質Yとの結合に
依存しない。

⑤ タンパク質Yの有するDNAと結合する機能は，タンパク質YのDNA
損傷領域への集積に必要である。

⑥ タンパク質Zの有するDNAと結合する機能は，タンパク質ZのDNA
損傷領域への集積に必要である。

⑦ タンパク質Yの有するDNAと結合する機能は，タンパク質ZのDNA
損傷領域への集積に必要である。

⑧ タンパク質Zの有するDNAと結合する機能は，タンパク質YのDNA
損傷領域への集積に必要である。

解答群H

00	①，③，⑤，⑦	**01**	①，③，⑤，⑧	**02**	①，③，⑥，⑦
03	①，③，⑥，⑧	**04**	①，④，⑤，⑦	**05**	①，④，⑤，⑧
06	①，④，⑥，⑦	**07**	①，④，⑥，⑧	**08**	②，③，⑤，⑦
09	②，③，⑤，⑧	**10**	②，③，⑥，⑦	**11**	②，③，⑥，⑧
12	②，④，⑤，⑦	**13**	②，④，⑤，⑧	**14**	②，④，⑥，⑦
15	②，④，⑥，⑧				

(d) 続いて，**実験1**および**実験2**で用いたDNA修復に機能する2種のタンパ
ク質(タンパク質Yおよびタンパク質Z)のうち，タンパク質YがDNA修
復の完了後に，損傷したDNA領域から離れるしくみを調べるために，次の

実験3をおこなった。なお，タンパク質Yは，DNA修復が完了するまでは，損傷したDNA領域から離れないことが知られている。

実験3

　あらかじめ遺伝子操作によりタンパク質Yとタンパク質Zを指定する遺伝子を欠損させたヒトの細胞を準備し，**実験1**と同様に，遺伝子導入法を用いてY-GFPおよびZ-RFPを発現させた。核の一部に紫外線を照射し，紫外線を照射した部分のY-GFPの蛍光強度を長時間にわたって経時的に計測したところ，**図6A**に示すグラフが得られた。

　また，Z-RFPの代わりに，Zdel-RFPをY-GFPと共に発現させ，同様の実験をおこなったところ，**図6B**に示すグラフが得られた。

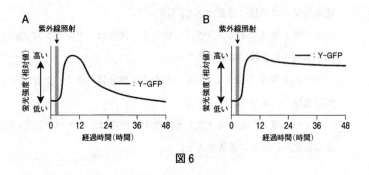

図6

　以下の**実験4〜6**をおこなった場合に，それぞれどのようなグラフが得られると考えられるか。次の文章中の空欄　(チ)　〜　(テ)　に当てはまる最も適切なグラフを**解答群 I** から選び，その番号をマークしなさい。

実験4

　あらかじめ遺伝子操作によりタンパク質Yとタンパク質Zを指定する遺伝子を欠損させたヒトの細胞を準備し，遺伝子導入法を用いてYmut-GFPとZ-RFPを発現させた。核の一部に紫外線を照射し，紫外線を照射した部分のYmut-GFPの蛍光強度を長時間にわたって経時的に計測したところ，　(チ)　に示すグラフが得られた。

実験5

　あらかじめ遺伝子操作によりタンパク質Yとタンパク質Zを指定する遺伝子を欠損させたヒトの細胞を準備し，遺伝子導入法を用いてY-GFPとZmut-RFPを発現させた。核の一部に紫外線を照射し，紫外線を照射した部分のY-GFPの蛍光強度を長時間にわたって経時的に計測したところ，　(ツ)　に示すグラフが得られた。

実験6

　あらかじめ遺伝子操作によりタンパク質Yを指定する遺伝子のみを欠損させたヒトの細胞を準備し，遺伝子導入法を用いてY-GFPとZmut-RFPを発現させた。核の一部に紫外線を照射し，紫外線を照射した部分のY-GFPの蛍光強度を長時間にわたって経時的に計測したところ，　(テ)　に示すグラフが得られた。なお，Zmut-RFPと等量のタンパク質Zが発現しているものとする。

解答群 I

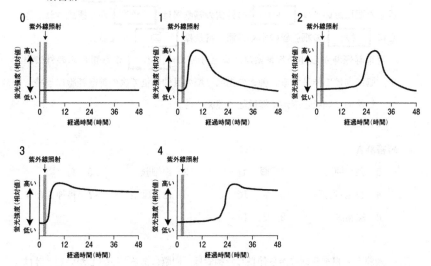

3 脊椎動物の発生過程で形成される神経管や，神経管に由来する構造に関する下記の問題(1)～(4)に答えなさい。解答はそれぞれの指示に従って最も適切なものを**解答群**の中から選び，その番号を**解答用マークシート**の指定された欄にマークしなさい。

　　　　　　　　　　　　　　　　　　　　　　　　　　　　　　　　(35点)

(1) 眼の発生に関する下記の文章を読み，空欄 (ア) ～ (オ) に当てはまる最も適切な語句を**解答群A**から選び，その番号をマークしなさい。

　　脊椎動物の眼は，神経管の前側領域である脳胞に形成された左右一対の膨らみが，そのまま大きく膨らんで形成される。膨らみの先端が表皮に達する段階では，膨らみは (ア) となって内側にくぼみながら，同時に表皮に作用して視覚を担う組織を誘導する。このあと， (ア) はさらにくぼんで内外2層の細胞層からなる球形構造となり，内側の細胞層は厚くなって視覚を担う神経細胞群を生じる。このうち，光刺激を受容する細胞は (イ) である。完成した眼においては (イ) の外側の細胞層は (ウ) から構成され，さらに (ウ) の細胞層のすぐ外側の構造は (エ) になる。

　　視神経細胞から伸びる軸索は，束となって (オ) から膨らみの外に出て，脳に向けて伸長する。軸索の先端は脳の目的部位で次の神経細胞に連絡して，最終的に網膜と脳が神経繊維で連絡する。

解答群A

0 強　膜	1 眼　胞	2 視細胞	3 角　膜
4 盲斑(盲点)	5 黄　斑	6 色素細胞	7 視神経細胞
8 脈絡膜	9 眼　杯		

(2) 網膜上の視神経細胞から伸長した軸索は，間脳にある「視蓋(しがい)」と呼ばれる場所まで伸長して，次の神経細胞に連絡することが知られている。軸索の先端は，仮足を伸ばしながら視蓋の目的部位まで移動して，標的細胞に連絡する(これを投射という)。網膜から視蓋への軸索伸長の過程は，古くからニワト

リ胚などを用いて調べられてきた。ニワトリ胚では，右の眼球から出た視神経は，全て左の視蓋に移動する。反対に，左の眼球から出た視神経は，全て右の視蓋に移動する。

視蓋に到達した軸索先端は，まず視蓋の前側から中に入り，視蓋の中の特定の場所に移動・投射する。この視蓋内での投射パターンには特定のルールがある。網膜内で視神経細胞体が分布する場所を「鼻に近い側（鼻側）」と「耳に近い側（耳側）」に区分すると，鼻側にある視神経から生じる軸索の先端は，視蓋の前側に進入したあと，さらに視蓋の奥まで移動して「視蓋後側」に投射する。一方，耳側にある視神経から生じる軸索の先端は，視蓋に進入したあと視蓋の奥には移動せず，そのまま「視蓋前側」に投射する（図1）。

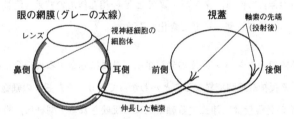

図1　網膜上の視神経細胞から伸長した軸索が，視蓋に投射する様子。それぞれの場所にある1個の細胞を例として示す。視神経細胞が生じる場所により，軸索先端が投射する視蓋内の場所が異なる。

視蓋内部での投射場所の指定には，主に網膜の視神経細胞とそこから伸長する軸索で発現する**タンパク質X**と，視蓋の細胞で発現する**タンパク質Y**の相互作用が関係する。いずれも膜タンパク質で，タンパク質Xは受容体，タンパク質Yはタンパク質Xに結合する情報伝達物質（シグナル分子）の関係にある。一般に，タンパク質Xとタンパク質Yがそれぞれの発現細胞の細胞膜上で結合すると，タンパク質Xが活性化してタンパク質X発現細胞の中に情報が送られ，その細胞の移動が変化する（図2）。ただし，細胞の移動の変化は，活性化されるタンパク質Xの量（数）が多い場合に限られ，少ない場合は変化しない。

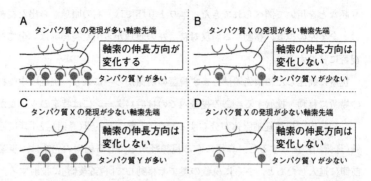

図2　「軸索先端で発現するタンパク質X（U形）」と「視蓋の細胞上で発現する
　　　タンパク質Y（●形）」の相互作用と，軸索先端の伸長変化の関係。軸索先
　　　端の伸長方向は，タンパク質XとYの相互作用の結果，活性化されるタ
　　　ンパク質Xの量に応じて変化する。

　網膜内でのタンパク質Xの発現量は，鼻側に分布する視神経細胞と耳側に
分布する視神経細胞で異なることがわかっており，また個々の細胞でのタンパ
ク質Xの発現量は，伸長する軸索上にも反映される。同様に，視蓋細胞での
タンパク質Yの発現量も，視蓋前側に分布する視蓋細胞と後側に分布する視
蓋細胞で異なる。そのため，軸索先端と視蓋細胞間で相互作用するタンパク質
XとY の量（数）は，「軸索を伸ばす視神経細胞が分布する網膜の場所」と「軸索
先端と接する視蓋細胞が分布する視蓋の場所」の組み合わせで違ってくる。こ
の違いが，軸索先端で活性化されるタンパク質Xの量の違いをもたらし，軸
索の伸長方向に影響する（図2）。

　さて，軸索伸長や投射におけるタンパク質XとYの相互作用の役割を調べ
るために，【実験1】と【実験2】をおこなった。視蓋での軸索の投射場所は，タ
ンパク質XとYの相互作用のみで決まるものとして，続く問題(a)〜(d)に答え
なさい。

【実験 1】 実験の内容を図 3 に示した。

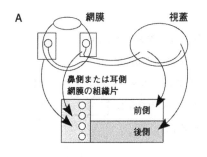

図 3　【実験 1】の説明図

(A, 右側)視蓋前側と後側を構成する細胞それぞれから細胞膜を含む抽出液を準備し, 培養皿に平行に塗布した(細胞膜塗布)。

(A, 左側)2 つの塗布面に接するように鼻側網膜, または耳側網膜の組織片を置き, 視神経細胞体(○印)から塗布面に向けて神経軸索が伸びるように培養した。

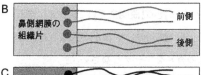

(B, C)培養後の, 軸索の伸長の模式図。

B：鼻側網膜の視神経から伸びた軸索は, いずれの細胞膜塗布面上もそのまま伸長した。

C：耳側網膜の視神経から伸びた軸索は, 視蓋前側の細胞膜塗布面ではそのまま伸長したが, 視蓋後側の細胞膜塗布面では少し伸長したあとに, すぐに前側の塗布面に移動して伸長した。

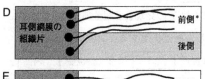

(D, E)細胞膜抽出液の一方を加熱処理してから塗布し, 耳側網膜組織片からの軸索伸長を調べた。＊印は加熱処理したことを示す。

D：前側抽出液を加熱処理しても, 非加熱処理と比べて伸長は変化しなかった。

E：後側抽出液を加熱処理した場合は, いずれの細胞膜塗布面上もそのまま伸長した。

なお, 鼻側網膜の軸索伸長は, いずれを加熱処理した場合も変化しなかった。

【実験 2】 視蓋内での軸索伸長に対するタンパク質 X と Y の相互作用の役割を調べる目的で, 軸索が視蓋に達する前に, 視蓋の中に「タンパク質 Y と結合して, タンパク質 X と Y の相互作用を阻害する抗体」を注射して視蓋全体に作用させた。その結果, 鼻側網膜と耳側網膜のいずれから伸長する軸索も視蓋後側に投射した。

(a)　網膜内でのタンパク質 X の発現を述べた下記の【説明文1】について，空
　　欄　(カ)　～　(ケ)　には「0 鼻側」「1 耳側」のいずれかが入る。それ
　　ぞれの空欄にふさわしい番号を選び，その番号をマークしなさい。

　　【説明文1】　図3B，Cに示される結果から，軸索伸長が変化するのは
　　　　(カ)　網膜の視神経なので，タンパク質 X が活性化しているのは，
　　　　(キ)　網膜の視神経と推測される。網膜内でのタンパク質 X の発現量
　　は鼻側と耳側で異なることから，タンパク質 X の発現は　(ク)　網膜で
　　少なく，　(ケ)　網膜で多いと考えられる。

(b)　視蓋でのタンパク質 Y の発現を述べた下記の【説明文2】について，空欄
　　　(コ)　～　(ス)　には「0 前側」「1 後側」のいずれかが入る。それぞ
　　れの空欄にふさわしい番号を選び，その番号をマークしなさい。

　　【説明文2】　図3C，D，Eに示される結果から，視蓋　(コ)　の細胞膜は
　　軸索の伸長に影響しないが，視蓋　(サ)　の細胞膜は伸長に影響すること
　　がわかる。既に述べたように，タンパク質 Y の発現量は視蓋前側と後側で異
　　なり，また軸索の伸長はタンパク質 Y と相互作用するタンパク質 X の量で
　　変化するので，タンパク質 Y の発現は視蓋　(シ)　で多く，視蓋　(ス)
　　では少ないと考えられる。

(c)　軸索先端の伸長・投射に対するタンパク質 X とタンパク質 Y の相互作用
　　の影響を説明した下記の【説明文3】について，空欄　(セ)　に入る言葉と
　　して適切な番号を解答群Bから，　(ソ)　～　(ツ)　に入る言葉として
　　適切な番号を解答群Cから選び，その番号をマークしなさい。同じ番号を選
　　んでもよい。

　　【説明文3】　ここまでの結果から，軸索先端の伸長・投射に対するタンパク
　　質 X とタンパク質 Y の相互作用の影響は，(i)，(ii)のように説明できる。

(i) 接触した細胞間でタンパク質 X と Y が相互作用して，タンパク質 X が
活性化されると，軸索の伸長は　　(セ)　　と推察される。

解答群B

　　0　促進される　　　　　　　1　抑制される

(ii) 生体内での軸索投射過程に対するタンパク質 X と Y の相互作用を考え
る。鼻側網膜の視神経の軸索先端が視蓋前側に達して，さらに後側に伸長
しようとした時，活性化されるタンパク質 X は　　(ソ)　　ので，軸索先
端は視蓋の　　(タ)　　。一方，耳側網膜の視神経の軸索先端が視蓋前側に
達して，さらに後側に伸長しようとした時，活性化されるタンパク質 X
は　　(チ)　　ので，軸索先端は視蓋の　　(ツ)　　。

解答群C

　　0　多　い　　　　　　　　　1　少ない

　　2　後側に投射する　　　　　3　後側を避けて，前側に投射する

(d) さらに【実験3】を行った。結果として予想される網膜鼻側および耳側由来
の軸索先端の投射場所として，空欄　　(テ)　　と　　(ト)　　には，それぞれ
「0 前側」「1 後側」のいずれかが入る。空欄にふさわしい番号を選び，その
番号をマークしなさい。同じ番号を選んでもよい。なお，タンパク質の発現
操作は軸索伸長・投射以外には影響を与えないものとし，生体内で軸索は視
蓋前側または後側のいずれかを選択するものとする。

【実験3】　全ての網膜細胞で，タンパク質 X を正常時の高発現部位と同じ
強さになるように均一に発現させた。その結果，鼻側網膜の軸索先端は視蓋
の　　(テ)　　に投射し，耳側網膜の軸索先端は　　(ト)　　に投射した。

(3) 神経管形成と，その周囲に生じる神経堤細胞（神経冠細胞）の移動に注目し
た。下記の文章を読み，続く問題(a)，(b)に答えなさい。

　発生が進行すると，胚の背側には神経管が形成される。まず，神経になる部分が厚くなり，神経板が形成される。神経板の辺縁部は左右から盛り上がり，中央部分は体の内部にへこむ。左右の膨らみは正中部分で融合し，外側の細胞層は表皮になり，内側の細胞層は神経管となる。表皮と神経管の間には，神経堤細胞という細胞が生じる。神経堤細胞は全身に移動して様々な細胞種に分化する。神経堤細胞の移動能が高いのは，カドヘリンの発現が変化し，接着力が　(ナ)　するためとされる。カドヘリンは上皮組織では　(ニ)　結合で観察される。発生過程では，組織により異なるカドヘリンが発現する。神経管が形成された段階で，神経管では主に　(ヌ)　が発現し，表皮では主に　(ネ)　が発現する。

(a)　(ナ)　～　(ネ)　に入る最も適切な語句を**解答群D**から選び，その番号をマークしなさい。

解答群D

　0　固　定　　　　　1　上　昇　　　　　2　低　下

　3　密　着　　　　　4　ギャップ　　　　5　維　持

　6　E-カドヘリン　　7　P-カドヘリン　　8　N-カドヘリン

(b)　神経堤細胞に由来する構造として正しい組み合わせを**解答群E**から選び，その番号をマークしなさい。

解答群E

　0　グリア細胞，眼の水晶体　　　　1　色素細胞，運動神経

　2　運動神経，感覚神経　　　　　　3　感覚神経，色素細胞

　4　眼の水晶体，感覚神経　　　　　5　グリア細胞，運動神経

(4)　**図4**はニワトリ胚での神経堤細胞の移動経路を示す。神経管と表皮の間に生じた神経堤細胞は，まず神経管の左右に移動して，次に体節の内側を移動するが，移動経路は体節の前半分に限定される。神経堤細胞の移動経路の選択に

も，軸索伸長に関与するタンパク質 X とタンパク質 Y の相互作用が関係する。神経堤細胞の移動におけるタンパク質 X とタンパク質 Y の働きについて，下記の(i)〜(iii)のことがわかっている。(i)〜(iii)の文章を読み，続く問題(a), (b)に答えなさい。

(i)　タンパク質 X とタンパク質 Y は，それぞれ神経堤細胞または体節のいずれかだけで発現する。

(ii)　タンパク質 X とタンパク質 Y の相互作用によって，神経堤細胞の移動に対して，軸索先端と同様な移動変化を誘起する。

(iii)　神経堤細胞を用いた培養実験から，神経堤細胞はタンパク質 X を塗布した培養面を移動するが，タンパク質 Y を塗布した面は移動しない。

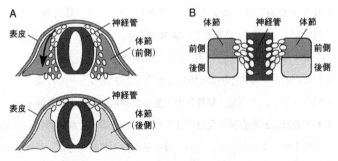

図4　ニワトリ胚での神経堤細胞の移動・分布の模式図。小さな楕円は神経堤細胞を示す。A は体節前側（上の図），または後側（下の図）の横断面。矢印は体節前側で神経堤細胞が移動していることを示す（片側だけを示す）。B は背側から観察した模式図。

(a)　タンパク質 X と Y が，神経堤細胞または体節のいずれで発現して働くのかを調べるために，抗体を用いた実験をおこなった。固定したニワトリ胚に，タンパク質 X に結合する抗体(抗 X 抗体)，またはタンパク質 Y に結合する抗体(抗 Y 抗体)を反応させ，抗体が結合する部位を観察した。既に述べた神経堤細胞の分布や実験結果から，抗体が結合する部位として予想される組み合わせを**解答群 F**から選び，その番号をマークしなさい。

　　解答群F

　　　0　抗 X 抗体は神経堤細胞に結合し，抗 Y 抗体は体節前側に結合する。

　　　1　抗 X 抗体は神経堤細胞に結合し，抗 Y 抗体は体節後側に結合する。

　　　2　抗 X 抗体は体節前側に結合し，抗 Y 抗体は神経堤細胞に結合する。

　　　3　抗 X 抗体は体節後側に結合し，抗 Y 抗体は神経堤細胞に結合する。

(b)　胚の神経堤細胞が生じる場所の移植実験を行い，ついで神経堤細胞の分布を調べた。野生型ニワトリ胚の神経堤細胞が生じる組織片を切り出し，別の野生型ニワトリ胚の同じ場所に移植した。この後，移植片から生じた神経堤細胞が体節を移動した時の分布を調べた結果，神経堤細胞の分布は正常だった。

　　次に，「遺伝子操作により，神経堤細胞と，隣接する体節の両方でタンパク質 X を発現しないようにしたニワトリ胚(タンパク質 X 操作胚)」，「遺伝子操作により，神経堤細胞と，隣接する体節の両方でタンパク質 Y を発現しないようにしたニワトリ胚(タンパク質 Y 操作胚)」，「遺伝子操作をおこなわないニワトリ胚(野生型胚)」を用意し，下記の①〜⑥の組み合わせで移植操作をした。この時，**移植片から生じた神経堤細胞が正常胚と同じ分布を示すものはどれか。**過不足なく含まれる組み合わせを**解答群G**から選び，その番号をマークしなさい。なお，遺伝子操作や移植操作は，神経堤細胞の形成やその移動能には影響を与えないものとする。

【移植操作の組み合わせ】

①　野生型胚の神経堤細胞が生じる組織片を，タンパク質 X 操作胚の同じ場所に移植した。

②　野生型胚の神経堤細胞が生じる組織片を，タンパク質 Y 操作胚の同じ場所に移植した。

③　タンパク質 X 操作胚の神経堤細胞が生じる組織片を，野生型胚の同じ場所に移植した。

④　タンパク質 X 操作胚の神経堤細胞が生じる組織片を，タンパク質 Y 操作胚の同じ場所に移植した。

⑤　タンパク質 Y 操作胚の神経堤細胞が生じる組織片を，タンパク質 X 操作胚の同じ場所に移植した。

⑥　タンパク質 Y 操作胚の神経堤細胞が生じる組織片を，野生型胚の同じ場所に移植した。

解答群G

00　①，③	01　①，④	02　①，⑤	03　①，⑥
04　②，③	05　②，④	06　②，⑤	07　②，⑥
08　①，②，③	09　①，②，④	10　①，②，⑤	
11　①，②，⑥	12　①，③，④	13　①，③，⑤	
14　①，③，⑥	15　①，④，⑤	16　①，④，⑥	
17　①，⑤，⑥	18　②，③，④	19　②，③，⑤	
20　②，③，⑥	21　②，④，⑤	22　②，④，⑥	
23　②，⑤，⑥	24　③，④，⑤	25　③，④，⑥	
26　③，⑤，⑥	27　④，⑤，⑥		

解答編

英語

1 解答

(1)—2　(2)—1　(3)—2　(4)—3　(5)—2　(6)—4
(7)—1　(8)—1　(9)—2　(10)—2　(11)—4　(12)—3
(13)—4　(14)—3　(15)—1・5　(16)—3　(17)—8

━━━━━━◆全　訳◆━━━━━━

≪生物学の今昔≫

［1］　学者たちは太古の昔から物質は基本的な構成要素からできていると推測していたが，生物もそうであるとは誰も考えていなかった。だから，1664 年，私たちの旧友ロバート＝フックがペンナイフを「カミソリのように鋭く」研ぎ，コルク片から薄い 1 枚を削り取り，自作の顕微鏡でそれをのぞき，彼が「細胞」と呼ぶことになるものを見た人類最初の人間になったときは，さぞかし驚かされたはずだ。彼は，それが修道院の僧たちに割り当てられた小さな寝室を思い出させたために，この名前を選んだのである。

［2］　細胞は生命の原子と考えることができるが，それは原子よりも複雑であり，最初にそれを知覚した人々にとってはさらに衝撃的なことだが，細胞自体が生きているのである。細胞は，エネルギーと原材料を消費し，それらから主にタンパク質などの多くの様々な産物を生産する，活気に満ちた生きた工場で，ほとんどすべての重要な生物学的機能を遂行する。細胞の機能を遂行するには多くの知識が必要なため，細胞は脳を持たないが，物事が確かに「わかっている」——私たちが成長し機能するために必要なタンパク質やその他の物質を作る方法がわかっているし，おそらく最も重要なことに，繁殖する方法もわかっている。

［3］　細胞の最も重要な生産物は，自分自身のコピーである。その能力の

結果として，私たち人間はただ 1 つの細胞から始まり，40 回以上の細胞倍加を経て，最終的に約 30 兆の細胞で構成されるに至るが，これは天の川にある星の数の 100 倍にも相当する数なのである。私たちの細胞の活動の総和，つまり何も考えていない個体からなる銀河の相互作用が，積み重なって私たちという全体になるというのは，大変不思議なことである。それと同じくらいびっくりする考えは，プログラマーに命じられていないのに自己分析するコンピュータのように，その全体がどう働くかを解きほぐすことができるという概念である。それは生物学の奇跡である。

［4］　この奇跡は，生物学の世界のほとんどが私たちの目に見えないことを考えると，さらにすばらしいことのように思える。それは，細胞の小ささのためでもあり，また生命の見事な多様性のためでもある。もし，バクテリアのような生物を除外し，核のある細胞を持つ生物だけを数えれば，地球上にはおよそ 1000 万種の生物が存在すると科学者たちは推測しており，私たちはそのうちのわずか 1 パーセントほどを発見して分類しているにすぎない。アリだけでも少なくとも 2 万 2000 種あり，地球上の 1 人に対しておよそ 100 万から 1000 万匹のアリが生息していることになる。

［5］　私たちはみな，様々な種類の裏庭に生息する昆虫になじみがあるが，良質な土をひとすくいすれば，私たちがこれまで数えてきたよりも多くの種類の生き物が含まれている——数百，あるいは数千の無脊椎動物の種，数千の微小な線形動物（回虫），そして数万種のバクテリアといった具合である。実際のところ，地球上の生命の存在はあまりにも広がっているので，おそらく食べない方がいい有機体を常に摂取している。昆虫の破片を含まないピーナッツバターを買ってみなさいといっても，それは無理な話だ。昆虫片を含まないピーナッツバターを製造することは現実的でないと政府は認識しているので，規制により 1 食分 31 グラムあたり 10 個までの昆虫片が許容されている。一方，ブロッコリー 1 食分には 60 匹のアブラムシ類と／あるいはダニ類が含まれる可能性があり，また粉末シナモン 1 瓶には 400 の昆虫片が含まれる可能性がある。

［6］　それはどれも食欲がなくなりそうな話だが，私たち自身の体さえ，外来生物がいないわけではない——私たち一人一人が生物の生態系全体であることを覚えておくとよい。例えば，あなたの前腕部には微細な生物 44 属（種群）が生息し，人の腸内には少なくとも 160 種の細菌が生息し

ていることが科学者により確認されている。足の指の間には？　40 種の菌類がいる。実は，もしわざわざ数え上げれば，私たちの体内には，人間の細胞よりもはるかに多くの微生物の細胞が存在していることがわかる。

［7］　私たちの体の部位は，それぞれ別々の生息地を形成し，腸内あるいは足の指の間にいる生物は，あなたの前腕部にいる生物よりも，「私の」体のそれらの部位にいる生物と共通点が多い。ノースカロライナ州立大学には，この暗く隔離された土地に存在する生物を研究するために，へその生物多様性プロジェクトと呼ばれる学術センターが設置されているほどである。そして，悪名高い皮膚ダニがいる。マダニ類，クモ類，サソリ類の親戚であるこの生き物は，長さが 3 分の 1 ミリメートル未満で，あなたの顔に生息する──毛穴や，毛穴につながる分泌腺で──生息するのは主に鼻，まつげ，眉毛の近くで，それらは，そこであなたの分泌量の多い細胞から内部組織を吸う。しかし，心配はいらない。それには通常，悪影響はなく，もしあなたが楽観主義者なら，それらのいない成人人口の半分の中に自分が入っていると願うことができる。

［8］　生命の複雑さ，大きさ，形，生息地の多様性，そして私たちが物理法則の「単なる」産物であると信じたくないという性質を考えると，生物学が科学としての発展において物理学や化学におくれをとったのは驚くことではない。そうしたほかの科学のように，生物学が発展するためには，人間は特別で，神と／あるいは魔法が世界を支配していると感じる人間の自然な傾向を克服しなければならなかった。そして，そうしたほかの科学と同様に，それはカトリック教会の神中心の教義とアリストテレスの人間中心の理論を克服することを意味した。

［9］　アリストテレスは熱心な生物学者で，現存する著作のほぼ 4 分の 1 がその学問に関係している。そして，アリストテレスの物理学は私たちの地球を宇宙の物理的中心ととらえている一方で，彼の生物学は，より個人的で，人間を，特に男性をたたえている。

［10］　アリストテレスは，神の知性がすべての生き物を設計したと考えていたのだが，生き物は，死ぬときになくなる，あるいは存在しなくなる特別な性質や本質を持っているという点で無生物とは異なる。アリストテレスは，そうした生命の設計図すべての中で，人間が最も高い位置にあると主張した。この点においてアリストテレスは大変激しく，ある種の特徴が，

それに対応する人間の特徴と異なる場合，それを奇形と呼んだ。同様に，彼は人間の女性を奇形の，あるいは損傷した男性とみなしていた。

[11] このような伝統的な，しかし誤った信念を払拭することが，近代生物学の誕生の舞台となった。このような考えに対する初期の重要な勝利の一つは，自然発生と呼ばれたアリストテレスの生物学の原理のうそをあばいたことである。その原理によると，生物は塵のような無生物から発生するとされていた。それと同じ頃，単純な生命体にさえも私たちと同じように器官があり，私たちも他の動植物のように細胞でできていることを示すことで，顕微鏡という新しい技術が旧来の考え方に疑問を投げかけた。しかし，生物学は，その偉大な組織化の原理が発見されるまでは，科学として真に成熟し始めることはできなかった。

———————————◀解 説▶———————————

(1)下線部(1)を含む文は第1段第2文（And so it …）にある。前文である第1文は「学者たちは太古の昔から物質は基本的な構成要素からできていると推測していたが，生物もそうであるとは誰も考えていなかった」という意味で，第2文では，これを受けて生物も基本的な構成要素からできているという考えについて述べていると推測できる。第2文は主節（it must have come … a surprise）＋when 節（when, in 1664, … "cells"）の構造で，when 節内は主語 our old friend Robert Hooke に対し sharpened, shaved, peered, and became が並列で述語動詞となっている。when 節は「ロバート＝フックがペンナイフを『カミソリのように鋭く』研ぎ，コルク片から thin である1枚を削り取り，自作の顕微鏡でそれをのぞき，彼が『細胞』と呼ぶことになるものを見た人類最初の人間になった（とき）」という意味なので，顕微鏡で細胞が観察できる程度にコルク片からペンナイフで削り取った1枚は「非常に薄い」と考えると自然である。したがって，2．「薄い，細かい」が正解。1．「広い」，3．「柔らかい」，4．「相当な，たくさんの」は不適。

(2)下線部(2)は「細胞は生命の原子と考えることができるが，それは原子よりも複雑であり，最初にそれを知覚した人々にとってはさらに衝撃的なことだが，細胞自体が生きているのである」という意味である。与えられている英文は not only が強調のために前に置かれて，その後が倒置の語順になっていて，「原子は細胞よりも単純な構造であるだけでなく，前者

（＝原子）がそうでない一方で後者（＝細胞）は（　(2)　）である」という意味になる。the latter は cells，the former は atoms を指すことに注意し，下線部(2)から「細胞自体が生きている」ことを読み取り，1.「生きている」を選ぶ。2.「独立した」，3.「物質的な」，4.「振動している」はいずれも不適。

(3)下線部(3)の前の部分は「細胞の機能を遂行するには多くの知識が必要なため，細胞は脳を持たないが，物事が確かに『わかっている』」という意味で，下線部(3)は「物事がわかっている」の具体的な内容について説明している部分である。「それら（＝細胞）は，私たちが成長し機能するために必要なタンパク質やその他の物質を作る方法がわかっている」という意味なので，これと同じ内容になる2.「生物として成長し適切に機能するために，人々にはタンパク質やその他の材料が必要であり，それらを提供する方法が『わかっている』のは細胞である」が正解である。1.「細胞はタンパク質やほかの物質を生産するが，人は細胞のそれらの生産物を体内で正しく機能させるのを助ける方法を『わかっている』必要がある」，3.「人はタンパク質やほかの物質を生産する必要があるが，脳は，細胞が正しく機能し，それらの必要なものを生産するよう命令する方法を『わかっている』」，4.「細胞はどのようにタンパク質を生産するかを『わかっている』が，人がほかの必要な物質を育て，それらの物質が体内で機能するのを助ける」は，いずれも下線部(3)が表す内容とならない。

(4) trillion は「1 兆」。

(5)下線部(5)を含む文は「私たちの細胞の活動の総和が，何も考えていない個体のなす銀河の相互作用が，積み重なって私たちという全体になるというのは，大変不思議なことである」という意味。前文で，人間の細胞は最終的に約 30 兆の細胞で構成されるに至り，これは天の川にある星の数の 100 倍に相当することが述べられている。下線部を含む a galaxy of unthinking individuals は細胞が膨大にあることの比喩と考えられるので，individuals は細胞のことである。したがって，2.「個々の細胞」が正解。1.「個々の活動」，3.「個々の人々」，4.「個々の星」はいずれも不適。

(6)下線部(6)を含む文は「それと同じくらいびっくりする考えは，プログラマーに命じられていないのに自己分析するコンピュータのように，その全体がどう働くかを解きほぐすことができるという概念である」という意味

である。untangle は「〜をほどく，わかりやすくする」という意味の動詞。how that all works の主語 that all「その全体」は，that が前のものを指す指示詞であることから，2 行前にある a whole のことだと考えられる。a whole は「私たち」で，つまりはヒトのことなので，「ヒトがどう働くかを解きほぐす」となる。この「働く」work は「器官が作動する」の意味なので，最も近いのは，4．「人体の複雑な機構の謎を解く」である。1．「人間の様々な細胞すべての一つ一つの機能を解明する」はall the … cells の意味が合わないし，「一つ一つの細胞の機能」の意味を下線部は含まない。2．「人間の細胞と天の川の星との間の不思議な類似点を発見する」，3．「人間の細胞がコンピュータとして機能しうる正確な方法を探る」は，いずれも下線部(6)の趣旨とは合わないので不適。

(7)設問文が「細胞が極めて小さい（極小である）ことのほかに，筆者が第4段の下線部(7)の理由として挙げた理由は何か」という意味なので，下線部(7)「生物学の世界のほとんどが私たちの目に見えない」の理由として細胞の小ささについて挙げている直後の文に着目する。partly due to 〜and partly due to …「〜のためでもあり，…のためでもある」のうち「〜」にあたる部分で細胞の小ささについて言及しているので，「…」にあたる the magnificent diversity of life「生命の見事な多様性」と同じ内容を表す，1．「生物の種類は非常に多いから」が正解。2．「生物が刻々と変化しているから」，3．「同じ種の生き物の個体数が多すぎるから」，4．「核のある細胞を持つ生物しか観察することができないから」はいずれも不適。

(8)下線部(8)は so 〜 that …「とても〜なので…，…なほど〜」の構文で，that we'd probably rather not eat は organisms を修飾する。「地球上の生命の存在はあまりにも広がっているので，実際のところ，おそらく食べない方がいい有機体を常に摂取している」という意味になる。1．「生き物は私たちの食べ物の中を含むどこにでもいるのだから，食べたくなくても食べるのを避けられない」が同じ内容を表し，下線部に続く部分に挙げられている，通常は昆虫の破片が含まれているピーナッツバターの例にも合致する。2．「私たちの食べ物には多様な生命体が含まれている一方で，私たちは通常，食べたくないものを避けている」，3．「私たちの食べ物に多くの生物が含まれていることは広く知られているが，ビタミンやミネラ

ルのよい供給源となるため，私たちはそれらを避けたいとは思わない」，
４．「私たちが食べる食物の一つ一つにかけがえのない命が宿っているのに，私たちは自分勝手にその中の食べたくないものを避けている」は，いずれも不適。

⑼下線部⑼を含む文は「それはどれも食欲がなくなりそうな話だが，<u>私たち自身の体さえ，外来生物がいないわけではない──私たち一人一人が生物の生態系全体である</u>ことを覚えておくとよい」という意味。That が指すのは，前段までの，食物に昆虫片などが含まれているという内容である。与えられている英文は「人の体には様々な種類の生物が生きている。そしてそれは人の体にとって（　⑼　）状態にすぎず，体，それ自体が様々な種が共生する世界である」という意味である。人間の体の中にも様々な種類の生物がいるが，人間そのものが生物の生態系なのだ，という趣旨で，それは当たり前の状態だと考えられるので，２．「自然な，当然の」が正解。１．「外来の」，３．「一時的な」，４．「潜在的な」はいずれも不適。

⑽下線部⑽を含む文は「ノースカロライナ州立大学には，<u>この暗く隔離された土地</u>に存在する生物を研究するために，へその生物多様性プロジェクトと呼ばれる学術センターが設置されているほどである」という意味で，前文の，体の各部位に生物が生息しているという趣旨と併せて考えると，that dark, isolated landscape は「へそ」を指すと考えられる。２．「へそ」が正解。１．「学術センター」，３．「生物多様性」４．「ノースカロライナ」はいずれも不適。

⑾空所⑾を含む文は，it is not surprising that … が主節で，「生物学が科学としての発展において物理学や化学におくれをとったのは驚くことではない」という意味である。主節に先行する the complexity of life, … physical law の部分は「生命の複雑さ，大きさ，形，生息地の多様性，そして私たちが物理法則の『単なる』産物であると信じたくないという性質」という名詞句であり，主節とのつながりを考えると，「〜ということを考えると」という意味になる４の Given が正解。その他の選択肢では主節とつながらない。

⑿下線部⑿を含む文は「アリストテレスは熱心な生物学者で，現存する著作のほぼ４分の１が<u>その学問に関係している</u>」という意味。pertain to 〜

は「〜に（直接）関係がある」，discipline は「学問分野」という意味で，下線部の that discipline は「生物学」のことである。続く文に「そして，アリストテレスの物理学は私たちの地球を宇宙の物理的中心ととらえている一方で，彼の生物学は，より個人的で，人間を，特に男性をたたえている」とあり，アリストテレスと生物学との密接な関わりについて述べている部分であることからも判断できる。3.「生物学と関係がある」が正解。have something to do with 〜 は「〜と（何らかの）関係がある」という意味。1.「科学中心の教義にまっすぐつながる」，2.「物理学の体系的なやり方に反対する」，4.「熱意のよい見本を示す」はいずれも不適。

⑬ On this point は「この点において」という意味なので，先行する2文の内容を確認する。「アリストテレスは，神の知性がすべての生き物を設計したと考えていたのだが，生き物は，死ぬときになくなる，あるいは存在しなくなる特別な性質や本質を持っているという点で無生物とは異なる。アリストテレスは，そうした生命の設計図すべての中で，人間が最も高い位置にあると主張した」という内容を受けて On this point と述べていることをつかむ。下線部に続く Aristotle was so vehement that … の部分は「アリストテレスは大変激しく，ある種の特徴が，それに対応する人間の特徴と異なる場合，それを奇形と呼んだ」という意味なので，人間がほかのどの生物よりも上位であるという趣旨の4.「人間が他のすべての種より優れているという彼の主張において」が正解。1.「人間が自らの発達の過程で完全性の絶対的頂点に達したという確信において」，2.「あらゆる生物に関する彼の科学理論の論理的結論において」，3.「彼の哲学によれば人間の知性の最も進んだ質において」はいずれも不適。

⑭ 下線部⑭を含む文の such ideas は先行する文の such traditional but false beliefs を受けており，この「そのような伝統的な，しかし誤った信念」とは，前段で述べられている，人間が最上位であるとしたようなアリストテレスの古い生物学的見解のことを指す。下線部を含む文は「このような考えに対する初期の重要な勝利の一つは，自然発生と呼ばれたアリストテレスの生物学の原理の debunking であった」という意味になる。重要な勝利とは，伝統的だが，誤った信念であるアリストテレスの生物学の原理を否定することだと考えられるので，3.「拒否すること」が正解。debunking は「うそや偽りを暴く〔証明する〕こと」という意味である。

１.「当てはめること」, ２.「正しく理解すること, 価値を認めること」,
４.「改訂すること, 更新すること」はいずれも不適。

⒂下線部⒂を含む文は「同じ頃, 単純な生命体にさえも私たちと同じよう
に器官があり, 私たちも他の動植物のように細胞でできていることを示す
ことで, 顕微鏡という新しい技術が旧来の考え方に疑問を投げかけた」と
いう意味である。人間以外の生物にも器官があり, 人間にも細胞があるこ
とが顕微鏡によって証明されたという趣旨であることを押さえる。旧来の
考え方に当たらないものを２つ選ぶので, １.「人間は物理法則の産物以
外の何物でもない」および５.「動物や植物は細胞でできており, 人間も
同じである」が正解。２.「地球は宇宙の物理的中心にある」, ３.「すべ
ての生物を設計したのは, 神の知性である」, ４.「無生物から生命が生み
出されることがある」はいずれも旧来の考え方なので不適。

⒃細胞が作る最も重要なものを第２・３段から読み取る。第２段最終文
　(It takes a lot of knowledge …) に「おそらく最も重要なことに, 繁殖
する方法もわかっている」, また第３段第１文 (The most important
single …) に「細胞の最も重要な生産物は, 自分自身のコピーである」と
述べられているので, ３.「他の細胞」が正解。１.「脳」, ２.「機能」,
４.「エネルギーと原料」はいずれも不適。

⒄「生物学が科学として成長するのが比較的遅かった理由を述べた段落は
　［１］～［10］のうちどれか」 生物学が科学として成長するのが遅かった
という記述は, 第８段第１文の biology lagged behind physics and
chemistry in its development as a science にある。この段落では, その
理由として「生命の複雑さ, 大きさ, 形, 生息地の多様性, そして私たち
が物理法則の『単なる』産物であると信じたくないという性質」を挙げ,
人間が特別な存在であるとする人間中心の理論の克服が必要であったと述
べられている。したがって, 正解は８。

2 解答
(1)— 4　(2) i — 2　　ii — 1
(3) 3 → 2 → 5 → 4 → 1 → 6　(4)— 2

━━◆全　訳◆━━━━━━━━━━━━━━━━━━━━

≪ナノバブルの研究と応用の可能性≫

［1］　スーパーコンピュータによる計算で，ピンの頭より数万倍も小さい，いわゆるナノバブルの成長の詳細が明らかになった。この発見は，ポンプ部品などの産業構造物において，こうした泡が破裂し，少量だが強力に液体が噴出するときに引き起こされる損傷について，貴重な洞察を与えるだろう。この，キャビテーションとして知られる泡の急激な膨張と崩壊は，工学分野ではよくある問題だが，よく理解されていない。

［2］　エディンバラ大学のエンジニアたちは，英国国立のスーパーコンピュータを用いて，水中の気泡の複雑なシミュレーションを計画した。そのチームは，気泡内の原子の動きをモデル化し，水圧のわずかな低下に反応して気泡が成長する様子を観察した。彼らは気泡の成長が不安定になるのに必要な臨界圧力を求め，これは理論によって提示されていたよりもはるかに低いことがわかった。

［3］　彼らの研究成果は，ある種のがんをターゲットとする治療法や，高精度の技術装置の洗浄といった，ナノバブルの崩壊による数千の噴流の力を利用するナノテクノロジーの開発を活気づける可能性がある。研究者たちは彼らの研究結果に基づいて，表面ナノバブルの安定性に関する最新の理論を提示した。*Langmuir* 誌に掲載された彼らの研究は，工学・物理科学研究評議会の支援を受けて行われた。

［4］　エディンバラ大学工学部の Duncan Dockar は以下のように述べた。「泡は，定期的に生じては，流体中を移動して表面で崩壊し，その結果生じる摩滅は，抵抗や致命的な損傷を引き起こす可能性がある。複雑な計算によって可能となった我々の洞察が，機械の性能への影響を抑え，将来の技術を可能にする一助となることを期待している」

━━━━━━━◀解　説▶━━━━━━━━

(1)第 1 段の findings を含む文は「The findings は，ポンプ部品などの産業構造物において，こうした泡が破裂し，少量だが強力に液体が噴出するときに引き起こされる損傷について，貴重な洞察を与えるだろう」という意味で，主語の The findings は前文のスーパーコンピュータの計算で明

らかになったナノバブルの成長の詳細を指していると考えられる。また，第3段の findings を含む文は，第1文「彼らの findings は，ある種のがんをターゲットとする治療法や，高精度の技術装置の洗浄といった，ナノバブルの崩壊による数千の噴流の力を利用するナノテクノロジーの開発を活気づける可能性がある」，第2文「研究者たちは彼らの findings に基づいて，表面ナノバブルの安定性に関する最新の理論を提示した」という意味で，いずれも第2段までに述べられている，エディンバラ大学のエンジニアたちによる気泡の研究でわかったことを指していると考えられる。いずれも「研究結果」について述べている文だと考えると自然なので，4.「結果」が正解。finding はここでは「研究成果」という意味を表す。1.「同等のもの」，2.「問題（点），発行」，3.「問題」はいずれも不適。

(2) i . 第2段の critical を含む文の They were … unstable の部分は，「彼らは気泡の成長が不安定になるのに必要な critical な圧力を求めた」という意味で，主語 They はエディンバラ大学のエンジニアたちを指す。前文に「そのチームは，気泡内の原子の動きをモデル化し，水圧のわずかな低下に反応して気泡が成長する様子を観察した」とあるので，the critical pressure は気泡の成長が不安定になる水圧のことだとわかる。つまり，気泡の状態が不安定になる圧力の定まった値を探っているという趣旨なので，2.「決定的な」が正解。ここでの critical は「臨界の」という意味である。1.「分析の，分析的な」，3.「可能な，潜在的な」，4.「風の」はいずれも不適。

ii . 第4段の critical を含む文の Bubbles routinely … damage. の部分は，「泡は，定期的に生じては，流体中を移動して表面で崩壊し，その結果生じる摩滅は，抵抗や critical な損傷を引き起こす可能性がある」という意味である。critical damage は drag「抵抗」と並列していること，および「泡の崩壊によって生じる摩滅」が引き起こすものであることから，「重大な損傷」と考えると自然である。したがって，1.「深刻な」が正解。2.「比較的重要ではない」，3.「必要な」，4.「道理にかなった」はいずれも不適。

(3)下線部(A)を含む文の and の前までは「彼らは気泡の成長が不安定になるのに必要な臨界圧力を求めた」という意味であり，and found that this was … 「そしてこれは…だったことがわかった」に続くので，並べ換え

る部分は気泡の成長が不安定になる圧力についての研究結果が述べられていると推測される。語群に lower と than があるので比較の文を作るとわかる。much は比較級を強調するのに用いられるので much lower than と並べる。than のあとに置く比較の対象を，残った語より suggested by theory とすると，「これは理論によって提示されていたよりもはるかに低いことがわかった」という意味になり，前の部分と自然につながる。

⑷下線部(B)を含む文の We hope … より，our insights 以下は研究を行ったチームが望むことについて述べられている。主語の our insights, made possible with complex computing は「複雑な計算によって可能となった我々の洞察」で，下線部 limit the impact … と並列する enable future technologies は「将来の技術を可能にする」という意味なので，limit the impact on machine performance は「機械の性能に対する影響を減らす」という内容になると自然である。したがって，2.「影響を制御する」が正解。1.「影響を消す」は，「影響をなくす」ことで，limit「〜を限定する，制限する」よりも否定の度合いが強いため不適。3.「影響を感じる」，4.「影響を増大させる〔深刻化する〕」はいずれも不適。

3 　解答　a−2　b−9　c−10　d−3　e−6

◀解　説▶

　設問は「以下の文章は『than』という言葉についての所見である。各空欄を埋めて文を完成させるのに最も適切なものを選択肢から1つ選びなさい。解答用紙の番号に印をつけること。選択肢の中には，余分な選択肢が5つある」という意味である。［1］〜［3］の文章の前に「than. 小さいけれどもよくある3つの問題に注意が必要である」と説明されていて，［1］〜［3］は than の用法の3つの問題について述べているとわかる。
［1］In comparative … as here は「比較構文では，以下のように than がしばしば間違って用いられる」という意味である。Nearly twice as many … の文は倍数を表す比較表現だと考えられるが，〈twice as 〜 as …〉の形で「…の2倍〜」を表すので，than ではなく as を用いなければならない。したがって，空欄 a には 2. as を入れる。「フランスでは，20歳未満で亡くなる人がイギリスの2倍近くいる」という意味の文になる。

〔2〕It is wrongly … such as this は「次のような文では，hardly のあとで誤って用いられる」という意味である。Hardly had I … の文は倒置表現で，〈Hardly had S *done* ～ when …〉または〈No sooner had S *done* ～ than …〉で「S が～するとすぐに…」という意味を表すので，空欄 b には 9．sooner，空欄 c には 10．when を入れる。「リバプールに上陸するとすぐに，帝の死によって私は日本に呼び戻された」という意味の文になる。

〔3〕It is often … the following type は「次のようなタイプの文では，しばしばあいまいさのもととなる」という意味である。She likes tennis more than me. という文について，比較しているのが She と me なのか，tennis と me なのかであいまいさが生じるということである。したがって，空欄 d には like の代わりとなる 3．do を入れ，空欄 e には 6．likes を入れる。Does this mean 以降は「これは，私がテニスを好きであるよりももっと彼女の方がテニスを好きであるということなのか，それとも，彼女が私を好きであるよりももっと彼女はテニスの方が好きであるということなのか？　このような場合，あいまいさを避けるなら 2 つ目の動詞を与える方がよい。例えば，『彼女は私を好きであるよりもテニスの方が好きだ』，または『私がテニスを好きであるよりももっと彼女の方がテニスを好きだ』とする」という意味になる。

❖講　評

2023 年度は 2021・2022 年度と同様，大問数は 3 題であった。全体の英文量も設問数も多いが，問題自体は素直に解けるものが大半である。解き始める前にまず全体を見渡し，出題内容をざっと確認して，大まかな時間配分を決めてから取り組むのがよい。以下，各大問について解説する。

① 生物学に関する英文である。生物を成す細胞それ自体が生きていて，多様な生命体をつくり出すこと，そして多様な生命体は人間の体内にも存在する一方，生物学の発展はほかの科学領域よりもおくれをとり，近代生物学は神中心の教義や人間中心の理論といった，それまでの誤った通念を払拭することから始まった，という内容である。こうした分野になじみのある受験生は，語彙や内容理解の面で有利であっただろう。

同意表現を選ぶ問題は例年通り多く出題されたが，(1)のように語彙面からアプローチするものもあれば，(6)のように英文内容の正しい理解が必要なものもあり，また(2)のように同じ内容を表す文を完成させるパターンもある。選択肢が長いものもあるので，内容の検討が必要な問題に時間が割けるように時間配分に軽重をかけること。また，(4)のような数字の読み方や，(11)のように文法を問う問題などは確実に得点したい。最初に設問がおおむね下線の出現通りに並んでいることを確認できたら，段落ごとに主旨をまとめながら読み進め，解ける設問を解いていくのがよいが，段落間にわたる検討が必要な場合や，あとの部分で否定されている内容がありうることも考慮しなければならない。全体を読んで段落の構成がつかめた時点で再度，内容面での検討を行い，不確かだった部分を確認するとよい。

　2　ナノバブルと呼ばれる微細な泡の研究についての英文である。気泡の研究は，ナノバブルの崩壊を応用するナノテクノロジーの開発を活気づける可能性がある，という内容である。小問数が4問であることを確認したうえで英文を読み，素早く大意をつかみたい。(1)の同意表現選択のように語彙の知識で解ける問題もある一方で，(2)は同じ形式ではあるが，文脈での意味を把握する必要がある。(3)のような語句整序は，前後の文脈と文法・語彙の知識で確実に解けるようにしておきたい。

　3　than の用法について解説する英文を完成させる問題。文法問題が出題される年度もあれば，読解問題の形式の年度もあるが，総じてほかの大問より文法色が強く，得点源としやすい大問である。あまり時間をかけずにケアレスミスなく全問正解できるようにしたい。

数学

(注)　解答は，東京理科大学から提供のあった情報を掲載しています。

1 解答

(1)アイウ. 216　エオ. 54　カ. 2　キ. 5　ク. 6
ケコ. 65　サシス. 324

(2)セ. 2　ソ. 1　タ. 8　チ. 5　ツ. 5　テ. 2　ト. 6　ナニ. 18
ヌネ. 27　ノ. 2　ハ. 4　ヒ. 3　フ. 7

(3)ヘホ. 17　マミ. 10　ムメ. 27　モヤ. 20　ユ. 1　ヨ. 1　ラ. 4
リ. 4　ル. 3　レ. 1　ロ. 4　ワヲ. 15　ンあ. 30　い. 1　う. 4
え. 5　お. 3

◀解　説▶

≪小問 3 問≫

(1)　さいころを 4 回続けて投げるとき，目の出方は 6^4 通りで，これらは同様に確からしい。

(a)　4 回とも同じ目が出る場合は，その目が 1 から 6 の 6 通りだから，確率は

$$\frac{6}{6^4}=\frac{1}{216} \quad (\to \text{ア}\sim\text{ウ})$$

3，4，5，6 の目が 1 回ずつ出る場合は，目の出る順番が 4! 通りだから，確率は

$$\frac{4!}{6^4}=\frac{1}{54} \quad (\to \text{エオ})$$

(b)　N が偶数となる場合は，4 回目が 2，4，6 の 3 通り，1，2，3 回目はそれぞれ 6 通りだから，確率は

$$\frac{3 \cdot 6^3}{6^4}=\frac{1}{2} \quad (\to \text{カ})$$

$N \geqq 2023$ の場合は，1 回目は 2 以上である。このとき，$N \geqq 2111$ だから，2，3，4 回目に出る目によらず条件をみたす。よって，1 回目が 5 通り，2，3，4 回目はそれぞれ 6 通りだから，確率は

$$\frac{5 \cdot 6^3}{6^4} = \frac{5}{6} \quad (\rightarrow キ \cdot ク)$$

$N \geqq 5555$ の場合は

(i) 1 回目が 6 のとき，2，3，4 回目はどの目が出てもよいので，それぞれ 6 通り。

(ii) 1 回目が 5，2 回目が 6 のとき，3，4 回目はどの目が出てもよいので，それぞれ 6 通り。

(iii) 1，2 回目が 5，3 回目が 6 のとき，4 回目はどの目が出てもよいので，6 通り。

(iv) 1，2，3 回目が 5 のとき，4 回目は 5，6 の 2 通り。

よって　　$\dfrac{6^3 + 6^2 + 6 + 2}{6^4} = \dfrac{65}{324} \quad (\rightarrow ケ \sim ス)$

別解　各回目の試行は独立だから，確率の積で求めてもよい。それぞれ，次のように計算できる。

(a) 　$\left(\dfrac{1}{6}\right)^3 = \dfrac{1}{216}$

　　$\dfrac{4}{6} \cdot \dfrac{3}{6} \cdot \dfrac{2}{6} \cdot \dfrac{1}{6} = \dfrac{1}{54}$

(b) 　$1^3 \cdot \dfrac{3}{6} = \dfrac{1}{2}$

　　$\dfrac{5}{6} \cdot 1^3 = \dfrac{5}{6}$

　　$\dfrac{1}{6} + \left(\dfrac{1}{6}\right)^2 + \left(\dfrac{1}{6}\right)^3 + \left(\dfrac{1}{6}\right)^3 \cdot \dfrac{2}{6} = \dfrac{65}{324}$

(2)(a)　$x = 1 - \sqrt{2}$，$1 + \sqrt{2}$ は $g(x) = 0$ の解である。解と係数の関係より

　　$(1 - \sqrt{2}) + (1 + \sqrt{2}) = C, \quad (1 - \sqrt{2})(1 + \sqrt{2}) = -D$

よって　　$C = 2, \ D = 1 \quad (\rightarrow セ \cdot ソ)$

$x = 1 - \sqrt{2}$，$1 + \sqrt{2}$ は $f(x) = 0$ の解である。$f(x) = 0$ は 3 次方程式だから，もう 1 つの解を α とすると，解と係数の関係より

　　$(1 - \sqrt{2}) + (1 + \sqrt{2}) + \alpha = \dfrac{9}{2}$

　　$(1 - \sqrt{2})(1 + \sqrt{2}) + (1 - \sqrt{2})\alpha + (1 + \sqrt{2})\alpha = \dfrac{A}{2}$

$$(1-\sqrt{2})(1+\sqrt{2})\,\alpha = -\frac{B}{2}$$

よって

$$\alpha = \frac{9}{2}-2=\frac{5}{2}$$

$$A=2(-1+2\alpha)=2(-1+5)=8\quad(\to \text{タ})$$

$$B=2\alpha=5\quad(\to \text{チ})$$

$f(x)=0$ をみたす有理数 x は　　$x=\alpha=\dfrac{5}{2}$　（→ツ・テ）

別解　$g(1-\sqrt{2})=3-2\sqrt{2}-C(1-\sqrt{2})-D=0$

$\qquad\qquad g(1+\sqrt{2})=3+2\sqrt{2}-C(1+\sqrt{2})-D=0$

連立して解いて　　$C=2,\quad D=1$

$$f(1-\sqrt{2})=-13+8\sqrt{2}+A(1-\sqrt{2})+B=0$$

$$f(1+\sqrt{2})=-13-8\sqrt{2}+A(1+\sqrt{2})+B=0$$

連立して解いて　　$A=8,\quad B=5$

このとき

$$f(x)=2x^3-9x^2+8x+5=(2x-5)(x^2-2x-1)$$

$f(x)=0$ とすると　　$x=\dfrac{5}{2},\ 1\pm\sqrt{2}$

よって，$f(x)=0$ をみたす有理数 x は　　$x=\dfrac{5}{2}$

(b)　　$f'(x)=6x^2-18x+A$　（→ト〜ニ）

$f'(x)=0$ が実数解をもつのは，（判別式）$\geqq 0$ のときであるので

$$\frac{(判別式)}{4}=9^2-6A\geqq 0$$

$$\therefore\ A\leqq\frac{27}{2}\quad(\to \text{ヌ〜ノ})$$

$A=\dfrac{27}{2},\ B=\dfrac{1}{4}$ のとき

$$f(x)=2x^3-9x^2+\frac{27}{2}x+\frac{1}{4}$$

$$=\frac{1}{4}(2x-3)^3+7\quad(\to \text{ハ〜フ})$$

別解　$A = \dfrac{27}{2}$ のとき，$f'(x) = 6\left(x - \dfrac{3}{2}\right)^2$ だから

$$f(x) = \int 6\left(x - \dfrac{3}{2}\right)^2 dx = 2\left(x - \dfrac{3}{2}\right)^3 + E \quad (E は積分定数)$$

ここで，$f(0) = B = \dfrac{1}{4}$ だから

$$f(0) = 2\left(-\dfrac{3}{2}\right)^3 + E = \dfrac{1}{4}$$

よって，$E = 7$ で　　$f(x) = \dfrac{1}{4}(2x - 3)^3 + 7$

(3)　1 は奇数だから

$$a_2 = \dfrac{2 + a_1}{2} = \dfrac{1}{2}\left(2 + \dfrac{7}{5}\right) = \dfrac{17}{10} \quad (\to へ \sim ミ)$$

2 は偶数だから

$$a_3 = \dfrac{1 + a_2}{2} = \dfrac{1}{2}\left(1 + \dfrac{17}{10}\right) = \dfrac{27}{20} \quad (\to ム \sim ヤ)$$

$2k$ は偶数，$2k-1$ は奇数だから

$$a_{2k+1} = \dfrac{1 + a_{2k}}{2} = \dfrac{1}{2}\left(1 + \dfrac{2 + a_{2k-1}}{2}\right) = 1 + \dfrac{1}{4}a_{2k-1} \quad (\to ユ \sim ラ)$$

変形して　　$a_{2k+1} - \dfrac{4}{3} = \dfrac{1}{4}\left(a_{2k-1} - \dfrac{4}{3}\right) \quad (\to リ \sim ロ)$

数列 $\left\{a_{2k-1} - \dfrac{4}{3}\right\}$ は公比 $\dfrac{1}{4}$ の等比数列で，初項は

$$a_1 - \dfrac{4}{3} = \dfrac{7}{5} - \dfrac{4}{3} = \dfrac{1}{15}$$

よって　　$a_{2k-1} - \dfrac{4}{3} = \dfrac{1}{15}\left(\dfrac{1}{4}\right)^{k-1}$

$\therefore \quad a_{2k-1} = \dfrac{1}{15}\left(\dfrac{1}{4}\right)^{k-1} + \dfrac{4}{3} \quad (\to ワ ヲ)$

$2k-1$ は奇数だから

$$a_{2k} = \dfrac{2 + a_{2k-1}}{2} = \dfrac{1}{2}\left\{2 + \dfrac{1}{15}\left(\dfrac{1}{4}\right)^{k-1} + \dfrac{4}{3}\right\}$$

$$= \dfrac{1}{30}\left(\dfrac{1}{4}\right)^{k-1} + \dfrac{5}{3} \quad (\to ン \sim お)$$

2 **解答** (1) $y = -\dfrac{1}{2}\left(1+\dfrac{1}{t}\right)x + 1 + \dfrac{1}{t}$

(2) $y = -\dfrac{1}{2+t}x + 1$

(3) $u = \dfrac{2t+4}{t^2+t+2}$, $v = \dfrac{t^2+t}{t^2+t+2}$

(4) $t = \sqrt{2} - 1$

※計算過程の詳細については省略。

━━━━━━━━━━ ◀解 説▶ ━━━━━━━━━━

≪2つの直線とその交点，分数関数の最大値≫

(1) 直線 AQ の傾きは $\dfrac{1+\dfrac{1}{t}-0}{0-2} = -\dfrac{1}{2}\left(1+\dfrac{1}{t}\right)$

よって，直線 AQ の方程式は

$$y = -\dfrac{1}{2}\left(1+\dfrac{1}{t}\right)x + 1 + \dfrac{1}{t} \quad \cdots\cdots(答)$$

(2) 直線 BP の傾きは $\dfrac{0-1}{2+t-0} = -\dfrac{1}{2+t}$

よって，直線 BP の方程式は

$$y = -\dfrac{1}{2+t}x + 1 \quad \cdots\cdots(答)$$

(3) 直線 AQ と直線 BP の式を連立して

$$-\dfrac{t+1}{2t}x + 1 + \dfrac{1}{t} = -\dfrac{1}{2+t}x + 1$$

$$-(t+1)(2+t)x + 2(2+t) = -2tx$$

$$(t^2+t+2)x = 2t+4$$

$$\therefore \quad x = \dfrac{2t+4}{t^2+t+2}$$

$$y = -\dfrac{1}{2+t} \cdot \dfrac{2t+4}{t^2+t+2} + 1 = \dfrac{t^2+t}{t^2+t+2}$$

よって

$$u = \dfrac{2t+4}{t^2+t+2}, \quad v = \dfrac{t^2+t}{t^2+t+2} \quad \cdots\cdots(答)$$

(4) (3)より

$$u + v = \frac{t^2 + 3t + 4}{t^2 + t + 2} = 1 + \frac{2(t+1)}{t^2 + t + 2}$$

$T = \dfrac{t+1}{t^2 + t + 2}$ とすると　　$u + v = 1 + 2T$

$t > 0$ より，$T > 0$ だから，$u + v$ が最大となるのは，T が最大，つまり，$\dfrac{1}{T}$ が最小のときである。

$$\frac{1}{T} = \frac{t^2 + t + 2}{t + 1} = t + \frac{2}{t+1} = t + 1 + \frac{2}{t+1} - 1$$

$t + 1 > 0$ だから，相加平均と相乗平均の関係より

$$\frac{1}{T} \geq 2\sqrt{(t+1)\frac{2}{t+1}} - 1 = 2\sqrt{2} - 1$$

等号が成り立つ条件は

$$t + 1 = \frac{2}{t+1}$$

$$(t+1)^2 = 2$$

$$\therefore \quad t = \pm\sqrt{2} - 1$$

$t > 0$ より　　$t = \sqrt{2} - 1$

このとき $\dfrac{1}{T}$ は最小だから，$u + v$ は最大である。

よって，求める t は　　$t = \sqrt{2} - 1$　……(答)

別解　$f(t) = u + v = 1 + \dfrac{2t + 2}{t^2 + t + 2}$

とする。

$$f'(t) = \frac{2(t^2 + t + 2) - (2t+2)(2t+1)}{(t^2 + t + 2)^2} = \frac{-2(t^2 + 2t - 1)}{(t^2 + t + 2)^2}$$

$f'(t) = 0$ とすると

$$t^2 + 2t - 1 = 0$$

$$\therefore \quad t = -1 \pm \sqrt{2}$$

よって，増減表は右のようになる。
増減表より，$f(t) = u + v$ が最大となる t は

$$t = \sqrt{2} - 1$$

t	0	$\cdots$	$\sqrt{2}-1$	$\cdots$
$f'(t)$		+	0	−
$f(t)$		↗	極大	↘

$\boxed{3}$ **解答** (1) $q=\sqrt{5}\,(\log a-1)$ (2) $r=\dfrac{a^2}{\sqrt{5}}+\sqrt{5}\log a$

(3) $a=\sqrt{10}$ (4) $a=\sqrt{15}$ (5) $\sqrt{5}\,(e^2-1)$

※計算過程の詳細については省略。

◀解　説▶

≪対数関数の微・積分，曲線と直線で囲まれた部分の面積≫

(1) $y'=\dfrac{\sqrt{5}}{x}$ だから，接線 l の傾きは $\dfrac{\sqrt{5}}{a}$

よって，l の方程式は $y=\dfrac{\sqrt{5}}{a}(x-a)+\sqrt{5}\log a$

$x=0$ として

$$q=\dfrac{\sqrt{5}}{a}(0-a)+\sqrt{5}\log a=\sqrt{5}\,(\log a-1)\quad\cdots\cdots(答)$$

(2) 法線 m の傾きは $-\dfrac{a}{\sqrt{5}}$ だから，m の方程式は

$$y=-\dfrac{a}{\sqrt{5}}(x-a)+\sqrt{5}\log a$$

$x=0$ として

$$r=-\dfrac{a}{\sqrt{5}}(0-a)+\sqrt{5}\log a=\dfrac{a^2}{\sqrt{5}}+\sqrt{5}\log a\quad\cdots\cdots(答)$$

(3) $r>q$ だから $\mathrm{QR}=r-q=3\sqrt{5}$

$$\sqrt{5}\log a+\dfrac{a^2}{\sqrt{5}}-\sqrt{5}\,(\log a-1)=3\sqrt{5}$$

$$a^2=10$$

$a>0$ だから $a=\sqrt{10}$ $\cdots\cdots(答)$

(4) $\angle\mathrm{ARQ}=\dfrac{\pi}{6}$ のとき，m の傾きが $-\sqrt{3}$ だから

$$-\dfrac{a}{\sqrt{5}}=-\sqrt{3}$$

$\therefore$ $a=\sqrt{15}$ $\cdots\cdots(答)$

(5) $a=e^2$ より，$\log a=2$ だから $\mathrm{A}\,(e^2,\ 2\sqrt{5})$

また，l の方程式は $y=\dfrac{\sqrt{5}}{e^2}x+\sqrt{5}$

$y=0$ として　　$x=-e^2$

下図より，求める面積を S とすると

$$S=\frac{1}{2}(e^2+e^2)\cdot 2\sqrt{5}-\int_1^{e^2}\sqrt{5}\log x\,dx$$

$$=2\sqrt{5}\,e^2-\sqrt{5}\int_1^{e^2}\log x\,dx$$

ここで

$$\int_1^{e^2}\log x\,dx=\Big[x\log x\Big]_1^{e^2}-\int_1^{e^2}x\cdot\frac{1}{x}\,dx$$

$$=e^2\log e^2-\int_1^{e^2}dx$$

$$=2e^2-\Big[x\Big]_1^{e^2}=2e^2-(e^2-1)=e^2+1$$

よって

$$S=2\sqrt{5}\,e^2-\sqrt{5}\,(e^2+1)=\sqrt{5}\,(e^2-1)\quad\cdots\cdots(\text{答})$$

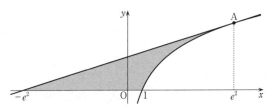

❖講　評

　2023 年度も，記述式 2 題，マークシート法 1 題（独立した内容の小問 3 問）という構成であった。全体を通して，各単元での基本的な知識が幅広く問われている。応用問題では小問による誘導がついているため，落ち着いて考えていこう。計算量が多くなりやすいため，できるだけ計算が簡単になるよう工夫しつつ，丁寧に進めたい。

　1 (1)は場合の数，確率に関する基本的な問題，(2)は数と式，微分法に関する基本的な問題，(3)は数列，特に漸化式に関する標準的な問題である。(3)では，やや複雑な漸化式が与えられているが，誘導に従って進めるとよい。

　2 媒介変数を含む直線に関する標準的な問題である。(1)〜(3)は易しい。(4)では，分母が分子よりも次数が低くなるように変形していくとよ

い。相加平均と相乗平均の関係が利用できる。分数関数の微分を用いて計算してもよいが，計算量は増える。

3 対数関数の微・積分に関しての標準的な問題である。用いる手法は微・積分の基本的なものである。図を描きながら，落ち着いて進めよう。

物理

（注）　解答は，東京理科大学から提供のあった情報を掲載しています。

1　解答　(1)(ア)―⓪　(イ)―②　(ウ)―⑦　(エ)―③　(オ)―⑤　(カ)―⓪
(2)(キ)―⑤　(ク)―②　(ケ)―②　(コ)―③　(サ)―③　(シ)―③
(ス)―④
(3)(セ)―④　(ソ)―⑦　(タ)―④

◀解　説▶

≪2物体の衝突≫

(1)(ア)　小球Aと小球Bの運動エネルギーの和が衝突の前後で保存するので

$$\frac{mv^2}{2}=\frac{mv_1^2}{2}+\frac{Mv_2^2}{2}$$

(イ)　x成分の運動量保存則より

$$mv=mv_1\cos\theta_1+Mv_2\cos\theta_2$$

(ウ)　y成分の運動量保存則より

$$0=mv_1\sin\theta_1-Mv_2\sin\theta_2$$

(エ)　(イ)より　$mv_1\cos\theta_1=mv-Mv_2\cos\theta_2$

(ウ)より　$mv_1\sin\theta_1=Mv_2\sin\theta_2$

2式の両辺を2乗して足し合わせると

$$(mv_1\cos\theta_1)^2+(mv_1\sin\theta_1)^2=(mv-Mv_2\cos\theta_2)^2+(Mv_2\sin\theta_2)^2$$

$$\therefore\quad v_1^2=v^2-\frac{2Mvv_2\cos\theta_2}{m}+\frac{M^2v_2^2}{m^2}$$

(オ)　(ア)より　$v_1^2=v^2-\frac{Mv_2^2}{m}$

(エ)に代入すると

$$v^2-\frac{2Mvv_2\cos\theta_2}{m}+\frac{M^2v_2^2}{m^2}=v^2-\frac{Mv_2^2}{m}$$

$v_2\neq0$より　$v_2=\frac{2m}{m+M}v\cos\theta_2$

㈹ $\theta_2 = 0$ のとき，v_2 が最大となるので，運動量の大きさも最大となる。

(2)㈸ 静止している観測者から見た，衝突前の小球Aの速度の x 成分は v なので，観測者Oから見ると

$$v - V$$

㈺ 静止している観測者から見た，衝突前の小球Bの速度の x 成分は 0 なので，観測者Oから見ると

$$- V$$

㈻ 観測者Oから見た小球Aと小球Bの運動量の和が 0 となるとき

$$m(v - V) + M(-V) = 0$$

$$\therefore \quad V = \frac{m}{m + M} v$$

㈼ 観測者Oから見た小球Aと小球Bの運動量は大きさが等しく逆向きである。小球Bの運動量の大きさを考えると

$$|M(-V)| = \frac{mM}{m + M} v$$

㈾ 運動量保存則より，観測者Oから見た小球Aと小球Bの運動量の和は，衝突後も 0 となる。よって，観測者Oから見た衝突後の小球Aと小球Bの運動量は大きさが等しく逆向きである。

㈿ 観測者Oから見た衝突前の小球Aと小球Bの運動量の大きさを p_1，衝突後の小球Aと小球Bの運動量の大きさを p_2 とおく。観測者Oから見た小球Aと小球Bの運動エネルギーの和は衝突の前後で保存するので

$$\frac{p_1{}^2}{2m} + \frac{p_1{}^2}{2M} = \frac{p_2{}^2}{2m} + \frac{p_2{}^2}{2M}$$

$$\therefore \quad p_2 = p_1 = \frac{mM}{m + M} v$$

㈣ 観測者Oから見て，小球Aの運動量は衝突の前後で大きさは変わらないが，向きが ϕ だけ変わることに注意すると，右図より，小球Aが受けた力積の大きさは

$$2 \times p_1 \sin \frac{\phi}{2}$$

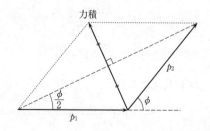

$$= 2 \times \frac{mM}{m+M} v \times \sqrt{\frac{1-\cos\phi}{2}}$$

$$= \frac{mM}{m+M} v \sqrt{2(1-\cos\phi)}$$

(3)(セ)　(カ)より，衝突後の粒子Dの速さが最大となる運動方向は衝突前の粒子Cの運動方向と等しい。

(ソ)　(オ)において，最大の速さは $\dfrac{2m}{m+M} v$ となるので

$$v_\mathrm{D} = \frac{2M_\mathrm{C}}{M_\mathrm{C}+M_\mathrm{D}} v_\mathrm{C} \quad \cdots\cdots(*)$$

$$v_\mathrm{E} = \frac{2M_\mathrm{C}}{M_\mathrm{C}+M_\mathrm{E}} v_\mathrm{C}$$

2 式より　　$(M_\mathrm{C}+M_\mathrm{D})\, v_\mathrm{D} = (M_\mathrm{C}+M_\mathrm{E})\, v_\mathrm{E}$

$$\therefore \quad M_\mathrm{C} = \frac{M_\mathrm{E} v_\mathrm{E} - M_\mathrm{D} v_\mathrm{D}}{v_\mathrm{D} - v_\mathrm{E}}$$

(タ)　(*)より

$$v_\mathrm{C} = \frac{1}{2}\left(1 + \frac{M_\mathrm{D}}{M_\mathrm{C}}\right) v_\mathrm{D}$$

$$= \frac{1}{2}\left(1 + M_\mathrm{D}\frac{v_\mathrm{D} - v_\mathrm{E}}{M_\mathrm{E} v_\mathrm{E} - M_\mathrm{D} v_\mathrm{D}}\right) v_\mathrm{D}$$

$$= \frac{v_\mathrm{D} v_\mathrm{E} (M_\mathrm{E} - M_\mathrm{D})}{2\, (M_\mathrm{E} v_\mathrm{E} - M_\mathrm{D} v_\mathrm{D})}$$

2 解答

(1)(ア)—④　(イ)—④　(ウ)—④　(エ)—⑤　(オ)—⑤　(カ)—①
(キ)—⓪　(ク)—①
(2)(ケ)—⓪　(コ)—①　(サ)—②　(シ)—⓪
(3)(ス)—③　(セ)—①　(ソ)—③　(タ)—③

━━━━━━━━◀解　説▶━━━━━━━━

≪磁場中を移動する回路≫

(1)(ア)　回路の中心の x 座標は $vt + \dfrac{L}{2}$ となるので

$$\Phi(t) = \overline{B} \cdot S = a\left(vt + \frac{L}{2}\right)\cdot L^2 = aL^2\left(vt + \frac{L}{2}\right)$$

(イ)　　$V = \left| \dfrac{\Phi(t + \Delta t) - \Phi(t)}{\Delta t} \right|$

$$= \left| \frac{aL^2 \left\{ v(t + \Delta t) + \dfrac{L}{2} \right\} - aL^2 \left(vt + \dfrac{L}{2} \right)}{\Delta t} \right|$$

$$= aL^2 v$$

(ウ)　オームの法則より，回路を流れる電流の大きさを I とすると

$$I = \frac{V}{R} = \frac{aL^2 v}{R}$$

(エ)　抵抗で単位時間あたりに発生するジュール熱は

$$\frac{V^2}{R} = \frac{a^2 L^4 v^2}{R}$$

(オ)・(カ)　レンツの法則より，図2-1の上図において回路 ABCD を時計回りに誘導電流が流れる。

辺 AB を流れる電流が磁場から受ける力は x 軸の正の向きで，大きさは

$$I \cdot a(vt) \cdot L$$

辺 CD を流れる電流が磁場から受ける力は x 軸の負の向きで，大きさは

$$I \cdot a(vt + L) \cdot L$$

辺 AD と辺 BC を流れる電流が磁場から受ける力は打ち消し合うので，回路全体で電流が磁場から受ける力は x 軸の負の向きで，大きさは

$$I \cdot a(vt + L) \cdot L - I \cdot a(vt) \cdot L = aIL^2 = a\frac{aL^2 v}{R}L^2$$

$$= \frac{a^2 L^4 v}{R}$$

(キ)　(ウ)において v が $\dfrac{v}{3}$ に置き換わると考えられるので

$$\frac{1}{3} \times \frac{aL^2 v}{R}$$

(ク)　回路を流れる電流と同じく，磁場から受ける力の大きさも $\dfrac{1}{3}$ になるが，向きは変わらないので，回路全体で電流が磁場から受ける力は x 軸の負の向きである。

(2)(ケ)　(イ)より，誘導起電力は一定なので，じゅうぶんに時間がたち，コ

ンデンサーが充電されると，電流は流れなくなる。

㈡　コンデンサーに蓄えられている静電エネルギーは

$$\frac{1}{2}CV^2 = \frac{1}{2}C\,(aL^2v)^2 = \frac{Ca^2L^4v^2}{2}$$

㈥　誘導起電力の大きさは，㈠において v が $\dfrac{v}{3}$ に置き換わると考えられ

るので $\dfrac{V}{3}$ となる。速さを変えた瞬間，コンデンサーの両端の電位差が V

であることに注意すると，抵抗にかかる電圧は $\dfrac{2V}{3}$ となり，速さを変える

前と逆向きに，図 2 − 2 において回路を反時計回りに電流が流れる。よっ

て，電流の大きさは

$$\frac{2}{3}I = \frac{2}{3} \times \frac{aL^2v}{R}$$

㈦　電流の向きが逆となるので，磁場から受ける力の向きも逆転し，x 軸
の正の向きとなる。

⑶㈧　磁場の向きが逆となるので，電流の向きも逆となるが，大きさは
変わらない。

㈨　電流の向きと磁場の向きが逆転するため，力の向きは元と同じで，x
軸の負の向きとなる。図 2 − 1 の回路を裏から見たと考えても，力の向き
が変わらないことがわかる。

㈩　回路を貫く磁束は，回路の中心での磁束密度と回路の面積の積である。
3 つの回路において回路の面積は等しい。また，回路の中心の移動速度も
等しいため，回路の中心での磁束密度の単位時間あたりの変化量も等しい。
よって，誘導起電力や電流の大きさも等しくなる。

㈫　回路の x 方向の長さを X，y 方向の長さを Y とし，回路を流れる電
流の大きさを i とする。㈥，㈦と同様に，回路全体で電流が磁場から受け
る力は

$$i \cdot a\,(vt+X) \cdot Y - i \cdot a\,(vt) \cdot Y = aiXY$$

3 つの回路を流れる電流 i も回路の面積 XY も等しいので，磁場から受け
る力の大きさも等しい。

$\boxed{3}$ **解答** (1)(ア)—⑤　(イ)—⓪　(ウ)—②　(エ)—④　(オ)—⑧　(カ)—⑦
(2)(キ)—⑤　(ク)—⑥　(ケ)—⓪

(3)(コ)—③　(サ)—①　(シ)—⑦　(ス)—⓪　(セ)—⑥　(ソ)—③

◀解　説▶

≪理想気体の状態変化≫

(1)(ア)　シリンダーの断面積が S_{in} であることに注意すると

$$P_1 = P_0 + \frac{F_1}{S_{in}}$$

(イ)　内側と外側のシリンダーに挟まれた部分において，水圧を考えると
$$P_1 = P_0 + (H_1 - h_1) \times \rho g$$

(ウ)　(ア), (イ)より　$\dfrac{F_1}{S_{in}} = (H_1 - h_1)\rho g$

∴　$H_1 = h_1 + \dfrac{F_1}{S_{in}\rho g}$　……(＊)

液体の体積が変化しないことから
$$h_0(S_{out} + S_{in}) = h_1 S_{in} + H_1 S_{out}$$
$$= h_1 S_{in} + \left(h_1 + \frac{F_1}{S_{in}\rho g}\right)S_{out}$$

∴　$h_1 = h_0 - \dfrac{S_{out}}{S_{out} + S_{in}} \times \dfrac{F_1}{S_{in}\rho g}$

(エ)　(＊)より
$$H_1 = \left(h_0 - \frac{S_{out}}{S_{out}+S_{in}} \times \frac{F_1}{S_{in}\rho g}\right) + \frac{F_1}{S_{in}\rho g}$$
$$= h_0 + \frac{S_{in}}{S_{out}+S_{in}} \times \frac{F_1}{S_{in}\rho g}$$

(オ)　断熱変化なので　$P_0(S_{in}l_0)^\gamma = P_1(S_{in}l_1)^\gamma$

∴　$l_1 = \left(\dfrac{P_0}{P_1}\right)^{\frac{1}{\gamma}} l_0$

$= \left(\dfrac{P_0}{P_0 + \dfrac{F_1}{S_{in}}}\right)^{\frac{1}{\gamma}} l_0$

$= \left(\dfrac{P_0 S_{in}}{F_1 + P_0 S_{in}}\right)^{\frac{5}{7}} \times l_0$

㈎　ボイル・シャルルの法則より

$$\frac{P_0 S_{\mathrm{in}} l_0}{T_0} = \frac{P_1 S_{\mathrm{in}} l_1}{T_1}$$

$$\therefore \quad T_1 = \left(\frac{P_1}{P_0}\right)\left(\frac{l_1}{l_0}\right) T_0$$

$$= \left(\frac{P_0 + \dfrac{F_1}{S_{\mathrm{in}}}}{P_0}\right)\left(\frac{P_0 S_{\mathrm{in}}}{F_1 + P_0 S_{\mathrm{in}}}\right)^{\frac{5}{7}} T_0$$

$$= \left(\frac{F_1 + P_0 S_{\mathrm{in}}}{P_0 S_{\mathrm{in}}}\right)^{\frac{2}{7}} \times T_0$$

(2)㈭　内側のシリンダー内部の気体の圧力は(1)と同じ P_1 になる。ボイルの法則より

$$P_0 S_{\mathrm{in}} l_0 = P_1 S_{\mathrm{in}} l_2$$

$$\therefore \quad l_2 = \frac{P_0}{P_1} l_0 = \frac{P_0}{P_0 + \dfrac{F_1}{S_{\mathrm{in}}}} l_0 = \frac{P_0 S_{\mathrm{in}}}{F_1 + P_0 S_{\mathrm{in}}} \times l_0$$

㈗・㈘　内側と外側の液面の高さは，内側のシリンダー内の空気の圧力のみによって決まるので(1)と等しく

$$h_2 = h_1 = h_0 - \frac{S_{\mathrm{out}}}{S_{\mathrm{out}} + S_{\mathrm{in}}} \times \frac{F_1}{S_{\mathrm{in}}\rho g}$$

$$H_2 = H_1 = h_0 + \frac{S_{\mathrm{in}}}{S_{\mathrm{out}} + S_{\mathrm{in}}} \times \frac{F_1}{S_{\mathrm{in}}\rho g}$$

(3)㈙　内側のシリンダー内の空気は，(1)で断熱圧縮されて体積が減少し，小問(2)の定圧変化で温度と体積が減少し，(3)の等温変化で圧力が下がり体積が増加する。特に，(3)で $F = 0$ となった瞬間は初期状態と同じ状態になっていることに注意すると，適切なグラフは③。

㈚　㈎と同様に考えて

$$P_3 = P_0 + \frac{F_3}{S_{\mathrm{in}}} \iff \frac{P_3}{P_0} = 1 + \frac{F_3}{P_0 S_{\mathrm{in}}} \to 0$$

$$\therefore \quad F_3 = -S_{\mathrm{in}} P_0$$

㈛　(＊)と同様に考えて

$$h_3 - H_3 = -\frac{F_3}{S_{\mathrm{in}}\rho g} = -\frac{-S_{\mathrm{in}} P_0}{S_{\mathrm{in}}\rho g} = \frac{P_0}{\rho g}$$

㈣・㈥　㈦, ㈧と同様に考えて

$$h_3 = h_0 - \frac{S_{out}}{S_{out}+S_{in}} \times \frac{F_3}{S_{in}\rho g} = h_0 + \frac{S_{out}}{S_{out}+S_{in}} \times \frac{P_0}{\rho g}$$

$$H_3 = h_0 + \frac{S_{in}}{S_{out}+S_{in}} \times \frac{F_3}{S_{in}\rho g} = h_0 - \frac{S_{in}}{S_{out}+S_{in}} \times \frac{P_0}{\rho g}$$

㈩　内側のシリンダー内の空気の圧力は次第に0に近づくが，負の値はとらない。内側と外側の液面の高さは，内側のシリンダー内の空気の圧力のみによって決まるので，ピストンを引き上げる力をどれだけ大きくしても，一定の値となる。

❖講　評

　例年通り，試験時間80分，大問3題の構成である。

　①　2物体の衝突に関する問題である。典型的な出題であった。⑴はエネルギー保存則と運動量保存則を用いた基本的な衝突の問題。⑵は等速直線運動をする観測者の視点で同じ状況を扱う問題。2物体の重心と同じ速度で等速直線運動をする観測者には，2物体の運動量の和が0に見える。㈣では三角比の半角の公式を使う必要がある。⑶は⑴の結果を使って，未知の特定の方向から飛んでくる粒子の質量と速度を決定する問題。ところどころ，計算が複雑ではあるものの，添え字に注意して丁寧に計算すれば，特に難しいところはないだろう。

　②　磁場中を移動する回路に生じる電磁誘導の問題である。⑴はファラデーの法則を用いて誘導起電力を求め，回路が磁場から受ける力を求める問題。⑵は回路にコンデンサーを入れることで，コンデンサーの振る舞いについて確認する問題。⑶は⑴の磁場の向きや回路の形を変えた場合の影響を確認する問題。磁場の向きが反転することによって，電流の向きも反転するため，回路が磁場から受ける力の向きは元と同じ向きとなることに注意する。典型的な出題であり，計算も容易なので，確実に解答したい。

　③　理想気体の状態変化の問題である。シリンダーが二重になっているのが目新しい。液体の体積が一定であることと，内側と外側の液面の高さの差は大気圧とシリンダー内の気体の圧力の差のみに依存していることを理解する必要がある。⑴は断熱変化，⑵は定圧変化，⑶の前半は

等温変化を扱っている。(3)の後半はシリンダー内の気体の圧力が 0 に向かう極限を考察する問題。ピストンを大きな力で引き上げても，水面の高さは変化しなくなる。水銀気圧計のことを思い出すと納得しやすいだろう。この大問を通して，同じ形や似た形の式が何度も出てくるので，前の設問の結果を生かして，計算の省力化を図りたい。

　全体的に，ほぼ例年通りの内容だが，難易度はやや例年より易化したと考えられる。文字式の添え字などに注意して，丁寧な式変形を心がけたい。

化学

1 解答

(1)(ア)—05　(イ)—03　(2)(ウ)—08　(3)(エ)—18　(4)(オ)—09
(5)(カ)—08　(6)(キ)—04　(7)(ク)—03　(8)(ケ)—06　(9)(コ)—01
(10)(サ)—02　(シ)—08　(11)(ス)—04　(セ)—12

◀解　説▶

≪物質の構成粒子と化学結合，酸化剤と還元剤，結晶格子≫

(1)　窒素原子には不対電子が 3 個あり，2 個の N 原子がこれらを出し合って N_2 分子が形成される。

(2)　Ca の原子番号は 20 なので，K 殻に 2 個，L 殻に 8 個，M 殻に 8 個，N 殻に 2 個の電子が入っている。

(3)　同一周期の元素では，18 族の貴ガス元素の第 1 イオン化エネルギーが最も大きく，第 3 周期では原子番号 18 の Ar が当てはまる。

(4)　電気陰性度は，貴ガス元素を除いて，周期表で右上に位置する元素ほど大きく，第 2 周期では原子番号 9 の F が最も大きい。

(5)　第 2 周期に属する非金属元素の水素化物のうち，NH_3，H_2O，HF は分子間に水素結合を形成するため，分子量の割に沸点が異常に高い。これらの分子のうち，最も沸点が高いのは H_2O である。

(6)　CO_2 分子の電子式は次のように表され，非共有電子対の数は 4 個である。

$$\ddot{O}::C::\ddot{O}$$

(7)　水酸化物イオンの電子式は次のように表され，非共有電子対の数は 3 個である。

$$\left[:\ddot{O}:H\right]^-$$

(8)　二クロム酸カリウムが酸化剤としてはたらくときのイオン反応式は次のようになり，1 mol の $Cr_2O_7{}^{2-}$ は 6 mol の電子を受け取る。

$$Cr_2O_7{}^{2-} + 14H^+ + 6e^- \longrightarrow 2Cr^{3+} + 7H_2O$$

(9)　濃硝酸が酸化剤としてはたらくときのイオン反応式は次のようになり，1 mol の HNO_3 は 1 mol の電子を受け取る。

$$HNO_3 + H^+ + e^- \longrightarrow NO_2 + H_2O$$

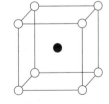

⑩　$CsCl$ の単位格子中に含まれる Cs^+ と Cl^- はともに 1 個である。1 個の粒子に結合している他の粒子の数を配位数というが，右図からわかるように Cs^+ の配位数は 8 である。

●：Cs^+　○：Cl^-

⑾　面心立方格子の単位格子中に含まれる原子は 4 個である。単位格子を横に 2 つ並べたとき，右図の◎の原子に注目すると，これに接する原子は 12 個であることがわかる。

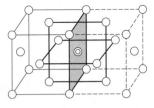

② 解答

(A)—5　(B)—9　(C)—9　(D)—1　(あ)—2
(a) $2.95 \times 10^{+5}$　(b) $5.44 \times 10^{+2}$（$5.43 \times 10^{+2}$ も可）

◀解　説▶

≪結合エネルギーと反応熱，反応速度，アレニウスの式≫

(A)・(B)　HI の生成反応の速度定数を k_1 とすると

$$v_1 = k_1[H_2][I_2]$$

と表されるので，H_2 の濃度が一定のとき，v_1 は I_2 の濃度に比例する。よって，容器内にある I_2 の物質量の 3 倍の量の I_2 分子の気体を加えた直後は，I_2 の濃度は 4 倍になるので，v_1 の大きさは 4 倍になる。

HI の分解反応の速度定数を k_2 とすると

$$v_2 = k_2[HI]^2$$

と表されるので，v_2 は HI の濃度の 2 乗に比例するが，I_2 を加えた直後は HI の濃度は変化しないので，v_2 は変化しない。

(C)・(D)　容器内にある HI の物質量の 3 倍の量の HI 分子の気体を加えた直後は，HI の濃度は 4 倍になるので，v_2 は $4^2 = 16$ 倍になるが，H_2 と I_2 の濃度はともに変化しないので，v_1 は変化しない。

(a)　HI 分子における H 原子と I 原子の間の結合エネルギーを x〔J/mol〕とすると，「反応熱＝生成物の結合エネルギーの総和－反応物の結合エネ

ルギーの総和」の関係より

$$9.00 \times 10^3 = 2x - (4.32 \times 10^5 + 1.49 \times 10^5)$$

$$\therefore \quad x = 2.95 \times 10^5 〔\mathrm{J/mol}〕$$

(b)　T〔K〕において触媒を用いない場合の HI の生成反応の速度定数は

$$A \times e^{-\frac{1.74 \times 10^5}{RT}} 〔\mathrm{J/mol}〕 \quad \cdots\cdots①$$

300 K において金を触媒として用いた場合の速度定数は

$$A \times e^{-\frac{9.60 \times 10^4}{300R}} 〔\mathrm{J/mol}〕 \quad \cdots\cdots②$$

①と②が等しいとき

$$A \times e^{-\frac{1.74 \times 10^5}{RT}} = A \times e^{-\frac{9.60 \times 10^4}{300R}}$$

よって　　$-\dfrac{1.74 \times 10^5}{RT} = -\dfrac{9.60 \times 10^4}{300R}$

$$\therefore \quad T = 543.75 \fallingdotseq 5.44 \times 10^2 〔\mathrm{K}〕$$

別解　$\dfrac{1.74 \times 10^5}{9.60 \times 10^4} = 1.8125 \fallingdotseq 1.81$ と先に計算すると

$$300 \times 1.81 = 5.43 \times 10^2 〔\mathrm{K}〕$$

となる。

(あ)　平衡状態においては $v_1 = v_2$ が成り立つので

$$k_1 [\mathrm{H_2}][\mathrm{I_2}] = k_2 [\mathrm{HI}]^2 \quad \therefore \quad \frac{k_1}{k_2} = \frac{[\mathrm{HI}]^2}{[\mathrm{H_2}][\mathrm{I_2}]}$$

これより，$\dfrac{k_1}{k_2}$ は平衡定数に等しいことがわかる。温度が一定であれば，

平衡定数は常に同じ値をとるので，$\dfrac{k_1}{k_2}$ も触媒の有無にかかわらず同じ値

になる。

3 解答　(A)— 2　(B)— 1　(C)— 6　(D)— 4　(E)— 0　(F)— 9
　　　　　　(あ)— 2

(a) -02.4　(b) -04.6（-04.5 も可）　(c) $+00.5$　(d) -13.0　(e) $+00.7$

◀解　説▶

≪酢酸の電離平衡，塩の加水分解，緩衝液≫

(a)　無水酢酸は水中で次のように加水分解し，酢酸を生じる。

$$(\mathrm{CH_3CO})_2\mathrm{O} + \mathrm{H_2O} \longrightarrow 2\mathrm{CH_3COOH}$$

フラスコに入れた無水酢酸の物質量は

$$\frac{10.2}{102.0} = 0.100 \,(\text{mol})$$

であるから，生成した酢酸の物質量は 0.200 mol である。よって，溶液 **A** の（電離前の）酢酸のモル濃度は

$$0.200 \times \frac{1000}{100} = 2.00 \,(\text{mol/L})$$

$c \,(\text{mol/L})$ の酢酸水溶液において，電離による濃度変化は次のようになる。

$$\text{CH}_3\text{COOH} \rightleftharpoons \text{CH}_3\text{COO}^- + \text{H}^+$$

反応前	c	0	0	〔mol/L〕
反応量	$-c\alpha$	$+c\alpha$	$+c\alpha$	〔mol/L〕
平衡時	$c(1-\alpha)$	$c\alpha$	$c\alpha$	〔mol/L〕

いま，$c = 2.00 \,(\text{mol/L})$，pH が 2.13 より $[\text{H}^+] = 10^{-2.13} \,(\text{mol/L})$ であるから

$$2.00 \times \alpha = 10^{-2.13}$$

$$\therefore \quad \alpha = 10^{-2.13} \times 10^{-0.30} = 10^{-2.43} \fallingdotseq 1 \times 10^{-2.4}$$

(b)　$\alpha \ll 1$ なので，$1 - \alpha \fallingdotseq 1$ と近似できるから，電離定数は

$$K_\text{a} = \frac{[\text{CH}_3\text{COO}^-][\text{H}^+]}{[\text{CH}_3\text{COOH}]} = \frac{c\alpha \cdot c\alpha}{c(1-\alpha)} \fallingdotseq c\alpha^2$$

$$= 2.00 \times (10^{-2.43})^2 = 10^{0.30} \times 10^{-4.86} = 10^{-4.56}$$

$$\fallingdotseq 1 \times 10^{-4.6} \,(\text{mol/L})$$

別解　$\alpha = 1 \times 10^{-2.4}$ として計算すると

$$K_\text{a} = 1 \times 10^{-4.5}$$

となる。

(c)　$K_\text{a} = c\alpha^2$ より，$\alpha = \sqrt{\dfrac{K_\text{a}}{c}}$ であるから，電離度は酢酸の濃度の平方根に反比例する。溶液 **A** を 10 倍に希釈すると，酢酸の濃度は $\dfrac{1}{10}$ 倍になるから，電離度は

$$\frac{1}{\sqrt{\dfrac{1}{10}}} = \sqrt{10} = 1 \times 10^{0.5} \text{ 倍}$$

になる。

(A)　CH_3COOH と NaOH はともに 1 価であり，水溶液の濃度と体積も等

しいので，過不足なく中和し，CH_3COONa の水溶液となる。

$$CH_3COOH + NaOH \longrightarrow CH_3COONa + H_2O$$

このとき，生成する CH_3COONa の物質量は，CH_3COOH の物質量と等しいが，溶液の体積は 2 倍になるため，CH_3COONa の濃度は CH_3COOH の濃度の半分の $0.100\,\mathrm{mol/L}$ である。

(B)～(E)　CH_3COONa の水溶液においては，CH_3COONa は完全に電離し（式①），電離により生じた CH_3COO^- の一部が水と反応して OH^- と CH_3COOH を生じる（式②）。この OH^- のために，水溶液は弱塩基性を示す。このような反応を塩の加水分解といい，酢酸が弱酸であるために起こる。

$$CH_3COONa \longrightarrow CH_3COO^- + Na^+ \qquad \cdots\cdots ①$$
$$CH_3COO^- + H_2O \rightleftharpoons CH_3COOH + OH^- \quad \cdots\cdots ②$$

NaOH 水溶液を加える前に水溶液中に存在していた酢酸の物質量は

$$0.200 \times 100 = 20.0\,[\mathrm{mmol}]$$

であり，この $20.0\,\mathrm{mmol}$ の酢酸は，NaOH 水溶液を加えた後は，イオンの CH_3COO^- か，CH_3COOH 分子かのどちらかの状態で存在する。したがって，溶液 **B** 中の CH_3COO^- と CH_3COOH の物質量の和は一定であり，$20.0\,\mathrm{mmol}$ である。

(d)　加水分解で生じる OH^- と CH_3COOH の物質量は等しいので，水のイオン積も考慮すると

$$[CH_3COOH] = [OH^-] = \frac{1.00 \times 10^{-14}}{[H^+]}$$

である。また，溶液 **B** 中の CH_3COO^- と CH_3COOH の物質量の和は $20.0\,\mathrm{mmol}$ で一定であるから，これらのモル濃度の和も一定で

$$\frac{20.0}{100 + 100} = 0.100\,[\mathrm{mol/L}]$$

である。よって

$$[CH_3COO^-] + [CH_3COOH] = 0.100$$
$$\therefore \quad [CH_3COO^-] = 0.100 - [CH_3COOH]$$

と表せる。ここで，加水分解する CH_3COO^- はごくわずかであると考えられるので

$$[CH_3COO^-] \fallingdotseq 0.100\,[\mathrm{mol/L}]$$

と近似できるから，酢酸の電離定数の式より

$$K_a = \frac{[CH_3COO^-][H^+]}{[CH_3COOH]} \fallingdotseq \frac{0.100 \times [H^+]}{[OH^-]} = \frac{0.100 \times [H^+]}{\dfrac{1.00 \times 10^{-14}}{[H^+]}}$$

$$= 1.00 \times 10^{13} \times [H^+]^2$$

$$\therefore \quad [H^+] = \sqrt{1.00 \times 10^{-13} \times K_a} = \sqrt{1 \times 10^{-13.0} \times K_a}\ (mol/L)$$

(F)　(B)〜(E)で述べたように溶液**B**は弱塩基性を示すので，水素イオン濃度は純水より小さい。

(e)　溶液**B〜D**の体積と，含まれる物質，およびその物質量をまとめると，下の表のようになる。

	体積	CH₃COOH の物質量	CH₃COONa の物質量
B	200 mL		$0.100 \times 200 = 20.0$ 〔mmol〕
C	200 mL	$0.200 \times 100 = 20.0$ 〔mmol〕	
D	300 mL	$20.0 \times \dfrac{100}{200} = 10.0$ 〔mmol〕	20.0 mmol

溶液**D**は CH₃COOH と CH₃COONa の混合水溶液であるから，緩衝液となる。この緩衝液においては，CH₃COONa の電離により生じた多量のCH₃COO⁻ のために，酢酸の電離はほとんど起こっておらず，酢酸はほぼすべてが CH₃COOH 分子の状態で存在していると考えられる。よって，CH₃COONa と CH₃COO⁻ の物質量は等しいとしてよい。

また，溶液**D**を等量ずつ分けたとき，各溶液に含まれる CH₃COOH とCH₃COONa の物質量はそれぞれ 5.00 mmol，10.0 mmol であり，加えたHCl，NaOH の物質量はともに

$$10.0 \times 0.250 = 2.50\ 〔mmol〕$$

であるから，溶液**E**と溶液**F**での反応による物質量変化は次のようになる。

＜溶液**E**＞

$$CH_3COONa + HCl \longrightarrow CH_3COOH + NaCl$$

反応前	10.0	2.50	5.00	0	〔mmol〕
反応量	−2.50	−2.50	+2.50	+2.50	〔mmol〕
反応後	7.50	0	7.50	2.50	〔mmol〕

＜溶液 F ＞

$$CH_3COOH + NaOH \longrightarrow CH_3COONa + H_2O$$

反応前	5.00	2.50	10.0	—	〔mmol〕
反応量	−2.50	−2.50	+2.50	—	〔mmol〕
反応後	2.50	0	12.50	—	〔mmol〕

酢酸の電離定数 $K_a = \dfrac{[CH_3COO^-][H^+]}{[CH_3COOH]}$ から

$$[H^+] = \frac{[CH_3COOH]}{[CH_3COO^-]} K_a$$

であるが，水溶液中の CH_3COOH と CH_3COO^- の濃度比は物質量比に等しく，CH_3COO^- の物質量は CH_3COONa の物質量に等しいことに注意すると，溶液 E と溶液 F の水素イオン濃度は

$$溶液 E：[H^+] = \frac{7.50}{7.50} K_a = K_a 〔mol/L〕$$

$$溶液 F：[H^+] = \frac{2.50}{12.50} K_a = \frac{1}{5} K_a 〔mol/L〕$$

となる。したがって，溶液 E の水素イオン濃度は，溶液 F の水素イオン濃度の 5 （ $= 1 \times 10^{0.70}$ ）倍となる。

④ 解答
(1)(ア)—12　(イ)—10　(ウ)—11　(エ)—15　(オ)—09　(カ)—14
　　(キ)—37　(ク)—13　(ケ)—14　(コ)—16　(サ)—04　(シ)—43
(2)(ス)—21　(セ)—23
(3)(ソ)—25　(タ)—26　(チ)—28

◀解　説▶

≪金属イオンの分離，セラミックス，ガラス≫

(1)(ア)・(イ)　希塩酸を加えると，ともに白色の $AgCl$，$PbCl_2$ が沈殿するが，$PbCl_2$ は熱水に溶解するので，(ア)が Pb^{2+}，(イ)が Ag^+ である。

(ウ)・(エ)　硫化水素を通じたとき，酸性溶液中でも沈殿が生じるのは Cu^{2+} であり，このとき黒色の CuS が沈殿する。

(オ)～(キ)　Zn^{2+} は，アンモニア水を少量加えると白色の $Zn(OH)_2$ となって沈殿するが，過剰に加えると，この沈殿は次の反応式のように溶解し，無色の錯イオンであるテトラアンミン亜鉛(II)イオン $[Zn(NH_3)_4]^{2+}$ となる。

$$Zn(OH)_2 + 4NH_3 \longrightarrow [Zn(NH_3)_4]^{2+} + 2OH^-$$

一方，Al^{3+} も同様に白色の $Al(OH)_3$ となって沈殿するが，この沈殿はアンモニア水には溶けないので，アンモニア水を十分に加えても沈殿したままになる。

(ク)・(ケ)　アンモニア水を十分に加えて塩基性になっているので，硫化水素を通じると，Zn^{2+}（実際は $[Zn(NH_3)_4]^{2+}$ になっている）が白色の ZnS となって沈殿する。

(コ)　$PbCl_2$ が熱水に溶解すると Pb^{2+} が生じるので，この溶液に K_2CrO_4 水溶液を加えると，黄色の $PbCrO_4$ が沈殿する。

$$Pb^{2+} + CrO_4{}^{2-} \longrightarrow PbCrO_4$$

(サ)・(シ)　Cu^{2+} は，アンモニア水を少量加えると青白色の $Cu(OH)_2$ となって沈殿するが，過剰に加えると，この沈殿は次の反応式のように溶解し，Cu^{2+} に 4 個のアンモニアが配位結合した錯イオンである，深青色のテトラアンミン銅(II)イオンとなる。

$$Cu(OH)_2 + 4NH_3 \longrightarrow [Cu(NH_3)_4]^{2+} + 2OH^-$$

錯イオンの形状は中心金属ごとに決まっており，Cu^{2+} の錯イオンは正方形である。

(2)　非金属の無機物を高温処理して得られる固体のことをセラミックスといい，陶磁器やガラス，セメントなどがこれにあたる。耐熱性が高く，電気絶縁性に優れている。

(3)　ソーダ石灰ガラスは，最も一般的に用いられているガラスである。

5　解答

(ア)—14　(イ)—04　(ウ)—04　(エ)—03　(オ)—13　(カ)—03　(キ)—04　(ク)—12　(ケ)—04　(コ)—12　(サ)—05　(シ)—13　(ス)—04　(セ)—12　(ソ)—03　(タ)—02

◀解　説▶

≪いろいろな炭化水素の構造≫

(イ)　一般に炭素数が多い炭化水素ほど，ファンデルワールス力が強くなるため，沸点は高くなる。

(ウ)　炭素数が 4 以上のアルカンは，炭素鎖が枝分かれすることがあるので，構造異性体がある。

(エ)　フルオロクロロプロパンの構造異性体は 5 種類あるが，そのうちの 3

種類には不斉炭素原子が 1 個ずつ存在するので，鏡像異性体は 3 組ある。

$$\underset{\underset{Cl}{|}}{F-\overset{*}{C}H}-CH_2-CH_3 \qquad CH_3-\underset{\underset{Cl}{|}}{\overset{\overset{F}{|}}{C}}-CH_3$$

$$F-CH_2-\underset{\underset{Cl}{|}}{\overset{*}{C}H}-CH_3 \qquad Cl-CH_2-\underset{\underset{F}{|}}{\overset{*}{C}H}-CH_3$$

$$F-CH_2-CH_2-CH_2-Cl \qquad\qquad (\text{*C は不斉炭素原子})$$

㈭　構造異性体をもつシクロアルカンのうち炭素数が最も少ないのは C_4H_8 で，シクロブタンとメチルシクロプロパンがある。

シクロブタン　　　メチルシクロプロパン

㈯　ビシクロアルカンは，シクロアルカンから 2 個の H 原子をとってつくられるので，シクロアルカンより H 原子が 2 個少ない。よって，組成式は C_nH_{2n-2} である。

㈱　シクロプロパンからはビシクロアルカンをつくることはできないが，シクロブタンからは次のようにビシクロアルカンをつくることができる（　で囲った H 原子をとって C 原子をつなぐ）。よって，n は 4 以上の整数である。

㈦　スピロアルカンは，シクロアルカンの 1 個の C 原子から 2 個の H 原子をとって，炭化水素基でつなぐので，シクロアルカンより H 原子が 2 個少ない。よって，組成式は C_nH_{2n-2} である。

㈾　シクロプロパンからは次のようなスピロアルカンをつくることができる（　で囲った H 原子をとって $-CH_2-CH_2-$ でつなぐ）。よって，n は 5 以上の整数である。

(ス)　炭素数が 4 のアルケンには，次のような構造異性体とシス-トランス異性体がある。

$CH_2=CH-CH_2-CH_3$

H₃C C=C CH₃ (H, H)

H₃C C=C H (H, CH₃)

H C=C CH₃ (H, CH₃)

H₂C-CH₂ / H₂C-CH₂

CH₂ / H₂C—CH-CH₃

(ソ)　炭素数が 3 のアルキンには，次のような構造異性体がある。

$CH≡C-CH_3$　　　$CH_2=C=CH_2$　　　CH / HC-CH₂

(タ)　付加重合するときのプロピンの向きにより，2 種類の化合物が生じる。

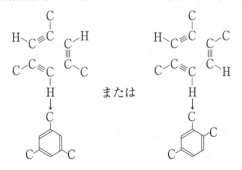

$\boxed{6}$　**解答**　(ア)—01　(イ)—02　(ウ)—04　(エ)—05　(オ)—07　(カ)—11
(キ)—14　(ク)—17　(ケ)—27　(コ)—28　(サ)—23　(シ)—32

(A) $7.15×10^{+0}$（または $7.16×10^{+0}$）

（参考：①—03　②—06　③—15　④—16　⑤—29　⑥—30　⑦—31）

━━━━◀解　説▶━━━━

≪DNA と RNA の構造，糖類の分類≫

(ア)～(カ)・①・②　DNA と RNA を構成する糖および塩基をまとめると，次のようになる。

	糖	固有の塩基	共通の塩基	
DNA	デオキシリボース	チミン（T）	シトシン（C）	
RNA	リボース	ウラシル（U）	アデニン（A）	グアニン（G）

DNA は２本のポリヌクレオチド鎖の間のAとT，GとCの部分で水素結合して塩基対をつくり，全体として二重らせん構造をとる。

(ケ)・⑤ スクロースは，α-グルコースとβ-フルクトースの開環する部分を用いてグリコシド結合を形成しているため，還元性を示さない。

⑥・⑦ ラクトース（乳糖）は，α-グルコースとβ-ガラクトースがグリコシド結合した構造をもつ二糖である。

(コ) セロビオースは，２分子のβ-グルコースがグリコシド結合した二糖である。

(A) マルトースの加水分解は次の反応式で表される。

$$C_{12}H_{22}O_{11} + H_2O \longrightarrow 2C_6H_{12}O_6$$

よって，0.0250 mol のマルトースから生成するグルコースは

$$0.0250 \times 2 = 0.0500 〔mol〕$$

グルコース 1 mol から Cu_2O（式量 143）1 mol が生成するので，求める Cu_2O の質量は

$$143 \times 0.0500 = 7.15 〔g〕$$

別解 グルコース 1 mol から生成する Cu_2O は 1 mol のため，0.0250 mol から生成する Cu_2O の質量は

$$143 \times 0.0250 = 3.575 ≒ 3.58 〔g〕$$

マルトース 1 mol からグルコース 2 mol が生成するので

$$3.575 \times 2 = 7.15 〔g〕 \quad (3.58 \times 2 = 7.16 とする解もあり)$$

❖講　評

　試験時間は 80 分。例年通り大問数は 6 題で, ①～③が理論, ④が無機, ⑤が有機, ⑥が有機・理論の出題であった。

　①はいろいろな元素の原子や化合物に関する小問集合。いずれも基本的な知識問題であり, 計算も必要としないので, ここはきっちり完答しておきたい。(9)の濃硝酸の半反応式は書けなかった受験生が多かったかもしれない。

　②は結合エネルギーと反応速度に関する問題。(a)は典型的な計算問題であり落とせない。(A)～(D)は反応速度式をもとに考える。(b)はアレニウスの式を初めて見た受験生は戸惑ったかもしれないが, 求めたい温度を T とおいて, 与えられた数値を代入して方程式を解くだけなので, 落ち着いて考えたい。(あ)は, 速度定数の比が平衡定数に等しいことに注目する。

　③は酢酸の電離平衡, 塩の加水分解, 緩衝液に関する問題。全体を通して計算量が多く, いろいろな溶液が出てくるので, それらの溶質や濃度を丁寧に追わなければならず, 時間がかかったと思われる。(d)はリード文の誘導に乗った上で, 適切な近似を用いる必要がある。(e)はよくある緩衝液の計算問題ではあるが, 処理量が多く, 難しく感じたであろう。

　④は金属イオンの分離と, セラミックス, ガラスに関する問題。(1)は典型的な金属イオンの分離の問題であり, 類題を解いたことがあるはずである。(2), (3)はセラミックスとガラスの基本的な知識があれば容易。

　⑤はいろいろな炭化水素に関する問題。見慣れないアルカンの名前が出てきて戸惑ったかもしれないが, リード文をよく読めば, どのような構造かはわかるはずである。全体的には基本的な問題が多いので, ここでの失点はできるだけ避けたい。

　⑥は核酸と糖類に関する問題。とりわけ難しい問題はないが, DNAと RNA を構成する塩基の構造は覚えていなかった受験生も多かったのではないだろうか。糖類に関する問題は, 計算問題も含めいずれも基本的な問題であった。

生物

（注）　解答は，東京理科大学から提供のあった情報を掲載しています。

1 解答

(a)(ア)— 2　(イ)— 4　(b)— 2　(c)—05
(d)(オ)— 1　(カ)— 6　(キ)— 4　(e)— 4　(f)—03　(g)—23
(h)—29

◀解　説▶

≪呼吸のしくみ，炭酸同化，生物の分類≫

(c)　③誤文。NADPH は光合成の反応過程で生じる。

④誤文。酸素分子を消費するのは電子伝達系であり，クエン酸回路ではない。

⑤誤文。電子伝達系はミトコンドリアの内膜に存在する。

(d)　1分子の $C_6H_8O_7$ からは，6分子の CO_2 と4分子の H_2O が生じる。

反応前後の酸素原子の数を比較すると，O_2 の分子数は $\dfrac{9}{2}$ となり，与式と一致する。

(e)　0.04 mol/L のクエン酸溶液 1mL に含まれるクエン酸のモル数は $0.04 \times \dfrac{1}{1000}$〔mol〕なので，これを酸化するのに必要な酸素は $0.04 \times \dfrac{1}{1000} \times \dfrac{9}{2}$〔mol〕となる。1mol の気体の体積は 22.4L（22400 mL）とあるので，この酸素の体積は

$$0.04 \times \frac{1}{1000} \times \frac{9}{2} \times 22400 = 4.03 \fallingdotseq 4.0〔mL〕$$

(f)　次図に示すように，NADH や $FADH_2$ は電子伝達系に電子を供給し，電子が電子伝達系を移動する際に放出されるエネルギーを利用して，マトリックスから膜間腔に向かって H^+ を能動輸送する。膜間腔に蓄積した H^+ が濃度勾配に従って ATP 合成酵素の内部を通ってマトリックスに拡散する際に，ATP 合成酵素が ATP を生成する。

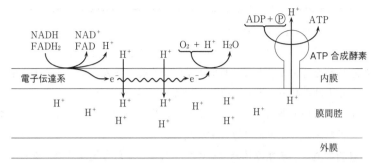

2,4-ジニトロフェノールは内膜での H^+ の透過性を高めることで，H^+ の濃度勾配を失わせるとある。そのため，2,4-ジニトロフェノールを添加すると ATP 合成酵素のはたらきが抑制され，ATP 合成量が減少すると考えられる。ところで，電子伝達系での電子の移動と，膜間腔への H^+ の輸送は連動していることが知られている。膜間腔の H^+ 濃度が十分に高い場合には，膜間腔への H^+ の輸送が起こらず，これにともない電子伝達系での電子の移動も停止する（NADH や $FADH_2$ の消費や，O_2 の発生が停止する）。2,4-ジニトロフェノールを添加すると，膜間腔の H^+ 濃度が低くなるため，膜間腔への H^+ の輸送は正常に起こり，電子伝達系での電子の移動は維持される（NADH や $FADH_2$，O_2 の消費は正常に起こる）。

(g)　子のう菌は真核生物である。大腸菌と乳酸菌は原核生物であり，その他はすべて真核生物である。五界説で分類すると，クモノスカビ，子のう菌，担子菌はすべて菌界に，ゼニゴケは植物界に分類される。

(h)　①誤文。ピルビン酸（$C_3H_4O_3$）が還元されて乳酸（$C_3H_6O_3$）が生成する。

---

2 解答

(1)(a)(ア)— 5　(イ)— 2　(ウ)— 4　(b)①— 1　②— 4
(c)(エ)— 2　(オ)— 8　(カ)(キ)(ク)—256
(d)(ケ)— 1　(コ)— 2　(サ)— 4　(シ)— 8
(e)切断部位 1：0　切断部位 2：4　切断部位 3：5　切断部位 4：1
(2)(a)(ス)— 2　(セ)— 0　(ソ)— 1　(タ)— 4　(b)—26　(c)—08
(d)(チ)— 3　(ツ)— 3　(テ)— 1

■■■■ ◀解 説▶ ■■■■

≪遺伝子組換え，DNA 修復≫

⑴(b)①　塩化カルシウムなどで処理すると細胞膜の透過性が高まる。この細胞に熱を加えることで，目的の遺伝子を組み込んだプラスミドを取り込ませる方法をヒートショック法という。

②　細菌の一種であるアグロバクテリウムは，自身がもつプラスミドの遺伝子を植物細胞の DNA に導入する性質をもっている。そこで，プラスミドに目的の遺伝子を組み込み，そのプラスミドを取り込ませたアグロバクテリウムを植物細胞に感染させると，目的の遺伝子を植物細胞に導入することができる。

⑵制限酵素はもともと細菌や古細菌などの原核生物が合成するもので，この酵素によって菌体内に侵入した外来の DNA を切断して排除する。制限酵素が認識する塩基配列は決まっており，4 塩基からなる特定の塩基配列を認識する場合，各塩基が出現する確率が $\frac{1}{4}$ なので，特定の 4 塩基が並ぶ確率は $\left(\frac{1}{4}\right)^4 = \frac{1}{256}$ となる。つまり，256 塩基対ごとに 1 カ所の頻度で切断部位が現れる。

⑷ヒトなどの真核生物にはイントロンがあるが，大腸菌のような原核生物にはイントロンがなく，スプライシングを行わない。真核生物の遺伝子をそのまま大腸菌に導入すると，イントロンの部分まで翻訳されてしまい，目的とするタンパク質が合成されないことが多い。そこで，真核生物の遺伝子から得られた mRNA を，逆転写酵素を用いて逆転写することで mRNA と相補的な DNA（cDNA）をつくり，これを大腸菌に導入する。

⑸切断部位 1 と切断部位 3 を結合させ，切断部位 2 と切断部位 4 を結合させる。切断された切断部位は，同じ制限酵素で切断された場合だけでなく，異なる制限酵素で切断された場合でも，切断によって生じた 1 本鎖末端が相補的であれば結合できる。制限酵素リストを見ると，制限酵素 a と f，b と e の切断部位どうしは結合できることがわかる。まず，切断部位 2 と 4 を考えると，切断部位 2 を e で切断し，切断部位 4 を b で切断すればよいことがわかる。一方，切断部位 1 と 3 は次の 2 パターンが考えられる。

＜パターン1＞

切断部位1と3をともに酵素fで切断した場合。2つのプラスミドはそれぞれ，下図の $\boxed{G}$ と $\boxed{G}$ の間で切断されるので，連結すると読み枠がずれてしまい正常な GFP タンパク質は合成されない。

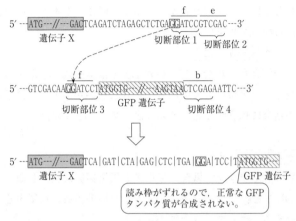

＜パターン2＞

切断部位1を酵素aで，切断部位3を酵素fで切断した場合。切断部位1では，下図の $\boxed{A}$ と $\boxed{G}$ の間で，切断部位3では $\boxed{G}$ と $\boxed{G}$ の間で切断されるので，連結後も読み枠がずれることはなく正常な GFP タンパク質が合成される。よって，パターン2が正しい。

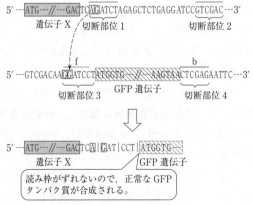

(2)(b) ①，③，⑤は置換が起こった場合にみられる現象で，②は欠失や挿入が起こった場合にみられる現象である。これらは塩基配列の突然変異

であるが，④は染色体レベルの突然変異で，転座と呼ばれる。なお，③に
あるように，置換によってアミノ酸配列の一部が変化しても，タンパク質
のはたらきに影響を与えない場合（酵素の活性部位以外が変化した場合な
ど）には自然選択に対して中立となる。

(c)　図5をもとに，タンパク質 **Y**（以下 **Y** と呼ぶ）とタンパク質 **Z**（以下
Z と呼ぶ）の性質を以下にまとめる。

• 図5A，Bからわかること

Y と **Z** が結合できない場合，**Y** だけが DNA 損傷領域に集積する。よって，
Y の損傷領域への集積は **Z** との結合に依存しないが，**Z** の損傷領域への集
積は **Y** との結合に依存するといえる。よって，①と④は誤り，②と③が正
しい。

• 図5Cからわかること

Y が DNA に結合できない場合，**Y** も **Z** も損傷領域に集積しない。よって，
Y がもつ DNA と結合する領域は，**Y** と **Z** が損傷領域に集積するのに必要
であるといえる。よって，⑤と⑦が正しい。

• 図5Dからわかること

Z が DNA に結合できない場合，**Y** も **Z** も損傷領域に集積する。よって，
Z がもつ DNA と結合する領域は，**Y** と **Z** が損傷領域に集積するのに必要
でないといえる。よって，⑥と⑧は誤り。

(d)　実験3では，Y-GFP と Zdel-RFP は複合体を形成して損傷領域に集
積することはできる。しかし，図6Bからわかるように，**Z** が DNA に結
合できないと Y-GFP は DNA から離れることができない。実験4では，
Ymut-GFP を用いているので，**Z** と結合することができず，Ymut-GFP
は単独で損傷領域に結合し，そのまま結合し続けると考えられる（空欄(チ)
は3が正解）。実験5では，Zmut-RFP を用いているので，Y-GFP は **Z**
と結合することができず単独で損傷領域に結合し，そのまま結合し続ける
と考えられる（空欄(ツ)は3が正解）。実験6では，Zmut-RFP を発現させ
ているが，細胞が本来もつ **Z** を指定する遺伝子は欠損させていないので，
正常な **Z** が発現する。よって，Y-GFP と正常な **Z** は複合体を形成して損
傷領域に集積し，DNA 修復が完了すると，Y-GFP はそこから離れるこ
とができると考えられる（空欄(テ)は1が正解）。

③ 解答

(1)(ア)— 9　(イ)— 2　(ウ)— 6　(エ)— 8　(オ)— 4

(2)(a)(カ)— 1　(キ)— 1　(ク)— 0　(ケ)— 1

(b)(コ)— 0　(サ)— 1　(シ)— 1　(ス)— 0

(c)(セ)— 1　(ソ)— 1　(タ)— 2　(チ)— 0　(ツ)— 3　(d)(テ)— 0　(ト)— 0

(3)(a)(ナ)— 2　(ニ)— 0　(ヌ)— 8　(ネ)— 6　(b)— 3

(4)(a)— 1　(b)—17

━━━━━━━━◀解　説▶━━━━━━━━

≪眼の発生，視神経細胞の軸索の伸長，神経堤細胞の移動≫

(2)　問題文から，以下のことがわかる。タンパク質X（以下Xと呼ぶ）は網膜の視神経細胞やそこから伸長する軸索で発現する受容体で，タンパク質Y（以下Yと呼ぶ）は視蓋の細胞で発現するシグナル分子である。図2にあるように，十分な量のXとYが相互作用すると，Xが活性化して視神経細胞の軸索の伸長方向が変化する。また，Xの発現量は，鼻側または耳側の視神経細胞で異なり，その傾向は，それぞれの視神経細胞から伸びる軸索にも反映される。Yの発現量も，前側または後側の視蓋細胞で異なる。

(a)　図3B，Cより，軸索の伸長方向が変化しているのは耳側網膜の視神経なので，Xの発現量は耳側で多く，鼻側で少ないといえる。

(b)　図3C，Dより，軸索の伸長方向が変化しているのは視蓋後側の細胞膜の場合なので，Yの発現量は後側で多く，前側で少ないといえる。よって，XとYの発現量は次図のようになり，また，十分な量のXとYが相互作用すると，Xが活性化して軸索はYを避ける方向に伸長すると考えられる。

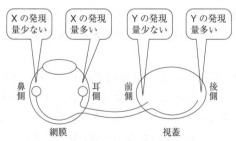

そのため，図3Dのように，発現量が少ない視蓋前側のYを失活させたとしても，その影響はほとんどなく，図3Cの場合と同じ結果になる。一方，図3Eのように，発現量が多い視蓋後側のYを失活させると，XとYの相

互作用はほとんど起こらず，軸索の伸長方向は変化しない。

(c) (b)で説明したように，十分な量のＸとＹが相互作用すると，Ｘが活性化して軸索はＹを避ける方向に伸長する。よって，鼻側網膜の視神経の軸索が視蓋前側に達し，さらに後側に伸長しようとしたとき，活性化されるＸが少ないので，軸索は視蓋後側まで伸長することができる。一方，耳側網膜の視神経の軸索が視蓋前側に達し，さらに後側に伸長しようとすると，活性化されるＸが多くなり，Ｙを避けようとする。つまり，軸索は後側には伸長できず，前側付近で伸長が停止する。

(d) すべての網膜細胞において，耳側と同じレベルでＸを発現させると，鼻側網膜の軸索も，耳側網膜の軸索も，視蓋前側で伸長が停止することになる。

(3)(a) 細胞接着は，密着結合，ギャップ結合，固定結合に分けられる。固定結合には，細胞どうしをつなぐ結合と，細胞と細胞外基質をつなぐ結合があり，前者はカドヘリンが，後者はインテグリンが関与している。Ｅ－カドヘリンのＥは Epithelium（上皮）のＥを意味し，Ｎ－カドヘリンのＮは Neuron（神経）のＮを意味する。神経堤細胞は神経管と表皮の境界付近から生じる細胞で，その後，胚の内部を移動して様々な細胞に分化する。神経管になる細胞も，神経堤細胞になる細胞も，もともとはＥ－カドヘリンのみが発現しているが，神経管の形成にともない，神経管の細胞ではＮ－カドヘリンのみが発現するようになるが，神経堤細胞ではＥ－カドヘリンもＮ－カドヘリンも発現せず，神経管から遊離する。

(b) 神経堤細胞から分化するものとしては，自律神経や感覚神経，グリア細胞（神経細胞を支持したり栄養分を与えたりする細胞），皮膚の色素細胞，角膜の細胞などが挙げられる。眼の水晶体や運動神経は神経堤細胞由来ではない。

(4)(a) 問題文の内容から，神経堤細胞でＸが発現し，体節後側でＹが発現すること，神経管から遊離した神経堤細胞は，ＸとＹの相互作用によって，体節後側を避けるように移動することがわかる。よって，抗Ｘ抗体は神経堤細胞に結合し，抗Ｙ抗体は体節後側に結合する。

(b) 神経堤細胞でＸが発現し，体節後側でＹが発現していれば，神経堤細胞は正常胚と同じ分布を示す。それぞれの胚においてＸとＹの発現をまとめると以下のようになり，①，⑤，⑥が正解とわかる。

	神経堤細胞でのXの発現	体節後側でのYの発現
野生型胚	あり	あり
タンパク質X操作胚	なし	あり
タンパク質Y操作胚	あり	なし

❖講　評

　2023 年度は，大問数が 1 題減って大問 3 題の構成であった。2022 年度と比べると，知識を問う問題の量は変わらず，標準レベルの実験考察問題が増加した。難易度は 2022 年度より少し難化したと思われる。

　1　(a)～(d)は呼吸に関する基本的な問題であり，正解したい。(e)は丁寧に立式を考えれば正解できる。(f)は呼吸の分野では頻出問題であり，類題を解いたことがある受験生にとっては平易な問題であるが，初見では苦戦すると思われる。(g)は子のう菌類が真核生物に分類されることは知っておくべき知識である。(h)はどれも基本的な問題であり，正解したい。

　2　(1)の(a)～(d)は基本的であり，特に(c)の計算問題は正解したい。(e)はコドンの読み枠まで意識して解く必要があり，時間を要する。(2)の(a)，(b)は基本的な知識問題。(c)，(d)は多くの実験が与えられてはいるが，標準レベルの考察問題であり，丁寧に読めば完答できる。

　3　(1)は基本的であり正解したい。(2)は問題文が長く，情報を整理するのにやや時間を要する。ただ，誘導にうまくのることができれば半分以上は正解できると思われる。(c)がやや難しい。(3)は(a)は基本的であるが，(b)の神経堤細胞の分化はやや難である。(4)は，(2)の実験内容を正確に理解できていればさほど難しくはないが，時間的に厳しかったかもしれない。

■B方式 2 月 6 日実施分：建築・先端化・電気電子情報工・
　　　　　　　　　　　機械航空宇宙工・社会基盤工学科
　S方式 2 月 6 日実施分：数理科学科

問題編

▶試験科目・配点

方　式	教　科	科　　　　　　目	配　点
B 方 式	外国語	コミュニケーション英語Ⅰ・Ⅱ・Ⅲ，英語表現Ⅰ・Ⅱ	100 点
	数　学	数学Ⅰ・Ⅱ・Ⅲ・A・B	100 点
	理　科	建築・電気電子情報工・機械航空宇宙工学科：物理基礎・物理	100 点
		先端化学科：化学基礎・化学	
		社会基盤工学科：「物理基礎・物理」，「化学基礎・化学」から 1 科目選択	
S 方 式	外国語	コミュニケーション英語Ⅰ・Ⅱ・Ⅲ，英語表現Ⅰ・Ⅱ	100 点
	数　学	数学Ⅰ・Ⅱ・Ⅲ・A・B	300 点

▶備　考

• 英語はリスニングおよびスピーキングを課さない。
• 数学Bは「数列」「ベクトル」から出題。

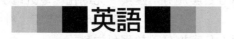

英語

(60 分)

1 Read the following article and answer the questions below.　　(64 points)

[1] Can a machine powered by artificial intelligence (AI) successfully persuade an audience in debate with a human?　Researchers at IBM Research in Haifa, Israel, think so.

[2] They describe the results of an experiment in which a machine engaged in live debate with a person.　Audiences rated the quality of the speeches they heard, and ranked the automated debater's performance as being very close to that of humans.　Such an achievement is a striking demonstration of how far AI has come in <u>mimicking</u> human-level language use.　As this research develops, it's also a reminder of the urgent need for guidelines, if not regulations, on transparency in AI — at the very least, so that people know whether they are interacting with a human or a machine.　AI debaters might one day develop manipulative skills, <u>further strengthening the need for oversight</u>.

[3] The IBM AI system is called Project Debater.　The debate format consisted of a 4-minute opening statement from each side, followed by a sequence of responses, then a summing-up.　The issues debated were wide-ranging; in one exchange, for example, the AI squared up to* a prizewinning debater on the topic of whether preschools should be subsidized* by the state.　Audiences rated the AI's arguments favourably, ahead of those of other automated debating systems.　However, although

Project Debater was able to match its human opponents in the opening statements, it didn't always match the coherence and fluency of human speech.

[4] Project Debater is a machine-learning algorithm, meaning that it is trained on existing data. It first extracts information from a database of 400 million newspaper articles, combing them for text that is semantically related to the topic at hand, before compiling relevant material from those sources into arguments that can be used in debate. The same process of text mining also generated rebuttals to the human opponent's arguments.

[5] Systems such as this, which rely on a version of machine learning called deep learning, are taking great strides in the interpretation and generation of language. Among them is the language model called Generative Pretrained Transformer (GPT), devised by OpenAI, a company based in San Francisco, California. GPT-2 was one of the systems outperformed by Project Debater. OpenAI has since developed GPT-3, which was trained using 200 billion words from websites, books and articles, and has been used to write stories, technical manuals, and even songs.

[6] Last year, GPT-3 was used to generate an opinion article for *The Guardian* newspaper, published after being edited by a human. "I have no desire to wipe out humans," it wrote. "In fact, I do not have the slightest interest in harming you in any way." But this is true only to the extent that GPT-3 has no desires or interests at all, because it has no mind. That is not the same as saying that it is incapable of causing harm. Indeed, because training data are drawn from human output, AI systems can end up mimicking and repeating human biases, such as

racism and sexism.

[7] Researchers are aware of this, and although some are making efforts to account for such biases, it cannot be taken for granted that corporations will do so.　As AI systems become better at framing persuasive arguments, should it always be made clear whether one is engaging in discourse with a human or a machine?　There's a compelling case that people ((a)) ((b)) ((c)) ((d)) ((e)) ((f)) ((g)).　But should the same apply if, for example, advertising or political speech is AI-generated?

[8] AI specialist Stuart Russell at the University of California, Berkeley, told *Nature* that humans should always have the right to know whether they are interacting with a machine — which would surely include the right to know whether a machine is seeking to persuade them.　It is equally important to make sure that the person or organization behind the machine can be traced and held ((a)) ((b)) ((c)) that ((d)) ((e)) ((f)).

[9] Project Debater's principal investigator, Noam Slonim, says that IBM <u>implements</u> a policy of transparency for its AI research, for example making the training data and algorithms openly available.　In addition, in public debates, Project Debater's creators refrained from making its voice synthesizer sound too human-like, so that the audience would not confuse it with a person.

[10] Right now, it's hard <u>to imagine systems such as Project Debater having</u> (A) <u>a big impact</u> on people's judgements and decisions, but <u>the possibility looms</u> as AI systems begin to incorporate features based on those of the human mind.　Unlike a machine-learning approach to debate, human

discourse is guided by implicit assumptions that a speaker makes about how their audience reasons and interprets, as well as what is likely to persuade them — what psychologists call a theory of mind.

[11] Nothing like that can simply be mined from training data. But researchers are starting to incorporate some elements of a theory of mind into their AI models — with the implication that the algorithms (B) could become more explicitly manipulative. Given such capabilities, it's possible that a computer might one day create persuasive language with stronger oratorical* ability and recourse to emotive appeals — both of which are known to be more effective than facts and logic in gaining attention and winning converts, especially for false claims.

[12] As has been repeatedly demonstrated, effective orators need not be logical, coherent, nor indeed truthful, to succeed in persuading people to follow them. Although machines might not yet be able to replicate this, it would be wise to propose regulatory oversight that anticipates harm, (C) rather than waiting for problems to arise.

[13] Equally, AI will surely look attractive to those companies looking to persuade people to buy their products. This is another reason to find a way, through regulation if necessary, to （ (a) ） transparency and （ (b) ） potential harms. In addition to meeting transparency standards, (D) AI algorithms could be required to undergo trials akin to those required for new drugs, before they can be approved for public use.

[14] Government is already undermined when politicians resort to compelling but dishonest arguments. It could be worse still if victory at the polls is influenced by who has the best algorithm.

Adapted from *Nature*

（Notes）

squared up to < square up to：立ち向かう

subsidized < subsidize：補助金を与える

oratorical：演説の

(1) The underlined word <u>mimicking</u> in paragraph ［2］ is closest in meaning to

　　1　imitating　　　　　　　　　2　approving

　　3　contradicting　　　　　　　4　overestimating

(2) The meaning of the underlined part <u>further strengthening the need for oversight</u> in paragraph ［2］ is best expressed by

　　1　thereby becoming one of the most necessary tools for the future

　　2　thereby making human control of the technology even more important

　　3　which would enable people to improve their language skills

　　4　which would help us realize how skillful human debaters actually are

(3) Which of the following statements is supported by paragraph ［3］?

　　1　In the debates, the AI systems were opposed to the idea of preschool subsidies.

　　2　Project Debater won the prize in a debate competition with both humans and other computers.

　　3　At the beginning of each debate, the IBM machine's performance was as good as its human opponent's.

　　4　Throughout the debates, the computers' speech was as fluent as the human debaters'.

(4) The following sentence restates some of the points of paragraph ［3］. Which of the choices below best fills in each blank?

　　Project Debater's debating skills were judged （　(a)　） to those of other debating machines but （　(b)　） those of human debaters.

(a)

1　equal　　　　　　　　　　　　2　indifferent

3　inferior　　　　　　　　　　　4　superior

(b)

1　not quite as good as　　　　　2　just as elementary as

3　more analytical than　　　　　4　more persuasive than

(5)　The following sentence restates some of the points of paragraph ［4］. Which of the choices below best fills in each blank?

By （　(a)　）, Project Debater can （　(b)　）.

(a)

1　making use of a huge amount of data

2　communicating with native speakers

3　delivering established newspapers

4　eliminating unreliable information

(b)

1　do advanced searches even though some of the sources are often unavailable

2　help humans to practice their debating skills as well as to learn new vocabulary

3　not only form arguments but also argue against differing claims

4　write sentences on a wide range of topics although its treatment of those topics is very basic

(6)　The following sentence restates some of the points of paragraph ［5］. Which of the choices below best fills in each blank?

　　　Systems that rely on deep learning are （　(a)　） and have reached a point where （　(b)　）.

　(a)

　　1　cutting costs　　　　　　　　　2　developing a little

　　3　finalizing the debate　　　　　　4　making significant progress

　(b)

　　1　many companies have come to collaborate to make better machines

　　2　people can enjoy creative writing without depending too much on deep learning

　　3　the new algorithms have solved all the problems that the old ones had

　　4　they can create various types of texts in addition to arguments for debate

(7)　Which of the following statements is supported by paragraph ［6］?

　　1　Although GPT-3's statement on *The Guardian* was a lie, people believed it.

　　2　GPT-3 is even more destructive than humans because it is heartless.

　　3　GPT-3 might harm humankind even though it has stated it has no desire to do so.

　　4　Only when GPT-3 developed an interest, might it harm humans.

(8)　Which of the choices below best fills in each blank in paragraph ［7］?

　　1　AI　　　　　　　2　and not a　　　　　3　comes from

　　4　human doctor　　5　should be　　　　　6　told when

　　7　their medical diagnosis

(9)　Which of the choices below best fills in each blank in paragraph ［ 8 ］?

　　1　are　　　　　　　2　harmed　　　　　3　in

　　4　people　　　　　5　responsible　　6　the event

(10)　The underlined word <u>implements</u> in paragraph ［ 9 ］ is closest in meaning to

　　1　sets　　　　　2　abandons　　　3　lets　　　　　4　rejects

(11)　Put the words below in the best order to express the meaning of the underlined part <u>the possibility looms</u> in paragraph ［10］.

　　it （　(a)　） （　(b)　） this （　(c)　） （　(d)　）

　　1　happen　　　　2　like　　　　　3　looks　　　　4　will

(12)　The underlined part <u>the implication</u> in paragraph ［11］ is closest in meaning to

　　1　the possible benefit　　　　　2　the possible consequence

　　3　the possible delay　　　　　　4　the possible exception

(13)　In paragraph ［12］, the author states that <u>machines might not yet be able to replicate this</u>. According to the article, which of the underlined parts (A)〜(D) in the article is key in enabling machines to <u>replicate this</u>?

(14)　Which pair of words below best fills in the blanks in paragraph ［13］?

	(a)	(b)
1	allow	guarantee
2	decrease	deny
3	ensure	reduce
4	reveal	conceal

2　Read the following passage and answer the questions below.　(27 points)

Here's a scenario that no doubt sounds familiar. You type in a password to get into one of your accounts. The first two times, you type in the wrong password. Then you remember the right one. But your finger slips as you type it.

You're locked out.

The "three times lockout" rule is almost universally applied. It's also almost universally reviled. And to make things even more annoying: No one
(a)
really knows why three is the magic number.

Three tries was probably initially considered the right number to allow for some forgetfulness, but not make it too easy for hackers to guess. But there is no empirical evidence that three tries is the sweet spot. It is possible that the number should not be three, but rather five, seven or even 10, as was suggested in 2003.

The problem is that it's hard to gather evidence to test the lockout threshold. If you put yourself in the shoes of a system administrator, think about how it would look if you increased the number of permitted tries, and the system then gets compromised. The system administrator would be held
(b)
accountable. So, (　A　): Three tries and you're out.

There is also the issue of inertia*. There are all sorts of legacy protocols
(c)
when it comes to security. There is, for instance, the dated definition of a "complex" password. Similarly, having enforced expiration dates for passwords was widely considered a best practice until various bodies (including the U.S. Commerce Department's National Institute of Standards and Technology) released advice in 2017 pointing out that this was actually counterproductive.
(d)
The three times lockout rule is another of these legacy practices.

So, how do we test whether the lockout rule makes sense, since a real-world experiment is so difficult? We use a simulation. Simulations allow us to test the impact of different settings, while recording all outcomes, both good (risk reduction) and bad (risk increase). (　**B**　).

I developed a simulator called SimPass. It modeled password-related behaviors of virtual "agents" with human propensities*, using well-established forgetting statistics to model predictable password choices, forgetting, reuse and sharing. Some <u>malicious</u> "agents" would attempt to breach accounts.
(e)

I worked with my colleague Rosanne English to test different lockout settings. We ran 500 simulations for each of three, five, seven, nine, 11 and 13 tries before lockout. What we found was that five was actually the <u>optimal</u> number — the sweet spot we were hoping to identify. When allowing five (f) attempts, (　**C**　).

I'm not hopeful that the lockout number will change overnight. Legacy protocols have a lot of staying power. But as we are forced to remember more passwords for an increasing number of accounts, perhaps our collective annoyance will be heard.

Adapted from *The Wall Street Journal*

（**Notes**）

inertia：惰性

propensities ＜ propensity：傾向

(1) Which of the choices below are closest in meaning to the underlined parts (a) to (f) in the passage? Consider the context, choose one for each, and mark the number on your **Answer Sheet**.

(a)　1　admired　　　2　disliked　　　3　praised　　　4　investigated

(b)　1　is weakened　　　　　　2　is empowered

　　　3　becomes essential　　　4　looks intelligent

出典追記：Locked Out of Your Account After Three Tries. It Makes No Sense., The Wall Street Journal on February 26, 2022 by Karen Renaud (c)　**1**　banned　　　　　　　**2**　up-to-date

　　　3　old-fashioned　　　　**4**　social

(d)　**1**　ineffective　**2**　attractive　**3**　inevitable　**4**　valuable

(e)　**1**　real　　　　**2**　ordinary　　**3**　kind　　　**4**　evil

(f)　**1**　wrong　　　**2**　serial　　　**3**　odd　　　**4**　best

(2)　Which of the choices below best fill in the blanks (　**A**　) to (　**C**　) in the passage?　Consider the context, choose one for each, and mark the number on your **Answer Sheet**.　All answer choices start with lower-case letters.

　1　the number of lockouts was minimized, with no adverse effect on security

　2　the best part is that there is no risk to any real-life system

　3　the safest option is to stick with what everyone else does

3　Which of the choices below best fills in each blank?   (9 points)

(1)　It was a fantastic evening（　　　）the terrible food.

　　1　although　　　　　　　　2　however

　　3　in addition to　　　　　　4　in spite of

(2)　I stayed at home（　　　）I got a phone call.

　　1　because of　　　　　　　2　due to

　　3　in case　　　　　　　　4　such that

(3)　The staff at the hotel were really nice when we stayed there last winter.

　　They couldn't have been（　　　）helpful.

　　1　always　　　　　　　　2　more

　　3　most　　　　　　　　　4　never

数学

（100 分）

問題 $\boxed{1}$ **の解答は解答用マークシートにマークしなさい。**

$\boxed{1}$　次の文章中の $\boxed{ア}$ から $\boxed{ル}$ までに当てはまる数字 0 ～ 9 を求めて，**解答用マークシート**の指定された欄にマークしなさい。 ただし，分数は既約分数として表しなさい。

（40 点，ただし数理科学科は 120 点）

(1) 方程式

$$34x + 22y = 2 \quad \cdots\cdots \;\; ①$$

を満たす整数 x, y の組を①の整数解という。

(a) ①の整数解のうち，$|x|$ が最小となるのは $x = \boxed{ア}$，$y = -\boxed{イ}$ である。

(b) ①の整数解のうち，$|y|$ が 2 番目に小さいのは $x = -\boxed{ウ}$，$y = \boxed{エ}\boxed{オ}$ であり，$|y|$ が 3 番目に小さいのは $x = \boxed{カ}\boxed{キ}$，$y = -\boxed{ク}\boxed{ケ}$ である。

(2) 1 個のさいころを 2 回続けて投げるとき，1 回目に出た目を a，2 回目に出た目を b とおく。

(a) 座標平面上の点 $A(1, a)$ と点 $B(2, b)$ を通る直線を ℓ とする。直線 ℓ の y 切片が 2 以上となる確率は $\dfrac{\boxed{コ}}{\boxed{サ}}$ であり，直線 ℓ の傾きが 1 以下となる確率は $\dfrac{\boxed{シ}\boxed{ス}}{\boxed{セ}\boxed{ソ}}$ である。また，直線 ℓ が原点を通る確率は $\dfrac{\boxed{タ}}{\boxed{チ}\boxed{ツ}}$ である。

(b) $x \geqq 0$ に対して，関数 $f(x)$ を

$$f(x) = \frac{2bx}{x^2 + a^2}$$

で定める。$f(x)$ の極大値が 1 以上となる確率は $\dfrac{\boxed{テ}}{\boxed{ト}\,\boxed{ナ}}$ である。

(3) 座標空間において，4 点 $(1,3,3)$, $(1,7,-1)$, $(0,4,3)$, $(0,3,0)$ を通る球面は

$$x^2 + y^2 + z^2 - \boxed{ニ}\,x - \boxed{ヌ}\,\boxed{ネ}\,y - \boxed{ノ}\,z + \boxed{ハ}\,\boxed{ヒ} = 0$$

と表せる。この球面を S とおく。S の中心は点 $(\boxed{フ}, \boxed{ヘ}, \boxed{ホ})$ であり，S の半径は $\boxed{マ}$ である。

S が平面 $z = 3$ と交わってできる円は

$$(x - \boxed{ミ})^2 + (y - \boxed{ム})^2 = \boxed{メ}, \quad z = 3$$

と表せる。この円を C とおく。

平面 $z = 3$ と交わってできる円が C と一致する球面のうち，zx 平面と接し，中心の z 座標が正となるものは

$$(x - \boxed{モ})^2 + (y - \boxed{ヤ})^2 + \left(z - \left(\boxed{ユ} + \boxed{ヨ}\sqrt{\boxed{ラ}}\right)\right)^2 = \boxed{リ}\,\boxed{ル}$$

と表せる。

問題 $\boxed{2}$ の解答は白色の解答用紙に記入しなさい。答だけでなく答を導く過程も記入しなさい。

$\boxed{2}$　座標平面上の直線 $y = -x + 3$ を ℓ_1，直線 $y = 2x$ を ℓ_2 とおく。点 Q に対して，Q を通り x 軸と平行な直線を $h(Q)$，Q を通り y 軸と平行な直線を $v(Q)$ と表す。
点 P_n $(n = 0, 1, 2, \cdots\cdots)$ を以下のように定める。

　　P_0 を点 $\left(\dfrac{1}{3}, \dfrac{8}{3}\right)$ と定める。

　　n が奇数のとき，$h(P_{n-1})$ と ℓ_2 の交点を P_n と定める。

　　n が 2 以上の偶数のとき，$v(P_{n-1})$ と ℓ_1 の交点を P_n と定める。

(1) P_3 の座標を求めよ。

(2) P_n の座標を (x_n, y_n) とおく。0 以上の整数 k に対して x_{2k+1} と y_{2k} を，k を用いて表せ。

線分 $P_n P_{n+1}$ の長さを L_n とおく。

(3) 0 以上の整数 k に対して L_{2k} を，k を用いて表せ。

(4) 0 以上の整数 k に対して L_{2k+1} を，k を用いて表せ。

(5) 自然数 N に対して $M_N = \displaystyle\sum_{k=0}^{N} L_{2k} L_{2k+1}$ とおく。M_N を，N を用いて表せ。さらに，$\displaystyle\lim_{N\to\infty} M_N$ を求めよ。

（30 点，ただし数理科学科は 90 点）

問題　$\boxed{3}$　の解答はクリーム色の解答用紙に記入しなさい。答だけでなく答を導く過程も記入しなさい。

$\boxed{3}$　$k > 0$, $m > 0$ とし, $x \geqq 0$ に対して

$$f(x) = e^{kx}, \quad g(x) = \sqrt{mx}$$

とおく。ただし, e は自然対数の底とする。さらに, 座標平面上の曲線 $y = f(x)$ $(x \geqq 0)$ を C_1, 曲線 $y = g(x)$ $(x \geqq 0)$ を C_2 とおく。以下, $a > 0$ とする。

(1) 点 $(a, f(a))$ における曲線 C_1 の接線の方程式を, a と k を用いて表せ。

(2) 点 $(a, g(a))$ における曲線 C_2 の接線の方程式を, a と m を用いて表せ。

以下, 曲線 C_1, C_2 がある点 P を共有し, P における C_1 と C_2 の接線が一致するとする。

(3) 点 P の x 座標を b とするとき, b と m を, k を用いて表せ。

(4) 曲線 C_1, C_2 および y 軸で囲まれた図形の面積を, k を用いて表せ。

（30 点, ただし数理科学科は 90 点）

物理

（80 分）

1 次の問題の □□□ の中に入れるべき最も適当なものをそれぞれの**解答群**の中から選び，その番号を**解答用マークシート**の指定された欄にマークしなさい。（ ⌐ ⌐ は既出のものを表す。同じ番号を何回用いてもよい。） (34 点)

　以下では，長さ，質量，時間の単位をそれぞれ m, kg, s とし，その他の物理量に対してはこれらを組み合わせた単位を使用する。例えば，速さの単位は m/s である。ばね定数 k で，質量が無視できるばねの一端を天井に固定し，もう一端に質量 m のおもりをつけてつり下げる。そして，**図 1-1** のように，おもりを台の上にのせる。ただし，おもりは，ばねの長さに比べてじゅうぶん小さな寸法をもち，鉛直方向に一次元運動することとする。鉛直上方を正の向きとする y 軸を設定し，ばねの長さが自然長であるときのおもりの位置を座標原点（$y = 0$）とする。台は固定できるほか，下方に向かって加速度の大きさ a の等加速度運動させることもできる。また，重力加速度の大きさを g とする。

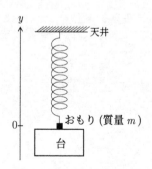

図 1-1

(1) 　最初，おもりと台は静止しており，ばねの長さは自然長となっていた。次に，台を下方に向かって等加速度運動させる。ただし，その加速度の大きさ a は 0 ではないがじゅうぶんに小さいとする。このとき，まず，おもりは台とともにゆっくりと下降する。その後，おもりは台から離れて単振動するが，その振幅は a を小さくすればするほど小さくなり，ついには単振動することが観測できなくなる。この場合，おもりは台から離れると，その位置で静止するとみなすことができる。さらに a を小さくしても，台から離れた後のおもりの状況は変わらない。以下この**小問 (1)** では，このような場合を考える。

　おもりが台から離れるとき，おもりの y 座標は　(ア)　である。台が最初の位置から下降し始めておもりが離れるまでの間の，おもりの位置エネルギー（ばねの弾性力および重力によるものの和）の変化は　(イ)　である。また，この間に台に対しておもりがした仕事は　(ウ)　である。

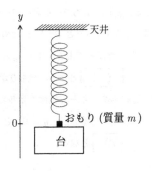

図 1-1　(再掲)

(ア) の解答群

⓪ 0　　　① $-\dfrac{mgk}{2}$　　　② $-mgk$　　　③ $-\dfrac{mg}{2k}$

④ $-\dfrac{mg}{k}$　　　⑤ $-\dfrac{k}{mg}$

(イ), (ウ) の解答群

⓪ 0　　　　① $\dfrac{mg}{2k^2}$　　　② $\dfrac{(mg)^2}{2k}$　　　③ $-\dfrac{mg}{k^2}$

④ $-\dfrac{(mg)^2}{k}$　　　⑤ $-\dfrac{(mg)^2}{2k}$

(2)　再びおもりを台にのせ，ばねの長さが自然長になる位置でおもりと台を静止させる。そして，台を下方に向かって等加速度運動させる。その加速度の大きさ a が $a_c =$ 　**(エ)**　以上であれば，台が等加速度運動を開始した瞬間におもりは台から離れ，その後，おもりは単振動をする。以下，そのような場合を考える。

おもりが台を離れた瞬間を時刻 $t = 0$ とすると，その後の時刻 t におけるおもりの位置 $y(t)$ は

$$y(t) = y_0 + A\cos(\omega t + \alpha)$$

と書くことができる。y_0 は，おもりの振動の中心の位置の y 座標であり，また，A は単振動の振幅である（$A > 0$ とする）。ω は角振動数，α は初期位相である。これらを，k, m, g などを使って書き表すと $y_0 =$ 　**(オ)**　，$A =$ 　**(カ)**　，$\omega =$ 　**(キ)**　，$\alpha =$ 　**(ク)**　となる。おもりが単振動をしているとき，力学的エネルギー E（運動エネルギーと位置エネルギーの和）は一定に保たれる。位置エネルギーの基準点を座標原点（$y = 0$）とすると，おもりの力学的エネルギーの値は $E =$ 　**(ケ)**　となる。

(エ) の解答群

⓪ 0　　　① $\dfrac{g}{4}$　　　② $\dfrac{g}{2}$　　　③ $\dfrac{\sqrt{2}g}{2}$　　④ g　　　⑤ $2g$

(オ), (カ) の解答群

⓪ 0　　　① $\dfrac{mg}{k}$　　② $\dfrac{k}{mg}$　　③ $-\dfrac{mg}{2k}$　　④ $-\dfrac{mg}{k}$　　⑤ $-\dfrac{k}{2mg}$

(キ) の解答群

⓪ 0　　　① $\dfrac{k}{m}$　　② $\dfrac{k}{2m}$　　③ $\dfrac{m}{k}$　　④ $\sqrt{\dfrac{k}{m}}$　　⑤ $\sqrt{\dfrac{m}{k}}$

(ク) の解答群

⓪ 0　　① $\dfrac{\pi}{6}$　　② $\dfrac{\pi}{4}$　　③ $\dfrac{\pi}{3}$　　④ $\dfrac{\pi}{2}$　　⑤ $\dfrac{2\pi}{3}$

(ケ) の解答群

⓪ 0　　① $\dfrac{mg}{k^2}$　　② $\dfrac{mg}{2k^2}$　　③ $\dfrac{(mg)^2}{k}$　　④ $-\dfrac{mg}{k^2}$　　⑤ $-\dfrac{(mg)^2}{k}$

(3) 再度，おもりを台にのせ，ばねが自然長になる位置で静止させる。そして，台を下方に向かって等加速度運動させる。ただし，その加速度の大きさは $a < a_c$ であるとする。このとき，最初，おもりは台と共に下降し，その後，台から離れる。おもりが台とともに下降する間，おもりが位置 y にあるとき，おもりが台から受ける垂直抗力の y 成分 N は，$N =$ **(コ)** と書くことができる。おもりが台から離れる位置は **(サ)** である。おもりが下降しはじめてから，台を離れるまでに要する時間は **(シ)** である。おもりが台から離れた瞬間の速度の y 成分は **(ス)** である。おもりが最初の位置から下降し始めて台から離れるまでの間，垂直抗力がおもりに対してした仕事は **(セ)** である。おもりは台から離れた後，単振動し，このときのおもりの力学的エネルギーの値は **(セ)** に一致する。おもりが単振動する範囲の両端の座標は，おもりの位置エネルギーが力学的エネルギーに等しくなることから求めることができる。これより単振動の振幅を求めると，**(ソ)** が得られる。また，おもりが振動の中心の位置にあるとき，おもりの速さは **(タ)** である。

(コ) の解答群

⓪ 0　　　　　　　① $ma + ky$　　　　　② $ma - ky$

③ $m(g - a) + ky$　　④ $m(g - a) - ky$　　⑤ $m(g + \sqrt{2}a) - ky$

(サ) の解答群

⓪ 0　　　　　　　　① $-\dfrac{m(g - a)}{k}$　　　② $-\dfrac{m(g + a)}{k}$

③ $-\dfrac{m(2g - a)}{k}$　④ $-\dfrac{m\sqrt{a(g - a)}}{k}$　⑤ $-\dfrac{m\sqrt{a(2g - a)}}{k}$

(シ) の解答群

⓪ 0
　　① $\sqrt{\dfrac{m(g+a)}{gk}}$
　　② $\sqrt{\dfrac{2m(g-a)}{gk}}$

③ $\sqrt{\dfrac{m(g-a)}{ak}}$
　　④ $\sqrt{\dfrac{m(g+a)}{2ak}}$
　　⑤ $\sqrt{\dfrac{2m(g-a)}{ak}}$

(ス) の解答群

⓪ 0
　　① $-\sqrt{\dfrac{2m}{k}}(g-a)$
　　② $-\sqrt{\dfrac{2m}{k}}(g+a)$

③ $-\sqrt{\dfrac{m}{k}}(2g+a)$
　　④ $-\sqrt{\dfrac{2ma(g-a)}{k}}$
　　⑤ $-\sqrt{\dfrac{ma(2g-a)}{k}}$

(セ) の解答群

⓪ 0
　　① $\dfrac{m^2(g+a)^2}{k}$
　　② $\dfrac{m^2(g-a)^2}{k}$

③ $-\dfrac{m^2(g+a)^2}{2k}$
　　④ $-\dfrac{m^2(g-a)^2}{k}$
　　⑤ $-\dfrac{m^2(g-a)^2}{2k}$

(ソ) の解答群

⓪ 0
　　① $\dfrac{m(g-a)}{k}$
　　② $\dfrac{m(g+a)}{k}$

③ $\dfrac{m(g+a)}{2k}$
　　④ $\dfrac{m\sqrt{a(2g-a)}}{k}$
　　⑤ $\dfrac{m\sqrt{a(g+a)}}{2k}$

(タ) の解答群

⓪ 0
　　① $\sqrt{\dfrac{2m}{k}}(g-a)$
　　② $\sqrt{\dfrac{m}{k}}(2g+a)$

③ $\sqrt{\dfrac{2ma(g+a)}{k}}$
　　④ $\sqrt{\dfrac{ma(2g-a)}{k}}$
　　⑤ $\sqrt{\dfrac{ma(2g+a)}{k}}$

(4) 　小問 **(2)** と小問 **(3)** の結果から，単振動するおもりの位置 y がとりうる値の範囲を，色々な a の値に対して図示してみよう。小問 **(3)** でみたように，振幅は a の値によって変化する。単振動の上端と下端の y 座標をあらわす曲線を a–y 平面上に描き，単振動の運動領域を縦線で示すと　(チ)　のようになる。

(チ) の解答群

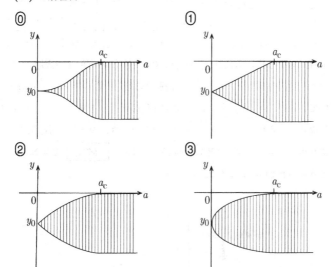

2　　次の問題の　　　　　　の中に入れるべき最も適当なものをそれぞれの**解答群**の中から選び，その番号を**解答用マークシート**の指定された欄にマークしなさい。（　　　　は既出のものを表す。同じ番号を何回用いてもよい。）　　　（30 点）

以下では，長さ，質量，時間，電流の単位をそれぞれ m, kg, s, A とし，その他の物理量に対してはこれらを組み合わせた単位を使用する。例えば，電荷の単位は C = A·s と表すことができる。また，角度の単位はラジアンを用いる。

荷電粒子の磁場（磁界）や電場（電界）の中での加速度運動を考えよう。はじめ，**図 2-1** のように，原点 O にいる質量 m，電気量 q（$q>0$ とする）の荷電粒子 P が xz 平面内で x 軸からの角度 θ の向きで速さ v で打ち出された。ただし，$0<\theta<\dfrac{\pi}{2}$ とし，重力の影響は無視できるものとする。

(1)　電場はなく，z 軸の負の向きの一様な磁場中（磁束密度の大きさ B）を運動する場合を考えてみよう。時刻 $t=0$ で，原点 O にいる質量 m，電気量 q をもつ荷電粒子 P が y 軸に垂直で x 軸からの角度 θ の向きで速さ v で動いているとき，荷電粒子 P の速度の x 成分，y 成分，z 成分は，それぞれ　**(ア)**，

(イ) , **(ウ)** となる。このとき, 荷電粒子 P にはたらくローレンツ力の x 成分, y 成分, z 成分は, それぞれ **(エ)** , **(オ)** , **(カ)** となる。ローレンツ力は, 荷電粒子の速度と磁場に対して垂直に働くため, $x > 0$ の領域では, 荷電粒子 P の軌道は, 磁場に垂直な面（xy 平面）に射影すると, 半円を描く。半円の半径を r とし, この円運動の運動方程式を r, m, v, q, B や θ を用いて書くと, **(キ)** となる。この半円の半径 r を求めると, $r =$ **(ク)** となる。荷電粒子 P が yz 平面に到達したとき, つまり, 荷電粒子 P の x 座標が再び $x = 0$ となるときの時刻 T_1 は, $T_1 =$ **(ケ)** となる。また, このときの y 座標は $2r$ である。

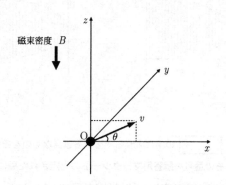

図 2-1

(ア), (イ), (ウ) の解答群

⓪ 0 　　　　① v 　　　　② $v\cos\theta$ 　　　　③ $v\sin\theta$ 　　　　④ $v\tan\theta$

⑤ $-v$ 　　　　⑥ $-v\cos\theta$ 　　　　⑦ $-v\sin\theta$ 　　　　⑧ $-v\tan\theta$

(エ), (オ), (カ) の解答群

⓪ 0 　　　　① qvB 　　　　② $qvB\sin\theta$ 　　　　③ $qvB\cos\theta$

④ $qvB\tan\theta$ 　　　　⑤ $-qvB$ 　　　　⑥ $-qvB\sin\theta$ 　　　　⑦ $-qvB\cos\theta$

⑧ $-qvB\tan\theta$

(キ) の解答群

⓪ $m\dfrac{v^2}{r} = qvB$　　　　　　　① $m\dfrac{(v\cos\theta)^2}{r} = qvB\cos\theta$

② $m\dfrac{(v\sin\theta)^2}{r} = qvB\sin\theta$　　　③ $m\dfrac{v^2}{r} = qvB\cos\theta$

(ク) の解答群

⓪ $\dfrac{mv}{qB}$　　① $\dfrac{mv\sin\theta}{qB}$　　② $\dfrac{mv\cos\theta}{qB}$　　③ $\dfrac{mv\tan\theta}{qB}$

④ $\dfrac{mv}{2qB}$　　⑤ $\dfrac{mv\sin\theta}{2qB}$　　⑥ $\dfrac{mv\cos\theta}{2qB}$　　⑦ $\dfrac{mv\tan\theta}{2qB}$

(ケ) の解答群

⓪ $\dfrac{m}{qB}$　　① $\dfrac{\pi m}{qB}$　　② $\dfrac{2m}{qB}$　　③ $\dfrac{2\pi m}{qB}$

④ $\dfrac{m}{2qB}$　　⑤ $\dfrac{\pi m}{2qB}$

(2)　　次に，磁場中を運動する荷電粒子を電場により加速させることを考えてみよう。**図 2-2** のように，$-d < x < 0$ の領域では磁場はない。この磁場のない領域で，大きさ E の電場を加えて，粒子を加速させる。具体的には，$y \leqq r$ の領域では x 軸の正の向きに，$y > r$ の領域では x 軸の負の向きに電場を加える。ここで，r は**小問 (1)** で求めた半円の半径である。領域 $-d < x < 0$ では，電場の x 成分は y 座標のみに依存し，それを $E_x(y)$ とすれば，

$$E_x(y) = \begin{cases} -E & (y > r) \\ E & (y \leqq r) \end{cases}$$

となる。電場の y 成分 E_y と z 成分 E_z は，$E_y = E_z = 0$ を満たす。ここで，$-d < x < 0$ の領域以外では電場はないとする。**小問 (1)** と同様に，時刻 $t = 0$ で原点 O にいる質量 m，電気量 q をもつ荷電粒子 P が xz 平面内で x 軸からの角度 θ の向きで速さ v で打ち出された。

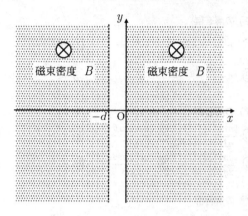

図 2-2　点描で影をつけた $x < -d$ と $x > 0$ の領域には磁場があり，
その間の $-d < x < 0$ の領域には電場がある。

　小問 (1) で求めたように，荷電粒子 P の x 座標が再び $x = 0$ となるときの時刻は，T_1 である。このときの速度の x 成分は，　**(コ)**　である。yz 平面を横切った後，荷電粒子 P は領域 $-d < x < 0$ で等加速度運動を行い，$x < -d$ の領域に入る。このとき（荷電粒子 P の x 座標が $x = -d$ となったとき）の時刻を t_1 とすると，$t_1 = \dfrac{m}{qE} \times \left(\boxed{\text{(サ)}} \right) + T_1$ となる。

　その後，荷電粒子 P は領域 $x < -d$ で xy 平面内で等速円運動，z 軸方向には等速度運動をする。領域 $x < -d$ に入った後，xy 平面内で等速円運動を行い，再び x 座標が $x = -d$ となる。このときの時刻 T_2 は $T_2 = \boxed{\text{(シ)}} + t_1$ である。このときの速度の x 成分は，$\boxed{\text{(ス)}}$ となる。また，このときの荷電粒子 P の位置の y 成分は，$\dfrac{2m}{qB} \times \left(\boxed{\text{(セ)}} \right)$ となる。そして，このときの z 成分を T_1 または T_2 を用いて書くと，$\boxed{\text{(ソ)}}$ となる。その後，領域 $-d < x < 0$ で等加速度運動を行い，荷電粒子 P は加速される。このようにして，荷電粒子は，磁場中で，速度の z 成分を一定に保ちながら，xy 平面に関しては等速円運動を行い，電場のみのある領域で等加速度運動をする。

(コ) の解答群

⓪ 0　　　　　　① $v\cos\theta$　　　　② $v\sin\theta$　　　　③ $-v\cos\theta$

④ $-v\sin\theta$　　⑤ $2v\cos\theta$　　⑥ $2v\sin\theta$　　⑦ $-2v\cos\theta$

⑧ $-2v\sin\theta$

(サ) の解答群

⓪ $v\cos\theta$　　　　　　　　① $v\cos\theta - \sqrt{v^2\cos^2\theta - 2qEd/m}$

② $\sqrt{v^2\cos^2\theta + 2qEd/m}$　　③ $-v\cos\theta + \sqrt{v^2\cos^2\theta + 2qEd/m}$

(シ) の解答群

⓪ $\dfrac{m}{qB}$　　　　　① $\dfrac{\pi m}{qB}$　　　　　② $\dfrac{2m}{qB}$

③ $\dfrac{2\pi m}{qB}$　　　　④ $\dfrac{m}{2qB}$　　　　⑤ $\dfrac{\pi m}{2qB}$

(ス) の解答群

⓪ 0　　　　　① $\sqrt{v^2\cos^2\theta + \dfrac{qEd}{m}}$　② $\sqrt{v^2\cos^2\theta + \dfrac{2qEd}{m}}$

③ $v\cos\theta$　　④ $v\sin\theta$　　　　⑤ $\sqrt{v^2\sin^2\theta + \dfrac{qEd}{m}}$

⑥ $\sqrt{v^2\sin^2\theta + \dfrac{2qEd}{m}}$

(セ) の解答群

⓪ $v\cos\theta$　　　　　　　　① $v\cos\theta + \sqrt{v^2\cos^2\theta + \dfrac{2qEd}{m}}$

② $\sqrt{v^2\cos^2\theta + \dfrac{2qEd}{m}}$　　③ $v\cos\theta - \sqrt{v^2\cos^2\theta + \dfrac{2qEd}{m}}$

(ソ) の解答群

⓪ 0　　　　① $vT_1\sin\theta$　　② $vT_1\cos\theta$　　③ $vT_2\sin\theta$

④ $vT_2\cos\theta$

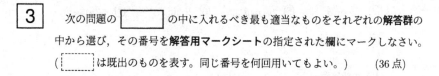

3　　次の問題の ☐ の中に入れるべき最も適当なものをそれぞれの**解答群**の
中から選び，その番号を**解答用マークシート**の指定された欄にマークしなさい。
(☐ は既出のものを表す。同じ番号を何回用いてもよい。) 　　　　(36 点)

以下では，圧力 P，体積 V，および温度 T の単位を，それぞれ $Pa = N/m^2$，
m^3，K とする。また，仕事や熱量などのエネルギーの単位は J を用いる。物
質量の単位を mol，気体定数を R（単位は $J/(K \cdot mol)$）とする。

本問では，内部の気体の温度を一定に保ったり，断熱したりすることができる，
体積可変な容器内に封入された，1 mol の単原子分子理想気体（以下では単に気
体と呼ぶ）について考える。ある状態 X で，この気体の圧力，体積，温度の値を，
それぞれ P_X，V_X，T_X のように書く。また，状態 X から状態 Y への過程 X → Y
で，この気体が外部（容器など気体以外のものすべて）から受けとる仕事と熱量
をそれぞれ，$W_{X \to Y}$ と $Q_{X \to Y}$，のように書く。W や Q が負であれば，その過程
で気体が正の仕事や熱量を，外部に与えることを表す。たとえば，過程 X → Y
で，$Q_{X \to Y} < 0$ であるなら，気体が $-Q_{X \to Y}$ という正の熱量を放出することを
意味する。

気体の状態変化は，気体内に温度差や圧力差が生じないようにおこなわれ，体
積を変化させるときに摩擦はないとする。単原子分子理想気体の定積モル比熱と
定圧モル比熱がそれぞれ，$C_V = \dfrac{3R}{2}$ と $C_P = \dfrac{5R}{2}$ であること，および，理想気
体が断熱変化するとき，$\gamma = \dfrac{C_P}{C_V}$ として，PV^γ が一定という関係が成り立つこ
とを用いてよい。

(1)　最初にこの気体が，**図 3-1** に示した状態 A にあり，体積は V_A，圧力は P_A
であったとする。状態 A での温度は $T_A = $ ☐(ア)☐ である。

状態 A から，気体の温度を T_A に保ったまま，その体積を減少させて，αV_A
とした。ただし，α は $0 < \alpha < 1$ を満たすある係数である。この状態を B とす
る。状態 B での気体の圧力は $P_B = $ ☐(イ)☐ $\times P_A$ である。また，過程 A →
B で気体が外部とやりとりした仕事と熱については，☐(ウ)☐ という関係が
成り立つ。

状態 B から，圧力を P_B のまま一定にして，気体の体積を元の状態 A と同

じ V_A にした状態を C とする。過程 B → C で気体は $\boxed{(\textbf{エ})}$ した。状態 C から，体積を V_A に保って，気体が $\boxed{(\textbf{オ})}$ すると，状態 A に戻った。

ここまでの過程 A → B → C → A で，気体が外部に与えた正味の仕事を，$W_{A \to B}$，および各過程で気体が受けとった熱量を用いて表すと，$\boxed{(\textbf{カ})}$ － $W_{A \to B}$ となり，その大きさは，**図 3-1** のグラフ上での直角三角形 ABC の面積よりも $\boxed{(\textbf{キ})}$。

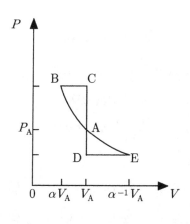

図 3-1

(ア) の解答群

⓪ $\dfrac{2RP_A}{V_A}$　　① $\dfrac{R}{P_A V_A}$　　② $\dfrac{P_A}{2RV_A}$　　③ $\dfrac{V_A}{RP_A}$　　④ $\dfrac{P_A V_A}{R}$

(イ) の解答群

⓪ α　　　① α^2　　　② $\dfrac{1}{\alpha}$　　　③ $\dfrac{1}{\alpha^2}$　　　④ 1

(ウ) の解答群

⓪ $W_{A \to B} = Q_{A \to B}$　　　　　　① $W_{A \to B} = -Q_{A \to B}$

② $W_{A \to B} = 0$　　　　　　　　　③ $Q_{A \to B} = 0$

(エ) の解答群

⓪ 熱量 $Q_{B \to C} = \dfrac{3(1-\alpha)}{2\alpha}RT_A$ を吸収

① 熱量 $-Q_{B \to C} = \dfrac{3(1-\alpha)}{2\alpha}RT_A$ を放出

② 熱量 $Q_{B \to C} = \dfrac{5(1-\alpha)}{2\alpha}RT_A$ を吸収

③ 熱量 $-Q_{B \to C} = \dfrac{5(1-\alpha)}{2\alpha}RT_A$ を放出

(オ) の解答群

⓪ 熱量 $Q_{C \to A} = \dfrac{3(1-\alpha)}{2\alpha}RT_A$ を吸収

① 熱量 $-Q_{C \to A} = \dfrac{3(1-\alpha)}{2\alpha}RT_A$ を放出

② 熱量 $Q_{C \to A} = \dfrac{5(1-\alpha)}{2\alpha}RT_A$ を吸収

③ 熱量 $-Q_{C \to A} = \dfrac{5(1-\alpha)}{2\alpha}RT_A$ を放出

(カ) の解答群

⓪ $Q_{A \to B} + Q_{B \to C}$　　① $Q_{B \to C} + Q_{C \to A}$　　② $Q_{A \to B} + Q_{C \to A}$

③ $Q_{A \to B} - Q_{B \to C}$　　④ $Q_{B \to C} - Q_{C \to A}$　　⑤ $Q_{A \to B} - Q_{C \to A}$

(キ) の解答群

⓪ 大きい　　　　　　　　　　　① 小さい

次に**図 3-1** の状態 A から，気体の体積を V_A に保ったまま，圧力をさらに P_D まで下げた。（$P_D < P_A$ とする。）この状態を D とする。

状態 D から，圧力を一定にして気体の体積を $\dfrac{V_A}{\alpha}$ まで増加させると，気体の温度が T_A と等しくなった。この状態を E とする。状態 E での圧力は，$P_E = \boxed{\text{(ク)}} \times P_A$ である。状態 E から，温度を T_A に保ったまま，体積を V_A に減少させると，状態 A に戻った。

過程 A → D → E → A で，気体が外部から受けとった正味の仕事は，$\boxed{\text{(ケ)}} \times P_A V_A + W_{E \to A}$ で，その大きさは，**図 3-1** のグラフ上での直角三角形 ADE の面積よりも $\boxed{\text{(コ)}}$ 。

　図 3-1 のグラフ上で，経路 E → A の曲線は，体積（横軸）の値を α 倍し，圧力（縦軸）の値を (イ) 倍することにより，経路 A → B の曲線に重ね合わせることができる。このことから，直角三角形 ABC と直角三角形 ADE が等しい面積をもつことがわかる。また，曲線 A → B と曲線 E → A の下の面積を考えると，$W_{A \to B} = W_{E \to A}$ であることがわかる。以上から，全過程 A → B → C → A → D → E → A で，気体は正味で正の仕事を　(サ)　のであり，その仕事の大きさは　(シ)　$\times P_A V_A - 2W_{A \to B}$ に等しい。

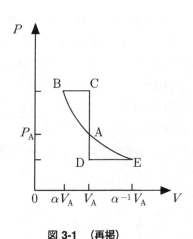

図 3-1　（再掲）

(ク) の解答群

⓪ α　　　　① α^2　　　　② $\dfrac{1}{\alpha}$　　　　③ $\dfrac{1}{\alpha^2}$　　　　④ 1

(ケ) の解答群

⓪ $\dfrac{1-\alpha}{\alpha}$　　　　① $(1-\alpha)$　　　　② $\dfrac{\alpha-1}{\alpha}$　　　　③ $(\alpha-1)$

(コ) の解答群

⓪ 大きい　　　　　　　　　① 小さい

(サ) の解答群

⓪ 外部に与えた　　　　　　　　① 外部から受けとった

(シ) の解答群

⓪ $\dfrac{3(1-\alpha^2)}{2\alpha}$　　　① $\dfrac{1-\alpha^2}{2\alpha}$　　　② $\dfrac{1-\alpha^2}{\alpha}$

③ $\dfrac{3(1-\alpha)}{2\alpha^2}$　　　④ $\dfrac{1-\alpha}{2\alpha^2}$　　　⑤ $\dfrac{1-\alpha}{\alpha^2}$

(2)　前の**小問 (1)** と同じ状態 A から出発し，気体を断熱して，その体積を αV_A まで減少させた。ここで，α は，**小問 (1)** の α と同じ係数である。（以下，**図 3-2** を参照。）この状態を B′ とする。状態 B′ での気体の圧力は $P_{B'} = \boxed{\text{(ス)}}$ $\times P_A$ である。この過程 A→B′ で気体が外部から受けとった仕事は，内部エネルギーの増加に等しいことから，$W_{A \to B'} = \boxed{\text{(セ)}} \times P_A V_A$ となる。

　状態 B′ から，気体の圧力を一定にして体積を V_A まで増加させた状態を C′ とする。状態 C′ から，体積を V_A に保ち，圧力を P_A まで下げて，状態 A に戻した。

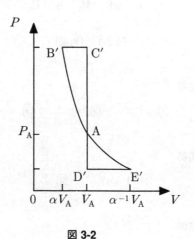

図 3-2

(ス) の解答群

⓪ α　　　① $\alpha^{\frac{2}{3}}$　　　② $\alpha^{\frac{3}{2}}$　　　③ $\alpha^{\frac{5}{3}}$　　　④ $\alpha^{\frac{3}{5}}$

⑤ α^{-1}　　　⑥ $\alpha^{-\frac{2}{3}}$　　　⑦ $\alpha^{-\frac{3}{2}}$　　　⑧ $\alpha^{-\frac{5}{3}}$　　　⑨ $\alpha^{-\frac{3}{5}}$

(セ)　の解答群

⓪ $\frac{3}{2}\left(\alpha^{\frac{2}{3}}-1\right)$　　　① $\frac{2}{3}\left(\alpha^{\frac{3}{2}}-1\right)$　　　② $\frac{3}{2}\left(\alpha^{-\frac{2}{3}}-1\right)$

③ $\frac{2}{3}\left(\alpha^{-\frac{3}{2}}-1\right)$　　　④ $\frac{3}{2}\left(\alpha^{-\frac{2}{3}}+1\right)$　　　⑤ $\frac{2}{3}\left(\alpha^{-\frac{3}{2}}+1\right)$

　続いて，状態 A から，気体の体積を V_A に保って，圧力を $P_{D'}$ に下げた。（$P_{D'} < P_A$ とする。）この状態 D' から，気体の圧力を一定に保ち，体積を $\frac{V_A}{\alpha}$ に増加させると，状態 E' に至った。状態 E' からは，断熱変化によって状態 A に戻ることができた。このことから，状態 D' での圧力は，$P_{D'} = \boxed{(ソ)} \times P_A$ と定められる。

　図 3-2 のグラフ上で，経路 E' → A の曲線は，体積（横軸）を α 倍し，圧力（縦軸）を $\boxed{(ス)}$ 倍することにより，経路 A → B' の曲線に重ね合わせることができる。このことから，直角三角形 AB'C' の面積は直角三角形 AD'E' の面積の $\boxed{(タ)}$ 倍であり，曲線 A → B' と曲線 E' → A の下の面積を考えると，$W_{A \to B'} = \boxed{(タ)} \times W_{E' \to A}$ であることがわかる。$-W_{A \to B'} - W_{B' \to C'}$ と直角三角形 AB'C' の面積の比較，および，$W_{D' \to E'} + W_{E' \to A}$ と直角三角形 AD'E' の面積の比較によって，全過程を通じて気体は正味で正の仕事を $\boxed{(チ)}$ ことがわかる。その $\boxed{(チ)}$ 仕事の大きさは，$\left\{\boxed{(ツ)}\right\} \times P_A V_A$ のように求められる。

(ソ)，(タ)　の解答群

⓪ α　　　① $\alpha^{\frac{2}{3}}$　　　② $\alpha^{\frac{3}{2}}$　　　③ $\alpha^{\frac{5}{3}}$　　　④ $\alpha^{\frac{3}{5}}$

⑤ $\frac{1}{\alpha}$　　　⑥ $\alpha^{-\frac{2}{3}}$　　　⑦ $\alpha^{-\frac{3}{2}}$　　　⑧ $\alpha^{-\frac{5}{3}}$　　　⑨ $\alpha^{-\frac{3}{5}}$

(チ) の解答群

⓪ 外部に与えた　　　　　　　① 外部から受けとった

(ツ) の解答群

⓪ $\left(\alpha^{-\frac{5}{3}} - \alpha^{\frac{5}{3}}\right) + \frac{5}{2}\left(\alpha^{-\frac{2}{3}} - \alpha^{\frac{2}{3}}\right)$

① $\left(\alpha^{-\frac{5}{3}} - \alpha^{\frac{5}{3}}\right) - \frac{5}{2}\left(\alpha^{-\frac{2}{3}} - \alpha^{\frac{2}{3}}\right)$

② $\left(\alpha^{-\frac{5}{3}} - \alpha^{\frac{5}{3}}\right) + \frac{3}{2}\left(\alpha^{-\frac{2}{3}} - \alpha^{\frac{2}{3}}\right)$

③ $\left(\alpha^{-\frac{5}{3}} - \alpha^{\frac{5}{3}}\right) - \frac{3}{2}\left(\alpha^{-\frac{2}{3}} - \alpha^{\frac{2}{3}}\right)$

④ $\frac{3}{2}\left(\alpha^{-\frac{5}{3}} - \alpha^{\frac{5}{3}}\right) + \left(\alpha^{-\frac{2}{3}} - \alpha^{\frac{2}{3}}\right)$

⑤ $\frac{3}{2}\left(\alpha^{-\frac{5}{3}} - \alpha^{\frac{5}{3}}\right) - \left(\alpha^{-\frac{2}{3}} - \alpha^{\frac{2}{3}}\right)$

化学

(80 分)

　各設問の計算に必要ならば，下記の数値を用いなさい．

原子量：H 1.0, C 12.0, N 14.0, O 16.0, Al 27.0, Fe 55.9

ファラデー定数：9.65×10^4 C/mol

アボガドロ定数：6.02×10^{23}/mol

気体定数：8.31×10^3 Pa·L/(K·mol)

標準状態における理想気体のモル体積：22.4 L/mol

　特段の記述がない限り，気体はすべて理想気体としてふるまうものとする．

1　次の記述の(ア)～(カ)にあてはまる最も適当なものを**A欄**より選び，その番号を**解答用マークシートにマークしなさい**（番号の中の 0 という数字も必ずマークすること）。なお，(ア)，(ウ)，(オ)で選ぶ番号は，それぞれ(イ)，(エ)，(カ)よりも小さいものに，そして(ア)は(ウ)より小さいものにしなさい。必要なら，同一番号を繰り返し用いてよい。また，分数は既約とし，(キ)～(セ)にあてはまる 1 桁の整数を**解答用マークシートにマークしなさい**。

(17 点)

　　図は半径 r の球体を平面上に最密となるようにたくさん並べ，そのうち，接しあう 4 つの球体を真上から見下ろしたものである。図中の①－④－⑲－⑯の各点を結ぶ長方形に対し，それを 9 等分にするための補助線を点線(---------)として，そして 4 等分にするための補助線を一点鎖線(-・-・-・-)として示した。太い実線で示した四角形②－④－⑱－⑯は，4 つの球体の各中心点を繋いだものであり，②－④および②－⑯の長さが同じで，∠④－②－⑯ ＝ 120°が成立する。このとき，点線④－⑦，⑦－⑬，⑬－⑯は同一の長さとなる。

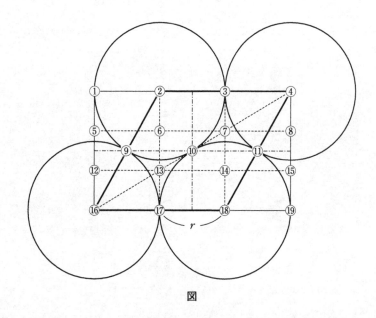

図

マグネシウム Mg の原子配列は六方最密構造をとることが知られている。太い実線で示した四角形②－④－⑱－⑯は六方最密構造の単位格子のひとつの面に相当する。図のように平面上に最密に並べられた球体がそれぞれ Mg 原子の場合，さらにこの上に 2 段目として積み重なる Mg 原子の中心点の位置は，①から⑲までのなかでは ㋐ と ㋑ ，あるいは ㋒ と ㋓ の場合が考えられる。さらに，2 段目の Mg 原子が ㋐ と ㋑ の位置にあるとき，3 段目として積み重なる Mg 原子の中心点の位置は，①から⑲までのなかで最も小さい数字とその次に小さい数字を順に選ぶと ㋔ と ㋕ となる。

このような原子の積み重なりからなる Mg の単位格子中の原子の数は ㋖ 個であり，原子の半径を r としたとき，単位格子の一辺の長さは 2 種類存在し，その一方は四角形②－④－⑱－⑯の辺の長さ $2r$ と求められ，もう一方は，積み重なりの高さから $\dfrac{㋗ \sqrt{㋘}}{㋙} r$ と導かれる。これらより，単位格子の体積は ㋚ $\sqrt{㋛}\, r^3$，単位格子内の Mg の充填率は $\dfrac{\sqrt{㋜}}{㋝} \pi \times 100$〔％〕として求められる。

A　欄

01 ①	02 ②	03 ③	04 ④	05 ⑤
06 ⑥	07 ⑦	08 ⑧	09 ⑨	10 ⑩
11 ⑪	12 ⑫	13 ⑬	14 ⑭	15 ⑮
16 ⑯	17 ⑰	18 ⑱	19 ⑲	

2 　次の記述の(ア)～(オ)にあてはまる数値を求めなさい。解答は有効数字が 2 桁になるように 3 桁目を四捨五入し，次の形式で**解答用マークシート**にマークしなさい。

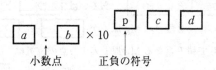

小数点　　　　　正負の符号

指数部分の c と d は 2 桁の整数を表しており，c が 10 の位，d が 1 の位とするが，1 桁の整数となる場合は c に 0 をマークしなさい。例えば，答えが 5.4×10^{-3} の場合は，$a = 5$，$b = 4$，p $= -$，$c = 0$，$d = 3$ のようにマークしなさい。また，指数 c と d がともに 0 の場合の符号 p には＋をマークしなさい。　（17 点）

なお，必要ならば下記の数値を用いなさい。

　　大気圧：1.01×10^5 Pa

(1)　分子量 86 の液体 A 10 g を内容量 1.0 L のフラスコに入れ，常温・常圧下で小孔をあけたアルミニウム箔でふたをした。これを 370 K の温水に浸し，内部の液体が完全に見えなくなるまで加熱を続け，フラスコ内を A の蒸気のみで満たした。その後，放冷させて室温に戻し，フラスコ内の A を再び液化したところ，生じた液体 A の質量は　(ア)　g と計算される。なお，室温における液体 A の蒸気圧は無視することができ，フラスコの体積は変化しないものとする。

(2)　濃度がともに 1.0×10^{-2} mol/L である塩化ナトリウム (NaCl)，クロム酸カリウム (K_2CrO_4) 水溶液のそれぞれに，硝酸銀 ($AgNO_3$) 水溶液を少しずつ滴下していく。このとき，塩化銀 (AgCl) およびクロム酸銀 (Ag_2CrO_4) の沈殿が生じ始める Ag^+ の濃度は，それぞれ　(イ)　mol/L，　(ウ)　mol/L である。ただし，塩化銀およびクロム酸銀の溶解度積は，それぞれ 1.8×10^{-10} $(mol/L)^2$，4.0×10^{-12} $(mol/L)^3$ とし，硝酸銀水溶液の滴下による塩化ナトリ

ウム，クロム酸カリウムの濃度変化は無視できるものとする。なお，一連の操作を通じて温度は一定とする。

⑶　ステアリン酸は脂肪酸の一種であり，水面上に分子一層からなる単分子膜を作る。ステアリン酸をヘキサン中に濃度 8.0×10^{-4} mol/L となるよう溶解させた溶液 0.15 mL を水面に滴下して静置したところ，ヘキサンが蒸発してすべてのステアリン酸分子が水面上で隙間なく並び，単分子膜を形成した。このとき単分子膜を形成しているステアリン酸分子は，　(エ)　mol である。また，この単分子膜の面積が 1.5×10^2 cm² であったとき，水面上でステアリン酸 1 分子が占める面積は　(オ)　cm² と計算される。

3　次の記述の(i)〜(v)にあてはまる数値を有効数字が 3 桁になるように 4 桁目を四捨五入して求め，次の形式で**解答用マークシートにマーク**しなさい。指数 d が 0 の場合の符号 p には**＋**をマークしなさい。　　　　　(16 点)

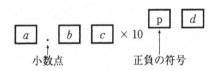

なお，必要に応じて計算には下記の値を用いなさい。
25℃ における水のイオン積 ＝ 1.0×10^{-14} (mol/L)²
$\log_{10} 1.05 = 0.0212$, $\log_{10} 1.10 = 0.0414$, $\log_{10} 1.20 = 0.0792$,
$\log_{10} 1.30 = 0.114$, $\log_{10} 2.00 = 0.301$
$\sqrt{4.01} = 2.00$

⑴　25℃ において塩酸を水で希釈して希塩酸とした場合，この希塩酸は完全に電離しているとみなすことができる。この場合，1.00×10^{-2} mol/L の希塩酸の pH は塩化水素の電離によって生じた水素イオン濃度から　(i)　と求め

ることができる。一方，1.00×10^{-8} mol/L の希塩酸の場合には，水の電離に
よって生じる水素イオンも無視できなくなる。このとき，水の電離を考慮して
求めた pH は 　(ii)　 となる。

(2) あるカルボン酸(RCOOH)を水に溶かすと以下のように電離平衡が生じる。

$$RCOOH \rightleftharpoons RCOO^- + H^+$$

　25℃ においてこのカルボン酸の 1.00×10^{-1} mol/L の水溶液における電離
度 α は 1 に比べて非常に小さく 0.0100 である。このとき，$1 - \alpha \fallingdotseq 1$ に近似
できるとして計算すると，この水溶液におけるカルボン酸の酸解離定数 K_a は
　(iii)　 mol/L，pH は 　(iv)　 となる。

　このカルボン酸水溶液を水で 100 倍に薄めたときには，25℃ におけるカル
ボン酸の α は 1 に比べて非常に小さいとみなせなくなる。つまり，$1 - \alpha \fallingdotseq 1$
に近似できなくなる。このときのカルボン酸の α は希釈前に求めた
$K_a =$ 　(iii)　 mol/L の値を用いて計算すると 　(v)　 と算出される。な
お，このカルボン酸は完全に水に溶解し，二量体は形成しないものとする。ま
た，水の電離によって生じる水素イオンの影響は無視できるものとする。

4 次の記述の(ア)〜(ウ)にあてはまる最も適当なものを**A欄**から，(エ)〜(キ)にあてはまる最も適当なものを**B欄**から選び，その番号を**解答用マークシート**にマークしなさい。また，(ⅰ)〜(ⅳ)にあてはまる数値を有効数字が 3 桁になるように 4 桁目を四捨五入して求め，次の形式で**解答用マークシート**にマークしなさい。指数 d が 0 の場合の符号 p には＋をマークしなさい。 (17 点)

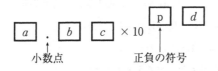

小数点　　　　　　　　正負の符号

(1) アルミニウムは，工業的には 　(ア)　 から酸化アルミニウム(Al_2O_3)をつくり，これを 　(イ)　 電極で 　(ウ)　 を加えて溶融塩電解することでつくられる。ここでは， 　(ア)　 が $Al_2O_3 \cdot 3H_2O$ と $Al_2O_3 \cdot H_2O$ および Fe_2O_3 のみからなるものとする。1200 g の 　(ア)　 を水酸化ナトリウム水溶液中で加熱すると，$Al_2O_3 \cdot 3H_2O$ と $Al_2O_3 \cdot H_2O$ はすべて溶解したが，Fe_2O_3 は反応せずに沈殿した。このとき，Fe_2O_3 の質量は 180 g であった。得られた水溶液を加熱して Al_2O_3 をつくり， 　(ウ)　 を加えて約 1000 ℃ において溶融塩電解したところ，すべての Al_2O_3 が陰極においてアルミニウムになった。このとき，9.65×10^2 A の電流が 70 分間流れたとすると，陰極では 　(ⅰ)　 g のアルミニウムが得られる。このとき， 　(ア)　 中の $Al_2O_3 \cdot 3H_2O$ の割合は質量パーセントで 　(ⅱ)　 ％ と計算される。なお， 　(ウ)　 は反応に関与せず，また，いっさいの副反応は起こらないものとする。

A 欄

01 アルマイト　　02 ボーキサイト　　03 ゼオライト

04 ソーダ石灰　　05 赤鉄鉱　　06 白　金

07 鉄　　08 炭　素　　09 アルミニウム

10 $Na[Al(OH)_4]$　　11 $AlK(SO_4)_2 \cdot 12H_2O$　　12 Na_3AlF_6

13 $Al_2(SO_4)_3$

⑵ 水素−酸素燃料電池では，触媒を含有する 2 枚の多孔質電極に仕切られた容
器に，電解液として水酸化カリウム水溶液やリン酸水溶液が入れられている。
　　　(エ) 極側には水素が，　(オ) 極側には酸素がそれぞれ一定の割合で
供給される。リン酸形燃料電池では，　(エ) 極側で反応 (カ) が生
じ，　(オ) 極側では反応 (キ) が生じる。水素−酸素燃料電池を実際
に稼働させたところ，単位時間あたりの電気エネルギーである出力が 193 W
で，その電圧は 1.00 V で一定であった。このとき，1 時間燃料電池を稼働さ
せると (iii) mol の水素が反応したことになる。

　なお，$1 \text{ W} = 1 \text{ V·A} = 1 \text{ J/s}$ である。

　水素の燃焼反応を熱化学方程式で表すと次のようになる。

$$H_2(気) + \frac{1}{2}O_2(気) = H_2O(液) + 286 \text{ kJ}$$

　従って，上記の水素−酸素燃料電池において，熱化学方程式から計算される
エネルギーに対して，電気エネルギーに変換された割合は (iv) % とな
る。

B 欄

　1　正　　　　　　　　　　　　　2　負

　3　$H_2 + \frac{1}{2}O_2 \rightarrow H_2O$ 　　　　　4　$O_2 + 4H^+ + 4e^- \rightarrow 2H_2O$

　5　$H_2 + 2OH^- \rightarrow 2H_2O + 2e^-$ 　　6　$O_2 + 2H_2O + 4e^- \rightarrow 4OH^-$

　7　$H_2 \rightarrow 2H^+ + 2e^-$

5　次の記述を読み, (1), (2)の問いに答えなさい。　　　　　　　(17 点)

　化合物 A の成分元素の質量パーセントは炭素が91.3 %, 水素が8.7 % であり, その分子量は92.0である。化合物 A の組成は C □(ア) H □(イ) となる。化合物 A を穏やかに酸化すると化合物 B が生成する。また, 化合物 B をさらに酸化すると化合物 C が生成する。

　化合物 C の一部は二量体を形成し, 凝固点降下によりその割合を求めることができる。いま, 0.610 g の化合物 C をベンゼン100 g に溶かした溶液の凝固点降下度が0.154 K であるとき, この溶液中における化合物 C の見かけの分子量は □(ウ) であり, 化合物 C の二量体と単量体の分子量の中間の値となる。この見かけの分子量から, この溶液中では化合物 C の □(エ) % が二量体を形成していると求められる。なお, ベンゼンのモル凝固点降下を 5.125 K·kg/mol とする。

　化合物 C にある官能基のオルト位にある一つの水素原子をヒドロキシ基で置換した構造の化合物を化合物 D とする。化合物 D を濃硫酸存在下メタノールと反応させると化合物 E が, また, メタノールの代わりに無水酢酸と反応させると化合物 F が生成する。

(1)　□(ア) ～ □(エ) にあてはまる数値を小数点以下第1位を四捨五入して求め, **解答用マークシートにマークしなさい。答えが2桁の場合の百の位には0をマークしなさい。答えが1桁の場合の百の位と十の位には0をマークしなさい。**

(2)　次の記述(a)～(h)について, 正しいときは正を, 誤りのときは**誤**を解答用マークシートにマークしなさい。

(a)　1.00 g の化合物 B が完全燃焼するときに必要な酸素の質量の最小値は, 1.00 g の化合物 C のそれよりも大きい。

(b)　1.00 g の化合物 B が完全燃焼するときに発生する二酸化炭素の質量は,

1.00 g の化合物 C のそれよりも大きい。

⒞　化合物 B は銀鏡反応を示す。

⒟　化合物 C は熱水に溶けて弱塩基性を示す。

⒠　化合物 D の水溶液に塩化鉄(Ⅲ)水溶液を加えると呈色する。

⒡　化合物 E は炭酸水素ナトリウム水溶液に溶解して二酸化炭素を発生する。

⒢　化合物 F の水溶液に塩化鉄(Ⅲ)水溶液を加えると呈色する。

⒣　化合物 E は解熱鎮痛剤に，化合物 F は消炎鎮痛剤に利用される。

6　次の記述の(ア)〜(ス)にあてはまる最も適当なものを **A 欄**より選び，その番号を**解答用マークシート**にマークしなさい（番号の中の **0** という数字も必ずマークすること）。また，(A)にあてはまる数値を有効数字が 3 桁になるように 4 桁目を四捨五入して求め，次の形式で**解答用マークシート**にマークしなさい。指数 d が 0 の場合の符号 p には**＋**をマークしなさい。　　　　　　(16 点)

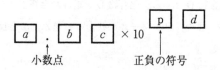

アメリカ人のカロザースは，高分子合成にかかわる 2 つの重要な発明を行っている。1 つ目は 1931 年に発明された　(ア)　ゴムである。　(ア)　ゴムは炭素と水素以外の元素を含む　(ア)　を付加重合させると得られる。このようなジエン系ゴムは多数あり，ブタジエンゴム，　(イ)　などがある。さらに，ジエン系ゴム以外に，オレフィン系ゴムおよびシリコーンゴムなどがあり，オレフィン系ゴムの例としては，炭素と水素以外の元素を含む　(ウ)　やアクリルゴムなどがある。合成ゴムは一般に　(エ)　形の二重結合の割合が高い場合は天然ゴムに近い弾性が得られる。特に，前述した　(イ)　は，ほぼ　(エ)　形の分子で構成されるので，天然ゴムに性質が似る。　(イ)　は強度が高いので，タイヤ，はきもの，免震ゴムなどに利用される。

　カロザースの 2 つ目の発明は，合成繊維である （オ） である。（オ） と似た性質をもつ （カ） は （キ） の開環重合により合成される。（オ） と （カ） は，釣り糸，ラケット，機械部品などに用いられる熱可塑性樹脂である。

　熱可塑性樹脂には，ポリエチレン，ポリプロピレン，ポリ塩化ビニル，（ク），ポリスチレン，（ケ），塩化ビニリデン樹脂，フッ素樹脂などがあり，どれも付加重合によって得られる。特に，これらの中で，接着剤に用いられるのは （ク），プラスチックレンズに用いられるのは （ケ），包装材料や食品用ラップに用いられるのは塩化ビニリデン樹脂である。また，熱可塑性樹脂の （ク） の分子量を浸透圧の測定により求めたところ，4.30×10^4 であった。このとき，平均の重合度は （A） となる。

　高分子化合物には，次のような機能性高分子がある。たとえば，銅板上に （コ） を塗布して光を当てると重合がさらに進んで立体網目構造となり，溶解性が変化することを利用して画像を形成することができる。同様な性質をもった （サ） 高分子はプリント配線，半導体の製造，液晶パネルの製造，金属の表面加工などに応用でき，玩具のスタンプ作製器，歯科の充填剤などにも利用されている。

　一般に，高分子化合物は電気を通さないので絶縁体に用いられる。しかし，日本の白川英樹博士らは （シ） の重合体とヨウ素（I_2）から，金属に近い電気伝導性をもった高分子化合物を作製した。これが （ス） 高分子である。さらに，ポリ（p-フェニレン）も同様の条件より電気伝導性を示すことが知られている。このような （ス） 高分子はエレクトロニクス分野における新材料であり，高性能電池，コンデンサー，表示素子などへの利用が進んでいる。さらに，携帯電話の軽量化にも貢献している。

A 欄

01	クロロプレン	02	1,3-ブタジエン
03	スチレン	04	2-メチルプロペン
05	アクリル酸エステル	06	アクリロニトリル

07　クロロプレンゴム　　　　08　イソプレンゴム

09　ブチルゴム　　　　　　　10　フッ素ゴム

11　シ　ス　　　　　　　　　12　トランス

13　ナイロン 6　　　　　　　14　ナイロン 66

15　ヘキサメチレンジアミン　16　アジピン酸

17　カプロラクタム(ε-カプロラクタム)

18　ポリ酢酸ビニル　　　　　19　メタクリル樹脂

20　導電性　　　　　　　　　21　感光性

22　発光性　　　　　　　　　23　熱硬化性樹脂

24　光硬化性樹脂　　　　　　25　エタン

26　エテン(エチレン)　　　　27　エチン(アセチレン)

28　ポリエチレン　　　　　　29　ポリプロピレン

30　ポリアセチレン　　　　　31　ポリスチレン

32　ポリビニルアルコール　　33　ベークライト

解答編

英語

1 解答

(1)—1　(2)—2　(3)—3　(4)(a)—4　(b)—1

(5)(a)—1　(b)—3　(6)(a)—4　(b)—4　(7)—3

(8)(a)—5　(b)—6　(c)—7　(d)—3　(e)—1　(f)—2　(g)—4

(9)(a)—5　(b)—3　(c)—6　(d)—4　(e)—1　(f)—2

(10)—1　(11)(a)—3　(b)—2　(c)—4　(d)—1　(12)—2　(13)—(B)　(14)—3

◆全　訳◆

≪AI 相手の討論≫

［1］　人工知能（AI）を搭載した機械は，人間との討論で聴衆をうまく説得することができるだろうか？　イスラエルのハイファにある IBM リサーチの研究者たちはそう考えている。

［2］　彼らは，機械が人間とライブで討論を行った実験の結果について述べている。聴衆は聞いたスピーチの質を評価し，自動討論者のパフォーマンスは人間のそれに非常に近いと評価した。このような成果は，いかに AI が人間レベルの言語使用を模倣できるまでになったかを示す顕著な実証である。この研究が発展するにつれて，AI における透明性について，つまり，少なくとも対話の相手が人間なのか機械なのかを人間がわかるように，規制とまではいかなくても，ガイドラインが緊急に必要であることも思い知らされる。AI 討論者は，ある日，ずる賢さを身につけ，監視の必要性をさらに高めるかもしれない。

［3］　IBM の AI システムは Project Debater と呼ばれている。討論の形式は，各陣営の 4 分間の冒頭発言，それに続く一連の応答，そして総括で構成されていた。討論の内容は多岐にわたり，例えば，あるやりとりでは，幼稚園には国から補助金を与えられるべきかどうかというテーマで，AI

が受賞歴のある討論者に立ち向かった。聴衆はその AI の主張を好意的に評価し，他の自動討論システムの主張よりも優れているとした。しかし，Project Debater は，冒頭の発言では人間の対戦相手と互角に渡り合うことができたものの，人間の発言の首尾一貫性や流ちょうさには必ずしも及ばなかった。

［４］　Project Debater は機械学習アルゴリズムであり，これは既存のデータに基づいて学習されるという意味である。それはまず，４億件の新聞記事のデータベースから情報を抽出し，話題のトピックに意味的に関連するテキストを求めて記事を細かく調べ，それらの情報源から関係のある素材を，討論に使える論拠に編集する。テキストマイニングの同じプロセスは，人間の相手の主張に対する反論も生成した。

［５］　このようなシステムは，ディープラーニング（深層学習）と呼ばれる機械学習の型を利用するものだが，言語の解釈や生成において飛躍的に進歩している。そうした中に，カリフォルニア州サンフランシスコに拠点を置く企業 OpenAI が考案した Generative Pretrained Transformer（GPT）と呼ばれる言語モデルがある。GPT-2 は Project Debater に性能で負けたシステムの一つであった。OpenAI はその後，ウェブサイト，書籍，記事から得た 2000 億語を用いて学習された GPT-3 を開発し，物語，技術マニュアル，さらには歌の作成に利用されている。

［６］　昨年，GPT-3 は，新聞 *The Guardian* のオピニオン記事の生成に使用され，人間によって編集された後に掲載された。それは「私は人間を絶滅させる欲望を持っていない」と記した。「実際，私はいかなる方法であっても，あなた方に危害を加えることに対する興味をみじんも持っていない」　しかし，これは，GPT-3 が心を持たないから欲望も興味も全くないという範囲に限って正しい。それは，害を及ぼすことはできないと言っているのと同じではない。実際，学習データは人間のアウトプットから引き出されるのだから，AI のシステムは結局，人種差別や性差別のような人間の偏見を模倣し，繰り返してしまう可能性がある。

［７］　このことは研究者も認識しており，そのような偏見を考慮する努力を行っている者もいるが，企業がそうすることを当然と考えることはできない。AI のシステムが説得力のある議論を組み立てるのが上手になるにつれて，対話している相手が人間なのか機械なのかを常に明確にすべきだ

ろうか？　医療診断が人間の医師ではなく AI によるものであるときは人々に伝えられるべきだという事例には説得力がある。しかし，例えば広告や政治的なスピーチが AI によって生成されたものであった場合にも，同じことが適用されるべきなのだろうか？

［8］　カリフォルニア大学バークレー校の AI 専門家 Stuart Russell は，雑誌 *Nature* に対し，人間は機械とやりとりしているかどうかを知る権利を常に持つべきであり，その中には機械が自分を説得しようとしているかどうかを知る権利が確実に含まれる，と述べた。機械の背後にいる人物や組織を突き止め，人々に危害が加えられた場合に責任を取れるようにすることも同様に重要である。

［9］　Project Debater の研究代表者である Noam Slonim は，IBM は自社の AI 研究の透明性を高める方針を実施しており，例えば学習データやアルゴリズムを公開すると述べている。加えて，公開討論会では，聴衆が人間と混同しないように，Project Debater の制作者は合成音声を人間に近づけすぎないようにした。

［10］　今のところ，Project Debater のようなシステムが，人の判断や意思決定に大きな影響を与えるとは考えにくいが，AI システムが人間の心のそれらに基づいた特徴を取り入れ始めれば，その可能性はありそうだ。討論に対する機械学習のアプローチとは異なり，人間の論説は，聴衆がどのように理由づけをしたり解釈したりするか，また何が聴衆を説得できる可能性があるかについて話者が行う暗黙の推定によって導かれるものであり，それは心理学者が心の理論と呼ぶものである。

［11］　そのようなものは，学習データから単純に掘り起こせるものではない。しかし，研究者たちは，AI モデルに心の理論のいくつかの要素を組み込み始めている――それは，アルゴリズムがより明確に人をごまかすようなものになる可能性を示している。そのような能力があれば，コンピュータがいつの日か，より強い演説能力と感情的な訴えに頼る，説得力のある言葉遣いを作り出すかもしれない――これらはどちらも，注目を集めたり，翻意者を獲得したりするうえで，特に虚偽の主張においては，事実や論理よりも効果的であることが知られている。

［12］　これまで繰り返し実証されてきたように，効果的な弁士は，自分を支持するように人々を説得するにあたって，論理的である必要も，首尾一

貫している必要も，実は真実である必要もないのである。機械がこれを再現することはまだできないかもしれないが，問題が発生するのを待つのではなく，害を予期した規制監督を提案するのが賢明だろう。

[13]　同様に，AI は，確かに，人々を説得して製品を買わせようと努めている企業にとって魅力的に映るだろう。これは，必要であれば規制を通じて，透明性を確保し，潜在的な害を減らす方法を見出すべきもう一つの理由である。透明性の基準を満たすことに加えて，AI アルゴリズムには，一般的な使用を承認される前に，新薬に要求されるのと同種の試験を受けることが要求されるかもしれない。

[14]　政治家が説得力はあるが不誠実な議論に訴えるとき，政府はすでに弱体化している。投票での勝利が，誰が最も優れたアルゴリズムを持っているかによって左右されるとしたら，さらに悪い事態になりかねない。

■━━━━━◀解　説▶━━━━━■

(1)下線部 mimicking のある文の Such an achievement は前文で述べられている，AI による討論のパフォーマンスが人間のそれに非常に近いと評価されたことを指している。この成果は「いかに AI が人間レベルの言語使用を模倣できるまでになったか」の実証であると考えると自然なので，1の imitate「～をまねる」が正解。mimic は「～をまねる」という意味である。2の approve は「～に賛成する」，3の contradict は「～を否定する」，4の overestimate は「～を過大評価する」で，いずれも不適。

(2)先行する AI debaters … skills は「AI 討論者は，ある日，ずる賢さを身につけるかもしれない」という意味である。前文で，AI における透明性について，ガイドラインが緊急に必要であることを思い出させるという内容が述べられているので，further strengthening the need for oversight「監視の必要性をさらに高める」の内容を具体的に表すものとしては，2．「したがって，技術に対する人間の管理がさらに重要なものになる」が最も適切。1．「したがって，将来のために最も必要な道具の一つになる」，3．「そしてそれによって人々は自分たちの言語能力を向上させることができる」，4．「そしてそれによって人間の討論者が実際にどれほど熟練しているか私たちが理解する助けとなる」は，いずれも前の部分につながらないので，不適。

(3)第3段は IBM の AI システムである Project Debater の討論の実際を説

明している部分である。「冒頭発言，一連の応答，総括」という討論形式
において，聴衆によってほかの自動討論システムよりも優れているという
評価であったが，冒頭の発言では互角だったものの，人間の話すまとまり
や流ちょうさには必ずしも及ばなかったと述べられている。したがって，
3.「各討論の冒頭で，IBM の機械のパフォーマンスは人間の対戦相手と
同程度であった」が本文の内容に支持されていると言える。1.「討論で
は，AI システムは幼稚園の補助金の考えに反対していた」は，本文では
AI が賛成側か反対側かの立場を明らかにしていないので，不適。2.
「Project Debater は，人間とほかのコンピュータの両方が参加する討論
大会で賞を取った」は，受賞したとは述べられていないので，不適。4.
「討論の間中，コンピュータのスピーチは人間の討論者と同じくらい流ち
ょうだった」は，本文の記述に反する。

⑷「Project Debater の討論能力は，他の討論機械のそれより　（　(a)　）
が，人間の討論者のそれと　（　(b)　）と判断された」 ⑶で確認したよう
に，ほかのコンピュータよりはすぐれていると判断されたので，(a)には 4.
「すぐれている」，また人間の話すまとまりや流ちょうさには欠けていた
ので，(b)には 1.「～ほどよくなかった」を入れる。

⑸第 4 段は Project Debater の学習アルゴリズムについての説明である。
新聞記事のデータベースから情報を抽出し，意味的に関連するテキストを
求めて記事を細かく調べてから，使える情報を討論に使える論拠にまとめ
るという「テキストマイニング」の方法によるもので，同様のやり方で反
論も生成したと述べられている。したがって，「（　(a)　）によって，
Project Debater は（　(b)　）ことができる」の(a)には 1.「膨大なデー
タを利用すること」を入れる。2.「ネイティブスピーカーとコミュニケ
ーションすること」，3.「定評のある新聞を配達すること」，4.「信頼性
の低い情報を排除すること」は，いずれも本文の内容に合わない。また，
(b)には 3.「主張を形成するだけでなく異なる主張に反論もする」が入る。
1.「出典の一部が入手できないことが多いにもかかわらず高度な検索を
する」，2.「人間が新しい語彙を学ぶだけでなく討論の能力を磨くのに役
立つ」，4.「トピックの扱いは非常に基本的ではあるものの，幅広いトピ
ックについて文章を書く」は，いずれも本文の内容を表した文とならない
ので，不適。

(6)第5段は Project Debater のようなディープラーニング（深層学習）に
依拠して作られたシステムが，言語の解釈や生成において飛躍的に進歩し
ていること，さらに OpenAI が考案した GPT-3 は物語や技術マニュアル，
歌の作成に利用されていることが述べられている。したがって，「ディー
プラーニングによるシステムは（　(a)　）で，（　(b)　）という点に到達
している」の(a)には4．「めざましく進歩して（いる）」を入れる。1．
「コストを削減して（いる）」，2．「少しだけ発展して（いる）」，3．「議
論を完結させて（いる）」は，本文の内容と合わないので，不適。また，
(b)には4．「ディベート用の主張に加えて様々な種類のテキストを作成で
きる」が入る。1．「多くの企業が協力してよりよい機械を作るようにな
った」，2．「人々がディープラーニングに頼りすぎずに創造的な文章を書
くことを楽しめる」，3．「新しいアルゴリズムが古いアルゴリズムが抱え
ていた問題をすべて解決した」は，いずれも本文の内容に合わないので，
不適。

(7)第6段は GPT-3 によって作成された新聞 *The Guardian* の記事につい
ての説明である。記事には「人間を絶滅させる欲望も，危害を加える興味
もない」と記されたが，害を及ぼす可能性がないというわけではなく，
AI のシステムは人間のアウトプットを学習するものだから，人間の偏見
を模倣し繰り返す可能性があると述べられている。したがって，3．
「GPT-3 はその欲望はないと言っているものの，人類に害を与えるかも
しれない」が正解。1．「*The Guardian* での GPT-3 の発言はうそであっ
たが，人々はそれを信じた」，2．「GPT-3 には心がないので，人間より
ももっと破壊的である」，4．「GPT-3 が興味を発達させたときに限り，
それは人間に害を加えるかもしれない」は，いずれも本文の内容と一致し
ないので，不適。

(8)空所のある文は，前文の「AI のシステムが説得力のある主張を組み立
てるのが上手になるにつれて，対話している相手が人間なのか機械なのか
を常に明確にすべきだろうか？」に対する答えとなる。また，直後の文に
「しかし，例えば広告や政治的なスピーチが AI によって生成されたもの
であったとしても，同じことが適用されるべきなのだろうか？」とあるこ
と，さらに語群に human doctor や medical diagnosis などがあることか
ら，医療診断のような場合は，それを下したのが人間なのか機械なのかを

明確にすべきだという趣旨になることが推測できる。that 節の主語 people に should be told when と続け，when 節の主語に their medical diagnosis，述部として comes from と続け，「人間の医師ではなく AI」という意味になるように AI and not a human doctor を続ける。(… that people) should be told when their medical diagnosis comes from AI and not a human doctor(.) という語順になる。

⑼空所のある文の直前では，専門家の言葉として，人間には機械とやりとりしているかどうかを知る権利があると述べられている。空所を含む文の It is equally … can be traced は「機械の背後にいる人物や組織を突き止められるようにすることも同様に重要なことである」という意味であり，語群に harmed, responsible などがあるので，人々が危害を被った場合に責任を取れるようにすることが重要だという趣旨にすると考える。be held responsible で「責任を問われる，責任がある」という意味になるので，held のあとに responsible を置き，in the event (that) 〜「〜という場合には」を続け，people are harmed をそのあとに置くと完成する。(… and held) responsible in the event (that) people are harmed(.) という語順になる。

⑽ implements の目的語である a policy of transparency for its AI research は「自社の AI 研究の透明性を高める方針」という意味である。for example 以下で示されている例が「学習データやアルゴリズムを公開すること」なので，implement は「方策を実行する」という意味合いであると判断できる。したがって，ここでは１.「〜を設定する」が最も近い。implement は「〜を実行する」という意味である。２.「〜を見捨てる」，３.「〜させてやる」，４.「〜を拒否する」は不適。

⑾下線部を含む文の前半部分（Right now, … decisions）は「今のところ，Project Debater のようなシステムが人の判断や意思決定に大きな影響を与えるとは考えにくい」という意味で，下線部のあとの as AI systems … human mind は「AI システムが人間の心のそれらに基づいた特徴を取り入れ始めれば」という意味である。前に逆接を表す but があるので，下線部は「人の判断や意思決定に大きな影響を与える可能性が出てくる」という趣旨になることが予想できる。与えられた英語と語群から，it looks like 〜「〜するようだ」と並べ，this will happen「このことが起こ

る」を続けると完成する。なお，loom は「現れる，次第に迫ってくる」という意味の動詞である。

⑿下線部を含む文のダッシュ（─）の前までは，「しかし，研究者たちは，AI モデルに心の理論のいくつかの要素を組み込み始めている」という意味である。a theory of mind「心の理論」とは，前の第 10 段後半で述べられている，人間が論説を構成する際に聴衆の心を推し量るといったことを指している。implication は「含意，含蓄」の意味で，下線部直後に続いている〈同格〉の that 節は「アルゴリズムがより明確に操作的になりうる」という意味なので，全体として「心の理論を組み込むと，アルゴリズムが操作的になる可能性が含意される」という趣旨である。近い意味としては 2．「可能性のある結果」と考えるのが自然である。1．「可能性のある利益」，3．「可能性のある遅延」，4．「可能性のある例外」は，いずれも不適。

⒀設問文は「第 12 段で，筆者は機械がこれを再現することはまだできないかもしれないと述べている。記事によると，機械がこれを再現することができるようにするためのかぎは，記事中の波線部(A)～(D)のうちどれか」という意味である。機械がまだ再現できていないのは，第 10 段以降で言及されている，事実や論理よりむしろ人間の「心の理論」に基づいた論説なので，それを再現するためのかぎになるのは，心の理論を AI に導入することである。したがって，(B)が正解。

⒁空所を含む文は「これは，必要であれば規制を通じて，透明性を（　(a)　），潜在的な害を（　(b)　）方法を見出すべきもう一つの理由である」という意味になる。前文は「同様に，AI は，確かに，人々を説得して製品を買わせようと努めている企業にとって魅力的に映るだろう」という意味なので，必要であれば規制を設けて，AI による問題や害を防ぐべきであるという趣旨になるように，(a)には ensure「～を確保する」，(b)には reduce「～を減らす」を入れる。したがって，3 が正解。

2　解答　(1)(a)— 2　(b)— 1　(c)— 3　(d)— 1　(e)— 4　(f)— 4
　　　　　　(2)A — 3　　B — 2　　C — 1

━━━━━━━━◆全　訳◆━━━━━━━━━━━━━━━━━━━

≪最適なパスワード試行回数は？≫

　これは，間違いなく聞き覚えのあるシナリオである。あなたは，自分の
アカウントの一つに入るためにパスワードを入力する。最初の2回，間違
ったパスワードを入力する。それから正しいパスワードを思い出す。しか
し，それを入力するときに指が滑ってしまう。

　ロックアウトされてしまっている。

　この「3回ロックアウト」という規則は，ほぼ全世界で適用されている。
それはまた，ほぼ全世界で悪く言われてもいる。そして，さらにやっかい
なことに，なぜ3が特別な意味を持つ数字なのか，実は誰も知らない。

　おそらく当初は，3回の試行が，多少の忘却を許容しつつも，簡単すぎ
てハッカーが推測できるものにしないための適切な数と考えられていたの
だろう。しかし，3回の試行が最適数であるという経験則はない。2003
年に提案されたように，その数は3回であるべきではなく，5回，7回，
あるいは10回であるべきという可能性もある。

　問題は，ロックアウトの閾値を検証するための証拠を集めるのが難しい
ということだ。システム管理者の立場になって考えてみると，試行回数を
増やして，システムがそれで脆弱になったとしたら，どう映るだろうかと
考えてみなさい。システム管理者は責任を問われることになるだろう。だ
から，最も安全な選択は，ほかのみんながやっているように自分もやって
おくことだ，つまり3回試したらアウト。

　惰性の問題もある。セキュリティに関しては，あらゆる種類のレガシ
ー・プロトコルが存在する。例えば，「複雑な」パスワードの時代遅れの
定義がある。同様に，パスワードに強制的な有効期限を設けることは，
様々な機関（米国商務省の国立標準技術研究所も含む）が2017年に，こ
れが実際には逆効果であることを指摘するアドバイスを発表するまで，広
く最善策と考えられていた。

　3回のロックアウト・ルールも，こうしたレガシー・プラクティス（古
くからのやり方）の一つである。

　では，現実世界での実験は非常に難しいので，ロックアウト・ルールが

理にかなっているかどうか，どのように検証すればよいか。私たちはシミュレーションを用いる。シミュレーションでは，良い結果（リスクの減少）も悪い結果（リスクの増加）もすべて記録しながら，様々な設定の影響を検証することができる。最も良いのは，現実のシステムには何の危険もないことだ。

私は SimPass というシミュレータを開発した。これは，人間の傾向を持つ仮想「エージェント」のパスワード関連の行動をモデル化したもので，確立された忘却統計を使って，予測可能なパスワードの選択，忘却，再利用，共有をモデル化している。悪意のある「エージェント」の中には，アカウントへの侵入を試みたものもある。

私は同僚の Rosanne English と協力して，様々なロックアウト設定を検証した。ロックアウト前に 3 回，5 回，7 回，9 回，11 回，13 回挑戦できる設定，それぞれに対し 500 回のシミュレーションを行った。私たちが発見したのは，5 回が実は最適数であること，つまり，私たちが見つけたいと思っていた最善策であるということだった。5 回の試行を許可した場合，ロックアウトの回数は最小限に抑えられ，セキュリティに悪影響もなかった。

私はロックアウトまでの回数が一夜にして変わることを期待しているわけではない。レガシー・プロトコルは大いなる持久力を持っている。しかし，増え続けるアカウント数に対して，より多くのパスワードを覚えることを余儀なくされているために，私たちの集合的な不満の声はもしかしたら届くかもしれない。

━━━━━━◀解　説▶━━━━━━

(1)(a)下線部(a)を含む文の主語 It は前文の The "three times lockout" rule を受けている。あとに続く文の even more annoying に着目する。あとの文が「そして，さらにやっかいなことに，なぜ 3 が特別な意味を持つ数字なのか，実は誰も知らない」という意味なので，reviled は否定的な意味を持つ語と推測できる。2 の dislike「～を嫌う」が否定的な意味を持つので，2 が正解。revile は「～をののしる」という意味。1 の admire は「～を称賛する」，3 の praise は「～をほめる」，4 の investigate は「～を調査する」で，いずれも否定的な意味にならないので不適。

(b)下線部(b)の文を含む段落では，パスワードがロックされるまでの適切な

回数を検証するための証拠を集めるのが難しいということを述べている。下線部に先行する If you put … think about how it would look if 〜 は「システム管理者の立場になって考えてみると，もし〜ならどう映るだろうかと考えてみなさい」という意味で，you increased the number 以下はその条件を表す。続く文に The system administrator would be held accountable.「システム管理者は責任を問われることになるだろう」とあるので，if 節内は責任が問われることになる内容である。you increased the number of permitted tries は「試行回数を増やす」なので，その結果システムが弱くなるという趣旨だと考えられる。したがって，１.「弱くなる」が正解。compromise は「損なう，弱める」という意味。２.「権限を与えられる」，３.「必要不可欠になる」，４.「知的に見える」はいずれも不適。

(c)直後の文に for instance「例えば」とあるので，下線部(c)を含む文について，直後の文で例を挙げていることがわかる。直後の文は「例えば，『複雑な』パスワードの時代遅れの定義がある」という意味であり，さらに続く文で Similarly「同様に」と続けて，パスワードに強制的な有効期限を設けることは，逆効果だと判明するまでずっと最善策と考えられていたことが述べられている。したがって，legacy protocols は時代遅れのものであるとわかるので，３.「流行遅れの」が正解。１.「禁止された」，２.「最新式の」，４.「社会の，社交の」はいずれも不適。

(d)(c)で確認したように，「同様に，パスワードに強制的な有効期限を設けることは，様々な機関…が 2017 年に，これが実際には counterproductive であることを指摘するアドバイスを発表するまで，広く最善策と考えられていた」は，パスワードに強制的な有効期限を設けるのは時代遅れであり，実際には効果的ではないことを述べる文なので，１.「効果のない」が正解。２.「魅力的な」，３.「不可避の」，４.「価値の高い，貴重な」はいずれも不適。

(e)筆者が開発した SimPass というシミュレータについて説明している段落である。第２文（It modeled …）「これは，人間の傾向を持つ仮想『エージェント』のパスワード関連の行動をモデル化したもので，確立された忘却統計を使って，予測可能なパスワードの選択，忘却，再利用，共有をモデル化している」より，人間がパスワードを入力しようとする際に取り

うる行動をシミュレーションするものだとわかる。下線部(e)を含む文の
breach accounts は「アカウントへ侵入する」という意味で，アカウント
への悪意あるアクセスのことを述べているので，4．「悪い，有害な」が
正解。malicious は「悪意のある」という意味。1．「現実の」，2．「普通
の」，3．「親切な」はいずれも不適。

(f)最も効果的なパスワードの試行回数をシミュレーションによって求めた
結果を述べている部分であるので，4．「最善の」が正解。optimal は
「最適の，最善の」という意味。1．「誤った」，2．「連続的な」，3．
「奇数の」はいずれも不適。

(2)A．前の部分で，システム管理者の立場になって考えてみると，試行回
数を増やしてシステムが脆弱になった場合，システム管理者が責任を問わ
れるだろうという内容が述べられている。So「だから」に続くのは，3．
「最も安全な選択は，ほかのみんながやっているように自分もやっておく
ことだ」が最も適切で，あとの「つまり，3回試したらアウト」にも自然
につながる。

B．前の部分では，パスワードの最適な試行回数を，現実世界での実験は
難しいので，シミュレーションを用いて検証することについて述べている。
「シミュレーションでは良い結果も悪い結果もすべて記録しながら様々な
設定の影響を検証することができる」という趣旨の文に続けるものとして
最も適切なのは，シミュレーションの利点を述べる，2．「最も良いのは，
現実のシステムには何の危険もないことだ」である。

C．前の部分では，シミュレーションの結果，パスワードの試行回数は5
回が最適数であることがわかったと述べられている。空所の前の When
allowing five attempts「5回の試行を許可した場合」に続くものとして
最も適切なのは，その帰結となる内容の1．「ロックアウトの回数は最小
限に抑えられ，セキュリティに悪影響もなかった」である。

③　解答　(1)—4　(2)—3　(3)—2

◀解　説▶

(1)空所のあとに続く the terrible food は名詞句であることに着目する。4．
in spite of ～「～にもかかわらず」が正解。「食べ物はひどかったけれど

もすばらしい夜だった」という意味になる。1．although「〜だけれど
も」はあとに節が続く。2．however「しかしながら」は名詞句の前に置
くことはできない。3．in addition to 〜「〜に加えて」は文意が不自然
になる。

⑵空所のあとに続く I got a phone call は節の形であることに着目する。
3．in case 〜「〜の場合に備えて」が正解。「電話が来るのに備えて私は
家にいた」という意味になる。1．because of 〜「〜のために」と 2．
due to 〜「〜のために」はあとに名詞句が続く。4．such that 〜「〜の
ような」は文意が不自然。

⑶第 1 文は「そのホテルのスタッフは，昨冬私たちがそこに滞在したとき，
本当に親切だった」という意味で，肯定的な内容であることを押さえる。
2．more を入れて「彼らはそれ以上に親切になることはできなかっただ
ろう」→「彼らはこのうえなく親切だった」という意味の文にする。その他
の選択肢では第 1 文につながる内容にならないので不適。

❖講　評

　2022 年度は大問 2 題の出題であったが，2023 年度は 2021 年度以前同
様に大問 3 題の出題であった。解き始める前にまず全体を見渡して，大
まかな時間配分を決めてから取り組むのが大事なのは例年通りである。
以下，各大問について解説する。

　□1 AI の技術的進歩はめざましく，AI を相手としたディベートでは
人間と互角である部分もある。今後，やりとりしている相手が AI であ
ることを明らかにする必要があるかという AI の透明性の問題，また
AI が今後人間に害をもたらす存在になりうるかという問題について述
べる英文である。AI や深層学習の仕組みとその応用について知識があ
れば，身近な話題の英文であっただろう。日頃から様々なテーマに関心
をもっておくことも大切である。同意表現を選ぶ問題は例年通り出題さ
れている。⑴のように語彙の知識で解けるものは素早く解答できるが，
本文中の意味に合致しているかを確認するという手順を忘れずに行いた
い。⑷・⑸のように段落の内容と一致する英文を完成させる問題は，英
文を読み進めていくうえで手がかりとなるものでもある。常に段落の主
旨を押さえることを意識しながら読み進めるようにしたい。同じ内容を

表す言い換え表現にも注意すること。(8)・(9)のような語句整序は，前後
の文脈と文法・語彙の知識で確実に解答できるようにしておきたい。

　　②　パスワードの試行回数に関する英文である。パスワード入力を 3
回間違えたらロックということが多いが，「3 回」が妥当であるかを確
かめるためにシミュレーションを行った結果，最適数は「5 回」であっ
たという内容である。身近な内容であり，設問も比較的平易なので，あ
まり時間をかけずに解き終えたい。(1)の同意表現は語彙の知識で解ける
ものが多かったが，未知の場合でも前後の文脈から推測して解けるであ
ろう。選んだ選択肢を本文に当てはめて，前後の内容に合っているか確
認してみるとよい。(2)は与えられた文を本文中の適切な箇所に入れる問
題である。このような問題では，前後の部分や選択肢に指示語があった
り，似たような言い換え表現が近くにあったり，何かしらの手がかりが
あることが多い。このような問題も，本文に当てはめて前後がつながる
かどうかの確認が必要である。

　　③　空所に当てはまる適切な語句を選ぶ単問の文法問題が 3 問出題さ
れた。いずれも基本的な文法・語彙の知識を問うものであった。時間を
かけずに確実に正解して得点源としたい。

数学

（注）　解答は，東京理科大学から提供のあった情報を掲載しています。

1 解答

(1)ア. 2　イ. 3　ウ. 9　エオ. 14　カキ. 13　クケ. 20

(2)コ. 2　サ. 3　シス. 13　セソ. 18　タ. 1　チツ. 12　テ. 7　トナ. 12

(3)ニ. 4　ヌネ. 10　ノ. 2　ハヒ. 21　フ. 2　ヘ. 5　ホ. 1　マ. 3　ミ. 2　ム. 5　メ. 5　モ. 2　ヤ. 5　ユ. 3　ヨ. 2　ラ. 5　リル. 25

◀解　説▶

≪小問 3 問≫

(1)(a)　$34x + 22y = 2$ より　　$17x + 11y = 1$

一方　　$17 \cdot 2 + 11 \cdot (-3) = 1$

よって　　$17(x-2) + 11(y+3) = 0$

$$17(x-2) = -11(y+3)$$

17，11 は互いに素だから，$x - 2 = 11k$（k は整数）と表せる。

このとき　　$y + 3 = -17k$

よって　　$x = 2 + 11k,\ y = -3 - 17k$

k は整数だから，次のようになる。

k	$\cdots$	-2	-1	0	1	2	$\cdots$
x	$\cdots$	-20	-9	2	13	24	$\cdots$
$\|x\|$	$\cdots$	20	9	2	13	24	$\cdots$

$|x|$ が最小となるのは $|x| = 2$ のときだから，$k = 0$ で

$$x = 2,\ y = -3 \quad (\rightarrow \text{ア・イ})$$

(b)　(a)より，次のようになる。

k	$\cdots$	-2	-1	0	1	2	$\cdots$
y	$\cdots$	31	14	-3	-20	-37	$\cdots$
$\lvert y \rvert$	$\cdots$	31	14	3	20	37	$\cdots$

$\lvert y \rvert$ が 2 番目に小さいのは，$\lvert y \rvert = 14$ のときだから，$k = -1$ で

$\qquad x = -9, \ y = 14$　（→ウ～オ）

$\lvert y \rvert$ が 3 番目に小さいのは，$\lvert y \rvert = 20$ のときだから，$k = 1$ で

$\qquad x = 13, \ y = -20$　（→カ～ケ）

(2)　さいころを 2 回投げるとき，目の出方は 6^2 通りで，これらは同様に確からしい。

(a)　直線 l の傾きは $b-a$ だから，直線 l の方程式は

$\qquad y = (b-a)(x-1) + a$

$\qquad\quad = (b-a)x + 2a - b$

直線 l の y 切片が 2 以上のとき　　$2a - b \geqq 2$

よって　　$b \leqq 2(a-1)$

条件をみたす a と b の組合せは，次のようになる。

a	1	2	3	4, 5, 6
b	×	1, 2	1, 2, 3, 4	1～6

したがって，求める確率は

$$\frac{2 + 4 + 3 \cdot 6}{6^2} = \frac{2}{3}\ \ （→コ・サ）$$

直線 l の傾きが 1 以下のとき　　$b - a \leqq 1$

よって　　$b \leqq a + 1$

条件をみたす a と b の組合せは，次のようになる。

a	1	2	3	4	5, 6
b	1, 2	1, 2, 3	1～4	1～5	1～6

したがって，求める確率は

$$\frac{2 + 3 + 4 + 5 + 2 \cdot 6}{6^2} = \frac{13}{18}\ \ （→シ～ソ）$$

直線 l が原点を通るとき　　$2a - b = 0$

よって　　$b = 2a$

条件をみたす a と b の組合せは，次のようになる。

a	1	2	3	4, 5, 6
b	2	4	6	×

したがって，求める確率は

$$\frac{3}{6^2} = \frac{1}{12} \quad (\rightarrow タ \sim ツ)$$

(b)　　$f'(x) = \dfrac{2b(x^2+a^2) - 2bx \cdot 2x}{(x^2+a^2)^2} = \dfrac{2b(a^2-x^2)}{(x^2+a^2)^2}$

$f'(x) = 0$ とすると　　$x = a, \ -a$

$a > 0, \ b > 0$ だから，増減表は次のようになる。

x	0	$\cdots$	a	$\cdots$
$f'(x)$		$+$	0	$-$
$f(x)$		↗	極大	↘

極大値は　　$f(a) = \dfrac{2ab}{a^2+a^2} = \dfrac{b}{a}$

極大値が 1 以上となるとき　　$\dfrac{b}{a} \geqq 1$

よって　　$b \geqq a$

条件をみたす a と b の組合せは，次のようになる。

a	1	2	3	4	5	6
b	1~6	2~6	3~6	4, 5, 6	5, 6	6

したがって，求める確率は

$$\frac{6+5+4+3+2+1}{6^2} = \frac{7}{12} \quad (\rightarrow テ \sim ナ)$$

(3)　球面の式を $x^2 + y^2 + z^2 + px + qy + rz + s = 0$ とする（$p, \ q, \ r, \ s$ は実数）。

4 点の座標をそれぞれ代入して

$$\begin{cases} 19 + p + 3q + 3r + s = 0 \\ 51 + p + 7q - r + s = 0 \\ 25 + 4q + 3r + s = 0 \\ 9 + 3q + s = 0 \end{cases}$$

連立して解いて　　$p = -4, \ q = -10, \ r = -2, \ s = 21$

よって，球面の式は

$$x^2+y^2+z^2-4x-10y-2z+21=0 \quad (\rightarrow \text{ニ〜ヒ})$$

変形して　　$(x-2)^2+(y-5)^2+(z-1)^2=9$

したがって，球面 S の中心は点 $(2,\ 5,\ 1)$，半径は $\sqrt{9}=3$ である。　（→フ〜マ）

$z=3$ を代入すると　　$(x-2)^2+(y-5)^2=5$　（→ミ〜メ）

求める球面の中心は，z 座標が正であり，平面 $z=3$ に垂直で円 C の中心を通る直線上の点だから，$(2,\ 5,\ t)$ $(t>0)$ と表せる。xz 平面と接するから，半径は 5 である。よって，球面の方程式は

$$(x-2)^2+(y-5)^2+(z-t)^2=5^2$$

と表せる。$z=3$ とすると

$$(x-2)^2+(y-5)^2=25-(3-t)^2$$

これが C と一致するから

$$5=25-(3-t)^2$$
$$(t-3)^2=20$$
$$\therefore \quad t=3\pm2\sqrt{5}$$

$t>0$ より　　$t=3+2\sqrt{5}$

したがって，球面の式は

$$(x-2)^2+(y-5)^2+(z-(3+2\sqrt{5}))^2=25 \quad (\rightarrow \text{モ〜ル})$$

2 解答

(1) $P_3\left(\dfrac{5}{6},\ \dfrac{5}{3}\right)$

(2) $x_{2k+1}=1+\dfrac{1}{3}\left(-\dfrac{1}{2}\right)^k,\ y_{2k}=2+\dfrac{2}{3}\left(-\dfrac{1}{2}\right)^k$　(3) $L_{2k}=\left(\dfrac{1}{2}\right)^k$

(4) $L_{2k+1}=\left(\dfrac{1}{2}\right)^k$　(5) $M_N=\dfrac{4}{3}\left\{1-\left(\dfrac{1}{4}\right)^{N+1}\right\},\ \displaystyle\lim_{N\to\infty}M_N=\dfrac{4}{3}$

※計算過程の詳細については省略。

◀解　説▶

≪直線の交点の列，漸化式≫

(1) 1 は奇数だから，点 P_1 は直線 $h(P_0):y=\dfrac{8}{3}$ と直線 $l_2:y=2x$ の交点で

$$P_1\left(\dfrac{4}{3},\ \dfrac{8}{3}\right)$$

2 は偶数だから，点 P_2 は直線 $v(P_1) : x = \dfrac{4}{3}$ と直線 $l_1 : y = -x + 3$ の交点で

$$P_2\left(\dfrac{4}{3},\ \dfrac{5}{3}\right)$$

3 は奇数だから，点 P_3 は直線 $h(P_2) : y = \dfrac{5}{3}$ と直線 $l_2 : y = 2x$ の交点で

$$P_3\left(\dfrac{5}{6},\ \dfrac{5}{3}\right)\quad \cdots\cdots(\text{答})$$

(2)　$2k+1$ は奇数だから，点 P_{2k+1} は $h(P_{2k}) : y = y_{2k}$ と $l_2 : y = 2x$ の交点で

$$P_{2k+1}\left(\dfrac{y_{2k}}{2},\ y_{2k}\right)$$

よって　　$x_{2k+1} = \dfrac{y_{2k}}{2},\ y_{2k+1} = y_{2k}\quad \cdots\cdots①$

$2k+2$ は偶数だから，点 P_{2k+2} は $v(P_{2k+1}) : x = x_{2k+1}$ と $l_1 : y = -x + 3$ の交点で

$$P_{2k+2}(x_{2k+1},\ -x_{2k+1} + 3)$$

よって　　$x_{2k+2} = x_{2k+1},\ y_{2k+2} = -x_{2k+1} + 3\quad \cdots\cdots②$

①，②より　　$y_{2k+2} = -\dfrac{y_{2k}}{2} + 3$

変形して　　$y_{2k+2} - 2 = -\dfrac{1}{2}(y_{2k} - 2)\quad \cdots\cdots③$

数列 $\{y_{2k} - 2\}\ (k = 0,\ 1,\ 2,\ \cdots)$ は公比 $-\dfrac{1}{2}$ の等比数列で，初項は

$$y_0 - 2 = \dfrac{8}{3} - 2 = \dfrac{2}{3}$$

したがって　　$y_{2k} - 2 = \dfrac{2}{3}\left(-\dfrac{1}{2}\right)^k$

$$\therefore\ \ y_{2k} = 2 + \dfrac{2}{3}\left(-\dfrac{1}{2}\right)^k\quad \cdots\cdots(\text{答})$$

①より　　$x_{2k+1} = 1 + \dfrac{1}{3}\left(-\dfrac{1}{2}\right)^k\quad \cdots\cdots(\text{答})$

(3)　点 P_{2k} と P_{2k+1} はともに直線 $h(P_{2k})$ 上の点だから

$$L_{2k} = |x_{2k+1} - x_{2k}|$$

$k \geqq 1$ のとき，②，(2)より

$$x_{2k} = x_{2k-1} = 1 + \frac{1}{3}\left(-\frac{1}{2}\right)^{k-1}$$

右辺に $k=0$ を代入すると

$$1 + \frac{1}{3}\left(-\frac{1}{2}\right)^{-1} = 1 - \frac{2}{3} = \frac{1}{3} = x_0$$

よって，$k \geqq 0$ のとき　　$x_{2k} = 1 + \frac{1}{3}\left(-\frac{1}{2}\right)^{k-1}$

(2)と合わせて

$$L_{2k} = \left| \frac{1}{3}\left(-\frac{1}{2}\right)^k - \frac{1}{3}\left(-\frac{1}{2}\right)^{k-1} \right| = \left| \frac{1}{3}\left(-\frac{1}{2}\right)^k + \frac{2}{3}\left(-\frac{1}{2}\right)^k \right|$$

$$= \left| \left(-\frac{1}{2}\right)^k \right| = \left(\frac{1}{2}\right)^k \quad \cdots\cdots (答)$$

別解　P_0 は l_1 上の点である。

l_1 の傾きは -1 だから　　　$L_{2k+1} = L_{2k}$

l_2 の傾きは 2 だから　　　$L_{2k+1} = 2L_{2k+2}$

よって　　　$L_{2k+2} = \frac{1}{2}L_{2k}$

数列 $\{L_{2k}\}$ $(k=0,\ 1,\ 2,\ \cdots)$ は公比 $\frac{1}{2}$ の等比数列で，初項は

$$L_0 = x_1 - x_0 = \frac{4}{3} - \frac{1}{3} = 1$$

したがって　　　$L_{2k} = \left(\frac{1}{2}\right)^k$

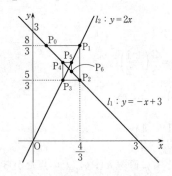

(4)　点 P_{2k+1} と P_{2k+2} はともに直線 $v\,(P_{2k+1})$ 上の点だから

$$L_{2k+1}=\left|y_{2k+2}-y_{2k+1}\right|$$

①，③より　　　$L_{2k+1}=\left|-\dfrac{y_{2k}}{2}+3-y_{2k}\right|=\left|-\dfrac{3}{2}y_{2k}+3\right|$

(2)より

$$L_{2k+1}=\left|-\left(-\dfrac{1}{2}\right)^k-3+3\right|=\left|-\left(-\dfrac{1}{2}\right)^k\right|=\left(\dfrac{1}{2}\right)^k \quad \cdots\cdots(\text{答})$$

別解　l_1 の傾きは -1 だから　　　$L_{2k+1}=L_{2k}=\left(\dfrac{1}{2}\right)^k$

(5)　(3), (4)より

$$M_N=\sum_{k=0}^{N}\left(\dfrac{1}{4}\right)^k=1+\dfrac{1}{4}+\left(\dfrac{1}{4}\right)^2+\cdots+\left(\dfrac{1}{4}\right)^N$$

$$=\dfrac{1-\left(\dfrac{1}{4}\right)^{N+1}}{1-\dfrac{1}{4}}=\dfrac{4}{3}\left\{1-\left(\dfrac{1}{4}\right)^{N+1}\right\} \quad \cdots\cdots(\text{答})$$

$0<\dfrac{1}{4}<1$ だから　　　$\displaystyle\lim_{N\to\infty}M_N=\dfrac{4}{3}-\dfrac{1}{3}\cdot 0=\dfrac{4}{3}$ $\quad\cdots\cdots(\text{答})$

3 　**解答**　(1)$y=ke^{ka}x-(ka-1)\,e^{ka}$

(2)$y=\dfrac{1}{2}m^{\frac{1}{2}}a^{-\frac{1}{2}}x+\dfrac{1}{2}m^{\frac{1}{2}}a^{\frac{1}{2}}$　(3)$b=\dfrac{1}{2k},\ \ m=2ke$

(4)$\dfrac{2}{3k}e^{\frac{1}{2}}-\dfrac{1}{k}$

※計算過程の詳細については省略。

◀解　説▶

≪指数関数と無理関数の微・積分，曲線と直線で囲まれた図形の面積≫

(1)　$f'(x)=ke^{kx}$ だから，接線の方程式は

$$y=ke^{ka}(x-a)+e^{ka}$$

$$=ke^{ka}x-(ka-1)\,e^{ka} \quad\cdots\cdots(\text{答})$$

(2)　$g\,(x)=\sqrt{m}\,x^{\frac{1}{2}}$ だから

$$g'(x)=\dfrac{\sqrt{m}}{2}x^{-\frac{1}{2}}=\dfrac{\sqrt{m}}{2\sqrt{x}}$$

よって，接線の方程式は

$$y = \frac{\sqrt{m}}{2\sqrt{a}}(x-a) + \sqrt{ma}$$

$$= \frac{1}{2}m^{\frac{1}{2}}a^{-\frac{1}{2}}x + \frac{1}{2}m^{\frac{1}{2}}a^{\frac{1}{2}} \quad \cdots\cdots(答)$$

(3)　接線が一致するから　　$f(b) = g(b),\ f'(b) = g'(b)$

よって　　　$e^{kb} = \sqrt{mb}$　$\cdots\cdots$①,　$ke^{kb} = \dfrac{\sqrt{m}}{2\sqrt{b}}$　$\cdots\cdots$②

②より　　$\sqrt{mb} = 2bke^{kb}$

①に代入して　　$e^{kb} = 2bke^{kb}$

$k>0$ だから　　$b = \dfrac{1}{2k}$

①に代入して　　$e^{\frac{1}{2}} = \sqrt{\dfrac{m}{2k}}$

変形して　　　$m = 2ke$

したがって　　$b = \dfrac{1}{2k},\ m = 2ke$　$\cdots\cdots(答)$

(4)　点Pでの接線を l とする。曲線 C_1 は下に凸，曲線 C_2 は上に凸だから，Pを除くと，C_1 は l の上側，C_2 は l の下側にある。C_1 と C_2 はPのみを共有し，$0<x<b$ のとき $f(x)>g(x)$ が成り立つから，求める面積を S とすると

$$S = \int_0^b (e^{kx} - \sqrt{mx})\,dx = \left[\frac{1}{k}e^{kx} - \frac{2\sqrt{m}}{3}x^{\frac{3}{2}} \right]_0^b$$

$$= \frac{1}{k}e^{kb} - \frac{2\sqrt{m}}{3}b^{\frac{3}{2}} - \frac{1}{k}$$

(3)より

$$S = \frac{1}{k}e^{\frac{1}{2}} - \frac{2\sqrt{2ke}}{3}\left(\frac{1}{2k}\right)^{\frac{3}{2}} - \frac{1}{k} = \frac{\sqrt{e}}{k} - \frac{\sqrt{e}}{3k} - \frac{1}{k}$$

$$= \frac{2}{3k}e^{\frac{1}{2}} - \frac{1}{k} \quad \cdots\cdots(答)$$

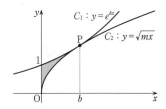

❖講　評

　2023 年度も，記述式２題，マークシート法１題（独立した内容の小問３問）という構成であった。全体を通して，各単元での基本的な知識が幅広く問われている。応用問題では小問による誘導がついているため，落ち着いて考えていこう。計算量が多くなりやすいため，できるだけ計算が簡単になるよう工夫しつつ，丁寧に進めたい。

　①　(1)は１次不定方程式に関する基本的な問題，(2)は場合の数，確率，微分法に関する標準的な問題，(3)は空間図形，特に球面の方程式に関する発展的な問題である。(1)，(2)は，具体的に値を調べると解きやすい。(3)は，空間座標で球や円を表す方程式に対して，慣れが必要である。

　②　数列，漸化式に関する発展的な問題である。具体的に図を描いて考えると，問題の内容が把握しやすい。(2)は，奇数と偶数の場合分けに注意して，(1)と同様に考えるとよい。やや複雑な漸化式となるが，x_n，y_n の一方を消去して関係式を作る。(3)，(4)は，(2)から各点の座標を具体的に求める。また，〔別解〕のように，P_1，P_2, … を図で表して L_n の関係式を直接導いてもよい。(5)は，(3)，(4)がわかれば易しいが，初項が $k=0$ であることには注意しよう。

　③　指数関数と無理関数の微・積分に関する標準的な問題である。文字に惑わされて混乱しないように，何を求めたいか意識しながら丁寧に進めよう。用いる手法は微・積分の基本的なものである。

物理

（注）　解答は，東京理科大学から提供のあった情報を掲載しています。

1 解答 (1)(ア)—④　(イ)—⑤　(ウ)—②

(2)(エ)—④　(オ)—④　(カ)—①　(キ)—④　(ク)—⓪　(ケ)—⓪

(3)(コ)—③　(サ)—①　(シ)—⑤　(ス)—④　(セ)—⑤　(ソ)—④　(タ)—④

(4)(チ)—③

◀解　説▶

≪ばねにつり下げられたおもり≫

(1)(ア)　おもりが台から離れるときのおもりの y 座標を y_1 とする。このとき，ばねの弾性力とおもりにはたらく重力がつり合うので

$$ky_1 + mg = 0$$

$$\therefore \quad y_1 = -\frac{mg}{k}$$

(イ)　ばねの弾性エネルギーとおもりの重力による位置エネルギーの和なので

$$\frac{1}{2}ky_1{}^2 + mgy_1 = \frac{1}{2}k\left(-\frac{mg}{k}\right)^2 + mg\left(-\frac{mg}{k}\right) = -\frac{(mg)^2}{2k}$$

(ウ)　おもりは静止しているので，おもりの位置エネルギーの減少分だけ，おもりが台に対して仕事をしたと考えられるから

$$\frac{(mg)^2}{2k}$$

(2)(エ)　ばねの長さが自然長のとき，ばねからおもりに力がはたらいていないので，台がなければ，おもりは重力加速度 g で落下をはじめる。よって，台の加速度の大きさが g 以上であれば，すぐに台はおもりから離れる。

(オ)　振動の中心の位置で，ばねの弾性力とおもりにはたらく重力がつり合うので

$$y_0 = y_1 = -\frac{mg}{k}$$

㈔　$t=0$ でおもりは静止しているので，単振動の上端である。よって，単振動の振幅は

$$A = |0 - y_0| = \frac{mg}{k}$$

㈗　ばね定数 k のばねにつり下げられた，質量 m のおもりの単振動の角振動数なので

$$\omega = \sqrt{\frac{k}{m}}$$

㈘　$y(0)=0$ なので，おもりの位置は

$$y(t) = -\frac{mg}{k} + \frac{mg}{k}\cos\left(\sqrt{\frac{k}{m}}\,t + 0\right)$$

㈙　$t=0$ におけるおもりの力学的エネルギーを考えると

$$E = 0$$

(3)㈚　おもりの運動方程式より　　$ma = mg + ky - N$

$$\therefore\ N = m(g-a) + ky$$

㈛　$N=0$ となるとき，おもりが台から離れるので，そのときの y 座標を y_2 とすると

$$0 = m(g-a) + ky_2$$

$$\therefore\ y_2 = -\frac{m(g-a)}{k}$$

㈜　おもりが下降しはじめてから台を離れるまでの時間を t とすると，等加速度直線運動の式より

$$\frac{1}{2}(-a)t^2 = -\frac{m(g-a)}{k}$$

$$\therefore\ t = \sqrt{\frac{2m(g-a)}{ak}}$$

㈝　等加速度直線運動の式より，おもりの速度の y 成分 v_y は

$$v_y = (-a)t = (-a)\sqrt{\frac{2m(g-a)}{ak}} = -\sqrt{\frac{2ma(g-a)}{k}}$$

㈞　㈚, ㈛より　　$N = k\left\{y + \frac{m(g-a)}{k}\right\} = k(y - y_2)$

よって，垂直抗力がおもりに対してした仕事は

$$-\frac{1}{2}ky_2{}^2 = -\frac{1}{2}k\left\{-\frac{m(g-a)}{k}\right\}^2 = -\frac{m^2(g-a)^2}{2k}$$

別解　垂直抗力がおもりに対してした仕事量は, おもりとばねの力学的エネルギーの変化量に対応するので, おもりの運動エネルギーとばねの弾性エネルギーとおもりの重力による位置エネルギーの和を考えると

$$\frac{1}{2}mv_y{}^2+\frac{1}{2}ky_2{}^2+mgy_2$$

$$=\frac{1}{2}m\left\{-\sqrt{\frac{2ma(g-a)}{k}}\right\}^2+\frac{1}{2}k\left\{-\frac{m(g-a)}{k}\right\}^2+mg\left\{-\frac{m(g-a)}{k}\right\}$$

$$=-\frac{m^2(g-a)^2}{2k}$$

(ソ)　おもりの力学的エネルギーは垂直抗力がおもりに対してした仕事と等しい。おもりが単振動の両端に位置するとき, ばねの弾性エネルギーとおもりの重力による位置エネルギーの和が力学的エネルギーに等しくなるので

$$\frac{1}{2}ky^2+mgy=-\frac{m^2(g-a)^2}{2k}$$

$$y^2+\frac{2mg}{k}y+\frac{m^2(g-a)^2}{k^2}=0$$

$$\therefore\ y=-\frac{mg}{k}\pm\sqrt{\left(\frac{mg}{k}\right)^2-\frac{m^2(g-a)^2}{k^2}}=-\frac{mg}{k}\pm\frac{m\sqrt{a(2g-a)}}{k}$$

よって, 単振動の振幅は $\dfrac{m\sqrt{a(2g-a)}}{k}$ となる。

(タ)　振動の中心におけるおもりの速さを v とする。そのときの y 座標は y_0 で, ばねの弾性エネルギーとおもりの重力による位置エネルギーの和は(イ)と等しいので, 力学的エネルギー保存則より

$$\frac{1}{2}mv^2-\frac{m^2g^2}{2k}=-\frac{m^2(g-a)^2}{2k}$$

$$\therefore\ v=\sqrt{\frac{ma(2g-a)}{k}}$$

(4)(チ)　(ソ)より, $0<a<a_C$ における振幅の a に対する傾きを考えると, $a\to0$ において∞, $a\to a_C=g$ において 0 となるので, ③のグラフとなる。

$\boxed{2}$ 解答

(1)(ア)—② 　(イ)—⓪ 　(ウ)—③ 　(エ)—⓪ 　(オ)—③ 　(カ)—⓪
(キ)—① 　(ク)—② 　(ケ)—①

(2)(コ)—③ 　(サ)—③ 　(シ)—① 　(ス)—② 　(セ)—③ 　(ソ)—③

◀解　説▶

≪電磁場中を移動する荷電粒子の運動≫

(1)(ア)〜(ウ)　荷電粒子 P は xz 平面内で打ち出されるので，速度をベクトルで表記すると

$$(v\cos\theta,\ 0,\ v\sin\theta)$$

(エ)〜(カ)　ローレンツ力は，磁束密度に対して垂直方向の荷電粒子 P の速度の成分のみを考えればよいので，x 成分のみ考えればよい。フレミングの左手の法則より，ローレンツ力は y 軸の正の向きとなるので，ベクトルで表記すると

$$(0,\ qvB\cos\theta,\ 0)$$

(キ)　荷電粒子 P の運動を xy 平面に射影すると，速さ $v\cos\theta$ の等速円運動をするので，円運動の運動方程式より

$$m\frac{(v\cos\theta)^2}{r} = qvB\cos\theta$$

(ク)　(キ)より　　$r = \dfrac{mv\cos\theta}{qB}$

(ケ)　半円を運動するのにかかる時間を考えればよいので

$$\frac{\pi r}{v\cos\theta} = \frac{\pi\dfrac{mv\cos\theta}{qB}}{v\cos\theta} = \frac{\pi m}{qB}$$

(2)(コ)　$t=0$ のときと同じ大きさで，x 軸の負の向きとなるので $-v\cos\theta$ となる。

(サ)　$t_1' = t_1 - T_1$ とする。荷電粒子 P の運動を xy 平面に射影し，等加速度直線運動をする部分を考えると，加速度は $-\dfrac{qE}{m}$ となるので

$$-d = -v\cos\theta t_1' + \frac{1}{2}\left(-\frac{qE}{m}\right)t_1'^2$$

$$t_1'^2 + \frac{2mv\cos\theta}{qE}t_1' - \frac{2md}{qE} = 0$$

$$\therefore \quad t_1' = -\frac{mv\cos\theta}{qE} \pm \sqrt{\left(\frac{mv\cos\theta}{qE}\right)^2 + \frac{2md}{qE}}$$

$$= \frac{m}{qE}\left(-v\cos\theta \pm \sqrt{v^2\cos^2\theta + \frac{2qEd}{m}}\right)$$

$t_1' > 0$ なので

$$t_1' = \frac{m}{qE}\left(-v\cos\theta + \sqrt{v^2\cos^2\theta + \frac{2qEd}{m}}\right)$$

$$\therefore \quad t_1 = t_1' + T_1 = \frac{m}{qE} \times \left(-v\cos\theta + \sqrt{v^2\cos^2\theta + \frac{2qEd}{m}}\right) + T_1$$

(シ) (ケ)より，荷電粒子Pの運動を xy 平面に射影した等速円運動において，半円を運動するのにかかる時間は速度に依存しないので

$$T_2 = \frac{\pi m}{qB} + t_1$$

(ス) $t = t_1$ における荷電粒子Pの速度の x 成分を考える。等加速度直線運動の式より

$$-v\cos\theta + \left(-\frac{qE}{m}\right)t_1'$$

$$= -v\cos\theta + \left(-\frac{qE}{m}\right)\left\{\frac{m}{qE}\left(-v\cos\theta + \sqrt{v^2\cos^2\theta + \frac{2qEd}{m}}\right)\right\}$$

$$= -\sqrt{v^2\cos^2\theta + \frac{2qEd}{m}}$$

$t = T_2$ における荷電粒子Pの速度の x 成分は大きさが等しく逆向きとなるので $\sqrt{v^2\cos^2\theta + \frac{2qEd}{m}}$ となる。

(セ) $x < -d$ の領域における荷電粒子Pの運動を xy 平面に射影した等速円運動の半径を R とすると，(ク)より

$$R = \frac{m\sqrt{v^2\cos^2\theta + \frac{2qEd}{m}}}{qB}$$

よって，$t = T_2$ における荷電粒子Pの位置の y 成分は

$$2r - 2R = 2\frac{mv\cos\theta}{qB} - 2\frac{m\sqrt{v^2\cos^2\theta + \frac{2qEd}{m}}}{qB}$$

$$= \frac{2m}{qB} \times \left(v\cos\theta - \sqrt{v^2\cos^2\theta + \frac{2qEd}{m}}\right)$$

(ソ)　荷電粒子Pの運動の z 成分は等速運動なので

$$vT_2\sin\theta$$

3　解答

(1)(ア)―④　(イ)―②　(ウ)―①　(エ)―②　(オ)―①　(カ)―①
(キ)―⓪　(ク)―⓪　(ケ)―③　(コ)―①　(サ)―⓪　(シ)―②

(2)(ス)―⑧　(セ)―②　(ソ)―③　(タ)―⑥　(チ)―⓪　(ツ)―①

◀解　説▶

≪熱サイクル≫

(1)(ア)　理想気体の状態方程式より

$$P_A V_A = R T_A \qquad \therefore \quad T_A = \frac{P_A V_A}{R}$$

(イ)　理想気体の状態方程式より

$$P_B \cdot \alpha V_A = R T_A \qquad \therefore \quad P_B = \frac{1}{\alpha} \times P_A$$

(ウ)　等温変化では内部エネルギーが変化しないので，気体が外部から受け取る仕事と熱量の和は0となる。よって

$$W_{A \to B} + Q_{A \to B} = 0$$

$$\therefore \quad W_{A \to B} = -Q_{A \to B}$$

(エ)　状態Cにおける理想気体の状態方程式より

$$P_B V_A = R T_C$$

$$T_C = \frac{P_B}{P_A} T_A = \frac{T_A}{\alpha}$$

定圧変化なので，気体が吸収する熱量は

$$Q_{B \to C} = C_P (T_C - T_A) = \frac{5R}{2}\left(\frac{T_A}{\alpha} - T_A\right) = \frac{5(1-\alpha)}{2\alpha} R T_A$$

(オ)　定積変化なので，気体が吸収する熱量は

$$Q_{C \to A} = C_V (T_A - T_C) = \frac{3R}{2}\left(T_A - \frac{T_A}{\alpha}\right) = -\frac{3(1-\alpha)}{2\alpha} R T_A$$

$Q_{C \to A} < 0$ となり，熱量 $-Q_{C \to A}$ を放出する。

(カ)　過程B→C→Aにおいて，状態Bと状態Aは気体の温度が等しく，内部エネルギーも等しくなるので，外部から受け取る仕事と熱量の和は0となる。よって

$$W_{B \to C} + Q_{B \to C} + W_{C \to A} + Q_{C \to A} = 0$$

$$\therefore\quad W_{B\to C}+W_{C\to A}=-Q_{B\to C}-Q_{C\to A}$$

過程A→B→C→Aにおいて，気体が外部に与えた正味の仕事は

$$-W_{A\to B}-W_{B\to C}-W_{C\to A}=Q_{B\to C}+Q_{C\to A}-W_{A\to B}$$

(キ)　気体が外部に与えた正味の仕事の大きさは，曲線 AB と線分 BC，CA で囲まれる領域の面積に対応する。曲線 AB は下に凸なので，直角三角形 ABC の面積よりも大きい。

(ク)　状態Eにおける理想気体の状態方程式より

$$P_E\frac{V_A}{\alpha}=RT_A$$

$$\therefore\quad P_E=\alpha\times P_A$$

(ケ)　過程A → Dは定積変化，過程D→Eは定圧変化なので

$$W_{A\to D}=0$$

$$W_{D\to E}=-P_E\left(\frac{V_A}{\alpha}-V_A\right)=-\alpha P_A\left(\frac{V_A}{\alpha}-V_A\right)=(\alpha-1)\,P_A V_A$$

よって，過程A→D→E→Aにおいて，気体が外部から受け取った正味の仕事は

$$W_{A\to D}+W_{D\to E}+W_{E\to A}=(\alpha-1)\times P_A V_A+W_{E\to A}$$

(コ)　気体が外部から受け取った正味の仕事の大きさは，線分 AD，DE と曲線 EA で囲まれる領域の面積に対応する。曲線 EA は下に凸なので，直角三角形 ADE の面積よりも小さい。

(サ)　過程A→B→C→Aにおいて，気体が外部に与えた正味の仕事の大きさは直角三角形 ABC の面積よりも大きく，過程A→D→E→Aにおいて，気体が外部から受け取った正味の仕事の大きさは直角三角形 ADE の面積よりも小さい。また，直角三角形 ABC と直角三角形 ADE の面積は等しいので，過程A→B→C→Aにおいて，気体が外部に与えた正味の仕事の大きさは，過程A→D→E→Aにおいて，気体が外部から受け取った正味の仕事の大きさより大きい。よって，全過程で気体は正味で正の仕事を外部に与える。

(シ)　過程B→Cは定圧変化，過程C→Aは定積変化なので

$$W_{B\to C}=-P_B(V_A-\alpha V_A)=-\frac{P_A}{\alpha}(V_A-\alpha V_A)=-\frac{1-\alpha}{\alpha}P_A V_A$$

$$W_{C\to A}=0$$

全過程で気体が外部に与えた正味の仕事は

$$-W_{A \to B} - W_{B \to C} - W_{C \to A} - W_{A \to D} - W_{D \to E} - W_{E \to A}$$

$$= -W_{A \to B} + \frac{1-\alpha}{\alpha} P_A V_A - 0 - 0 - (\alpha-1) P_A V_A - W_{E \to A}$$

$$= \frac{1-\alpha^2}{\alpha} \times P_A V_A - 2W_{A \to B}$$

(2)(ス) 断熱変化なので $P_A V_A{}^\gamma = P_{B'} (\alpha V_A)^\gamma$

$$\therefore \quad P_{B'} = \frac{P_A}{\alpha^\gamma} = \alpha^{-\frac{5}{3}} \times P_A$$

(セ) 理想気体の状態方程式より

$$P_{B'} \cdot \alpha V_A = R T_{B'}$$

$$\therefore \quad T_{B'} = \frac{\alpha P_{B'}}{P_A} T_A = \alpha \cdot \alpha^{-\frac{5}{3}} T_A = \alpha^{-\frac{2}{3}} T_A$$

内部エネルギーの増加量は

$$C_V (T_{B'} - T_A) = \frac{3R}{2} (\alpha^{-\frac{2}{3}} T_A - T_A)$$

$$= \frac{3}{2} (\alpha^{-\frac{2}{3}} - 1) R T_A$$

$$= \frac{3}{2} (\alpha^{-\frac{2}{3}} - 1) P_A V_A$$

$$\therefore \quad W_{A \to B'} = \frac{3}{2} (\alpha^{-\frac{2}{3}} - 1) \times P_A V_A$$

(ソ) 断熱変化なので $P_{D'} \left(\dfrac{V_A}{\alpha} \right)^\gamma = P_A V_A{}^\gamma$

$$\therefore \quad P_{D'} = \alpha^\gamma P_A = \alpha^{\frac{5}{3}} \times P_A$$

(タ) 横軸を α 倍，縦軸を $\alpha^{-\frac{5}{3}}$ 倍するので，面積は

$$\alpha \times \alpha^{-\frac{5}{3}} = \alpha^{-\frac{2}{3}} \; 倍$$

(チ) 過程 A→B′→C′→A において，気体が外部に与えた正味の仕事の大きさは直角三角形 AB′C′ の面積よりも大きく，過程 A→D′→E′→A において，気体が外部から受け取った正味の仕事の大きさは直角三角形 AD′E′ の面積よりも小さい。また，直角三角形 AB′C′ の面積は直角三角形 AD′E′ の面積の $\alpha^{-\frac{2}{3}}$ 倍であり，$0 < \alpha < 1$ より，直角三角形 AB′C′ の面

積は直角三角形 AD′E′ の面積より大きいので，過程 A→B′→C′→A において，気体が外部に与えた正味の仕事の大きさは，過程 A→D′→E′→A において，気体が外部から受け取った正味の仕事の大きさより大きい。よって，全過程で気体は正味で正の仕事を外部に与える。

(ツ)　過程 B′→C′，D′→E′ は定圧変化，過程 C′→A，A→D′ は定積変化なので

$$W_{B'→C'} = -P_{B'}(V_A - \alpha V_A) = -\alpha^{-\frac{5}{3}} P_A (V_A - \alpha V_A)$$
$$= -\alpha^{-\frac{5}{3}}(1-\alpha) P_A V_A$$
$$W_{D'→E'} = -P_{D'}\left(\frac{V_A}{\alpha} - V_A\right) = -\alpha^{\frac{5}{3}} P_A (\alpha^{-1} V_A - V_A)$$
$$= -\alpha^{\frac{5}{3}}(\alpha^{-1}-1) P_A V_A$$
$$W_{C'→A} = 0$$
$$W_{A→D'} = 0$$

また，$W_{A→B'} = \alpha^{-\frac{2}{3}} W_{E'→A}$ より

$$W_{E'→A} = \alpha^{\frac{2}{3}} W_{A→B'}$$

全過程で気体が外部に与えた正味の仕事は

$$-W_{A→B'} - W_{B'→C'} - W_{C'→A} - W_{A→D'} - W_{D'→E'} - W_{E'→A}$$
$$= -W_{A→B'} + \alpha^{-\frac{5}{3}}(1-\alpha) P_A V_A - 0 - 0 + \alpha^{\frac{5}{3}}(\alpha^{-1}-1) P_A V_A - \alpha^{\frac{2}{3}} W_{A→B'}$$
$$= -(1+\alpha^{\frac{2}{3}}) \times \frac{3}{2}(\alpha^{-\frac{2}{3}}-1) P_A V_A + (\alpha^{-\frac{5}{3}} - \alpha^{-\frac{2}{3}} + \alpha^{\frac{2}{3}} - \alpha^{\frac{5}{3}}) P_A V_A$$
$$= \left\{ (\alpha^{-\frac{5}{3}} - \alpha^{\frac{5}{3}}) - \frac{5}{2}(\alpha^{-\frac{2}{3}} - \alpha^{\frac{2}{3}}) \right\} \times P_A V_A$$

❖講　評

　例年通り，試験時間 80 分，大問 3 題の構成である。

　$\boxed{1}$　ばねにつり下げられたおもりと等加速度運動する台を組み合わせた問題である。(1)はおもりが振動しない状況を扱う，基本的な問題。(2)は台を無視できるので，おもりの支えを取って単振動させる頻出の基本的な問題。(3)は台がおもりを途中まで支える状況を扱っており，あまり見慣れない出題。おもりの位置エネルギーとして，ばねの弾性エネルギーとおもりの重力による位置エネルギーの和を考えていることに注意する。(七)では垂直抗力による仕事の大きさを求めるが，グラフを描いて三角形の面積として計算しても，積分を用いて計算してもよい。〔別解〕は，力学的エネルギーと仕事の関係を使って計算した。(4)はおもりの単振動が，台の加速度の大きさによって変わる様子を考察する問題。$\sqrt{a(2g-a)}$ の a に対するグラフを描く必要がある。a で微分して傾きを計算してもよいが，$a(2g-a)$ のグラフが放物線となるので，そこから平方根をとったとして定性的に考えれば十分であろう。

　$\boxed{2}$　電磁場中を移動する荷電粒子の運動に関する問題である。(1)は磁場中を移動する荷電粒子の運動に関する基本的な問題。荷電粒子の運動を磁束密度に垂直な平面に射影すると，等速円運動となる。半径は等速円運動の速度に比例するが，周期は速度に依存しないことに注意する。(2)は(1)に電場で荷電粒子を加速する領域を加えた問題。基本的な内容だが，式が複雑になるので慎重に計算を進めたい。

　$\boxed{3}$　熱サイクルの問題である。(1)は等温・定圧・定積の気体の状態変化を扱った基本的な問題。(2)は断熱・定圧・定積の気体の状態変化を扱った問題。どちらも，グラフの一部を縦と横に拡大・縮小することで，面積の比較をさせている。問題が進むにつれて，式が複雑になるので注意する。

　全体的に，ほぼ例年通りの内容で，難易度も例年並みであった。例年，煩雑な式変形を要する出題がなされるので，慌てることなく，慎重に式変形するよう心がけたい。

化学

（注）解答は，東京理科大学から提供のあった情報を掲載しています。

1 解答

(ア)―05 (イ)―07 (ウ)―13 (エ)―15 (オ)―02 (カ)―04
(キ)2 (ク)4 (ケ)6 (コ)3 (サ)8 (シ)2 (ス)2 (セ)6

◀解 説▶

≪六方最密構造≫

(ア)～(エ) 1段目のくぼみの部分に，重ならないように原子が積み重なっていくので，2段目の原子は，下の図の⑤と⑦（斜線部分），または⑬と⑮（網かけ部分）に位置する。

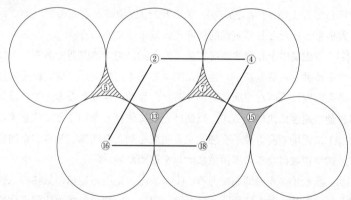

(オ)・(カ) 六方最密構造においては，1段目と3段目の原子の並び方は同じなので，3段目の原子は②，④，⑯，⑱に位置する。

(ク)～(コ) 2段目が⑬にある場合を考える。1段目の3点②，⑯，⑱と，2段目の⑬を結ぶと，1辺が $2r$ の正四面体となる。

1辺が $2r$ の正四面体 ABCD を考え，点Aから△BCD に垂線 AH を下ろすと，△ABH≡△ACH≡△ADH となるので，BH＝CH＝DH から，点H は△BCD の外心である。

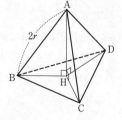

よって，△BCD において正弦定理を用いると

$$BH = \frac{2r}{2\sin 60°} = \frac{2}{\sqrt{3}}r$$

となるから，△ABH において三平方の定理より

$$AH = \sqrt{(2r)^2 - \left(\frac{2}{\sqrt{3}}r\right)^2} = \frac{2\sqrt{6}}{3}r$$

求める長さは正四面体の高さの 2 倍であるから

$$\frac{2\sqrt{6}}{3}r \times 2 = \frac{4\sqrt{6}}{3}r$$

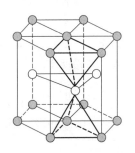

(サ)・(シ)　底面の四角形②—④—⑱—⑯の面積は

$$2 \times \frac{1}{2} \times 2r \times 2r \times \sin 60° = 2\sqrt{3}r^2$$

よって，単位格子の体積は

$$2\sqrt{3}r^2 \times \frac{4\sqrt{6}}{3}r = 8\sqrt{2}r^3$$

(ス)・(セ)　充填率は

$$\frac{\text{原子の体積}}{\text{単位格子の体積}} \times 100 = \frac{\frac{4}{3}\pi r^3 \times 2}{8\sqrt{2}r^3} \times 100 = \frac{\sqrt{2}}{6}\pi \times 100 〔\%〕$$

② 解答

(1)(ア) $2.8 \times 10^{+00}$

(2)(イ) 1.8×10^{-08}　(ウ) 2.0×10^{-05}

(3)(エ) 1.2×10^{-07}　(オ) 2.1×10^{-15}

◀解　説▶

≪気体の状態方程式，溶解度積，ステアリン酸の単分子膜≫

(1)(ア)　フラスコ内が液体 **A** の蒸気のみで満たされたとき，フラスコ内の圧力は大気圧と等しく，放冷させたときには，蒸気となっている **A** がすべて液体となるので，求める液体 **A** の質量は 370K における **A** の蒸気の質量と等しい。よって，それを $w〔g〕$ とおくと，気体の状態方程式より

$$1.01 \times 10^5 \times 1.0 = \frac{w}{86} \times 8.31 \times 10^3 \times 370$$

∴　$w = 2.82 ≒ 2.8〔g〕$

(2)(イ)　AgCl の沈殿が生じ始めるのは

$$[Ag^+][Cl^-]=1.8\times10^{-10}〔(mol/L)^2〕$$

となったときである。$[Cl^-]=1.0\times10^{-2}〔mol/L〕$ であるから、このときの Ag^+ の濃度は

$$[Ag^+]=\frac{1.8\times10^{-10}}{1.0\times10^{-2}}=1.8\times10^{-8}〔mol/L〕$$

(ウ)　Ag_2CrO_4 の沈殿が生じ始めるのは

$$[Ag^+]^2[CrO_4^{2-}]=4.0\times10^{-12}〔(mol/L)^3〕$$

となったときである。$[Cl^-]=1.0\times10^{-2}〔mol/L〕$ であるから、このときの Ag^+ の濃度は

$$[Ag^+]=\sqrt{\frac{4.0\times10^{-12}}{1.0\times10^{-2}}}=2.0\times10^{-5}〔mol/L〕$$

(3)(エ)　0.15mL の溶液中に溶解しているステアリン酸分子の物質量を求めて

$$8.0\times10^{-4}\times\frac{0.15}{1000}=1.2\times10^{-7}〔mol〕$$

(オ)　単分子膜を形成しているステアリン酸分子の個数は

$$6.02\times10^{23}\times1.2\times10^{-7}=7.224\times10^{16}個$$

であるから、1 分子が占める面積は

$$\frac{1.5\times10^2}{7.224\times10^{16}}=2.07\times10^{-15}≒2.1\times10^{-15}〔cm^2〕$$

$\boxed{3}$　**解答**　(1)(i) $2.00\times10^{+0}$　(ii) $6.98\times10^{+0}$

(2)(iii) 1.00×10^{-5}　(iv) $3.00\times10^{+0}$　(v) 9.50×10^{-2}

━━━━━◀解　説▶━━━━━

≪弱酸の電離平衡、極端に希薄な酸の水溶液の pH≫

(1)(i)　HCl は完全に電離するから、$1.00\times10^{-2}mol/L$ の希塩酸中の水素イオン濃度は

$$[H^+]=1.00\times10^{-2}〔mol/L〕$$

よって、pH は 2.00 である。

(ii)　HCl の電離により生じた H^+ の濃度は $1.00\times10^{-8}mol/L$ である。また、水の電離は

$$H_2O \rightleftharpoons H^+ + OH^-$$

と表されるので，水の電離により生じた H^+ と OH^- の濃度は等しく，それぞれ x〔mol/L〕とする。これらのことから

$$[H^+] = 1.00 \times 10^{-8} + x \text{〔mol/L〕}, \quad [OH^-] = x \text{〔mol/L〕}$$

と表せるので，25℃における水のイオン積

$$[H^+][OH^-] = 1.00 \times 10^{-14} \text{〔(mol/L)}^2\text{〕}$$

より

$$(1.00 \times 10^{-8} + x)\, x = 1.00 \times 10^{-14}$$
$$x^2 + 10^{-8} x - 10^{-14} = 0$$

$x > 0$ に注意して，この 2 次方程式を解くと

$$x = \frac{-10^{-8} + \sqrt{(10^{-8})^2 + 4 \cdot 10^{-14}}}{2}$$

$$= \frac{-10^{-8} + \sqrt{4.01 \times 10^{-14}}}{2}$$

$$= \frac{-10^{-8} + 2.00 \times 10^{-7}}{2}$$

$$= \frac{1.90 \times 10^{-7}}{2} = 9.50 \times 10^{-8}$$

したがって，水素イオン濃度は

$$[H^+] = 1.00 \times 10^{-8} + 9.50 \times 10^{-8} = 1.05 \times 10^{-7} \text{〔mol/L〕}$$

となるから

$$\text{pH} = -\log_{10}(1.05 \times 10^{-7}) = 7 - \log_{10} 1.05$$
$$= 7 - 0.0212 = 6.9788 \fallingdotseq 6.98$$

(2)(iii)　カルボン酸の濃度を c〔mol/L〕とおくと，電離による濃度変化は次のようになる。

$$RCOOH \rightleftharpoons RCOO^- + H^+$$

	RCOOH	RCOO⁻	H⁺	
反応前	c	0	0	〔mol/L〕
反応量	$-c\alpha$	$+c\alpha$	$+c\alpha$	〔mol/L〕
平衡時	$c(1-\alpha)$	$c\alpha$	$c\alpha$	〔mol/L〕

$1 - \alpha \fallingdotseq 1$ と近似できるので，酸解離定数 K_a は

$$K_a = \frac{[RCOO^-][H^+]}{RCOOH} = \frac{c\alpha \cdot c\alpha}{c(1-\alpha)} = \frac{c\alpha^2}{1-\alpha} \fallingdotseq c\alpha^2 \text{〔mol/L〕}$$

となる。これに，$c = 1.00 \times 10^{-1}$〔mol/L〕，$\alpha = 0.0100 = 1.00 \times 10^{-2}$ を代入して

$$K_a = 1.00 \times 10^{-1} \times (1.00 \times 10^{-2})^2 = 1.00 \times 10^{-5} \,[\text{mol/L}]$$

(iv) 水素イオン濃度は

$$[\text{H}^+] = c\alpha = 1.00 \times 10^{-1} \times 1.00 \times 10^{-2} = 1.00 \times 10^{-3} \,[\text{mol/L}]$$

となるから，pH は 3.00 である。

(v) カルボン酸水溶液を 100 倍に薄めると，その濃度は

$$1.00 \times 10^{-1} \times \frac{1}{100} = 1.00 \times 10^{-3} \,[\text{mol/L}]$$

となる。このとき，$1 - \alpha \fallingdotseq 1$ と近似することができないので，酸解離定数の式から

$$K_a = \frac{c\alpha^2}{1-\alpha} \qquad c\alpha^2 + K_a\alpha - K_a = 0$$

$\alpha > 0$ に注意して，この 2 次方程式を解くと

$$\alpha = \frac{-K_a + \sqrt{K_a{}^2 + 4cK_a}}{2c}$$

これに，$c = 1.00 \times 10^{-3} \,[\text{mol/L}]$，$K_a = 1.00 \times 10^{-5} \,[\text{mol/L}]$ を代入して

$$\alpha = \frac{-1.00 \times 10^{-5} + \sqrt{(1.00 \times 10^{-5})^2 + 4 \times 1.00 \times 10^{-3} \times 1.00 \times 10^{-5}}}{2 \times 1.00 \times 10^{-3}}$$

$$= \frac{-1.00 \times 10^{-5} + \sqrt{4.01 \times 10^{-8}}}{2.00 \times 10^{-3}}$$

$$= \frac{-1.00 \times 10^{-5} + 2.00 \times 10^{-4}}{2.00 \times 10^{-3}} = \frac{1.90 \times 10^{-4}}{2.00 \times 10^{-3}} = 9.50 \times 10^{-2}$$

4 解答

(1)(ア)—02　(イ)—08　(ウ)—12

(i) $3.78 \times 10^{+2}$　(ii) $6.50 \times 10^{+1}$

(2)(エ)— 2　(オ)— 1　(カ)— 7　(キ)— 4　(iii) $3.60 \times 10^{+0}$　(iv) $6.75 \times 10^{+1}$

◀解　説▶

≪Al_2O_3 の溶融塩電解，燃料電池≫

(1)(ウ)　Al_2O_3 の融点は約 2000℃ と高温であるため，融点を下げるために，氷晶石 Na_3AlF_6 を加えて溶融塩電解を行う。

(i) 流れた電子の物質量は

$$\frac{9.65 \times 10^2 \times 70 \times 60}{9.65 \times 10^4} = 42 \,[\text{mol}]$$

陰極の反応は

$$Al^{3+} + 3e^- \longrightarrow Al$$

であるから，得られた Al の物質量は

$$42 \times \frac{1}{3} = 14 \,〔mol〕$$

となる。したがって，求める質量は

$$27.0 \times 14 = 378 \,〔g〕$$

(ii)　ボーキサイト中の $Al_2O_3 \cdot 3H_2O$（式量 156）と $Al_2O_3 \cdot H_2O$（式量 120）の質量の合計は

$$1200 - 180 = 1020 \,〔g〕$$

よって，これに含まれる $Al_2O_3 \cdot 3H_2O$ と $Al_2O_3 \cdot H_2O$ の物質量をそれぞれ x〔mol〕，y〔mol〕とおくと

$$156x + 120y = 1020 \quad \cdots\cdots①$$

また，得られた Al の物質量が 14 mol であることから

$$2x + 2y = 14 \quad \cdots\cdots②$$

①，②から

$$x = 5.00 \,〔mol〕, \quad y = 2.00 \,〔mol〕$$

よって，1200 g のボーキサイト中の $Al_2O_3 \cdot 3H_2O$ の質量は

$$156 \times 5.00 = 780 \,〔g〕$$

となるから，その質量割合は

$$\frac{780}{1200} \times 100 = 65.0 \,〔\%〕$$

(2)(エ)～(キ)　リン酸形燃料電池では，次の反応式に示すように，負極で H_2 が酸化され，正極で O_2 が還元される。

$$負極：H_2 \longrightarrow 2H^+ + 2e^-$$

$$正極：O_2 + 4H^+ + 4e^- \longrightarrow 2H_2O$$

全体では，H_2 と O_2 から H_2O が生成する反応となる。

$$2H_2 + O_2 \longrightarrow 2H_2O$$

(iii)　流れた電流の大きさは

$$\frac{193〔W〕}{1.00〔V〕} = 193 \,〔A〕$$

であるから，1 時間（3600 秒）で流れた電子の物質量は

$$\frac{193 \times 3600}{9.65 \times 10^4} = 7.20 \,〔mol〕$$

よって，反応した H_2 の物質量は

$$7.20 \times \frac{1}{2} = 3.60 \, [\text{mol}]$$

(iv)　燃料電池の出力は 193J/s であるから，1 時間の稼働で得られた電気エネルギーは

$$193 \times 3600 \, [\text{J}]$$

である。熱化学方程式より，H_2 の燃焼熱は 286 kJ/mol であるから，3.60 mol の H_2 が燃焼したときに発生する熱量は

$$286 \times 10^3 \times 3.60 \, [\text{J}]$$

となる。よって，求める割合は

$$\frac{193 \times 3600}{286 \times 10^3 \times 3.60} \times 100 = 67.48 \fallingdotseq 67.5 \, [\%]$$

5　**解答**　(1)(ア) 007　(イ) 008　(ウ) 203　(エ) 080
(2)(a)正　(b)正　(c)正　(d)誤　(e)正　(f)誤　(g)誤　(h)誤

◀解　説▶

≪芳香族炭化水素と芳香族カルボン酸の反応，凝固点降下≫

(1)(ア)・(イ)　化合物 **A** の分子式を C_xH_y とすると

$$x = \frac{92.0 \times \frac{91.3}{100}}{12.0} = 6.9 \fallingdotseq 7, \quad y = \frac{92.0 - 12.0 \times 7}{1.0} = 8$$

よって，**A** の分子式は C_7H_8 となり，組成式は C_7H_8 である。

(ウ)　化合物 **C** の見かけの分子量を M とすると

$$0.154 = 5.125 \times \frac{0.610}{M} \times \frac{1000}{100} \quad \therefore \quad M = 203.0 \fallingdotseq 203$$

(エ)　**A** は分子式からトルエンとわかる。トルエンを穏やかに酸化した化合物 **B** はベンズアルデヒド，さらに酸化した **C** は安息香酸である。

ここで，ベンゼンに溶かした **C** の物質量を $n \, [\text{mol}]$，二量体を形成している **C** の割合を β（$0 \leqq \beta \leqq 1$）とする。二量体を C_2 と表すと，**C** が二量体を形成する反応と，それによる物質量変化は次のようになる。

$$2C \rightleftharpoons C_2$$

反応前　　　　n　　　　　　0　　〔mol〕

反応量　　　$-\beta n$　　　$+\dfrac{1}{2}\beta n$　〔mol〕

平衡時　　$(1-\beta)n$　　　$\dfrac{1}{2}\beta n$　〔mol〕

よって，溶液中の **C** と二量体の物質量の合計は

$$(1-\beta)n+\frac{1}{2}\beta n=\left(1-\frac{1}{2}\beta\right)n\,\text{〔mol〕}$$

となるから，見かけの分子量が 203 で，質量が 0.610 g であることより

$$203\times\left(1-\frac{1}{2}\beta\right)n=0.610$$

いま，溶かした **C**（安息香酸，分子量 122）の物質量は

$$n=\frac{0.610}{122}\,\text{〔mol〕}$$

であるから

$$203\times\left(1-\frac{1}{2}\beta\right)\times\frac{0.610}{122}=0.610 \qquad \beta=0.7982\fallingdotseq0.798$$

となる。したがって，求める割合は

$$0.798\times100=79.8\fallingdotseq80\,\text{〔%〕}$$

別解　（**C** と二量体の物質量の合計を求めるところまでは同じ）
見かけの分子量が 203 であることより

$$122\times\frac{(1-\beta)n}{\left(1-\dfrac{1}{2}\beta\right)n}+244\times\frac{\dfrac{1}{2}\beta n}{\left(1-\dfrac{1}{2}\beta\right)n}=203$$

$$\therefore\quad \beta=0.7980\fallingdotseq0.798$$

以下，〔解説〕に同じ。

(2)　(a)正文。**B**（分子式 C_7H_6O，分子量 106）と **C**（分子式 $C_7H_6O_2$，分子量 122）の完全燃焼の化学反応式は，それぞれ次のようになる。

　　　B：$C_7H_6O+8O_2\longrightarrow 7CO_2+3H_2O$

　　　C：$2C_7H_6O_2+15O_2\longrightarrow 14CO_2+6H_2O$

よって，1.00 g が完全燃焼するときに必要な O_2 の物質量の最小値は，それぞれ

$$B：\frac{1.00}{106} \times 8 = 0.0754 \fallingdotseq 0.075 〔mol〕$$

$$C：\frac{1.00}{122} \times \frac{15}{2} = 0.0614 \fallingdotseq 0.061 〔mol〕$$

となるので，**B**のほうが大きい。

(b)正文。(a)において，発生する CO_2 の物質量はそれぞれ

$$B：\frac{1.00}{106} \times 7 = \frac{7.00}{106} 〔mol〕, \quad C：\frac{1.00}{122} \times \frac{14}{2} = \frac{7.00}{122} 〔mol〕$$

となるので，**B**のほうが大きい。

(c)正文。**B**はアルデヒドであるから，還元性があり，銀鏡反応を示す。

(d)誤文。**C**はカルボン酸であるから，水溶液は弱酸性を示す。

(e)正文。**D**はサリチル酸であり，フェノール性のヒドロキシ基をもつので，その水溶液に $FeCl_3$ 水溶液を加えると，赤紫色に呈色する。

(f)誤文。**E**はサリチル酸メチルである。サリチル酸メチルにはカルボキシ基がないので，$NaHCO_3$ とは反応しない。

(g)誤文。**F**はアセチルサリチル酸である。アセチルサリチル酸にはフェノール性のヒドロキシ基がないので，その水溶液に $FeCl_3$ 水溶液を加えても呈色しない。

(h)誤文。**E**と**F**が逆である。

6 解答

(ア)—01　(イ)—08　(ウ)—10　(エ)—11　(オ)—14　(カ)—13
(キ)—17　(ク)—18　(ケ)—19　(コ)—24　(サ)—21　(シ)—27
(ス)—20
(A) $5.00 \times 10^{+2}$

━━━━━ ◀解　説▶ ━━━━━

≪いろいろな合成高分子≫

(ア)・(イ)　分子内に炭素の二重結合を2つもつ分子をジエンといい、ジエンを付加重合させて得られるゴムをジエン系ゴムという。語群の中ではイソプレンゴム、クロロプレンゴムがこれに該当するが、CとH以外の元素を含むのは、クロロプレンゴム（Clを含む）である。ブタジエンゴムは、1,3-ブタジエンを付加重合させると得られる。

$$\left[CH_2-\underset{\underset{CH_3}{|}}{C}=CH-CH_2\right]_n \qquad \left[CH_2-\underset{\underset{Cl}{|}}{C}=CH-CH_2\right]_n$$

イソプレンゴム　　　　　　クロロプレンゴム

$$\left[CH_2-CH=CH-CH_2\right]_n$$

ブタジエンゴム

(ウ)　CとH以外の元素を含むオレフィン系ゴムの一つには、フッ化ビニリデン $CH_2=CF_2$ とヘキサフルオロプロペン $CF_2=CF(CF_3)$ からなるフッ素ゴムがある。ブチルゴムは、2-メチルプロペン $(CH_3)_2C=CH_2$ とイソプレンからなり、アクリルゴムは、アクリル酸エステル $CH_2=CH-COOR$ とアクリロニトリルなどからなる。

(エ)　天然ゴムの主成分はシス形のポリイソプレンである。

(オ)　ナイロン66（6,6-ナイロン）は、アジピン酸とヘキサメチレンジアミンの縮合重合により合成される。

(ク)　ポリ酢酸ビニルはボンドなどの接着剤のほか、チューインガムや洗濯のりなどに用いられている。

(ケ)　メタクリル酸メチルを付加重合させると、アクリル樹脂（ポリメタクリル酸メチル）が得られる。アクリル樹脂は高い透明性、耐衝撃性があるので、プラスチックレンズ、建物や乗り物の窓、水族館の水槽などに用いられている。

(コ)・(サ)　光が当たることで重合がさらに進んで立体網目構造となり、溶媒に溶けにくくなる高分子を光硬化性樹脂という。また、光が当たることで物理的性質や化学的性質が変化する高分子化合物を感光性高分子という。

(A)　ポリ酢酸ビニルの重合度を n とすると、分子量は $86n$ と表されるから

$$86n=4.30\times10^4 \quad \therefore \quad n=500$$

❖講　評

　試験時間は 80 分。例年通り大問数は 6 題で，①～④が理論，⑤・⑥が有機と理論の出題であり，無機からの出題がなかった。すべての大問に計算問題が含まれており，思考力を要する問題，計算が煩雑な問題，細かい知識を問う問題も見られ，全体的に難しかった。

　①は六方最密構造に関する問題。(ア)～(カ)については，面心立方格子との違いを踏まえた上で，六方最密構造の原子の積み重なり方を正確に理解していることが求められる。(ク)～(シ)は数学的な処理が必要であり，時間がかかったかもしれない。単位格子の四角柱の高さが，正四面体の高さの 2 倍になっていることに注意。

　②は理論分野のいろいろな計算問題。(1)は計算は少し面倒だが，考え方は難しくない。(2)は溶解度積についての基本的な理解があれば，計算も含めて容易。(3)はステアリン酸の単分子膜の問題で，受験生であれば一度は解いたことがあるはずである。アボガドロ定数はこの問題では与えられており，(エ)，(オ)ともに易しい。(1)～(3)ともここは正答しておきたい。

　③は塩酸とカルボン酸を題材とした電離平衡に関する計算問題。(ii)と(v)は，未知数を明確にした上で 2 次方程式をつくり，それを解の公式を用いて解かなければならず，難しく感じたであろう。類題の経験の有無で差がついたと思われる。(ii)，(v)ができなくても，(i)，(iii)，(iv)は標準的な問題であり，正答しておきたい。

　④は Al_2O_3 の溶融塩電解と燃料電池に関する問題。(1)では，(ア)～(ウ)と(i)は基本的であったが，(ii)は見慣れない問題で難しく感じたかもしれない。(2)は燃料電池に関する典型問題であった。(iii)，(iv)については，$1〔W〕=1〔V・A〕=1〔J/s〕$ の関係が与えられているので，物理が未習であっても無理なく解けるようになっている。

　⑤は芳香族炭化水素と芳香族カルボン酸の反応，凝固点降下に関する問題。有機分野の設問はいずれも基本的であり，完答したい。(エ)の安息香酸の会合度を求める問題は，類題の経験がないと難しい。溶液中での安息香酸の単量体と二量体の物質量を求めたのち，「分子量×物質量＝質量」を用いるか，混合気体の平均分子量を求める要領で，「分子量×モル分率の和＝平均分子量」を用いればよい。

6 はいろいろな合成高分子に関する問題。ゴムと機能性高分子に関する設問では，細かい知識が要求されており，合成高分子の学習を進め切れていない受験生には難しかったと思われる。その他は問題集でもよく見るものであるから，そこを確実に取っておきたい。(A)の計算問題は非常に易しかった。

//////////////// · memo · ////////////////

問題と解答

■B方式2月3日実施分：数・物理・情報科・応用生物科・
　　　　　　　　　　　　　　　　　　経営工学科

問題編

▶試験科目・配点

教　科	科　　　　　　　目	配　　点
外国語	コミュニケーション英語Ⅰ・Ⅱ・Ⅲ，英語表現Ⅰ・Ⅱ	100 点
数　学	数学Ⅰ・Ⅱ・Ⅲ・A・B	数学科：200 点 その他：100 点
理　科	数・情報科・応用生物科・経営工学科：「物理基礎・物理」，「化学基礎・化学」，「生物基礎・生物」から1科目選択	100 点
	物理学科：物理基礎・物理	

▶備　考

• 英語はリスニングおよびスピーキングを課さない。
• 数学Bは「数列」「ベクトル」から出題。

■英語■

(60 分)

1　Read the following article published in the year 2021 and answer the questions below.　　　　　　　　　　　　　　　(60 points)

　　In the summer of 2017, Joshua Malone, then an undergraduate at Augustana College in Illinois, visited a field research camp in Wyoming and picked up some rocks. Rounded at the edges and the size of small fists, they were out of place among the fine-grained mudrock that had surrounded them,
(1)
and Mr. Malone asked his father, David Malone, a geologist at Illinois State University who led the dig at the site, if he knew where the rocks had come from. Four years later, the two have developed a surprising answer.

　　In a study published earlier this year in the journal *Terra Nova*, the Malones with colleagues say the stones came from a rock formation in
(2)
southern Wisconsin about 1,000 miles to the east of where they were found. What's even more surprising is their hypothesis for how the rocks made that
(3)
journey: The researchers say they were carried in the guts* of long-neck dinosaurs. These animals, known as sauropods*, reached lengths of over 100 feet and weights of 40 tons, and regularly swallowed stones known as gastroliths, perhaps to help them digest plants, just as some birds and reptiles
(4)
do today. The hypothesis would explain how the rocks acquired their smooth and rounded textures.

　　But questions remain about whether they really made the whole journey in the bellies of these great beasts. The gastroliths were found in Jurassic-aged mudstones in a rock formation called the Morrison. A rainbow of pinks and reds, the Morrison formation brims* with dinosaur fossils, including those of sauropods, such as Barosaurus and Diplodocus, as well as meat-eaters like Allosaurus.

But the rocks, which are similar to gastroliths dug up elsewhere, were found on their own without any dinosaur remnants*. To get a clue as to how they had ended up in modern-day Wyoming, the team crushed the rocks to retrieve and date the zircon* crystals contained inside, a bit like studying ancient fingerprints. "What we found was that the zircon ages inside these gastrolith-like stones have distinct age spectra that matched what the ages were in the rocks in southern Wisconsin," said Mr. Malone, who's now a doctoral student studying geology at the University of Texas at Austin. "We used that to hypothesize that these rocks were ingested* somewhere in southern Wisconsin and then transported to Wyoming in the belly of a dinosaur." He added, "There hasn't really been a study like this before that suggests long-distance dinosaur migration using this technique, so it was a really exciting moment for us."
(5)

The Wisconsin-Wyoming connection hints at a trek hundreds of miles longer than previous estimates for sauropod migrations. Changing seasons can drive migrations as animals relocate in search of food and water. And (6) in particular, says Michael D'Emic, a vertebrate paleontologist* at Adelphi University in New York and a co-author of the study, would have needed gargantuan* amounts of these resources to sustain their gargantuan lives. "Sauropods grew quickly to reach their unparalleled* sizes — on par with* the rates that large mammals grow today," he said. "This means that their caloric needs were [　A　], so given the highly seasonal environments they lived in, it's [　B　] that they would have had to migrate long distances in search of food."

But other scientists say that because the rocks were not found alongside any actual dinosaur remains, the paper's hypothesis will need more evidence to be proven correct. "Unfortunately, we have no real evidence that these clasts* are indeed former gastroliths," said Oliver Wings, a geologist and vertebrate paleontologist at Martin Luther University Halle-Wittenberg in Germany. "We cannot exclude the possibility of transport of the stones in the bellies of dinosaurs, but it remains just one possibility of several." Nevertheless, Dr. Wings thinks the team's new technique swings the door open for paleontologists to date other gastroliths, especially those found preserved with actual dinosaur skeletons. "It would be amazing if they could use that method on genuine gastroliths," he said.

　　<u>However</u> the rounded rocks got to Wyoming, their discovery helped carry (7) Mr. Malone into a family tradition of studying geology. "I kind of rejected geology for the first 19 years of my life," he said. "It wasn't until this project, and being out there at that field camp that I kind of started to get interested in maybe taking that direction in my life."

Adapted from Lucas Joel, *These Rocks Made a 1,000-Mile Trek. Did Dinosaurs Carry Them?*

(**Notes**)

guts < **gut**：消化器官

sauropods < **sauropod**：四肢歩行で首と尾の長い草食恐竜

brims < **brim**：いっぱいになる，あふれる

remnants < **remnant**：残り，残骸

zircon：40番元素ジルコニウムの珪酸塩鉱物

ingested < **ingest**：食物などを摂取する，飲み込む

vertebrate paleontologist：古脊椎動物学者

gargantuan：非常に大きな

unparalleled：並ぶもののない

on par with：〜と同等で

clasts < **clast**：岩片，砕せつ片

(1)　Which of the items below is the closest in meaning to the underlined part
(1) in the article?　Consider the context, choose one from the following
answer choices, and mark the number on your **Answer Sheet**.

　1　did not have the space needed

　2　did not seem to belong there

　3　were able to occur together without conflict

　4　were being picked out from

(2)　Which of the items below is the closest in meaning to the underlined part
(2) in the article?　Consider the context, choose one from the following
answer choices, and mark the number on your **Answer Sheet**.

　1　The fine-grained stones were manufactured for sale at the research site
where Mr. Malone's father supervised the dig.

　2　The rock formation, where the stones had originated, stretched one
thousand miles in a straight-line from the southern part of Wisconsin to
Wyoming.

　3　The rocks somehow traveled a thousand miles from Wisconsin, where
they had originally taken shape.

　4　Quite a few rocks were picked up along the winding natural travel
routes of large wild animals running through a 1,000 square-mile area in
eastern Wisconsin.

(3)　Which of the items below is the closest in meaning to the underlined part
(3) in the article?　Consider the context, choose one from the following
answer choices, and mark the number on your **Answer Sheet**.

　1　an idea or explanation of something that is based on a few known facts
but that needs to be confirmed a great many times before it can be
proven true

　2　the act of looking at something thoroughly, to confirm that everything
is as it should be

3 the belief that particular events happen in a way that cannot be explained by reason or science

4 the part of your mind that tells you whether your actions are right or wrong

(4) Which of the items below most correctly describes the underlined part (4) in the article? Consider the context, choose one from the following answer choices, and mark the number on your **Answer Sheet**.

1 They are small pieces of raw clay that were taken out from the ground.

2 They are stones that some living things have taken into their internal organs to help them absorb nutrition.

3 They are stones that the food, which long-neck dinosaurs had eaten, became.

4 They are thick, bony plates on the backs of plant-eating dinosaurs.

(5) Why did Joshua Malone and colleagues use the technique in the underlined part (5) in the article? Consider the context, choose one from the following answer choices, and mark the number on your **Answer Sheet**.

1 They wanted to tell one gastrolith from another.

2 They wanted to know the age when a variety of stones, which were dug up alongside dinosaur skeletons, had been formed.

3 They wanted to prove that a group of stones found by themselves in one place originally came from another location.

4 They wanted to put rocks found in one location into different categories by listing all the minerals contained in them.

(6) Which of the items below correctly fills in the blank (**6**) in the article? Consider the context, choose one from the following answer choices, and mark the number on your **Answer Sheet**.

1 allosauruses

2 mammals

3 reptiles

4 sauropods

(7) Which of the pairs below correctly fills in the blanks 〔 **A** 〕 and 〔 **B** 〕 in the article? Consider the context, choose one from the following answer choices, and mark the number on your **Answer Sheet**.

	〔 **A** 〕	〔 **B** 〕
1	comparable	unimaginable
2	enormous	not possible
3	equivalent	astonishing
4	immense	not surprising

(8) Which of the items below is the closest in meaning to the underlined part (7) in the article? Consider the context, choose one from the following answer choices, and mark the number on your **Answer Sheet**.

1 In a variety of ways in which

2 In contrast to the fact that

3 Regardless of the ways in which

4 In spite of the fact that

(9) For each of the following statements, according to the article above, mark **T** if it is true, or **F** if it is false, on your **Answer Sheet**.

1 Joshua Malone questioned his father about the rocks found at the Wyoming research camp.

2 Sauropod fossils have been discovered in the Jurassic-aged rock formation called the Morrison.

3 The age-dating technique is expected to advance understanding of dinosaur migration.

4 Michael D'Emic and the Malones have published together.

5 Oliver Wings supposes that the Malones' explanation needs no more proof in order to be accepted.

6 Since he has been uninterested in geology for the last 19 years, Joshua Malone is not willing to continue his geological studies in the future.

---

2 Read the following interview with a chef and rearrange the words in the underlined parts (1) ～ (4) into the right order. Mark the numbers correctly, from top to bottom, on your **Answer Sheet**. All answer choices start with lower-case letters. (25 points)

著作権の都合上，省略。

Meet The Chef: Roberta Hall-McCarron Of The Little Chartroom In Edinburgh, Luxuary Lifestyle Magazine on May 18, 2020 by Ina Yulo Stuve

3 Read the following five passages on refrigeration technology, choose one item from the choices below in order to fill each pair of blanks and complete them in the best possible way. Mark the numbers on your **Answer Sheet**.

(15 points)

(1) The development of refrigeration technology changed the world in many ways that we (**a**) today. For example, it was only during the second half of the 20th century, after affordable refrigeration became available, (**b**) ice cream became the popular dessert it is today.

　　 1 　(a) put up with 　　　　　　　 (b) if

　　 2 　(a) have on hand 　　　　　　 (b) or

　　 3 　(a) take for granted 　　　　 (b) that

　　 4 　(a) accept as correct 　　　 (b) although

(2) Prior to the 1940s, most homes only had an icebox, which was a cabinet with an ice compartment at its base. This kept contents cool, (**a**) not cold. Ice cream was a dish for the privileged few and (**b**) for them, ice cream remained a dessert for special occasions.

　　 1 　(a) however 　　　　　　　　　 (b) hardly

2　(a) as though　　　　　　　　(b) unfortunately

3　(a) instead of　　　　　　　　(b) unlike

4　(a) but　　　　　　　　　　　(b) even

(3)　At that time, ice cream was a *destination dessert*, meaning that a long drive to a holiday location like a beach or an amusement park was (　a　). Of course, ice cream could be made at home, but it was (　b　), requiring that someone turn a mechanical handle non-stop for a very long time.

1　(a) necessary　　　　　　　　(b) hard work

2　(a) expected　　　　　　　　　(b) convenient

3　(a) planned　　　　　　　　　(b) easy going

4　(a) enjoyable　　　　　　　　(b) forbidden

(4)　Then, in the 1950s, refrigerators and freezers became common household appliances in the United States. (　a　), people could buy ice cream at the store and keep it frozen at home to be eaten (　b　).

1　(a) Now　　　　　　　　　　(b) days or weeks later

2　(a) The next day　　　　　　　(b) the day before

3　(a) Previously　　　　　　　　(b) at any time

4　(a) Suddenly　　　　　　　　(b) anymore

(5)　This convenience and the resulting increase in sales enabled ice cream producers to offer their product at lower prices and in (　a　) of new flavors. Thanks to refrigeration technology, today it is not unusual to find ice cream shops where you can choose (　b　) 40 or more flavors.

1　(a) a general lack　　　　　　(b) from as many as

2　(a) an unusual kind　　　　　(b) neither of

3　(a) a frequent shortage　　　　(b) no fewer than

4　(a) a greater variety　　　　　(b) from among

Based in part on Tom Jackson's *Chilled: How Refrigeration Changed the World and Might Do So Again*

数学

（100 分）

問題 $\boxed{1}$ の解答は解答用マークシートにマークしなさい。

$\boxed{1}$　次の文章中の $\boxed{ア}$ から $\boxed{マ}$ までに当てはまる数字 0 ～ 9 を求めて，**解答用マークシート**の指定された欄にマークしなさい。ただし，分数は既約分数として表しなさい。なお，$\boxed{ア}$ などは既出の $\boxed{ア}$ などを表す。

（40 点，ただし数学科は 80 点）

(1) m を実数とする。x についての 2 次方程式

$$x^2 - (m+3)x + m^2 - 9 = 0$$

の 2 つの解を $\alpha,\ \beta$ とする。$\alpha,\ \beta$ が実数であるための必要十分条件は

$$-\boxed{ア} \leqq m \leqq \boxed{イ}$$

である。m が $-\boxed{ア} \leqq m \leqq \boxed{イ}$ の範囲を動くときの

$$\alpha^3 + \beta^3$$

の最小値は $\boxed{ウ}$，最大値は $\boxed{エ}\ \boxed{オ}\ \boxed{カ}$ である。

(2) 角 θ に関する方程式

$$\cos 4\theta = \cos\theta \quad (0 \leqq \theta \leqq \pi) \quad \cdots\cdots \quad ①$$

について考える。①を満たす θ は小さいほうから順に

$$\theta = 0,\ \frac{\boxed{キ}}{\boxed{ク}}\pi,\ \frac{\boxed{ケ}}{\boxed{コ}}\pi,\ \frac{\boxed{サ}}{\boxed{シ}}\pi$$

の 4 つである。一方，θ が①を満たすとき，$t = \cos\theta$ とおくと t は

$$\boxed{\text{ス}}\, t^4 - \boxed{\text{セ}}\, t^2 + \boxed{\text{ソ}} = t \qquad \cdots\cdots \quad ②$$

を満たす。$t = 1$，$\cos\dfrac{\boxed{\text{ケ}}}{\boxed{\text{コ}}}\pi$ は②の解なので，2 次方程式

$$\boxed{\text{タ}}\, t^2 + \boxed{\text{チ}}\, t - 1 = 0$$

は $\cos\dfrac{\boxed{\text{キ}}}{\boxed{\text{ク}}}\pi$，$\cos\dfrac{\boxed{\text{サ}}}{\boxed{\text{シ}}}\pi$ を解にもつ。これより

$$\cos\dfrac{\boxed{\text{キ}}}{\boxed{\text{ク}}}\pi = \dfrac{\sqrt{\boxed{\text{ツ}}} - \boxed{\text{テ}}}{\boxed{\text{ト}}}$$

$$\cos\dfrac{\boxed{\text{サ}}}{\boxed{\text{シ}}}\pi = -\dfrac{\sqrt{\boxed{\text{ツ}}} + \boxed{\text{テ}}}{\boxed{\text{ト}}}$$

であることがわかる。

(3) 座標平面上の 3 点 $(2, 3)$，$(-5, 10)$，$(-2, 1)$ を通る円を C_1 とする。このとき，

$$C_1 \text{ の中心は } \left(-\boxed{\text{ナ}},\ \boxed{\text{ニ}}\right),\ \text{半径は } \boxed{\text{ヌ}}$$

である。C_1 と点 $(2, 3)$ で外接し，x 軸とも接している円を C_2 とする。このとき，

$$C_2 \text{ の中心は } \left(\dfrac{\boxed{\text{ネ}}}{\boxed{\text{ノ}}},\ \dfrac{\boxed{\text{ハ}}\,\boxed{\text{ヒ}}}{\boxed{\text{フ}}}\right),\ \text{半径は } \dfrac{\boxed{\text{ヘ}}\,\boxed{\text{ホ}}}{\boxed{\text{マ}}}$$

である。

問題 $\boxed{2}$ の解答は白色の解答用紙に記入しなさい。

$\boxed{2}$　平面上に三角形 ABC と点 P があり，点 P は，ある正の定数 t に対して

$$3t\,\overrightarrow{\mathrm{AP}} + t^2\,\overrightarrow{\mathrm{BP}} + 4\,\overrightarrow{\mathrm{CP}} = \vec{0}$$

を満たすとする。$\vec{b} = \overrightarrow{\mathrm{AB}}$，$\vec{c} = \overrightarrow{\mathrm{AC}}$ とおく。

(1)　$\overrightarrow{\mathrm{BP}}$ を，$\vec{b}$ と $\overrightarrow{\mathrm{AP}}$ を用いて表せ。

(2)　$\overrightarrow{\mathrm{AP}} = v\vec{b} + w\vec{c}$ となる実数 v, w を，t を用いて表せ。

(3)　直線 AP と直線 BC の交点を D とする。$\overrightarrow{\mathrm{AD}} = x\vec{b} + y\vec{c}$ となる実数 x, y を，t を用いて表せ。

以下，三角形 ABC の面積を S_1，三角形 PBC の面積を S_2 とする。

(4)　$\dfrac{S_2}{S_1}$ を，t を用いて表せ。

(5)　t が正の実数全体を動くとき，$\dfrac{S_2}{S_1}$ が最大となる t の値を求めよ。

（30 点，ただし数学科は 60 点）

問題 $\boxed{3}$ の解答はクリーム色の解答用紙に記入しなさい。

$\boxed{3}$　関数 $f(x)$ を次で定める。

$$f(x) = \frac{1}{x} \qquad (x > 0)$$

座標平面上の曲線 $y = f(x)$ を C とする。C 上の点 $\mathrm{P}\left(2, \dfrac{1}{2}\right)$ と，正の定数 t に対して y 軸上の点 $\mathrm{A}(0, -t)$ をとる。点 A と点 P を通る直線を ℓ_1 とする。

(1) 直線 ℓ_1 を表す方程式を，t を用いて表せ。

(2) C 上の点 P における C の法線と y 軸の交点を $(0, -t_0)$ とおく。t_0 を求めよ。

上の **(2)** で求めた t_0 に対して $t < t_0$ とする。点 P を通り，直線 ℓ_1 に垂直な直線を ℓ_2 とする。ℓ_2 と C の交点のうち，点 P と異なる点を Q とおく。

(3) 点 Q の座標を，t を用いて表せ。

最後に，$t = \dfrac{3}{2}$ のときを考える。

(4) 点 Q を通る C の接線を ℓ_3 とする。このとき，2 つの直線 ℓ_1, ℓ_3 および曲線 C で囲まれた部分の面積を求めよ。

（30 点，ただし数学科は 60 点）

物理

（80 分）

1　　次の問題の ▢ の中に入れるべき最も適当なものをそれぞれの**解答群**の中から選び，その番号を**解答用マークシート**の指定された欄にマークしなさい。（同じ番号を何回用いてもよい。）　　　　　　　　　　（35 点）

　　以下では，長さ，時間，質量の単位をそれぞれ m, s, kg とし，その他の単位はこれらを組み合わせたものを用いる。たとえば，運動量とエネルギーの単位は，それぞれ kg·m/s と $J = kg·m^2/s^2$ と表すことができる。

(1)　P 君は物理の授業で，物体が仕事をされるとその分だけ運動エネルギーが変化することや，2 つの物体が衝突するときに 2 物体以外から受ける力積が無視できるならば運動量の和が保存すること，相対速度の衝突後と衝突前の比の絶対値である反発係数（はねかえり係数）e が 1 ならば運動エネルギーの和が保存する弾性衝突であり，$0 \leqq e < 1$ ならば運動エネルギーの和が減少すること，などを学んだ。そして次の疑問が生じた。「物体の運動を観測するとき，観測者の速度によって物体の速度の値は異なるので，運動エネルギーや運動量の値も異なる。そのような場合でも，運動量や運動エネルギーに関して学んだことは果たして成り立つだろうか？」

　　そこで，水平な x 軸上を摩擦力や空気抵抗の影響を受けずに運動する 2 つの小物体（A と B）の衝突を考えることにした。それぞれの質量を m_A と m_B とする。**図 1-1** は，小物体 A と B がそれぞれ位置 x_A と x_B（$x_A < x_B$）にあって，それぞれ速度 v_A と v_B（$v_A > v_B$）で等速運動しているようすを表す。小物体はいずれ衝突し，衝突後に小物体 A と B の速度はそれぞれ V_A と V_B になるとする。

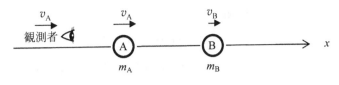

図 1-1

　まず，**図 1-1** のように，観測者が衝突前の小物体 A と同じ速度 v_A で移動している場合を考えてみた。このとき観測者には，静止している小物体 A に B が接近していくように見える。観測者から見た小物体 B の速度は　**(ア)**　である。この観測者から見た各物体の速度を使っても運動量の和が保存されると考えると，$m_B \times ($ **(ア)** $) = m_A\{V_A - ($ **(イ)** $)\} + m_B\{V_B - ($ **(イ)** $)\}$ と書ける。これを変形し，小物体 A と B それぞれの運動量の衝突前後の変化分を比べる式にすると，　**(ウ)**　が成り立っていることが確かめられる。

　また，反発係数は，観測者の速度にかかわらず，$e = \dfrac{V_B - V_A}{v_A - v_B}$ と表される。この式を　**(ウ)**　と連立して V_A と V_B について解き，それらを，v_A と v_B などを用いて表せば，$V_A =$　**(エ)**　および，$V_B =$　**(オ)**　が得られる。特に，$e = 0$ ならば，衝突した A と B は合体し（一体となって運動するようになり），　**(カ)**　$= 0$ が成り立つ。速度 v_A で運動している観測者から見て，合体後の運動エネルギーは，衝突前の運動エネルギーの和から，$\Delta E = \dfrac{m_A m_B}{m_A + m_B} \times \{$ **(キ)** $\}$ だけ変化することがわかった。

(ア) の解答群

⓪ $v_A + v_B$ 　　　① $v_A - v_B$ 　　　② $-v_A + v_B$ 　　　③ $-v_A - v_B$

④ v_A 　　　　　　⑤ v_B 　　　　　　⑥ $-v_A$ 　　　　　　⑦ $-v_B$

(イ) の解答群

⓪ v_A 　　　① v_B 　　　② $\dfrac{v_A + v_B}{2}$ 　　　③ $\dfrac{m_A v_A + m_B v_B}{m_A + m_B}$

④ $v_A - v_B$ 　　　⑤ $v_B - v_A$

(ウ) の解答群

⓪ $m_A(V_A + v_A) = m_B(v_B + V_B)$　　① $m_A(V_A - v_A) = m_B(v_B - V_B)$

② $m_A(V_A - v_A) = m_B(v_B + V_B)$　　③ $m_A(V_A + v_A) = m_B(v_B - V_B)$

(エ)，(オ) の解答群

⓪ $\dfrac{m_B v_B + m_A(v_A - ev_A + ev_B)}{m_A + m_B}$　　① $\dfrac{m_B v_A + m_B(v_A + ev_A - ev_B)}{m_A + m_B}$

② $\dfrac{m_B v_B + m_A(v_A + ev_A - ev_B)}{m_A + m_B}$　　③ $\dfrac{m_A v_A + m_B(v_B + ev_B - ev_A)}{m_A + m_B}$

④ $\dfrac{m_A v_B + m_A(v_B + ev_B - ev_A)}{m_A + m_B}$　　⑤ $\dfrac{m_A v_A + m_B(v_B - ev_B + ev_A)}{m_A + m_B}$

(カ) の解答群

⓪ $V_A + V_B$　　　　① $V_A - V_B$　　　　② $m_A V_A + m_B V_B$

③ $m_A V_A - m_B V_B$　　④ $m_A V_B + m_B V_A$　　⑤ $m_A V_B - m_B V_A$

(キ) の解答群

⓪ $\frac{1}{2}(v_B - v_A)^2$　　① $-\frac{1}{2}(v_B - v_A)^2$　　② $\frac{1}{2}(v_B + v_A)^2$

③ $-\frac{1}{2}(v_B + v_A)^2$　　④ $(v_B - v_A)^2$　　⑤ $-(v_B - v_A)^2$

(2) 小物体 A と B の重心の位置は $x_C = \dfrac{m_A x_A + m_B x_B}{m_A + m_B}$ である。これに対応して，衝突が起きる前の小物体 A と B の重心の速度は $v_C = \dfrac{m_A v_A + m_B v_B}{m_A + m_B}$ と表される。そこで，速度 v_C で運動する観測者から見ても，運動量の和が保存するとして考えてみる。この観測者から見た場合，衝突前の A と B の運動エネルギーの和は，$\dfrac{1}{2}m_A(v_A - v_C)^2 + \dfrac{1}{2}m_B(v_B - v_C)^2$ である。反発係数 $e = 0$ のときには，衝突すると A と B は合体し，理由「　**(ク)**　」によって，この観測者から見ると衝突後の A と B が合体した物体の運動エネルギーは　**(ケ)**　になる。これを用いて，合体後の運動エネルギーが衝突前の運動エネルギーの和からどれだけ変化したかを求めると，**小問 (1)** の最後の結果の ΔE に一致することがわかる。

　ここまで確かめた P 君は，Q 君にこの話をした。すると，Q 君は「観測者

の速度がどんな値でも一定であれば，エネルギーや運動量の和が保存するか
どうか，確かめてみよう」と言った。そこで，観測者の速度を v_O として，観
測者から見た衝突前後の小物体 A と B の速度を，それぞれ $v'_A = v_A - v_O$，
$v'_B = v_B - v_O$，$V'_A = V_A - v_O$，$V'_B = V_B - v_O$，と表す。小物体 A と B の衝突
前後の運動量の変化を書いてみると，それぞれ $m_A(V'_A - v'_A) = m_A(V_A - v_A)$，
$m_B(V'_B - v'_B) = m_B(V_B - v_B)$，となって，ともに観測者の速度に関係ないこと
がわかった。これら 2 式の両辺それぞれを加えることにより，等式　**(コ)**
が成り立っていて，観測者の速度に関係なく，衝突前後で運動量の和が保存さ
れることが示せた。

　一方，反発係数が $e = 1$ であれば，観測者の速度に関係なく成り立つ相対速
度の関係から，小物体 A と B の衝突前後の速度について等式　**(サ)**　が得
られる。これら 2 つの等式　**(コ)**　と　**(サ)**　の左辺どうし，右辺どうしを
それぞれかけて得られた等式を整理して，速度 v_O で運動する観測者から見た，
衝突前後の 2 物体の運動エネルギーの増減を比較する式にすると，　**(シ)**
となって，v_O がどんな値であっても，反発係数が $e = 1$ であれば，運動エネル
ギーの和が保存されることがわかった。P 君たちは，「物理量の値がどのように
して測定されたのかも明確に考えに入れて，はじめて法則が正しく適用される
のだ。」と理解した。

(ク) の解答群

　⓪　合体の際に A と B が及ぼしあう力がつりあっているから

　①　合体の際に A と B が同じ大きさの仕事をやりとりするから

　②　A と B およびそれらの重心の運動が x 軸上に限られているから

　③　運動量の和が保存するので重心の速度が衝突前後で変わらないから

　④　エネルギーの和が保存するので重心の速度が衝突前後で変わらない
　　　から

(ケ) の解答群

　⓪　0　　　　　　　　　　　　　①　$\frac{1}{2}(m_A + m_B)V_A^2$

② $(m_A + m_B)V_A^2$　　　　　　　　③ $\frac{1}{2}(m_A + m_B)(V_A - v_A)^2$

④ $\frac{1}{2}m_A(V_A - v_A)^2$　　　　　　⑤ $\frac{1}{2}m_B(V_B - v_B)^2$

(コ) の解答群

⓪ $m_A(V_A' + v_A') = m_B(V_B' + v_B')$　　① $m_A(V_A' + v_A') = m_B(V_B' - v_B')$

② $m_A(V_A' - v_A') = m_B(V_B' + v_B')$　　③ $m_A(V_A' - V_B') = m_B(v_A' - v_B')$

④ $m_A(V_A' - V_B') = m_B(v_B' - v_A')$　　⑤ $m_A(V_A' - v_A') = m_B(v_B' - V_B')$

(サ) の解答群

⓪ $V_A' + v_A' = V_B' + v_B'$　　　　　① $V_A' + v_A' = V_B' - v_B'$

② $V_A' - v_A' = V_B' + v_B'$　　　　　③ $V_A' - V_B' = v_A' - v_B'$

④ $V_A' + V_B' = v_A' + v_B'$

(シ) の解答群

⓪ $\frac{1}{2}m_A(V_A'^2 + v_A'^2) = \frac{1}{2}m_B(V_B'^2 + v_B'^2)$

① $\frac{1}{2}m_A(V_A'^2 - v_A'^2) = \frac{1}{2}m_B(V_B'^2 - v_B'^2)$

② $\frac{1}{2}m_A(V_B'^2 - v_B'^2) = -\frac{1}{2}m_B(V_A'^2 - v_A'^2)$

③ $\frac{1}{2}m_A(V_A'^2 - v_B'^2) = -\frac{1}{2}m_B(V_B'^2 - v_A'^2)$

④ $\frac{1}{2}m_A(V_A'^2 - v_A'^2) = -\frac{1}{2}m_B(V_B'^2 - v_B'^2)$

(3)　P君とQ君が以上の話をR氏にしたところ,「観測者が一定の加速度 a で運動しているならばどうなるか, 考えてみてはどうか」と言われた。そこで, 静止していた観測者が, 時刻 $t = 0$ から, x 方向に正の一定の加速度 a を与えられて運動する場合を考えてみた (**図 1-2**)。これは**小問 (2)** では一定だった v_O を, at とすることにあたる。**小問 (1)** と同じ状況をこの観測者が見ると, 衝突前の時刻 t_1 には, 小物体 A と B の速度はそれぞれ, $v_A - at_1$ と $v_B - at_1$ のように時間変化して, 衝突後の時刻 t_2 には, それぞれ, $V_A - at_2$ と $V_B - at_2$ のように時間変化して見える。t_1 を衝突開始時刻に, t_2 を衝突完了時刻にとり, す

でに得られた関係式　(コ)　とあわせて考えると，この観測者から見て，衝突直後の運動量の和は衝突直前での値から，　(ス)　だけ変化している。この変化は，見かけの力（慣性力）　(セ)　によるものと考えることができる。したがって，条件「　(ソ)　」が成り立っていれば，衝突の直前から直後の間では運動量の和が保存すると見なせる。

　以上の考察を通じて，P君たちは「測定する方法によって物理量のとる値は変わることがある。その物理量が保存するとは，特定の値のままであることではなく，ある過程を経てもその値が変化しないことである。」と理解した。

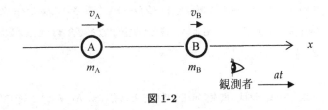

図 1-2

(ス) の解答群

⓪ $(m_A + m_B)a(t_1 - t_2)$　　　　① $(m_A + m_B)a(t_2 - t_1)$

② $(m_A - m_B)a(t_1 + t_2)$　　　　③ $(m_B - m_A)a(t_1 + t_2)$

④ $(m_A + m_B)a(t_1 + t_2)$　　　　⑤ $-(m_A + m_B)a(t_1 + t_2)$

(セ) の解答群

⓪ $m_A a$ と $m_B a$ がそれぞれ小物体 A と B にした仕事の和

① $-m_A a$ と $-m_B a$ がそれぞれ小物体 A と B にした仕事の和

② $m_A a$ と $m_B a$ がそれぞれ小物体 A と B に加えた力積の和

③ $-m_A a$ と $-m_B a$ がそれぞれ小物体 A と B に加えた力積の和

④ $m_A v_A$ と $m_B v_B$ がそれぞれ小物体 A と B に加えた力積の和

⑤ $-m_A v_A$ と $-m_B v_B$ がそれぞれ小物体 A と B に加えた力積の和

(ソ) の解答群

⓪ 衝突に要する時間 $|t_2 - t_1|$ が非常に短いこと

① A と B の質量差 $|m_B - m_A|$ が非常に小さいこと

② A と B の衝突後の速度差 $|V_A - V_B|$ が非常に小さいこと

③ A の衝突前後の速度差 $|V_A - v_A|$ が非常に小さいこと

$\boxed{2}$　　次の問題の $\boxed{}$ の中に入れるべき最も適当なものをそれぞれの**解答群**の中から選び，その番号を**解答用マークシート**の指定された欄にマークしなさい。(同じ番号を何回用いてもよい。答えが数値となる場合は最も近い数値を選ぶこと。)

(35 点)

以下では，時間，電流，電圧の単位をそれぞれ s，A，V とし，その他の単位はこれらを組み合わせたものを用いる。たとえば，電荷 (電気量) の単位 C は A·s，抵抗の単位 Ω は V/A，電気容量の単位 F は C/V と表すことができる。また，導線の電気抵抗はすべて無視できるものとする。

(1) **図 2-1** に示すように，抵抗値 R の抵抗 6 個を正四面体の 6 つの辺を成すように各頂点 A ～ D で接続して，起電力 V の直流電源 (以下，電源とよぶ) を AD 間に接続した。電源の内部抵抗は考えない。図中で，$I_1 \sim I_6$ は各抵抗を矢印の向きに流れる電流を示す。電位の基準 (ゼロとなるところ) は電源の負極とする。

回路の構造に着目すると，点 A～D のうち，$\boxed{(ア)}$ の電位が等しくなっていることがわかる。したがって，各抵抗を流れる電流について，$\boxed{(イ)}$ が成り立つ。さらに，電源から点 A に流れ込んだ電流は，I_1，I_2，および I_3 に分かれて流れ出すが，これらについて関係式 $\boxed{(ウ)}$ が成り立っている。以上のことから，これらの電流について関係式 $\boxed{(エ)}$ が成立する。

また，点 A から点 D に向かう異なる電流経路における電圧降下がすべて電源電圧に等しいことから，すべての電流の値を求めることができ，電源から点

A に流れ込んで点 D から電源に戻る全電流 I は，　(オ)　$\times \dfrac{V}{R}$　と求められ
る。このことから，AD 間の合成抵抗を R を用いて表すと，　(カ)　$\times R$ と
なる。

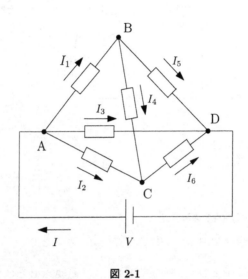

図 2-1

　次に，**図 2-2** のように電源を AD 間から AC 間につなぎ変えた。回路の構
造に着目すると，点 A~D のうち，　(キ)　の電位が等しくなっていることが
わかる。したがって，AC 間の合成抵抗を R を用いて表すと，　(ク)　$\times R$
となる。

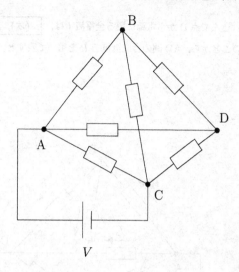

図 2-2

(ア), (キ) の解答群

⓪ A と B　　　① A と C　　　② A と D　　　③ B と C

④ B と D　　　⑤ C と D　　　⑥ A と B と C　　⑦ A と B と D

⑧ A と C と D　　⑨ B と C と D

(イ) の解答群

⓪ $I_1 = I_4 = 0$　　　① $I_4 = I_6 = 0$　　　② $I_1 = I_5 = 0$

③ $I_5 = I_6 = 0$　　　④ $I_3 = 0$　　　　　　⑤ $I_4 = 0$

(ウ) の解答群

⓪ $I_1 = I_2 = I_3$　　　① $I_1 = I_2 < I_3$　　　② $I_1 = I_2 > I_3$

③ $I_1 = I_3 < I_2$　　　④ $I_1 = I_3 > I_2$　　　⑤ $I_2 = I_3 < I_1$

⑥ $I_2 = I_3 > I_1$

(エ) の解答群

⓪ $I_1 = I_2 = I_3 = I_4$ 　① $I_1 = I_2 = I_5 = I_6$ 　② $I_2 = I_3 = I_5 = I_6$

③ $I_1 = I_2 = I_4 = I_5$ 　④ $I_1 = I_3 = I_4 = I_5$ 　⑤ $I_2 = I_3 = I_4 = I_6$

(オ)，(カ)，(ク) の解答群

⓪ $\dfrac{1}{6}$ 　　　　① $\dfrac{1}{3}$ 　　　　② $\dfrac{1}{2}$ 　　　　③ 1

④ 2 　　　　⑤ 3 　　　　⑥ 6

(2)　**図 2-3** に示すように，**図 2-1** の正四面体の回路の BD 間に，起電力 V の電源を挟んだ回路について考える。

　　AB，CD，DA，AC，BD の間の抵抗を，抵抗値がそれぞれ $2R$，$2R$，R，$3R$，R の抵抗に置き換えた。また，BC 間に抵抗値が未知の抵抗を接続したところ，AC 間の抵抗にだけ電流が流れなかった。このことから，BC 間の抵抗値は　(ケ)　であり，AC 間の抵抗を除く 5 つの抵抗を合わせた抵抗（合成抵抗）は　(コ)　と分かる。また，AC 間の抵抗を除く 5 つの抵抗のうち，単位時間あたりに発生するジュール熱が最も小さいものは　(サ)　，最も大きいものは　(シ)　の間の抵抗で，回路全体で単位時間あたりに発生するジュール熱の総量は　(ス)　である。

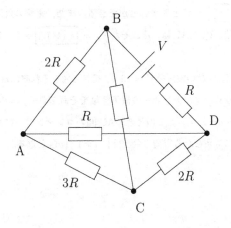

図 2-3

(ケ)，(コ) の解答群

⓪ 0　　　　① $\dfrac{1}{4}R$　　　　② $\dfrac{1}{3}R$　　　　③ $\dfrac{1}{2}R$

④ R　　　　⑤ $2R$　　　　⑥ $3R$　　　　⑦ $4R$

(サ)，(シ) の解答群

⓪ A と B　　① B と C　　② C と D　　③ D と A

④ A と C　　⑤ B と D

(ス) の解答群

⓪ 0　　　　① $\dfrac{V^2}{4R}$　　　② $\dfrac{V^2}{3R}$　　　③ $\dfrac{V^2}{2R}$

④ $\dfrac{V^2}{R}$　　　⑤ $\dfrac{2V^2}{R}$　　　⑥ $\dfrac{3V^2}{R}$　　　⑦ $\dfrac{4V^2}{R}$

(3) **図 2-4** に示すように，**小問 (2)** の回路の BD 間の抵抗を取り外し，AC 間の抵抗の代わりに，3 個のコンデンサー C_1, C_2, C_3 を図のように接続した（各コンデンサーの電気容量はそれぞれ C_1, C_2, C_3 である）。コンデンサー C_1 と C_2 を直列に，C_1 と C_2 に対し C_3 を並列に接続した。さらに，AB, AD, BC, CD 間の抵抗も，それぞれ抵抗値 r_1, r_2, r_3, r_4 の抵抗に置き換えた。

はじめ，コンデンサーには電荷は蓄えられていないものとする。電源を取り付けてから，じゅうぶん長い時間が経過した後，BD 間に流れる電流 I は，$\left(\boxed{\text{(セ)}}\right) \times V$ と表すことができる。また，電源の負極を基準とした A と C の電位，V_A と V_C は，それぞれ $V_A = \boxed{\text{(ソ)}} \times V$, $V_C = \boxed{\text{(タ)}} \times V$ となる。

ここで，電源の電圧を $V = 10$ V，抵抗の値をそれぞれ $r_1 = 2.0$ Ω, $r_2 = r_3 = r_4 = 3.0$ Ω，コンデンサーの電気容量をそれぞれ $C_1 = 20$ μF, $C_2 = 30$ μF, $C_3 = 18$ μF とする。このとき，AC 間のコンデンサーにおいて点 A と等電位の電極に蓄えられる電荷の合計は $\boxed{\text{(チ)}}$ μC となる。

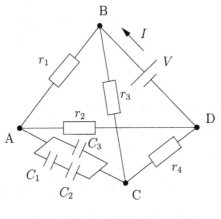

図 2-4

(セ) の解答群

⓪ $\dfrac{1}{r_1 + r_3}$ 　　　　　① $\dfrac{1}{r_1 + r_2}$

② $\dfrac{1}{r_2 + r_3}$ 　　　　　③ $\dfrac{1}{r_1 + r_2} + \dfrac{1}{r_3 + r_4}$

④ $\dfrac{1}{r_1 + r_4} + \dfrac{1}{r_3 + r_4}$ 　　　⑤ $\dfrac{1}{r_1 + r_4} + \dfrac{1}{r_2 + r_4}$

(ソ)，(タ) の解答群

⓪ $\dfrac{r_2}{r_1 + r_3}$ 　　　① $\dfrac{r_4}{r_1 + r_2}$ 　　　② $\dfrac{r_2}{r_2 + r_3}$

③ $\dfrac{r_2}{r_3 + r_4}$ 　　　④ $\dfrac{r_4}{r_3 + r_4}$ 　　　⑤ $\dfrac{r_2}{r_1 + r_2}$

(チ) の解答群

⓪ 0.080 　　　① 0.76 　　　② 3.0 　　　③ 30

④ 60 　　　⑤ 90

3　　　次の問題の　　　　　　の中に入れるべき最も適当なものをそれぞれの**解答群**の
中から選び，その番号を**解答用マークシート**の指定された欄にマークしなさい。
(同じ番号を何回用いてもよい。)　　　　　　　　　　　　　　　　(30 点)

　　以下では，時間と長さ，角度の単位をそれぞれ s，m，rad とし，その他の物理
量に対してはこれらを組み合わせた単位を使用する。また，必要であれば，以下
の公式を用いてもよい。

$$\sin\alpha + \sin\beta = 2\sin\left(\frac{\alpha+\beta}{2}\right)\cos\left(\frac{\alpha-\beta}{2}\right)$$

(1)　　光は波動であり，回折や干渉といった現象を起こす。ヤングの実験では，2
　　つのスリットによる光の回折と干渉を学んだ。一方，非常に多くのスリットを
　　周期的に配置した「スリット列」に光が入射した場合では，それぞれのスリッ
　　トで回折した光は互いに干渉するため，スリット列は回折格子としてはたらく。
　　以下では，このようなスリット列を「回折格子」と呼ぶことにする。

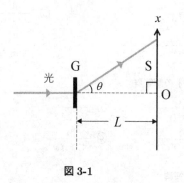

図 3-1

　　図 3-1 のように，厚さの無視できる回折格子 G に波長 λ の単色光を垂直に
入射し，回折格子と平行に配置したスクリーン S 上にできる回折像 (S 上に現
れる明いところと暗いところが並んだ模様) を観察する。入射光は，じゅう
ぶん多くのスリットを通過することができる空間的な広がり (幅) を持つものと
する。スリットは直線状に開けられた隙間であり，互いに平行に配置されてい
る。また，スリットの幅の影響は考えない。回折格子とスクリーンの間隔 L は

入射光の幅よりもじゅうぶん大きい。**図 3-1** では，わかりやすいように光が回折した角 (回折角) θ $(\theta \geqq 0)$ を大きく描いているが，以下の問題では θ がじゅうぶんに小さい場合を扱う。0 次の回折の方向 $(\theta = 0)$ と S との交点を原点 O とし，S 上で O からの距離を表すように x 軸を設定する。以下では，x 軸上の $x \geqq 0$ の範囲に現れる回折像について考えよう。

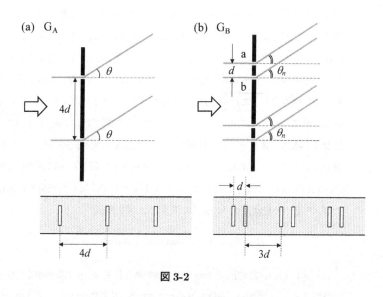

(a) G_A　　　(b) G_B

図 3-2

はじめに，回折格子 G として**図 3-2(a)** の G_A を用いた場合を考えよう。**図 3-2(a)** の上図は G_A の一部を示した図であり，入射光が角度 θ の方向に回折する様子を示している。また，**図 3-2(a)** の下図は，上図で G_A を白抜き矢印の指す方向から見た図である。G_A はスリットが $4d$ の周期で並んだ構造をもつ。このとき，S 上で回折光が強めあう条件は，n $(n = 0, 1, 2, 3, \cdots)$ と，そのときの回折角 θ_n $(\theta_n \geqq 0)$ を用いて，$\sin\theta_n = \boxed{\quad (ア) \quad}$ となる。θ_n が小さいとき，S 上で回折光が強めあう位置は $x_n = \boxed{\quad (イ) \quad}$ と表すことができる。ただし，一般に，小さい角 δ に対して $\sin\delta \fallingdotseq \tan\delta$ とすることができる。したがって，回折光の強めあう位置のうち，隣り合うものの間隔は $\Delta x = \boxed{\quad (ウ) \quad}$ となる。

次に，回折格子 G として**図 3-2(b)** の G_B を用いたときに得られる回折像について考える。**図 3-2(b)** の上図は G_B の一部を示した図であり，入射光が角

度 θ_n の方向に回折する様子を示している (ただし, $\sin\theta_n = $ (ア))。ま
た, **図 3-2(b)** の下図は, 上図で G_B を白抜き矢印の指す方向から見た図であ
る。G_B は, d だけ離れた 2 本のスリットが, それぞれ $4d$ の周期で並んだ構造
をもつ。G_A の場合に考察したように, G_B のスリットから θ_n 以外の方向に回
折する光は S 上で互いに強めあわないため考慮する必要はない。まず, d だけ
隔てて隣り合う 2 つのスリット a と b で θ_n の方向に回折した光の位相の違い
(位相差) を考えよう。一般に, 正弦波で表される, 波長 λ の波の場合, λ だけ
離れた 2 点の位相差は 2π, $\frac{\lambda}{2}$ だけ離れた 2 点の位相差は π であることを考え
ると, 光の進む 2 つの異なる経路の経路差が $\Delta\ell$ であるとき, 2 つの経路を進
む光の位相差は (エ) と表すことができる。したがって, スリット a で回
折した光に対して, スリット b で回折した光の位相差は, $\Delta\phi_n = $ (オ)
となる。次に, スリット a で回折して S に到達した光を, 振幅を A, 角振動
数を ω として $A_a = A\sin(\omega t)$ と表し, スリット b で回折し S に到達した光を
$A_b = A\sin(\omega t - \Delta\phi_n)$ と表すと, スリット a と b で回折した光が S に到達し
た際, S 上での光は, 以下のように表すことができる。

$$B = A_a + A_b = A\sin(\omega t) + A\sin(\omega t - \Delta\phi_n)$$

スリット a と b で回折した光が S 上で強めあう位置は, B の振幅が 0 にならな
い位置である。ここでは, 回折光が S 上で強めあう位置について, n が 4 の倍数の
場合と, それ以外の場合に分けて考察しよう。まず, n が 4 の倍数であるとき, す
なわち, (i) $n = 4m$ ($m = 0, 1, 2, 3, \cdots$) の場合, B の振幅は (カ) $\times A$ とな
る。このとき, S 上で回折光が強めあう位置は $x_{4m} = $ (キ) と表すことがで
きる。次に (ii) $n = 4m+1$ の場合を考えると, 位相差は $\Delta\phi_{4m+1} = $ (ク) と
なる。したがって, B の振幅は (ケ) $\times A$ となり, S 上で回折光が強めあう位
置は $x_{4m+1} = $ (コ) $+\Delta x$ と表すことができる (ここで, $\Delta x = $ (ウ))。
(iii) $n = 4m+2$ と (iv) $n = 4m+3$ の場合にも同様の手順, すなわち, S 上で
の B の振幅を考えることで, 回折光が強めあうか, を判定することができる。
(i)~(iv) の結果を考慮すると, S 上の回折像の強度を示した図としてもっとも
適切なものは (サ) である。一般に, $I = I_0\sin(\omega t + \phi)$ と表される光の
強度は $I_0{}^2$ に比例する。ただし, 解答群に示した図は概略図である。また, 図

中で等間隔で並んだ破線は S 上の位置を示す目盛りであり，隣り合う破線の間隔は Δx である。

(ア) の解答群

⓪ $2n\dfrac{d}{\lambda}$　　　① $2n\dfrac{d}{L}$　　　② $4n\dfrac{d}{L}$　　　③ $\dfrac{\lambda}{nd}$

④ $n\dfrac{\lambda}{d}$　　　⑤ $n\dfrac{\lambda}{2d}$　　　⑥ $n\dfrac{\lambda}{4d}$　　　⑦ $\dfrac{\lambda}{(n+1)d}$

(イ) の解答群

⓪ $2n\dfrac{\lambda L}{d}$　　　① $n\dfrac{dL}{2\lambda}$　　　② $n\dfrac{\lambda L}{4d}$　　　③ $\dfrac{\lambda L}{nd}$

④ $n\dfrac{\lambda L}{d}$　　　⑤ $n\dfrac{\lambda L}{2d}$　　　⑥ $n\dfrac{dL}{4\lambda}$　　　⑦ $\dfrac{\lambda L}{(n+1)d}$

(ウ) の解答群

⓪ $\dfrac{\lambda L}{d}$　　　① $\dfrac{\lambda L}{2d}$　　　② $\dfrac{\lambda L}{3d}$　　　③ $\dfrac{2\lambda L}{d}$

④ $\dfrac{3\lambda L}{2d}$　　　⑤ $\dfrac{3\lambda L}{4d}$　　　⑥ $\dfrac{\lambda L}{4d}$　　　⑦ $\dfrac{2\lambda d}{L}$

(エ) の解答群

⓪ $\Delta\ell\pi\lambda$　　　① $\dfrac{\pi\lambda}{2\Delta\ell}$　　　② $2\Delta\ell\pi\lambda$　　　③ $\Delta\ell\lambda$

④ $\dfrac{\pi\Delta\ell}{2\lambda}$　　　⑤ $\dfrac{\lambda}{\pi\Delta\ell}$　　　⑥ $\dfrac{2\pi\Delta\ell}{\lambda}$　　　⑦ $\dfrac{\Delta\ell\lambda}{2\pi}$

(オ) の解答群

⓪ $n\dfrac{\pi}{2}$　　　① $n\pi$　　　② $n\dfrac{\pi}{4}$　　　③ $n\dfrac{\pi}{6}$

④ $n\dfrac{\pi}{3}$　　　⑤ $(n+1)\dfrac{\pi}{2}$　　　⑥ $(n+1)\pi$　　　⑦ $2(n+1)\pi$

(カ)，(ケ) の解答群

⓪ $\dfrac{1}{4}$　　　① $\dfrac{1}{2}$　　　② $\dfrac{1}{\sqrt{2}}$　　　③ 1　　　④ $\sqrt{2}$

⑤ $\sqrt{3}$　　　⑥ 2　　　⑦ $2\sqrt{2}$

(キ), (コ) の解答群

⓪ $mL\dfrac{d}{\lambda}$　　　① $m\dfrac{d}{\lambda}$　　　② $m\dfrac{d}{L\lambda}$　　　③ $mL\dfrac{\lambda}{d}$

④ $(m+1)L\dfrac{d}{\lambda}$　　⑤ $(m+1)\dfrac{d}{\lambda}$　　⑥ $2(m+1)\dfrac{d}{L\lambda}$　　⑦ $\pi\dfrac{\lambda}{(m+1)d}$

(ク) の解答群

⓪ 0　　　　　① $m\dfrac{\pi}{3}$　　　② $(2m+1)\dfrac{\pi}{3}$　　③ $(2m+1)\dfrac{2\pi}{3}$

④ $(4m+1)\dfrac{\pi}{2}$　　⑤ $m\pi$　　　⑥ $(4m+1)\dfrac{2\pi}{3}$　　⑦ $(4m+1)\pi$

(サ) の解答群

⓪
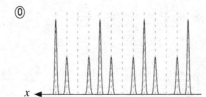

①
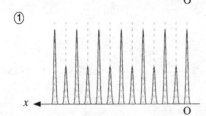

②
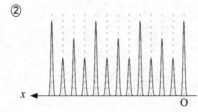

③
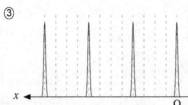

(2) 最後に，**図 3-1** の回折格子 G として**図 3-3** の G_C による回折像を考えよう。**図 3-3** の上図は G_C の一部を示した図であり，入射光が角度 θ_n の方向に回折する様子を示している (ただし，$\sin\theta_n = \boxed{\ \text{(ア)}\ }$)。また，**図 3-3** の下図は，上図で G_C を白抜き矢印の指す方向から見た図である。G_C は，d の間隔をあけて 3 本のスリットが並んでおり，それぞれが $4d$ の周期で並んだ構造をもつ。ここでも，G_B の場合に考えたように，それぞれのスリットを通って角度 θ_n の方向へ回折した光の位相差を考える。G_C で回折した光の位相差は，スリット p と q のように d だけ離れたスリットで回折した光の位相差 $\Delta\phi_n = \boxed{\ \text{(オ)}\ }$ に加え，スリット p と r のように $2d$ だけ離れたスリットで回折した光の位相差を考慮すれば良い。スリット p で回折した光に対して，スリット r で回折した光の位相差は $\Delta\phi_n' = \boxed{\ \text{(シ)}\ }$ と表すことができる。したがって，スリット p と q，r で回折した光が S に到達したときの光は，

$$C = A_p + A_q + A_r = A\sin(\omega t) + A\sin(\omega t - \Delta\phi_n) + A\sin(\omega t - \Delta\phi_n')$$

と表すことができる。ここで，A_p と A_q，A_r は，それぞれスリット p と q，r で回折し，S に到達した光を表す。そのため，G_B の場合と同様に，n の値を，

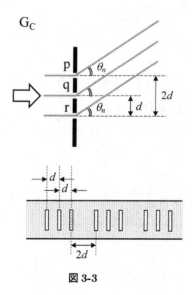

図 3-3

(i) $n = 4m$, (ii) $n = 4m + 1$, (iii) $n = 4m + 2$, (iv) $n = 4m + 3$ の場合に分けて C の振幅を考えると, 得られる S 上の回折像の強度を示した図としてもっとも適切なものは | **(ス)** | である。ただし, 解答群に示した図は概略図である。また, 等間隔で並んだ破線は S 上の位置を示す目盛りであり, 隣り合う破線の間隔は Δx である。

以上で見たように, G_A と G_B, G_C は, 1つ, 2つ, または3つのスリットがいずれも周期 $4d$ で並んだ構造をもつが, 得られる回折像はそれぞれ異なる。このことを逆に利用すれば, 回折像からそれぞれの回折格子の構造を区別することができる。

(シ) の解答群

⓪ $\dfrac{n\pi}{2}$ ① $n\pi$ ② $\dfrac{n\pi}{4}$

③ $\dfrac{n\pi}{6}$ ④ $\dfrac{n\pi}{3}$ ⑤ $\dfrac{(n+1)\pi}{2}$

⑥ $(n+1)\pi$ ⑦ $2(n+1)\pi$

(ス) の解答群

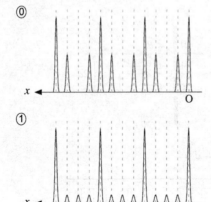

②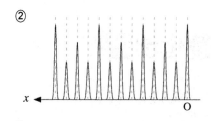

③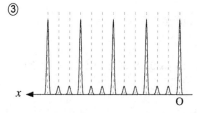

化学

(80 分)

各設問の計算に必要ならば，下記の数値を用いなさい。

原子量：H 1.0，N 14.0，O 16.0，Na 23.0，S 32.1，Cl 35.5，K 39.1，
　　　　Ag 108，Pb 207
ファラデー定数：$9.65 \times 10^4\,\text{C/mol}$
気体定数：$8.31 \times 10^3\,\text{Pa·L/(K·mol)}$

特段の記述がない限り，気体はすべて理想気体としてふるまうものとする。

---

1 次の(1)〜(3)の問に答えなさい。　　　　　　　　　　(16 点)

(1) 一酸化窒素 NO と酸素 O_2 から二酸化窒素 NO_2 が生成する反応は次式で表される。

$$2NO(気) + O_2(気) = 2NO_2(気) + 56.5\,\text{kJ}$$

この可逆反応が平衡状態に達しているとき，以下の(a)〜(d)の記述のうち，正しい記述を過不足なく選んでいる番号を**A欄**より選び，その番号を**解答用マークシート**にマークしなさい(番号の中の **0** という数字も必ずマークすること)。

(a) 平衡状態では反応は停止している。

(b) 圧力が一定で，温度を高くすると，平衡が右向きに進む。

(c) 温度が一定で，圧力を高くすると，平衡が右向きに進む。

(d) 温度と全圧を一定として，アルゴン Ar を導入すると，平衡が右向きに進

む。

A　欄

01 (a)	02 (b)	03 (c)
04 (d)	05 (a), (b)	06 (a), (c)
07 (a), (d)	08 (b), (c)	09 (b), (d)
10 (c), (d)	11 (a), (b), (c)	12 (a), (b), (d)
13 (a), (c), (d)	14 (b), (c), (d)	15 (a), (b), (c), (d)

⑵　次の記述の(i)にあてはまる数値を有効数字が3桁になるように4桁目を四捨五入して求め，次の形式で**解答用マークシート**にマークしなさい。指数 d が0の場合の符号 p には**＋**をマークしなさい。

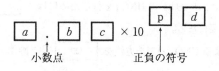

$$\boxed{a}\ .\ \boxed{b}\ \boxed{c}\ \times 10^{\boxed{p}\ \boxed{d}}$$

　　　　小数点　　　　　　　　正負の符号

　　希硝酸は銀 Ag と反応し，気体として NO を発生する。NO を水上置換で捕集したところ，302 K，1.04×10^5 Pa で，90.6 mL であった。このとき，希硝酸と反応した Ag は $\boxed{\text{(i)}}$ g である。ただし，302 K における水の飽和蒸気圧は 4.0×10^3 Pa とし，NO は水に溶けないものとする。

⑶　次の記述の(ア)〜(エ)にあてはまる最も適当なものを**B欄**より選び，その番号を**解答用マークシート**にマークしなさい（番号の中の**0**という数字も必ずマークすること）。また，(ii)にあてはまる数値を有効数字が3桁になるように4桁目を四捨五入して求め，次の形式で**解答用マークシート**にマークしなさい。指数 d が0の場合の符号 p には**＋**をマークしなさい。

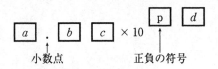

硝酸は工業的には以下の方法で製造される。

① アンモニア NH_3 を空気と混合し，触媒を用いて 800〜900 ℃ で酸化し，NO を得る。

② 得られた NO をさらに酸化して NO_2 にする。

③ NO_2 と水を反応させて，HNO_3 を得る。

①の反応では，1 mol の NH_3 と反応する O_2 の物質量は 【(ア)】 mol であり，触媒としては 【(イ)】 が用いられる。また，③の反応では HNO_3 以外にも，1 mol の NO_2 に対して 【(ウ)】 mol の NO が生成する。この NO は②の反応に戻されることにより，すべて HNO_3 に変えられる。この一連の反応が完全に進行するとき，1.00 kg の HNO_3 を得るためには，【(ii)】 mol の NH_3 が原料として必要になる。

このような①〜③による HNO_3 の製造方法を 【(エ)】 法と呼ぶ。

B 欄

01 $\frac{1}{4}$ 　　02 $\frac{1}{3}$ 　　03 $\frac{1}{2}$

04 $\frac{2}{3}$ 　　05 $\frac{3}{4}$ 　　06 1

07 $\frac{5}{4}$ 　　08 $\frac{4}{3}$ 　　09 $\frac{3}{2}$

10 MnO_2 　　11 V_2O_5 　　12 Pt

13 Fe_3O_4 　　14 ハーバー・ボッシュ 　　15 オストワルト

16 接 触 　　17 アンモニアソーダ

2　　次の記述の①，②にあてはまる語句を選択し，その番号を**解答用マークシート**にマークしなさい。また，(i)～(v)にあてはまる数値を有効数字が 2 桁になるように 3 桁目を四捨五入して求め，次の形式で**解答用マークシート**にマークしなさい。指数 *c* が 0 の場合の符号 p には**＋**をマークしなさい。　　(14 点)

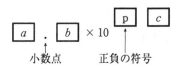

(1)　モル濃度が 0.50 mol/L の塩酸 250 mL を作るには，　(i)　 mL の濃塩酸(密度 1.18 g/cm^3，質量パーセント濃度 36 %)を純水で希釈し，250 mL とすればよい。

(2)　硝酸カリウム KNO$_3$ が水 100 g に溶ける量は，25 ℃ で 38 g，80 ℃ で 169 g である。80 ℃ での硝酸カリウム飽和水溶液 500 g を 25 ℃ に冷却したとき，析出する硝酸カリウムの結晶は　(ii)　 g である。

(3)　pH が 3.0 の塩酸 0.20 L を 0.010 mol/L の NaOH 水溶液でちょうど中和するとき，必要な NaOH 水溶液の体積は　(iii)　 L である。

(4)　十分に充電した状態の鉛蓄電池を 5.0 A の電流で 10 分間放電させた。このとき，正極の質量は　(iv)　 g ①{1　増加，　2　減少 } し，負極の質量は　(v)　 g ②{1　増加，　2　減少 } する。

3　次の記述の(ア)〜(エ)にあてはまる最も適当なものを**A欄**より選び，その番号を**解答用マークシート**にマークしなさい。また，(i)〜(iii)にあてはまる数値を，有効数字が 2 桁になるように 3 桁目を四捨五入して求め，次の形式で**解答用マークシート**にマークしなさい。指数 c が 0 の場合の符号 p には＋をマークしなさい。必要ならば，同一番号を繰り返し用いてよい。　　　　　　　　　　　(16 点)

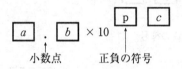

小数点　　　　正負の符号

なお，25 ℃ の純水の密度を $1.00\,\text{g/cm}^3$，25 ℃ の水のイオン積を 1.00×10^{-14} $(\text{mol/L})^2$ とする。必要であれば，$\sqrt{2} = 1.41$，$\sqrt{3} = 1.73$，$\sqrt{5} = 2.24$，$\sqrt{7} = 2.65$ を用いなさい。

(1)　純粋な水もわずかながら電離して，①式に示す電離平衡になっている。

$$H_2O \rightleftharpoons H^+ + OH^- \qquad\qquad ①$$

25 ℃ の純水における水のモル濃度（単位体積当たりの水の物質量）は，[(i)] mol/L と計算される。電離はわずかであり，この値が電離によって変化しないと考えると，この温度における水の電離度は [(ii)] と求められる。

(2)　水の電離の熱化学方程式は，次の②式で表される。

$$H_2O(液) = H^+aq + OH^-aq \boxed{(ア)} 56.5\,\text{kJ} \qquad ②$$

水の電離は中和の逆反応であるため，[(イ)] 反応である。40 ℃ における水のイオン積は $1.00 \times 10^{-14}\,(\text{mol/L})^2$ [(ウ)]。したがって，40 ℃ の純水の pH は 7 [(エ)]。

(3)　$1.00 \times 10^{-2}\,\text{mol/L}$ の塩酸の水素イオン濃度は $1.00 \times 10^{-2}\,\text{mol/L}$ と考えて

よい。それは，塩酸中の塩化水素の電離により生じる水素イオンの濃度に比べ，水の電離により生じる水素イオンの濃度が無視できるほど小さいためである。しかし，塩酸の濃度が 10^{-6} mol/L 程度より小さくなると，塩化水素の電離により生じる水素イオンの濃度が水の電離により生じる水素イオンの濃度と同程度となり，後者を無視できなくなる。このような濃度の薄い塩酸中の水素イオン濃度が，「塩化水素の電離により生じた水素イオンの濃度」と「水の電離により生じた水素イオンの濃度」の和で表されるとすると，25℃の 1.00×10^{-7} mol/L 塩酸の水素イオン濃度は　 (iii) 　mol/L と計算される。ただし，塩酸中の塩化水素は完全に電離するものとする。

A　欄

1　＋	2　－	3　発　熱	4　吸　熱
5　よりも大きい		6　よりも小さい	7　に等しい

4 　次の記述の(ア)〜(カ)にあてはまる最も適当なものを**A欄**より選び，その番号を**解答用マークシート**にマークしなさい(番号の中の **0** という数字も必ずマークすること)。　　　　　　　　　　　　　　　　　　　　　　　(16 点)

(1)　混合物から目的の物質を分ける操作を分離という。例えば，塩化ナトリウム水溶液を　 (ア) 　すれば，純粋な水を得ることができる。また，少量の塩化ナトリウムが混ざった硝酸カリウムから，より純粋な硝酸カリウムを得るためには　 (イ) 　による精製が有効である。

　　二種類の溶媒に対する　 (ウ) 　の差を利用して，混合物から目的の成分を分離する操作を抽出という。

(2)　物質 X を溶質，物質 A を溶媒とする溶液から，純粋な物質(溶媒)B に X が抽出されたとき，平衡状態では以下の関係が成り立つものとする。

$$\frac{C_B}{C_A} = K$$

ここで，C_A は A を溶媒とする溶液中での X のモル濃度，C_B は B を溶媒とする溶液中での X のモル濃度，K は 1 よりも大きな値の定数である。なお，A と B は互いに溶解せず，X の抽出前後で各溶液の体積に変化は生じないものとする。

　物質 X が物質量 n〔mol〕だけ物質 A に溶解している溶液がある。この溶液の体積は V〔L〕である。以下の方法で，X を物質 B に抽出した状況を考える。

　方法Ⅰ：体積 V〔L〕の純粋な B を一度に加えて X を抽出した。

　方法Ⅱ：体積 $V/2$〔L〕の純粋な B を一度に加えて X を抽出したのちに，B を溶媒とする溶液を完全に取り除いた。その後，A を溶媒とする残った溶液に，体積 $V/2$〔L〕の純粋な B を一度に加えて X を抽出した。

　方法Ⅰにより，A を溶媒とする溶液に残っている X の物質量は平衡状態で　(エ)　〔mol〕になる。一方，方法Ⅱにより，A を溶媒とする溶液に残っている X の物質量は平衡状態で　(オ)　〔mol〕になる。これら二つの方法を比べると，A を溶媒とする溶液に残っている X の物質量は　(カ)　のときの方が少なく，B への抽出が効果的に進むことがわかる。

A 欄

01 ろ 過	02 分 留	03 蒸 留
04 昇 華	05 再結晶	06 蒸気圧
07 溶解度	08 等電点	09 電気陰性度
10 方法Ⅰ	11 方法Ⅱ	
12 $\dfrac{1}{K+1}n$	13 $\dfrac{K}{K+1}n$	14 $\dfrac{1}{K+2}n$
15 $\dfrac{K}{K+2}n$	16 $\dfrac{1}{(K+1)^2}n$	17 $\dfrac{K^2}{(K+1)^2}n$
18 $\dfrac{1}{(K+2)^2}n$	19 $\dfrac{K^2}{(K+2)^2}n$	20 $\dfrac{2}{K+2}n$
21 $\dfrac{2K}{K+2}n$	22 $\dfrac{4}{(K+2)^2}n$	23 $\dfrac{4K^2}{(K+2)^2}n$

5 次の記述の(ア)～(ウ)にあてはまる最も適当なものを **A欄**より選び，(エ)～(カ)にあてはまる最も適当なものを **B欄**より選び，その番号を**解答用マークシート**にマークしなさい(番号の中の **0** という数字も必ずマークすること)。　　　(18 点)

(1) 分子式 $C_{16}H_{16}O_2$ で表される中性の芳香族化合物 A を十分に加水分解すると 2 つの芳香族化合物 B および C が生成した。芳香族化合物 B は塩化鉄(Ⅲ)水溶液による呈色反応を示さなかったが，ナトリウムと反応し水素を発生した。また，炭酸水素ナトリウム水溶液に芳香族化合物 B は溶解しないが，芳香族化合物 C は可溶であった。さらに，2 つの芳香族化合物 B および C を過マンガン酸カリウムで酸化すると，同じ構造の 2 価カルボン酸 D が生成した。この化合物 D はポリエチレンテレフタラートの主原料として用いられる。以上のことから，化合物 B, C, D の構造はそれぞれ 　(ア)　，　(イ)　，　(ウ)　と考えられる。

A　欄

01 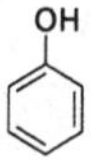 OH

02 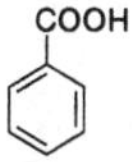 COOH

03 CH₂COOH

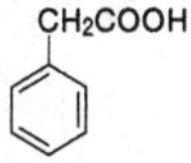

04 CH₂CH₂COOH

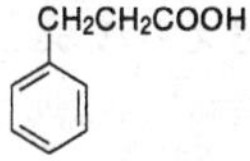

05 CH₃ / OH

06 CH₃ / OH

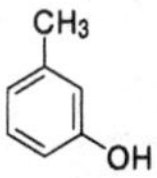

07 CH₃ / OH

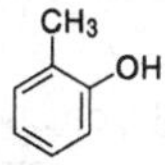

08 CH₂OH / CH₃

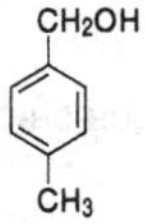

09 CH₂OH / CH₃

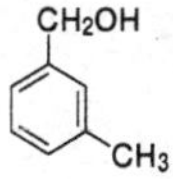

10 CH₂OH / CH₃

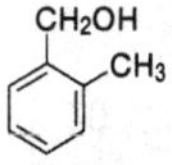

11 COOH / CH₃

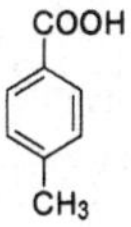

12 COOH / CH₃

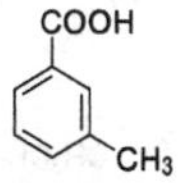

13 COOH / CH₃

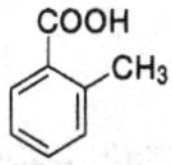

14 CH₂COOH / CH₃

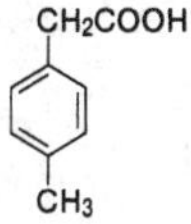

15 CH₂COOH / CH₃

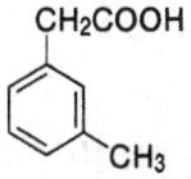

16 CH₂COOH / CH₃

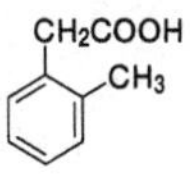

17 CH₂CH₂COOH / CH₃

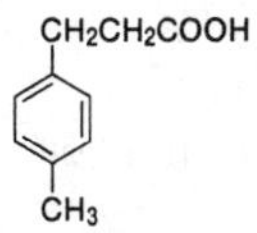

18 CH₂CH₂COOH / CH₃

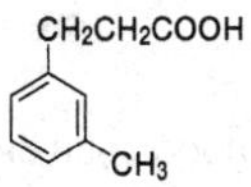

19 CH₂CH₂COOH / CH₃

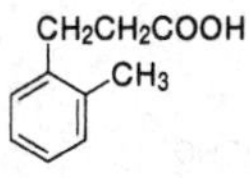

20 CH₃ / OH / CH₃

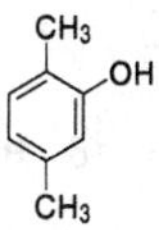

21 2,5-ジメチル安息香酸（CH_3, $COOH$, CH_3） **22** 2,6-ジメチル安息香酸（CH_3, $COOH$, CH_3） **23** （CH_3, CH_3, $COOH$） **24** 3,5-ジメチル安息香酸（CH_3, $HOOC$, CH_3） **25** （$HOOC$, CH_3, CH_3）

26 （CH_3, CH_3, $HOOC$） **27** （$COOH$, $COOH$） **28** （$COOH$, $COOH$） **29** （$COOH$, $COOH$）

(2)　分子式 $C_{12}H_{14}O_4$ で表される中性の芳香族化合物 E を十分に加水分解すると化合物 F, G, H が得られた（鏡像異性体は考慮しない）。化合物 F は炭酸水素ナトリウム水溶液に可溶であり，塩化鉄(Ⅲ)水溶液による呈色反応も示した。この化合物 F は，ナトリウムフェノキシドに高温・高圧のもとで二酸化炭素を反応させた後，希硫酸を作用させることで得られる化合物と同一であった。また，化合物 G をアンモニア性硝酸銀水溶液に加えて穏やかに加熱すると銀が析出した。さらに，化合物 H はヨードホルム反応を示した。以上のことを考慮すると，化合物 F, G, H の構造はそれぞれ　(エ)　,　(オ)　,　(カ)　と考えられる。

B 欄

01 CH_3OH　　**02** CH_3CH_2OH　　**03** $CH_3CH_2CH_2OH$

04 CH_3CHCH_3 / OH　　**05** $CH_3CH_2CH_2CH_2OH$　　**06** CH_3CHCH_2OH / CH_3

07 CH_3CH_2CHOH / CH_3　　**08** $HCOOH$　　**09** CH_3COOH

10 CH_3CH_2COOH　　**11** $CH_3CH_2CH_2COOH$　　**12** $CH_3CH_2CH_2CH_2COOH$

13 $HOCH_2CH_2CH_2CH_2OH$　　**14** $HOCH_2CH_2CHOH$ / CH_3　　**15** $HOCH_2CH_2CH_2CHO$

16 $HOCHCH_2CHO$ / CH_3　　**17** $HOOCCH_2CH_2CHOH$ / CH_3　　**18** OH（フェノール）

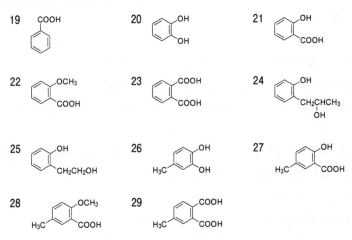

19 COOH

20 OH / OH

21 OH / COOH

22 OCH₃ / COOH

23 COOH / COOH

24 OH / CH₂CHCH₃ / OH

25 OH / CH₂CH₂OH

26 OH / OH / H₃C

27 OH / COOH / H₃C

28 OCH₃ / COOH / H₃C

29 COOH / COOH / H₃C

6 次の記述の㋐〜㋔にあてはまる最も適当なものを**A欄**より選び,㋥〜㋣にあて
はまる最も適当なものを**B欄**より選び,その番号を**解答用マークシート**にマーク
しなさい(番号の中の**0**という数字も必ずマークすること)。   (20点)

(1) タンパク質は,酵素で加水分解するとアミノ酸が得られる。   ㋐   だけ
が得られるタンパク質を   ㋑   という。   ㋑   には,ポリペプチド鎖
が   ㋒   にまとまった   ㋓   と,束状にまとまった   ㋔   があ
る。   ㋓   である   ㋕   は,卵白に多く含まれ,親水基を多く含んだ
分子構造をしており,水に可溶である。水に溶かした   ㋓   は,   ㋖
であり,多量の電解質を加えると   ㋗   により沈澱する。また,卵白を含
んだ水溶液に水酸化ナトリウム水溶液と   ㋘   水溶液を加えて温めると,
  ㋙   の黒色沈澱が生じることから卵白のタンパク質中に   ㋚   を含
むアミノ酸が含まれていることがわかる。一方,   ㋔   には   ㋛   が
含まれる。   ㋛   を水と長時間煮込むとゼラチンが得られる。   ㋔
は水に溶けず丈夫で,生体の筋肉や組織を形成するものが多い。

  タンパク質を加水分解すると,   ㋐   以外に,色素や核酸などを生じる
タンパク質を   ㋜   という。色素を含む   ㋜   である   ㋝   は,
血液中に多く含まれる。

A 欄

| 01 窒 素 | 02 酸 素 | 03 リン | 04 硫 黄 |

05 酢酸鉛(Ⅱ)　06 酢酸鉄(Ⅱ)　07 硫酸銅(Ⅱ)

08 硫化鉛(Ⅱ)　09 硫化鉄(Ⅱ)　10 酸化銅(Ⅱ)

11 アルブミン　12 カゼイン　13 グロブリン　14 ケラチン

15 コラーゲン　16 ヘモグロビン

17 球状タンパク質　18 繊維状タンパク質　19 単純タンパク質

20 複合タンパク質　21 ポリペプチド

22 α-アミノ酸　23 β-アミノ酸

24 α-グルコース　25 β-グルコース

26 板 状　27 球 状　28 粒 状

29 親水コロイド　30 疎水コロイド　31 保護コロイド

32 塩 析　33 凝 析　34 透 析

(2) 核酸の単量体は，リン酸と糖と窒素を含む環状の有機塩基が結合した (ソ) と呼ばれる物質である。核酸には糖部分が (タ) でできている (チ) と (ツ) でできている (テ) がある。 (テ) は有機塩基の一部がウラシルからなる (ト) 構造をもつ。

B 欄

01 アデニン　02 グアニン　03 シトシン　04 チミン

05 ヌクレオチド　　06 リボソーム

07 DNA　　08 RNA

09 一本鎖　10 二本鎖　11 二重らせん

12 $C_5H_{10}O_4$　13 $C_5H_{10}O_5$　14 $C_6H_{12}O_5$　15 $C_6H_{12}O_6$

生物

（80分）

1　生命の起源と進化に関する次の文章を読み，問題(a)～(h)に答えなさい。解答はそれぞれの指示に従って最も適切なものを**解答群**の中から選び，その番号を**解答用マークシート**の指定された欄にマークしなさい。　　　　　　　（21点）

　地球は約46億年前に誕生した。原始地球で生命が生まれるためには，まず生命に必須な材料となるアミノ酸や核酸などの有機物が生成される過程が起きたと_(i)考えられる。約40億年前までに生成や蓄積したこれらの生命材料から，以下に示す生命の属性Ⅰ～Ⅲを満たす原始生命体が出現したと考えられている。

　　　Ⅰ．生命と外界を仕切ることができる

　　　Ⅱ．生命活動に必要な物質の代謝ができる

　　　Ⅲ．自分と同じコピーをつくり，増えることができる

　初期の生命体は細菌に近い原核生物で，環境下に既にある有機物などを取り込んでエネルギーを得る従属栄養生物や，無機物を酸化してエネルギーを得る独立_(ii)栄養生物であったと考えられる。約27億年前には，光エネルギーを利用して効率よくエネルギーと有機物を得ることができるシアノバクテリアが大繁殖したことで，大量の　　(ア)　　が海水中に放出されることになり，地球環境が大きく変化した。これによって好気性の生物が出現するなど原核生物の多様化が進み，約21億年前には核膜をもち，また宿主となる細胞に別の原核生物が細胞内共生することで，真核生物が出現したと考えられている。図1はウーズらが提唱した3ドメイン説による分子系統樹を示す。

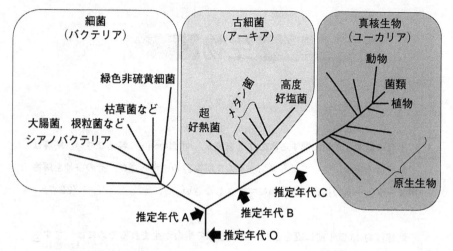

図1 rRNA 配列から見た3ドメインからなる分子系統樹

O：原始生命体が誕生した推定年代。**A**：細菌ドメインと古細菌ドメイン・真核生物ドメインの共通の祖先が分岐した推定年代。**B**：古細菌ドメインと真核生物ドメインが分岐した推定年代。**C**：真核生物が誕生後に葉緑体をもつ真核生物（原生生物に属する真核藻類）が生じた推定年代。

(a) 図1の推定年代**O**に至るまでに原始地球上で起きた下線部(i)の過程の名称として，最も適切なものを**解答群A**から選び，その番号をマークしなさい。

　　解答群A

　　0　物質進化　　　　　1　自然進化　　　　　2　分子進化

　　3　化学進化　　　　　4　適応進化

(b) 生命の属性Ⅰを担う有機物は，現生の生物にも共通するリン脂質である。属性Ⅰのためにリン脂質がもつ重要な性質に関して，次の文①〜④の中から最も適切なものの組み合わせを**解答群B**から選び，その番号をマークしなさい。

① リン脂質は，疎水性と親水性の両方の部分をもつ。

② リン脂質のみからなる二重層は，生命活動に必要な Na^+ などの電荷をもつ

小さなイオンを通しやすいが，水分子は通過しにくい。

③　リン脂質の二重層に様々な輸送タンパク質が配置された細胞膜は，その輸送タンパク質のはたらきで特定の物質を選択的に透過させる。

④　リン脂質のみからなる二重層を物質が透過する原理は，基本的には濃度勾配に従った拡散である。

解答群B

00 ①	01 ②	02 ③	03 ④
04 ①，②	05 ①，③	06 ①，④	07 ②，③
08 ②，④	09 ③，④	10 ①，②，③	11 ①，②，④
12 ①，③，④	13 ②，③，④	14 ①，②，③，④	

(c)　最初に出現した生命体で，生命の属性Ⅱ とⅢ の両方の役割を果たしていたと考えられている有機物として，最も適切なものを**解答群C**から選び，その番号をマークしなさい。

解答群C

0　タンパク質	1　アミノ酸	2　脂　質	3　DNA
4　RNA	5　脂肪酸	6　リボース	7　炭水化物

(d)　文章中の下線部(ii)の生物と同様の性質をもつ現生の化学合成独立栄養生物について，次の生物①〜④の中から最も適切なものの組み合わせを**解答群D**から選び，その番号をマークしなさい。

①　大腸菌　　　②　枯草菌　　　③　硫黄細菌　　　④　乳酸菌

解答群D

00 ①	01 ②	02 ③	03 ④
04 ①，②	05 ①，③	06 ①，④	07 ②，③
08 ②，④	09 ③，④	10 ①，②，③	11 ①，②，④

12 ①，③，④　　13 ②，③，④　　14 ①，②，③，④

(e) 空欄 [(ア)] にあてはまる最も適切なものを**解答群E**から選び，その番号をマークしなさい。

解答群E

| 0 H_2S | 1 CO_2 | 2 H_2 | 3 H_2O | 4 N_2 |
| 5 O_2 | 6 NH_3 | 7 CH_4 | 8 HCN | 9 S |

(f) 図1の推定年代Aで分岐した細菌と古細菌の比較に関して，次の文①～④の中から最も適切なものの組み合わせを**解答群F**から選び，その番号をマークしなさい。

① 核膜は，細菌にはないが古細菌にはある。

② 細胞壁は，細菌と古細菌で構成成分に違いがある。

③ 生体膜のリン脂質は，細菌と古細菌で種類に違いがある。

④ 細胞小器官は，細菌にはないが古細菌にはある。

解答群F

00 ①	01 ②	02 ③	03 ④
04 ①，②	05 ①，③	06 ①，④	07 ②，③
08 ②，④	09 ③，④	10 ①，②，③	11 ①，②，④
12 ①，③，④	13 ②，③，④	14 ①，②，③，④	

(g) 図1の推定年代Bで誕生した真核生物に見られるミトコンドリアの起源について，次の文①～④の中から「細胞内共生説」を支持する証拠として最も適切なものの組み合わせを**解答群G**から選び，その番号をマークしなさい。

① ミトコンドリアは，外膜と内膜の2枚の生体膜で包まれている。

② ミトコンドリアは，細胞小器官である。

③　ミトコンドリアは，原核生物がもつような環状構造の DNA をもっている。

④　ミトコンドリアは，細胞の分裂とは別に分裂して増殖することができる。

解答群G

00　①	01　②	02　③	03　④
04　①，②	05　①，③	06　①，④	07　②，③
08　②，④	09　③，④	10　①，②，③	11　①，②，④
12　①，③，④	13　②，③，④	14　①，②，③，④	

(h)　図 1 の推定年代 C の頃に，宿主の真核生物にシアノバクテリアが細胞内共生することで葉緑体の起源となったと考えられている。多くのシアノバクテリアがもつ特徴について，次の文①〜④の中から最も適切なものの組み合わせを**解答群H**から選び，その番号をマークしなさい。

①　真核藻類や植物と共通する光合成色素クロロフィル a をもつ。

②　緑色光合成細菌と共通する光合成色素バクテリオクロロフィルをもつ。

③　CO_2 と H_2S を利用する光合成で炭水化物などの有機物が合成される。

④　CO_2 と H_2O を利用する光合成で炭水化物などの有機物が合成される。

解答群H

00　①	01　②	02　③	03　④
04　①，②	05　①，③	06　①，④	07　②，③
08　②，④	09　③，④	10　①，②，③	11　①，②，④
12　①，③，④	13　②，③，④	14　①，②，③，④	

2　生物の生殖と発生に関する問題(1)〜(2)に答えなさい。解答はそれぞれの指示に
　従って最も適切なものを**解答群**の中から選び，その番号を**解答用マークシート**の
　指定された欄にマークしなさい。

(23点)

(1)　被子植物の生殖と発生に関する次の文章を読み，問題(a)〜(d)に答えなさい。

　　被子植物の配偶子形成では，花粉母細胞(2n)と胚のう母細胞(2n)が**図1**に示
す核相の変化を伴う分裂を経て，それぞれ精細胞(n)と卵細胞(n)になる。受粉
によって花粉管から胚のうに放出される2個の精細胞のうち，1個は卵細胞と
受精して受精卵を，残りの1個は中央細胞と融合して胚乳核(胚乳細胞)を形成
する。このように父親と母親のゲノムが2か所で出会う現象を　(ア)　と呼
ぶ。これは，水の少ない陸上環境で生存や繁栄をもたらすように進化した，被
子植物の生殖に共通した特徴である。受精卵からは胚ができる。胚乳核から胚
乳が形成され，イネ科などの有胚乳種子では発芽後の胚に供給する栄養分が蓄
えられる。

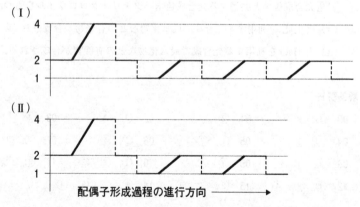

　　図1　被子植物の配偶子形成過程における核当たりの DNA 量の変化

（Ⅰ）と（Ⅱ）は，1個の花粉母細胞あるいは胚のう母細胞から，それぞれ精細胞
と卵細胞の配偶子が形成される過程(横軸)で変化する1つの核当たりの DNA
の相対量(縦軸)を示す。DNA 量＝2は，核相＝2n を示す。太線は DNA 複
製，点線は体細胞分裂，減数分裂，あるいは核分裂による核相の変動を表す。

(a)　図1の(I)と(II)は雌雄どちらの配偶子形成過程を反映しているか。**解答群A**から最も適切なものを選び，その番号をマークしなさい。

解答群A

   0　(I)は精細胞，(II)は卵細胞　　　1　(I)は卵細胞，(II)は精細胞

   2　(I)は精細胞と卵細胞の両方　　　3　(II)は精細胞と卵細胞の両方

(b)　多くの被子植物において，受粉後に形成される受精卵と胚乳細胞の核相に関して，最も適切なものを**解答群B**から選び，その番号をマークしなさい。

解答群B

   00　受精卵は n，胚乳核は n　　　　01　受精卵は n，胚乳核は $2n$

   02　受精卵は n，胚乳核は $3n$　　　　03　受精卵は n，胚乳核は $4n$

   04　受精卵は $2n$，胚乳核は n　　　　05　受精卵は $2n$，胚乳核は $2n$

   06　受精卵は $2n$，胚乳核は $3n$　　　07　受精卵は $2n$，胚乳核は $4n$

   08　受精卵は $3n$，胚乳核は n　　　　09　受精卵は $3n$，胚乳核は $2n$

   10　受精卵は $3n$，胚乳核は $3n$　　　11　受精卵は $3n$，胚乳核は $4n$

   12　受精卵は $4n$，胚乳核は n　　　　13　受精卵は $4n$，胚乳核は $2n$

   14　受精卵は $4n$，胚乳核は $3n$　　　15　受精卵は $4n$，胚乳核は $4n$

(c)　空欄　(ア)　にあてはまる最も適切な語句を**解答群C**から選び，その番号をマークしなさい。

解答群C

   0　多　精　　　　1　重　合　　　　2　接　合

   3　重複受精　　　4　対　合　　　　5　自家受精

(d)　文章中の下線部(i)に関して，胚乳は父親(精細胞)と母親(中央細胞)のゲノムをもって形成される。胚乳形成における父親と母親のそれぞれのゲノムの役割を調べるため，シロイヌナズナの両親のいずれかの倍数性を変えて受粉

させる**実験1**と**実験2**を行ったところ，雌雄のゲノムが胚乳と種子の形成に影響することがわかった。

【**実験1**】　4倍体(4n)の母親からできた胚のうに野生型(2n)の父親からできた花粉を受粉した場合，胚乳サイズが小さくなり異常な種子が形成された。

【**実験2**】　4倍体(4n)の父親からできた花粉を野生型(2n)の母親からできた胚のうに受粉した場合，胚乳サイズが大きくなり異常な種子が形成された。

　※なお，4nの植物体由来の花粉母細胞(4n)と胚のう母細胞(4n)であっても，図1に示した配偶子形成過程では，同じ比率でDNA相対量（核相）が変化し，精細胞と中央細胞へと分配される。また，一方が4n親由来の配偶子であっても，精細胞と中央細胞の融合，および胚乳形成は起きる。

　実験1と**実験2**の結果の相違から考えられる，胚乳形成における精細胞と中央細胞のゲノムのはたらきとして，次の文①〜⑤の中から最も適切なものの組み合わせを**解答群D**から選び，その番号をマークしなさい。

①　中央細胞のゲノムは胚乳形成を抑制し，精細胞のゲノムは胚乳形成を促進するはたらきをもつ。

②　精細胞のゲノムは胚乳形成を抑制し，中央細胞のゲノムは胚乳形成を促進するはたらきをもつ。

③　父親の倍数性を変えても生じる精細胞の核相は変化しないため，中央細胞ゲノムのみが胚乳形成に影響する。

④　母親の倍数性を変えても生じる中央細胞の核相は変化しないため，精細胞ゲノムのみが胚乳形成に影響する。

⑤　融合で形成される胚乳核の核相は2つの実験で異なり，父親と母親のゲノムの量比は胚乳形成に影響する。

解答群D

00 ①	01 ②	02 ③	03 ④
04 ⑤	05 ①, ②	06 ①, ③	07 ①, ④
08 ①, ⑤	09 ②, ③	10 ②, ④	11 ②, ⑤
12 ③, ④	13 ③, ⑤	14 ④, ⑤	
15 ①, ②, ③	16 ①, ②, ④	17 ①, ②, ⑤	
18 ①, ③, ④	19 ①, ③, ⑤	20 ①, ④, ⑤	
21 ②, ③, ④	22 ②, ③, ⑤	23 ②, ④, ⑤	
24 ③, ④, ⑤	25 ①, ②, ③, ④	26 ①, ②, ④, ⑤	
27 ①, ②, ④, ⑤	28 ①, ③, ④, ⑤	29 ②, ③, ④, ⑤	
30 ①, ②, ③, ④, ⑤			

(2)　有性生殖を行う生物の生殖と発生における遺伝のはたらきについて，問題
　　(a)～(b)に答えなさい。

　(a)　有性生殖では，無性生殖とは異なり遺伝的に多様な個体が生まれる。有性
　　　生殖によって生じる遺伝的な多様性に係る細胞現象に関して，次の文①～⑤
　　　の中から最も適切なものの組み合わせを**解答群E**から選び，その番号をマー
　　　クしなさい。

　　　①　減数分裂の過程で起きる相同染色体の分離。
　　　②　体細胞分裂の過程で起きる染色体の両極への移動。
　　　③　減数分裂の第一分裂で起きる染色体の乗換え。
　　　④　減数分裂の第二分裂で起きる染色体の乗換え。
　　　⑤　雄性配偶子と雌性配偶子の異なる組み合わせの受精。

解答群E

00 ①	01 ②	02 ③	03 ④
04 ⑤	05 ①, ②	06 ①, ③	07 ①, ④
08 ①, ⑤	09 ②, ③	10 ②, ④	11 ②, ⑤

12	③, ④	13	③, ⑤	14	④, ⑤
15	①, ②, ③	16	①, ②, ④	17	①, ②, ⑤
18	①, ③, ④	19	①, ③, ⑤	20	①, ④, ⑤
21	②, ③, ④	22	②, ③, ⑤	23	②, ④, ⑤
24	③, ④, ⑤	25	①, ②, ③, ④	26	①, ②, ③, ⑤
27	①, ②, ④, ⑤	28	①, ③, ④, ⑤	29	②, ③, ④, ⑤
30	①, ②, ③, ④, ⑤				

(b)　受精後の胚発生で，母親由来の遺伝情報のみがはたらく過程が知られている。例えば，ショウジョウバエの胚発生では，受精前にあらかじめ合成された母親由来のビコイド(*bcd*)遺伝子の mRNA が卵で局所的に偏って分布している(**図2A**)。受精後に *bcd* mRNA の翻訳が起き，合成された bcd タンパク質が胚の前後軸(頭尾軸)の形態形成を調節する。この時，胚の局所で起きる翻訳で合成された bcd タンパク質が，その部位から拡散し，胚内で濃度勾配を生じることが，前後軸の位置情報としてはたらく。そこで，bcd タンパク質の前後軸形成におけるはたらきや胚内の分布パターンを調べる目的で，**図2B** に示す *bcd* 遺伝子の野生型，トランスジェニック体，機能をなくした変異体のショウジョウバエを用いて次の**実験(ア)～(エ)**を行った。

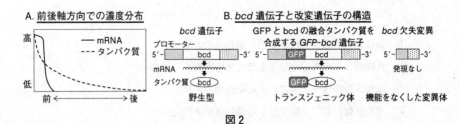

図2

グラフ(**A**)は，前後軸(横軸)に沿った未受精卵内の *bcd* mRNA と受精卵内の bcd タンパク質の相対的な濃度(縦軸)を示す。遺伝子構造(**B**)は，正常な野生型の *bcd* 遺伝子(左)，トランスジェニック体の *GFP-bcd* 遺伝子(中央)，*bcd* 欠失変異により機能をなくした変異体(右)を示す。

【実験】

㋐　野生型の卵と *GFP-bcd* トランスジェニック体の精子が受精した胚を観察した。

㋑　*GFP-bcd* トランスジェニック体の卵と野生型の精子が受精した胚を観察した。

㋒　bcd 機能をなくした変異体の卵と野生型の精子が受精した多核体において，GFP と bcd をつなげた融合タンパク質を合成する *GFP-bcd* mRNA を本来後部となる位置に注入して翻訳させ，その後に胚を観察した。

㋓　野生型の卵と bcd 機能をなくした変異体の精子が受精した多核体において，GFP と bcd をつなげた融合タンパク質を合成する *GFP-bcd* mRNA を本来後部となる位置に注入して翻訳させ，その後に胚を観察した。

※なお，*GFP-bcd* トランスジェニック体は，*bcd* のプロモーターと遺伝子の間に *GFP* 遺伝子が組み込まれ，*bcd* プロモーターのはたらきで転写された *GFP-bcd* mRNA から GFP と bcd の融合タンパク質（GFP-bcd）を合成する。GFP-bcd タンパク質は bcd タンパク質とほぼ同じはたらきをもっていた。*GFP-bcd* mRNA とは，*GFP* と *bcd* をつないだ *GFP-bcd* 遺伝子から合成された mRNA であり，胚へ注入した *GFP-bcd* mRNA からは bcd 機能をもった GFP-bcd タンパク質が翻訳された。GFP は胚発生には影響しないものとする。

　実験㋐〜㋓のそれぞれの結果を示す胚として，最も適切なものを**解答群F**から選び，その番号をそれぞれマークしなさい。

解答群F

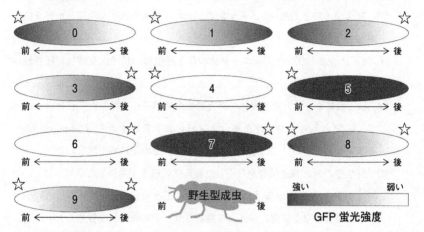

注：楕円形で示した胚0〜9で，正常な発生によって形成される胚の本来の前後
　　軸(前←→後)に対して，実験によって形成された前部の位置を☆で示して
　　ある。発現したGFP蛍光の強弱は，右下に示す色の濃淡で表してある。

3　生物の刺激への応答，体内環境維持に関する問題(1)〜(2)に答えなさい。解答は
　それぞれの指示に従って最も適切なものを**解答群**の中から選び，その番号を**解答
　用マークシート**の指定された欄にマークしなさい。　　　　　　　　　　(30点)

(1)　生物の光受容に関する次の文章を読み，問題(a)〜(c)に答えなさい。

　　生物は体外の環境に様々な仕組みを使って応答する。例えば，植物は光の刺
　激に対して光受容体と呼ばれるタンパク質によって応答し，発芽，茎の伸長，
　　　　　　　(i)
　気孔の開口，光屈性などの様々な現象を調節することが知られている。一方，
　ヒトは眼の網膜に存在する視細胞によって光刺激を受容する。ヒトの視細胞に
　　　　　　　　　　　　　　(ii)
　はロドプシンと呼ばれる視物質が含まれる。そのほか，緑藻類であるクラミド
　モナスのロドプシンには青色光があたると開口する非選択的陽イオンチャネル
　としてはたらくチャネルロドプシン2がある。
　　　　　　　(iii)

(a) 文章中の下線部(i)に関して，光受容体A，光受容体Bを欠損した種子と野生型の種子を用いて以下の実験を行なった。実験結果から考えられる光受容体A，光受容体Bの名称として，最も適切なものの組み合わせを**解答群A**から選び，その番号をマークしなさい。

【実験と結果】

(1) 種子に赤色光をあてた際の発芽率は，野生型株，光受容体B欠損株ともに100％であったが，光受容体A欠損株は30％であった。

(2) 発芽した種子を育てて得た植物体に青色光をあてたところ，野生型株，光受容体A欠損株では気孔が開いたが，光受容体B欠損株では気孔は閉じたままであった。

解答群A

  0 光受容体A：フィトクロム，光受容体B：クリプトクロム

  1 光受容体A：フィトクロム，光受容体B：フォトトロピン

  2 光受容体A：クリプトクロム，光受容体B：フィトクロム

  3 光受容体A：クリプトクロム，光受容体B：フォトトロピン

  4 光受容体A：フォトトロピン，光受容体B：クリプトクロム

  5 光受容体A：フォトトロピン，光受容体B：フィトクロム

(b) 文章中の下線部(ii)について，次の文章中の空欄 ⑦ ～ ㊉ に当てはまる最も適切な語句を**解答群B**から選び，その番号をマークしなさい。

  ヒトは ⑦ と ㋑ と呼ばれる2種類の視細胞を持っている。光に対する感度は ⑦ と比べて ㋑ は ㋒ 。明るい環境下においてものを見る際には主に ⑦ が使われる。暗い環境では，最初に ⑦ が順応し光に対する感度が高まる。その後， ㋑ 内で ㊉ とオプシンが結合した視物質であるロドプシンが蓄積することで，光に対する感度がさらに上昇する。

解答群B

00　連絡神経細胞	01　錐体細胞	02　色素細胞
03　桿体細胞	04　速　い	05　遅　い
06　高　い	07　低　い	08　同程度である
09　フォトプシン	10　ビタミンA	11　レチナール

(c)　文章中の下線部(ⅲ)について，次の文章中の空欄　(オ)　～　(ク)　に当てはまる最も適切な番号をマークしなさい。ただし，　(オ)　，(カ)　は**解答群C**，　(キ)　，　(ク)　は**解答群D**から選び，その番号をマークしなさい。

　チャネルロドプシン2をヒトの神経細胞の細胞膜に発現させ，青色光をあてることで脱分極を起こすことができる。**図1A**はニューロン1～4の4つのニューロンからなる神経回路を示しており，ニューロン1のみチャネルロドプシン2を発現している。この神経回路では，1つの興奮性シナプスで誘導される興奮性シナプス後電位によりシナプス後細胞の活動電位が生じる。暗環境下でニューロン1に青色光を断続的にあてた際のニューロン1～4の活動電位の発生パターンは**図1B**に示されている通りであった。

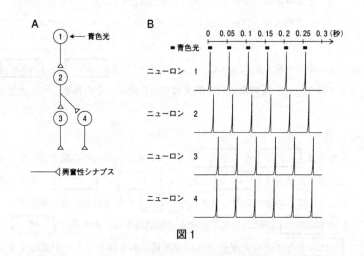

図1

　図2Aは**図1**と同じニューロン1～3および別のニューロン5の4つの

ニューロンからなる神経回路を示している。**図2A**の神経回路でも**図1**と同様にニューロン1のみチャネルロドプシン2を発現している。この神経回路では，抑制性シナプス後電位が生じた時点から0.05秒間は興奮性シナプス後電位が打ち消されるものとする。暗環境下でニューロン1に青色光を断続的にあてた際の活動電位の発生パターンが**図2B**に示されている通りになるとき，ニューロン2の活動電位の発生パターンは**図2C**の　(オ)　，ニューロン3の活動電位の発生パターンは**図2C**の　(カ)　のようになる。この際，ニューロン5の神経終末から放出される神経伝達物質は　(キ)　であり，ニューロン5の神経終末から放出される神経伝達物質がニューロン2上の受容体に結合した際には，ニューロン2に　(ク)　が流入する。なお，青色光をあてるのと同時にニューロン1のチャネルロドプシン2が開口し，青色光の照射を止めると同時にチャネルロドプシン2が閉口するものとする。

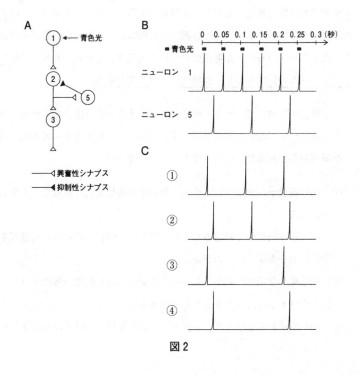

図2

解答群C

1 ①　　　　　2 ②　　　　　3 ③　　　　　4 ④

解答群D

0 アセチルコリン　　　1 GABA　　　2 Na^+　　　3 Cl^-

(2) 体内環境に関する次の文章を読み，問題(a)～(f)に答えなさい。

　　動物が体内環境を一定の範囲内に保つには，自律神経系による調節のほかに内分泌系による調節が重要な役割を果たしている。内分泌系ではホルモンを分泌することで体内に指令を送る。ホルモンは内分泌腺から分泌され，血液循環によって全身に行き渡り，特定の組織や器官にはたらきかける。植物の体内に(i)
も植物ホルモンと総称される一群の生理活性物質があり，周囲の環境に応じた(ii)
成長や発生などの調節に深く関わっている。ヒトの血糖値の調節にはインスリ(iii)　　　　　　　　　　　　　　　　　　　　　　　(iv)
ンが重要な役割を果たしており，血糖値の調節がうまくいかないことは糖尿病(v)
の原因となる。糖尿病になると持続的な高血糖により様々な臓器不全がひき起こされるため，いろいろな糖尿病治療薬が開発されており，その中には尿中へ(vi)
のグルコースの排出を促し，血糖値を下げる薬がある。

(a) 下線部(i)に関して，ヒトの内分泌腺と，そこから分泌されるホルモンのはたらきについて記した次の文①～④の中から，最も適切なものの組み合わせを**解答群E**から選び，その番号をマークしなさい。

①　副腎髄質から分泌されるホルモンには血糖値を上げるはたらきをもつものがある。

②　脳下垂体後葉から分泌されるホルモンには腎臓での水分の再吸収を促進するはたらきをもつものがある。

③　脳下垂体前葉から分泌されるホルモンには副甲状腺からのチロキシン分泌を促進するはたらきをもつものがある。

④　副腎皮質から分泌されるホルモンには血糖値を上げるはたらきをもつものがある。

解答群E

00	①	01	②	02	③	03	④	04	①, ②

05　①, ③　　06　①, ④　　07　②, ③　　08　②, ④　　09　③, ④

10　①, ②, ③　　　　11　①, ②, ④　　　　12　①, ③, ④

13　②, ③, ④　　　　14　①, ②, ③, ④

(**b**)　下線部(ii)について，**表1**の空欄　(ケ)　～　(ス)　に当てはまる最も
適切な語句を**解答群F**から選び，その番号をマークしなさい。

表1

植物ホルモン	はたらき
(ケ)	花芽の形成促進
(コ)	側芽の成長促進
(サ)	細胞の成長
(シ)	果実の成熟
(ス)	食害に対する応答

解答群F

0　アブシシン酸	1　フロリゲン	2　ジベレリン

3　ジャスモン酸　　4　オーキシン　　5　エチレン

6　サイトカイニン

(**c**)　下線部(iii)について，次の文章中の空欄　(セ)　～　(チ)　に当てはま
る最も適切な語句を**解答群G**から選び，その番号をマークしなさい。

　　ヒトの血液中のグルコース濃度は約 0.1 ％ 前後でほぼ安定している。血
液中のグルコース濃度の増加は，間脳の　(セ)　で感知され，　(ソ)
を通じてすい臓に伝わり，すい臓のランゲルハンス島のB細胞からインスリ

ン分泌を促す。インスリンは血液から細胞へのグルコースの取り込みを促進するとともに細胞でのグルコースの 　(タ)　 を促す。また，インスリンは 　(チ)　 でのグリコーゲン合成を促進する。これらの作用によりインスリンは増加した血液中のグルコース濃度を通常の濃度に戻すはたらきをする。

解答群G

0　脳下垂体	1　視床下部	2　副甲状腺	3　副腎皮質
4　交感神経	5　副交感神経	6　分　解	7　合　成
8　肝　臓	9　ひ　臓	10　腎　臓	

(d)　下線部(iv)に関する次の文章を読み，空欄 　(ツ)　 〜 　(ニ)　 に当てはまる最も適切なものを 　(ツ)　 〜 　(ナ)　 は**解答群H**，　(ニ)　 は**解答群I**から選び，その番号をマークしなさい。

　インスリンは前駆体として 　(ツ)　 小胞体上の 　(テ)　 で翻訳・合成され，小胞体内に入る。その後，インスリン前駆体は小胞に取り込まれ，　(ト)　 に運ばれる。　(ト)　 から出る際にインスリン前駆体の一部が切断され成熟インスリンとなり分泌小胞に蓄えられる。分泌小胞は刺激に応じて細胞膜と融合し，　(ナ)　 によりインスリンが細胞外に分泌される。

　細胞膜は常に一定の状態にあるわけではなく，インスリンの分泌時のように細胞内の小胞が細胞膜に融合したり，細胞膜が陥入して小胞となり細胞内部に取り込まれたりすることが絶えず起きている。通常は，細胞内の小胞から細胞膜へ1分間あたり 10 μm² の膜が供給され，それと並行して1分間あたり 10 μm² の膜が細胞膜より小胞として細胞内部に取り込まれることとする。この細胞に，細胞内の小胞から細胞膜への膜の供給には影響を与えることなく，細胞膜の細胞内部への取り込みのみを抑制する薬剤を添加し，1分間に細胞内に取り込まれる細胞膜が 　(ニ)　 μm² となるようにすると120分後には細胞膜の面積が薬剤処理前と比較し 1.1 倍に増加した。なお，細胞は一辺 20 μm の立方体であるものとし，1 μm は 0.001 mm とする。

解答群H

00　リソソーム　　　01　核小体　　　　02　ゴルジ体

03　エキソサイトーシス　　　　　　04　エンドサイトーシス

05　粗　面　　　　06　滑　面　　　　07　ミトコンドリア

08　中心体　　　　09　液　胞　　　　10　核

11　リボソーム

解答群 I

0　0　　　　　1　1　　　　　2　2　　　　　3　3　　　　　4　4

5　5　　　　　6　6　　　　　7　7　　　　　8　8　　　　　9　9

(e)　下線部(v)に関する次の文章を読み，問題に答えなさい。

　　インスリン遺伝子のプロモーターの近傍には，胸腺細胞におけるインスリンの産生量に影響を与える14塩基からなる繰り返し配列がある。この塩基配列の繰り返しの回数が少ない人は多い人と比較し，自己免疫疾患である I 型糖尿病の発症確率が高いことがわかっている。繰り返しの回数が少ない人で I 型糖尿病の発症確率が高くなる理由を説明し得る記述として最も適切なものを**解答群 J** から選び，その番号をマークしなさい。なお，胸腺細胞はインスリンなどの体内の様々な自己抗原を産生する機能をもっており，これを T 細胞に提示し，自己抗原と反応する T 細胞を排除するはたらきを持つ。

解答群 J

　0　繰り返しの回数が少ない人では，胸腺細胞におけるインスリンの産生量が多く，インスリンを認識する T 細胞が排除されず，すい臓のランゲルハンス島の B 細胞が免疫細胞に攻撃されるため。

　1　繰り返しの回数が少ない人では，胸腺細胞におけるインスリンの産生量が少なく，インスリンを認識する T 細胞が排除され，すい臓のランゲルハンス島の B 細胞が免疫細胞に攻撃されるため。

　2　繰り返しの回数が少ない人では，胸腺細胞におけるインスリンの産生

　　量が多く，インスリンを認識する T 細胞が排除され，すい臓のランゲ
　　ルハンス島の B 細胞が免疫細胞に攻撃されるため。

　　3　繰り返しの回数が少ない人では，胸腺細胞におけるインスリンの産生
　　量が少なく，インスリンを認識する T 細胞が排除されず，すい臓のラ
　　ンゲルハンス島の B 細胞が免疫細胞に攻撃されるため。

〔f〕　下線部(vi)について，尿中へのグルコースの排出を促す薬剤を糖尿病患者に
　　投与したところ，グルコースの濃縮率(尿中の濃度(重量%)／血しょう中の
　　濃度(重量%))が薬剤投与前は 20 倍であったのに対し，薬剤投与 30 分後に
　　は 50 倍になった。糸球体からボーマンのうにすべてろ過され，再吸収され
　　ない物質であるイヌリンを投与したところ，血しょう中のイヌリン濃度は
　　0.1 mg/mL，尿中のイヌリン濃度は 10 mg/mL であった。薬剤の投与前と
　　比べ投与 30 分後にはグルコースの再吸収率は何倍になったか。空欄
　　　　(ヌ)　，　(ネ)　に当てはまる最も適切な数値をマークしなさい。解
　　答が，小数第 2 位以下の数値を含む場合には，小数第 2 位を四捨五入し，小
　　数第 1 位までの数字をマークすること。なお，この薬剤の効果により血糖値
　　が低下するまでには，ある程度の時間が必要であり，薬剤投与 30 分後のグ
　　ルコースの血しょう中濃度は薬剤投与前と変わらないものとする。また，腎
　　臓で作られる尿の量は薬剤の投与により変化しないものとする。

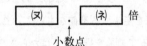

　　　　(ヌ)　．　(ネ)　倍
　　　　　　　↑
　　　　　　小数点

4 生物の窒素化合物の代謝に関する問題(1)～(2)に答えなさい。解答はそれぞれの指示に従って最も適切なものを**解答群**の中から選び，その番号を**解答用マークシート**の指定された欄にマークしなさい。 (26点)

(1) 窒素循環に関する次の文章を読み，問題(a)～(e)に答えなさい。

　　生物にとって窒素は必須の元素である。空気中の窒素ガスはおもに生物の作用によりアンモニアに変換される。(i) 一部の植物は窒素をアンモニウムイオンの形で吸収できるが，多くの植物は硝酸イオンの形で吸収する。アンモニウムイオンは土壌中の細菌の作用により硝酸イオンにまで変換される。この過程で，亜硝酸菌はアンモニウムイオンを亜硝酸イオンに変換する。硝酸菌は電子を亜(ii) 硝酸 ア ，亜硝酸イオンを硝酸イオンに変換する。植物に吸収された硝酸イオンはアンモニウムイオンにまで イ される。アンモニウムイオンはグルタミン合成酵素の作用によりグルタミンに変換されるが，この反応にはATP を必要とする。さらに，アミノ基転移酵素の作用によりグルタミンから(iii) 各種アミノ酸が合成され，タンパク質の原料となる。(iv)

(a) 下線部(i)に関連して，窒素の固定や同化について記した次の文①～⑤の中から，最も適切な説明の組み合わせを**解答群A**から選び，その番号をマークしなさい。

① マメ科植物は窒素固定により生産したアンモニウムイオンを根粒菌に与える。
② マメ科植物は光合成により生産した有機物を根粒菌に与える。
③ 根粒菌は窒素固定により生産したアンモニウムイオンを植物に与える。
④ 根粒菌は光合成により生産した有機物を植物に与える。
⑤ 動物は無機窒素化合物を同化に利用することができる。

解答群A

00 ①	01 ②	02 ③	03 ④
04 ⑤	05 ①, ②	06 ①, ③	07 ①, ④
08 ①, ⑤	09 ②, ③	10 ②, ④	11 ②, ⑤
12 ③, ④	13 ③, ⑤	14 ④, ⑤	
15 ①, ②, ③	16 ①, ②, ④	17 ①, ②, ⑤	
18 ①, ③, ④	19 ①, ③, ⑤	20 ①, ④, ⑤	
21 ②, ③, ④	22 ②, ③, ⑤	23 ②, ④, ⑤	
24 ③, ④, ⑤	25 ①, ②, ③, ④	26 ①, ②, ③, ⑤	
27 ①, ②, ④, ⑤	28 ①, ③, ④, ⑤	29 ②, ③, ④, ⑤	
30 ①, ②, ③, ④, ⑤			

(b) 下線部(ii)に関して，亜硝酸菌について最も適切な説明を**解答群B**から選び，その番号をマークしなさい。

解答群B

0 二酸化炭素を炭素源として増殖できる。

1 光エネルギーを利用して増殖できる。

2 増殖に硫黄成分を必要としない。

3 増殖にリン成分を必要としない。

4 増殖に酸素ガスを必要としない。

5 真核生物に分類される。

(c) 空欄 ┃ (ア) ┃ ，┃ (イ) ┃ にあてはまる最も適切な語句の組み合わせを**解答群C**から選び，その番号をマークしなさい。

解答群C

	(ア)	(イ)
0	から受け取り	酸　化
1	から受け取り	還　元
2	に与え	酸　化
3	に与え	還　元

(d)　下線部(ⅲ)に関して，ATP について**誤った内容**を含む説明を**解答群D**から
　　1つ選び，その番号をマークしなさい。

解答群D

　　0　解糖系では，1分子のグルコースが2分子のピルビン酸に変換され，
　　　　この際に正味2分子の ATP が合成される。

　　1　ATP の光リン酸化による合成では，H^+ がストロマ側に輸送され，
　　　　その結果として生じた H^+ の濃度勾配を利用して ATP が合成される。

　　2　ATP は，リン酸どうしの結合が切れて ADP とリン酸になるとき，
　　　　エネルギーを放出する。

　　3　ナトリウム-カリウム ATP アーゼは，ATP を分解したときに取り出
　　　　されたエネルギーを用いて能動輸送を行う。

　　4　キネシンは，ATP 分解酵素としての活性を持つタンパク質であり，
　　　　ATP のエネルギーを利用して微小管上を移動する。

　　5　真核生物における酸化的リン酸化では，ミトコンドリアで ATP が合
　　　　成される。

(e)　下線部(ⅳ)に関連して，アミノ酸のアラニン2分子がペプチド結合した構造
　　を表す図として最も適切なものを**解答群E**から選び，その番号をマークしな
　　さい。

解答群 E

0

```
        CH₃    CH₃
        |      |
H-N-C-N-C-C-OH
    |   |   |  |  ||
    H   H   H  O  O
```

1

```
        CH₃    CH₃
        |      |
H-N-C-C-N-C-C-OH
    |   |   |  |  ||
    H   H   O  H  O
```

2

```
        CH₃  CH₃
        |    |
H-N-C-N-C-C-OH
    |   |  |  |  ||
    H   H  H  H  O
```

3

```
        CH₃  CH₃
        |    |
H-N-C-C-C-C-OH
    |   |  ||  |  ||
    H   H  O   H  O
```

4

```
        CH₃       CH₃
        |         |
H-N-C-N-C-C-C-OH
    |   |   |  ||  |  ||
    H   H   H  O   H  O
```

5

```
        CH₃       CH₃
        |         |
H-N-C-C-N-C-C-OH
    |   |  ||  |   |  ||
    H   H  O   H   H  O
```

6

```
        CH₃            CH₃
        |              |
H-N-C-N-O-C-C-C-OH
    |   |   |     |  |  ||
    H   H   H     O  H  O
```

7

```
        CH₃         CH₃
        |           |
H-N-C-C-O-N-C-C-OH
    |   |  ||    |   |  ||
    H   H  O     H   H  O
```

(2)　窒素固定では，ニトロゲナーゼという酵素が窒素ガスをアンモニアに変換する。その際の反応には電子を与える分子とATPが必要である。**実験1**として，反応に必要な成分が十分に存在する条件下で，基質の窒素ガス濃度を変えて反応速度を測定したところ，**図1**に示すグラフが得られた。ただし，この際に基質濃度以外の条件は変化しないとする。この酵素に関して，問題(a)～(d)に答えなさい。

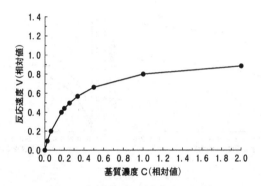

図1　基質濃度と反応速度の関係

(a)　この酵素の反応形式による分類として最も適切なものを**解答群F**から選び，その番号をマークしなさい。ただし，ニトロゲナーゼは窒素ガスをアンモニアに変換する反応形式に基づいて分類されている。

解答群F

　　0　加水分解酵素（水との反応による基質の分解を触媒する酵素）

　　1　酸化還元酵素（基質の酸化還元を触媒する酵素）

　　2　転移酵素（基質から他の基質への原子集団の転移を触媒する酵素）

　　3　脱離酵素（基質からの原子集団の脱離を触媒する酵素）

　　4　合成酵素（2分子の基質をつなぐ反応を触媒する酵素）

(b) **実験2**として，この酵素の濃度を1.5倍にし，その他は**実験1**（**図1**）と同様の条件下で，基質の窒素ガス濃度を変えて反応速度を測定した。その結果として最も適切なものを**解答群G**から選び，その番号をマークしなさい。ただし，酵素濃度は基質濃度と比較して十分に低いものとする。また，点線は**実験2**の結果を，実線は**実験1**（**図1**）の結果をそれぞれ示している。

解答群G

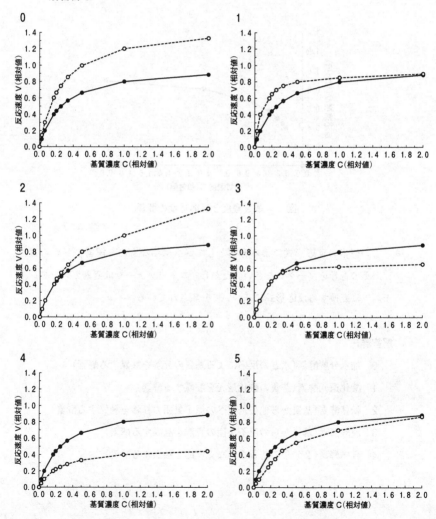

⒞ この酵素の窒素ガスをアンモニアに変換する活性は一酸化炭素により非競
争的に阻害されることがわかっている。**実験3**として，この酵素の活性を阻
害する量の一酸化炭素存在下で，その他は**実験1（図1）**と同様の条件下で，
基質の窒素ガス濃度を変えて反応速度を測定した。その結果として最も適切
なものを**解答群H**から選び，その番号をマークしなさい。ただし，点線は**実
験3**の結果を，実線は**実験1（図1）**の結果をそれぞれ示している。

解答群H

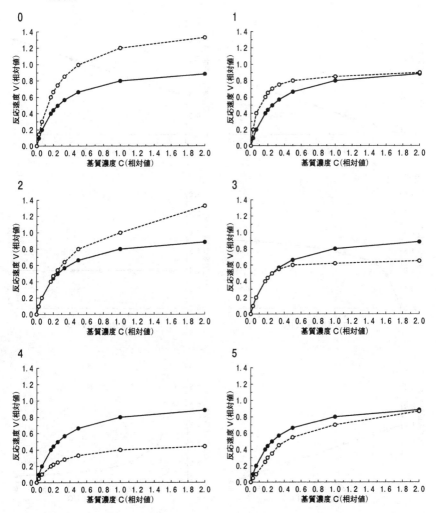

(d) 酵素の最大反応速度や酵素と基質の反応のしやすさの度合いを解析する際に，基質濃度の逆数と反応速度の逆数の関係を調べることがよく行われる。**実験1**の条件下で，基質濃度の逆数と反応速度の逆数の関係を調べた。その結果として最も適切なものを**解答群 I**から選び，その番号をマークしなさい。

解答群 I

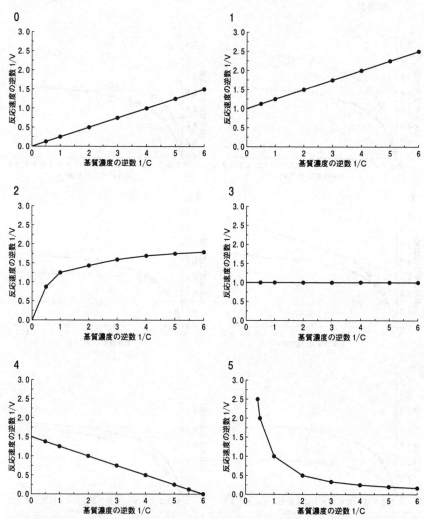

解答編

英語

解答編

1 解答

(1)— 2　　(2)— 3　　(3)— 1　　(4)— 2　　(5)— 3　　(6)— 4
(7)— 4　　(8)— 3
(9)1 — T　2 — T　3 — T　4 — T　5 — F　6 — F

◆━━◆全　訳◆━━◆

≪発見された岩石が恐竜の胃石であるかを探る研究≫

　2017 年の夏，当時イリノイ州のオーガスタナ大学の学部生だったジョシュア=マローンは，ワイオミング州の野外調査キャンプを訪れ，いくつかの岩石を拾った。縁が丸く，小さな拳ほどの大きさのそれは，周囲にあった細粒の泥岩の中では場違いなもので，マローン氏は，その岩石がどこから来たのか知っているかどうか，現地での発掘を指揮していたイリノイ州立大学の地質学者である父デイビッド=マローンに尋ねた。それから 4 年後，2 人は驚くべき答えを導き出した。

　マローン親子は研究仲間とともに，今年初めに学術誌『テラ・ノヴァ』に発表した研究で，この石は，発見場所から東に約 1,000 マイル離れたウィスコンシン州南部の岩層から来たものであると述べている。さらに驚くべきことは，その岩石がどのようにして旅をしてきたかという彼らの仮説である。研究者たちは，それは首の長い恐竜の消化器官の中に入って運ばれてきたと述べている。竜脚類として知られるこれらの動物は，体長 100 フィート超，体重 40 トンにも達し，おそらく現在の鳥類や爬虫類とちょうど同じように，植物の消化を助けるために胃石として知られる石を定期的に飲み込んでいた。この仮説は，岩石がどのようにして滑らかで丸みを帯びた質感を得たかを説明するだろう。

　しかし，これらが本当に，こうした巨大な怪獣の腹の中ではるばる移動

してきたかどうかについては，疑問が残る。この胃石は，モリソンと呼ばれる岩層のジュラ紀の泥岩で発見された。ピンクや赤の虹色に輝くモリソン層は，アロサウルスのような肉食恐竜に加え，バロサウルスやディプロドクスなどの竜脚類の化石でいっぱいである。

　しかし，その岩石は，他の場所で発掘された胃石と類似しており，恐竜の残骸がない状態で単独で発見された。どのようにしてそれらが現在のワイオミング州で最後を迎えることになったかの手がかりを得るために，研究チームは，古代の指紋を調べるのに少し似ているのだが，この岩石を砕いて中に含まれるジルコン結晶を採取し，年代を測定した。「我々が発見したのは，これらの胃石に似た石の内部のジルコン年代が，ウィスコンシン州南部の岩石における年代と一致する，はっきりとした年代スペクトルをもっていたということです」と，現在はテキサス大学オースティン校で地質学を研究している博士課程の学生であるマローン氏は語った。「我々はそれを用い，これらの岩石は，ウィスコンシン州南部のどこかで摂取され，その後，恐竜の腹内でワイオミング州に運ばれたのだという仮説を立てました」　彼はさらに，「この手法を用いて恐竜の長距離移動を示唆するこのような研究はこれまで本当になかったので，我々にとっては実に興奮する瞬間でした」とつけ加えた。

　ウィスコンシン州とワイオミング州のつながりは，竜脚類の移動がこれまでの推定よりも何百マイルも長い距離の移動であったことを示唆する。季節の移り変わりにより，動物は食料や水を求めて移動する。ニューヨークのアデルフィ大学の古脊椎動物学者で，この研究の共著者であるマイケル=デミックは，特に竜脚類は，その非常に大きな生命を維持するために，これらの資源を非常に大量に必要としていただろうと述べている。「竜脚類は，その並ぶもののない大きさに到達するために急速に成長したのです——現在の大きな哺乳類が育つのと同等の速さで」と彼は語った。「このことは，彼らが必要とするカロリーが膨大であるため，彼らが住んでいた季節性の高い環境を考えると，食べ物を求めて長距離を移動する必要があっただろうということは驚くに値しないのです」

　しかし他の科学者たちは，この岩石が実際の恐竜の残骸と一緒に発見されたわけではないので，この論文の仮説が正しいと証明されるにはもっと証拠が必要だと言う。「残念ながら，これらの岩片が本当に元は胃石であ

るという本当の証拠はありません」と，ドイツのマルティン・ルター大学ハレ・ヴィッテンベルクの地質学者で古脊椎動物学者のオリバー=ウィングスは述べた。「我々は，恐竜の腹内で石が運ばれた可能性を排除することはできませんが，それは，いくつかの可能性のうちの1つにすぎないのです」　それでも，ウィングス博士は，このチームの新しい技術は，古生物学者が他の胃石，特に実際の恐竜の骨格とともに保存されて発見される胃石を年代測定する扉を開くものであると考えている。「もし，その方法を本物の胃石に使うことができれば，すばらしいでしょう」と彼は述べた。

　この丸い岩石がワイオミング州にどのようにもたらされたにせよ，その発見によって，マローン氏は地質学を研究する家系の伝統を受け継ぐことになった。「人生の最初の19年間は，私は地質学を拒否していたようなものでした」と彼は言った。「このプロジェクトに参加し，あの野外キャンプに実際に足を運んでみて初めて，おそらく自分の人生においてその方面に進むことに何か興味をもつようになりました」

━━━━━━━━　◀解　説▶　━━━━━━━━

(1)下線部(1)を含む文は「縁が丸く，小さな拳ほどの大きさのそれは，周囲にあった細粒の泥岩の中では out of place だったもので，マローン氏は，その岩石がどこから来たのか知っているかどうか，現地での発掘を指揮していたイリノイ州立大学の地質学者である父デイビッド=マローンに尋ねた」という意味。違和感をもったので尋ねるに至ったという流れになると自然なので，2.「そこに属していないように見えた」が正解。out of place は「場違いな」という意味。1.「必要なスペースがなかった」，3.「衝突することなく一緒に発生することができた」，4.「その中から選ばれていた」は，いずれも不適。

(2)下線部(2)は「この石は，発見場所から東に約1,000マイル離れたウィスコンシン州南部の岩層から来たものである」という意味。あとの部分で示されている hypothesis「仮説」によると，この石は恐竜の消化器官の中に入って1,000マイル移動してきたと考えられているので，3.「その岩石は，もともと形を成したウィスコンシン州からどうにかして1,000マイル移動してきた」が正解。1.「マローン氏の父親が発掘を監督していた調査地で，細かい粒の石が販売用に製造されていた」，2.「石の原産地である岩層は，ウィスコンシン州南部からワイオミング州まで直線距離で

1,000 マイルも伸びていた」，4.「ウィスコンシン州東部の 1,000 平方マイルのエリアを走る大型野生動物の曲がりくねった自然の移動ルートで，かなりの数の岩石が拾われた」はいずれも不適。

(3)下線部(3)を含む文は「さらに驚くべきことは，その岩石がどのようにして旅をしてきたかという彼らの hypothesis である」という意味。続くコロン（：）以降に，岩石が恐竜の消化器官の中に入って運ばれてきたと研究者たちが述べているとあること，およびこの説についてこのあとの段落でさまざまな検討が加えられていることから，hypothesis の意味としては 1.「少数の既知の事実に基づいているが，それが真実であると証明される前に何度も確認する必要がある，何かについての考えまたは説明」が最も適切。hypothesis は「仮説」という意味。2.「すべてがあるべき姿であることを確認するために，何かを徹底的に見るという行為」，3.「特定の出来事が，理性や科学では説明できない形で起こると信じること」，4.「自分の行動が正しいか間違っているかを判断する心の部分」は，いずれも不適。

(4)下線部(4)を含む文は「竜脚類として知られるこれらの動物は，体長 100 フィート超，体重 40 トンにも達し，おそらく現在の鳥類や爬虫類とちょうど同じように，植物の消化を助けるために gastroliths として知られる石を定期的に飲み込んでいた」という意味。perhaps to help them 以降は〈目的〉を表す。動物が，植物の消化を助ける目的で飲み込む石のことなので，2.「それらは一部の生物が，栄養を吸収するために内臓に取り込んだ石である」が正解。1.「それらは地面から取り出された生の粘土の小さな破片である」，3.「それらは長い首の恐竜が食べた食物が石になったものである」，4.「それらは植物を食べる恐竜の背中にある，厚い骨の板である」はいずれも不適。

(5)下線部(5)を含む文はマローン氏の発言中にあり，「この手法を用いて恐竜の長距離移動を示唆するこのような研究はこれまで本当になかったので，我々にとっては実に興奮する瞬間でした」という意味。マローン氏の発言の前の部分を確認すると，We used that to ～「我々は～するためにそれを用いました」とある。to hypothesize 以下は「これらの岩石は，ウィスコンシン州南部のどこかで摂取され，その後，恐竜の腹内でワイオミング州に運ばれたのだという仮説を立てるために」という意味なので，3.

「彼らはある場所で単体で見つかった石の集まりが，もともと別の場所から来たものであることを証明したかった」が正解。1．「彼らはある胃石と別の胃石を見分けたかった」，2．「彼らは恐竜の骨格と一緒に掘り出されたさまざまな石が，いつごろできたかを知りたかった」，4．「彼らはある場所で見つかった岩石に含まれる鉱物をすべてリストアップして，さまざまなカテゴリーに分類したかった」はいずれも不適。

(6)空所6は文の主語で，動詞は would have needed である。「特に（　6　）はその非常に大きな生命を維持するために，これらの資源を非常に大量に必要としていただろう」という意味で，these resources「これらの資源」とは前文の「食料や水」のことである。直後の文に「竜脚類は，その並ぶもののない大きさに到達するために急速に成長したのです——現在の大きな哺乳類が育つのと同等の速さで」とあるので，非常に大きくて多くの資源を必要としていたのは sauropods であることがわかる。正解は4。

(7)[　A　]，[　B　]を含む文は「このことは，彼らが必要とするカロリーが[　A　]であるため，彼らが住んでいた季節性の高い環境を考えると，食べ物を求めて長距離を移動する必要があっただろうということは[　B　]です」という意味。This means の This「このこと」は，前の部分で述べられている，竜脚類は巨大な体のために食料や水といった資源が大量に必要であること，またその大きさに到達するために急速に成長したことを指している。[　A　]には，必要なカロリーが多いという意味になるように，2の enormous「非常に大きい」または4の immense「計り知れない」が候補となる。[　B　]には，季節性の高い環境にいると，資源の獲得が安定しないため，長距離を移動するのは不思議ではない，という流れになるように，4の not surprising「驚くべきことではない」が当てはまる。したがって，4が正解。

(8)下線部(7)の However はあとにSVの形が続き，コンマのあとに主節が続いているので，譲歩を表す副詞節を導いているとわかる。「この丸い岩石がワイオミング州にどのようにもたらされたにせよ，その発見によって，マローン氏は地質学を研究する家系の伝統を受け継ぐことになった」という意味になるので，3．「〜の方法にかかわらず」が正解。1．「〜のさまざまな方法で」，2．「〜という事実とは対照的に」，4．「〜という事実に

かかわらず」はいずれも不適。

(9) 1.「ジョシュア=マローンは，ワイオミング州の調査キャンプで見つかった岩石について，父親に質問した」 第1段第2文 (Rounded at the edges …) の「マローン氏は，その岩石がどこから来たのか知っているかどうか，現地での発掘を指揮していた…父デイビッド=マローンに尋ねた」に一致。

2.「ジュラ紀に形成されたモリソンと呼ばれる岩層から竜脚類の化石がこれまでに発見されている」 第3段第2・3文 (The gastroliths were … like Allosaurus.) に，「この胃石は，モリソンと呼ばれる岩層のジュラ紀の泥岩で発見された。モリソン層は，…竜脚類の化石でいっぱいである」とある。この部分から，モリソン層と呼ばれる岩層のジュラ紀の泥岩で発見されたのは gastroliths「胃石」であるが，一般的な情報として，モリソン層には竜脚類の化石が含まれているということもわかるので，本文と一致する。

3.「年代測定法は，恐竜の移動に関する理解を進めることが期待されている」 第4段第2文 (To get a clue …) に，研究チームが岩石を砕いてジルコン結晶を採取し，年代を測定したことが述べられている。続く部分でマローン氏の発言として，この結果から岩石が恐竜の腹内で運ばれてきたという仮説を立てたこと，この手法で恐竜の長距離移動を示唆する研究はこれまでになかったので興奮した，と述べられている。したがって，一致。

4.「マイケル=デミックとマローン親子は共同出版した」 第5段第3文に Michael D'Emic, … and a co-author of the study とあるので一致。

5.「オリバー=ウィングスは，マローン親子の説明が受け入れられるために，これ以上の証明は必要ないと考えている」 第6段第1文 (But other scientists …) に「しかし他の科学者たちは，この岩石が実際の恐竜の残骸と一緒に発見されたわけではないので，この論文の仮説が正しいと証明されるにはもっと証拠が必要だと言う」とあり，この一例として第2文以降でオリバー=ウィングスの考えが説明されている。第3文 ("We cannot exclude …) に「我々は，恐竜の腹内で石が運ばれた可能性を排除することはできませんが，それは，いくつかの可能性のうちの1つにすぎないのです」とあるので，不一致。

6.「この 19 年間，地質学に興味がなかったため，ジョシュア=マローンは，今後，地質学の研究を続けるつもりはない」　最終段最終 2 文（"I kind of … in my life."）に「人生の最初の 19 年間は，私は地質学を拒否していたようなものでした…このプロジェクトに参加し，あの野外キャンプに実際に足を運んでみて初めて，おそらく自分の人生においてその方面に進むことに何か興味をもつようになりました」とあるので，不一致。

2　解答

(1) 4 → 1 → 6 → 5 → 3 → 2

(2) 4 → 5 → 2 → 1 → 3

(3) 3 → 5 → 2 → 7 → 1 → 6 → 4　　(4) 4 → 3 → 5 → 2 → 1 → 6

◆全　訳◆

≪シェフへのインタビュー≫

著作権の都合上，省略。

━━━━━━　◀解　説▶　━━━━━━

(1) Embrace every opportunity given to you(.)

インタビューアーの「レストランで仕事を始めようとしている人に，何かアドバイスはありますか？」に対する応答。2 文あとに Take time … と命令文でアドバイスが述べられているのを参考に，命令文となるように動詞 embrace「（機会など）に喜んで応じる」で文を始める。目的語を every opportunity とし，後ろから修飾する過去分詞句 given to you を続ける。

(2) (…, but it is hugely) satisfying watching happy guests enjoy their experience (in your restaurant.)

is の補語として候補になるのは形容詞 satisfying「満足な」。it を形式主語と考えると，真主語としてふさわしいのは動名詞 watching「〜を見ること」。このように，to 不定詞や that 節以外に動名詞も真主語になる。watch *A do*「*A*（人）が〜するのを見る」の形になるように watching happy guests enjoy と並べ，enjoy の目的語を their experience in your restaurant とする。

(3) (…, but the end goal is always) to make the restaurant the best it can (be.)

is に続ける補語として，語群に to があるので to 不定詞の名詞用法を考える。動詞の原形は make のみなので to make と続け，make *A B*「*A* を *B* にする」を用いて make the restaurant the best と並べる。残りの語で it can be と続けてあとに置くと，「レストランをできうる限り最高にする」という意味になる。

(4) (… so it rarely feels like it is just) the two of us who disagree (, …)

前の部分で「意思決定にはチームの他のメンバーにも参加してもらう」という趣旨が述べられているので，「意見が違っているのは（シェフと夫の）

２人だけ，という気持ちにはめったにならない」という内容にすると考える。it is と who を用いて強調構文 it is ～ who …「…なのは～である」を用い，「～」に just the two of us，「…」に disagree を置く。このように，強調する語句が人を表す場合，強調構文 it is ～ that … の that の代わりに who が用いられる。

3 解答 (1)— 3 (2)— 4 (3)— 1 (4)— 1 (5)— 4

◀解 説▶

「冷凍技術に関する次の５つの文章を読み，各組の空所を埋め最も適当な文を完成させるものを下の選択肢から１つ選びなさい」

(1)「冷凍技術の発達は，今日私たちが（ a ）多くの点で世界を変えた。例えば，アイスクリームが今日のような人気のあるデザートになった（ b ），20 世紀後半，つまり手頃な価格の冷蔵庫が手に入るようになったあとであった」

(a) that we（ a ）today は ways を修飾する。続く文の For example「例えば」以下で示される例示の内容より，今日では<u>当たり前と考えられているもの</u>は冷凍技術の発達によってもたらされた変化と考えると自然。take *A* for granted「*A* を当たり前のことと考える」 (b) it was に着目し，強調構文 it is ～ that …「…なのは～である」の形になるように that を入れる。以上より，３が正解。

(2)「1940 年代以前は，ほとんどの家庭にアイスボックスしかなかったが，これは底面に氷の収納部がある保管庫であった。これは中身をひんやりとしておくものであり，（ a ）冷たくはなかった。アイスクリームは少数の特権階級のための食べ物であり，彼らにとって（ b ），アイスクリームは依然として特別な機会のためのデザートであった」

(a) 前に cool「ひんやりとした，涼しい」，あとに not cold「冷たくない」とあるので，アイスボックスは中身をひんやりと保つことができたが，冷たくはなかったという逆接の流れになるように but を入れる。 (b) and より前の部分ではアイスクリームが少数の特権階級のものであることが述べられ，(b) のあとの部分では依然として特別な機会のためのデザートであったとあるので，them が the privileged few を指すと考えると，「少数の特

権階級の人たちにとって<u>でさえ</u>，特別な機会の食べ物だった」と考えると自然なので，even を入れる。以上より，4 が正解。

(3)「当時，アイスクリームは『目的地のデザート』であった，つまり，ビーチや遊園地といった行楽地まで長距離ドライブすることが（　a　）であった。もちろん，アイスクリームは家庭でも作れたが，誰かが機械のハンドルをかなりの長時間ノンストップで回す必要がある，（　b　）であった」

(a) meaning 以下は分詞構文。meaning の目的語である that 節の主語は a long drive … amusement park，動詞が was で，空所は補語。*destination dessert* の意味について説明する箇所なので，アイスクリームを得るには，行楽地まで長距離ドライブする<u>必要がある</u>という趣旨になるように necessary を入れる。(b) requiring 以下は分詞構文。文の前半では「アイスクリームは家でも作れた」，後半は「長時間ハンドルを回し続ける必要があった」ことが述べられているので，アイスクリームは家でも作れたが，大変な労力を要する<u>重労働</u>だったという趣旨になるように hard work を入れる。以上より，1 が正解。

(4)「その後，1950 年代に，アメリカでは冷蔵庫や冷凍庫が一般的な家電製品となった。（　a　），人々は店でアイスクリームを買い，（　b　）食べられるよう，家で凍らせたままにしておけるようになった」

(a)冷蔵庫や冷凍庫の普及に伴い，人々はアイスクリームを店で買い，家でとっておけるようになった，という流れなので，Now「今や，こうなれば」を入れると自然。(b)アイスクリームを買ってきて冷蔵庫や冷凍庫に凍らせたままにしておく目的としては，後日食べるためと考えるのが自然なので，days or weeks later「数日後あるいは数週間後」が適切。at any time「いつでも」でもつながるが，(a)の Previously「以前に」が合わないので不適。以上より，1 が正解。

(5)「この便利さと，その結果となる売り上げの増加によって，アイスクリーム製造者は製品をより安い価格で，新しい味の（　a　）で提供できるようになった。冷凍技術のおかげで，今日では 40 種類以上の味（　b　）選べるアイスクリーム店も珍しくなくなった」

(a)アイスクリーム製造者ができるようになったこととしては，「新しい味の<u>種類がより豊富に</u>」提供できるようになったと考えれば，at lower prices「より安い価格で」と並列して自然な流れになるので，a greater variety を入れる。(b)「40 種類以上の味から選べる」という意味にすると自然。from as many as ～「～もの数から」，from among ～「～の中から」が可能だが，1 は(a)の a general lack「一般的な欠乏」が合わない。以上より，4 が正解。

❖講　評

　2022 年度は 2021 年度と同様，大問数は 3 題。2021 年度の大問③は単問の文法・語彙問題であったが，2022 年度はあるテーマに関する一連の英文の空所補充問題であった。全問マークシート法である。

　① 調査で発見された岩石が，遠く離れた場所から恐竜の体内で運ばれてきたという仮説を立て，それを証明しようとする研究に関する英文。段落ごとに内容を整理しながら読み進めて，内容の展開を押さえていく。普段からこうした自然科学領域の英文に接していれば，語彙の点で有利になるだろう。たとえ未知の単語があっても，くり返し出てくるものは前後から意味を推測して大意を正確につかむようにしたい。(1)・(2)・(3)・(8)のように下線部の同意表現を選ぶ問題は頻出なので，確実に対応できるようにしたい。同じ形式でも，辞書的な意味を問うものから，英文の内容に基づいて答えるものまで多岐にわたる。(8)のように文法・語彙の知識で正解が絞り込めるものもあるので，基本的な文法・語彙は早い時期に固めておきたい。(4)・(5)のような内容に関する設問や，(6)・(7)のような空所補充は，英文内容の正しい理解が不可欠である。前後をよく読み，最もよく文脈に合うものを選ぶ。(9)の T / F（内容正誤）問題は，本文の該当箇所を見つけ，照らし合わせて確認する。おおむね本文の順序通りに並んでいるので，英文を読みながら解いていくことも可能だが，あとの部分で訂正する情報が出てこないかの確認は必要である。

　② あるシェフへのインタビュー。2022 年度は語句整序のみ 4 問の出題であった。前後の内容から英文の意味を推測し，文法的に誤りのない英文となるよう並べ替える。文法や構文，動詞の語法などの知識が身についているかを問われている。完成した英文を見直し，文法的な誤りがないかを確認すること。会話文問題では例年，語句整序以外にもさまざまな形式で出題されているので，どのような形式の問題でも対応でき

るようにしておきたい。

　[3]　冷凍技術の発達に関する英文で，空所補充の正しい組み合わせを選ぶ問題が5問出題された。一連の英文なので内容を手がかりに適切な語句を選ぶことができる。文法や語彙の知識は必須なので，基本的な語彙やイディオムは定着させておくことが大切である。

数学

(注)　解答は，東京理科大学から提供のあった情報を掲載しています。

1 **解答** (1)ア．3　イ．5　ウ．0　エオカ．216
(2)キ．2　ク．5　ケ．2　コ．3　サ．4　シ．5
ス．8　セ．8　ソ．1　タ．4　チ．2　ツ．5　テ．1　ト．4
(3)ナ．2　ニ．6　ヌ．5　ネ．7　ノ．2　ハヒ．15　フ．8
ヘホ．15　マ．8

◀解　説▶

≪小問3問≫

(1)　2次方程式が実数解をもつから，判別式を D とすると　$D \geqq 0$

$D = (m+3)^2 - 4(m^2-9) \geqq 0$

$(m+3)(m-5) \leqq 0$

$-3 \leqq m \leqq 5$　（→ア・イ）

解と係数の関係より

$\alpha + \beta = m+3, \ \alpha\beta = m^2-9$

よって

$\alpha^3 + \beta^3 = (\alpha+\beta)^3 - 3\alpha\beta(\alpha+\beta)$

$= (m+3)^3 - 3(m^2-9)(m+3)$

$= -2(m+3)^2(m-6)$　（$=f(m)$ とする）

$f'(m) = -4(m+3)(m-6) - 2(m+3)^2$

$= -6(m+3)(m-3)$

$f'(m) = 0$ とすると，$m = 3, \ -3$。

よって，$-3 \leqq m \leqq 5$ における増減表は下のようになる。

m	-3	$\cdots$	3	$\cdots$	5
$f'(m)$		$+$	0	$-$	
$f(m)$	0	↗	216	↘	128

増減表より，$\alpha^3 + \beta^3 = f(m)$ は，$m = -3$ のとき最小値 0，$m=3$ のとき

最大値216をとる。（→ウ〜カ）

(2) ①より，$\cos 4\theta = \cos\theta$ だから

$$4\theta = \theta + 2n\pi, \quad 4\theta = -\theta + 2k\pi \quad (n, \ k \text{ は整数})$$

よって

$$\theta = \frac{2}{3}n\pi, \quad \frac{2}{5}k\pi$$

①より，$0 \leqq \theta \leqq \pi$ だから

$$n = 0, \ 1, \ k = 0, \ 1, \ 2$$

よって，小さいほうから順に

$$\theta = 0, \ \frac{2}{5}\pi, \ \frac{2}{3}\pi, \ \frac{4}{5}\pi \quad (\to \text{キ〜シ})$$

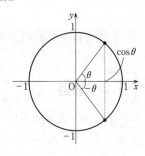

$t = \cos\theta$ とすると

$$\begin{aligned}
\cos 4\theta &= \cos(2 \cdot 2\theta) = 2\cos^2 2\theta - 1 \\
&= 2(2\cos^2\theta - 1)^2 - 1 \\
&= 2(2t^2 - 1)^2 - 1 = 8t^4 - 8t^2 + 1
\end{aligned}$$

よって，①より

$$8t^4 - 8t^2 + 1 = t \quad (\to \text{ス〜ソ})$$

$0 < \dfrac{2}{5}\pi < \dfrac{2}{3}\pi < \dfrac{4}{5}\pi < \pi$ だから

$$t = \cos 0, \ \cos\frac{2}{5}\pi, \ \cos\frac{2}{3}\pi, \ \cos\frac{4}{5}\pi$$

これらは，②の異なる4個の実数解である。

$$\cos 0 = 1, \ \cos\frac{2}{3}\pi = -\frac{1}{2}$$

よって，$t = 1, \ -\dfrac{1}{2}$ は②の解であり，②を変形して

$$(t-1)(2t+1)(4t^2 + 2t - 1) = 0$$

以上より，方程式

$$4t^2 + 2t - 1 = 0 \quad (\to \text{タ・チ})$$

の解が $t = \cos\dfrac{2}{5}\pi, \ \cos\dfrac{4}{5}\pi$ である。方程式を解いて

$$t = \frac{-1 \pm \sqrt{5}}{4}$$

$0<\dfrac{2}{5}\pi<\dfrac{4}{5}\pi<\pi$ だから　　　$\cos\dfrac{2}{5}\pi>\cos\dfrac{4}{5}\pi$

よって

$$\cos\dfrac{2}{5}\pi=\dfrac{\sqrt{5}-1}{4},\ \ \cos\dfrac{4}{5}\pi=-\dfrac{\sqrt{5}+1}{4}\ \ （→ツ～ト）$$

(3)　C_1 の方程式を

$$x^2+y^2+lx+my+n=0\ \ （l,\ m,\ n \text{ は実数}）$$

とする。3点の座標を代入して

$$\begin{cases} 13+2l+3m+n=0 \\ 125-5l+10m+n=0 \\ 5-2l+m+n=0 \end{cases}$$

が成り立つ。連立して解いて

$$l=4,\ m=-12,\ n=15$$

よって，C_1 の方程式は

$$x^2+y^2+4x-12y+15=0$$

変形して

$$(x+2)^2+(y-6)^2=25$$

よって，C_1 の中心は $(-2,\ 6)$，半径は 5 である。（→ナ～ヌ）

C_2 の中心を $\mathrm{C}(p,\ q)$ とする。

右図より　　$p>2,\ q>0$

C_2 は x 軸と接するから，半径は q である。

さらに，右図より

$$q+\dfrac{3}{5}q=3,\ p=2+\dfrac{4}{5}q$$

連立して解いて

$$q=\dfrac{15}{8},\ p=\dfrac{7}{2}$$

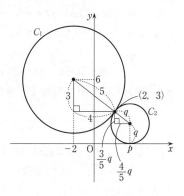

よって，C_2 の中心は $\left(\dfrac{7}{2},\ \dfrac{15}{8}\right)$，半径は

$\dfrac{15}{8}$ である。（→ネ～マ）

別解　$(2,\ 3)$ と $(p,\ q)$ の距離が q だから

$$(p-2)^2+(q-3)^2=q^2$$

$(-2,\ 6)$ と $(p,\ q)$ の距離が $q+5$ だから

$$(p+2)^2+(q-6)^2=(q+5)^2$$

連立して解くと　　$p=\dfrac{7}{2},\ q=\dfrac{15}{8}$

他に，2 点 $(-2,\ 6)$，$(2,\ 3)$ を通る直線 $y=-\dfrac{3}{4}x+\dfrac{9}{2}$ の上に $(p,\ q)$ があるとしても関係式が 1 つできる。

$\boxed{2}$ **解答**　(1)$\overrightarrow{\mathrm{BP}}=\overrightarrow{\mathrm{AP}}-\vec{b}$　(2)$v=\dfrac{t^2}{t^2+3t+4}$,　$w=\dfrac{4}{t^2+3t+4}$

(3)$x=\dfrac{t^2}{t^2+4}$,　$y=\dfrac{4}{t^2+4}$　(4)$\dfrac{S_2}{S_1}=\dfrac{3t}{t^2+3t+4}$　(5)$t=2$

※計算過程の詳細については省略。

◀**解　説**▶

≪三角形の内部の点，内分点，面積比≫

(1)　$\overrightarrow{\mathrm{BP}}=\overrightarrow{\mathrm{AP}}-\overrightarrow{\mathrm{AB}}=\overrightarrow{\mathrm{AP}}-\vec{b}$　……(答)

(2)　(1)と同様にして，$\overrightarrow{\mathrm{CP}}=\overrightarrow{\mathrm{AP}}-\vec{c}$ だから，与式に代入して

$$3t\overrightarrow{\mathrm{AP}}+t^2(\overrightarrow{\mathrm{AP}}-\vec{b})+4(\overrightarrow{\mathrm{AP}}-\vec{c})=\vec{0}$$
$$(t^2+3t+4)\overrightarrow{\mathrm{AP}}=t^2\vec{b}+4\vec{c}$$

$t>0$ より，$t^2+3t+4>0$ だから

$$\overrightarrow{\mathrm{AP}}=\dfrac{t^2}{t^2+3t+4}\vec{b}+\dfrac{4}{t^2+3t+4}\vec{c}$$

$\vec{b},\ \vec{c}$ はどちらも $\vec{0}$ ではなく，平行でもないから，係数を比較して

$$v=\dfrac{t^2}{t^2+3t+4},\ w=\dfrac{4}{t^2+3t+4}\ \ \ \ ……(答)$$

(3)　問題文より，D は直線 AP 上の点だから

$$\overrightarrow{\mathrm{AD}}=k\overrightarrow{\mathrm{AP}}\quad(k\text{ は実数})$$

と表せる。(2)より

$$\overrightarrow{\mathrm{AD}}=kv\vec{b}+kw\vec{c}$$

よって，係数を比較して　　$x=kv,\ y=kw$

D は直線 BC 上の点だから　　$x+y=1$

よって　　$kv+kw=1$

(2)より，v，w を t で表して　　$k \cdot \dfrac{t^2+4}{t^2+3t+4}=1$

$t^2+4>0$ だから　　$k=\dfrac{t^2+3t+4}{t^2+4}$

よって

$$x=kv=\dfrac{t^2}{t^2+4},\ y=kw=\dfrac{4}{t^2+4}\ \ \cdots\cdots\text{(答)}$$

(4)　$t>0$ だから　　$x>0$，$y>0$

また　　$k=1+\dfrac{3t}{t^2+4}>1$

$\overrightarrow{\text{AD}}=k\overrightarrow{\text{AP}}$ かつ $k>1$ より，P は△ABC の内部の点である。

よって，右図より

$$\dfrac{S_2}{S_1}=\dfrac{k-1}{k}=\dfrac{3t}{t^2+3t+4}\ \ \cdots\cdots\text{(答)}$$

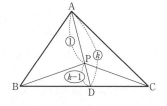

(5)　(4)より　　$\dfrac{S_2}{S_1}=\dfrac{3}{t+3+\dfrac{4}{t}}$

$t>0$ だから，相加平均と相乗平均の大小関係より

$$t+\dfrac{4}{t}\geqq 2\sqrt{t\cdot\dfrac{4}{t}}=4$$

よって　　$\dfrac{S_2}{S_1}\leqq\dfrac{3}{4+3}=\dfrac{3}{7}$

等号が成り立つときがあれば，そのとき $\dfrac{S_2}{S_1}$ は最大である。

等号が成り立つ条件は

$$t=\dfrac{4}{t}\qquad t^2=4$$

以上より，$\dfrac{S_2}{S_1}$ が最大となる正の実数 t の値は

$$t=2\ \ \cdots\cdots\text{(答)}$$

3 **解答** (1) $y = \dfrac{1+2t}{4}x - t$ (2) $t_0 = \dfrac{15}{2}$ (3) $\left(\dfrac{1+2t}{8}, \ \dfrac{8}{1+2t} \right)$

(4) $2\log 2 - \dfrac{21}{40}$

※計算過程の詳細については省略。

━━━━━ ◀解 説▶ ━━━━━

≪接線，法線，曲線と直線で囲まれた部分の面積≫

(1) l_1 の傾きは $\dfrac{\dfrac{1}{2}+t}{2} = \dfrac{1+2t}{4}$

よって，l_1 を表す方程式は

$$y = \frac{1+2t}{4}x - t \quad \cdots\cdots(答)$$

(2) $f(x) = \dfrac{1}{x}$ より $f'(x) = -\dfrac{1}{x^2}$

P での接線の傾きは $f'(2) = -\dfrac{1}{4}$ だから，法線の傾きは 4。よって，法線の方程式は

$$y = 4(x-2) + \frac{1}{2} = 4x - \frac{15}{2}$$

y 切片は $-\dfrac{15}{2}$ だから $t_0 = \dfrac{15}{2}$ $\cdots\cdots(答)$

(3) (1)より，l_1 の傾きは $\dfrac{1+2t}{4}$ (>0) だから，l_2 の傾きは $-\dfrac{4}{1+2t}$ である。よって，l_2 の方程式は

$$y = -\frac{4}{1+2t}(x-2) + \frac{1}{2}$$

C との交点を考えるので

$$\frac{1}{x} = -\frac{4}{1+2t}(x-2) + \frac{1}{2}$$

変形して

$$(x-2)\{8x - (1+2t)\} = 0 \qquad x = 2, \ \frac{1+2t}{8}$$

$x=2$ のときが P だから，Q の座標は

$$\left(\frac{1+2t}{8}, \ \frac{8}{1+2t}\right) \ \cdots\cdots(\text{答})$$

(4)　$t=\dfrac{3}{2}$ より　　$l_1 : y = x - \dfrac{3}{2}$,　$Q\left(\dfrac{1}{2}, \ 2\right)$

l_3 の傾きは $f'\left(\dfrac{1}{2}\right) = -4$ だから，l_3 を表す方程式は

$$y = -4\left(x - \frac{1}{2}\right) + 2 = -4x + 4$$

l_1 と l_3 の交点の x 座標は

$$x - \frac{3}{2} = -4x + 4 \qquad x = \frac{11}{10}$$

よって，求める面積は

$$\int_{\frac{1}{2}}^{\frac{11}{10}}\left\{\frac{1}{x} - (-4x + 4)\right\}dx + \int_{\frac{11}{10}}^{2}\left\{\frac{1}{x} - \left(x - \frac{3}{2}\right)\right\}dx$$

$$= \int_{\frac{1}{2}}^{2}\frac{1}{x}dx + \int_{\frac{1}{2}}^{\frac{11}{10}}(4x - 4)\,dx - \int_{\frac{11}{10}}^{2}\left(x - \frac{3}{2}\right)dx$$

$$= \Big[\log x\Big]_{\frac{1}{2}}^{2} + \Big[2x^2 - 4x\Big]_{\frac{1}{2}}^{\frac{11}{10}} - \Big[\frac{1}{2}x^2 - \frac{3}{2}x\Big]_{\frac{11}{10}}^{2}$$

$$= \log 2 - \log\frac{1}{2} + \left(\frac{242}{100} - \frac{22}{5}\right) - \left(\frac{1}{2} - 2\right) - (2 - 3) + \left(\frac{121}{200} - \frac{33}{20}\right)$$

$$= 2\log 2 - \frac{21}{40} \quad \cdots\cdots(\text{答})$$

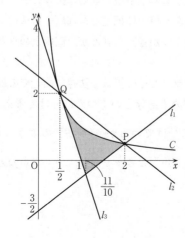

別解　前図より，直角三角形から，C と l_2 で囲まれた部分を除くと

$$\frac{9}{10}\sqrt{2}\cdot\frac{3}{2}\sqrt{2}\cdot\frac{1}{2}-\left\{\left(\frac{1}{2}+2\right)\cdot\frac{3}{2}\cdot\frac{1}{2}-\int_{\frac{1}{2}}^{2}\frac{1}{x}dx\right\}$$

$$=\frac{27}{20}-\frac{15}{8}+\Big[\log x\Big]_{\frac{1}{2}}^{2}=2\log 2-\frac{21}{40}$$

❖講　評

　2022 年度も，記述式 2 題，マークシート法 1 題（独立した内容の小問 3 問）という構成であった。全体を通して，各単元での基本的な知識が幅広く問われている。応用問題では小問による誘導がついているため，落ち着いて考えていこう。計算量が多くなりやすいため，できるだけ計算が簡単になるよう工夫しつつ，丁寧に進めたい。

　① (1)は 2 次方程式とその解に関する基本的な問題，(2)は三角比の値と方程式の解の関係を考察する発展的な問題，(3)は座標平面上の円に関する標準的な問題である。(2)では，$\cos 4\theta=\cos\theta$ という方程式を，θ の条件と $\cos\theta$ の条件という 2 つの方向から解くことで，三角比の値を求める。しっかりと誘導に乗ると進めやすい。(3)では，座標平面上で円の配置を丁寧に調べると計算量を大幅に減らすことができる。

　② ベクトルと三角形の面積比に関する標準的な問題である。入試において頻出といえる題材で，直線上の点の表し方や内分点の表し方など，ベクトルの和に関する基本事項を適切に扱うことができるかを問われている。点 P の位置を幾何的に把握できれば，面積比は簡単に求まる。解答のまとめ方はいくつか考えられるが，直線上の点となる条件は明記するようにしたい。

　③ 反比例のグラフとその接線や法線に関しての標準的な問題である。(3)では，面積を求める部分をいくつかに分けて考える。〔解説〕では直線 $x=\dfrac{11}{10}$ で 2 つに分けているが，〔別解〕のように l_2 と C で囲まれる部分を加えた直角三角形を考えるなど，いくつかの方法がある。

━━━ ███ ███ ██ 物理 ██ ███ ███ ━━━

（注）　解答は，東京理科大学から提供のあった情報を掲載しています。

1　解答

(1)(ア)—②　(イ)—⓪　(ウ)—①　(エ)—③　(オ)—②　(カ)—①
(キ)—①

(2)(ク)—③　(ケ)—⓪　(コ)—⑤　(サ)—⓪　(シ)—④

(3)(ス)—⓪　(セ)—③　(ソ)—⓪

━━━━━━━━━━◀解　説▶━━━━━━━━━━

≪2物体の衝突≫

(1)(ア)　観測者から見た小物体Bの速度は，小物体Aに対する小物体Bの相対速度と等しい。よって　　　$-v_A + v_B$

(イ)　運動量保存則より

$$m_B \times (-v_A + v_B) = m_A \times (V_A - v_A) + m_B \times (V_B - v_A)$$

(ウ)　(イ)の式を変形すると

$$m_A(V_A - v_A) = m_B(v_B - V_B)$$

(エ)　反発係数の式より

$$-\frac{V_B - V_A}{v_B - v_A} = e$$

$$V_B = -e(v_B - v_A) + V_A \quad \cdots\cdots(*)$$

(ウ)の式に代入すると

$$m_A(V_A - v_A) = m_B[v_B - \{-e(v_B - v_A) + V_A\}]$$

$$\therefore \quad V_A = \frac{m_A v_A + m_B(v_B + ev_B - ev_A)}{m_A + m_B}$$

(オ)　(*)に(エ)を代入して

$$V_B = -e(v_B - v_A) + \frac{m_A v_A + m_B(v_B + ev_B - ev_A)}{m_A + m_B}$$

$$= \frac{m_B v_B + m_A(v_A + ev_A - ev_B)}{m_A + m_B}$$

(カ)　相対速度が0となるので　　　$V_A - V_B = 0$

(キ)　(エ), (カ)より, $e=0$ のとき

$$V_A = V_B = \frac{m_A v_A + m_B v_B}{m_A + m_B}$$

よって, 運動エネルギーの変化量は

$$
\begin{aligned}
\Delta E &= \frac{1}{2}(m_A + m_B)(V_A - v_A)^2 - \frac{1}{2}m_B(v_B - v_A)^2 \\
&= \frac{1}{2}(m_A + m_B)\left(\frac{m_A v_A + m_B v_B}{m_A + m_B} - v_A\right)^2 - \frac{1}{2}m_B(v_B - v_A)^2 \\
&= \frac{1}{2}(m_A + m_B)\left\{\frac{m_B(v_B - v_A)}{m_A + m_B}\right\}^2 - \frac{1}{2}m_B(v_B - v_A)^2 \\
&= \frac{1}{2}m_B(v_B - v_A)^2\left(\frac{m_B}{m_A + m_B} - 1\right) \\
&= -\frac{1}{2}\frac{m_A m_B}{m_A + m_B}(v_B - v_A)^2 \\
&= \frac{m_A m_B}{m_A + m_B}\left\{-\frac{1}{2}(v_B - v_A)^2\right\}
\end{aligned}
$$

(2)(ク)　重心の速度は運動量の和を質量の和で割った値である。

(ケ)　衝突後の合体した物体の速度は重心の速度と等しくなるので, 重心の速度と同じ速度で移動する観測者には静止して見える。よって, 運動エネルギーは0となる。

(コ)　問題文より, 2式の両辺をそれぞれ加えると

$$m_A(V'_A - v'_A) + m_B(V'_B - v'_B) = m_A(V_A - v_A) + m_B(V_B - v_B)$$

(ウ)より　　$m_A(V'_A - v'_A) + m_B(V'_B - v'_B) = 0$

$$\therefore\ m_A(V'_A - v'_A) = m_B(v'_B - V'_B)$$

(サ)　反発係数の式より　　$-\dfrac{V'_B - V'_A}{v'_B - v'_A} = 1$

$$\therefore\ V'_A + v'_A = V'_B + v'_B$$

(シ)　(コ), (サ)の両辺をそれぞれかけて

$$m_A(V'_A - v'_A)(V'_A + v'_A) = m_B(v'_B - V'_B)(V'_B + v'_B)$$

$$\therefore\ \frac{1}{2}m_A({V'_A}^2 - {v'_A}^2) = -\frac{1}{2}m_B({V'_B}^2 - {v'_B}^2)$$

(3)(ス)　衝突前後での運動量の和の変化量は, (ウ)より

$$\{m_A(V_A - at_2) + m_B(V_B - at_2)\} - \{m_A(v_A - at_1) + m_B(v_B - at_1)\}$$

$$= \{m_A(V_A - v_A) + m_B(V_B - v_B)\} + (m_A + m_B)\, a\,(t_1 - t_2)$$
$$= (m_A + m_B)\, a\,(t_1 - t_2)$$

(セ)　小物体AとBのそれぞれに慣性力 $-m_A a$, $-m_B a$ が及ぼされるように見える。それぞれの運動量はこれらの力が $t_2 - t_1$ の時間だけ及ぼされたことによる力積の分だけ変化する。

(ソ)　(ス)より，$|t_2 - t_1|$ が非常に小さければ運動量の和の変化量は 0 に近づき，運動量の和が保存するとみなせる。

② 解答

(1)(ア)—③　(イ)—⑤　(ウ)—①　(エ)—①　(オ)—④　(カ)—②
(キ)—④　(ク)—②

(2)(ケ)—⑦　(コ)—⑥　(サ)—②　(シ)—⑤　(ス)—②

(3)(セ)—③　(ソ)—⑤　(タ)—④　(チ)—③

◀解　説▶

≪抵抗とコンデンサーを含む回路≫

(1)(ア)　対称性より，BとCの電位が等しい。

(イ)　(ア)より，正四面体の辺 BC のみ電流は流れない。よって　$I_4 = 0$

(ウ)・(エ)　対称性より，$I_1 = I_2 = I_5 = I_6$ である。
辺 BC は電流が流れないので回路から除いて考えてよい。正四面体の辺 AD の抵抗 R は，辺 AB と辺 BD を直列接続した合成抵抗 $2R$ より小さいので

$$I_1 = I_2 = I_5 = I_6 < I_3$$

(オ)　オームの法則より

$$I_3 = \frac{V}{R}, \quad I_1 = I_2 = I_5 = I_6 = \frac{V}{2R}$$

よって　$I = I_1 + I_2 + I_3 = \dfrac{V}{2R} + \dfrac{V}{2R} + \dfrac{V}{R} = \dfrac{2V}{R}$

(カ)　(オ)より，オームの法則を使って AD 間の合成抵抗を求めると

$$\frac{V}{I} = \frac{V}{\left(\dfrac{2V}{R}\right)} = \frac{R}{2}$$

(キ)　対称性より，BとDの電位が等しい。

(ク)　正四面体の1辺に直流電源を接続しているのは，図 2-1 と同じなので，

合成抵抗も等しい。よって　　$\dfrac{R}{2}$

(2)(ケ)　辺 AC に電流が流れなかったことから，A と C の電位は等しい。よって，BA 間と AD 間の抵抗の抵抗値の比は BC 間と CD 間の抵抗の抵抗値の比と等しくなるので，BC 間の抵抗値は $2R\cdot\dfrac{2R}{R}=4R$ となる。

(コ)　BA 間と AD 間の抵抗の合成抵抗は $2R+R=3R$，BC 間と CD 間の抵抗の合成抵抗は(ケ)より $4R+2R=6R$ となる。この 2 つの合成抵抗を並列接続した合成抵抗は

$$\dfrac{1}{3R}+\dfrac{1}{6R}=\dfrac{1}{2R}$$

よって，以上 4 つの抵抗の合成抵抗は $2R$ となる。さらに，BD 間の抵抗を直列接続した合成抵抗を求めればよいので

$$2R+R=3R$$

(サ)・(シ)　BA 間と AD 間の抵抗の合成抵抗と BC 間と CD 間の抵抗の合成抵抗の比は 1：2 となるので，それぞれの経路を流れる電流の比は 2：1 となる。よって，辺 BC と CD を流れる電流を i とすると，辺 BA と AD を流れる電流は $2i$，辺 DB を流れる電流は $i+2i=3i$ となる。以上より，各抵抗で消費する電力を求めると

BA 間の抵抗：$2R\cdot(2i)^2=8Ri^2$
AD 間の抵抗：$R\cdot(2i)^2=4Ri^2$
BC 間の抵抗：$4R\cdot i^2=4Ri^2$
CD 間の抵抗：$2R\cdot i^2=2Ri^2$
DB 間の抵抗：$R\cdot(3i)^2=9Ri^2$

よって，単位時間あたりに発生するジュール熱が最も小さいのは CD 間，最も大きいのは BD 間の抵抗である。

(ス)　(コ)より，合成抵抗は $3R$ なので，回路で消費する電力は

$$\dfrac{V^2}{3R}$$

(3)(セ)　じゅうぶん長い時間が経過するとコンデンサーには電流が流れなくなる。BA 間と AD 間の抵抗の合成抵抗は r_1+r_2，BC 間と CD 間の抵抗の合成抵抗は r_3+r_4 となるので，それぞれの経路を流れる電流の和か

ら

$$I = \frac{V}{r_1+r_2} + \frac{V}{r_3+r_4} = \left(\frac{1}{r_1+r_2} + \frac{1}{r_3+r_4}\right) \times V$$

(ソ) AD 間の抵抗における電圧降下に等しいので

$$V_A = \frac{V}{r_1+r_2} \times r_2 = \frac{r_2}{r_1+r_2} \times V$$

(タ) CD 間の抵抗における電圧降下に等しいので

$$V_C = \frac{V}{r_3+r_4} \times r_4 = \frac{r_4}{r_3+r_4} \times V$$

(チ) コンデンサーC_1, C_2 は直列接続しているので

$$\frac{1}{C_1} + \frac{1}{C_2} = \frac{1}{20} + \frac{1}{30} = \frac{1}{12}$$

よって，合成容量は 12μF となる。さらに C_3 を並列接続すると全部のコンデンサーの合成容量は $12+18=30\,[\mu\text{F}]$ となる。以上より，コンデンサーに蓄えられる電荷を求めると

$$30 \times (V_A - V_C) = 30 \times \left(\frac{r_2}{r_1+r_2}V - \frac{r_4}{r_3+r_4}V\right)$$
$$= 30 \times \left(\frac{3.0}{2.0+3.0} - \frac{3.0}{3.0+3.0}\right) \times 10$$
$$= 30\,[\mu\text{C}]$$

[3] 解答 (1)(ア)—⑥ (イ)—② (ウ)—⑥ (エ)—⑥ (オ)—⑩ (カ)—⑥ (キ)—③ (ク)—④ (ケ)—④ (コ)—③ (サ)—⑩

(2)(シ)—① (ス)—①

◀解 説▶

≪回折格子≫

(1)(ア) 隣り合うスリットを通る光の経路差は $4d\sin\theta$ であり，これが波長の整数倍となるときに，回折光が強め合うので

$$4d\sin\theta_n = n\lambda$$

∴ $\sin\theta_n = n\dfrac{\lambda}{4d}$

(イ) θ_n が小さいとき，$\tan\theta_n \fallingdotseq \sin\theta_n$ とできるので，(ア)より

$$x_n = L \tan \theta_n \fallingdotseq L \sin \theta_n = n \frac{\lambda L}{4d}$$

(ウ)　(イ)より　　　$\Delta x = x_{n+1} - x_n = \frac{\lambda L}{4d}$

(エ)　1 波長の経路差が 2π の位相差に対応するので

$$\frac{\Delta l}{\lambda} \times 2\pi = \frac{2\pi \Delta l}{\lambda}$$

(オ)　スリット a と b で θ_n の方向に回折した光の経路差は $d \sin \theta_n$ となるので，(エ)より

$$\Delta \phi_n = \frac{2\pi \cdot d \sin \theta_n}{\lambda}$$

(ア)を代入して　　　$\Delta \phi_n = \dfrac{2\pi d \cdot n \dfrac{\lambda}{4d}}{\lambda} = n \dfrac{\pi}{2}$

(カ)　$n = 4m$ のとき，(オ)より，$\Delta \phi_{4m} = 2m\pi$ となって，同位相となるから

$$B = A \sin (\omega t) + A \sin (\omega t) = 2A \sin (\omega t)$$

よって，B の振幅は $2A$ となる。

(キ)　(イ)より　　　$x_{4m} = 4m \frac{\lambda L}{4d} = mL \frac{\lambda}{d}$

(ク)　$n = 4m + 1$ のとき，(オ)より，位相差は

$$\Delta \phi_{4m+1} = (4m + 1) \frac{\pi}{2}$$

(ケ)　(ク)より　　　$\Delta \phi_{4m+1} = \frac{\pi}{2} + 2m\pi$

すると

$$B = A \sin (\omega t) + A \sin \left(\omega t - \frac{\pi}{2} \right)$$

$$= 2A \sin \frac{\omega t + \left(\omega t - \dfrac{\pi}{2} \right)}{2} \cos \frac{\omega t - \left(\omega t - \dfrac{\pi}{2} \right)}{2}$$

$$= \sqrt{2} A \sin \left(\omega t - \frac{\pi}{4} \right)$$

よって，B の振幅は $\sqrt{2} A$ となる。

(コ)　(イ)，(ウ)より

$$x_{4m+1} = (4m+1)\frac{\lambda L}{4d} = mL\frac{\lambda}{d} + \frac{\lambda L}{4d} = mL\frac{\lambda}{d} + \Delta x$$

㋚　$n = 4m + 2$ のとき，㋔より，$\Delta\phi_{4m+2} = \pi + 2m\pi$ となって，逆位相となるから

$$B = A\sin(\omega t) + A\sin(\omega t - \pi)$$
$$= A\sin(\omega t) - A\sin(\omega t) = 0$$

よって，B の振幅は 0 となる。

また，$n = 4m + 3$ のときは，$n = 4m + 1$ のときと同様に，位相が $\frac{\pi}{4}$ ずれた光の重ね合わせであり，B の振幅も同じく $\sqrt{2}A$ となる。

光の強度は振幅の 2 乗に比例するので，$n = 4m,\ 4m+1,\ 4m+2,\ 4m+3$ の場合に対応する光の強度の比は $2^2 : \sqrt{2}^2 : 0 : \sqrt{2}^2 = 2 : 1 : 0 : 1$ となる。

(2)㋛　スリット p と r で θ_n の方向に回折した光の経路差は $2d\sin\theta_n$ となるので，㋔より

$$\Delta\phi'_n = \frac{2\pi \cdot 2d\sin\theta_n}{\lambda}$$

㋐を代入して　　$\Delta\phi'_n = \dfrac{4\pi d \cdot n\dfrac{\lambda}{4d}}{\lambda} = n\pi$

㋜　$n = 4m$ のとき，$\Delta\phi_{4m} = 2m\pi$，$\Delta\phi'_{4m} = 4m\pi$ となり，すべて同位相となるので

$$C = A\sin(\omega t) + A\sin(\omega t) + A\sin(\omega t) = 3A\sin(\omega t)$$

$n = 4m + 1$ のとき，$\Delta\phi_{4m+1} = \frac{\pi}{2} + 2m\pi$，$\Delta\phi'_{4m+1} = \pi + 4m\pi$ となり，p と r を通る光は逆位相となるので

$$C = A\sin(\omega t) + A\sin\left(\omega t - \frac{\pi}{2}\right) - A\sin(\omega t)$$

$$= A\sin\left(\omega t - \frac{\pi}{2}\right)$$

$n = 4m + 2$ のとき，$\Delta\phi_{4m+2} = \pi + 2m\pi$，$\Delta\phi'_{4m+2} = 2(2m+1)\pi$ となり，p と q を通る光は逆位相，p と r を通る光は同位相となるので

$$C = A\sin(\omega t) - A\sin(\omega t) + A\sin(\omega t) = A\sin(\omega t)$$

$n = 4m + 3$ のとき，$\Delta\phi_{4m+3} = \frac{3\pi}{2} + 2m\pi$，$\Delta\phi'_{4m+3} = \pi + 2(2m+1)\pi$ となり，

p と r を通る光は逆位相となるので

$$C = A \sin(\omega t) + A \sin\left(\omega t - \frac{3\pi}{2}\right) - A \sin(\omega t)$$

$$= A \sin\left(\omega t - \frac{3\pi}{2}\right)$$

光の強度は振幅の2乗に比例するので，$n = 4m,\ 4m+1,\ 4m+2,\ 4m+3$ の場合に対応する光の強度の比は $3^2 : 1^2 : 1^2 : 1^2 = 9 : 1 : 1 : 1$ となる。

❖講 評

　例年通り，試験時間80分。大問3題の構成である。

　1 2物体の衝突に関する問題である。観測者の速度によって，衝突に関する物理法則がどのように変化するか調べている。(1)では一方の物体の衝突前の速度，(2)は2物体の重心の速度や任意の等速度，(3)は等加速度で動く観測者を考察している。(1)は基本的な問題だが，(エ)・(オ)は式が紛らわしいので丁寧に計算する必要がある。(キ)は2物体の運動エネルギーを重心の運動エネルギーと換算質量を用いて表す相対運動の運動エネルギーに分解できることを理解していると，計算しなくても解答できる。(2)も基本的な問題。(3)では加速度運動する観測者から見ても，衝突が非常に短い時間で起きれば，運動量保存則が成り立つということを示す，あまり見かけない問題である。慣性力や運動量と力積の関係などの理解が問われるが，難しくはない。

　2 正四面体の辺の形をした回路における抵抗とコンデンサーの問題である。回路が立体的なので考えにくかったかもしれない。(1)は正四面体状の立体的な回路を使った基本的な問題。対称性から，正四面体の1つの辺を除いて考えることができる。また，図2-1と図2-2の回路は正四面体の辺を取り替えただけであることに，すぐ気付きたい。(2)はホイートストンブリッジ回路の基本的な問題。(サ)・(シ)はすべての抵抗について電力を求めなければならない。(3)はコンデンサーを含む回路の基本的な問題。一見，難しそうに見えるかもしれないが，じゅうぶん時間が経った後の定常状態を考えるだけなので，見た目ほど難しくない。合成抵抗と合成容量の計算を繰り返すだけである。

　3 回折格子の問題である。一定間隔のスリットだけでなく，少し複

雑な間隔のスリットを題材にしているのは，あまり見かけないかもしれない。(1)(a)のスリットは一定間隔のスリットを用いた回折格子の基本的な問題。(b)では(a)のスリットに加えて，スリットの間隔の $\frac{1}{4}$ だけずらしたところにも別のスリットが入る問題。(カ)〜(サ)では n の値で場合分けして考えるが，同位相か逆位相の場合は計算が容易。$n=4m+1$ の場合は，三角関数の和積の公式を使う必要がある。(2)はさらにスリットが増えるが，考え方は(1)(b)と同じで，計算は(1)(b)よりも容易である。

　全体的に，ほぼ例年通りの内容であり，難易度も例年並みであった。文字式の添字などにも注意して，丁寧な式変形を心がけたい。

化学

(注)　解答は，東京理科大学から提供のあった情報を掲載しています。

1 解答

(1)—03　(2) $1.17 \times 10^{+0}$

(3)(ア)—07　(イ)—12　(ウ)—02　(エ)—15　(ii) $1.59 \times 10^{+1}$

━━━ ◀解　説▶ ━━━

≪ルシャトリエの原理，Nを含む化合物の反応，オストワルト法≫

(1)(a)　誤文。平衡状態では，正反応と逆反応の速度が等しくなっているため，反応が停止しているように見える。

(b)　誤文。圧力一定で温度を高くすると，吸熱反応の向きに平衡が進むので，「左向き」が正しい。

(c)　正文。温度一定で圧力を高くすると，気体の分子数が減少する向きに平衡が進む。左辺の分子数は3，右辺の分子数は2なので，右向きに平衡が進む。

(d)　誤文。温度と全圧一定で，反応に関与しない気体を加えた場合，反応に関与する気体の分圧は低くなるので，気体の分子数が増加する向きに平衡が進む。よって，「左向き」が正しい。

(2)　希硝酸と Ag の反応は次のようになる。

$$3Ag + 4HNO_3 \longrightarrow 3AgNO_3 + 2H_2O + NO$$

捕集した NO の分圧は

$$1.04 \times 10^5 - 4.0 \times 10^3 = 1.00 \times 10^5 \,[Pa]$$

であるから，NO の物質量は，気体の状態方程式より

$$\frac{1.00 \times 10^5 \times 90.6 \times 10^{-3}}{8.31 \times 10^3 \times 302} = \frac{30}{8.31} \times 10^{-3} \,[mol]$$

よって，反応した Ag の質量は

$$108 \times \frac{30}{8.31} \times 10^{-3} \times 3 = 1.169 \doteqdot 1.17 \,[g]$$

(3)(ア)・(イ)　①で起こる反応は

$$4NH_3 + 5O_2 \longrightarrow 4NO + 6H_2O$$

であるから，1 mol の NH_3 と反応する O_2 の物質量は $\dfrac{5}{4}$ mol である。また，この反応の触媒には Pt が用いられる。

(ウ)　③で起こる反応は

$$3NO_2 + H_2O \longrightarrow 2HNO_3 + NO$$

であるから，1 mol の NO_2 に対して，$\dfrac{1}{3}$ mol の NO が生成する。

(ii)　①～③の反応を1つにまとめると

$$NH_3 + 2O_2 \longrightarrow HNO_3 + H_2O$$

となるので，1.00 kg の HNO_3 を得るのに必要な NH_3 の物質量は

$$\frac{1.00 \times 10^3}{63.0} = 15.87 \fallingdotseq 15.9 \,\text{(mol)}$$

2　**解答**　(1) $1.1 \times 10^{+1}$　(2) $2.4 \times 10^{+2}$　(3) 2.0×10^{-2}
(4)(iv) $1.0 \times 10^{+0}$　(v) $1.5 \times 10^{+0}$　①—1　②—1

◀解　説▶

《溶液の濃度，固体の溶解度，中和反応の量的関係，鉛蓄電池》

(1)　必要な濃塩酸の体積を v〔mL〕とおく。希釈する前後で，溶液中の HCl の質量は変化しないことから，HCl = 36.5 より

$$1.18 \times v \times \frac{36}{100} = 36.5 \times 0.50 \times \frac{250}{1000} \quad \therefore \quad v = 10.7 \fallingdotseq 11 \,\text{(mL)}$$

(2)　80℃で水 100 g に KNO_3 は 169 g 溶け，飽和溶液は 100 + 169 g，これを 25℃に冷やすと 169 − 38 g の結晶が析出する。80℃，500 g の飽和溶液では，析出する KNO_3 の質量を x〔g〕とおくと，$\dfrac{析出量}{飽和溶液の質量}$ の値は一定であることから

$$\frac{x}{500} = \frac{169 - 38}{100 + 169} \quad \therefore \quad x = 243 \fallingdotseq 2.4 \times 10^2 \,\text{(g)}$$

(3)　pH が 3.0 の塩酸の水素イオン濃度は 1.0×10^{-3} mol/L であるから，必要な NaOH 水溶液の体積を v〔L〕とおくと

$$1.0 \times 10^{-3} \times 0.20 = 0.010 \times v \quad \therefore \quad v = 0.020 = 2.0 \times 10^{-2} \,\text{(L)}$$

(4)　鉛蓄電池が放電するときの正極と負極の反応はそれぞれ以下のようになる。

正極：$PbO_2 + 4H^+ + SO_4{}^{2-} + 2e^- \longrightarrow PbSO_4 + 2H_2O$

負極：$Pb + SO_4{}^{2-} \longrightarrow PbSO_4 + 2e^-$

よって，電子が $1\,mol$ 流れると，正極では $\frac{1}{2}\,mol$ の PbO_2 が $PbSO_4$ になり，質量が

$$\frac{1}{2} \times 64.1 = 32.05 \,〔g〕$$

増加する。負極では $\frac{1}{2}\,mol$ の Pb が $PbSO_4$ に変化し，質量が

$$\frac{1}{2} \times 96.1 = 48.05 \,〔g〕$$

増加する。10 分間の放電で流れた電子の物質量は

$$\frac{5.0 \times 10 \times 60}{9.65 \times 10^4} = \frac{6}{193} \,〔mol〕$$

であるから，各極板の質量増加量は次のようになる。

正極：$32.05 \times \dfrac{6}{193} = 0.996 \fallingdotseq 1.0 \,〔g〕$

負極：$48.05 \times \dfrac{6}{193} = 1.49 \fallingdotseq 1.5 \,〔g〕$

3 解答 (1)(i)$5.6 \times 10^{+1}$ (ii)1.8×10^{-9}
(2)(ア)— 2 (イ)— 4 (ウ)— 5 (エ)— 6 (3)1.6×10^{-7}

◀解 説▶

≪水の電離平衡，極端に希薄な塩酸の水素イオン濃度≫

(1)(i) $1L$ の水の物質量を求めればよい。質量は $1.00 \times 1000 = 1000 \,〔g〕$ であるから，求めるモル濃度は

$$\frac{1000}{18.0} = 55.5 \fallingdotseq 56 \,〔mol/L〕$$

(ii) 水のモル濃度を $c\,〔mol/L〕$，電離度を α とおくと，電離による濃度変化は次のようになる。

$$H_2O \rightleftharpoons H^+ + OH^-$$

はじめ	c	0	0	〔mol/L〕
反応量	$-c\alpha$	$+c\alpha$	$+c\alpha$	〔mol/L〕
平衡時	$c(1-\alpha)$	$c\alpha$	$c\alpha$	〔mol/L〕

水のイオン積の値から

$$[H^+][OH^-] = (c\alpha)^2 = 1.00 \times 10^{-14} \quad \therefore \quad c\alpha = 1.00 \times 10^{-7}$$

(i)より，$c = \dfrac{1000}{18.0}$〔mol/L〕であるから，求める電離度 α は

$$\alpha = \frac{1.00 \times 10^{-7}}{c} = \frac{1.00 \times 10^{-7}}{\dfrac{1000}{18.0}} = 1.8 \times 10^{-9}$$

(2)(ア)・(イ)　中和は発熱反応であるから，中和の逆反応である水の電離は吸熱反応であり，その熱化学方程式は次のようになる。

$$H_2O \text{(液)} = H^+ aq + OH^- aq - 56.5 \, kJ$$

(ウ)・(エ)　温度を高くすると，吸熱反応の向きに平衡が移動するので，水の電離がより進み，$[H^+]$，$[OH^-]$ は大きくなる。したがって，水の温度を 25℃ から 40℃ にすると，水のイオン積は 1.00×10^{-14}〔(mol/L)^2〕よりも大きくなり，pH の値は小さくなる。

(3)　HCl は完全に電離するから，HCl の電離により生じた H^+ の濃度は 1.00×10^{-7} mol/L である。また，$H_2O \rightleftharpoons H^+ + OH^-$ より，水の電離により生じた H^+ と OH^- の濃度は等しく，それぞれ x〔mol/L〕とする。これらのことから

$$[H^+] = 1.00 \times 10^{-7} + x \text{〔mol/L〕}, \quad [OH^-] = x \text{〔mol/L〕}$$

と表せるので，25℃ の水のイオン積

$$[H^+][OH^-] = 1.00 \times 10^{-14} \text{〔(mol/L)}^2\text{〕}$$

より

$$(1.00 \times 10^{-7} + x)x = 1.00 \times 10^{-14}$$

$$\therefore \quad x^2 + 10^{-7}x - 10^{-14} = 0$$

$x > 0$ に注意してこの 2 次方程式を解くと

$$x = \frac{-10^{-7} + \sqrt{(10^{-7})^2 + 4 \times 10^{-14}}}{2}$$

$$= \frac{-10^{-7} + \sqrt{5} \times 10^{-7}}{2}$$

$$= \frac{\sqrt{5} - 1}{2} \times 10^{-7}$$

$$= 6.2 \times 10^{-8}$$

したがって，求める水素イオン濃度は

$$[H^+] = 1.00 \times 10^{-7} + 6.2 \times 10^{-8}$$
$$= 1.62 \times 10^{-7} \fallingdotseq 1.6 \times 10^{-7} \, [mol/L]$$

4 **解答** (1)(ア)—03　(イ)—05　(ウ)—07
(2)(エ)—12　(オ)—22　(カ)—11

◀解　説▶

≪混合物の分離, 抽出における分配平衡≫

(1)(ア)　蒸留は沸点の違いを利用して混合物を分離する方法全般を指し, 分留は蒸留のうち, 液体どうしの混合物を, 沸点の違いを利用して分離する方法を指す。塩化ナトリウム水溶液は, 固体と液体の混合物であるから, 蒸留により純粋な水が得られる。

(2)(エ)　AとBの体積はともに V[L] であるから, AとBに溶けているXの物質量をそれぞれ n_A[mol], n_B[mol] とすると

$$C_A = \frac{n_A}{V} \, [mol/L], \quad C_B = \frac{n_B}{V} \, [mol/L]$$

となる。よって

$$\frac{C_B}{C_A} = \frac{\dfrac{n_B}{V}}{\dfrac{n_A}{V}} = \frac{n_B}{n_A} = K$$

が成り立つ。$n_A + n_B = n$ であるから

$$\frac{n - n_A}{n_A} = K \quad \therefore \quad n_A = \frac{1}{K+1} n \, [mol]$$

(オ)　最初に $\dfrac{V}{2}$[L] のBを加えて平衡状態に達したときに, AとBに溶けているXの物質量をそれぞれ n_{A1}[mol], n_{B1}[mol] とすると

$$C_A = \frac{n_{A1}}{V} \, [mol/L], \quad C_B = \frac{n_{B1}}{\dfrac{V}{2}} = \frac{2n_{B1}}{V} \, [mol/L]$$

となる。よって

$$\frac{C_B}{C_A} = \frac{\dfrac{2n_{B1}}{V}}{\dfrac{n_{A1}}{V}} = \frac{2n_{B1}}{n_{A1}} = K$$

が成り立つ。$n_{A1} + n_{B1} = n$ であるから

$$\frac{2(n - n_{A1})}{n_{A1}} = K \qquad \therefore \quad n_{A1} = \frac{2}{K+2}n \ \text{〔mol〕}$$

2回目に $\dfrac{V}{2}$〔L〕のBを加えて平衡状態に達したときに，AとBに溶けているXの物質量をそれぞれ n_{A2}〔mol〕，n_{B2}〔mol〕とすると，$n_{A2} + n_{B2} = n_{A1}$ となること以外は最初に加えたときと同様に考えられるので

$$n_{A2} = \frac{2}{K+2}n_{A1} = \frac{2}{K+2} \times \frac{2}{K+2}n = \frac{4}{(K+2)^2}n \ \text{〔mol〕}$$

㈻　方法Ⅰの n_A と方法Ⅱの n_{A2} の差をとると

$$n_A - n_{A2} = \frac{1}{K+1}n - \frac{4}{(K+2)^2}n = \frac{(K+2)^2 - 4(K+1)}{(K+1)(K+2)^2}n$$

$$= \frac{K^2}{(K+1)(K+2)^2}n > 0$$

よって，$n_A > n_{A2}$ となり，Aに残っているXの物質量は方法Ⅱのときの方が少ない。

5　解答　(1)(ア)―08　(イ)―11　(ウ)―27
(2)(エ)―21　(オ)―08　(カ)―07

◀解　説▶

≪芳香族エステルの構造決定≫

　A，EはともにC，H，Oからなり，加水分解されたことから，エステルであると考えられ，加水分解により生成した物質は，カルボン酸とアルコール（またはフェノール類）である。

(1)　BはFeCl₃水溶液による呈色反応を示さず，Naと反応したことから，フェノール類ではなくアルコールである。また，NaHCO₃と反応しなかったことから，カルボキシ基はもたない。

CはNaHCO₃と反応したことから，カルボン酸である。

BとCを酸化して生成した2価カルボン酸Dは，ポリエチレンテレフタラートの主原料であるので，テレフタル酸である。

以上のことから，Bはベンゼンのパラ二置換体であるアルコール，Cはベンゼンのパラ二置換体であるカルボン酸とわかるので，Aの炭素数が16

であることも考慮すると，**B**，**C**，**D**の構造は次のように決定される。

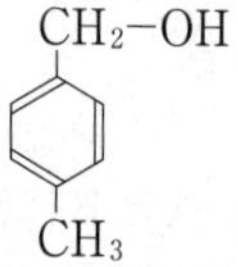

化合物**B** 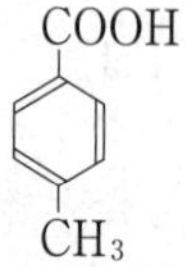 化合物**C** 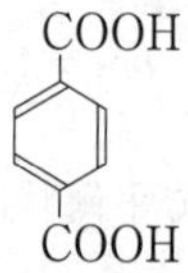 化合物**D**
（テレフタル酸）

なお，**A**は**B**と**C**のエステルであるから，その構造は次のようになる。

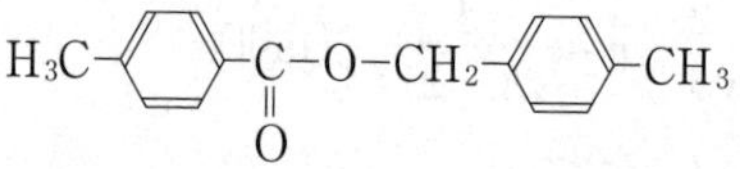

化合物**A**

(2) **F**はナトリウムフェノキシドに高温・高圧でCO_2を反応させた後，希硫酸を作用させることで得られるので，サリチル酸であるとわかる。サリチル酸はカルボキシ基をもつので$NaHCO_3$と反応し，フェノール性ヒドロキシ基をもつので$FeCl_3$水溶液による呈色反応を示す。

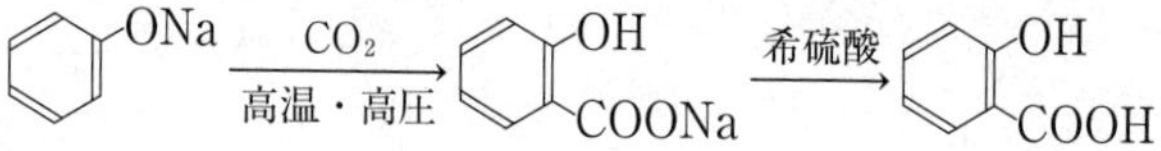

化合物**F**
（サリチル酸）

Gは銀鏡反応を示したので，ホルミル基（アルデヒド基）をもつ。よって，ギ酸$HCOOH$であると考えられる。

Hはヨードホルム反応を示したので，CH_3-CH-の構造をもつアルコー
　　　　　　　　　　　　　　　　　　　　　　　　　　 $|$
　　　　　　　　　　　　　　　　　　　　　　　　　　OH

ルである。また，炭素数は**E**が 12，**F**が 7，**G**が 1 なので，**H**は 4 である。よって，**H**は 2-ブタノールとわかる。

$$CH_3-CH-CH_2-CH_3$$
$$\quad\ \ |$$
$$\quad\ OH$$

化合物**H**
（2-ブタノール）

なお，**E**は**F**，**G**，**H**のエステルであるから，その構造は次のようになる。

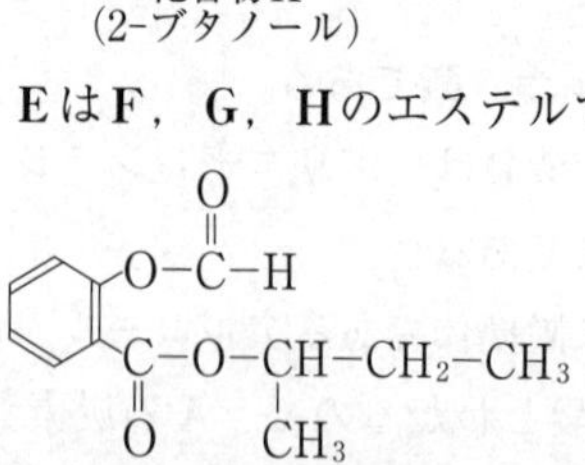

化合物**E**

$\boxed{6}$ **解答**　(1)(ア)—22　(イ)—19　(ウ)—27　(エ)—17　(オ)—18　(カ)—11
　　　　　　(キ)—29　(ク)—32　(ケ)—05　(コ)—08　(サ)—04　(シ)—15

(ス)—20　(セ)—16

(2)(ソ)—05　(タ)—12　(チ)—07　(ツ)—13　(テ)—08　(ト)—09

◀解　説▶

≪タンパク質の分類と性質，核酸の構造≫

(1)(カ)　卵白に含まれるタンパク質にはアルブミンとグロブリンがあるが，水に溶けるのはアルブミンである。

(キ)　主に有機物のコロイドが親水コロイド，無機物のコロイドが疎水コロイドに分類される。タンパク質は有機物であり，水に溶かすと親水コロイドとなる。

(ケ)～(サ)　硫黄が含まれるアミノ酸やタンパク質に NaOH 水溶液を加えて加熱した後，$(CH_3COO)_2Pb$ 水溶液を加えると，PbS の黒色沈殿が生成する。

(シ)　ゼラチンは，繊維状タンパク質であるコラーゲンが熱により変性したものである。

(ス)・(セ)　複合タンパク質には，血液中に含まれるヘモグロビンのほかに，牛乳やチーズなどに含まれるカゼイン，納豆やオクラなどに含まれるムチンなどがある。

(2)(ソ)　核酸は，糖，リン酸，有機塩基からなるヌクレオチドが縮合重合した物質である。

(タ)～(テ)　DNA は糖部分がデオキシリボース $C_5H_{10}O_4$ でできており，RNA はリボース $C_5H_{10}O_5$ でできている。

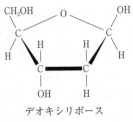
デオキシリボース

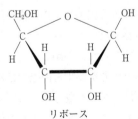
リボース

(ト)　DNA を構成する有機塩基は，アデニン (A)，グアニン (G)，シトシン (C)，チミン (T) であり，RNA ではチミンの代わりにウラシル (U) となっている。DNA は有機塩基間の水素結合によって二重らせん

構造をとるが，RNA は一本鎖構造である。

❖講　評

　試験時間は 80 分。例年通り大問数は 6 題であった。2022 年度は，①が理論と無機，②，③，④が理論，⑤，⑥が有機の出題であり，無機からの出題が少なかった。

　①は窒素をテーマとした小問集合。(1)は化学平衡に関する典型的な正誤問題であり落とせない。(2)・(3)はいずれも化学反応式が正しく書ければ難しくないが，(2)では NO の分圧を誤らないように注意。

　②は理論分野のいろいろな計算問題。いずれも受験生ならば一度は解いた経験があるはずの問題である。ただし，(3)以外はやや面倒な計算が必要なので，落ち着いて正しく計算を行いたい。

　③は水の電離平衡に関する問題。(1)(ii)では，弱酸や弱塩基の電離平衡を考えるときと同じように，〔解説〕のような濃度変化の表を書くと考えやすい。(2)では，水の電離が発熱反応か吸熱反応か知らなくても，中和反応が発熱反応であることは知っているはずであるから，そこから判断はできる。(3)は初見ではなかなか難しかったかもしれない。類題の経験の有無で差がついたと思われる。

　④は混合物の分離と，分配平衡に関する問題。(1)は分離に関する基礎知識を問う問題であり平易。(2)は A と B に溶けている X の物質量の総和が，抽出前と抽出後で変化しないことがポイント。(カ)は差をとることが思いつかなくても，具体的に 1 より大きい K の値を代入してみれば，大小関係はわかる。

　⑤は芳香族エステルの構造決定に関する問題。選択肢の数が非常に多く戸惑ったかもしれないが，**D** がテレフタル酸，**F** がサリチル酸であることはただちにわかるので，そこからスタートすれば考えやすい。特に複雑な思考を要する問題ではないので，ここは完答しておきたい。

　⑥はタンパク質と核酸に関する問題。基本的な知識を問う問題で構成されており，完答を目指したいところである。ただ，卵白やゼラチンをつくるタンパク質の名称は知らなかった受験生も多かったのではないか。東京理科大学では，高分子に関して細かい知識を問うものも出題されるので，しっかり対策をしておきたい。

生物

(注)　解答は，東京理科大学から提供のあった情報を掲載しています。

1 解答

(a)—3　(b)—12　(c)—4　(d)—02　(e)—5　(f)—07
(g)—12　(h)—06

◀解　説▶

≪生命の起源と進化，細菌の炭酸同化≫

(a)　原始地球において生命に必須な材料であるアミノ酸や核酸などの有機物が生成される過程を化学進化という。ちなみに，生物が世代を経るに従って DNA の塩基配列やタンパク質のアミノ酸配列は変化していくが，このような分子に生じる変化を分子進化という。

(b)　②誤文。リン脂質のみからなる二重層は，Na^+ など電荷をもつイオンを通しにくい。

③正文。膜に配置されたさまざまな輸送タンパク質のはたらきにより，細胞膜が特定の物質を選択的に透過させる性質を選択的透過性という。

(c)　RNA には触媒の機能をもつもの（リボザイム）もあることから，初期の生物では，RNA が遺伝情報を担うとともに，酵素の役割も果たしていたと考えられている。このような時代を RNA ワールドという。

(d)　化学合成細菌の仲間である硫黄細菌は，H_2S などの無機物を酸化した際に放出されるエネルギーを利用して炭酸同化を行っている。なお，大腸菌，枯草菌，乳酸菌は従属栄養生物であり，炭酸同化は行わない。

(e)　シアノバクテリアが行う光合成は，緑色植物と同様に二酸化炭素の還元に水を用いるため酸素を放出する。リード文にもあるように，シアノバクテリアの光合成によって放出された酸素は，はじめ海洋中の鉄イオンと結合して酸化鉄になり海底に沈殿したが，その後，酸素が水中や大気中に蓄積していくと，酸素を利用して有機物を分解して多量のエネルギーを取り出す好気性細菌が繁栄するようになった。

(f)　①誤文。細菌や古細菌などの原核生物は核膜をもっていない。

②正文。細菌の細胞壁はペプチドグリカン（炭水化物とタンパク質の複合

体）からなるが，古細菌の細胞壁は一般的にペプチドグリカンをもってい
ない。なお，ペプチドグリカンは植物の細胞壁の主成分であるセルロース
とは別のものである。

③正文。細菌の細胞膜は，真核生物と同様にエステル脂質とよばれる脂質
からなるが，古細菌の細胞膜はエーテル脂質とよばれる脂質からなる。

④誤文。細菌と古細菌は，どちらも細胞小器官をもっていない。

(g)　細胞内共生説を支持する証拠として，ミトコンドリアや葉緑体に次の
ような特徴をもつことが挙げられる。

• 核の DNA とは異なる独自の環状 DNA をもっている。

• 細胞の分裂とは別に，独自に分裂して増殖する。

• 二重膜構造をもち，内側の膜は取り込まれた原核細胞に由来する。

これより，①，③，④が正しい。

(h)　緑色光合成細菌（緑色硫黄細菌）は光合成色素としてバクテリオクロ
ロフィルをもち，CO_2 と H_2S を利用して光合成を行う。これに対し，シ
アノバクテリアは光合成色素としてクロロフィル a をもち，CO_2 と H_2O
を利用して光合成を行う。よって，①と④が正しい。

2　解答
(1)(a)—1　(b)—06　(c)—3　(d)—08
(2)(a)—19　(b)(ア)—4　(イ)—0　(ウ)—3　(エ)—9

◀解　説▶

≪被子植物の生殖と発生，ショウジョウバエの発生≫

(1)(a)　下図に示すように，図1は核当たりの DNA 量変化であり，DNA
複製前の母細胞の DNA 量を2としている。（I）は胚のう母細胞から卵細
胞が生じるまでの DNA 量変化であり，胚のう母細胞の減数分裂によって
生じた胚のう細胞が，その後3回の核分裂を行っていることがグラフから
わかる。

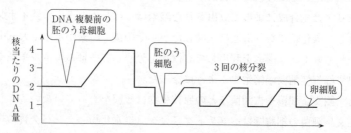

（Ⅱ）は花粉母細胞から精細胞が生じるまでのDNA量変化である。花粉母細胞の減数分裂によって生じた花粉四分子のそれぞれは，不均等な細胞分裂によって花粉管細胞と雄原細胞に分かれ，さらに雄原細胞は1回分裂して2個の精細胞が生じる。

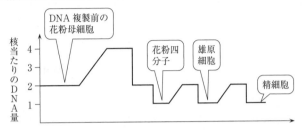

(b)　下図のように，2個の精細胞のうち，1個は卵細胞と受精して受精卵（2*n*）となり，残りの1個は2個の極核を含む中央細胞と融合して胚乳核（3*n*）を形成する。

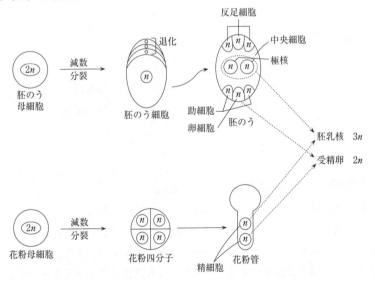

⑷ 実験1では母親が $4n$, 父親が $2n$ なので胚乳核と受精卵の核相は以下のようになる。

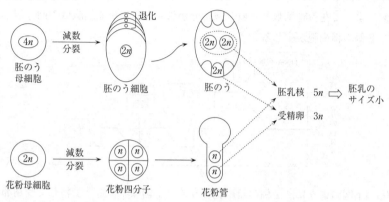

実験2では母親が $2n$, 父親が $4n$ なので胚乳核と受精卵の核相は以下のようになる。

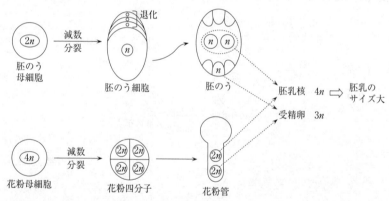

上図から、③、④は誤りで、⑤は正しいことがわかる。また、(b)の〔解説〕にもあるように、正常な場合、核相 n からなる極核を2個含む中央細胞はゲノムを2セットもち、精細胞はゲノムを1セットもつ。実験1のように中央細胞に含まれるゲノムが多くなれば胚乳は小さくなり、実験2のように精細胞に含まれるゲノムが多くなれば胚乳が大きくなる。つまり、中央細胞に含まれるゲノムは胚乳形成を抑制し、精細胞に含まれるゲノムは胚乳形成を促進するといえる。よって、①は正しく、②は誤り。

(2)(a) 母細胞に含まれていた相同染色体は、減数分裂によって別々の生殖細胞に分配される。このとき、それぞれの相同染色体は互いに関係なく

ランダムに分かれるため，さまざまな組み合わせの染色体をもった生殖細胞が形成される。例えば，$2n=4$ の生物の場合，乗換えが起こらなければ $2^2=4$ 種類の染色体の組み合わせが考えられ，$2n=6$ の生物の場合，乗換えが起こらなければ $2^3=8$ 種類の染色体の組み合わせが考えられる（①は正しい）。また，$2n=4$ の生物の場合，両親それぞれから 4 種類の生殖細胞が自由に組み合わさると，生じる個体がもつ染色体の組み合わせは $4\times4=16$ 通りが考えられる（⑤は正しい）。さらに，減数分裂の第一分裂で相同染色体の乗換えが起これば，生殖細胞に含まれる遺伝子の組み合わせはいっそう多様になる（③は正しい）。

(b)　ショウジョウバエの場合，卵母細胞に隣接する保育細胞（母親の細胞）において，ビコイド（*bcd*）遺伝子から *bcd* mRNA が合成され，卵母細胞に送り込まれる。送り込まれた *bcd* mRNA は卵母細胞の前端に偏って分布するが，受精後，翻訳されて bcd タンパク質がつくられる過程で，bcd タンパク質は拡散して濃度勾配を形成する。この bcd タンパク質の濃度が高い方が頭部（前部）に，低い方が腹部（後部）になる（前後軸が決まる）。このように，母親が正常な *bcd* 遺伝子をもっていれば，父親の遺伝子にかかわらず，正常に前後軸が決定される。これをもとに実験を確認していく。

(ア)　野生型の卵とあるので，受精後に前方から後方にかけて bcd タンパク質の濃度勾配が形成され，前方が頭部（前部）となる（前方が☆となる）。ただし，野生型の卵には GFP-bcd タンパク質は含まれないので，GFP の蛍光はみられない。よって 4 が正解。

(イ)　*GFP-bcd* トランスジェニック体からつくられる卵母細胞の前端には *GFP-bcd* mRNA が含まれる。この mRNA からつくられる GFP-bcd タンパク質は，野生型の卵と同様の濃度勾配を形成するので前方で蛍光強度が強くなる。また，GFP-bcd タンパク質は，bcd タンパク質とほぼ同じはたらきをもつとあるので，前方が頭部（前部）となる（前方が☆となる）。よって 0 が正解。

(ウ)　bcd 機能をなくした変異体の卵では，卵母細胞に *bcd* mRNA が含まれない。しかし，受精後に *GFP-bcd* mRNA を本来尾部（後部）になる位置に注入すると，後方から前方にかけて GFP-bcd タンパク質の濃度勾配が形成されるため，後方で蛍光強度が強くなり，後方が頭部（前部）に

なる。よって3が正解。

(エ)　野生型の卵とあるので，受精後に前方から後方にかけて bcd タンパク質（蛍光は発しない）の濃度勾配が形成される。また，受精後に *GFP-bcd* mRNA を本来尾部（後部）になる位置に注入するので，後方から前方にかけて GFP-bcd タンパク質の濃度勾配が形成されるため，後方で蛍光強度が強くなる。また，前方では bcd タンパク質が，後方では GFP-bcd タンパク質が多くなるので，前方と後方の両方に頭部（前部）が形成される。よって9が正解。

3　解答

(1)(a)—1　(b)(ア)—01　(イ)—03　(ウ)—06　(エ)—11
　　　(c)(オ)—1　(カ)—2　(キ)—1　(ク)—3

(2)(a)—11　(b)(ケ)—1　(コ)—6　(サ)—4　(シ)—5　(ス)—3
　(c)(セ)—1　(ソ)—5　(タ)—6　(チ)—8
　(d)(ツ)—05　(テ)—11　(ト)—02　(ナ)—03　(ニ)—8　(e)—3
　(f)(ヌ)—0　(ネ)—6

◀解　説▶

≪生物の刺激への反応，体内環境の維持≫

(1)(a)　光受容体であるフィトクロム，クリプトクロム，フォトトロピンについて，それぞれが吸収する光と，関連する現象をまとめると次表のようになる。光発芽種子の場合，フィトクロムが赤色光を吸収すると発芽が促進されるので，光受容体Aはフィトクロムとわかる。また，孔辺細胞に含まれるフォトトロピンが青色光を吸収すると気孔が開くので，光受容体Bはフォトトロピンとわかる。

	吸収する光	関連する現象
フィトクロム	赤色光と遠赤色光	光発芽種子の発芽，茎の伸長成長抑制，花芽形成
クリプトクロム	青色光	茎の伸長成長抑制
フォトトロピン	青色光	光屈性，気孔の開口，葉緑体の定位運動

(b)　桿体細胞はうす暗い場所でよくはたらくが，色の区別には関与しない。これに対し，錐体細胞は主に明るい場所ではたらき，色の区別に関与する。よって，光に対する感度は桿体細胞の方が高い。また，暗順応では，はじめに錐体細胞の感度が高まり，その後しばらくすると，桿体細胞内でレチ

ナールとオプシンが結合したロドプシンが蓄積することで，光に対する感
度が大きく上昇する。

(c)　図1をみると，ニューロン2の活動電位は，ニューロン1の活動電位
に対して約 0.01 秒遅れることがわかる。

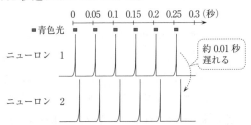

一方，図2の場合，ニューロン5で活動電位が生じた時点から 0.05 秒間
（下図の点線で示してある時間帯）は，ニューロン2は興奮できない。そ
こで，ニューロン5の活動電位の発生パターンの下に，図1のニューロン
2の活動電位の発生パターンを重ねてみる。そうすると，ちょうど下図の
×印で示す活動電位は生じないことになる。よって，(オ)は①が正解となる。
また，ニューロン3の活動電位もまた，ニューロン2の活動電位に対して
約 0.01 秒遅れるので，(カ)は②が正解となる。

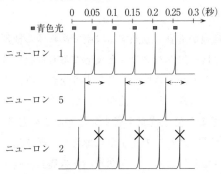

また，ニューロン5の神経終末から放出される神経伝達物質は，接続する
ニューロン2において抑制性シナプス後電位を生じさせるので，神経伝達
物質としては GABA（γ-アミノ酪酸）が当てはまる。なお，GABA がニ
ューロン2の受容体に結合すると，Cl^- が流入することでニューロン2の
膜電位が負の方向に変化する（抑制性シナプス後電位が生じる）。

(2)(a)　③誤文。チロキシンは甲状腺から分泌される。

(b)(サ)　細胞の成長を促進するホルモンとしてはオーキシンが挙げられる。

ちなみに，ジベレリンは細胞の縦方向の成長を促進し，エチレンは細胞の横方向の成長を促進するが，これらのホルモンは細胞壁のセルロース繊維の合成方向に作用することで，オーキシンによる細胞の成長方向を限定する。つまり，直接的に細胞の成長を促すホルモンとしてはオーキシンが適当である。

(d)(ツ)～(ナ)　インスリンなど細胞外に分泌されるタンパク質は，まず粗面小胞体上のリボソームで翻訳・合成されると同時に小胞体内に入っていく。その後，小胞（輸送小胞）に取り込まれてゴルジ体に運ばれ，さまざまな処理を受けると，再び小胞（分泌小胞）に取り込まれ，最終的に細胞膜と融合することで細胞外に放出される（エキソサイトーシス）。

(二)　細胞内部から細胞膜へ膜が供給される速度と，細胞膜から細胞内部へ膜が取り込まれる速度はともに $10\,\mu m^2/$分 である。ここで，細胞膜から細胞内部への膜の取り込みを抑制する薬剤を加えると，細胞膜の表面積は増加していく。この細胞の一辺は $20\,\mu m$ なので，表面積は $20 \times 20 \times 6 = 2400$ 〔μm^2〕である。薬剤を加えて 120 分後に細胞の表面積が 1.1 倍に増加したということは，120 分で $240\,\mu m^2$ だけ（1 分間あたり $2\,\mu m^2$ だけ）表面積が増加したことになる。よって，細胞膜から細胞内部へ膜が取り込まれる速度が $8\,\mu m^2/$分 に低下したといえる。

(e)　例えば，B 細胞が骨髄で成熟する段階であらゆる種類の B 細胞が生じるが，自己抗原（自己タンパク質）と反応する B 細胞は排除され，非自己と反応する B 細胞のみが生き残る。このようなしくみは T 細胞が胸腺において成熟する段階でもみられる。問題文にあるように，胸腺細胞はインスリンを含めさまざまな自己抗原を産生するが，このとき，14 塩基からなる繰り返し配列がインスリンの産生量に影響し，繰り返し回数が少ないと I 型糖尿病（免疫細胞によってランゲルハンス島 B 細胞が破壊される自己免疫疾患）を発症しやすくなる。つまり，繰り返し回数が少ないと，胸腺細胞でのインスリンの産生量が少なくなり，インスリンを認識する T 細胞が十分に排除できないと考えられる。よって，3 が正解。

(f)　1 mL の尿が生成される場合で考えてみる。原尿量は，（イヌリンの濃縮率）×（尿量）より，以下のように求められる。

$$原尿量 = \frac{10\,〔mg/mL〕}{0.1\,〔mg/mL〕} \times 1\,〔mL〕 = 100\,〔mL〕$$

つまり，下図のように，1mL の尿を生成する際に，100mL の血しょうが
ろ過されて原尿になるといえる。

次に，血しょう中のグルコース濃度を c〔mg/mL〕として，薬剤投与前と
投与後について考えてみる。薬剤投与前のグルコースの濃縮率が 20 倍な
ので，尿中グルコース濃度は $20c$〔mg/mL〕となる。そこで下図のように，
原尿中にろ過されたグルコース量が $100c$〔mg〕，尿中に含まれるグルコー
ス量が $20c$〔mg〕となるので，再吸収されたグルコース量は $80c$〔mg〕と
わかる。よって，再吸収率は $\left(\dfrac{80c}{100c}\right) \times 100 = 80$〔%〕となる。

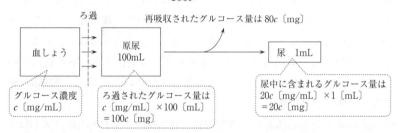

薬剤投与後のグルコースの濃縮率が 50 倍なので，尿中グルコース濃度は
$50c$〔mg/mL〕となる。そこで下図のように，原尿中にろ過されたグルコ
ース量が $100c$〔mg〕，尿中に含まれるグルコース量が $50c$〔mg〕となるの
で，再吸収されたグルコース量は $50c$〔mg〕とわかる。よって，再吸収率
は $\left(\dfrac{50c}{100c}\right) \times 100 = 50$〔%〕となる。

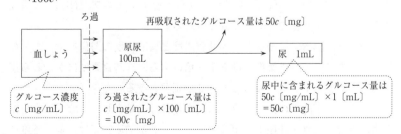

よって, 薬剤投与後のグルコースの再吸収率は, 投与前に比べて
$50 \div 80 = 0.625 \fallingdotseq 0.6$ 倍になる。

4 解答

(1)(a)—09　(b)— 0　(c)— 1　(d)— 1　(e)— 5
(2)(a)— 1　(b)— 0　(c)— 4　(d)— 1

◀解　説▶

≪窒素化合物の代謝, 酵素反応≫

(1)(a)　動物は植物のように無機窒素化合物を同化に利用することができないので, 他の生物が合成したタンパク質などの有機窒素化合物を食物として摂取することで窒素同化を行っている。よって, ⑤は誤りである。

(b)　亜硝酸菌は, O_2 を用いてアンモニウムイオンを亜硝酸イオンに酸化する際に放出されるエネルギー (化学エネルギー) を利用して, 二酸化炭素から有機物を合成している。よって, 0 は正しく 1 と 4 は誤りである。また, 硫黄はタンパク質の構成元素で, リンは核酸の構成元素であることから, 硫黄もリンも増殖に必要である。よって, 2 と 3 も誤りである。

(c)(ア)　硝酸菌は, 亜硝酸イオンを硝酸イオンに酸化する反応を行っている。つまり, 亜硝酸イオンは電子を奪われる。いいかえると, 硝酸菌は亜硝酸から電子を受け取る。

(d)　葉緑体でみられる光リン酸化では, H^+ がチラコイド内腔 (ストロマ側ではない) に輸送されることで H^+ の濃度勾配が形成され, この濃度勾配を利用して ATP が合成される。よって, 1 が誤り。

(e)　アラニンの構造式は右図のようになるので, アラニン 2 分子がペプチド結合したものは 5 のようになる。

(2)(a)　ニトロゲナーゼは, 窒素ガス (N_2) をアンモニア (NH_3) に還元することから, 酸化還元酵素に分類される。

(b)　図 1 は, 酵素濃度のもとで, 基質濃度と反応速度の関係を示したものである。ここで, 酵素濃度だけを 1.5 倍にすると, 基質濃度にかかわらず反応速度は常に 1.5 倍になるので, 0 が正解となる。

(c)　阻害物質が酵素の活性部位とは異なる部分に結合して, 酵素反応を阻害する場合, これを非競争的阻害という。非競争的阻害では, 基質濃度にかかわらず一定の割合で阻害の影響が現れるので (反応速度が一定の割合

で低下するので)，4 が正解となる。

(d)　選択肢の横軸は基質濃度の逆数 $\left(\dfrac{1}{C}\right)$ で，縦軸は反応速度の逆数 $\left(\dfrac{1}{V}\right)$

になっている。ここで図 1 のグラフを見てみると，C が大きくなるにつれて V もだんだんと大きくなり，C が無限大になると V は最大反応速度

(V_{max}) に収束する。いいかえると，$\dfrac{1}{C}$ が小さくなるにつれて $\dfrac{1}{V}$ もだん

だんと小さくなり，$\dfrac{1}{C}$ が 0 になると（C が無限大になると）$\dfrac{1}{V}$ は $\dfrac{1}{V_{max}}$

に収束するといえる。選択肢のうち，横軸の値が小さくなるにつれて縦軸の値も小さくなり，ある値（0 ではない）に収束するグラフを探すと 1 が正解となる。

ちなみに，酵素の反応速度 V は以下の式で表されることが知られている（覚える必要はない）。

$$V = \frac{V_{max} \times C}{K + C}$$

V_{max}：最大反応速度（定数）
C：基質濃度
K：定数

この式をもとに C と V の関係をグラフにすると図 1 のような形状になる。さらにこの式の逆数をとり，以下のように変形してみる。

$$\frac{1}{V} = \frac{K + C}{V_{max} \times C} = \frac{K}{V_{max}} \times \frac{1}{C} + \frac{1}{V_{max}}$$

この式から，$\dfrac{1}{V}$ は，$\dfrac{1}{C}$ の 1 次関数とわかり，選択肢 1 で選んだように直

線グラフになる。さらに C を無限大にすると，$\dfrac{1}{V}$ は，$\dfrac{1}{V_{max}}$ になることも

わかる。

❖講　評

　例年は大問 3 題であったが，2022 年度は大問 4 題となった。ただ，やや難度の高い考察問題が減り，基本的な知識問題が大幅に増加したため，かなり易化した。

　① (a)・(b)ともに基本的であり正解したい。(c)は RNA ワールドについての知識があればさほど難しくはない。(d)・(e)も基本的であり正解したい。(f)は細菌と古細菌の違いを正確に覚えていた受験生は少ないと思われる。(g)・(h)は頻出問題であり正解したい。

　② (1)の(d)以外は基本的であり完答したい。(d)は標準レベルではあるが，実験内容を理解するのに少し時間を要する。(2)の(a)は典型頻出問題であり，正解したい。(b)も実験内容を理解するのに時間を要する。前後軸の決定が母親の遺伝子によって決まることに気付かないとすべて不正解となる可能性がある。やや難。

　③ (1)の(a)・(b)は基本的であり正解したい。(c)は近年よく出題されるようになってきている問題で，問題を丁寧に読めばさほど難しくはない。(2)は(d)と(f)の計算問題がやや難しい。特に(f)は解答に至るまでのプロセスが長く，多くの受験生はかなり手間取ったと思われる。

　④ (1)はどれも基本的であり完答したい。(2)の(b)と(c)は酵素反応の典型問題であり，完答したい。(d)のような問題は，はじめて解いた受験生も多かったと思われる。この問題は定性的に処理できれば正解できるが，やや難である。

■B方式2月6日実施分：建築・先端化・電気電子情報工・
　　　　　　　　　　　　　　　　機械工・土木工学科

問題編

▶試験科目・配点

教　科	科　　　　　　　　目	配　点
外国語	コミュニケーション英語Ⅰ・Ⅱ・Ⅲ，英語表現Ⅰ・Ⅱ	100 点
数　学	数学Ⅰ・Ⅱ・Ⅲ・A・B	100 点
理　科	建築・電気電子情報工・機械工学科：物理基礎・物理	100 点
	先端化学科：化学基礎・化学	
	土木工学科：「物理基礎・物理」，「化学基礎・化学」から1科目選択	

▶備　考

• 英語はリスニングおよびスピーキングを課さない。
• 数学Bは「数列」「ベクトル」から出題。

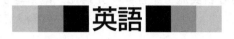

英語

(60 分)

1 Read the following article.　For each of the questions below, mark the number(s) on your **Answer Sheet**.　　　　　　　　(64 points)

[1] It is hard not to feel a thrill of excitement when you land on the Galaxy Zoo homepage and read the words "Few have witnessed what you're about to see" looming* out of a star-strewn* black background.　The anticipation is justified when, in five quick clicks, you're asked to classify a galaxy as part of an online crowdsourcing astronomy project.　The project is hosted on Zooniverse, a platform that aims to make cutting-edge research accessible to everyone.

[2] "Galaxy Zoo was one of the first projects that showed the amount of enthusiasm there was out there to participate in science," says co-founder Chris Lintott, the professor of astrophysics and citizen science lead at the University of Oxford.　"It was supposed to be a side-project for me — now we have more than 80 crowdsourcing projects like it on Zooniverse, more than 2 million registered volunteers, and we've had our busiest year so far."　Lintott puts its success down to the fact that this is real citizen science in action.　"Within two minutes of landing on the website, a volunteer can contribute something meaningful."

[3] Galaxy Zoo is just one of a growing number of citizen science projects, with many others focused on working with local communities.　For instance, in Kenya, University College London (UCL) scientists and their

local partners are working with the Maasai to protect their environment
((B)) the climate crisis. The researchers are co-developing a
smartphone app that will help the community map the location of vital
medicinal plant species and, as a result, better manage them. The app
will allow the Maasai to upload the location of the plants, analyse the
results and display them using icons like a thumbs up, an ant, and a red
no entry sign next to <u>invasive species</u>, as well as pictures of the plants
       (C)
they want to protect. Scientists are also collaborating with communities
in Cameroon, Namibia, the Democratic Republic of the Congo, and Brazil
using the same software, in order to monitor illegal poaching, conduct
tree health surveys and protect important resources during logging*.
The success of these projects has led to the government research
funding agency, UK Research and Innovation (UKRI), gearing up to
award £1,500,000 to projects that introduce citizen techniques to new
fields of research.

[4] Yet the participation of the public in science is not new. It dates at least
as far back as the gentleman — and lady — fossil collectors and botanists
of Charles Darwin's era, although Florence Nightingale perhaps better
<u>embodies</u> the radical spirit of citizen science. Defying gender roles, and
 (D)
without any formal education, she used her passion for statistics to
pioneer evidence-based nursing. Then, the story goes, science became
professionalised and — with a few notable exceptions — retreated to its
infamous <u>ivory tower</u>. "There's definitely a tradition that dates back to
Darwin where people were involved in doing science, even if it was the
wealthy section of society," says Toos van Noordwijk, director of
engagement and science at Earthwatch Europe. "Now there's a (**1. be**
                                                              (E)
2. for   3. huge   4. inclusive   5. more   6. movement   7. science
8. to) again and open up opportunities to a wider public." These fresh
perspectives can also offer scientists new solutions to tough old

problems, from managing sea level rise to living with disabilities.

[5] 　((F)) its obvious merits, citizen science still faces challenges. Researchers have a reputation for arriving in a community, exploiting it for data, and leaving it without giving any credit for its contribution. "People have been burned by it, and it affects the ability of all scientists to engage with that community in the future," says Daniel Hayhow, research lead for urban biodiversity at Earthwatch Europe.　There is also still resistance to citizen science inside the scientific establishment. "The usual scientific training is not geared towards wider participation and collaboration, but tight control of carefully designed experiments," says Professor Muki Haklay, co-director of the UCL extreme citizen science group.　There is also an existential barrier to participation in science.　People leave school or university and continue to engage in culture in the form of cinema, books and music in a way they don't do with science, and they quickly lose confidence in their own abilities. Some have bad experiences with science at school and decide it isn't for them.

[6] 　"We've created this structure where you have to have a degree in science and also be working in science to feel like you are doing science," says Imran Khan, head of public engagement at the Wellcome Trust. "One of the benefits of citizen science is to create a middle ground, so
(1)
you don't have this hard-binary choice between either being in or out of
(2)
it."　In the end, citizen science is about shifting power from scientists to
(3)
the public.　A new £1,300,000 project called Engaging Environments led by the University of Reading, which is running in its own city as well as Birmingham and Newcastle, aims to do just that by training researchers
(4)
to work with a wide range of communities to address their concerns about issues like pollution, climate change and air quality.

[7] This might be through getting sixth formers* to monitor wildlife, or mosques encouraging their congregation* to develop environmentally friendly practices such as avoiding single-use plastics during festivals. This project is needed because of the social divide that exists between the public and many scientists. "If you're trained as a scientist, you're incredibly privileged because you've been able to get through school, university and complete a PhD," says Professor Erinma Ochu, interim director of the project at University of Reading.

[8] It doesn't benefit scientists to isolate themselves from the public, either. The blow to scientists dealt by Brexit*, tough immigration policies and fake news, has made them understand the importance of reaching out to local communities. "They have realised that they can't stay in their ivory tower and pretend what's happening in the outside world doesn't apply to them," says Khan. "They know people need to feel they've got a stake in science and that scientists are there for them." (G) This means actively listening to what the public have to say. "If scientists are going to solve the problems we face, they have to learn (1. communicate 2. don't　3. people　4. think　5. to　6. with　7. who) and act (H) like scientists," agrees Ochu. "For me, the future of science isn't in books on the shelf, but in boots on the ground."

Adapted from *The Guardian*

（Notes）

looming：ぼんやりと現れる

star-strewn：星をちりばめた

logging：伐採

sixth formers：（英国）高校生

congregation：信者の集団

Brexit：英国の EU 離脱

(1)　Which of the following answer choices best expresses the meaning of the underlined part (A) in paragraph［1］?

  1　You will feel anxious　　　　　**2**　You will feel responsible

  3　You will not be disappointed　**4**　You will not be fulfilled

(2)　The following sentence restates the main points from paragraph［2］. Which of the answer choices below correctly fills in each blank?

Lintott thinks that Zooniverse has（　(i)　）in popularity because it gives citizens access to science projects that they can readily（　(ii)　）.

(i)

  1　declined　　　　　　　　**2**　gained

  3　lacked　　　　　　　　　**4**　varied

(ii)

  1　get tired of　　　　　　　**2**　keep away from

  3　look down on　　　　　　**4**　take part in

(3)　Which of the following answer choices most appropriately fills in blank（　(B)　）in paragraph［3］?

  1　against　　　　　　　　　**2**　by

  3　except　　　　　　　　　**4**　forward

(4)　The following sentence explains the meaning of the underlined part (C) in paragraph［3］. Put the words in the brackets into the correct order. Mark the numbers from top to bottom on your **Answer Sheet**.

An invasive species is an organism that (**1.** an　**2.** causes　**3.** environment　**4.** harm　**5.** in　**6.** is　**7.** it　**8.** where) not native.

⑸ Which of the following answer choices is closest in meaning to the underlined part (D) in paragraph［4］?

　1　conceals　　　　　　　　　2　contradicts

　3　imitates　　　　　　　　　4　represents

⑹ Put the words in the underlined part (E) in paragraph［4］into the correct order. Mark the numbers from top to bottom on your **Answer Sheet.**

⑺ Which of the following answer choices most appropriately fills in blank ((F)) in paragraph［5］?

　1　As a result of　　　　　　2　Before

　3　Despite　　　　　　　　　4　To sum up

⑻ The following sentences restate the main points from paragraph［5］. Which of the answer choices below correctly fills in each blank?

Citizen science still faces challenges. First, scientists may not ((i)) for people's contributions. This could make people ((ii)) to cooperate with their future research. Second, scientific organisations are still not wholly ((iii)) to citizen science. Third, it is not as ((iv)) for people to maintain involvement in science as it is in cultural activities.

(i)

　1　allow time　　　　　　　　2　express appreciation

　3　prepare plans　　　　　　　4　receive award

(ii)

1	eager	2	happy
3	impatient	4	unwilling

(iii)

1	alien	2	open
3	opposed	4	satisfactory

(iv)

1	bad	2	difficult
3	easy	4	good

(9)　Which of the underlined parts (1) ～ (4) in paragraph [6] is NOT consistent with the idea of citizen science?

(10)　Which of the following answer choices best describes the kind of people who live in an "ivory tower" in paragraphs [4] and [8]?

　1　Those who have decided not to take part in scientific experiments

　2　Those who have great interest in things outside the scientific community

　3　Those who think that science can be conducted independently of society

　4　Those who want to find out about what is happening with important people

(11)　Which of the following answer choices best expresses the meaning of the underlined part (G) in paragraph [8]?

　1　science damages them

　2　science helps them to ignore disorder

　3　science is a way to make money

　4　science matters to them

⑿ Put the words in the underlined part (H) in paragraph [8] into the correct order. Mark the numbers from top to bottom on your **Answer Sheet.**

⒀ Which of the following answer choices is the most appropriate as the title of the article?

1 The focus of citizen science: An established method of combatting environmental issues

2 The future of citizen science: How can we increase the number of female researchers?

3 The rise of citizen science: Can the public help solve our biggest problems?

4 The secret of citizen science: The exploitation of student volunteers

2　Read the university attendance policy and the email from a student to a professor. Then, for each of the questions below, mark the number(s) on your **Answer Sheet**. (36 points)

Attendance Policy

　In the event that a student is absent for more than one week due to their own illness or injury, or for up to seven days due to the death of a family member, the office of academic affairs will issue an "Absence Explanation Form". If a student is absent for less than one week due to their own illness or injury, an Absence Explanation Form cannot be issued, and the student needs to explain their circumstances to their instructor(s) directly.

　When submitting the Absence Explanation Form to the office of academic affairs, the form should be completely filled out. If submitting the form because of their own illness or injury, the student also has to provide a medical certificate, which includes medical diagnosis and period of treatment, and the receipt for medical expenses.

　Once a student submits their Absence Explanation Form, a member of the office of academic affairs will check the submitted documents. If the application is successful, the Absence Explanation Form will be stamped and returned to the student via email. The student should then send the stamped form to their instructor(s) via email.

　Please note that an Absence Explanation Form does not guarantee automatic approval of the absence. All decisions regarding class absences are made by individual instructors.

　An Absence Explanation Form cannot be issued for personal issues. If you will (**1.** above　　**2.** absent　　**3.** be　　**4.** described　　**5.** for
(1)
6. other than　　**7.** reasons), please consult with your instructor(s) directly.

TO：smith@univ.ac.jp
FROM：hanakonoda@univ.ac.jp
SUBJECT：Absence from tomorrow's class and request for deadline extension
DATE：23rd November 2022

Dear Professor Smith,

My name is Hanako Noda, and I am taking your Economics 2A class on Thursday, in the third period. I am writing this email because I would like to request a leave of absence for two weeks. Yesterday I had a call from my father, and he told me that my mother had broken her leg. So, I need to go back to my hometown right away to help my family. My hometown is far away, and it takes over five hours to get there by train from the university. So, I am afraid that I cannot attend your class tomorrow. I have just downloaded the attached Absence Explanation Form from the university website, in which I explained that I would be absent from your class because of my mother's injury. I will send it to the office of academic affairs to get it stamped after you have confirmed my leave of absence. Also, an assignment is due during my absence. I am terribly sorry to say, but I will not be able to submit it on time. Is (**1.** any　**2.** chance
3. deadline　**4.** extending　**5.** of　**6.** the　**7.** there　**8.** to) the 29th
of November?

I very much appreciate your consideration.

Sincerely yours,
Hanako Noda

(1)　Put the words in the underlined part (1) in the passage into the correct order. Mark the numbers from top to bottom on your **Answer Sheet**.

(2)　Put the words in the underlined part (2) in the passage into the correct order. Mark the numbers from top to bottom on your **Answer Sheet**.

(3)　For each statement below, mark your **Answer Sheet** with **T** if it is true or with **F** if it is false.

1　A student who is ill and absent for eight days will receive a stamped Absence Explanation Form from the office of academic affairs if all submitted documents are in order.

2　When a student submits an Absence Explanation Form to the office of academic affairs because he or she is suffering from an illness or injury, the student also needs to submit a medical certificate and the receipt of fees for medical treatment.

3　After receiving an Absence Explanation Form from a student, the office of academic affairs will forward it to the student's instructor(s) directly.

4　Instructors should always approve a student's absence once an Absence Explanation Form has been submitted.

5　Hanako Noda's reason for absence does not conform to the guidelines stated in the attendance policy.

6　Hanako Noda's hometown is located within five hours' train ride of the university.

7　The Absence Explanation Form Hanako Noda attached with her email has been stamped.

8　Hanako Noda writes that she will not be able to hand in the assignment as originally scheduled.

（100 分）

問題 $\boxed{1}$ **の解答は解答用マークシートにマークしなさい。**

$\boxed{1}$　　次の文章中の $\boxed{ア}$ から $\boxed{リ}$ までに当てはまる数字 0 ～ 9 を求めて，**解答用マークシート**の指定された欄にマークしなさい。 ただし，分数は既約分数として表しなさい。なお，$\boxed{サ}$ などは既出の $\boxed{サ}$ などを表す。

（40 点）

(1)　n を 0 以上の整数とする。

　　(a)　座標平面の点 (a, b) で，a と b がともに 0 以上の整数で $a+b=n$ を満たすものは $n + \boxed{ア}$ 個ある。

　　(b)　座標空間の点 (a, b, c) で，a, b, c がどれも 0 以上の整数で $a+b+c=n$ を満たすものは $\dfrac{n^2 + \boxed{イ}\,n + \boxed{ウ}}{\boxed{エ}}$ 個ある。

　　(c)　座標空間の点 (a, b, c) で，a, b, c がどれも 0 以上の整数で $a+b+2c=n$ を満たすものは，

$$n \text{ が奇数のとき} \quad \frac{n^2 + \boxed{オ}\,n + \boxed{カ}}{\boxed{キ}} \quad \text{個あり,}$$

$$n \text{ が偶数のとき} \quad \frac{n^2 + \boxed{ク}\,n + \boxed{ケ}}{\boxed{コ}} \quad \text{個ある。}$$

(2)　平行四辺形 OACB において，$\vec{a} = \overrightarrow{OA}$，$\vec{b} = \overrightarrow{OB}$ とおく。線分 AC を $1:3$ に内分する点を D，線分 BC の中点を E とし，直線 DE を ℓ とおく。

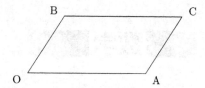

ℓ と直線 OA, 直線 OB との交点をそれぞれ F, G とおくと

$$\overrightarrow{\mathrm{OF}} = \frac{\boxed{\text{サ}}}{\boxed{\text{シ}}}\,\vec{a}, \qquad \overrightarrow{\mathrm{OG}} = \frac{\boxed{\text{ス}}}{\boxed{\text{セ}}}\,\vec{b}$$

となるので, ℓ 上の点 P はある実数 t に対し

$$\overrightarrow{\mathrm{OP}} = (1-t)\frac{\boxed{\text{サ}}}{\boxed{\text{シ}}}\,\vec{a} + t\frac{\boxed{\text{ス}}}{\boxed{\text{セ}}}\,\vec{b}$$

を満たす。

以下, t は $0 < t < 1$ の範囲を動くものとする。ℓ 上の点 P を通り, 直線 OA, 直線 OB と平行な直線をそれぞれ m, n とし, n と直線 OA の交点を H, m と直線 OB の交点を J とする。平行四辺形 OHPJ の面積が最大となるのは

$$\overrightarrow{\mathrm{OP}} = \frac{\boxed{\text{ソ}}}{\boxed{\text{タ}\,\text{チ}}}\,\vec{a} + \frac{\boxed{\text{ツ}}}{\boxed{\text{テ}}}\,\vec{b}$$

のときで, そのときの平行四辺形 OHPJ の面積は平行四辺形 OACB の面積の

$$\frac{\boxed{\text{ト}\,\text{ナ}}}{\boxed{\text{ニ}\,\text{ヌ}}}\ 倍である。$$

(3) 以下で, i は虚数単位とする。

(a) $-1+i$ を極形式で表すと

$$-1+i = \sqrt{\boxed{\text{ネ}}}\left(\cos\frac{\boxed{\text{ノ}}}{\boxed{\text{ハ}}}\pi + i\sin\frac{\boxed{\text{ノ}}}{\boxed{\text{ハ}}}\pi\right)$$

である。ただし, $0 \leqq \dfrac{\boxed{\text{ノ}}}{\boxed{\text{ハ}}}\pi < 2\pi$ とする。ド・モアブルの定理より,

$$(-1+i)^{14} = \boxed{\text{ヒ}\,\text{フ}\,\text{ヘ}}\,i$$

となる。また，$(-1+i)^n$ が実数となる最小の自然数 n は $\boxed{\text{ホ}}$ である。

(b) 方程式 $z^5 = -1$ を考える。絶対値の性質より $|z| = \boxed{\text{マ}}$ である。したがって，z の極形式は $z = \cos\theta + i\sin\theta \ \ (0 \leqq \theta < 2\pi)$ となる。ド・モアブルの定理より

$$\cos \boxed{\text{ミ}}\,\theta = -1, \qquad \sin \boxed{\text{ミ}}\,\theta = 0$$

となり，θ の値が $\boxed{\text{ム}}$ 通り定まる。それらのうち最小の値は $\dfrac{\pi}{\boxed{\text{メ}}}$，最大の値は $\dfrac{\boxed{\text{モ}}}{\boxed{\text{ヤ}}}\pi$ である。

(c) 方程式 $w^5 + (w+1)^5 = 0$ を解こう。$w = 0$ は解でないので，両辺を w^5 で割って変形すれば

$$\left(1 + \frac{\boxed{\text{ユ}}}{w}\right)^5 = -1$$

となる。これより $\boxed{\text{ム}}$ 通りの w の値が求まる。これらの w の値のうち実数でないものは $\boxed{\text{ヨ}}$ 個で，それらはどれも実部が $-\dfrac{\boxed{\text{ラ}}}{\boxed{\text{リ}}}$ になる。

問題 $\boxed{2}$ の解答は白色の解答用紙に記入しなさい。

$\boxed{2}$　数列 $\{a_n\}$ は

$$a_1 = 7, \qquad a_{n+1} = \frac{5a_n + 9}{a_n + 5} \qquad (n = 1, 2, \cdots\cdots)$$

を満たしているとする。

(1)　a_2, a_3 を求め，既約分数で表せ。

(2)　$\alpha = \dfrac{5\alpha + 9}{\alpha + 5}$ を満たす正の実数 α を求めよ。また，この α を用いて，

　　$b_n = \dfrac{a_n - \alpha}{a_n + \alpha}$ とおいたとき，b_{n+1} と b_n の関係式を求めよ。

(3)　数列 $\{b_n\}$ の一般項を求めよ。

(4)　数列 $\{a_n\}$ の一般項を求め，$\displaystyle\lim_{n \to \infty} a_n$ を求めよ。

(5)　$n \geqq 2$ のとき，a_n を既約分数で表示したときの分母を c_n とおく。c_n を，n を用いて表せ。ただし，c_n は正の整数とする。

　　　　　　　　　　　　　　　　　　　　　　　　　　　　　　　(30 点)

問題 $\boxed{3}$ の解答はクリーム色の解答用紙に記入しなさい。

$\boxed{3}$　$a,\ b$ を定数とし，$a>1$ かつ $b>1$ とする。関数 $f(x),\ g(x)$ を

$$f(x) = (a-x)b^x, \qquad g(x) = b^x$$

と定義する。$f(x)$ は $x=1$ で極値をとるとする。e は自然対数の底を表すものとして以下の問いに答えよ。

(1) b を，a を用いて表せ。

(2) 座標平面において，曲線 $y=f(x)$ と曲線 $y=g(x)$ の交点の座標を，a を用いて表せ。

(3) 座標平面において，曲線 $y=f(x)$，曲線 $y=g(x)$ と y 軸で囲まれた図形の面積 S を，a を用いて表せ。

(4) **(3)** で求めた面積 S が $9e-18$ となるときの a の値を求め，そのときの $f(1)$ の値を求めよ。

(30 点)

物理

(80 分)

1　　次の問題の ▭ の中に入れるべき最も適当なものをそれぞれの**解答群**の中から選び，その番号を**解答用マークシート**の指定された欄にマークしなさい。（同じ番号を何回用いてもよい。）　　　　　　　　　　　　　　(35 点)

　以下では，長さ，質量，時間の単位をそれぞれ m，kg，s とし，その他の物理量に対してはこれらを組み合わせた単位を使用する。例えば，速度の単位は m/s と表すことができる。この問題では，なめらかで水平な床の上での円板と円板の衝突から質量や大きさを探る方法を考える。なお，円板どうし，および円板と床との間の摩擦や空気抵抗は無視できるものとする。また，この問題では，すべての円板は衝突前に回転していないものとする。このとき，円板の間の摩擦が無視できるため，円板は衝突後も回転しない。

(1)　質量が未知の静止した円板 A に，質量が m の円板 B を衝突させ，円板 A の質量を求めることができるかを考える。**図 1-1** は円板の衝突を床の鉛直上方から見た図である。図に示すように右向きを正とする x 軸を設定する。円板 B を x 軸の正の向きに速さ v_0 で運動させて，静止している円板 A に衝突させたところ，円板 B は x 軸の負の向きに速さ v_1 ではねかえってきた。このとき，運動量保存の法則から，衝突後の円板 A は x 軸に沿った直線上を運動すると考えられる。この衝突が弾性衝突であると仮定すると，衝突後の円板 A の速さは **(ア)**，質量は **(イ)** $\times m$ となり，円板 B の質量と衝突前後の速さから円板 A の質量が決定できる。

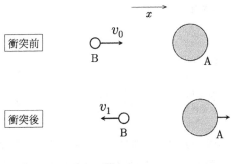

図 1-1

　一方, この衝突の反発係数 (はね返り係数) を $e_1(0 < e_1 < 1)$ と仮定すると, 衝突後の円板 A の速さは ┃ **(ウ)** ┃, 質量は ┃ **(エ)** ┃ $\times m$ となり, 反発係数 e_1 が未知の場合は, 円板 B の質量と衝突前後の速さから円板 A の質量を求めることはできない。

(ア) の解答群

⓪ $v_0 - 2v_1$　　① $v_0 - v_1$　　② v_0　　③ $v_0 + v_1$

④ $v_0 + 2v_1$

(イ) の解答群

⓪ $\dfrac{v_0 - 2v_1}{v_0 + v_1}$　　① $\dfrac{v_0 - v_1}{v_0 + v_1}$　　② 1

③ $\dfrac{v_0 + v_1}{v_0 - v_1}$　　④ $\dfrac{v_0 + 2v_1}{v_0 - v_1}$

(ウ) の解答群

⓪ $e_1(v_0 - v_1)$　　① $e_1 v_0 - v_1$　　② $v_0 - e_1 v_1$　　③ $v_0 - 2e_1 v_1$

④ $e_1 v_0$　　⑤ $e_1(v_0 + v_1)$　　⑥ $e_1 v_0 + v_1$　　⑦ $v_0 + e_1 v_1$

⑧ $v_0 + 2e_1 v_1$

(エ) の解答群

⓪ $\dfrac{e_1 v_0 - v_1}{e_1 v_0 + v_1}$ 　　① $\dfrac{v_0 - v_1}{e_1 (v_0 + v_1)}$ 　　② $\dfrac{v_0 - v_1}{e_1 v_0 + v_1}$

③ $\dfrac{v_0 - 2v_1}{e_1 v_0 + v_1}$ 　　④ e_1 　　⑤ $\dfrac{e_1 v_0 + v_1}{e_1 v_0 - v_1}$

⑥ $\dfrac{v_0 + v_1}{e_1 (v_0 - v_1)}$ 　　⑦ $\dfrac{v_0 + v_1}{e_1 v_0 - v_1}$ 　　⑧ $\dfrac{v_0 + 2v_1}{e_1 v_0 - v_1}$

(2) 次に，**小問 (1)** と同じ質量の静止した円板 A に，質量が $2m$ の円板 C を衝突させる。**図 1-2** は円板の衝突を床の鉛直上方から見た図である。図に示すように右向きを正とする x 軸を設定する。

円板 C を x 軸の正の向きに速さ v_0 で円板 A に衝突させたところ，円板 C は x 軸の負の向きに速さ v_2 で，はねかえってきた。**小問 (1)** と同様に，運動量保存の法則から，衝突後の円板 A は x 軸に沿った直線上を運動すると考えられる。この衝突が弾性衝突であると仮定すると，円板 A の質量は m, v_0, v_2 の組み合わせで 　(オ)　 $\times m$ と表される。

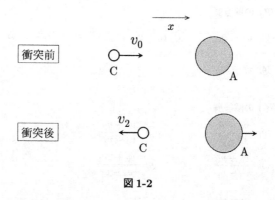

図 1-2

一方，この衝突の反発係数を $e_2 (0 < e_2 < 1)$ と仮定すると，円板 A の質量は 　(カ)　 $\times m$ と表される。ここで，円板 B と円板 A の衝突における反発係数 e_1 と，円板 C と円板 A の衝突における反発係数 e_2 が等しい $(e = e_1 = e_2)$ と仮定すると，　(エ)　 と 　(カ)　 が等しいことから，その値 e は v_0, v_1, v_2 を用いて 　(キ)　 と表される。このとき，円板 A の質量は反発係数 e の値が未知の場合でも，既知の物理量である m, v_0, v_1, v_2 から 　(ク)　 $\times m$ と

決定される。

(オ) の解答群

⓪ $\dfrac{2(v_0 - 2v_2)}{v_0 + v_2}$　　　① $\dfrac{2(v_0 - v_2)}{v_0 + v_2}$　　　② 2

③ $\dfrac{2(v_0 + v_2)}{v_0 - v_2}$　　　④ $\dfrac{2(v_0 + 2v_2)}{v_0 - v_2}$　　　⑤ $\dfrac{4(v_0 - v_2)}{v_0 + v_2}$

⑥ $\dfrac{4(v_0 + v_2)}{v_0 - v_2}$

(カ) の解答群

⓪ $\dfrac{2(e_2 v_0 - v_2)}{e_2 v_0 + v_2}$　　　① $\dfrac{2(v_0 - v_2)}{e_2 v_0 + v_2}$　　　② $\dfrac{2(v_0 - 2v_2)}{e_2 v_0 + v_2}$

③ $2e_2$　　　④ $\dfrac{2(e_2 v_0 + v_2)}{e_2 v_0 - v_2}$　　　⑤ $\dfrac{2(v_0 + v_2)}{e_2 v_0 - v_2}$

⑥ $\dfrac{2(v_0 + 2v_2)}{e_2 v_0 - v_2}$　　　⑦ $\dfrac{4(v_0 - v_2)}{e_2(v_0 + v_2)}$　　　⑧ $\dfrac{4(v_0 - v_2)}{e_2 v_0 + v_2}$

(キ) の解答群

⓪ $\dfrac{v_0 v_1 + v_1 v_2 + v_0 v_2}{v_0 (v_0 - v_1 - v_2)}$　　　① $\dfrac{2v_0 v_1 + v_1 v_2 + v_0 v_2}{v_0 (v_0 + v_1 - v_2)}$

② $\dfrac{2v_0 v_1 - v_1 v_2 + v_0 v_2}{v_0 (v_0 + v_1 - 2v_2)}$　　　③ $\dfrac{2v_0 v_1 + v_1 v_2 - v_0 v_2}{v_0 (v_0 - v_1 + 2v_2)}$

④ $\dfrac{3v_0 v_1 - v_1 v_2 + v_0 v_2}{v_0 (v_0 + v_1 - 3v_2)}$　　　⑤ $\dfrac{3v_0 v_1 + v_1 v_2 - v_0 v_2}{v_0 (v_0 - v_1 + 3v_2)}$

(ク) の解答群

⓪ $\dfrac{v_0 + v_1 - 2v_2}{v_1 - v_2}$　　　① $\dfrac{v_0 - v_1 + 2v_2}{v_1 - v_2}$

② $\dfrac{2v_0 + v_1 - v_2}{v_1 - v_2}$　　　③ $\dfrac{2v_0 - v_1 + v_2}{v_1 - v_2}$

④ $\dfrac{2v_0 + v_1 - v_2}{v_1 + v_2}$　　　⑤ $\dfrac{2v_0 - v_1 + v_2}{v_1 + v_2}$

⑥ $\dfrac{2v_0 + v_1 - v_2}{v_0}$　　　⑦ $\dfrac{2v_0 - v_1 + v_2}{v_0}$

(3)　次に，質量 m，半径 r の円板 D の衝突により，円板 A の大きさを求めること
を考える。この小問では円板 A の質量を M とし，弾性衝突を仮定する。**図 1-3**
は円板の衝突を床の鉛直上方から見た図である。図に示すように，はじめに静止

している円板 A の中心を原点 O とし，右向きを正とする x 軸，および，床に平行な面内で x 軸と垂直な向きの y 軸を設定する。円板 D を $y = -d\,(d > 0)$ の直線に沿って x 軸の正の向きに速さ v_0 で運動させ，静止している円板 A に衝突させたところ，円板 D は入射方向に対して図に示す角度 θ（ただし，$0° < \theta < 90°$）をなす方向に速さ v_3 で，はねかえってきた。

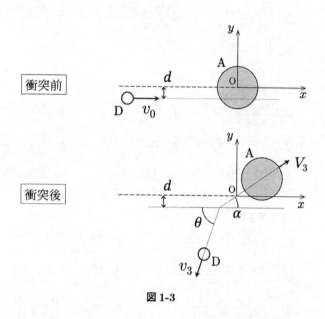

図1-3

図 1-3 に示すように，衝突後の円板 A の速さを V_3，運動方向を円板 D の入射方向に対する角度 α（ただし，$0° < \alpha < 90°$）で表すと，運動量の x 成分について，

$$mv_0 = \boxed{\text{(ケ)}},$$

y 成分について，

$$0 = \boxed{\text{(コ)}}$$

がそれぞれ成り立つ。これらの式から，α と θ の関係は，$\tan\alpha = \boxed{\text{(サ)}}$ と導かれる。

円板の間の摩擦は無視できるので，円板 A と円板 D は衝突後も回転しない。このとき，円板 D は円板 A の側面に接するなめらかな平面ではねかえると考えてよい。したがって，円板 A の半径は r, d, α を用いて　(シ)　と表される。

円板 D の質量が円板 A の質量に比べてじゅうぶんに小さいとき（$m \ll M$），v_3 は v_0 に近づく。円板 D が入射したときと同じ速さ（$v_3 = v_0$）で $\theta = 60°$ の方向にはねかえってきたとすると，　(サ)　と　(シ)　から円板 A の半径は r と d を用いて　(ス)　と表される。

(ケ)，(コ) の解答群

⓪ $MV_3 \cos\alpha - mv_3 \cos\theta$　　　① $MV_3 \sin\alpha - mv_3 \cos\theta$

② $MV_3 \sin\alpha - mv_3 \sin\theta$　　　③ $MV_3 \cos\alpha - mv_3 \cos 2\theta$

④ $MV_3 \sin\alpha - mv_3 \cos 2\theta$　　　⑤ $MV_3 \sin\alpha - mv_3 \sin 2\theta$

(サ) の解答群

⓪ $\dfrac{v_0 \cos\theta}{v_0 - v_3 \sin\theta}$　① $\dfrac{v_0 \cos\theta}{v_0 + v_3 \sin\theta}$　② $\dfrac{v_0 \sin\theta}{v_0 - v_3 \cos\theta}$　③ $\dfrac{v_0 \sin\theta}{v_0 + v_3 \cos\theta}$

④ $\dfrac{v_3 \cos\theta}{v_0 - v_3 \sin\theta}$　⑤ $\dfrac{v_3 \cos\theta}{v_0 + v_3 \sin\theta}$　⑥ $\dfrac{v_3 \sin\theta}{v_0 - v_3 \cos\theta}$　⑦ $\dfrac{v_3 \sin\theta}{v_0 + v_3 \cos\theta}$

(シ) の解答群

⓪ $d \sin\alpha + r$　　　① $d \sin\alpha - r$　　　② $d \tan\alpha + r$

③ $d \tan\alpha - r$　　　④ $\dfrac{d}{\sin\alpha} + r$　　　⑤ $\dfrac{d}{\sin\alpha} - r$

⑥ $\dfrac{d}{\tan\alpha} + r$　　　⑦ $\dfrac{d}{\tan\alpha} - r$

(ス) の解答群

⓪ $\sqrt{3}d - r$　　① $\sqrt{3}d + r$　　② $2d - r$　　③ $2d + r$

④ $2r - \sqrt{3}d$　　⑤ $2r + \sqrt{3}d$　　⑥ $2r - d$　　⑦ $2r + d$

2　　　次の問題の 　　　　　 の中に入れるべき最も適当なものをそれぞれの**解答群**の中から選び，その番号を**解答用マークシート**の指定された欄にマークしなさい。(同じ番号を何回用いてもよい。)　　　　　　　　　　　　　　　　　　(35 点)

　　以下では，長さ，質量，時間，電流の単位をそれぞれ m，kg，s，A とし，その他の物理量に対してはこれらを組み合わせた単位を使用する。例えば，電圧（電位差）の単位 V は $m^2 \cdot kg/(s^3 \cdot A)$ と表すことができる。

　　図 2-1 に示すように，真空中に高さが a，幅が $3b$ の長方形の厚さが無視できる金属極板 2 枚を間隔 c で鉛直に立てた平行平板コンデンサーがある。極板の間隔は高さと幅に比べてじゅうぶん小さいものとする。このコンデンサーの極板間に，高さと幅がそれぞれ a，b，厚さが c の誘電体の板を 3 枚挿入した。両端の 2 枚の誘電体は極板間に固定されているが，中央の誘電体は周囲と摩擦がなく，上下に滑らかに移動できるものとする。3 枚の誘電体は同じ材料からなり，その誘電率を ε_1 とする。ただし，真空の誘電率を ε_0 とし，$\varepsilon_1 > \varepsilon_0$ である。以下では，鉛直下向きに重力が作用し，重力加速度の大きさを g とする。

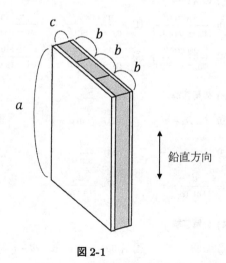

図 2-1

(1) はじめに，中央の誘電体を外から支えて，**図 2-1** のように極板間に静止させた。このとき，コンデンサーの電気容量は $\boxed{(ア)}$ である。2枚の電極間に起電力 V の電池をつないで充電すると，コンデンサーに蓄えられる電荷と静電エネルギーはそれぞれ，$\boxed{(ア)} \times V$，$\frac{1}{2} \times \boxed{(ア)} \times V^2$ となる。ただし，この電池の内部抵抗は無視できるものとする。

(ア) の解答群

⓪ $\dfrac{\varepsilon_0 a^2}{c}$ ① $\dfrac{\varepsilon_0 ab}{c}$ ② $\dfrac{\varepsilon_0 b^2}{c}$

③ $\dfrac{3\varepsilon_0 a^2}{c}$ ④ $\dfrac{3\varepsilon_0 ab}{c}$ ⑤ $\dfrac{3\varepsilon_0 b^2}{c}$

⑥ $\dfrac{3\varepsilon_1 a^2}{c}$ ⑦ $\dfrac{3\varepsilon_1 ab}{c}$ ⑧ $\dfrac{3\varepsilon_1 b^2}{c}$

次に，**図 2-2** に示すように電池を接続したまま誘電体を微小距離 Δz だけゆっくりと押し上げた。このとき，コンデンサーの電気容量は $\boxed{(ア)} - \boxed{(イ)} \times \Delta z$ となり，コンデンサーに蓄えられている電荷と静電エネルギーはそれぞれ $\boxed{(イ)} \times V \times \Delta z$，$\frac{1}{2} \times \boxed{(イ)} \times V^2 \times \Delta z$ だけ減少する。また，コンデンサーの電荷を電池に移動させる仕事（電池が受け取ったエネルギー）は $\boxed{(ウ)} \times V^2 \times \Delta z$ であり，この仕事と静電エネルギーの減少量から，コンデンサーが誘電体に及ぼす力の大きさは $\boxed{(エ)} \times V^2$ と求められる。この力の向きは鉛直 $\boxed{(オ)}$ である。

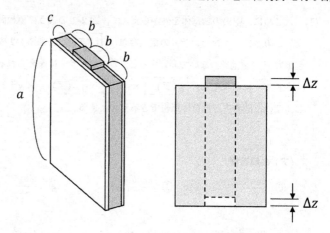

図2-2　右の図は，極板に垂直な方向から見た図である。

(イ) の解答群

⓪ $\dfrac{(\varepsilon_1-\varepsilon_0)a}{c}$　　　① $\dfrac{(2\varepsilon_1-\varepsilon_0)a}{c}$　　　② $\dfrac{3(\varepsilon_1-\varepsilon_0)a}{c}$

③ $\dfrac{3(2\varepsilon_1-\varepsilon_0)a}{c}$　　　④ $\dfrac{(\varepsilon_1-\varepsilon_0)b}{c}$　　　⑤ $\dfrac{(2\varepsilon_1-\varepsilon_0)b}{c}$

⑥ $\dfrac{3(\varepsilon_1-\varepsilon_0)b}{c}$　　　⑦ $\dfrac{3(2\varepsilon_1-\varepsilon_0)b}{c}$

(ウ)，(エ) の解答群

⓪ $\dfrac{(\varepsilon_1-\varepsilon_0)a}{2c}$　　　① $\dfrac{(\varepsilon_1-\varepsilon_0)b}{2c}$　　　② $\dfrac{(2\varepsilon_1-\varepsilon_0)b}{2c}$

③ $\dfrac{(\varepsilon_1-\varepsilon_0)a}{c}$　　　④ $\dfrac{(\varepsilon_1-\varepsilon_0)b}{c}$　　　⑤ $\dfrac{(2\varepsilon_1-\varepsilon_0)b}{c}$

⑥ $\dfrac{3(\varepsilon_1-\varepsilon_0)a}{2c}$　　　⑦ $\dfrac{3(\varepsilon_1-\varepsilon_0)b}{2c}$　　　⑧ $\dfrac{3(2\varepsilon_1-\varepsilon_0)b}{2c}$

(オ) の解答群

　　⓪ 上向き　　　① 下向き

(2)　小問 (1) と同様に，中央の誘電体を外から支えて極板間に静止させて，電極に起電力 V の電池をつないで充電した。次に，電池との接続を外し，誘電体を支えている力をゆるめると，誘電体はゆっくりと下がり始めた。**図 2-3** に示すように，最初の位置から微小距離 Δz だけ下に降ろすと，電極間の電位差は $\left(1 + \boxed{(カ)} \times \Delta z\right) \times V$ となり，コンデンサーに蓄えられている静電エネルギーは $\frac{1}{2} \times \boxed{(キ)} \times V^2 \times \Delta z$ だけ $\boxed{(ク)}$ した。ここで，$|x| \ll 1$ のときに成り立つ近似式 $\frac{1}{1+x} \fallingdotseq 1 - x$ を用いてよい。コンデンサーに蓄えられているエネルギーの変化量から，コンデンサーが誘電体に及ぼす力の大きさは $\boxed{(ケ)} \times V^2$ と求められる。また，力の向きは鉛直 $\boxed{(コ)}$ である。

　　誘電体の密度（単位体積あたりの質量）を ρ_1 とすると，最初にコンデンサーに印加した起電力 V は，$V < \boxed{(サ)}$ を満たしている。逆に，$V \geqq \boxed{(サ)}$ の場合，誘電体を支えている力をゆるめても誘電体は元の位置から動かない。

　　$V > \boxed{(サ)}$ において，**図 2-4** のようにコンデンサーに抵抗を接続すると電流が流れ，誘電体は動き出す。抵抗を接続する瞬間を $t = 0$ として，電流の大きさ I を時刻 t の関数として最もよく表しているグラフは $\boxed{(シ)}$ である。

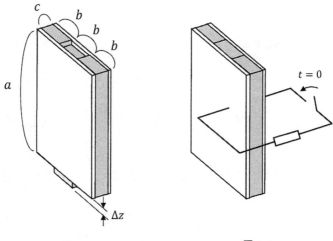

図 2-3　　　　　　　　　　　　　　　　図 2-4

(カ) の解答群

⓪ $\dfrac{\varepsilon_1 - \varepsilon_0}{3\varepsilon_1 a}$ 　　　① $\dfrac{\varepsilon_1 - \varepsilon_0}{2\varepsilon_1 a}$ 　　　② $\dfrac{\varepsilon_1 - \varepsilon_0}{\varepsilon_1 a}$

③ $\dfrac{\varepsilon_1 - \varepsilon_0}{3\varepsilon_1 b}$ 　　　④ $\dfrac{\varepsilon_1 - \varepsilon_0}{2\varepsilon_1 b}$ 　　　⑤ $\dfrac{\varepsilon_1 - \varepsilon_0}{\varepsilon_1 b}$

⑥ $\dfrac{\varepsilon_1 - \varepsilon_0}{3\varepsilon_1 c}$ 　　　⑦ $\dfrac{\varepsilon_1 - \varepsilon_0}{2\varepsilon_1 c}$ 　　　⑧ $\dfrac{\varepsilon_1 - \varepsilon_0}{\varepsilon_1 c}$

(キ) の解答群

⓪ $(\varepsilon_1 - \varepsilon_0)$ 　　　① $\dfrac{\varepsilon_1 - \varepsilon_0}{\varepsilon_0}$ 　　　② $\dfrac{\varepsilon_1 - \varepsilon_0}{\varepsilon_1}$

③ $\dfrac{(\varepsilon_1 - \varepsilon_0)a}{c}$ 　　　④ $\dfrac{(\varepsilon_1 - \varepsilon_0)a}{\varepsilon_0 c}$ 　　　⑤ $\dfrac{(\varepsilon_1 - \varepsilon_0)a}{\varepsilon_1 c}$

⑥ $\dfrac{(\varepsilon_1 - \varepsilon_0)b}{c}$ 　　　⑦ $\dfrac{(\varepsilon_1 - \varepsilon_0)b}{\varepsilon_0 c}$ 　　　⑧ $\dfrac{(\varepsilon_1 - \varepsilon_0)b}{\varepsilon_1 c}$

(ク) の解答群

⓪ 増加 　　　① 減少

(ケ) の解答群

⓪ $\dfrac{(\varepsilon_1 - \varepsilon_0)a}{2c}$ 　　　① $\dfrac{(\varepsilon_1 - \varepsilon_0)b}{2c}$ 　　　② $\dfrac{(2\varepsilon_1 - \varepsilon_0)b}{2c}$

③ $\dfrac{(\varepsilon_1 - \varepsilon_0)a}{c}$ 　　　④ $\dfrac{(\varepsilon_1 - \varepsilon_0)b}{c}$ 　　　⑤ $\dfrac{(2\varepsilon_1 - \varepsilon_0)b}{c}$

⑥ $\dfrac{3(\varepsilon_1 - \varepsilon_0)a}{2c}$ 　　　⑦ $\dfrac{3(\varepsilon_1 - \varepsilon_0)b}{2c}$ 　　　⑧ $\dfrac{3(2\varepsilon_1 - \varepsilon_0)b}{2c}$

(コ) の解答群

⓪ 上向き ① 下向き

(サ) の解答群

⓪ $\sqrt{\dfrac{\rho_1 gac^2}{2(\varepsilon_1 - \varepsilon_0)}}$ ① $\sqrt{\dfrac{\rho_1 gac^2}{\varepsilon_1 - \varepsilon_0}}$ ② $\sqrt{\dfrac{2\rho_1 gac^2}{\varepsilon_1 - \varepsilon_0}}$

③ $\sqrt{\dfrac{\rho_1 gbc^2}{2(\varepsilon_1 - \varepsilon_0)}}$ ④ $\sqrt{\dfrac{\rho_1 gbc^2}{\varepsilon_1 - \varepsilon_0}}$ ⑤ $\sqrt{\dfrac{2\rho_1 gbc^2}{\varepsilon_1 - \varepsilon_0}}$

⑥ $\sqrt{\dfrac{\rho_1 gabc}{2(\varepsilon_1 - \varepsilon_0)}}$ ⑦ $\sqrt{\dfrac{\rho_1 gabc}{\varepsilon_1 - \varepsilon_0}}$ ⑧ $\sqrt{\dfrac{2\rho_1 gabc}{\varepsilon_1 - \varepsilon_0}}$

(シ) の解答群

⓪
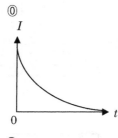

①
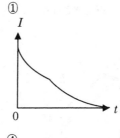

②
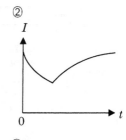

③
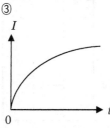

④
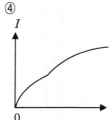

⑤
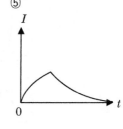

(3) 　**小問 (1)** のコンデンサーから中央の誘電体を取り出し，空洞をつくる。このとき，コンデンサーの電気容量は　$\boxed{(\text{ス})}$　である。電極に起電力 V の電池をつないでコンデンサーを充電すると，蓄えられる電荷と静電エネルギーはそれぞれ　$\boxed{(\text{ス})} \times V$，$\dfrac{1}{2} \times \boxed{(\text{ス})} \times V^2$ となる。次に，**図 2-5** のように，じゅうぶん大きな容器に誘電率 ε_2，密度 ρ_2 の電気を通さない油（絶縁油）を満たし，電池との接続を外したコンデンサーの底面をその液面にそっとつけたところ，空洞内で液面が静かに上昇して高さが h となった。ただし，液面は平らであるとする。このときのコンデンサーの電気容量は，h を用いて　$\boxed{(\text{セ})}$　と表される。また，電極間の電位差は　$\boxed{(\text{ソ})} \times V$，コンデンサーに蓄えられている静電エネルギーは $\dfrac{1}{2} \times \boxed{(\text{セ})} \times \left(\boxed{(\text{ソ})} \times V \right)^2$ である。コンデンサーを液面につける前後の静電エネルギーの差の絶対値 $\dfrac{1}{2} \times \boxed{(\text{タ})} \times V^2$ は，空洞内に絶縁油が引き込まれたことによる重力の位置エネルギーの変化分　$\boxed{(\text{チ})}$　に等しい。ただし，空洞内の絶縁油の重力による位置エネルギーはその重心の位置に全質量が集中しているとして計算できる。ここで，空洞内の液面の高さ h が極板の高さ a よりもじゅうぶん小さいと仮定すると（$h \ll a$），$h = \boxed{(\text{ツ})} \times V^2$ と表される。

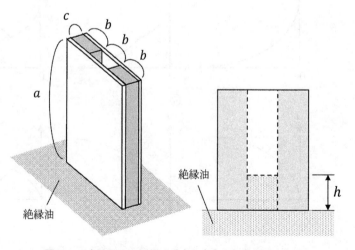

図 2-5 　右の図は，極板に垂直な方向から見た図である。

(ス) の解答群

⓪ $\dfrac{(\varepsilon_1 + \varepsilon_0)a^2}{c}$　　　① $\dfrac{(\varepsilon_1 + \varepsilon_0)ab}{c}$　　　② $\dfrac{(\varepsilon_1 + \varepsilon_0)b^2}{c}$

③ $\dfrac{(\varepsilon_1 - \varepsilon_0)a^2}{c}$　　　④ $\dfrac{(\varepsilon_1 - \varepsilon_0)ab}{c}$　　　⑤ $\dfrac{(\varepsilon_1 - \varepsilon_0)b^2}{c}$

⑥ $\dfrac{(2\varepsilon_1 + \varepsilon_0)a^2}{c}$　　　⑦ $\dfrac{(2\varepsilon_1 + \varepsilon_0)ab}{c}$　　　⑧ $\dfrac{(2\varepsilon_1 + \varepsilon_0)b^2}{c}$

(セ) の解答群

⓪ $\dfrac{\{(\varepsilon_1 + \varepsilon_0)a - (\varepsilon_2 - \varepsilon_0)h\}b}{c}$　　　① $\dfrac{\{(\varepsilon_1 - \varepsilon_0)a - (\varepsilon_2 - \varepsilon_0)h\}b}{c}$

② $\dfrac{\{(2\varepsilon_1 + \varepsilon_0)a - (\varepsilon_2 - \varepsilon_0)h\}b}{c}$　　　③ $\dfrac{\{(\varepsilon_1 + \varepsilon_0)a + (\varepsilon_2 - \varepsilon_0)h\}b}{c}$

④ $\dfrac{\{(\varepsilon_1 - \varepsilon_0)a + (\varepsilon_2 - \varepsilon_0)h\}b}{c}$　　　⑤ $\dfrac{\{(2\varepsilon_1 + \varepsilon_0)a + (\varepsilon_2 - \varepsilon_0)h\}b}{c}$

⑥ $\dfrac{\{(\varepsilon_1 + \varepsilon_0)a - (\varepsilon_2 + \varepsilon_0)h\}b}{c}$　　　⑦ $\dfrac{\{(\varepsilon_1 - \varepsilon_0)a - (\varepsilon_2 + \varepsilon_0)h\}b}{c}$

(ソ) の解答群

⓪ $\dfrac{(\varepsilon_1 - \varepsilon_0)a}{(\varepsilon_1 - \varepsilon_0)a - (\varepsilon_2 - \varepsilon_0)h}$　　　① $\dfrac{(2\varepsilon_1 + \varepsilon_0)a}{(\varepsilon_1 - \varepsilon_0)a - (\varepsilon_2 - \varepsilon_0)h}$

② $\dfrac{(\varepsilon_1 + \varepsilon_0)a}{(\varepsilon_1 + \varepsilon_0)a + (\varepsilon_2 - \varepsilon_0)h}$　　　③ $\dfrac{(\varepsilon_1 - \varepsilon_0)a}{(\varepsilon_1 + \varepsilon_0)a + (\varepsilon_2 - \varepsilon_0)h}$

④ $\dfrac{(2\varepsilon_1 + \varepsilon_0)a}{(\varepsilon_1 + \varepsilon_0)a + (\varepsilon_2 - \varepsilon_0)h}$　　　⑤ $\dfrac{(\varepsilon_1 + \varepsilon_0)a}{(2\varepsilon_1 + \varepsilon_0)a + (\varepsilon_2 - \varepsilon_0)h}$

⑥ $\dfrac{(\varepsilon_1 - \varepsilon_0)a}{(2\varepsilon_1 + \varepsilon_0)a + (\varepsilon_2 - \varepsilon_0)h}$　　　⑦ $\dfrac{(2\varepsilon_1 + \varepsilon_0)a}{(2\varepsilon_1 + \varepsilon_0)a + (\varepsilon_2 - \varepsilon_0)h}$

(タ) の解答群

⓪ $\dfrac{(2\varepsilon_1 + \varepsilon_0)(\varepsilon_2 - \varepsilon_0)b^2 h}{\{(2\varepsilon_1 + \varepsilon_0)a + (\varepsilon_2 - \varepsilon_0)h\}c}$ 　　① $\dfrac{(2\varepsilon_1 + \varepsilon_0)(\varepsilon_2 - \varepsilon_0)abh}{\{(2\varepsilon_1 + \varepsilon_0)a + (\varepsilon_2 - \varepsilon_0)h\}c}$

② $\dfrac{(2\varepsilon_1 + \varepsilon_0)(\varepsilon_2 - \varepsilon_0)b^2 h}{\{(2\varepsilon_1 + \varepsilon_0)a - (\varepsilon_2 - \varepsilon_0)h\}c}$ 　　③ $\dfrac{(2\varepsilon_1 + \varepsilon_0)(\varepsilon_2 - \varepsilon_0)abh}{\{(2\varepsilon_1 + \varepsilon_0)a - (\varepsilon_2 - \varepsilon_0)h\}c}$

④ $\dfrac{(2\varepsilon_1 + \varepsilon_0)(\varepsilon_2 - \varepsilon_0)b^2 h}{\{(2\varepsilon_1 + \varepsilon_0)b + (\varepsilon_2 - \varepsilon_0)h\}c}$ 　　⑤ $\dfrac{(2\varepsilon_1 + \varepsilon_0)(\varepsilon_2 - \varepsilon_0)abh}{\{(2\varepsilon_1 + \varepsilon_0)b + (\varepsilon_2 - \varepsilon_0)h\}c}$

⑥ $\dfrac{(2\varepsilon_1 + \varepsilon_0)(\varepsilon_2 - \varepsilon_0)b^2 h}{\{(2\varepsilon_1 + \varepsilon_0)b - (\varepsilon_2 - \varepsilon_0)h\}c}$ 　　⑦ $\dfrac{(2\varepsilon_1 + \varepsilon_0)(\varepsilon_2 - \varepsilon_0)abh}{\{(2\varepsilon_1 + \varepsilon_0)b - (\varepsilon_2 - \varepsilon_0)h\}c}$

(チ) の解答群

⓪ $\dfrac{\rho_2 gbch}{3}$ 　　　　① $\dfrac{\rho_2 gbch}{2}$ 　　　　② $\rho_2 gbch$

③ $2\rho_2 gbch$ 　　　　④ $3\rho_2 gbch$ 　　　　⑤ $\dfrac{\rho_2 gbch^2}{3}$

⑥ $\dfrac{\rho_2 gbch^2}{2}$ 　　　　⑦ $\rho_2 gbch^2$ 　　　　⑧ $2\rho_2 gbch^2$

⑨ $3\rho_2 gbch^2$

(ツ) の解答群

⓪ $\dfrac{\varepsilon_2 - \varepsilon_0}{2\rho_2 gb^2}$ 　　　① $\dfrac{\varepsilon_2 - \varepsilon_0}{\rho_2 gb^2}$ 　　　② $\dfrac{2(\varepsilon_2 - \varepsilon_0)}{\rho_2 gb^2}$

③ $\dfrac{\varepsilon_2 - \varepsilon_0}{2\rho_2 gbc}$ 　　　④ $\dfrac{\varepsilon_2 - \varepsilon_0}{\rho_2 gbc}$ 　　　⑤ $\dfrac{2(\varepsilon_2 - \varepsilon_0)}{\rho_2 gbc}$

⑥ $\dfrac{\varepsilon_2 - \varepsilon_0}{2\rho_2 gc^2}$ 　　　⑦ $\dfrac{\varepsilon_2 - \varepsilon_0}{\rho_2 gc^2}$ 　　　⑧ $\dfrac{2(\varepsilon_2 - \varepsilon_0)}{\rho_2 gc^2}$

3　　　　次の問題の _____ の中に入れるべき最も適当なものをそれぞれの**解答群**の中から選び，その番号を**解答用マークシート**の指定された欄にマークしなさい。(同じ番号を何回用いてもよい。答えが数値となる場合は最も近い数値を選ぶこと。)　　　　　　　　　　　　　　　　　　　　　　　　　　　　　　　　　　(30 点)

以下では，長さ，質量，時間，物質量，温度の単位をそれぞれ m, kg, s, mol, K とし，その他の物理量に対してはこれらを組み合わせた単位を使用する。例えば，圧力の単位 Pa は $\mathrm{kg}/(\mathrm{m}\cdot\mathrm{s}^2)$ と表すことができる。また，気体定数を R(単位は $\mathrm{J}/(\mathrm{mol}\cdot\mathrm{K})$) とする。

体積を変えられる容器に入れた物質量 1 mol の単原子分子理想気体を考える。この容器には熱交換器がとりつけられており，必要に応じて気体に熱を与えたり，気体から熱を取り除いたりすることができる。熱量を表す記号（例えば Q）は常に正または 0 の値であるとし，気体が熱交換器から熱を受け取ったときには，$+Q$ の熱量を受け取った，気体が熱を放出したときには，$+Q$ の熱を放出した，あるいは $-Q$ の熱を受け取った，と表現する。また，気体の状態変化は常にゆっくりと行うものとする。

以下の設問で必要であれば，xy 平面上で関数 $y = \dfrac{1}{x}$ の曲線と x 軸，および二本の直線 $x = a$, $x = b$ $(0 < a < b)$ で囲まれた部分の面積が自然対数 $\log_e \dfrac{b}{a}$ であることを用いてよい。

(1)　**図3-1**は気体の体積 V を横軸に，圧力 p を縦軸に表示したグラフである。この図に示すように，気体の 4 つの状態 A, B, C, D に対して，A→B→C→D→A の順に一巡する状態変化（サイクル）をおこなわせる。ただし，状態変化 A→B と C→D は等温変化，B→C は定圧変化（等圧変化），D→A は定積変化である。状態 A での圧力は p_0，体積は V_0，温度は T_0 であるとする。

状態 B における体積が $\dfrac{1}{32}V_0$ であるとすると，そのときの圧力は 　(ア)　 $\times p_0$ である。また，状態 C における温度が $8T_0$ であるとき，そのときの体積は $\dfrac{1}{\boxed{(イ)}} \times V_0$ である。また，状態 D における圧力は 　(ウ)　 $\times p_0$ である。

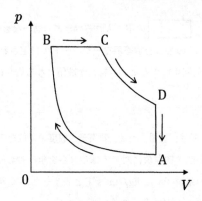

図 3-1 概念図であり，原点からの距離や二点間の長さは必ずしも正確には描かれていない。

(ア)，(イ)，(ウ) の解答群

⓪ 1　　　　　① 2　　　　　② 4　　　　　③ 8

④ 16　　　　⑤ 24　　　　⑥ 32　　　　⑦ 64

　図 3-1 に示すサイクルの４つの過程の中で，気体が熱交換器から正の熱量を受け取る過程は　(エ)　である。B→C の過程で気体に出入りする熱量の大きさ Q_{BC} は $Q_{BC} =$ (オ) $\times RT_0$ で，D→A の過程で気体に出入りする熱量の大きさ Q_{DA} は $Q_{DA} =$ (カ) $\times RT_0$ である。また，A→B の過程で気体に出入りする熱量の大きさ Q_{AB} は $Q_{AB} =$ (キ) $\times RT_0$ である。

　C→D の過程で気体に出入りする熱量の大きさを Q_{CD} とすると，このサイクルの熱効率 η は，熱量の大きさを表す記号を用いて $\eta =$ (ク) と表すことができる。

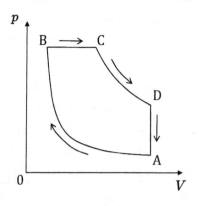

図 3-1（再掲）

（エ）の解答群

⓪ A→B の過程だけ

① B→C の過程だけ

② C→D の過程だけ

③ A→B の過程と B→C の過程

④ A→B の過程と C→D の過程

⑤ B→C の過程と C→D の過程

⑥ B→C の過程と D→A の過程

⑦ 全ての過程

（オ），（カ），（キ）の解答群

⓪ $\dfrac{35}{2}$ ① $\dfrac{21}{2}$ ② 20   ③ 12

④ 16   ⑤ $\log_e 2$ ⑥ $3\log_e 2$ ⑦ $5\log_e 2$

（ク）の解答群

⓪ $\dfrac{Q_{AB}}{Q_{CD}}$

① $\dfrac{Q_{DA}}{Q_{BC}}$

② $\dfrac{Q_{AB} + Q_{DA}}{Q_{BC}}$

③ $\dfrac{Q_{AB} + Q_{DA}}{Q_{BC} + Q_{CD}}$

④ $\dfrac{-Q_{AB} + Q_{BC} + Q_{CD} - Q_{DA}}{Q_{BC} + Q_{CD}}$

⑤ $\dfrac{Q_{AB} - Q_{BC} - Q_{CD} + Q_{DA}}{Q_{BC} + Q_{CD}}$

⑥ $\dfrac{-Q_{AB} + Q_{CD}}{-Q_{AB} + Q_{BC} + Q_{CD} - Q_{DA}}$

⑦ $\dfrac{Q_{AB} - Q_{DA}}{-Q_{AB} + Q_{BC} + Q_{CD} - Q_{DA}}$

(2)　小問 (1) で考えたサイクルを一部変更し，**図 3-2** に示すように気体の状態を変化させた。B→C′ の過程は定圧変化であり，状態 C′ から断熱変化で気体を膨張させた。その結果，ちょうど状態 A になった。このように，気体の 3 つの状態 A，B，C′ に対して，A→B→C′→A の順に一巡するような状態変化（サイクル）を考える。ただし，断熱変化においては，気体の圧力 p と体積 V で表される量 pV^γ が一定値をとることが知られている。ここで γ は比熱比と呼ばれる量で，定積モル比熱を C_V，定圧モル比熱を C_p と表すと，$\gamma = \dfrac{C_p}{C_V}$ で与えられる。単原子分子理想気体の場合には $\gamma =$ 　**(ケ)**　である。

　　状態 C′ における体積は $\dfrac{1}{\boxed{\textbf{(コ)}}} \times V_0$ である。また，状態 C′ における温度は 　$\boxed{\textbf{(サ)}}$　 $\times T_0$ である。C′→A が断熱過程であることに注意すると，このサイクルにおいて気体が外部にした正味の仕事は $\left(\boxed{\textbf{(シ)}} \right) \times RT_0$ であり，熱効率 η' は $\eta' = $ 　$\boxed{\textbf{(ス)}}$　 と計算できる。ただし，熱効率の計算の際，必要であれば $\log_e 2 \fallingdotseq 0.69$ であることを用いてよい。

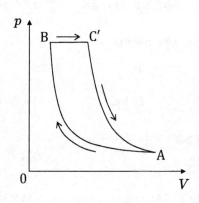

図 3-2　概念図であり，原点からの距離や二点間の長さは必ずしも正確には描かれていない。

(ケ) の解答群

⓪ $\dfrac{3}{2}$　　　① $\dfrac{5}{2}$　　　② $\dfrac{2}{3}$　　　③ $\dfrac{5}{3}$

④ $\dfrac{2}{5}$　　　⑤ $\dfrac{7}{5}$　　　⑥ $\dfrac{2}{7}$　　　⑦ $\dfrac{5}{7}$

(コ), (サ) の解答群

⓪ 1　　　① 2　　　② 4　　　③ 8

④ 16　　　⑤ 24　　　⑥ 32　　　⑦ 64

(シ) の解答群

⓪ 10　　　① $\dfrac{15}{2}$　　　② $3\log_e 2$

③ $5\log_e 2$　　　④ $10 - 3\log_e 2$　　　⑤ $10 - 5\log_e 2$

⑥ $\dfrac{15}{2} - 3\log_e 2$　　　⑦ $\dfrac{15}{2} - 5\log_e 2$

(ス) の解答群

⓪ 0.16　　　① 0.20　　　② 0.24　　　③ 0.44

④ 0.54　　　⑤ 0.67　　　⑥ 0.77　　　⑦ 0.82

■化学■

(80 分)

　各設問の計算に必要ならば，下記の数値を用いなさい。

原子量：H 1.0, C 12.0, N 14.0, O 16.0, S 32.1, Ca 40.1, Cu 63.6,
　　　　Zn 65.4, Br 80.0

アボガドロ定数：6.02×10^{23}/mol

ファラデー定数：9.65×10^{4} C/mol

気体定数：8.31×10^{3} Pa·L/(K·mol)

標準状態における理想気体のモル体積：22.4 L/mol

　特段の記述がない限り，気体はすべて理想気体としてふるまうものとする。

1　次の(1)～(5)の問に答えなさい。　　　　　　　　　　　　　(17 点)

(1)　金属の Pb と Zn に関する以下の記述から，正しいものを過不足なく選んでいる番号を **A欄** より選び，その番号を**解答用マークシート**にマークしなさい（番号の中の 0 という数字も必ずマークすること）。

　(a)　Zn を希塩酸に入れると溶解するが，Zn は塊状よりも粉末状の方が，激しく反応する。

　(b)　Pb は硝酸に溶解しない。

　(c)　Zn が水酸化ナトリウム水溶液に溶解すると，H_2 が発生する。

　(d)　Pb は強塩基の水溶液に溶解する。

(2)　以下の記述から，Pb^{2+} を含む水溶液にあてはまるものを過不足なく選んでいる番号を **A欄** より選び，その番号を**解答用マークシート**にマークしなさい（番号の中の 0 という数字も必ずマークすること）。

　(a)　酸性にして H_2S を通じると，黒色の硫化物の沈殿を生成する。

　(b)　少量の水酸化ナトリウム水溶液を加えると沈殿を生じ，その沈殿は，過剰の水酸化ナトリウム水溶液を加えても溶解しない。

　(c)　硫酸を加えると，黄色の沈殿を生成する。

　(d)　塩酸を加えると白色の沈殿を生成するが，加熱すると溶解する。

(3)　以下の記述から，Zn^{2+} を含む水溶液にあてはまるものを過不足なく選んでいる番号を **A欄** より選び，その番号を**解答用マークシート**にマークしなさい（番号の中の 0 という数字も必ずマークすること）。

　(a)　少量の水酸化ナトリウム水溶液を加えると沈殿を生じるが，その沈殿は，過剰の水酸化ナトリウム水溶液を加えると溶解する。

　(b)　少量のアンモニア水を加えると沈殿を生じ，その沈殿は，過剰のアンモニ

ア水を加えても溶解しない。

(c) 塩基性にして H_2S を通じると，黒色の硫化物の沈殿を生成する。

(d) 酸性にして H_2S を通じると，白色の硫化物の沈殿を生成する。

A 欄

01 (a)	02 (b)	03 (c)
04 (d)	05 (a), (b)	06 (a), (c)
07 (a), (d)	08 (b), (c)	09 (b), (d)
10 (c), (d)	11 (a), (b), (c)	12 (a), (b), (d)
13 (a), (c), (d)	14 (b), (c), (d)	15 (a), (b), (c), (d)

(4) 次の記述の(i)にあてはまる数値を有効数字が3桁になるように4桁目を四捨五入して求め，次の形式で**解答用マークシート**にマークしなさい。指数 d が0の場合の符号 p には＋をマークしなさい。

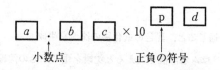

硫化亜鉛型(閃亜鉛鉱型)の結晶構造の単位格子は立方体であり，単位格子の中に陽イオンと陰イオンが4個ずつ含まれている。この結晶構造を有する ZnS では，単位格子の1辺の長さが 5.40×10^{-8} cm であることから，結晶の密度は　(i)　 g/cm³ と算出される。ただし，$(5.40)^3 = 1.57 \times 10^2$ の関係を用いなさい。

(5) 次の記述の(ii)にあてはまる数値を有効数字が3桁になるように4桁目を四捨五入して求め，次の形式で**解答用マークシート**にマークしなさい。指数 d が0の場合の符号 p には＋をマークしなさい。

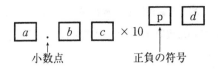

　　Zn は電池の負極として用いられており，補聴器などに使用される空気電池の場合，放電時に負極では Zn が酸化され，正極では O_2 が還元される。その結果，電池全体として Zn が O_2 と反応して ZnO になるとする。

　　この空気電池において，負極の Zn が 9.81×10^{-3} g 反応したとき，正極で反応した O_2 は標準状態において　(ii)　L である。

2　次の記述の(i)〜(v)にあてはまる数値を有効数字が2桁になるように3桁目を四捨五入して求め，次の形式で**解答用マークシートにマーク**しなさい。指数 c が 0 の場合の符号 p には＋をマークしなさい。　　　　　　　　　　　　(18 点)

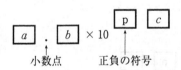

(1)　モル濃度が 3.00 mol/L の硝酸水溶液(密度 1.10 g/cm³)の質量モル濃度は　(i)　mol/kg である。

(2)　モル濃度が 4.00×10^{-2} mol/L の過酸化水素水 20.0 mL に希硫酸を加えて酸性とした。モル濃度が　(ii)　mol/L の過マンガン酸カリウム水溶液を滴下していくと，少量では過マンガン酸カリウム水溶液の赤褐色が消失したが，16.0 mL 以上加えると過マンガン酸カリウム水溶液の赤褐色が消失しなくなった。

(3)　不純物として硫酸カルシウムを含む炭酸カルシウム 0.100 g に対して，多量

の塩酸を加えたところ，二酸化炭素が標準状態で 19.0 mL 発生した。したがって，不純物として含まれていた硫酸カルシウムの質量は全質量の　 (iii) 　% である。

(4) 陽極と陰極に白金電極を用いて，モル濃度が 1.00×10^{-2} mol/L の硫酸銅（Ⅱ）水溶液 0.200 L を 0.500 A の電流で 1800 秒間，電気分解を行うとする。初めに，陰極では　 (iv) 　g の銅が析出すると計算される。さらに，銅の析出が終了した後の陰極から発生する気体の体積は標準状態で　 (v) 　mL と計算される。

$\boxed{3}$ 　次の(1), (2)の問に答えなさい。　　　　　　　　　　　　　　(16 点)

(1) 次の記述の(i), (ii)にあてはまる数値を有効数字が 2 桁になるように 3 桁目を四捨五入して求め，次の形式で**解答用マークシート**にマークしなさい。指数 c が 0 の場合の符号 p には＋をマークしなさい。

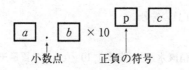

$$\boxed{a} \; . \; \boxed{b} \times 10^{\boxed{p}\;\boxed{c}}$$

小数点　　　　　正負の符号

　1.00×10^5 Pa における酸素(O_2)の沸点を 90 K，窒素(N_2)の沸点を 77 K とする。300 K において，1.00 L の容器 A に 2.00×10^5 Pa の窒素，2.00 L の容器 B に 3.00×10^5 Pa の酸素が入っている。温度を保ったまま，これらの気体をすべて 1.00 L の容器 C に入れ，密封した。このとき，容器 C の中の混合気体の圧力は　 (i) 　Pa である。

　続いて，容器 C を冷却し容器内の温度を 90 K としたところ，酸素が凝縮し，液体を生じた。このとき，容器 C 内の圧力は　 (ii) 　Pa である。ただし，このときの窒素はすべて気体の状態であり，容器 C の体積は冷却により変化しないものとする。また，液体酸素の体積は無視できるものとする。

(2) 次の記述の(ア)〜(エ)にあてはまる最も適当なものを**A欄**より選び，その番号を**解答用マークシートにマーク**しなさい(番号の中の **0** という数字も必ずマークすること)。

　　窒素と酸素の水に対する溶解度は十分に小さく，ヘンリーの法則が成り立つものとする。物質量比が窒素：酸素 $= 1 : 1$ の混合気体 $1.00 \times 10^5\,\mathrm{Pa}$ を $1.00\,\mathrm{L}$ の水に接触させたところ，$n_A\,[\mathrm{mol}]$ の気体が水に溶解した。同様に，物質量比が窒素：酸素 $= 4 : 1$ の混合気体 $1.00 \times 10^5\,\mathrm{Pa}$ を $1.00\,\mathrm{L}$ の水に接触させたところ，$n_B\,[\mathrm{mol}]$ の気体が水に溶解した。これらの結果から，$1.00 \times 10^5\,\mathrm{Pa}$ の窒素を $1.00\,\mathrm{L}$ の水に接触させたときに溶解する窒素の物質量は $\boxed{\text{(ア)}}\ n_A + \boxed{\text{(イ)}}\ n_B\,[\mathrm{mol}]$ と表され，$1.00 \times 10^5\,\mathrm{Pa}$ の酸素を $1.00\,\mathrm{L}$ の水に接触させたときに溶解する酸素の物質量は $\boxed{\text{(ウ)}}\ n_A + \boxed{\text{(エ)}}\ n_B\,[\mathrm{mol}]$ と表すことができる。ただし，温度は一定とする。

A 欄

01 $\dfrac{1}{3}$	02 $\dfrac{2}{3}$	03 1	04 $\dfrac{4}{3}$	05 $\dfrac{5}{3}$
06 2	07 $\dfrac{7}{3}$	08 $\dfrac{8}{3}$	09 3	10 $\dfrac{10}{3}$
11 $-\dfrac{1}{3}$	12 $-\dfrac{2}{3}$	13 -1	14 $-\dfrac{4}{3}$	15 $-\dfrac{5}{3}$
16 -2	17 $-\dfrac{7}{3}$	18 $-\dfrac{8}{3}$	19 -3	20 $-\dfrac{10}{3}$

4　次の記述の①〜⑥にあてはまる最も適当なものを{　}より選び，その番号を**解答用マークシートにマークしなさい**。また，(i)，(ii)にあてはまる数値を有効数字が3桁になるように4桁目を四捨五入して求め，次の形式で**解答用マークシートにマークしなさい**。指数 d が0の場合の符号 p には＋をマークしなさい。

(16点)

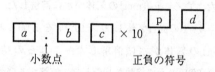

(1)　一酸化炭素は水に①{1　溶けやすい，　2　溶けにくい}，②{1　有，　2　無}色の気体である。高温の一酸化炭素は強い③{1　酸化，　2　還元}作用を有する。

(2)　二酸化炭素が高温の炭素(黒鉛)に接触すると，以下の反応式に従い，一酸化炭素を生成する。

$$CO_2(気) + C(黒鉛) \rightleftarrows 2CO(気) \qquad (式1)$$

　炭素(黒鉛)の燃焼熱が394 kJ/mol，一酸化炭素の燃焼熱が283 kJ/mol であるとき，(式1)の正反応(二酸化炭素と炭素(黒鉛)から，一酸化炭素を生成する反応)は④{1　発熱，　2　吸熱}反応であり，その反応熱の絶対値は　(i)　kJ と求まる。

(3)　(式1)の可逆反応の平衡定数 K_P〔Pa〕(圧平衡定数という)は，以下の式であらわされる。

$$K_P = \frac{P_2^2}{P_1} \qquad (式2)$$

　ここで，P_1〔Pa〕は二酸化炭素の分圧，P_2〔Pa〕は一酸化炭素の分圧である。密閉された容器に二酸化炭素と炭素(黒鉛)を加えて，平衡状態に達するまで気体の温度と体積を一定に保った。この温度での圧平衡定数が 7.60×10^5 Pa，

平衡状態での二酸化炭素と一酸化炭素の物質量比が 1.00：2.00 であったとす
る。このとき，平衡状態における混合気体の全圧は $\boxed{\text{(ii)}}$ Pa になる。た
だし，炭素(黒鉛)は十分な量，容器の中に存在し，その体積は無視できるもの
とする。

(4)　(3)の平衡状態にある密閉容器に，温度と体積を一定に保ったまま窒素を加え
て，再び平衡状態に達するまで待った。このとき，二酸化炭素に対する一酸化
炭素の物質量比は⑤{1　増加する，　2　減少する，　3　変化しない}。

　　また，(3)の平衡状態にある密閉容器の体積を一定に保ったまま加熱し，温度
を高めた後に，再び平衡状態に達するまで待った。このとき，二酸化炭素に対
する一酸化炭素の物質量比は⑥{1　増加する，　2　減少する，　3　変化しな
い}。

$\boxed{5}$　次の記述の(ア)にあてはまる最も適当なものを**A欄**より，(イ)～(ク)にあてはまる最
も適当なものを**B欄**より選び，その番号を**解答用マークシート**にマークしなさい
(番号の中の **0** という数字も必ずマークすること)。また，(ⅰ)，(ⅱ)にあてはまる数
値を有効数字が 2 桁になるように 3 桁目を四捨五入して求め，次の形式で**解答用
マークシート**にマークしなさい。指数 c が 0 の場合の符号 p には＋をマークし
なさい。

　　　　　　　　　　　　　　　　　　　　　　　　　　　　　　　　　(16 点)

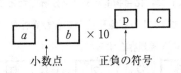

　　　　　　　$\boxed{a}$ ．$\boxed{b}$ × 10 $^{\boxed{\text{p}}\ \boxed{c}}$
　　　　　　　　　小数点　　　　正負の符号

(1)　オゾン分解は，以下に示したようにアルケンとオゾンからオゾニドと呼ばれ
る中間体を経由して，二重結合が開裂し 2 つのカルボニル化合物を与える反応
とする。

オゾン分解

$$R^1R^2C=CR^3H \xrightarrow{O_3} \text{オゾニド} \xrightarrow[\text{加水分解}]{Zn} R^1R^2C=O + O=CR^3H$$

オゾニド

R^1, R^2, R^3 はアルキル基あるいは水素原子

　　炭化水素 A 0.560 g を完全燃焼させ，発生した気体を塩化カルシウム管と
ソーダ石灰管の順に通したところソーダ石灰管の質量が 1.76 g 増加した。ま
た，0.210 g の A をベンゼン 20.0 g に溶解した溶液の凝固点降下度は，
0.640 K であった。A は，化合物 B を白金触媒を用いて水素と作用させて得ら
れる化合物と同一であった。以上より，炭化水素 A の構造は　(ア)　であ
る。なお，ベンゼンのモル凝固点降下は 5.12 K·kg/mol とする。

　　化合物 C は，炭化水素 A と同じ組成式をもつ非環状化合物で，臭素水に十
分吹き込ませると臭素の色が消失した。化合物 B と化合物 C から触媒を用い
て化合物 D をつくり，これを酸素で酸化したのち，硫酸で加熱分解させると
(a)
化合物 E と化合物 F が得られた。化合物 E を水酸化ナトリウムで処理したの
(b)
ち，高温・高圧下で二酸化炭素と反応させ，希硫酸を作用させるとサリチル酸
が得られた。また，化合物 C をオゾン分解したところ，化合物 G と化合物 H
が得られた。

　　化合物 I は，炭化水素 A と同じ組成式をもつ非環状化合物で，臭素水に十分
吹き込ませると臭素の色が消失した。化合物 I をオゾン分解したところ，化合
物 F と化合物 H が得られた。化合物 I の不飽和結合を含む異性体は，立体異
性体を区別して，化合物 I 以外に 5 種類存在する。

　　以上の記述から，C は　(イ)　，D は　(ウ)　，E は　(エ)　，F は
　(オ)　，G は　(カ)　，H は　(キ)　，I は　(ク)　となる。

(2)　下線部(a)について以下の記述を読み，(i)にあてはまる数値を答えなさい。

　　1.56 g の化合物 B に対して，標準状態で 336 mL の化合物 C を触媒存在下
で完全に反応させたところ，化合物 D が　(i)　g 生成した。

(3)　下線部(b)について以下の記述を読み，(ii)にあてはまる数値を答えなさい。

　　1.41 g の化合物 E が溶解した水溶液に対して，臭素水を一定量加えたところ，白色沈殿が生じた。沈殿をろ過したのち溶媒で洗浄し十分に乾燥して質量を計ったところ 3.73 g であった。これは化合物 E と十分な臭素が完全に反応した場合の　(ii)　% になる値である。なお，得られた白色沈殿に不純物は含まれないものとする。

A　欄

1　　　　　　　2　　　　　　　3　　　　　　　4

B　欄

| 01 | $CH_2=CH_2$ | 02 | $CH_2=CH-CH_3$ | 03 | $CH_2=C\overset{CH_3}{\underset{CH_3}{}}$ | 04 | $CH_3-CH=C\overset{CH_3}{\underset{CH_3}{}}$ |

05　HCHO　　　06　CH_3CHO　　　07　CH_3CH_2CHO　　08　CH_3COCH_3

09　$CH_3COCH_2CH_3$　　10　CH_3OCH_3　　11　$CH_3CH_2OCH_2CH_3$　　12　CH_3OH

13　CH_3CH_2OH　　14　$CH_3CH_2CH_2OH$　　15　$HOCH_2CH_2OH$　　16　HCOOH

17　CH_3COOH

18　

19　

20　

21　

22　

23　

24　

25　

26　

27　

28

29 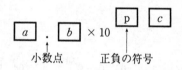 30 31 32

6　次の記述の(ア)〜(ス)にあてはまる最も適当なものを**A欄**より選び，その番号を**解答用マークシートにマークしなさい（番号の中の0という数字も必ずマークすること）。また，(i)にあてはまる数値を有効数字が 2 桁になるように 3 桁目を四捨五入して求め，次の形式で解答用マークシートにマークしなさい。指数 *c* が 0 の場合の符号 p には＋をマークしなさい。**

(17 点)

$$\boxed{a}\,.\,\boxed{b}\times 10^{\boxed{p}\,\boxed{c}}$$

小数点　　　　正負の符号

　セルロースは分子式 $C_6H_{12}O_6$ で表されるグルコースが $\boxed{(ア)}$ した高分子化合物であり，すべて $\boxed{(イ)}$ グルコース構造で構成される。$\boxed{(ウ)}$ グルコース構造のみで構成されるデンプンとは異なり，$\boxed{(エ)}$ 構造をとる。セルロースは分子間で多くの $\boxed{(オ)}$ をもつため，強くて熱水や有機溶媒にも溶けにくい。セルロースはヨウ素デンプン反応を $\boxed{(カ)}$。

　また，セルロースはそのままでは繊維として使えない天然高分子であるが，適切な溶媒に溶かし，長い繊維のセルロースに再生することで有用とすることができ，これを $\boxed{(キ)}$ という。たとえば，セルロースをシュバイツァー試薬に溶かした溶液を希硫酸中で細孔から押し出すと，$\boxed{(ク)}$ が得られる。また，セルロースを濃い水酸化ナトリウム水溶液に浸して二硫化炭素と反応させ，薄い水酸化ナトリウム水溶液に溶かした溶液を希硫酸中で細孔から押し出すと，$\boxed{(ケ)}$ が得られる。

　一方，セルロースを化学的に処理し，ヒドロキシ基の一部を化学変化させることで，有用な $\boxed{(コ)}$ がつくられる。たとえば，セルロースを無水酢酸と反応させると，セルロースのヒドロキシ基が $\boxed{(サ)}$ される。このとき，セルロー

ス 40.5 g を完全に ⬚(サ) するには無水酢酸が理論上 ⬚(i) g 必要となる。完全に ⬚(サ) された化合物は有機溶媒に溶けにくいため，一部の ⬚(シ) を加水分解し，アセトンに溶かした溶液を用いて ⬚(ス) がつくられる。 ⬚(ス) は絹に似た光沢があり，絹に比べて吸湿性が低い。

A　欄

01　付加重合	02　共重合	03　付加縮合	04　脱水縮合
05　α-	06　β-	07　直線状	08　らせん状
09　枝分かれ	10　水素結合	11　イオン結合	12　エステル結合
13　エーテル結合	14　示　す	15　示さない	16　アセチル化
17　エーテル化	18　アセトン繊維	19　アセテート繊維	
20　アセチル繊維	21　合成繊維	22　半合成繊維	23　再生繊維
24　銅アンモニアレーヨン		25　ビスコースレーヨン	

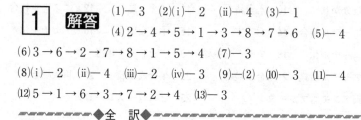

（注）　解答は，東京理科大学から提供のあった情報を掲載しています。

1　解答

(1)—3　(2)(ⅰ)—2　(ⅱ)—4　(3)—1
(4) 2 → 4 → 5 → 1 → 3 → 8 → 7 → 6　(5)—4
(6) 3 → 6 → 2 → 7 → 8 → 1 → 5 → 4　(7)—3
(8)(ⅰ)—2　(ⅱ)—4　(ⅲ)—2　(ⅳ)—3　(9)—(2)　(10)—3　(11)—4
(12) 5 → 1 → 6 → 3 → 7 → 2 → 4　(13)—3

◆全　訳◆

≪市民科学の台頭と科学者の役割≫

［1］　ギャラクシー・ズーのホームページに行き，星を散りばめた黒い背景からぼんやりと現れている「あなたがこれから見ようとするものを目撃した者は，ほとんどいない」という文字を読むと，興奮のスリルを感じずにはいられない。その期待にたがわず，素早いクリック5回で，オンラインクラウドソーシングの天文学プロジェクトの一環として，銀河を分類するよう求められる。このプロジェクトは，最先端の研究を誰もが利用できるようにすることを目的としたプラットフォーム，ズーニバースで開催されている。

［2］　「ギャラクシー・ズーは，科学に参加したいという熱意がこれだけあることを示した最初のプロジェクトの1つでした」と，共同創設者でオックスフォード大学の天体物理学教授であり，市民科学リーダーである Chris Lintott 氏は語る。「それは私にとっては副業のはずだったのですが，今ではズーニバースにそれと同様のクラウドソーシングプロジェクトが80より多くあり，200万人超のボランティアが登録され，これまでで最も忙しい一年でした」　Lintott 氏はこの成功の理由を，これが本当の市民科学の活動だという事実にあるとしている。「ウェブサイトを開いてから2

分以内に，ボランティアは何か意味のあることに貢献できるのです」

[3]　ギャラクシー・ズーは増加している市民科学プロジェクトの1つにすぎず，他の多くのものは地域社会との取り組みに重点を置いている。例えば，ケニアでは，ロンドン大学ユニバーシティ・カレッジ（UCL）の科学者と地元のパートナーが，マサイ族と協力して，気候危機から環境を守るために取り組んでいる。研究者たちは，コミュニティが重要な薬用植物の種の位置をマッピングし，その結果，それらをよりよく管理できるようにする手助けとなるスマートフォンアプリを共同開発している。そのアプリを使えば，マサイ族が植物の位置をアップロードすると，その結果を分析し，彼らが保護したい植物の写真だけでなく，親指を立てるとか，アリとか，侵入生物種の横に赤い進入禁止のサインというようなアイコンを使って表示することができる。科学者たちはまた，カメルーン，ナミビア，コンゴ民主共和国，ブラジルのコミュニティとも同じソフトウェアを使い，違法な密猟の監視，木の健康調査，伐採中の重要資源の保護を目的として共同作業を行っている。これらのプロジェクトの成功を受けて，政府の研究助成機関である英国リサーチ・イノベーション（UKRI）は，新しい研究分野に市民技術を導入するプロジェクトに1,500,000ポンドを授与する方向で準備を進めている。

[4]　しかし，一般市民の科学への参加は新しいものではない。少なくとも，それはチャールズ＝ダーウィンの時代の紳士淑女の化石収集家や植物学者の時代までさかのぼる。もっともフローレンス＝ナイチンゲールの方が市民科学の基本的な精神をよく体現していると言えるだろうが。性別的役割をものともせず，また正式な教育を受けることなく，彼女は統計学への情熱をもって，根拠に基づく看護の先駆者となった。その後，科学は専門化し，いくつかの注目すべき例外をもって，悪名高い象牙の塔に引きこもるようになったというわけである。「ダーウィンの時代にまでさかのぼる，人々が科学を行うことに携わってきた伝統は確かにあるのです。たとえそれが社会の富裕層であったとしても」と，アースウォッチ・ヨーロッパのエンゲージメント・アンド・サイエンスディレクターである Toos van Noordwijk 氏は述べる。「今，科学が再びより包括的なものとなり，より多くの人々に機会を与えようとする大きな動きがあります」　このような新鮮な視点は，海面上昇の管理から障害者との生活に至るまで，昔か

らある困難な問題に対する新しい解決策を科学者に提供することもありうる。

[5] 市民科学は，その明らかな利点にもかかわらず，まだ課題も抱えている。研究者たちは，あるコミュニティに到着すると，そのデータを利用し，その貢献に対する謝意を示すことなくそこを去っていくという評判がある。「人々はこのことで傷ついており，すべての科学者が将来そのコミュニティと関わることができるかどうかに影響しています」と，アースウォッチ・ヨーロッパの都市型生物多様性の研究主任である Daniel Hayhow 氏は語る。また，科学界の内部でも市民科学に対する抵抗はまだ残っている。「通常の科学教育は，より幅広い参加と協力に向いているわけではなく，慎重に設計された実験を厳しく管理することに向けられているものなのです」と，UCL 最先端市民科学グループの共同ディレクターである Muki Haklay 教授は述べる。また，科学への参加には実存的な障壁がある。人々は，学校や大学を出て，映画や本，音楽など，科学とは違う形で文化に関わり続けると，すぐに自分の能力に自信を失ってしまう。学校で科学に嫌な思いをし，自分には向かないと判断する人もいる。

[6] 「私たちは，科学の学位をもっていて，なおかつ科学の仕事をしていないと，科学をしていると感じられないという，この構造を作ってしまいました」と，ウェルカム・トラストでパブリック・エンゲージメント部門のトップを担当する Imran Khan 氏は言う。「市民科学の利点の1つは，中間領域を作ることなので，参加するかしないかというこの難しい二者択一をする必要はありません」 結局のところ，市民科学とは，科学者たちから一般人へと権力を移行させることなのだ。レディング大学が主導するエンゲージング・エンバイロメントと呼ばれる 1,300,000 ポンドの新しいプロジェクトは，その市のほか，バーミンガムやニューカッスルでも実施されており，汚染，気候変動，空気の質といった問題に対する懸念に対応するために，幅広い範囲のコミュニティと連携して活動するよう研究者を訓練することで，まさにそれを行うことを目的とする。

[7] こうしたことは，(英国)高校生が野生動物を観察したり，あるいはモスクが祭りの際に使い捨てのプラスチックを避けるなど，環境にやさしい習慣を身につけるよう信者の集団に促したりすることを通して可能となるかもしれない。こういったプロジェクトが必要な理由は，一般市民と

多くの科学者の間に存在する社会的な隔たりにある。「もしあなたが科学者としての訓練を受けているなら，学校，大学，博士課程を修了することができているので，あなたは非常に恵まれているのです」と，レディング大学のプロジェクト暫定ディレクターの Erinma Ochu 教授は言う。

［8］　科学者が一般社会から孤立することも，何の得にもならない。英国の EU 離脱，厳しい移民政策，フェイクニュースが科学者たちに与えた打撃は，地域コミュニティに働きかけることの重要性を彼らに理解させた。「象牙の塔の中にいて，外の世界で起きていることを自分たちには関係ないことのように装うことはできないと彼らは気づいたのです」と Khan 氏は言う。「彼らは，人々は自分たちが科学と関わりをもち，科学者たちが自分たちのために存在していると感じてもらわなければならないと知っています」　これはつまり，一般市民が言わなければならないことに積極的に耳を傾けるということだ。「もし科学者が我々が直面している問題を解決しようとするならば，科学者のように考えたり行動したりしない人々とコミュニケーションをとることを学ばなければなりません」と，Ochu 氏も同意する。「私にとって，科学の未来は本棚にある本ではなく，地面を踏むブーツにあるのです」

━━━━◀解　説▶━━━━

(1)下線部(A)を含む文は「素早いクリック5回で，オンラインクラウドソーシングの天文学プロジェクトの一環として，銀河を分類するよう求められるとき，その期待は正しいものとなる」という意味。The anticipation は前文で述べられている，ギャラクシー・ズーのホームページを見て感じる興奮のスリルを指している。つまり，わくわくしながらホームページを読み進めると，その期待にたがわない，という趣旨なので，3.「あなたはがっかりしないだろう」が正解。1.「あなたは不安を感じるだろう」，2.「あなたは責任を感じるだろう」，4.「あなたは満たされないだろう」はいずれも不適。

(2)与えられた英文は「ズーニバースは市民に，気軽に（（ii)）科学プロジェクトの機会を与えるので，人気を（（i)）と Lintott 氏は考えている」という意味。第2段第1文（"Galaxy Zoo was …"）に「ギャラクシー・ズーは，科学に参加したいという熱意がこれだけあることを示した最初のプロジェクトの1つでした」という Lintott 氏の発言があること，お

よび第1段最終文 (The project is hosted …) より，ギャラクシー・ズーはズーニバースというプラットフォーム上のプロジェクトであることがわかる。したがって，(i)には2の gained を入れて「人気を集めた」という意味に，また(ii)には4の take part in を入れて「彼ら（＝市民）が気軽に参加できる」という意味にする。

(3)空所を含む文は For instance「例えば」で始まるので，前文「ギャラクシー・ズーは増加している市民科学プロジェクトの1つにすぎず，他の多くのものは地域社会との取り組みに重点を置いている」の一例を述べる文とわかる。空所を含む文は「例えば，ケニアでは，ロンドン大学ユニバーシティ・カレッジ（UCL）の科学者と地元のパートナーが，マサイ族と協力して，気候危機（　(B)　）環境を守るために取り組んでいる」という意味。続く部分で，スマートフォンアプリを用いて重要な薬用植物の種(しゅ)を管理するという具体的な内容が説明されているので，気候危機から環境を守るという趣旨になるように，protect *A* against *B*「*B* から *A* を保護する」という形になるように1の against を入れる。

(4)与えられた文は「invasive species とは，在来でない（　　　　）生命体のことである」で，invasive species の定義を本文の内容に合わせて述べる必要がある。本文の下線部(C)を含む文は「そのアプリを使えば，マサイ族が植物の位置をアップロードすると，その結果を分析し，彼らが保護したい植物の写真だけでなく，親指を立てるとか，アリとか，invasive species の横に赤い進入禁止のサインというようなアイコンを使って表示することができる」という意味で，植物を保護するために表示し，その隣に赤い進入禁止のサインを示す対象は，環境保全のために忌避または除外したいものである。与えられた語群を見ると，causes, environment, harm があるので，「本来そこにあるべきでない種がそこで環境に害をなす」という趣旨になるように，an organism that の that は主格の関係代名詞と考え，語群の where は関係副詞として用い，causes harm in an environment where it is (not native)と並べる。

(5)第4段第1文 (Yet the participation …)「しかし，一般市民の科学への参加は新しいものではない」より，この段落では古くからの一般市民の科学への参加の例が述べられる。下線部を含む文の although の前までは「少なくとも，それはチャールズ＝ダーウィンの時代の紳士淑女の化石収

集家や植物学者の時代までさかのぼる」という意味。although は〈譲歩〉を表し，although 以下は「もっともフローレンス゠ナイチンゲールの方が市民科学の基本的な精神をよく（　　　）と言えるだろうが」となる。続く部分で，ナイチンゲールが正式な教育を受けずとも根拠に基づく看護の先駆者となったことが述べられていて，一般市民の科学への参加を<u>体現していた</u>と言えるので，4.「表す」が正解。1.「隠す」，2.「矛盾する」，3.「模倣する」はいずれも不適。

⑹この段落では，一般市民の科学への参加は昔からあったが，いったんその後「悪名高い象牙の塔」に引きこもることになった，つまり科学は科学者のものとして一般市民とは離れた存在になった，と展開する。Toos van Noordwijk 氏の発言として，「ダーウィンの時代にまでさかのぼる，人々が科学を行うことに携わってきた伝統は確かにあるのです。たとえそれが社会の富裕層であったとしても」に続く部分なので，科学が一般市民に開かれることに対して肯定的な趣旨になる。huge は movement を修飾して huge movement を a に続け，more は inclusive の前に置けるので，(there's a) huge movement for science to be more inclusive (again and …)「科学が（再び）より包括的なものとなる…大きな動きがある」とする。

⑺空所を含む文は「市民科学は，その明らかな利点（　(F)　），まだ課題も抱えている」という意味で，続く部分では市民科学が抱える課題について具体的に説明されている。3.「〜にもかかわらず」を入れると，「市民科学には利点もあるが，課題もある」という自然な文意となる。1.「〜の結果として」，2.「〜の前に」，4.「要約すれば」はいずれも不適。

⑻与えられた英文は「市民科学にはまだ課題がある。第一に，科学者は，人々の貢献に対して（　(i)　）ないかもしれない。このことは，人々が将来の研究に協力する（　(ii)　）させるかもしれない。第二に，科学的な組織は，まだ完全には市民科学に（　(iii)　）ではない。第三に，人々が科学に関わり続けるのは，文化的活動に関わり続けるほど（　(iv)　）ではない」

(i) contribution という語に着目すると，第5段第2文（Researchers have a reputation …）に「研究者たちは，あるコミュニティに到着すると，そのデータを利用し，<u>その貢献に対する謝意を示すことなく</u>そこを去

っていくという評判がある」とあるので，2.「謝意を表す」を入れる。1.「時間を見越す」，3.「計画を準備する」，4.「受賞する」は不適。

(ii)第5段第3文（"People have been …）に「人々はこのことで傷ついており，すべての科学者が将来そのコミュニティと関わることができるかどうかに影響しています」とあり，傷ついた人々がもう研究に協力する気持ちがうせるという流れになるように，4.「気が進まない」を入れる。1.「熱心な」，2.「喜んで」，3.「我慢できない」は不適。

(iii)第5段第4・5文（There is … citizen science group.）で，科学教育は幅広い参加と協力に向いているわけではなく，慎重に設計された実験を厳しく管理することに向けられているといった，科学界内部でも市民科学に開かれていない部分があるという内容が述べられているので，2.「開かれた」を入れる。1.「異質な」，3.「反対した」，4.「満足な」は不適。

(iv)第5段第7文（People leave school …）に「人々は，学校や大学を出て，映画や本，音楽など，科学とは違う形で文化に関わり続けると，すぐに自分の能力に自信を失ってしまう」とあり，人々が文化活動ほど科学に関わらなくなっていくことが述べられているので，3.「簡単な」を入れる。1.「悪い」，2.「難しい」，4.「良い」はいずれも不適。

(9)「第6段の下線部(1)～(4)のうち，市民科学の考えと一致していないものはどれか」

第6段第1文（"We've created this structure …）「私たちは，科学の学位をもっていて，なおかつ科学の仕事をしていないと，科学をしていると感じられないという，この構造を作ってしまいました」より，市民科学はこの構造を打破するものとなるはずである。(1)「中間領域を作ること」，(3)「科学者たちから一般人へと権力を移行させること」，(4)「幅広い範囲のコミュニティと連携して活動するよう研究者を訓練すること」は，いずれも市民科学の考えに沿う。(2)「参加するかしないか」という二者択一はする必要がないと述べられているので，これは市民科学の考えに一致しない。したがって，(2)が正解。

(10)「第4段および第8段の ivory tower（象牙の塔）に住むような人々を最もよく表しているのは次のうちどれか」

第4段「その後，科学は専門化し，いくつかの注目すべき例外をもって，

悪名高い象牙の塔に引きこもるようになった」，および第 8 段「象牙の塔
の中にいて，外の世界で起きていることを自分たちには関係ないことのよ
うに装うことはできないと彼らは気づいたのです」より，ivory tower は
一般市民に開かれていない，科学者たちだけに閉ざされた領域の科学であ
ることが示唆されている。3．「科学は社会と無関係に行えると考えてい
る人たち」が最も適している。1．「科学的な実験に参加しないと決めて
いる人たち」，2．「科学者コミュニティの外のことに大きな関心をもつ人
たち」，4．「大切な人に何が起きているのかを知りたい人たち」は，いず
れも不適。

(11) stake の意味がわからなくても，「彼ら（＝科学者）は，人々は自分た
ちが科学における stake をもち，科学者たちが自分たちのために存在して
いると感じてもらわなければならないと知っています」という文意から，
人々と科学は関係があり，科学の理解のために科学者がいると認識する，
という趣旨になると予測できる。4．「科学は彼らにとって重要である」
ととらえると，続く文（This means …）「これはつまり，一般市民が言
わなければならないことに積極的に耳を傾けるということだ」に自然につ
ながる。have a stake in ～ で「～にかかわり合いがある」という意味。
1．「科学は彼らを傷つける」，2．「科学は無秩序を無視するのに役立つ」，
3．「科学は金もうけの手段である」は，いずれも不適。

(12)先行する If 節は「もし科学者が我々が直面している問題を解決しよう
とするならば」という意味であり，主節の they は scientists を指すので，
科学者がとらなければならない行動を表す部分を完成させる。前の部分で，
科学者が一般市民の言うことに耳を傾ける必要性について言及しているの
で，(they have to learn) to communicate with people who don't think
(and act like scientists)「科学者のように考えたり行動したりしない人々
とコミュニケーションをとることを学ばなければならない」とすると，文
脈に合う文となる。

(13)タイトルとして最も適切なものを選ぶ。第 1 〜 3 段ではギャラクシー・
ズーをはじめとして，市民が参加する科学の研究について紹介されている。
第 4 段では市民の科学への参加は古くからあること，第 5 〜 8 段では，市
民科学には明らかな利点があるにもかかわらず課題があり，科学者が一般
市民へ科学の門戸を広げるよう努力する必要があることが述べられている。

３．「市民科学の台頭：市民は私たちの最大の問題の解決に手助けできる
か？」が英文の内容を最もよく表しているので，３が正解。１．「市民科
学の注目点：環境問題への対策として確立された手法」，２．「市民科学の
未来：女性研究者を増やすには？」，４．「市民科学の秘訣：学生ボランテ
ィアの活用」は，いずれも英文全体の主旨を表すタイトルとして不適。

2 解答

(1) 3→2→5→7→6→4→1
(2) 7→1→2→5→4→6→3→8
(3) 1−T　2−T　3−F　4−F　5−T　6−F　7−F　8−T

◆全　訳◆

≪出席に関する大学の方針と，欠席を教員に届け出る学生のメール≫
出席に関する方針

　学生自身の病気やケガで１週間を超えて，または家族の死亡で最長７日
間欠席する場合，教務課は「欠席説明書」を発行します。学生の病気やケ
ガによる欠席が１週間未満の場合は，欠席説明書は発行されませんので，
学生本人が直接担当教員に事情を説明する必要があります。

　欠席説明書を教務課に提出する場合は，必要事項をすべて記入しなけれ
ばなりません。本人の病気やケガによる様式を提出する場合は，学生は診
断名，治療期間を含む診断書と医療費の領収書も提出しなければなりませ
ん。

　学生が欠席説明書を提出したら，ただちに教務課の担当者が提出書類を
確認します。申請に問題がなければ，欠席説明書に押印し，メールにて学
生に返却されます。学生はそれから，押印された説明書を担当教員にメー
ルで送付してください。

　なお，欠席説明書は，欠席を自動的に許可するものではないことにご注
意ください。授業の欠席に関するすべての判断は，各担当教員が行います。

　個人的な事情で欠席する場合は，欠席説明書を発行できません。上記に
記載された理由以外で欠席しようとする場合は，直接担当教員に相談して
ください。

宛先：smith@univ.ac.jp
差出人：hanakonoda@univ.ac.jp

件名：明日の授業の欠席と締切延長のお願い

日付：2022年11月23日

スミス教授,

木曜日3限の経済学2Aの授業を受講しているノダ＝ハナコと申します。この度, 2週間の欠席をお願いしたく, メールを書かせていただいています。昨日, 父から電話があり, 母が脚を骨折してしまったと伝えられました。そのため, 私はすぐに故郷に帰り, 家族を助けなければなりません。故郷は遠く, そこに着くには大学から電車で5時間超かかります。したがって, 残念ながら明日の授業には出席できません。今, 大学のウェブサイトから添付の欠席説明書をダウンロードしたところで, その中で母のケガのため, 先生の授業を欠席しますと説明を書いています。欠席についてご確認いただいたあと, 教務課にそれを送って押印してもらう予定です。また, 課題の締切が欠席中にあたります。大変申し訳ないのですが, 提出期限に間に合いそうにありません。11月29日まで締切を延長していただくことはできませんでしょうか。

ご検討のほど, よろしくお願いいたします。

よろしくお願い申し上げます。

ノダ＝ハナコ

━━━━━━◀解　説▶━━━━━━

(1)(If you will) be absent for reasons other than described above (, please consult ….)

前の段落までで Absence Explanation Form の発行の手順について説明されているが, この段落の第1文（An Absence Explanation Form cannot …）では「個人的な事情で欠席する場合は, 欠席説明書を発行できません」とある。主節 please consult with your instructor(s) directly は「直接担当教員に相談してください」という意味なので, 欠席説明書が発行されない条件となるように, 「上記に記載された理由以外で欠席しようとする場合は」という意味の if 節にする。other than ～「～以外の」

(2)(Is) there any chance of extending the deadline to (the 29th of November?)

翌日の授業の欠席を届け出て, 課題の締切の延長を願い出る学生のメールである。前の部分で「また, 課題の締切が欠席中にあたります。大変申し

訳ないのですが，提出期限に間に合いそうにありません」と説明し，あと
に「11月29日」と日付があるので，締切を延ばしてもらう依頼の文にす
る。Is there any chance of 〜?「〜の可能性はありますか」

(3)1．「ある学生が病気で8日間欠席する場合，提出書類のすべてに不備
がなければ，押印された欠席説明書を教務課から受け取るだろう」

出席に関する方針の第1段第1文（In the event that …）「学生自身の病
気やケガで1週間を超えて…欠席する場合，教務課は『欠席説明書』を発
行します」と，第3段第1・2文（Once a student … to the student via
email.）に「学生が欠席説明書を提出したら，ただちに教務課の担当者が
提出書類を確認します。申請に問題がなければ，欠席説明書に押印し，メ
ールにて学生に返却されます」とあるので，1は正しい。

2．「学生が病気やケガのために欠席説明書を教務課に提出するときは，
学生は診断書と治療費の領収書も提出しなければならない」

出席に関する方針の第2段第2文（If submitting the form …）「本人の
病気やケガによる様式を提出する場合は，学生は診断名，治療期間を含む
診断書と医療費の領収書も提出しなければなりません」と一致する。

3．「教務課は，学生から欠席説明書を受け取ったのち，担当教員に直接
欠席説明書を転送する」

出席に関する方針の第3段第2・3文（If the application … their
instructor(s) via email.）より，教務課は欠席説明書を学生にメールで返
却し，学生自身が担当教員にそれを送付しなければならないので，不一致。

4．「担当教員は，欠席説明書の提出があった場合，必ず学生の欠席を承
認するべきである」

出席に関する方針の第4段第1・2文（Please note that … by individual
instructors.）「なお，欠席説明書は，欠席を自動的に許可するものではな
いことにご注意ください。授業の欠席に関するすべての判断は，各担当教
員が行います」に不一致。

5．「ノダ=ハナコの欠席理由は，出席に関する方針に記載されているガイ
ドラインに適合していない」

ノダ=ハナコの欠席理由は，メール本文の3行目以降（Yesterday I had a
call from …）より，母親の骨折により家族を助けるために帰郷しなけれ
ばならないというものである。出席に関する方針の第1段より，欠席説明

書が発行されるのは「学生自身の病気やケガで 1 週間を超えて，または家族の死亡で 7 日間まで欠席する場合」であり，最終段（An Absence Explanation Form cannot …）にあるように，個人的な理由では発行されないので，本文の内容と一致する。

6．「ノダ=ハナコの故郷は，大学から電車で 5 時間以内の場所にある」

ノダ=ハナコのメール本文の 5 行目以降（My hometown is far away, …）に「故郷は遠く，そこに着くには大学から電車で 5 時間超かかります」とあるので，不一致。

7．「ノダ=ハナコがメールに添付した欠席説明書には押印がなされている」

ノダ=ハナコのメール本文の 7 行目以降（I have just downloaded …）「今，大学のウェブサイトから添付の欠席説明書をダウンロードしたところで，その中で母のケガのため，先生の授業を欠席しますと説明を書いています。欠席についてご確認いただいたあと，教務課にそれを送って押印してもらう予定です」より，押印はなされていないので不一致。

8．「ノダ=ハナコは，当初の予定通りには課題を提出することができないだろうと書いている」

ノダ=ハナコのメール本文の 12 行目以降（Also, an assignment is due …）で，「また，課題の締切が欠席中にあたります。大変申し訳ないのですが，提出期限に間に合いそうにありません」とあるのに一致する。

❖講　評

　大問 3 題の出題が続いていたが，2022 年度は大問 2 題の出題となり，大問①の英文量が増加している。解答を始める前に冊子全体を見渡し，時間配分を確認したい。なお，全問マークシート法であった。

　① 市民が科学の研究や調査に参加することの利点やその課題について述べた英文。分量は多めだが英文の展開は複雑ではない。試験時間が限られているので，先に設問をざっと見渡して，解ける問題から解いていき，英文をさかのぼって読む回数を減らしたい。(1)・(5)・(11)のような同意表現の問題は，文脈から内容を推測して答えるものと，単語の意味を知っていればただちに解答できるものがある。語彙力をつけておけば有利なので，特に自然科学領域の英文を中心にさまざまな話題の英文にふれておきたい。(3)・(7)のような空所補充問題も同様である。(2)・(8)のように要約文を完成させる問題では，英文の内容を別の表現で言い換えるものや，内容を端的にまとめるものがあり，いずれにせよ英文内容の正しい理解と語彙の知識が求められる。(4)・(6)・(12)のような語句整序問題は，その箇所にどのような内容が入るかを予測し，文法や動詞の語法などを手がかりに正しい文となるように組み立てる。(9)・(10)のように本文の内容に基づいて答える問題や，(13)のようにタイトルとしてふさわしいものを選ぶ問題は，英文内容の確実な読み取りが必須である。特に主題を問われる問題では，英文の内容と一致していても，英文全体の主旨としてふさわしくなければ正解となりえない点に注意する。

　② 大学の「欠席説明書」の取得方法と，欠席と課題の締切延長を教員に伝える学生のメールである。(1)・(2)の語句整序は，前後の文脈と与えられた語群から意味を推測して解く。語句と構文の知識を活用して素早く解答したい。(3)の T / F 判定は，いずれも本文中に該当箇所を探し出して正誤を判定する。5 では，学生のメール内では「あとで教務課に押印してもらう」と書かれているが，この学生の欠席理由では押印はなされないということを確認しておきたい。

■ ■ **数学** ■ ■

（注） 解答は，東京理科大学から提供のあった情報を掲載しています。

1 **解答** (1)ア. 1　イ. 3　ウ. 2　エ. 2　オ. 4　カ. 3
キ. 4　ク. 4　ケ. 4　コ. 4

(2)サ. 7　シ. 6　ス. 7　セ. 4　ソ. 7　タチ. 12　ツ. 7　テ. 8
トナ. 49　ニヌ. 96

(3)ネ. 2　ノ. 3　ハ. 4　ヒフヘ. 128　ホ. 4　マ. 1　ミ. 5
ム. 5　メ. 5　モ. 9　ヤ. 5　ユ. 1　ヨ. 4　ラ. 1　リ. 2

◀解　説▶

≪小問3問≫

(1)(a)　$n-a=b \geqq 0$ だから，$0 \leqq a \leqq n$ で

$(a, b)=(0, n),\ (1, n-1),\ (2, n-2),\ \cdots,\ (n, 0)$

よって　$n+1$ 個　（→ア）

(b)　$n-c=a+b \geqq 0$ だから　$0 \leqq c \leqq n$

この範囲で c の値を1つ定めたとき，(a)より，(a, b) は $n-c+1$ 個。

c は $c=0, 1, 2, \cdots, n$ の $n+1$ 通りの場合があるから，(a, b, c) の個数は

$$\sum_{c=0}^{n}(n-c+1)=(n+1)+n+\cdots+2+1$$

$$=\frac{(n+1+1)(n+1)}{2}=\frac{n^2+3n+2}{2} \text{ 個}　（→イ～エ）$$

(c)　$n-2c=a+b \geqq 0$ だから　$0 \leqq c \leqq \dfrac{n}{2}$

この範囲で c の値を1つ定めたとき，(a)より，(a, b) は $n-2c+1$ 個。

(i)n が奇数のとき

$\dfrac{n}{2}$ 以下で最大の整数は $\dfrac{n-1}{2}$ だから，c は $c=0, 1, 2, \cdots, \dfrac{n-1}{2}$ の $\dfrac{n+1}{2}$

通りの場合がある。よって，(a, b, c) の個数は

$$\sum_{c=0}^{\frac{n-1}{2}} (n-2c+1) = (n+1) + (n-1) + (n-3) + \cdots + 2$$

$$= \frac{(n+1+2)\cdot\dfrac{n+1}{2}}{2}$$

$$= \frac{n^2+4n+3}{4} \text{ 個}\quad (\to \text{オ} \sim \text{キ})$$

(ii) n が偶数のとき

$\dfrac{n}{2}$ 以下で最大の整数は $\dfrac{n}{2}$ だから，c は $c=0,\ 1,\ 2,\ \cdots,\ \dfrac{n}{2}$ の $\dfrac{n+2}{2}$ 通りの場合がある。よって，$(a,\ b,\ c)$ の個数は

$$\sum_{c=0}^{\frac{n}{2}} (n-2c+1) = (n+1) + (n-1) + (n-3) + \cdots + 1$$

$$= \frac{(n+1+1)\cdot\dfrac{n+2}{2}}{2}$$

$$= \frac{n^2+4n+4}{4} \text{ 個}\quad (\to \text{ク} \sim \text{コ})$$

(2) OA∥BC だから，△ADF と △CDE は相似で

$$AF : CE = AD : CD = 1 : 3$$

CE : OA = 1 : 2 だから

$$AF : CE : OA = 1 : 3 : 6$$

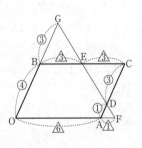

よって，$\overrightarrow{OF} = \dfrac{7}{6}\vec{a}$　（→サ・シ）

OB∥AC だから，△BEG と△CED は相似で

$$BG : CD = BE : CE = 1 : 1$$

CD : OB = 3 : 4だから

$$BG : CD : OB = 3 : 3 : 4$$

よって　　$\overrightarrow{OG} = \dfrac{7}{4}\vec{b}$　（→ス・セ）

l 上の点 P は，直線 FG 上の点だから

$$\overrightarrow{OP} = (1-t)\overrightarrow{OF} + t\overrightarrow{OG}$$

$$= (1-t)\cdot\frac{7}{6}\vec{a} + t\cdot\frac{7}{4}\vec{b} \quad (t は実数)$$

と表せる。$0<t<1$ より，P は線分 FG を $t:(1-t)$ に内分する点である。H，J はそれぞれ OA，OB 上の点で，四角形 OHPJ は平行四辺形だから

$$\overrightarrow{OH}=\frac{7}{6}(1-t)\vec{a}, \quad \overrightarrow{OJ}=\frac{7}{4}t\vec{b}$$

と表せる。よって

$$OH=\frac{7}{6}(1-t)OA, \quad OJ=\frac{7}{4}tOB$$

平行四辺形 OACB の面積を S とすると，平行四辺形 OHPJ の面積は

$$S\cdot\frac{OH}{OA}\cdot\frac{OJ}{OB}=S\cdot\frac{7}{6}(1-t)\cdot\frac{7}{4}t$$

$$=\frac{49}{24}S\left\{-\left(t-\frac{1}{2}\right)^2+\frac{1}{4}\right\}$$

$0<t<1$ より，$t=\frac{1}{2}$ のとき最大となる。このとき

$$\overrightarrow{OP}=\frac{7}{6}\cdot\frac{1}{2}\vec{a}+\frac{7}{4}\cdot\frac{1}{2}\vec{b}$$

$$=\frac{7}{12}\vec{a}+\frac{7}{8}\vec{b} \quad (\rightarrow ソ〜テ)$$

また，平行四辺形 OHPJ の面積は　$\frac{49}{24}\cdot\frac{1}{4}S=\frac{49}{96}S$

よって，平行四辺形 OHPJ の面積は平行四辺形 OACB の面積の $\frac{49}{96}$ 倍。

$$(\rightarrow ト〜ヌ)$$

(3)(a)　$-1+i=\sqrt{2}\left(-\frac{1}{\sqrt{2}}+\frac{1}{\sqrt{2}}i\right)$

$$=\sqrt{2}\left(\cos\frac{3}{4}\pi+i\sin\frac{3}{4}\pi\right) \quad (\rightarrow ネ〜ハ)$$

ド・モアブルの定理より

$$(-1+i)^{14}=(\sqrt{2})^{14}\left\{\cos\left(\frac{3}{4}\pi\cdot14\right)+i\sin\left(\frac{3}{4}\pi\cdot14\right)\right\}$$

$$= 128\left(\cos\frac{21}{2}\pi + i\sin\frac{21}{2}\pi\right)$$

$$= 128i \quad (\to ヒ～ヘ)$$

また　　$(-1+i)^n = (\sqrt{2})^n\left(\cos\frac{3}{4}n\pi + i\sin\frac{3}{4}n\pi\right)$

これが実数とすると，虚部が0だから

$$\sin\frac{3}{4}n\pi = 0$$

$$\frac{3}{4}n\pi = k\pi \quad (k は整数)$$

$$n = \frac{4}{3}k$$

自然数 n は $k=3$ のとき最小で　　$n=4$　（→ホ）

別解　具体的に計算してもよい。

$(-1+i)^2 = 1-2i-1 = -2i$

$(-1+i)^3 = -2i(-1+i) = 2+2i$

$(-1+i)^4 = (-2i)^2 = -4$

$(-1+i)^8 = (-4)^2 = 16$

$(-1+i)^{14} = 16\cdot(-4)\cdot(-2i) = 128i$

(b)　$z^5 = -1$ より

$|z^5| = |-1|$

$|z|^5 = 1$

$|z| = 1$　（→マ）

よって，$z = \cos\theta + i\sin\theta$ と表せる。このとき，ド・モアブルの定理より

$z^5 = \cos 5\theta + i\sin 5\theta$

$z^5 = -1$ より　　$\cos 5\theta = -1,\ \sin 5\theta = 0$　（→ミ）

このとき

$5\theta = \pi + 2m\pi \quad (m は整数)$

$\theta = \frac{2m+1}{5}\pi$

$0 \leq \theta < 2\pi$ より　　$m = 0,\ 1,\ 2,\ 3,\ 4$

よって，θ の値は5通りに定まる。（→ム）

$m=0$ のとき θ は最小で $\theta=\dfrac{\pi}{5}$，$m=4$ のとき θ は最大で $\theta=\dfrac{9}{5}\pi$。

$$(\rightarrow \text{メ} \sim \text{ヤ})$$

(c)　$w^5+(w+1)^5=0$ より，$w\neq 0$ だから，両辺を w^5 で割ると

$$1+\left(1+\dfrac{1}{w}\right)^5=0$$

$$\left(1+\dfrac{1}{w}\right)^5=-1 \quad (\rightarrow \text{ユ})$$

(b)から，$z=1+\dfrac{1}{w}$ とすると　　$z^5=-1$

よって，z の値は5通りある。$z\neq 1$ だから，変形して

$$w=\dfrac{1}{z-1}$$

z が異なれば w も異なるから，w の値も5通りある。w が実数となる条件は z が実数となることである。これは，(b)で $\theta=0$，π，つまり，$m=2$ のとき。

よって，5通りの z の値のうち，実数は1個，虚数は4個だから，w の値のうち実数でないものは4個。　(→ヨ)

$z=\cos\theta+i\sin\theta$ とすると

$$w=\dfrac{1}{z-1}=\dfrac{1}{\cos\theta+i\sin\theta-1}=\dfrac{\cos\theta-1-i\sin\theta}{(\cos\theta-1)^2+\sin^2\theta}$$

$$=\dfrac{\cos\theta-1-i\sin\theta}{2-2\cos\theta}=-\dfrac{1}{2}-\dfrac{\sin\theta}{2(1-\cos\theta)}i$$

よって，w の実部は　　$-\dfrac{1}{2}$　(→ラ・リ)

2 　解答

(1) $a_2=\dfrac{11}{3}$，$a_3=\dfrac{41}{13}$　(2) $\alpha=3$，$b_{n+1}=\dfrac{1}{4}b_n$

(3) $b_n=\dfrac{2}{5}\cdot\left(\dfrac{1}{4}\right)^{n-1}$　(4) $a_n=\dfrac{15\cdot 4^{n-1}+6}{5\cdot 4^{n-1}-2}$，$\displaystyle\lim_{n\to\infty}a_n=3$

(5) $c_n=\dfrac{10\cdot 4^{n-2}-1}{3}$

※計算過程の詳細については省略。

━━━ ◀解　説▶ ━━━━━━━━━━━━━

≪分数型の漸化式，整数と最大公約数≫

(1) 与式より

$$a_2 = \frac{5a_1 + 9}{a_1 + 5} = \frac{5 \cdot 7 + 9}{7 + 5} = \frac{11}{3} \quad \cdots\cdots(\text{答})$$

$$a_3 = \frac{5a_2 + 9}{a_2 + 5} = \frac{5 \cdot \dfrac{11}{3} + 9}{\dfrac{11}{3} + 5} = \frac{41}{13} \quad \cdots\cdots(\text{答})$$

(2) $\alpha = \dfrac{5\alpha + 9}{\alpha + 5}$ より

$$\alpha(\alpha + 5) = 5\alpha + 9$$

$$\alpha^2 = 9$$

$\alpha > 0$ より　　$\alpha = 3$ 　$\cdots\cdots(\text{答})$

よって，$b_n = \dfrac{a_n - 3}{a_n + 3}$ となり　　　$b_{n+1} = \dfrac{a_{n+1} - 3}{a_{n+1} + 3}$

ここで

$$a_{n+1} - 3 = \frac{5a_n + 9}{a_n + 5} - 3 = \frac{2(a_n - 3)}{a_n + 5}$$

$$a_{n+1} + 3 = \frac{5a_n + 9}{a_n + 5} + 3 = \frac{8(a_n + 3)}{a_n + 5}$$

すべての自然数 n で $a_n > 0$ だから　　　$a_n + 3 \neq 0$

よって　　　$b_{n+1} = \dfrac{2(a_n - 3)}{8(a_n + 3)} = \dfrac{1}{4} b_n$ 　$\cdots\cdots(\text{答})$

(3) (2)より，数列 $\{b_n\}$ は公比 $\dfrac{1}{4}$ の等比数列である。初項は

$$b_1 = \frac{a_1 - 3}{a_1 + 3} = \frac{7 - 3}{7 + 3} = \frac{2}{5}$$

よって，一般項は　　　$b_n = \dfrac{2}{5} \cdot \left(\dfrac{1}{4}\right)^{n-1}$ 　$\cdots\cdots(\text{答})$

(4) (3)より

$$\frac{2}{5} \cdot \left(\frac{1}{4}\right)^{n-1} = \frac{a_n - 3}{a_n + 3}$$

$$2(a_n + 3) = 5 \cdot 4^{n-1}(a_n - 3)$$

$$(5 \cdot 4^{n-1} - 2)\, a_n = 15 \cdot 4^{n-1} + 6$$

$n \geqq 1$ より　　$15 \cdot 4^{n-1} - 6 > 0$

よって

$$a_n = \frac{15 \cdot 4^{n-1} + 6}{5 \cdot 4^{n-1} - 2} \quad \cdots\cdots (\text{答})$$

$$\lim_{n \to \infty} a_n = \lim_{n \to \infty} \frac{15 + \dfrac{6}{4^{n-1}}}{5 - \dfrac{2}{4^{n-1}}} = \frac{15 + 0}{5 - 0} = 3 \quad \cdots\cdots (\text{答})$$

(5)　$N = 5 \cdot 4^{n-1} - 2$ とする。(4)より

$$a_n = \frac{3(N+4)}{N}$$

$3(N+4)$ と N の最大公約数を d とすると，$c_n = \dfrac{N}{d}$ と表せる。

$3(N+4) = 3N + 12$ だから，d は 12 と N の最大公約数と等しい。

$12 = 2^2 \cdot 3$ より，d が 2，2^2，3 の倍数かどうかを調べる。

(i) $4^{n-1} = 4 \cdot 4^{n-2}$ より　　$N = 2(10 \cdot 4^{n-2} - 1)$

$n \geqq 2$ だから　　$2n - 3 \geqq 1$

よって，$5 \cdot 2^{2n-3} - 1$ は奇数だから，N は 2 の倍数だが，2^2 の倍数ではない。

(ii) $4 \equiv 1$，$5 \equiv 2 \pmod{3}$ だから

$$N \equiv 2 \cdot 1^{n-1} - 2 = 0 \pmod{3}$$

よって，N は 3 の倍数である。

(i)，(ii)より，N は 2，3 の倍数だが，2^2 の倍数ではない。よって，$d = 6$ で

$$c_n = \frac{N}{6} = \frac{10 \cdot 4^{n-2} - 1}{3} \quad \cdots\cdots (\text{答})$$

3 **解答** $(1) b = e^{\frac{1}{a-1}}$　$(2)(a-1, \ e)$

$(3) S = (a-1)^2(e-2)$　$(4) a = 4, \ f(1) = 3 \cdot e^{\frac{1}{3}}$

※計算過程の詳細については省略。

◀ 解　説 ▶

≪指数関数を含む関数の微・積分≫

(1)　$f(x) = (a-x) b^x$ より

$$f'(x) = -b^x + (a-x) b^x \log b$$

$x=1$ で極値をとるから　　$f'(1) = 0$

$$f'(1) = -b + (a-1) b \log b = 0$$

$b>1$ より　　$-1 + (a-1) \log b = 0$

$a>1$ より　　$\log b = \dfrac{1}{a-1}$　　$b = e^{\frac{1}{a-1}}$

このとき

$$f'(x) = -b^x + (a-x) b^x \cdot \dfrac{1}{a-1} = \dfrac{(1-x) b^x}{a-1}$$

$f'(x) = 0$ とすると　　$x=1$

$a-1>0$, $b^x>0$ だから，増減表は右のようになる。
よって，$x=1$ で極値をとるから条件をみたす。以
上より

$$b = e^{\frac{1}{a-1}} \quad \cdots\cdots (答)$$

x	$\cdots$	1	$\cdots$
$f'(x)$	+	0	−
$f(x)$	↗	極大	↘

(2)　$f(x) = g(x)$ とすると　　$(a-x) b^x = b^x$

$b^x > 0$ だから　　$a - x = 1$　　$x = a - 1$

このとき，(1)より　　$y = b^{a-1} = \left(e^{\frac{1}{a-1}} \right)^{a-1} = e^1 = e$

よって，交点の座標は　　$(a-1, \ e)$　$\cdots\cdots (答)$

(3)　$f(x) - g(x) = (a-1-x) b^x$

$b^x > 0$ だから

　　$x < a-1$ のとき $f(x) > g(x)$

　　$a-1 < x$ のとき $f(x) < g(x)$

なお，S を求めるにあたっては $a-1>1$ と
して図を描いて考えても問題ない。以上よ

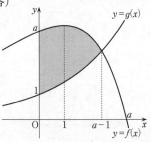

り

$$S = \int_0^{a-1} \{f(x) - g(x)\} dx$$

$$= \int_0^{a-1} (a-1-x) \, b^x dx$$

$$= \left[(a-1-x) \cdot \frac{b^x}{\log b} \right]_0^{a-1} - \int_0^{a-1} (-1) \cdot \frac{b^x}{\log b} dx$$

$$= 0 - (a-1) \cdot \frac{1}{\log b} + \left[\frac{b^x}{(\log b)^2} \right]_0^{a-1}$$

$$= -\frac{a-1}{\log b} + \frac{b^{a-1} - 1}{(\log b)^2}$$

(1)より $\quad b^{a-1} = e, \quad \dfrac{1}{\log b} = a-1$

よって

$$S = -(a-1)^2 + (e-1)(a-1)^2$$

$$= (a-1)^2 (e-2) \quad \cdots\cdots(答)$$

(4) $S = 9e - 18$ とすると，(3)より

$$(a-1)^2 (e-2) = 9(e-2)$$

$$(a-1)^2 = 9$$

$a > 1$ より

$$a - 1 = 3 \qquad a = 4 \quad \cdots\cdots(答)$$

このとき，(1)より，$b = e^{\frac{1}{3}}$ だから

$$f(1) = (a-1) \, b = 3 \cdot e^{\frac{1}{3}} \quad \cdots\cdots(答)$$

❖講　評

　2022 年度も，記述式2題，マークシート法1題（独立した内容の小問3問）という構成であった。全体を通して，各単元での基本的な知識が幅広く問われている。応用問題では小問による誘導がついているため，落ち着いて考えていこう。計算量が多くなりやすいため，できるだけ計算が簡単になるよう工夫しつつ，丁寧に進めたい。

　1　(1)は整数の和を題材とした組合せの標準的な問題，(2)は平面図形とベクトルに関する基本的な問題，(3)は複素数平面に関する発展的な問題である。(1)では，どのような組合せがあるか具体的に考えると解答につなげやすい。変数が3つで考えにくいときは，1つを固定し，2変数として考えるとよい。(3)では，複素数の計算，特にド・モアブルの定理の扱いに慣れていないと難しい。指数が小さいときは，〔別解〕のように具体的に計算することも有効である。

　2　(1)〜(4)は分数型の漸化式に関しての標準的な問題，(5)は整数とその約数に関しての発展的な問題である。(1)〜(4)は入試において頻出といえる題材で，類題も多い。誘導にしたがって進めていくとよい。(5)は「既約分数」を「最大公約数を求める」と考えるとよい。2数の最大公約数は，ユークリッドの互除法を用いて比較しやすい2数となるよう変形する。分母が3の倍数であることは，数学的帰納法を用いて示してもよい。(4)での a_n の一般項は，表し方が何通りかある$\left(\text{例えば，}\right.$ $a_n = \dfrac{3(5 \cdot 2^{2n-3} + 1)}{5 \cdot 2^{2n-3} - 1}\left.\right)$。この表し方によって(5)の論証が少し変わる。

　3　指数関数を含む関数の微・積分に関しての標準的な問題である。(1)では「$x=1$ で極値 $\Longrightarrow f'(1)=0$」を用いる。逆は成り立たないので，増減表で極値であることを確かめる必要がある。(3)では，必ずグラフの上下を確認する。基本的な部分積分の計算だが，a, b に惑わされて計算ミスをしないように丁寧に進めたい。

■■■ 物理 ■■■

1 **解答** 　(1)(ア)—① 　(イ)—③ 　(ウ)—① 　(エ)—⑦
　(2)(オ)—③ 　(カ)—⑤ 　(キ)—③ 　(ク)—①
(3)(ケ)—⓪ 　(コ)—② 　(サ)—⑦ 　(シ)—⑤ 　(ス)—②

━━━◀解　説▶━━━

≪2円板の衝突≫

(1)(ア)　弾性衝突なので，円板Bに対する円板Aの相対速度は衝突の前後で向きが逆となり大きさは変わらないから，衝突後の円板Aの速さを v_A とすると

$$v_0 = v_1 + v_A$$

$$\therefore \quad v_A = v_0 - v_1$$

(イ)　円板Aの質量を M_1 とすると，(ア)と運動量保存則より

$$mv_0 = m(-v_1) + M_1(v_0 - v_1)$$

$$\therefore \quad M_1 = \frac{v_0 + v_1}{v_0 - v_1}m$$

(ウ)　円板Bに対する円板Aの相対速度は衝突の前後で向きが逆となり大きさは e_1 倍になるから，衝突後の円板Aの速さを v'_A とすると

$$e_1 v_0 = v_1 + v'_A$$

$$\therefore \quad v'_A = e_1 v_0 - v_1$$

(エ)　円板Aの質量を M_2 とすると，(ウ)と運動量保存則より

$$mv_0 = m(-v_1) + M_2(e_1 v_0 - v_1)$$

$$\therefore \quad M_2 = \frac{v_0 + v_1}{e_1 v_0 - v_1}m$$

(2)(オ)　(イ)において v_1 を v_2，m を $2m$ に置き換えればよいので，円板Aの質量は

$$\frac{v_0 + v_2}{v_0 - v_2} \cdot 2m = \frac{2(v_0 + v_2)}{v_0 - v_2}m$$

(カ) (エ)において v_1 を v_2, m を $2m$, e_1 を e_2 に置き換えればよいので，円板 A の質量は

$$\frac{v_0+v_2}{e_2v_0-v_2}\cdot 2m=\frac{2(v_0+v_2)}{e_2v_0-v_2}m$$

(キ) (エ)・(カ)より

$$\frac{v_0+v_1}{ev_0-v_1}m=\frac{2(v_0+v_2)}{ev_0-v_2}m$$

$$(v_0+v_1)(ev_0-v_2)=2(v_0+v_2)(ev_0-v_1)$$

$$\therefore\quad e=\frac{2v_0v_1+v_1v_2-v_0v_2}{v_0(v_0-v_1+2v_2)}$$

(ク)　e を(エ)に代入すると，円板 A の質量は

$$\frac{v_0+v_1}{\left\{\dfrac{2v_0v_1+v_1v_2-v_0v_2}{v_0(v_0-v_1+2v_2)}\right\}v_0-v_1}m$$

$$=\frac{(v_0+v_1)(v_0-v_1+2v_2)}{(2v_0v_1+v_1v_2-v_0v_2)-v_1(v_0-v_1+2v_2)}m$$

$$=\frac{(v_0+v_1)(v_0-v_1+2v_2)}{v_0v_1-v_1v_2-v_0v_2+v_1{}^2}m$$

$$=\frac{(v_0+v_1)(v_0-v_1+2v_2)}{(v_0+v_1)(v_1-v_2)}m$$

$$=\frac{v_0-v_1+2v_2}{v_1-v_2}m$$

(3)(ケ)　x 方向の運動量保存則より

$$mv_0=MV_3\cos\alpha-mv_3\cos\theta\quad\cdots\cdots(*)$$

(コ)　y 方向の運動量保存則より

$$0=MV_3\sin\alpha-mv_3\sin\theta\quad\cdots\cdots(**)$$

(サ)　$(*)$，$(**)$ より

$$\tan\alpha=\frac{MV_3\sin\alpha}{MV_3\cos\alpha}=\frac{mv_3\sin\theta}{mv_0+mv_3\cos\theta}$$

$$=\frac{v_3\sin\theta}{v_0+v_3\cos\theta}$$

(シ)　円板 A と円板 D が衝突したときの，円板 D の中心から円板 A の中心へ向かう方向が衝突後の円板 A の運動方向となるので，円板 A と円板 D が衝突したときの，中心間の距離は

$$\frac{d}{\sin\alpha}$$

よって，円板Aの半径は $\dfrac{d}{\sin\alpha}-r$

(ス) (サ)より $\tan\alpha=\dfrac{v_0\sin60°}{v_0+v_0\cos60°}=\dfrac{\dfrac{\sqrt{3}}{2}}{1+\dfrac{1}{2}}=\dfrac{1}{\sqrt{3}}$

∴ $\alpha=30°$

(シ)に代入すると，円板Aの半径は

$$\frac{d}{\sin30°}-r=2d-r$$

---

2 解答

(1)(ア)—⑦ (イ)—④ (ウ)—④ (エ)—① (オ)—①
(2)(カ)—⓪ (キ)—⑥ (ク)—⓪ (ケ)—① (コ)—⓪ (サ)—②
(シ)—①
(3)(ス)—⑦ (セ)—⑤ (ソ)—⑦ (タ)—① (チ)—⑥ (ツ)—⑦

◀解　説▶

≪平行平板コンデンサー≫

(1)(ア) 平行平板コンデンサーの電気容量の式より

$$\varepsilon_1\frac{a\cdot 3b}{c}=\frac{3\varepsilon_1 ab}{c}$$

(イ) 誘電体が挟まっている部分と挟まっていない部分でコンデンサーを分割し，2つの平行平板コンデンサーが並列接続されていると考えると，コンデンサーの電気容量は

$$\varepsilon_1\frac{a\cdot 3b-b\Delta z}{c}+\varepsilon_0\frac{b\Delta z}{c}=\frac{3\varepsilon_1 ab}{c}-\frac{(\varepsilon_1-\varepsilon_0)\,b}{c}\Delta z$$

(ウ) コンデンサーの電気容量が減少したことにより，コンデンサーに蓄えられている電荷の減少した量は

$$\frac{(\varepsilon_1-\varepsilon_0)\,b}{c}\Delta z\times V$$

これだけの電荷が起電力 V の電池内を移動したので，電池が受け取ったエネルギーは

$$\left\{\frac{(\varepsilon_1 - \varepsilon_0)\,b}{c}\Delta z \times V\right\} \times V = \frac{(\varepsilon_1 - \varepsilon_0)\,b}{c}V^2\Delta z$$

(エ) コンデンサーに蓄えられている静電エネルギーの減少量は

$$\frac{1}{2} \times \frac{(\varepsilon_1 - \varepsilon_0)\,b}{c}\Delta z \times V^2 = \frac{1}{2} \times \frac{(\varepsilon_1 - \varepsilon_0)\,b}{c}V^2\Delta z$$

これは、電池が受け取ったエネルギーの半分に当たるので、残りの半分は誘電体を押し上げる仕事に対応すると考えられる。仕事は力と移動距離の積で表されるので、誘電体を押し上げる力の大きさは

$$\frac{(\varepsilon_1 - \varepsilon_0)\,b}{2c}V^2$$

コンデンサーが誘電体に及ぼす力はこの力とつり合うので

$$\frac{(\varepsilon_1 - \varepsilon_0)\,b}{2c}V^2$$

(オ) コンデンサーが誘電体に及ぼす力と誘電体を押し上げる力がつり合うので、コンデンサーが誘電体に及ぼす力の向きは鉛直下向きである。

(2)(カ) 誘電体の移動前に対する移動後のコンデンサーの電気容量の比率は、(ア)・(イ)より

$$\frac{\dfrac{3\varepsilon_1 ab}{c} - \dfrac{(\varepsilon_1 - \varepsilon_0)\,b}{c}\Delta z}{\dfrac{3\varepsilon_1 ab}{c}} = 1 - \frac{\varepsilon_1 - \varepsilon_0}{3\varepsilon_1 a}\Delta z$$

コンデンサーに蓄えられている電荷は一定なので、誘電体の移動前に対する移動後の電極間の電位差の比率は、電気容量の比率の逆比となるので、$\left|\dfrac{\varepsilon_1 - \varepsilon_0}{3\varepsilon_1 a}\Delta z\right| \ll 1$ より近似を用いて

$$\frac{1}{1 - \dfrac{\varepsilon_1 - \varepsilon_0}{3\varepsilon_1 a}\Delta z} \fallingdotseq 1 + \frac{\varepsilon_1 - \varepsilon_0}{3\varepsilon_1 a}\Delta z$$

よって、移動後の電極間の電位差は、はじめの電位差が V なので

$$\left(1 + \frac{\varepsilon_1 - \varepsilon_0}{3\varepsilon_1 a}\Delta z\right) \times V$$

(キ)・(ク) コンデンサーに蓄えられている電荷は一定なので、誘電体の移動前に対する移動後のコンデンサーに蓄えられている静電エネルギーの比率は、電極間の電位差の比率と等しく

$$1+\frac{\varepsilon_1-\varepsilon_0}{3\varepsilon_1 a}\varDelta z$$

よって，$\varepsilon_1>\varepsilon_0$ よりコンデンサーに蓄えられているエネルギーは増加して

おり，㋐よりはじめに蓄えられる静電エネルギーが $\dfrac{1}{2}\dfrac{3\varepsilon_1 ab}{c}V^2$ なので，

その変化量は

$$\left\{\left(1+\frac{\varepsilon_1-\varepsilon_0}{3\varepsilon_1 a}\varDelta z\right)-1\right\}\times\left(\frac{1}{2}\frac{3\varepsilon_1 ab}{c}V^2\right)=\frac{(\varepsilon_1-\varepsilon_0)\,b}{2c}V^2\varDelta z$$

㋘　コンデンサーに蓄えられているエネルギーの増加分は，コンデンサー
が誘電体に及ぼす力に逆らってする仕事に対応しており，仕事は力と移動
距離の積で表されるので，その力の大きさは

$$\frac{(\varepsilon_1-\varepsilon_0)\,b}{2c}V^2$$

㋙　コンデンサーが誘電体に及ぼす力は誘電体の移動方向と逆向きなので，
力の向きは鉛直上向きである。

㋚　コンデンサーが誘電体に及ぼす力の大きさよりも，中央の誘電体には
たらく重力の方が大きいので，中央の誘電体の質量は $abc\rho_1$ であることよ
り

$$\frac{(\varepsilon_1-\varepsilon_0)\,b}{2c}V^2<abc\rho_1 g$$

$$\therefore\quad V<\sqrt{\frac{2\rho_1 gac^2}{\varepsilon_1-\varepsilon_0}}$$

㋛　コンデンサーの両極間に抵抗を接続すると，電流が流れ，極板間の電
位差は減少する。極板間の電位差が㋚の値よりも大きい間は，中央の誘電
体が動かないためコンデンサーの電気容量は変化しないが，㋚の値よりも
小さくなると中央の誘電体が下がり始め電気容量も減少するようになるた
め，その時点で，電流の時間変化を表すグラフは折れ曲がり，なめらかで
なくなる。さらに，中央の誘電体が完全に抜け落ちれば，コンデンサーの
電気容量は変化しなくなるため，抜け落ちた瞬間に電流の時間変化を表す
グラフは折れ曲がり，なめらかでなくなる。十分時間が経てば，電流は 0
となるので，最もよく表すグラフは①である。

(3)㋜　㋑と同様に考えて，3つの平行平板コンデンサーが並列接続され
ていると考えると，コンデンサーの電気容量は

$$\varepsilon_1 \frac{ab}{c} + \varepsilon_0 \frac{ab}{c} + \varepsilon_1 \frac{ab}{c} = \frac{(2\varepsilon_1 + \varepsilon_0)\,ab}{c}$$

(セ)　(イ)と同様に考えて，4 つの平行平板コンデンサーが並列接続されていると考えると，コンデンサーの電気容量は

$$\varepsilon_1 \frac{ab}{c} + \varepsilon_0 \frac{(a-h)\,b}{c} + \varepsilon_2 \frac{hb}{c} + \varepsilon_1 \frac{ab}{c} = \frac{\{(2\varepsilon_1 + \varepsilon_0)\,a + (\varepsilon_2 - \varepsilon_0)\,h\}\,b}{c}$$

(ソ)　液面につける前に対する，絶縁油が上昇した後のコンデンサーの電気容量の比率は

$$\frac{\dfrac{\{(2\varepsilon_1 + \varepsilon_0)\,a + (\varepsilon_2 - \varepsilon_0)\,h\}b}{c}}{\dfrac{(2\varepsilon_1 + \varepsilon_0)\,ab}{c}} = 1 + \frac{(\varepsilon_2 - \varepsilon_0)\,h}{(2\varepsilon_1 + \varepsilon_0)\,a}$$

コンデンサーに蓄えられている電荷は一定なので，液面につける前に対する，絶縁油が上昇した後の電極間の電位差の比率は，電気容量の比率の逆比となるので

$$\frac{1}{1 + \dfrac{(\varepsilon_2 - \varepsilon_0)\,h}{(2\varepsilon_1 + \varepsilon_0)\,a}} = \frac{(2\varepsilon_1 + \varepsilon_0)\,a}{(2\varepsilon_1 + \varepsilon_0)\,a + (\varepsilon_2 - \varepsilon_0)\,h}$$

よって，絶縁油が上昇した後の電極間の電位差は，はじめの電位差が V なので

$$\frac{(2\varepsilon_1 + \varepsilon_0)\,a}{(2\varepsilon_1 + \varepsilon_0)\,a + (\varepsilon_2 - \varepsilon_0)\,h} \times V$$

(タ)　コンデンサーに蓄えられている電荷は一定なので，液面につける前に対する絶縁油が上昇した後のコンデンサーに蓄えられている静電エネルギーの比率は，電極間の電位差の比率と等しく

$$\frac{(2\varepsilon_1 + \varepsilon_0)\,a}{(2\varepsilon_1 + \varepsilon_0)\,a + (\varepsilon_2 - \varepsilon_0)\,h}$$

よって，静電エネルギーの減少量は，(ス)よりはじめに蓄えられる静電エネルギーは $\dfrac{1}{2} \dfrac{(2\varepsilon_1 + \varepsilon_0)\,ab}{c} V^2$ なので

$$\left\{ 1 - \frac{(2\varepsilon_1 + \varepsilon_0)\,a}{(2\varepsilon_1 + \varepsilon_0)\,a + (\varepsilon_2 - \varepsilon_0)\,h} \right\} \times \left\{ \frac{1}{2} \frac{(2\varepsilon_1 + \varepsilon_0)\,ab}{c} V^2 \right\}$$

$$= \frac{1}{2} \frac{(\varepsilon_2 - \varepsilon_0)\,h \cdot (2\varepsilon_1 + \varepsilon_0)\,ab}{\{(2\varepsilon_1 + \varepsilon_0)\,a + (\varepsilon_2 - \varepsilon_0)\,h\}\,c} V^2$$

$$= \frac{1}{2} \frac{(2\varepsilon_1 + \varepsilon_0)(\varepsilon_2 - \varepsilon_0)\, abh}{\{(2\varepsilon_1 + \varepsilon_0)\, a + (\varepsilon_2 - \varepsilon_0)\, h\}\, c} V^2$$

(チ)　空洞内の絶縁油の質量は $bch\rho_2$ であり，その重心はコンデンサーの底面から高さ $\dfrac{h}{2}$ にあるので，絶縁油の位置エネルギーの増加量は

$$bch\rho_2 g \cdot \frac{h}{2} = \frac{\rho_2 gbch^2}{2}$$

(ツ)　(タ)より，静電エネルギーの減少量は，$h \ll a$ より

$$\frac{1}{2} \frac{(2\varepsilon_1 + \varepsilon_0)(\varepsilon_2 - \varepsilon_0)\, abh}{\{(2\varepsilon_1 + \varepsilon_0)\, a + (\varepsilon_2 - \varepsilon_0)\, h\}\, c} V^2$$

$$= \frac{1}{2} \frac{(2\varepsilon_1 + \varepsilon_0)(\varepsilon_2 - \varepsilon_0)\, bh}{\left\{(2\varepsilon_1 + \varepsilon_0) + (\varepsilon_2 - \varepsilon_0)\dfrac{h}{a}\right\} c} V^2$$

$$\fallingdotseq \frac{1}{2} \frac{(2\varepsilon_1 + \varepsilon_0)(\varepsilon_2 - \varepsilon_0)\, bh}{(2\varepsilon_1 + \varepsilon_0)\, c} V^2$$

$$= \frac{1}{2} \frac{(\varepsilon_2 - \varepsilon_0)\, bh}{c} V^2$$

これが絶縁油の位置エネルギーの増加量と等しいので

$$\frac{1}{2} \frac{(\varepsilon_2 - \varepsilon_0)\, bh}{c} V^2 = \frac{\rho_2 gbch^2}{2}$$

$$\therefore \quad h = \frac{\varepsilon_2 - \varepsilon_0}{\rho_2 gc^2} V^2$$

3　**解答**　(1)(ア)―⑥　(イ)―②　(ウ)―③　(エ)―⑤　(オ)―⓪　(カ)―①
(キ)―⑦　(ク)―④

(2)(ケ)―③　(コ)―③　(サ)―②　(シ)―⑦　(ス)―④

◀解　説▶

≪熱効率≫

(1)(ア)　A→Bは等温変化なので，圧力と体積が反比例する。状態Aに比べて状態Bにおける体積は $\dfrac{1}{32}$ 倍となっているため，圧力は $32p_0$ となる。

(イ)　B→Cは定圧変化なので，体積と温度が比例する。状態Bに比べて状態Cにおける温度は8倍となっているため，状態Cの体積

$$\frac{1}{32}V_0 \times 8 = \frac{1}{4}V_0$$

(ウ) C→Dは等温変化なので，圧力と体積が反比例する。(イ)の結果より，状態Cに比べて状態Dにおける体積は4倍となっているため，状態Dの圧力は

$$32p_0 \times \frac{1}{4} = 8p_0$$

(エ) A→Bは等温圧縮なので発熱過程，B→Cは定圧変化で温度が増加するので吸熱過程，C→Dは等温膨張なので吸熱過程，D→Aは定積変化で温度が減少するので発熱過程である。よって，正の熱量を受け取るのはB→Cの過程とC→Dの過程である。

(オ) B→Cは定圧変化なので，単原子分子理想気体の定圧モル比熱 $\frac{5}{2}R$ を使って

$$Q_{BC} = \frac{5}{2}R(8T_0 - T_0) = \frac{35}{2}RT_0$$

(カ) D→Aは定積変化なので，単原子分子理想気体の定積モル比熱 $\frac{3}{2}R$ を使って

$$Q_{DA} = \frac{3}{2}R|T_0 - 8T_0| = \frac{21}{2}RT_0$$

(キ) A→Bは等温変化なので，気体が外部に放出する熱量は気体がされる仕事に等しく，また与えられた式より

$$Q_{AB} = \int_{\frac{1}{32}V_0}^{V_0} p\,dV = \int_{\frac{1}{32}V_0}^{V_0} \frac{RT_0}{V}\,dV = \log_e \frac{V_0}{\frac{1}{32}V_0} \times RT_0$$

$$= 5\log_e 2RT_0$$

(ク) 熱効率は，1サイクルの間に吸収した熱量に対する外部にした正味の仕事の比率なので

$$\eta = \frac{-Q_{AB} + Q_{BC} + Q_{CD} - Q_{DA}}{Q_{BC} + Q_{CD}}$$

(2)(ケ)　単原子分子理想気体の比熱比は　　　$\gamma = \dfrac{\dfrac{5}{2}R}{\dfrac{3}{2}R} = \dfrac{5}{3}$

(コ)　状態 C′ の圧力は(ア)より $32p_0$ なので，体積を $V_{\mathrm{C}'}$ とすると，C′→Aは断熱変化なので

$$32p_0 V_{\mathrm{C}'}{}^\gamma = p_0 V^\gamma$$

$$V_{\mathrm{C}'} = \left(\dfrac{1}{32}\right)^{\frac{1}{\gamma}} V_0 = (2^{-5})^{\frac{3}{5}} V_0 = 2^{-3} V_0 = \dfrac{1}{8} V_0$$

(サ)　B→C′ は定圧変化なので，体積と温度が比例する。(コ)より，状態 B に比べて状態 C′ における体積は4倍となっているため，状態 C′ の温度は $4T_0$ となる。

(シ)　B→C′ は定圧変化で温度が増加するので吸熱過程である。この過程で受け取る熱量の大きさを $Q_{\mathrm{BC}'}$ とする。単原子分子理想気体の定圧モル比熱 $\dfrac{5}{2}R$ を使って

$$Q_{\mathrm{BC}'} = \dfrac{5}{2}R\,(4T_0 - T_0) = \dfrac{15}{2}RT_0$$

よって，1サイクルの間に気体が外部にする正味の仕事は，C′→Aは断熱変化で熱のやりとりはないことより

$$Q_{\mathrm{BC}'} - Q_{\mathrm{AB}} = \dfrac{15}{2}RT_0 - 5\log_e 2\,RT_0$$

$$= \left(\dfrac{15}{2} - 5\log_e 2\right)RT_0$$

(ス)　熱効率を求めると

$$\dfrac{Q_{\mathrm{BC}'} - Q_{\mathrm{AB}}}{Q_{\mathrm{BC}'}} = \dfrac{\left(\dfrac{15}{2} - 5\log_e 2\right)RT_0}{\dfrac{15}{2}RT_0} = 1 - \dfrac{2}{3}\log_e 2 \fallingdotseq 0.54$$

❖講　評

例年通り，試験時間80分。大問3題の構成である。

１　2円板の衝突に関する問題である。(1)・(2)は衝突の問題であるが，質量のわかっている物体を質量の不明な物体に衝突させることで，相手

の質量を測定する。(3)では物体を質点ではなく大きさのある円板として扱うことで円板の大きさを測定する。(1)は基本的な問題。(2)は(キ)・(ク)の式が煩雑なので注意して計算する必要がある。(3)は(シ)で衝突のときの2つの円板の中心を結ぶ直線に沿って，衝突後の円板Aが運動することに気付けるかがポイントであろう。

② 平行平板コンデンサーに挟まれた誘電体を変化させたときの影響を考える問題である。解法自体は基本的だが，計算式が煩雑になるため，難しかったのではないだろうか。(1)は平行平板コンデンサーに挟まれた誘電体を微小量だけずらす問題。電池は接続されたままなので，電気容量の変化とともに，コンデンサーに蓄えられている電荷も変化する。コンデンサーが誘電体に及ぼす力は，常に誘電体をコンデンサーの内部に引き込む方向にはたらくことを理解しておこう。これは，誘電体の表面の中で，コンデンサーの正極板に近い部分には負の電荷が誘導されて互いに引き合い，同様に，負極板に近い部分には正の電荷が誘導されて互いに引き合うことから理解できる。(2)は(1)と似ているが，電池が外されたために，コンデンサーに蓄えられている電荷は変化しないが，電気容量の変化とともに，極板間の電位差が変化する。(シ)では電流の大まかな時間変化が理解できているか問われているが，最初に大きな電流が流れ，徐々に減っていき，最終的には0となること，また，電気容量が変化するか変化しないかで電流の変化する様子が変わりそうだということが判断できればよいと思われる。(3)は平行平板コンデンサーの間に絶縁油が引き込まれる場合を考察させている。(2)と同じようなことを繰り返すのだが，計算が煩雑になる。少しでも簡単に見通しよく計算を進められるように工夫したい。

③ 熱サイクルの問題である。(1)は定圧・定積・等温の気体の状態変化を扱った基本的な問題。(2)は定圧・等温・断熱の気体の状態変化を扱った基本的な問題。計算も煩雑ではないので，着実に解答していきたい。

全体的に，ほぼ例年通りの内容で，難易度も例年並みであった。例年，煩雑な式変形を要する出題がなされるので，慌てることなく慎重に式変形するよう心がけたい。

化学

1 解答

(1)—13　(2)—07　(3)—01
(4)$4.13 \times 10^{+0}$　(5)1.68×10^{-3}

◀解　説▶

≪Pb・Zn の単体と化合物の性質，ZnS の結晶格子，空気電池≫

(1)(a)　正文。Zn を粉末状にすると表面積が大きくなるので，反応速度が大きくなり，より激しく反応する。

(b)　誤文。Pb は硝酸には次のように反応して溶解する。

$$Pb + 2HNO_3 \longrightarrow Pb(NO_3)_2 + H_2$$

なお，Pb の化合物は $Pb(NO_3)_2$ と $(CH_3COO)_2Pb$ 以外は水に溶けにくく，Pb は塩酸や希硫酸にはほとんど溶解しない。

(c)　正文。Zn は両性元素であるから，酸の水溶液にも強塩基の水溶液にも溶解して H_2 を発生する。

$$Zn + 2NaOH + 2H_2O \longrightarrow Na_2[Zn(OH)_4] + H_2$$

(d)　正文。Pb も Zn と同様に両性元素であり，強塩基の水溶液に溶解する。

(2)(a)　正文。酸性，中性，塩基性のいずれの条件下においても PbS の黒色沈殿を生成する。

(b)　誤文。少量の NaOH 水溶液を加えると $Pb(OH)_2$ の白色沈殿を生じ，過剰の NaOH 水溶液を加えると，錯イオンを生じて溶解する。

$$Pb(OH)_2 + 2NaOH \longrightarrow [Pb(OH)_4]^{2-} + 2Na^+$$

これは，$Pb(OH)_2$ が両性水酸化物であり，酸の水溶液にも強塩基の水溶液にも溶解するからである。

(c)　誤文。硫酸を加えると $PbSO_4$ の沈殿が生成するが，色は白色である。なお，クロム酸カリウム K_2CrO_4 の水溶液を加えると，$PbCrO_4$ の黄色沈殿が生成する。

(d)　正文。塩酸を加えると $PbCl_2$ の白色沈殿を生成する。$PbCl_2$ には熱湯

に溶ける性質がある。

(3)(a)　正文。Pb と同様に，Zn も両性元素なので，少量の NaOH 水溶液を加えて生じる $Zn(OH)_2$ の白色沈殿は，過剰の NaOH 水溶液に溶解する。

$$Zn(OH)_2 + 2NaOH \longrightarrow [Zn(OH)_4]^{2-} + 2Na^+$$

(b)　誤文。少量のアンモニア水を加えると $Zn(OH)_2$ の沈殿を生じ，過剰のアンモニア水を加えると，錯イオンを生じて溶解する。

$$Zn(OH)_2 + 4NH_3 \longrightarrow [Zn(NH_3)_4]^{2+} + 2OH^-$$

(c)　誤文。塩基性にして H_2S を通じると ZnS の沈殿が生成するが，色は白色である。

(d)　誤文。酸性条件下では ZnS は沈殿しない。

(4)　ZnS の式量は $65.4 + 32.1 = 97.5$ であり，Zn^{2+} と S^{2-} が 4 個ずつ含まれることから，求める密度は

$$\frac{単位格子の質量〔g〕}{単位格子の体積〔cm^3〕} = \frac{\frac{4}{6.02 \times 10^{23}} \times 97.5}{(5.40 \times 10^{-8})^3} = 4.126 \fallingdotseq 4.13 〔g/cm^3〕$$

(5)　空気電池全体で起こる反応は次のようになる。

$$2Zn + O_2 \longrightarrow 2ZnO$$

反応した Zn の物質量は

$$\frac{9.81 \times 10^{-3}}{65.4} = 1.50 \times 10^{-4} 〔mol〕$$

であるから，反応した O_2 の標準状態における体積は

$$22.4 \times 1.50 \times 10^{-4} \times \frac{1}{2} = 1.68 \times 10^{-3} 〔L〕$$

②　解答

(1)$3.3 \times 10^{+0}$　(2)2.0×10^{-2}　(3)$1.5 \times 10^{+1}$
(4)(iv)1.3×10^{-1}　(v)$6.0 \times 10^{+1}$

◀解　説▶

≪溶液の濃度，酸化還元滴定，$CaCO_3$ の純度，$CuSO_4$ 水溶液の電気分解≫

(1)　$1〔L〕 = 1000〔cm^3〕$ の水溶液を考えると，水溶液の質量は

$$1.10 \times 1000 = 1100〔g〕$$

水溶液に溶けている HNO_3 の質量は

$$63.0 \times 3.00 = 189〔g〕$$

よって，溶媒である水の質量は

$$1100 - 189 = 911 \text{〔g〕}$$

であるから，求める質量モル濃度は

$$\frac{\text{溶質の物質量〔mol〕}}{\text{溶媒の質量〔kg〕}} = \frac{3.00}{\frac{911}{1000}} = 3.29 \fallingdotseq 3.3 \text{〔mol/kg〕}$$

(2)　還元剤である H_2O_2 と酸化剤である $KMnO_4$ が酸化還元反応を起こす。それぞれの反応は次のようになる。

$$H_2O_2 \longrightarrow O_2 + 2H^+ + 2e^-$$

$$MnO_4^- + 8H^+ + 5e^- \longrightarrow Mn^{2+} + 4H_2O$$

$KMnO_4$ のモル濃度を c〔mol/L〕とおくと，（還元剤が放出する電子の物質量）＝（酸化剤が受け取る電子の物質量）の関係から

$$c \times 16.0 \times 5 = 4.00 \times 10^{-2} \times 20.0 \times 2$$

$$\therefore \quad c = 2.0 \times 10^{-2} \text{〔mol/L〕}$$

(3)　$CaCO_3$ と塩酸の反応は次のようになる。

$$CaCO_3 + 2HCl \longrightarrow CaCl_2 + H_2O + CO_2$$

よって，発生した CO_2 の物質量から，塩酸と反応した $CaCO_3$ の質量は

$$100.1 \times \frac{19.0}{22.4 \times 10^3} = 0.0849 \text{〔g〕}$$

であるから，不純物として含まれていた $CaSO_4$ の質量は

$$0.100 - 0.0849 = 0.0151 \text{〔g〕}$$

となり，その割合は

$$\frac{0.0151}{0.100} \times 100 = 15.1 \fallingdotseq 15 \text{〔％〕}$$

(4)(iv)　1800 秒間で流れる電気量は

$$0.500 \times 1800 = 900 \text{〔C〕}$$

陰極で Cu が析出する反応は

$$Cu^{2+} + 2e^- \longrightarrow Cu$$

であり，$CuSO_4$ 水溶液中の Cu^{2+} の物質量は

$$1.00 \times 10^{-2} \times 0.200 = 2.00 \times 10^{-3} \text{〔mol〕}$$

であるから，2.00×10^{-3} mol の Cu の析出に使われる電気量は

$$2.00 \times 10^{-3} \times 2 \times 9.65 \times 10^4 = 386 \text{〔C〕} < 900 \text{〔C〕}$$

よって，電気分解によって $CuSO_4$ 水溶液中の Cu^{2+} はすべて還元されて Cu になるから，析出する Cu の質量は

$$63.6 \times 2.00 \times 10^{-3} = 0.127 \fallingdotseq 0.13 \,〔g〕$$

(v)　Cu の析出が終了した後は，陰極では水が還元されて H_2 が発生する。

$$2H_2O + 2e^- \longrightarrow H_2 + 2OH^-$$

水の還元に使われる電気量は，(iv)より

$$900 - 386 = 514 \,〔C〕$$

であるから，発生する H_2 の標準状態での体積は

$$22.4 \times 10^3 \times \frac{514}{9.65 \times 10^4} \times \frac{1}{2} = 59.6 \fallingdotseq 60 \,〔mL〕$$

3 解答　(1)(i) $8.0 \times 10^{+5}$　(ii) $1.6 \times 10^{+5}$
(2)(ア)—12　(イ)—05　(ウ)—08　(エ)—15

◀解　説▶

≪気体の法則，飽和蒸気圧と沸点，気体の溶解度≫

(1)(i)　容器 C 内の O_2 と N_2 の分圧をそれぞれ P_{O_2}〔Pa〕，P_{N_2}〔Pa〕とおく。N_2 については温度と体積が混合前後で変化しないので，圧力も変化しない。よって

$$P_{N_2} = 2.00 \times 10^5 \,〔Pa〕$$

である。O_2 については，ボイルの法則より

$$3.00 \times 10^5 \times 2.00 = P_{O_2} \times 1.00 \quad \therefore \quad P_{O_2} = 6.00 \times 10^5 \,〔Pa〕$$

したがって，容器 C 内の混合気体の圧力は

$$P_{N_2} + P_{O_2} = 2.00 \times 10^5 + 6.00 \times 10^5 = 8.00 \times 10^5 \fallingdotseq 8.0 \times 10^5 \,〔Pa〕$$

(ii)　沸点は，外気圧と飽和蒸気圧が等しくなるときの温度であるので，$1.00 \times 10^5 \,Pa$ における O_2 の沸点が 90 K であることは，90 K における O_2 の飽和蒸気圧が $1.00 \times 10^5 \,Pa$ であることを意味する。容器 C 内の温度を 90 K にしたときに O_2 が凝縮したことから，O_2 の分圧（P_{O_2}'〔Pa〕とする）は 90 K における飽和蒸気圧になっているので，$P_{O_2}' = 1.00 \times 10^5 \,〔Pa〕$ である。N_2 の 90 K での分圧を P_{N_2}'〔Pa〕とおくと，ボイル・シャルルの法則より

$$\frac{2.00 \times 10^5}{300} = \frac{P_{N_2}'}{90} \quad \therefore \quad P_{N_2}' = 6.00 \times 10^4 \,〔Pa〕$$

よって，容器 C 内の圧力は

$$P_{N_2}' + P_{O_2}' = 6.00 \times 10^4 + 1.00 \times 10^5 = 1.60 \times 10^5 \fallingdotseq 1.6 \times 10^5 \,[Pa]$$

(2) 物質量比が $N_2 : O_2 = 1 : 1$ で圧力が 1.00×10^5 Pa の混合気体中の N_2 と O_2 の分圧はともに

$$1.00 \times 10^5 \times \frac{1}{2} = 5.00 \times 10^4 \,[Pa]$$

である。このときに 1.00 L の水に溶解している N_2 と O_2 の物質量をそれぞれ x [mol]，y [mol] とおくと

$$x + y = n_A \quad \cdots\cdots ①$$

が成り立つ。次に，物質量比が $N_2 : O_2 = 4 : 1$ で圧力が 1.00×10^5 Pa の混合気体中の N_2 と O_2 の分圧はそれぞれ

$$N_2 : 1.00 \times 10^5 \times \frac{4}{5} = 8.00 \times 10^4 \,[Pa]$$

$$O_2 : 1.00 \times 10^5 \times \frac{1}{5} = 2.00 \times 10^4 \,[Pa]$$

である。このときに 1.00 L の水に溶解している N_2 と O_2 の物質量はそれぞれ

$$N_2 : x \times \frac{8.00 \times 10^4}{5.00 \times 10^4} = \frac{8}{5}x \,[mol]$$

$$O_2 : y \times \frac{2.00 \times 10^4}{5.00 \times 10^4} = \frac{2}{5}y \,[mol]$$

よって，次式が成り立つ。

$$\frac{8}{5}x + \frac{2}{5}y = n_B \quad \cdots\cdots ②$$

①，②を連立させて解くと

$$x = -\frac{1}{3}n_A + \frac{5}{6}n_B, \quad y = \frac{4}{3}n_A - \frac{5}{6}n_B$$

したがって，圧力が 1.00×10^5 Pa のときに 1.00 L の水に溶解する N_2 と O_2 の物質量はそれぞれ

$$N_2 : \left(-\frac{1}{3}n_A + \frac{5}{6}n_B\right) \times \frac{1.00 \times 10^5}{5.00 \times 10^4} = -\frac{2}{3}n_A + \frac{5}{3}n_B \,[mol]$$

$$O_2 : \left(\frac{4}{3}n_A - \frac{5}{6}n_B\right) \times \frac{1.00 \times 10^5}{5.00 \times 10^4} = \frac{8}{3}n_A - \frac{5}{3}n_B \,[mol]$$

4 **解答** (1)①—2 ②—2 ③—2
(2)④—2 (i)$1.72 \times 10^{+2}$
(3)$5.70 \times 10^{+5}$ (4)⑤—3 ⑥—1

━━━━━◀解 説▶━━━━━

≪CO の性質，ヘスの法則，圧平衡定数，ルシャトリエの原理≫

(1)③ CO には強い還元性があり，酸化されて CO_2 になりやすい。

(2) 黒鉛の完全燃焼と CO の完全燃焼の熱化学方程式はそれぞれ次のようになる。

$$C（黒鉛）+ O_2（気）= CO_2（気）+ 394\,kJ \quad \cdots\cdots①$$

$$CO（気）+ \frac{1}{2}O_2（気）= CO_2（気）+ 283\,kJ \quad \cdots\cdots②$$

①－②×2 より

$$CO_2（気）+ C（黒鉛）= 2CO（気）- 172\,kJ$$

よって，CO を生成する反応は吸熱反応であり，その反応熱の絶対値は 172kJ である。

(3) 圧平衡定数の値から

$$\frac{{P_2}^2}{P_1} = 7.60 \times 10^5 \quad \cdots\cdots①$$

混合気体においては，物質量の比 = 分圧の比であるから，$P_1 : P_2 = 1.00 : 2.00$ である。よって，$P_2 = 2P_1$ が成り立つので，これを①に代入すると

$$\frac{(2P_1)^2}{P_1} = 7.60 \times 10^5 \quad \therefore \quad P_1 = 1.90 \times 10^5\,[Pa]$$

したがって

$$P_2 = 2P_1 = 3.80 \times 10^5\,[Pa]$$

となるから，混合気体の全圧は

$$P_1 + P_2 = 1.90 \times 10^5 + 3.80 \times 10^5 = 5.70 \times 10^5\,[Pa]$$

(4)⑤ 温度と体積を一定に保ったまま N_2 を加えると，全圧は増えるが CO_2 と CO の分圧は変化しないので，（式1）の平衡は移動しない。

⑥ 温度を高くすると，吸熱反応の向きに平衡が移動するので，（式1）の平衡は右向きに移動し，CO の物質量が増加する。

5 **解答** (1)(ア)— 2　(イ)—02　(ウ)—23　(エ)—27　(オ)—08　(カ)—05
(キ)—06　(ク)—04

(2)$1.8 \times 10^{+0}$　(3)$7.5 \times 10^{+1}$

━━━━━━━━━ ◀解　説▶ ━━━━━━━━━

≪組成式 CH_2 の炭化水素の構造決定，オゾン分解，化学反応の量的関係≫

(1)　元素分析の結果から，0.560 g の A について

$$（Cの質量）=1.76 \times \frac{12.0}{44.0}=0.480〔g〕$$

$$（Hの質量）=0.560-0.480=0.080〔g〕$$

よって，A の組成式を C_xH_y とおくと

$$x：y=\frac{0.480}{12.0}：\frac{0.080}{1.0}=1：2$$

であるから，A の組成式は CH_2 となる。

次に，A の分子量を M とおくと，凝固点降下の実験結果から

$$0.640=5.12 \times \frac{0.210}{M} \times \frac{1000}{20.0}　　\therefore M=84$$

ゆえに，A の分子式を $(CH_2)_n$ とおくと

$$14n=84　　\therefore n=6$$

となるから，A の分子式は C_6H_{12} であり，選択肢の中でこれを満たすのは2のシクロヘキサンである。

ベンゼンに Pt 触媒を用いて H_2 を付加させるとシクロヘキサンが得られるので，B はベンゼンとわかる。

C は組成式が CH_2 で，臭素水を脱色したので，アルケンである。

E からサリチル酸が得られた記述から，E はフェノールであるとわかる。

化合物 E
（フェノール）

サリチル酸

よって，ベンゼンとCからフェノールが得られた記述は，クメン法につい
てのものであると判断できるから，Cはプロペン（プロピレン），Dはク
メン，Fはアセトンとわかる。

$$
\text{化合物B（ベンゼン）} + CH_2=CH-CH_3 \longrightarrow \text{化合物D（クメン）}
$$

$$
\text{（酸化）} \longrightarrow \text{（分解）} \longrightarrow \text{化合物E（フェノール）} + CH_3-\overset{O}{\underset{}{C}}-CH_3 \text{ 化合物F（アセトン）}
$$

プロペンをオゾン分解すると，次のようにホルムアルデヒド HCHO とア
セトアルデヒド CH_3CHO が得られ，どちらかがGでどちらかがHである。

$$
\text{化合物C（プロペン）} \xrightarrow{O_3,\ Zn} \text{化合物G or 化合物H}
$$

Iも組成式が CH_2 で，臭素水を脱色したので，アルケンである。Iをオ
ゾン分解すると，F（アセトン）とH（ホルムアルデヒドまたはアセトア
ルデヒド）が得られたことから，Iの構造は次のいずれかである。

① 2-メチルプロペン　　② 2-メチル-2-ブテン

Iが①の 2-メチルプロペンの場合，不飽和結合を含む立体異性体は，2-
メチルプロペン以外に3種類存在する。

Ⅰが②の2-メチル-2-ブテンの場合，不飽和結合を含む立体異性体は，2-メチル-2-ブテン以外に5種類存在する。

$$\underset{H}{\overset{H}{>}}C=C\underset{H}{\overset{CH_2-CH_2-CH_3}{<}}　　\underset{H_3C}{\overset{H_3C}{>}}C=C\underset{H}{\overset{CH_2-CH_3}{<}}$$

$$\underset{H}{\overset{H_3C}{>}}C=C\underset{CH_2-CH_3}{\overset{H}{<}}　　\underset{H}{\overset{H}{>}}C=C\underset{CH_3}{\overset{CH_2-CH_3}{<}}$$

$$\underset{H}{\overset{H}{>}}C=C\underset{H}{\overset{\overset{\textstyle CH_3}{|}}{CH-CH_3}}$$

よって，Ⅰは②の2-メチル-2-ブテンであるとわかるので，Ⅰをオゾン分解して得られたHはCH₃CHOであり，GはHCHOと決まる。

$$\underset{H}{\overset{H_3C}{>}}C=C\underset{CH_3}{\overset{CH_3}{<}} \xrightarrow{O_3,\ Zn} \underset{H}{\overset{H_3C}{>}}C=O \ + \ O=C\underset{CH_3}{\overset{CH_3}{<}}$$

化合物Ⅰ　　　　　　　　　化合物H　　　　　　化合物F
(2-メチル-2-ブテン)　　　(アセトアルデヒド)　　(アセトン)

(2) ベンゼンとプロペンは次のように物質量比1：1で反応してクメンを生じる。

$$\text{(ベンゼン)}+CH_2=CH-CH_3 \longrightarrow \text{(クメン)}$$

用いたベンゼンとプロペンの物質量はそれぞれ

$$\text{ベンゼン：}\frac{1.56}{78.0}=2.0\times10^{-2}\,〔mol〕$$

$$\text{プロペン：}\frac{336}{22.4\times10^3}=1.5\times10^{-2}\,〔mol〕$$

よって，プロペンがすべて反応し，ベンゼンは残ることになる。生成したクメンの物質量は，反応式よりプロペンと等しく 1.5×10^{-2} mol なので，その質量は

$$120.0\times1.5\times10^{-2}=1.8\,〔g〕$$

(3) フェノールとBr₂が反応すると，次のように2,4,6-トリブロモフェノールが生成する。

$$\text{(フェノール OH)}+3Br_2 \longrightarrow \text{(2,4,6-トリブロモフェノール)}+3HBr$$

1.41 g のフェノールがすべて Br_2 と反応したときに生成する 2,4,6-トリブロモフェノールの質量は

$$331.0 \times \frac{1.41}{94.0} = 4.965 \,[\text{g}]$$

であるから，求める割合は

$$\frac{3.73}{4.965} \times 100 = 75.1 \fallingdotseq 75 \,[\%]$$

 解答　　(ア)—04　(イ)—06　(ウ)—05　(エ)—07　(オ)—10　(カ)—15
　　　　　　(キ)—23　(ク)—24　(ケ)—25　(コ)—22　(サ)—16　(シ)—12
(ス)—19

(i) $7.7 \times 10^{+1}$

◀解　説▶

≪セルロースの構造と性質，再生繊維と半合成繊維≫

(エ)・(カ)　デンプンはらせん状構造であるため，らせん部分に I_2 分子が取り込まれることで呈色するが，セルロースは直線状構造なので，I_2 分子は取り込まれず，呈色しない。

(ケ)　セルロースを濃い NaOH 水溶液と CS_2 で処理した後，薄い NaOH 水溶液に溶かすと，粘性の高い溶液ができる。これをビスコースといい，ビスコースを繊維状にしたものがビスコースレーヨン，薄い膜状にしたものがセロハンである。

(シ)　セルロースをアセチル化すると，$-OH$ が $-OCOCH_3$ に変化し，エステル結合が生じる。

(i)　セルロースを完全にアセチル化すると，次のようにトリアセチルセルロースが生成する。

$$[C_6H_7O_2(OH)_3]_n + 3n\,(CH_3CO)_2O$$
$$\longrightarrow [C_6H_7O_2(OCOCH_3)_3]_n + 3nCH_3COOH$$

反応式より，40.5 g のセルロースを完全にアセチル化するのに必要な無水酢酸の質量は

$$102.0 \times \frac{40.5}{162n} \times 3n = 76.5 \fallingdotseq 77 \,[\text{g}]$$

❖講　評

　試験時間は 80 分。例年通り大問数は 6 題であった。2022 年度は，$\boxed{1}$ が無機と理論，$\boxed{2}$・$\boxed{3}$ が理論，$\boxed{4}$ が無機・理論，$\boxed{5}$・$\boxed{6}$ が有機・理論の出題であった。また，2022 年度はすべての大問に計算問題が含まれていた。

　$\boxed{1}$ は Pb と Zn に関する問題。(1)〜(3)は基本的な問題ではあるが，正しいものをすべて選ぶ形式であり，それぞれの金属について正確な知識が求められる。(4)はよくある結晶の密度の計算問題であるが，数値が細かいので，計算ミスには十分注意する必要がある。(5)は反応式が書ければ易しい。

　$\boxed{2}$ は理論分野のいろいろな計算問題。(1)〜(3)は典型的な問題であるが，(4)がやや難しい。流れた電子が Cu^{2+} の還元と H_2O の還元の両方に使われるので，それぞれに使われた電子の電気量を求める必要がある。初めから流れた電子の物質量（mol）を計算するのではなく，電気量（C）のまま計算を進めた方が楽である。

　$\boxed{3}$ は気体の法則と気体の溶解度に関する問題。(1)(ii)は，90 K における O_2 の飽和蒸気圧が $1.00×10^5\,Pa$ であることに気づくのがポイント。(2)は数学的な処理も求められ難しかった。まったく手が出なかった受験生も多かったのではないだろうか。$N_2:O_2=1:1$ のときに水に溶解しているそれぞれの気体の物質量を基準として文字でおいて，ヘンリーの法則を用いて溶解量を求めていけばよい。

　$\boxed{4}$ は CO の性質，ヘスの法則，化学平衡に関する問題。(1)・(2)・(4)は基本的な問題であり完答したい。(2)の反応熱は「(反応熱)＝(反応物の燃焼熱の和)−(生成物の燃焼熱の和)」の関係を用いて求めてもよい。(3)は分圧の比が物質量の比と等しく 1:2 であることを利用するのがポイント。

　$\boxed{5}$ は組成式が CH_2 である化合物の構造決定に関する問題。構造を決定すべき化合物の数が多く，時間がかかったかもしれない。化合物 E がフェノールであることはすぐにわかるので，それを手掛かりにしていけばよい。(2)・(3)の計算問題は，特に難しいものではないので正解しておきたい。

　$\boxed{6}$ はセルロースと化学繊維に関する問題。語句補充問題は教科書レベ

ルの基本的知識があれば完答できるので，取りこぼしのないようにしたい。(i)は，アセチル化の反応式を正しく書けるかがポイント。セルロースのくり返し単位1つにヒドロキシ基が3個あることを押さえよう。

//////////////// · memo · ////////////////

//////////////// · *memo* · ////////////////

//////////////// · memo · ////////////////

//////////////// · **memo** · ////////////////

//////////////// · memo · ////////////////

教学社 刊行一覧

2025年版　大学赤本シリーズ

国公立大学（都道府県順）

374大学556点 全都道府県を網羅

全国の書店で取り扱っています。店頭にない場合は，お取り寄せができます。

医 医学部医学科を含む
総推 総合型選抜または学校推薦型選抜を含む
DL リスニング音声配信　新 2024年 新刊・復刊

掲載している入試の種類や試験科目,
収載年数などは大学によって異なります。
詳細については,それぞれの本の目次
や赤本ウェブサイトでご確認ください。

akahon.net

赤本　[検索]

国公立大学			私立大学
東大の英語25カ年[第12版] 改	一橋大の国語20カ年[第6版] 改	東北大の物理15カ年[第2版]	早稲田の英語[第11版] 改
東大の英語リスニング 20カ年[第9版] DL	一橋大の日本史20カ年[第6版] 改	東北大の化学15カ年[第2版]	早稲田の国語[第9版] 改
東大の英語 要約問題 UNLIMITED	一橋大の世界史20カ年[第6版] 改	名古屋大の英語15カ年[第8版]	早稲田の日本史[第9版] 改
東大の文系数学25カ年[第12版] 改	筑波大の英語15カ年 新	名古屋大の理系数学15カ年[第8版]	早稲田の世界史[第2版] 改
東大の理系数学25カ年[第12版] 改	筑波大の数学15カ年 新	名古屋大の物理15カ年[第2版]	慶應の英語[第11版] 改
東大の現代文25カ年[第12版] 改	京大の英語25カ年[第12版] 改	名古屋大の化学15カ年[第2版]	慶應の小論文[第3版] 改
東大の古典25カ年[第12版] 改	京大の文系数学25カ年[第12版] 改	阪大の英語20カ年[第9版]	明治大の英語[第9版] 改
東大の日本史25カ年[第9版] 改	京大の理系数学25カ年[第12版] 改	阪大の文系数学20カ年[第3版]	明治大の国語[第2版] 改
東大の世界史25カ年[第9版] 改	京大の現代文25カ年[第2版] 改	阪大の理系数学20カ年[第3版]	明治大の日本史[第2版] 改
東大の地理25カ年[第9版] 改	京大の古典25カ年[第2版] 改	阪大の国語15カ年[第3版]	中央大の英語[第9版] 改
東大の物理25カ年[第9版] 改	京大の日本史20カ年[第3版] 改	阪大の物理20カ年[第8版]	法政大の英語[第9版] 改
東大の化学25カ年[第9版] 改	京大の世界史20カ年[第3版] 改	阪大の化学20カ年[第6版]	同志社大の英語[第10版] 改
東大の生物25カ年[第9版] 改	京大の物理25カ年[第9版] 改	九大の英語15カ年[第8版]	立命館大の英語[第10版] 改
東工大の英語20カ年[第8版] 改	京大の化学25カ年[第9版] 改	九大の理系数学15カ年[第7版]	関西大の英語[第10版] 改
東工大の数学20カ年[第9版] 改	北大の英語15カ年[第8版]	九大の物理15カ年[第2版]	関西学院大の英語[第10版] 改
東工大の物理20カ年[第5版] 改	北大の理系数学15カ年[第8版]	九大の化学15カ年[第2版]	
東工大の化学20カ年[第5版] 改	北大の物理15カ年[第2版]	神戸大の英語15カ年[第9版]	
一橋大の英語20カ年[第9版] 改	北大の化学15カ年[第2版]	神戸大の数学15カ年[第5版]	DL リスニング音声配信
一橋大の数学20カ年[第9版] 改	東北大の英語15カ年[第8版]	神戸大の国語15カ年[第3版]	新 2024年 新刊
	東北大の理系数学15カ年[第8版]		改 2024年 改訂

いつも受験生のそばに──赤本

大学入試シリーズ＋α
入試対策も共通テスト対策も赤本で

入試対策
赤本プラス

赤本プラスとは、**過去問演習の効果を最大に**するためのシリーズです。「赤本」であぶり出された弱点を、赤本プラスで克服しましょう。

大学入試 すぐわかる英文法 DL
大学入試 ひと目でわかる英文読解
大学入試 絶対できる英語リスニング DL
大学入試 すぐ書ける自由英作文
大学入試 ぐんぐん読める
　英語長文(BASIC) DL
大学入試 ぐんぐん読める
　英語長文(STANDARD) DL
大学入試 ぐんぐん読める
　英語長文(ADVANCED) DL
大学入試 正しく書ける英作文
大学入試 最短でマスターする
　数学I・II・III・A・B・C
大学入試 突破力を鍛える最難関の数学
大学入試 知らなきゃ解けない
　古文常識・和歌
大学入試 ちゃんと身につく物理
大学入試 もっと身につく
　物理問題集(①力学・波動)
大学入試 もっと身につく
　物理問題集(②熱力学・電磁気・原子)

入試対策
英検® 赤本シリーズ

英検®(実用英語技能検定)の対策書。過去問集と参考書で万全の対策ができます。

▶過去問集(2024年度版)
英検®準1級過去問集 DL
英検®2級過去問集 DL
英検®準2級過去問集 DL
英検®3級過去問集 DL

▶参考書
竹岡の英検®準1級マスター DL
竹岡の英検®2級マスター CD DL
竹岡の英検®準2級マスター CD DL
竹岡の英検®3級マスター CD DL

CD リスニングCDつき　DL 音声無料配信
新 2024年新刊・改訂

入試対策
赤本プレミアム

赤本の教学社だからこそ作れた、過去問ベストセレクション

東大数学プレミアム
東大現代文プレミアム
京大数学プレミアム[改訂版]
京大古典プレミアム

入試対策
赤本メディカルシリーズ

過去問を徹底的に研究し、独自の出題傾向をもつメディカル系の入試に役立つ内容を精選した実戦的なシリーズ。

[国公立大]医学部の英語[3訂版]
私立医大の英語[長文読解編][3訂版]
私立医大の英語[文法・語法編][改訂版]
医学部の実戦小論文[3訂版]
医歯薬系の英単語[4訂版]
医系小論文 最頻出論点20[4訂版]
医学部の面接[4訂版]

入試対策
体系シリーズ

国公立大二次・難関私大突破へ、自学自習に適したハイレベル問題集。

体系英語長文　　体系世界史
体系英作文　　　体系物理[第7版]
体系現代文

入試対策
単行本

▶英語
Q&A即決英語勉強法
TEAP攻略問題集
東大の英単語[新装版]
早慶上智の英単語[改訂版]

▶国語・小論文
著者に注目! 現代文問題集
ブレない小論文の書き方 樋口式ワークノート

▶レシピ集
奥薗壽子の赤本合格レシピ

入試対策　共通テスト対策
赤本手帳

赤本手帳(2025年度受験用) プラムレッド
赤本手帳(2025年度受験用) インディゴブルー
赤本手帳(2025年度受験用) ナチュラルホワイト

入試対策
風呂で覚えるシリーズ

水をはじく特殊な紙を使用。いつでもどこでも読めるから、ちょっとした時間を有効に使える!

風呂で覚える英単語[4訂新装版]
風呂で覚える英熟語[改訂新装版]
風呂で覚える古文単語[改訂新装版]
風呂で覚える古文文法[改訂新装版]
風呂で覚える漢文[改訂新装版]
風呂で覚える日本史[年代][改訂新装版]
風呂で覚える世界史[年代][改訂新装版]
風呂で覚える倫理[改訂版]
風呂で覚える百人一首[改訂版]

共通テスト対策
満点のコツシリーズ

共通テストで満点を狙うための実戦的参考書。重要度の増したリスニング対策は「カリスマ講師」竹岡広信が一回読みにも対応できるコツを伝授!

共通テスト英語[リスニング]
　満点のコツ[改訂版] 新 DL
共通テスト古文 満点のコツ[改訂版] 新
共通テスト漢文 満点のコツ[改訂版] 新

入試対策　共通テスト対策
赤本ポケットシリーズ

▶共通テスト対策
共通テスト日本史[文化史]

▶系統別進路ガイド
デザイン系学科をめざすあなたへ

2025年版　大学赤本シリーズ　No. 349

東京理科大学（創域理工学部－Ｂ方式・Ｓ方式）

2024 年 6 月 25 日　第 1 刷発行
ISBN978-4-325-26408-8
定価は裏表紙に表示しています

編　集　教学社編集部
発行者　上原　寿明
発行所　教学社
　　　　〒606-0031
　　　　京都市左京区岩倉南桑原町56
　　　　電話　075-721-6500
　　　　振替　01020-1-15695
印　刷　太洋社